Deep Learning for Coders with fastai & PyTorch

fastai와 파이토치가 만나 꽃피운 딥러닝

| 표지 설명 |

표지 동물은 황줄돔boarfish (학명: *Capros aper*)과의 유일종으로 에게해와 지중해를 포함해 노르웨이부터 세네갈까지 펼쳐진 동대서양에서 주로 발견되며, 대부분의 해양 생물이 서식하는 해저와 해변 사이의 해수대pelagic zone인 수심 약 40m~600m에서 서식한다.

황줄돔은 크기가 작으며 붉은 주황색을 띠고, 큰 눈과 삐죽 튀어나온 입을 가지고 있다. 몸은 작고 단단하며 마름모 모양이다. 황줄돔의 크기는 보통 12cm 정도지만, 성적 이형성 종이라 수컷보다는 암컷이 더 크고 최장 27cm까지 보고된 바 있다. 크기가 작아서 포식자들에게 취약하지만, 주로 무리를 지어 생활하면서 포식자의 공격을 방어하고 짝짓기와 먹이 탐색 활동을 한다. 열대 및 아열대 해역에 서식하는 단척추 병치돔(학명: *Antigonia combatia*), 인근 서대서양 해역에서 발견되는 심해 병치돔(학명: *Antigonia capros*)과 비슷하다.

황줄돔은 멸종 위험도가 낮은 편에 속한다. 하지만 오라일리 책 표지에 등장하는 대다수 동물은 멸종 위기에 처해 있으며 이들 모두는 우리의 세상에 소중한 존재이다.

표지 그림은 『Johnson's Natural History』의 흑백 판화를 기반으로 캐런 몽고메리Karen Montgomery가 그렸다.

fastai와 파이토치가 만나 꽃피운 딥러닝

학위 없이 AI를 폼나게 구현하는 법

초판 2쇄 발행 2022년 8월 25일

지은이 제러미 하워드, 실뱅 거거 / **옮긴이** 박찬성, 김지은 / **베타리더** 이석곤, 김준호, 이제현, 송석리, 이요셉, 시한, 김용현, 이진원, 성민석 / **펴낸이** 김태헌

펴낸곳 한빛미디어(주) / **주소** 서울시 서대문구 연희로2길 62 한빛미디어(주) IT출판부

전화 02-325-5544 / **팩스** 02-336-7124

등록 1999년 6월 24일 제25100-2017-000058호 / **ISBN** 979-11-6224-463-0 93000

총괄 전정아 / **책임편집** 서현 / **기획** 서현 / **편집** 안정민 / **교정** 김가영

디자인 표지 박정우 내지 박정화 / **전산편집** 도담북스

영업 김형진, 김진불, 조유미, 김선아 / **마케팅** 박상용, 송경석, 한종진, 이행은, 고광일, 성화정 / **제작** 박성우, 김정우

이 책에 대한 의견이나 오탈자 및 잘못된 내용에 대한 수정 정보는 한빛미디어(주)의 홈페이지나 아래 이메일로 알려주십시오. 잘못된 책은 구입하신 서점에서 교환해드립니다. 책값은 뒤표지에 표시되어 있습니다.

한빛미디어 홈페이지 www.hanbit.co.kr / 이메일 ask@hanbit.co.kr

지금 하지 않으면 할 수 없는 일이 있습니다.
책으로 펴내고 싶은 아이디어나 원고를 메일(**writer@hanbit.co.kr**)로 보내주세요.
한빛미디어(주)는 여러분의 소중한 경험과 지식을 기다리고 있습니다.

Deep Learning for Coders with fastai & PyTorch

fastai와 파이토치가 만나 꽃피운 딥러닝

O'REILLY® 한빛미디어 Hanbit Media, Inc.

fastai는 파이토치 위에 구축된 고수준의 딥러닝 라이브러리입니다. 새로운 접근 방식, 사용 편의성, 유연성 또는 성능 등 모든 면에서 만족할 수 있습니다. 딥러닝을 처음 시작한다면 fastai가 가장 현실적으로 도움이 될 겁니다. fastai를 처음 소개하는 이 책은 매우 쉽고, 명확하게 설명하기 때문에 따라 하기 쉽고 실용적인 딥러닝 가이드로 입문자부터 현업 개발자까지 모두에게 큰 도움이 될 것입니다.

이석곤, 엔컴

딥러닝을 하기 전에 수학과 이론 공부에 지친 개발자들을 위한 책입니다. 코드로 step-by-step으로 따라가다 보면 각 코드가 어떤 의미가 있고, 어떤 결과가 나오는지 눈으로 확인하면서 딥러닝을 이해하고, 스스로 새로운 모델을 구현하게 될 것입니다.

김준호, 네이버 AI랩

공부 방식은 기초부터 활용으로 올라오는 상향식bottom-up과 그 반대 방향인 하향식top-down으로 나뉩니다. 많은 딥러닝 기술서들이 상향식 방식을 채택한 것과 달리 저자들은 과감한 하향식 전략을 취하여 모델을 일단 함께 만들고 고수준 fast.ai 명령을 익힌 후 끝무렵에서야 기본 기능을 구현합니다. 나도 할 수 있다는 자신감, 편리한 기능, 딥러닝 원리를 동시에 전달하려는 저자들의 깊은 고민이 많은 분들께 전달되기를 바랍니다.

이제현, 한국에너지기술연구원

번역되기 전에 역자가 진행한 스터디에 참여하면서 딥러닝 분야에 이렇게 멋진 책이 있다는 사실에 놀랐습니다. 지금까지 읽어본 딥러닝 책 중 가장 교육적인 책입니다. 세부적인 나무를 친절하게 설명해줄 뿐만 아니라 커다란 숲을 볼 수 있는 관점을 키워주기 위한 저자의 마음이 전해지는 고마운 책입니다.

송석리, 『모두의 데이터분석 with 파이썬』 저자

이 책은 신경망을 빠르게 익혀서 활용하고 싶은 개발자를 위한 딥러닝 입문서입니다. 파이토치와 신경망 이론을 잘 몰라도 코드를 실행해서 내용을 이해할 수 있습니다. fastai 라이브러리가 파이토치를 기반으로 딥러닝 모델을 사용하기 편하게 캡슐화해서 구현했기 때문에, 코더를 위한 최고의 딥러닝 서적이라는 수식어가 아깝지 않습니다.

이요셉, 지나가던 IT인

요즘 많은 딥러닝 책들이 수학 없이 배우는 딥러닝을 표방하고 있는데, 이 책이야말로 수학 없이 배우는 딥러닝을 가장 수준 높게 성공했다고 생각합니다. 상향식으로 수식 없이 수학적 개념을 관념적으로 풀어 쌓아 올라가는 책들과 달리 하향식으로 기능에 대한 이해를 먼저 진행합니다. 책 초반부에 딥러닝에 대한 명확한 한계를 보여줘서 학습의 방향성과 인사이트를 제공합니다. 빠르게 점유율이 올라가고 있는 파이토치의 고수준 라이브러리라는 장점과, 낮은 진입 장벽과 현장에서 사용되는 딥러닝의 한계와 쓰임을 제공하는 것이 이 책의 최고 매력입니다. 순수하게 프로그래밍적 접근이라면 최고의 책입니다.

시한, VAIS 인공지능 커뮤니케이션 운영진

fastai는 딥러닝 코드에서 반복적으로 입력했던 많은 부분을 추상화, 자동화해주고 일관성 있는 인터페이스로 중계함으로써 개발자가 로직에 더욱 집중할 수 있도록 합니다. 이 책은 fastai 프레임워크 사용법뿐만 아니라 저자의 해박한 지식을 바탕으로 접근하기 어려울 수 있는 딥러닝 개념을 쉽게 풀어 이해할 수 있도록 도와줍니다. 최소 언어 기능만을 이용해 바닥부터 구현함으로써 실습을 따라 하는 것만으로도 딥러닝의 원리를 알아갈 수 있도록 구성되었습니다.

김용현, 마이크로소프트 MVP

fastai는 딥러닝의 진입 장벽을 낮춰주는 매우 훌륭한 도구입니다. 고수준 라이브러리답게 매우 직관적이면서 편리하게 되어 있으면서도, 유연함까지 갖추고 있어서 다양한 알고리즘을 구현하는 데 무리 없습니다. 이런 fastai를 시작하는 데에 이 책은 아주 적합한 책입니다. 다양한 예제 코드와 함께 친절한 설명을 통해서 누구나 쉽게 fastai에 입문할 수 있습니다. 마지막으로 이 책의 큰 장점은 훌륭한 역자의 꼼꼼한 번역이라고 생각합니다. 베타리더로서 훌륭한 책을 먼저 접할 수 있어서 행복했습니다.

이진원, 삼성 연구원

딥러닝을 처음 공부하는 사람이나 편하게 활용하고 싶은 모두에게 추천합니다. fastai가 딥러닝 모델을 만드는 코딩 능력이 부족하더라도 손쉽게 딥러닝 모델을 활용할 목적으로 설계되었기 때문에 그만큼 정말 간편합니다. 또한 이론적으로 딥러닝 공부를 했지만, 여전히 코딩이 어려우신 분들에게 적극 권장합니다. 추가로 이 책에서는 최신 딥러닝 기법들까지 소개하고 있습니다. 게다가 역자의 자연스러운 번역으로 소설책 읽듯이 편안하게 읽을 수 있을 겁니다.

성민석, 고려대학교 AI대학원 인공지능학과

지은이 · 옮긴이 소개

지은이 **제러미 하워드** Jeremy Howard

딥러닝의 접근성을 높이는 데 집중하는 fast.ai 기관의 창립 연구자입니다. 샌프란시스코 대학교의 저명한 연구 과학자이며, 세계 경제 포럼의 글로벌 AI 위원회의 일원이기도 합니다.

지은이 **실뱅 거거** Sylvain Gugger

허깅 페이스 Hugging Face의 기술 연구원입니다. 제러미 하워드와 마찬가지로 제한된 자원에서도 모델이 빠르게 학습하는 기술을 설계하고 개선하여 딥러닝의 접근성을 높이는 데 집중하는 fast.ai 기관의 연구 과학자로 일했습니다.

옮긴이 **박찬성** deep.diver.csp@gmail.com

인제대학교와 워싱턴 주립 대학교에서 컴퓨터공학을 전공했으며 현재는 한국전자통신연구원에서 컴퓨터 네트워크 분야를 연구 및 개발하고 있습니다. ML GDE Google Developers Expert for Machine Learning이자 TensorFlow KR 및 fast.ai KR 커뮤니티 운영자이며, 관련 분야의 번역자로도 활동합니다. 『나만의 스마트워크 환경 만들기』(비제이퍼블릭, 2020)를 집필했습니다. 프로그래밍과 다양한 언어에 관심이 많으며 지금까지 진행한 프로젝트에서 C/C++, 자바, 파이썬, Go 언어를 사용했습니다.

옮긴이 **김지은** xjpassion@naver.com

산업, 정보시스템공학을 전공했으며 AI 조직과 회사에서 커뮤니티/프로덕트/프로젝트 매니저로서 UX와 관련한 업무를 하고 있습니다. 사람들이 기술을 더욱 편하고 쉽게 사용하도록 만드는 일(설계)과 기술을 알려주고 소개하는 일(기술 교육)에 관심이 많습니다. 애자일, 지속 가능성, 접근성, 커뮤니티를 좋아하며 fast.ai KR과 딥백수 커뮤니티(https://deepbaksu.github.io)에서 개발 행사, 스터디, 워크숍을 운영하고 있습니다.

인공지능은 매우 빠른 속도로 우리 사회 전반에 스며들고 있습니다. 아직은 특정 전문가의 전유물로 여겨지는 분야지만, 앞으로는 대부분의 산업 종사자들이 어느 정도는 이해해야만 하는 기본 소양이 될 것입니다. 이미 특정 산업의 전문성을 확보한 여러분이 직접 인공지능을 다룰 줄 알게될 때 그 파급력은 엄청날 것입니다.

fast.ai는 쉽고 빠르게 인공지능을 시작할 수 있는 교육과 함께 학습 내용을 빠르게 프로토타이핑해 볼 수 있는 fastai 라이브러리를 제공합니다. 파이썬 프로그래밍 경험이 있다면, 이미 보유한 전문 지식에 인공지능을 융합하여 새로운 가능성을 직접 파악하고 여러분의 전문 분야를 팽창시킬 기회를 마련해줄 것입니다.

이 책은 fastai 라이브러리를 사용해 딥러닝을 설명하지만, 이는 하나의 도구에 불과하며 특정 라이브러리 사용법에 얽매일 필요는 없습니다. 단지 딥러닝의 개념을 효과적으로 설명하려고 사용한 라이브러리로 받아들이기 바랍니다. 그러나 fastai는 매우 잘 설계된 라이브러리이니, 여러분과 잘 맞는다면 계속해서 사용해도 좋습니다. 또한 라이브러리 내부를 들여다보면서 고급 파이썬과 기반이 되는 파이토치 라이브러리까지 깊이 이해하는 기회도 얻을 수 있습니다.

이 책의 지식을 습득하는 가장 좋은 방법은 제공되는 코스를 함께 시청하고, 커뮤니티를 방문하여 다양한 구성원들과 소통하는 것입니다. 그 목록은 아래를 참고해주세요.

- fast.ai 공식 블로그: https://www.fast.ai
- fast.ai 공식 포럼: https://forums.fast.ai
- fast.ai 공식 코스: https://course.fast.ai
- fast.ai 공식 디스코드 커뮤니티: https://discord.com/invite/xnpeRdg
- 이 책의 실행 가능한 주피터 노트북 저장소: https://github.com/fastai/fastbook
- fast.ai 코리아 커뮤니티: https://www.facebook.com/groups/fastaikr

이 책을 실습하는 가장 좋은 방법은 구글 코랩^{colab}에서 실행될 수 있는 형태로 제공되는 주피터 노트북을 활용하는 것입니다. 각 장에 대한 주피터 노트북은 웹사이트(https://course.

fast.ai/start_colab#Opening-a-chapter-of-the-book)에 나열된 목록을 참고해 주시기 바랍니다. 자신만의 로컬 환경에서 실행하고자 하는 경우에는 제공되는 주피터 노트북의 가장 첫 번째 셀의 내용을 로컬 환경에서 실행하여, 알맞은 버전의 패키지를 설치하시기 바랍니다.

마지막으로 이 책을 번역해서 국내에 출판하기까지 많은 분들의 노력과 도움이 있었습니다. 번역 품질 향상에 많은 도움을 주신 한빛미디어의 서현 님과 안정민 님, 함께 스터디를 진행하며 책의 이해도를 높여주신 fastai 스터디 그룹원 분들, 기술적 논의에 도움을 주신 딥백수 커뮤니티 그룹원 분들께 이 자리를 빌려 감사의 인사를 드립니다.

박찬성

이 책의 저자인 제러미는 기술 교육 분야에서 많은 활동을 해왔습니다. 전 세계에서 수천 명이 참여하는 딥러닝 교육 과정을 만들고, 주기적으로 fast.ai 스터디를 운영합니다. 데이터 과학에 관심 있는 분들은 아시는 캐글에서 회장과 수석 연구원을 맡기도 했습니다. 제러미는 기술에 능통하지만 놀랍게도 철학 전공자입니다.

개발과 데이터에 관심을 가지기 시작한 분들 중에는 전산 전공자가 아니고, 개발자 출신이 아니기 때문에 코드가 나오는 일을 잘할 수 있을지 걱정하는 분들이 계십니다. 당연히 그럴 수 있습니다. 기술 관련 업계에서도 데이터와 인공지능 기술을 이해하고 사용하려면 오랜 시간의 기초 정규 교육 과정이 필요하다는 의견이 남아있습니다. 기술을 처음 접할 때는 문제를 풀려면 무엇을 알아야 하는지 몰라서 좌절하기 쉽습니다. 그런 분들이 이 책을 통해 딥러닝 엔지니어링을 향한 호기심을 충분히 충족할 수 있으리라 생각합니다.

우리는 엔지니어나 전산 전공자가 아니어도 기술 문해력을 갖춘 사람이 되어야 하는 시대에 살고 있습니다. 학문적, 경험적 배경과 상관없이 세상에 기술이 어떻게 쓰일 것인지 논의할 때, 같이 참여할 수 있다는 뜻입니다. 기술을 이해하고 잘 다룰 수 있다면 작게는 일상에서 소비자로서 현명하게 제품을 활용하는 지혜를 갖출 수 있습니다. 크게는 사회 담론 안에서 인공지능의 위험성과 같은 건설적인 의견과 아이디어를 제시하고 의사결정을 할 수 있겠죠. 이 책에 좋은 자료를 제공한 레이철처럼 인공지능 윤리를 이야기할 수 있는 능력이 개개인의 기본 소양이 될지도 모릅니다. 그런 분들께도 fast.ai는 딥러닝을 쉽게 이해하고 체험할 좋은 도구가 될 것입니다.

fast.ai가 만능은 아닙니다. 시간이 흐르면 fast.ai보다 더 나은 도구가 나올 수도 있습니다. 그렇다 하더라도 딥러닝을 보편적인 기술로 만들자는 fast.ai의 철학을 이해하고, 이어나가는 의지가 생태계에 오랫동안 지속되었으면 합니다.

많은 분의 도움 덕분에 이 책이 나올 수 있었습니다. 번역을 매끄럽게 다듬어주시고 지원해주신 서현 팀장님, 안정민 님께 감사드립니다. 번역 과정을 응원해주시고 스터디를 함께해주신 fast.ai KR 커뮤니티, 따뜻하고 애틋한 마음으로 도와주시는 딥백수 커뮤니티의 모든 분께도 고마움을 전합니다.

그리고 부족한 저와 함께해주신 박찬성 님께도 감사드립니다. 겸손하고 성실하신 모습을 보면서 많이 배웠습니다. 앞으로 찬성 님과 fast.ai의 제러미, 실뱅, 레이철이 하는 다른 프로젝트에도 사랑과 관심을 부탁드리겠습니다.

그럼 이 책을 통해 유익한 시간 보내시길 바라봅니다. 이 책을 선택해주신 독자 분들께도 감사의 인사를 올립니다.

김지은

이 책에 대하여

딥러닝은 강력한 신기술이며, 여러 분야에 걸쳐 적용되어야 한다고 생각합니다. 각 분야의 전문가가 해당 분야에서의 새로운 활용법을 찾을 가능성이 가장 높으며, 딥러닝을 잘 사용하려면 학문적 배경이 다양한 더 많은 인력이 필요합니다.

이런 이유로 제러미가 fast.ai를 공동 설립했습니다. 무료 온라인 강좌와 소프트웨어를 통해 딥러닝을 사용하기 쉽게 했죠. 실뱅은 허깅 페이스Hugging Face의 리서치 엔지니어입니다. 또한 fast.ai의 리서치 사이언티스트였고, 프랑스의 명문 대학 입시 준비 프로그램에서 수학과 컴퓨터 과학을 가르쳤습니다. 우리는 가능한 한 많은 사람이 딥러닝을 사용하기를 바라며 이 책을 썼습니다.

대상 독자

이 책은 딥러닝과 머신러닝을 처음 시작하는 독자에게 가장 적합합니다. 파이썬 코딩 경험이 있으면 더 좋습니다.

> **NOTE_ 경험이 없어도 문제없습니다!**
> 코딩 경험이 없어도 괜찮습니다! 처음 세 장은 경영진, 제품 관리자 등이 딥러닝에 관해 알아야 할 중요한 사항을 이해할 수 있도록 명시적으로 작성했습니다. 책에서 코드 조각이 보이면, 무엇을 하는 코드인지 살펴보고 직관적으로 이해해보세요. 저희가 한 줄씩 설명해드리겠습니다. 구문의 세부 사항보다 코드가 어떻게 돌아가는지 수준 높게 이해하는 것이 중요합니다.

또한 딥러닝 실무자에게 도움이 되는 내용도 담았습니다. 최신 연구에서 다룬 기술을 포함하여 세계적 수준의 결과를 달성하는 방법을 보여드리겠습니다. 이 과정에는 높은 수준의 수학 교육이나 수년간의 공부가 필요하지 않습니다. 그저 약간의 상식과 끈기가 필요합니다.

알아둘 내용

앞서 말씀드렸듯이, 코딩하는 법을 알고(1년 정도의 경험이면 충분합니다) 고등학교 이상의 수학 과정을 마친 분을 대상으로 이 책을 썼습니다. 지금 당장 잘 기억나지 않아도 상관없습니다. 필요할 때 자세히 설명해드리겠습니다. 칸 아카데미(https://www.khanacademy.org)에는 도움이 될 만한 무료 온라인 자료가 많습니다.

딥러닝이 고등학교 수준을 넘어서는 수학을 사용하지 않는다는 뜻은 아닙니다. 주제를 다루면서 필요한 기본 지식을 가르쳐드리거나 도움이 되는 자료로 안내하겠습니다.

이 책은 큰 그림으로 시작하여 점차 깊숙이 파헤칩니다. 때로는 책을 덮고 부가 주제(특정한 방법으로 코딩하는 법이나 약간의 수학)를 배워야 할 수도 있습니다. 그렇게 해도 괜찮습니다. 그 방식으로 이 책을 읽게끔 의도했습니다. 책을 읽으면서 필요할 때만 추가 자료를 참조해보세요.

킨들 등 전자책 단말기 사용자는 이미지를 두 번 클릭하면 전체 크기로 볼 수 있습니다.

> **NOTE_ 온라인 자료**
>
> 앞으로 다룰 코드 예제는 모두 주피터 노트북 형태로 온라인에 제공합니다(1장에서 주피터가 무엇인지 배울 것입니다). 이 책은 실제로 코드를 실행하고 실험할 수 있는 쌍방향 버전입니다. 자세한 내용은 책의 웹사이트(https://book.fast.ai)를 참고하세요. fast.ai에서 제공하는 다양한 도구 설정과 추가 보너스 장의 최신 정보도 웹사이트에 있습니다.

배울 내용

이 책을 읽으면 다음 내용을 이해할 수 있습니다.

- 최고의 결과를 달성하는 모델을 학습시키는 방법
  - 이미지 분류를 포함한 컴퓨터 영상 처리(예: 종에 따른 동물 사진 분류), 이미지 위치 식별과 탐지(예: 이미지에서 동물 찾기)

- 문서 분류를 포함한 자연어 처리(NLP)(예: 영화 리뷰 감정 분석), 언어 모델링
- 범주형 데이터와 연속형 데이터가 들어간 표 데이터(예: 판매량 예측), 시계열 데이터를 포함하는 혼합된 데이터
- 협업 필터링(예: 영화 추천)
- AI 모델을 웹 애플리케이션으로 바꾸는 방법
- 딥러닝 모델이 작동하는 이유와 방법, 해당 지식을 활용하여 모델의 정확성/속도/신뢰성을 향상하는 방법
- 실무에서 중요한 최신 딥러닝 기술
- 딥러닝 연구 논문을 읽는 방법
- 딥러닝 알고리즘을 밑바닥부터 구현하는 방법
- 작업의 윤리적 의미를 생각하는 방법, 세상을 더 나은 곳으로 만드는 방법, 작업이 악용되지 않도록 하는 방법

이 책에서 다루는 기법 몇 가지를 맛보기로 소개합니다(전체 내용은 목차를 참조하세요). 아직 이런 단어에 익숙하지 않더라도 걱정하지 마세요. 곧 배울 수 있습니다.

- 아핀 함수와 비선형성
- 매개 변수와 활성화 함수
- 랜덤 초기화와 전이 학습
- SGD, 모멘텀, 아담 등 최적화 기법
- 합성곱 신경망
- 배치 정규화
- 희석(드롭아웃)
- 데이터 증가
- 가중치 감쇠
- ResNet과 DenseNet 아키텍처
- 이미지 분류와 회귀

- 임베딩

- 순환 신경망(RNN)

- 분할

- U-Net

감사의 글

딥러닝은 아주 짧은 시간 안에 컴퓨터 영상 처리, 로봇 공학, 의료, 물리학, 생물학 등의 문제를 해결하고 자동화하며 널리 유용한 기술이 되었습니다. 딥러닝은 상대적으로 단순하다는 장점이 있습니다. 빠르고 쉽게 시작하도록 도와주는 강력한 딥러닝 소프트웨어도 이미 존재하죠. 여러분은 몇 주 만에 기본을 이해하고 기술에 익숙해질 수 있습니다.

딥러닝은 창조성의 세계를 엽니다. 여러분이 보유한 데이터를 문제에 적용하기 시작하면서 머신(모델)이 문제를 해결해주는 모습에 놀랄지도 모릅니다. 하지만 서서히 거대한 장벽에 가까워짐을 느끼겠죠. 딥러닝 모델을 구축했지만, 기대만큼 잘 작동하지 않습니다. 이때가 딥러닝의 최첨단 연구를 찾아 읽어보며 다음 단계로 들어서기 좋은 시점입니다.

그렇지만 30년간의 이론, 기술, 도구들을 바탕으로 한 방대한 딥러닝 지식이 있습니다. 관련 자료를 읽다 보면, 단순한 내용을 정말 복잡한 방법으로 설명할 수도 있다는 점을 깨닫게 됩니다. 과학자들은 논문에서 외국어 같은 단어와 수학적 표기법을 사용합니다. 필요한 배경지식을 여러분이 쉽게 접근할 만한 방법으로 다루는 교과서나 블로그 게시물도 찾기 어렵죠. 엔지니어와 프로그래머는 사용자가 GPU의 작동 방식을 알고 있으며 난해한 도구에 관한 지식이 있다고 가정합니다.

이때 여러분에게는 대화할 수 있는 멘토나 친구가 필요합니다. 이전에 여러분의 입장이었던 사람, 도구 사용법과 수학을 잘 아는 사람, 최고의 연구와 최첨단 기술 및 첨단 엔지니어링을 안내해주고 간단하게 만들 수 있는 사람 말입니다. 10년 전, 제가 머신러닝 분야에 뛰어들었을 때, 여러분과 같은 입장이었습니다. 몇 년 동안 저는 수학이 조금 포함된 논문을 이해하려고 애썼습니다. 주변에 좋은 멘토가 있어서 큰 도움이 됐지만, 머신러닝과 딥러닝에 익숙해지는 데는 여러 해가 걸렸습니다. 그 덕분에 저는 딥러닝에 접근할 수 있는 소프트웨어 프레임워크인 '파이토치PyTorch'를 공동 개발하게 되었습니다.

제러미 하워드와 실뱅 거거도 여러분과 같은 입장이었습니다. 그들은 머신러닝 과학자 또는 엔지니어로서 정규 훈련 없이 딥러닝을 배우고 적용하기를 원했습니다. 제러미와 실뱅은 저처럼 몇 년 동안 차근차근 배웠고 결국 전문가와 리더가 되었습니다. 하지만 저와 달리, 제러미와 실뱅은 다른 사람들이 그들이 걸어온 고통스러운 길을 가지 않도록 엄청난 에너지를 쏟아부었습니다. 그 결과 기본 프로그래밍을 아는 사람들이 최첨단 딥러닝 기술을 이용할 수 있게 해주는 fast.ai라는 훌륭한 과정을 만들었습니다. 수십만 명의 열정적인 학습자가 fast.ai 과정을 졸업했으며 훌륭한 실무자가 되었습니다.

이 책은 제러미와 실뱅의 지칠 줄 모르는 열정으로 만들어진 딥러닝 여행 안내서입니다. 간단한 단어를 사용해서 모든 개념을 소개하며, 최첨단 딥러닝 기술과 최첨단 연구에 쉽게 접근할 수 있도록 도와줍니다.

여러분은 방대한 분량의 즐거운 여행에서 컴퓨터 영상 처리의 최신 동향을 경험하고 자연어 처리에 몰두하며 기초 수학을 배우게 됩니다. 그리고 아이디어를 실제로 구현하는 과정을 거치므로 여행이 계속 즐거울 겁니다. 온라인에서 만나는 수천 명의 fast.ai 실무자를 여러분의 동료라 생각하세요. 관심사가 같은 사람들과 크고 작은 문제의 해결책을 이야기하고 아이디어를 구상할 수 있습니다.

여러분이 이 책을 발견해서 매우 기쁩니다. 여기서 여러분의 분야에 딥러닝을 유용하게 사용할 수 있는 영감을 얻으시길 바랍니다.

수미스 친탈라 Soumith Chintala**, 파이토치 공동 제작자**

CONTENTS

CONTENTS

PART **2** fastai 애플리케이션 계층 이해하기

CHAPTER **4** 숫자 분류기의 학습 내부 들여다보기

CONTENTS

CHAPTER 5 이미지 분류

CHAPTER 6 그 밖의 영상 처리 문제

CONTENTS

CHAPTER 9 테이블 데이터 모델링 깊게 알아보기

CONTENTS

CHAPTER 10 NLP 깊게 알아보기: 순환 신경망

CONTENTS

CHAPTER **13 합성곱 신경망**

CHAPTER **14** **ResNets**

CHAPTER **15** **애플리케이션 구조 깊게 살펴보기**

CONTENTS

CHAPTER **16** 학습 과정

CONTENTS

PART **5 부록**

실전 딥러닝

Part I

실전 딥러닝

CHAPTER 1

딥러닝으로 떠나는 여행

안녕하세요. 딥러닝으로 떠나는 여행에 함께해주셔서 감사합니다. 첫 장에서는 앞으로 다룰 내용을 설명하고, 딥러닝의 주요 개념을 소개하며, 첫 번째 모델을 학습시켜보겠습니다. 여러분이 공학이나 수학에 친숙하지 않더라도 괜찮습니다. 저희는 가능한 한 많은 사람이 딥러닝을 접할 수 있도록 이 책을 썼습니다.

1.1 모두를 위한 딥러닝

많은 사람이 딥러닝으로 좋은 결과를 얻기란 매우 어렵다고 가정해버립니다. 하지만 이는 사실이 아닙니다. [표 1-1]은 세계 최상급 딥러닝 결과물을 만들 때 **전혀 필요 없는** 몇 가지 요소입니다.

표 1-1 딥러닝에 필요하지 않은 요소

편견 (불필요)	진실
뛰어난 수학 실력	고등학교 수준의 수학이면 충분합니다.
많은 양의 데이터	50개 미만의 데이터로도 충분히 의미 있는 결과를 만들 수 있습니다.
고가의 컴퓨터 장비	큰 비용을 들이지 않고도 최신 결과를 얻을 수 있습니다.

딥러닝deep learning은 여러 계층의 인공 신경망을 사용해 데이터를 추출하고 변형하는 컴퓨터 기술입니다. 활용 범위는 음성 인식부터 동물 이미지 분류까지 다양하죠. 각 계층의 출력은 다음 순서의 계층에 입력으로 쓰이며, 이 과정을 계속 반복하면서 데이터는 점진적으로 정제됩니다. 그리고 각 계층은 오차를 최소화하고 정확도를 개선하는 알고리즘으로 학습이 이루어집니다. 이런 과정을 거쳐 신경망이 특정 작업을 수행하는 방법을 배우죠. 학습 알고리즘은 다음 절 (1.4절)에서 상세히 다룹니다.

딥러닝은 강력하고, 유연하며, 단순합니다. 그래서 딥러닝을 여러 분야에 걸쳐 적용할 수 있죠. 예를 들면 사회 과학, 물리, 예술, 의학, 금융, 과학적 연구 등의 분야가 포함됩니다. 저 같은 경우에는 의학적 배경지식은 없었지만 딥러닝 알고리즘을 사용해 질환과 질병을 진단하는 엔리틱Enlitic 사를 창업할 수 있었습니다. 창업한 지 몇 달 만에 방사선 전문의보다 더욱 정확하게 악성 종양을 판단하는 알고리즘(https://oreil.ly/aTwdE)을 발표하기도 했죠.

다음은 딥러닝을 많이 활용한 기법으로 세계 최고 수준의 결과를 끌어낸 다양한 분야의 예시입니다.

- **자연어 처리(NLP)**
  질의응답, 음성 인식, 문서 요약, 문서 분류, 문서에서 정보(예: 이름, 날짜) 검색, 특정 개념을 언급한 기사 검색

- **영상 처리**
  위성과 드론 이미지 해석(예: 재난 구조 현장), 얼굴 인식, 이미지에 설명 달기, 교통 표지판 판독, 자율주행차에서 보행자와 다른 차량의 위치 파악

- **의학**
  방사선 이미지(예: CT, MRI, 엑스레이)의 이상 탐지, 병리 슬라이드의 특징 집계, 초음파 특징 측정, 당뇨병성 망막증 진단

- **생물학**
  단백질 접힘, 단백질 분류, 종양 염기서열 분석 및 임상적으로 실행할 수 있는 유전자 돌연변이 분류와 같은 유전체학(게놈) 관련 작업, 세포 분류, 단백질 또는 단백질 상호작용 분석

- **이미지 생성**
  이미지 채색, 이미지 해상도 개선, 이미지 보정, 유명한 예술가의 스타일로 이미지 변형

- **추천 시스템**
  웹 검색, 상품 추천, 홈페이지 레이아웃

- **게임 플레이**

  체스, 바둑, 대부분의 아타리 비디오 게임, 실시간 전략 게임
- **로봇공학**

  정확한 위치를 찾기 어렵거나(예: 투명하고, 빛나고, 질감이 없는) 집어 올리기 어려운 물체 다루기
- **기타 활용 분야**

  금융, 물류 예측, 텍스트 음성 변환 등 다양한 분야에서 활용

주목할 점은 딥러닝을 응용하는 방법은 다양하지만, 거의 모든 사례가 신경망이라는 단일 모델에 기초한다는 사실입니다.

사실 딥러닝은 완벽히 새로운 개념이 아닙니다. 간략한 역사를 먼저 살펴보겠습니다. 딥러닝 분야를 넓은 시야로 바라보게 도와주는 가치 있는 시간이 될 것입니다.

1.2 신경망: 간략한 역사

1943년, 신경 생리학자 워렌 매컬러Warren McCulloch와 논리학자 월터 피츠Walter Pitts는 인공 뉴런의 수학 모델을 개발하려고 뭉쳤습니다. 그리고 논문 「A Logical Calculus of the Ideas Immanent in Nervous Activity」에서 다음을 선언했습니다.

> 신경 활동의 '양자택일all-or-none'적인 특성 때문에, 신경에 발생하는 사건과 사건 간의 관계는 명제 논리로 다룰 수 있습니다. 이 말로 모든 신경망의 작동을 설명할 수 있습니다.

매컬러와 피츠는 실제 뉴런을 단순화한 모델이 간단한 덧셈과 임곗값으로 [그림 1-1]처럼 표현될 수 있음을 깨달았습니다. 피츠는 독학을 했고, 12살에 케임브리지 대학의 버트런드 러셀Bertrand Russell에게서 공동 연구 제의를 받기도 했지만 제안을 수용하지는 않았습니다. 사실 피츠는 평생 어떤 고등 학위나 권위 있는 직책도 받아들이지 않았죠. 피츠의 유명한 업적은 대부분 노숙 시절에 이뤄졌습니다. 공식적인 지위가 없고 사회적으로 고립된 환경에서도 매컬러와 피츠는 영향력이 매우 큰 연구를 했습니다. 후속 연구는 심리학자 프랭크 로젠블랫Frank Rosenblatt이 이어받아 지속했습니다.

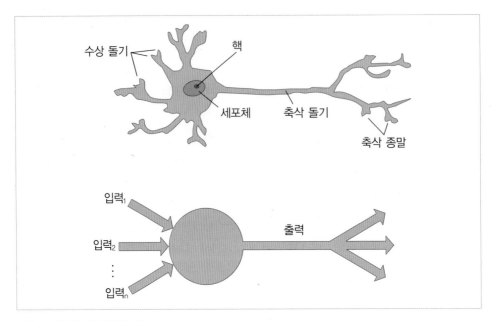

그림 1-1 실제 뉴런과 인공 뉴런

로젠블랫은 인공 뉴런 개념을 더욱 발전시켜 학습하는 능력을 부여했습니다. 그리고 이 원칙을 사용한 최초의 장치인 '마크 원 퍼셉트론Mark I Perceptron'을 만드는 작업을 진행했다는 점이 중요합니다. 구축된 퍼셉트론은 간단한 모양을 성공적으로 인지했죠. 로젠블랫은 「The Design of an Intelligent Automaton」에서 이 작업에 대해 "우리는 인간의 훈련이나 통제 없이 주변을 감지, 인지, 식별할 수 있는 컴퓨터의 탄생을 목격하는 순간에 거의 도달했다"라고 썼습니다.

MIT의 교수 마빈 민스키Marvin Minsky(로젠블랫의 고등학교 후배)와 시모어 페퍼트Seymour Papert 는 저서 『Perceptrons』(MIT Press, 1987)에서 로젠블랫의 발명을 언급했습니다. 해당 장치로 구성된 단일 계층은 XOR 같이 간단하지만 수학적으로 매우 중요한 개념을 학습해내지 못한다는 사실과, 여러 계층을 사용하면 이 문제를 해결할 수 있다는 사실을 증명했습니다. 그리고 여러 계층을 사용하면 이를 해결할 수 있다는 사실도 보여줬습니다. 하지만 불행히도 이 중 오직 첫 번째 통찰만이 사람들에게 널리 알려져서 그 후 20년 동안 세계 학계는 신경망을 거의 포기했습니다.

아마도 지난 50년 동안 신경망에서 가장 중요한 연구는 데이비드 루멜하트David Rumelhart, 제임스 매클렐런드James McClelland, 병렬 분산 처리Parallel Distributed Processing(PDP) 연구 그룹이 출간한 『Parallel Distributed Processing』(MIT Press, 1986)일 것입니다. 이 책의 1장은 로젠블

랫과 유사한 희망을 제시합니다.

> 사람은 오늘날의 컴퓨터보다 똑똑합니다. 사람의 두뇌는 컴퓨터보다 더 적합한 기본 계산 구조를 써
> 서 자연 정보 처리 작업의 핵심을 다루기 때문입니다 … 여기서 소개하는 인지 과정 모델링용 계산
> 프레임워크는 다른 프레임워크보다 뇌가 수행하는 계산 방식에 가깝습니다.

PDP 책에서는 두뇌가 일반적인 컴퓨터 프로그램과 매우 다른 방식으로 작동하므로 두뇌가 매
우 쉽게 할 수 있는 일(예: 사진에서 물체를 인식)을 컴퓨터 프로그램이 잘 처리하지 못한다고
전제했습니다. PDP의 저자는 PDP에서 제시한 접근법이 다른 프레임워크보다 두뇌가 작동하
는 방식에 더 가까워서 기존의 컴퓨터 프로그램에서 잘 처리하지 못한 작업을 잘 다룰 수 있다
고 주장했습니다.

실제로 PDP가 제시한 접근법은 오늘날 신경망에서 사용하는 접근법과 매우 유사합니다. PDP
는 병렬 분산 처리를 다음과 같이 정의했습니다.

- **처리 유닛 집합**
- **활성 상태**
- 각 유닛의 **출력 함수**
- 유닛 간의 **연결 패턴**
- 연결망으로 활동 패턴을 전파하는 **전파 규칙**
- 유닛의 현재 상태에 영향을 주는 입력을 결합하여 유닛의 출력을 생성하는 **활성화 규칙**
- 경험에 따라 연결 패턴을 바꾸는 **학습 규칙**
- 시스템이 작동하는 **환경**

이 책을 읽으면서 현대의 인공 신경망이 이런 요구 사항을 다룬다는 사실을 알게 될 것입니다.

1980년대의 모델은 대부분 두 층의 뉴런으로 구축했습니다. 민스키와 페퍼트가 제시한 문제를
피하기 위해서였죠. 그리고 신경망은 1980년대와 1990년대에 현실적이고 실용적인 프로젝트
에 널리 사용되었습니다. 하지만, 이론적인 문제에 관한 오해는 다시 신경망의 발전을 저지했
습니다. 이론적으로 단일 뉴런 계층을 추가한 신경망은 모든 수학적 함수를 근사할 수 있지만,
실제로 이 신경망이 유용하게 사용되기 위해서는 너무나도 많은 뉴런이 필요해서 전체 신경망
이 너무 커지고 매우 느려질 수 있습니다.

연구자들은 실용적이고 좋은 성능을 위해선 더 많은 뉴런 계층이 필요하다는 사실을 30년 전

에 이미 보여줬습니다. 하지만 이 원칙은 10년 전부터 더 널리 인정되고 적용되었습니다. 이제 신경망은 개선된 컴퓨터 하드웨어의 성능 덕분에 늘어난 처리 용량으로 더 많은 계층을 사용할 수 있습니다. 마침내 신경망의 잠재력을 끌어낼 수 있게 되었죠. 즉 로젠블랫이 약속한 '인간의 훈련이나 통제 없이 주변을 감지, 인지, 식별할 수 있는 컴퓨터'를 만들게 되었습니다.

이 책에서는 그런 기계를 구축하는 방법을 배웁니다. 하지만 앞으로 오랜 시간을 함께 보내야 하니, 서로를 알아보는 시간을 잠시 가져보도록 하죠.

1.3 저자 소개

저희는 딥러닝 여행의 가이드를 맡은 실뱅과 제러미입니다.

제러미는 약 30년 동안 머신러닝을 사용하고 가르쳤으며, 25년 전부터 신경망을 사용했습니다. 처음으로 딥러닝을 통해 의학을 바라본 회사인 엔리틱Enlitic을 창업하는 등 머신러닝을 중심으로 하는 많은 회사와 프로젝트를 이끌었습니다. 세계 최대의 머신러닝 커뮤니티인 캐글의 회장과 책임 과학자를 역임하기도 했죠. 또한 레이첼 토마스Rachel Thomas 박사와 함께 이 책의 근간이 된 강의를 만든 fast.ai(https://www.fast.ai) 조직을 공동 설립했습니다.

이 책에서는 다음과 같은 메모를 통해 저희의 이야기를 직접 전해드립니다.

> **TIP** **제러미의 말**
> 안녕하세요, 저는 제러미입니다! 제가 정식으로 기술 교육을 받지 않았다는 사실이 흥미로우실지도 모르겠군요. 저는 철학을 전공했지만, 성적이 좋지는 않았습니다. 이론적인 연구보다는 실제 프로젝트에 더 관심이 많아서 대학 시절 맥킨지&컴퍼니McKinsey and Company라는 경영 컨설팅 회사에서 풀타임으로 근무하기도 했습니다. 추상적인 개념을 배우는 데 수년을 소비하기보다 직접 뛰어들어 뭔가를 만드는 일을 좋아하는 분이라면 제가 어떤 사람인지 금방 이해하시겠죠. 저와 같이 수학과 공학적 배경지식이 적은 분이라면 제가 남긴 메모를 찾아보세요.

반면 실뱅은 일반적인 기술 교육 과정을 매우 잘 압니다. 프랑스에서 심화 수학 교과 과정을 다루는 교과서 10권을 집필하기도 했죠.

제러미와 달리 저는 머신러닝 알고리즘을 코딩하고 적용한 지 그리 오래되지 않았습니다. 최근에 제러미의 **fast.ai** 강의 영상을 보고 머신러닝 세계에 발을 들였죠. 터미널을 열어 명령줄에 명령어를 입력해본 적이 없는 분은 제가 어떤 사람인지 금방 아실 겁니다! 수학이나 기술 교육을 받았지만 실제 코딩 경험이 없는 저 같은 분들은 제 메모를 확인해보세요.

전 세계의 학생 수십만 명이 fast.ai 과정을 공부했습니다. 실뱅은 제러미가 본 학생 중에서 가장 돋보였고, 이를 계기로 fastai 라이브러리를 만드는 일에 합류했습니다.

fast.ai를 직접 개발했기에 누구보다도 인공지능을 더 잘 이해하는 수학 전문가와 코딩 및 머신러닝 전문가가 함께 이 책을 집필했습니다. 또한 (제러미처럼) 수학과 거리가 먼 사람과 (실뱅처럼) 코딩 및 머신러닝과 거리가 먼 사람의 입장을 잘 알기에 양쪽을 모두 이해시킬 수 있습니다.

스포츠 경기를 즐겨보는 사람이라면 두 명의 해설자 외에 '특별 해설'을 하는 캐스터가 필요하다는 것을 알고 있을 겁니다. 여기서는 알렉시스 갤러거Alexis Gallagher가 캐스터 역할을 합니다. 알렉시스는 수리 생물학 연구자, 시나리오 작가, 즉흥 연주자, 맥킨지 컨설턴트, 스위프트Swift 프로그래머, CTO 등 다양한 분야에서 활동했습니다.

TIP **알렉시스의 말**

저는 이제 막 AI를 배우기 시작한 사람입니다. 다양한 분야의 경험이 있지만, 머신러닝 모델 구축과 관련한 어떤 배경지식도 없죠. 그렇지만 힘들어봐야 얼마나 힘들겠습니까? 저는 여러분처럼 이 책으로 머신러닝을 배워나갈 것입니다. 이 여정에서 제가 발견한 유용한 팁이 여러분께도 도움이 되길 바랍니다.

1.4 딥러닝을 배우는 방법

『Making Learning Whole』(Jossey-Bass, 2009)를 저술한 하버드 대학의 교수 데이비드 퍼킨스David Perkins는 교육에 관해 할 말이 많습니다. 기본 아이디어는 **게임 전체**whole game를 가르치는 것입니다. 야구를 가르치는 상황을 가정해보죠. 가장 먼저 사람들을 야구 경기에 데려가거나 게임을 직접 하도록 유도해야 합니다. 이러한 기초 과정도 없이 야구공을 감아치는 방법, 포물선의 물리학, 방망이에 맞은 공의 마찰 계수를 가르치진 않죠.

폴 록하트[1]Paul Lockhart는 『A Mathematician's Lament(https://oreil.ly/yNimZ)』라는 영향력 있는 수필에서 수학을 가르치는 방식을 끔찍한 방법으로 음악과 예술을 가르치는 악몽 같은 세계로 묘사합니다. 그런 세상에서는 악보와 이론을 익히고 악보를 다른 키로 조옮김하는 방식을 배우는 데 소요되는 10년 동안 음악을 듣거나 연주할 수 없습니다. 미술도 마찬가지입니다. 학생들은 색상과 소도구의 역할을 공부하지만 대학생이 될 때까지 실제 그림을 그려볼 수 없습니다. 어리석은 말처럼 들리나요? 하지만 현재 수학 교육 방식이 이렇습니다. 나중에 도움이 된다는 가정하에 수년 동안 딱딱하고 단절된 기초를 기계적으로 암기해야만 하죠. 그 결과 대부분의 학생은 수학을 포기하기에 이릅니다.

안타깝지만 딥러닝 교육도 비슷한 과정을 따릅니다. 실제 코드 예시를 제공하지 않고 헤세 행렬Hessian Matrix의 정의와 손실 함수에 대한 테일러 정리를 따라오라고 요구하죠. 미적분학을 비판하려는 의도가 아닙니다. 저희는 미적분학을 좋아하고 실뱅은 대학교에서 수학을 가르치기도 했지만, 딥러닝을 처음 배울 때 미적분학부터 시작하는 게 좋다고 생각하지는 않습니다.

딥러닝에서 모델을 더 개선하고 싶다는 동기가 있으면 배움에 많은 도움이 됩니다. 그때부터 관련 이론을 배우기 시작하면 됩니다. 그런데 먼저 개선할 딥러닝 모델이 있어야겠죠. 이 책은 실제 사례로 딥러닝의 거의 모든 것을 설명합니다. 실제 사례로부터 모델을 구축하고, 더 깊이 파고들며, 프로젝트를 계속해서 개선하는 방법을 보여줍니다. 즉, 맥락 속에서 필요한 이론적 기초를 점진적으로 학습하며, 이런 이론이 중요한 이유와 작동 방식 등을 파악해갑니다.

다음은 이 책 전반에 걸쳐 따르는 원칙이며, 저희가 여러분께 드리는 약속입니다.

- **게임 전체를 가르칩니다**
  먼저 간단하면서도 사용하기 좋은 도구를 사용해 실세계 문제를 해결하는 데 사용할 수 있는 완전한 최신 딥러닝 모델을 사용하는 방법을 보여드리겠습니다. 그다음 이런 도구가 만들어진 방식과 이런 도구를 만든 도구가 만들어진 방식 등을 점점 더 깊이 파고듭니다.

- **항상 예시를 사용합니다**
  대수 기호 조작과 같은 수학적인 설명으로 시작하지 않고 직관적으로 이해할 수 있는 맥락과 목적을 제시합니다.

- **최대한 쉽게 설명합니다**
  저희는 어려운 주제를 단순화하는 도구와 교수법을 구축하는 데 수년을 보냈습니다.

---

1 폴 록하트는 컬럼비아 대학에서 수학 박사 학위를 받았으며 전 브라운 대학교의 교수이자 유치원부터 고등학교 과정을 가르치는 수학 교사입니다.

• **경계를 허뭅니다**

지금까지 딥러닝은 특정 집단의 전유물처럼 사용됐습니다. 저희는 그 경계를 허물고, 모두가 딥러닝을 쓸 수 있도록 합니다.

딥러닝의 가장 어려운 점은 장인 정신이 있어야 한다는 것입니다. 데이터가 충분한지, 올바른 형식인지, 모델이 제대로 학습하는지, 그렇지 않다면 어떤 대처가 필요한지를 파악하는 방법은 무엇일까요? 이는 저희가 실행에 의한 학습learning by doing을 믿는 이유기도 합니다. 데이터 과학의 기본 기술들과 마찬가지로, 여러분의 딥러닝 기량은 실전 경험으로만 향상됩니다. 이론에 너무 많은 시간을 투자하면 비생산적이겠죠. 핵심은 코드로 문제를 해결하는 것입니다. 그 과정에서 상황과 동기가 생겼을 때 이론을 살펴보면 됩니다.

때로는 딥러닝 여정이 힘들게 느껴지겠죠. 어딘가 꽉 막혔다고 느낄지도 모릅니다. 하지만 포기하지 마세요! 이럴 때는 막힘이 없던 마지막 부분으로 돌아가서, 명확히 이해할 수 없는 첫 번째 내용을 찾습니다. 그리고 그 내용에 관한 몇 가지 코드를 실험해보기 바랍니다. 그래도 이해가 안 된다면, 같은 문제를 다른 시각으로 바라보는 자료나 튜토리얼을 인터넷에서 찾아보세요. 또한 처음 책을 읽고 모든 내용(특히 코드)을 이해하지 못하는 것이 정상입니다. 때로는 모든 내용을 차례대로 이해하고 넘어가기가 어렵습니다. 더 많은 자료를 보며 큰 그림을 그린 후에야 이해되기도 하죠. 따라서 어디선가 막혔다면, 나중에 다시 읽을 부분이라는 메모를 남긴 후 계속해서 책을 읽어나가기 바랍니다.

딥러닝 분야에서 성공하는 데 특별한 학문적 배경이 필요하지는 않습니다. 박사 학위가 없는 사람들도 연구와 산업 분야에서 중요한 혁신을 이뤄냈죠. 가령 5,000번 이상 인용되었으며 지난 10년간 큰 영향력을 미친 「Unsupervised Representation Learning with Deep Convolutional Generative Adversarial Networks(`https://oreil.ly/JV6rL`)」 논문은 알렉 래드포드Alec Radford가 학부 시절에 썼습니다. 또한 매우 어려운 과제인 자율 주행 자동차를 만드는 테슬라의 CEO인 일론 머스크Elon Musk는 다음과 같이 말합니다(`https://oreil.ly/nQCmO`).

박사 학위는 필수가 아닙니다. AI를 깊이 이해하고 실제로 유용한 신경망을 구현하는 능력이 중요하죠. 고등학교만 졸업했더라도 전혀 상관없습니다.

다만 성공하려면 이 책에서 배운 내용을 여러분만의 개인 프로젝트에 적용하고, 유의미한 결과를 얻을 때까지 인내해야 합니다.

1.4.1 프로젝트와 마음가짐

이 책은 (사전 학습된 모델로) 딥러닝을 가능한 한 빨리 여러분의 문제에 활용할 수 있도록 해주고, 자세한 정보를 점진적으로 제공하는 방식으로 진행합니다. 해결하려는 문제가 잎사귀 사진으로 식물이 질병에 걸렸는지를 확인하거나, 뜨개질 패턴을 자동 생성하거나, 엑스레이 사진으로 결핵을 진단하거나, 너구리가 고양이 문을 사용하는 시간을 확인하는 등 어떤 작업이라도 말이죠. 다음 장에서는 읽기 시작해 30분이 지나기도 전에 딥러닝으로 여러분만의 문제를 최신 수준의 정확도로 푸는 방법을 배울 것입니다(즉시 코딩에 뛰어들고 싶다면 지금 바로 다음 장을 읽어도 좋습니다)! 그리고 딥러닝을 하려면 구글이 보유한 수준의 연산 자원과 데이터가 필요하다는 편견이 있지만, 이는 사실이 아닙니다.

그런데 어떤 종류의 작업을 시도해보면 좋을까요? 처음에는 크고 웅장한 문제보다 4~5개의 작은 프로젝트를 계획하는 편이 더 좋습니다. 여러분의 취미나 관심 있는 분야의 프로젝트라면 더 좋습니다. 가령 피카소와 모네의 그림을 구별하거나, 아들과 딸 사진을 필터링하는 등의 간단한 예를 떠올려볼 수 있겠죠. 공부하다 보면 꽉 막힌 느낌이 들곤 합니다. 너무 일찍 지나친 포부를 품으면 오히려 역효과를 초래할 수 있습니다. 우선은 기본기를 완전히 익힌 다음, 스스로 자랑스러워할 만한 일에 도전해보기 바랍니다!

> **TIP** **제러미의 말**
> 딥러닝은 거의 모든 문제를 해결하게끔 구축할 수 있습니다. 예를 들어 제가 첫 번째로 시작한 스타트업인 패스트메일FastMail은 설립되었던 1999년도에 향상된 이메일 서비스를 제공했습니다(현재도 계속 서비스 중입니다). 2002년에는 이메일을 분류하고 고객의 스팸 수신을 막는 데 딥러닝의 기본이 되는 단일 계층으로 구성된 신경망을 사용했습니다.

일반적으로 딥러닝을 잘하는 사람들은 장난기와 호기심이 풍부합니다. 가령 물리학자 리처드 파인만Richard Feynman은 판이 공중에서 회전할 때 흔들리는 방식을 흥미롭게 관찰했으며, 이로부터 원자보다 작은 입자들이 어떻게 움직이는지를 이해했습니다.

이제 우리가 배울 내용이 무엇인지에 집중해보겠습니다. 우선 소프트웨어에 관한 이야기부터 시작해보죠.

1.5 소프트웨어: 파이토치, fastai, 주피터 노트북

저희는 다양한 프로그래밍 언어와 수십 개의 패키지를 사용해 수백 가지 프로젝트를 수행했습니다. fast.ai에서는 오늘날 사용하는 대부분의 딥러닝과 머신러닝 패키지를 활용하여 강의를 만들었죠. 2017년에 파이토치를 출시한 후, 앞으로 있을 강의와 소프트웨어 개발 및 연구에 파이토치를 사용할 수 있을지를 판단하는 데 많은 시간을 쏟아부어 여러 검증 작업을 했습니다. 그 이후로 파이토치는 유명 콘퍼런스에 제출된 대부분의 논문에서 사용되는 등 세계적으로 가장 빠르게 성장하는 딥러닝 라이브러리가 되었습니다. 이런 논문이 제시하는 방법은 결국 상업적인 상품이나 서비스에 쓰이기 때문에, 사실상 업계에서 파이토치를 사용하는 비중을 보여주는 지표라고 볼 수 있습니다. 저희는 그동안 다양한 패키지를 활용한 경험을 토대로 파이토치가 가장 유연하고 표현력이 뛰어나며, 빠른 속도와 단순한 사용성을 두루 갖춘 딥러닝용 라이브러리라는 사실을 발견했습니다.

파이토치는 저수준으로 사용하기에 가장 적합한 라이브러리로, 고수준의 기능을 정의하는 기본적인 연산 체계를 제공합니다. 그리고 fastai 라이브러리는 파이토치에 고수준의 기능을 얹은 가장 인기 있는 라이브러리입니다. 특히 완전히 계층화된 소프트웨어 구조를 제공하는 특징 덕분에 이 책의 목적에도 잘 부합하죠(계층적 API를 소개하는 동료 평가 기반 학술 논문(https://oreil.ly/Uo3GR)도 있습니다). 우리는 딥러닝의 기본기를 더욱 깊이 파고들며 fastai의 계층적 API도 더욱 깊이 살펴볼 것입니다. 이 책에서 사용한 fastai 라이브러리 버전은 밑바닥부터 재작성한 2.x이며, 여러 가지 독특한 기능을 제공합니다.

하지만 다른 라이브러리로 전환하는 방법은 며칠이면 배울 수 있으므로, 어떤 소프트웨어를 사용하는지는 크게 중요하지 않습니다. 딥러닝의 기본기와 기법을 제대로 배우는 것이 중요하죠. 따라서 이 책은 배울 개념을 최대한 명료하게 표현하는 코드를 사용하는 데 중점을 둡니다. 고수준의 개념을 배워야 할 때는 고수준의 fastai 코드를, 저수준의 개념을 배워야 할 때는 저수준의 파이토치나 순수 파이썬 코드를 사용하겠습니다.

갈수록 새로운 딥러닝용 라이브러리가 더 빠르게 등장하므로 여러분은 앞으로 수개월, 수년 동안 일어날 빠른 변화 속도에 대비해야만 합니다. 딥러닝에 더 많은 사람이 발을 들일수록 더 많은 기술과 아이디어 등 다양한 시도가 일어나겠죠. 현재 배우는 특정 소프트웨어와 라이브러리가 향후 1~2년 내로 구식이 될 가능성을 염두에 둬야 합니다. 소프트웨어 관점에서 볼 때 딥러닝보다 훨씬 성숙하며 느리게 성장하는 웹 프로그래밍 세계에서 대규모로 발생하는 라이브러리와 기술 스택의 변화 속도를 생각해보면 쉽게 이해할 수 있습니다. 저희는 기술의 기본기를 이해하고, 이를 실제로 적용하고, 새로운 도구와 기법이 출시될 때 신속하게 전문성을 확보하는 방법을 배우는 것이 핵심이라고 믿습니다.

각 장에서 모델을 구축하고 학습시키며 일어나는 일을 점점 더 깊이 파악할 것이므로, 이 책이 끝날 무렵에는 fastai와 파이토치의 거의 모든 코드를 이해할 수 있겠죠. 즉 현대의 딥러닝에서 중요하게 쓰이는 대부분의 모범 사례를 사용하는 방법부터 실제로 작동하고 구현하는 방식까지 배웁니다. 이렇게 구축한 지식은 여러분이 다른 프레임워크를 사용해야 하는 상황에서도 중요한 역할을 할 것입니다.

딥러닝을 배울 때는 코드를 작성하고 실험해보는 일이 가장 중요합니다. 따라서 코드를 실험할 수 있는 훌륭한 플랫폼을 갖춰야 합니다. 이 책에서는 현재 가장 인기 있는 프로그래밍 실험 플랫폼인 주피터(https://jupyter.org)를 사용합니다. 앞으로 주피터 플랫폼으로 모델을 학습시키고 실험하는 방법, 데이터 전처리와 모델 개발 공정에 필요한 모든 단계를 조사하는 방법을 배울 것입니다. 주피터가 파이썬을 사용한 데이터 과학에서 가장 인기 있는 이유는 강력하고 유연한 사용성 때문입니다. 여러분도 분명 좋아하게 되겠죠!

다음으로는 우리의 첫 번째 모델을 실제로 학습시켜 보겠습니다.

1.6 첫 번째 모델 만들기

앞서 말했듯이 작동 원리를 설명하기 전에 작동시키는 방법을 먼저 설명하겠습니다. 하향식 접근법top-down approach에 따라, 가장 먼저 개와 고양이를 거의 100% 정확히 인식하는 이미지 분류 모델을 실제로 학습시키겠습니다. 모델을 학습시키고 실험하려면 몇 가지 초기 설정을 해야 합니다. 생각보다 어렵지 않으므로 걱정하지 않으셔도 됩니다.

> **TIP** **실뱅의 말**
> 터미널이나 명령줄 사용이 미숙한 분들에게는 초기 설정이 무섭게 느껴질지도 모릅니다. 하지만 겁내지 말고 하나씩 따라 해보기 바랍니다. 가장 간단한 서버는 일반적인 웹 브라우저로 설정할 수 있으니까요. 다만 이를 터득하려면 여기서 배운 내용을 바탕으로 여러분 스스로 실험을 해나가야 함을 기억하세요.

1.6.1 GPU를 탑재한 딥러닝 서버 구하기

이 책에서 다루는 작업 대부분에는 NVIDIA GPU를 탑재한 컴퓨터가 필요합니다(아쉽지만 주요 딥러닝 라이브러리는 다른 브랜드의 GPU를 지원하지 않습니다). 하지만 NVIDIA GPU의 구매를 권장하지는 않습니다. 사실 이미 가지고 있더라도 아직은 사용하지 않는 편이 좋습니다! 직접 컴퓨터를 설정하려면 많은 시간과 에너지가 소모되기 때문이죠. 우선은 여러분의 모든 에너지를 딥러닝에 집중했으면 합니다. 따라서 필요한 요소가 모두 설치되어 바로 사용할 수 있는 컴퓨터의 접근 권한을 임대하면 좋습니다. 이런 컴퓨터는 보통 시간당 약 300원 수준이며(사용 중에만 사용 시간이 집계됨), 무료로 사용할 수 있는 서비스도 있습니다.

> **NOTE_ 전문용어: 그래픽 처리 장치(GPU)**
> **그래픽 카드**graphics card라고도 알려진 GPU는 수천 개의 단일 작업을 동시에 처리할 수 있는 특별한 프로세서입니다. 특히 컴퓨터에서 3D 환경의 게임을 출력하는 목적으로 설계되었죠. 이런 기본 작업은 신경망이 수행하는 작업과 매우 유사합니다. 따라서 GPU는 CPU보다 수백 배 빠르게 신경망을 처리합니다. 현대의 컴퓨터에는 대부분 GPU가 탑재되지만, 딥러닝에 적합한 종류의 GPU는 아닐 때가 많습니다.

이 책에 가장 적합한 GPU 서버는 바뀔 수 있습니다. 회사 생겨나고 사라지며 가격도 변하니 말이죠. 책의 웹사이트(`https://book.fast.ai`)에 권장 옵션 목록을 제공하므로, 지금 방문해서 지침에 따라 GPU 딥러닝 서버에 연결을 시도해보세요. 대부분 플랫폼은 설정까지 약 2분 정도만 소요되므로 걱정할 필요는 없습니다. 또한 시작할 때 별도의 결제나 신용 카드를 요구하지도 않습니다.

> **TIP** **알렉시스의 말**
> 이 조언에 귀를 기울여 주세요! 여러분이 컴퓨터를 좋아한다면, 스스로 컴퓨터를 설정하고 싶은 충동을 느낄지도 모릅니다. 물론 그렇게 해도 되지만 매우 귀찮은 작업이므로 주의하기 바랍니다! 이 책의 제목이 '우분투 시스템 관리, NVIDIA 드라이버 설치, apt-get, conda, pip, 주피터 노트북 설정의 모든 것'이 아닌 데는 그럴만한 이유가 있겠죠. 이는 별도의 책으로 다뤄야 할 만큼 방대한 내용입니다. 상업용 머신러닝 인프라를 설계하고 배포하는 작업은 충분히 가치 있습니다. 하지만 비행기를 조종하는 데 정비 지식이 별로 필요하지 않듯이, 모델링과는 무관한 내용입니다.

웹사이트가 제공하는 각 옵션은 알맞은 튜토리얼을 포함합니다. 해당 튜토리얼을 마치면, [그림 1-2]와 같은 화면이 나타납니다.

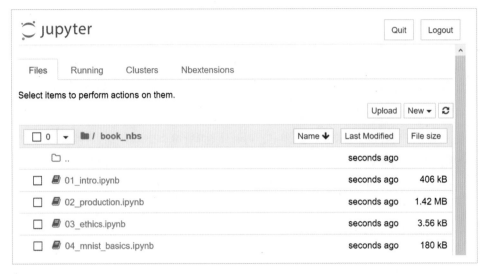

그림 1-2 주피터 노트북의 초기 화면

첫 번째 주피터 노트북을 실행할 준비가 되었습니다!

> **NOTE_ 전문용어: 주피터 노트북**
> 서식 있는 텍스트, 코드, 이미지, 비디오 등을 포함할 수 있는 소프트웨어입니다. 폭넓은 사용성을 제공하는 주피터는 여러 학술 분야와 산업에 지대한 영향을 미쳤고, 소프트웨어 부문에서 최고의 영예인 ACM 소프트웨어 시스템상ACM Software System Award을 수상하기도 했습니다. 주피터 노트북은 데이터 과학자들이 딥러닝 모델을 개발하고 상호작용하는 데 가장 널리 사용하는 소프트웨어입니다.

1.6.2 노트북 실행하기

노트북의 이름은 이 책의 각 장과 같은 순서로 번호가 매겨집니다. 따라서 목록의 가장 위에 나타나는 노트북이 지금 사용해야 할 노트북이죠. 이를 사용해 개와 고양이 사진 데이터셋을 다운로드하고, 개와 고양이 사진을 인식하는 **모델을 학습**시킵니다.

데이터셋dataset은 단순히 데이터를 뜻합니다. 데이터는 이미지, 이메일, 재무지표, 소리 등 무엇이든 될 수 있죠. 모델을 학습시키는 데 적합한 형태로 가공된 무료 데이터셋도 많습니다. 이런 데이터셋은 대부분 연구를 진행하는 데 도움이 되도록 학자들이 만들었으며, 경연 대회(데이터 과학자들이 가장 정확한 모델을 구축하는 경연을 펼치는 대회가 있습니다!)에서 사용하도록 공개되기도 합니다. 그리고 다른 과정의 부산물로 얻어지기도 합니다(예: 재정 서류 정리).

원하는 파일을 클릭하면 해당 노트북을 열 수 있습니다. 그러면 [그림 1-3]과 같은 화면이 나타나죠(플랫폼에 따라 세부 정보는 약간 다를 수 있지만, 이 점은 무시해도 좋습니다).

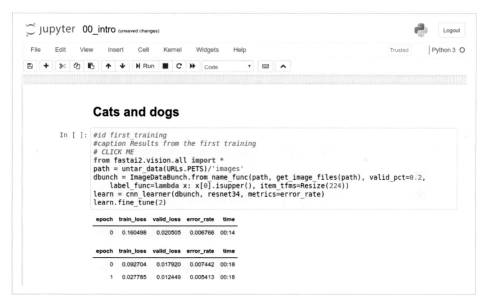

그림 1-3 주피터 노트북

노트북은 **셀**cell로 구성되며, 두 종류의 셀이 존재합니다.

첫 번째 종류는 서식 처리된 텍스트, 이미지 등을 담은 셀입니다. 곧 배울 **마크다운**Markdown 형식으로 작성합니다.

두 번째 종류는 코드를 담고 실제 실행하는 셀입니다. 이를 실행하면 출력 결과는 셀의 바로 아래에 표시됩니다(출력 결과는 일반 텍스트, 표, 이미지, 애니메이션, 사운드, 대화형 응용 프로그램 등 무엇이든 될 수 있음).

주피터 노트북에는 편집과 명령 모드가 있습니다. 편집 모드에서는 키보드를 치면 셀에 문자가 입력됩니다. 그러나 명령 모드에서는 깜박이는 커서가 표시되지 않으며, 키보드의 각 키는 특수 기능을 발동합니다.

계속해서 진행하기 전 Esc 키를 눌러 명령 모드로 전환해보세요(이미 명령 모드라면 Esc 키를 눌러도 아무런 변화가 일어나지 않습니다. 따라서 현재 모드에 상관없이 해당 키를 눌러보세요). 이 상태에서 H 키를 누르면 사용할 수 있는 모든 기능의 전체 목록을 확인할 수 있는 창이 뜹니다. 이 창을 닫으려면 Esc 키를 누르세요. 대다수 프로그램과는 달리, 명령 모드에서는 Ctrl, Alt 등과 같은 특수 키를 누르지 않고 필요한 문자 키를 누르기만 하면 됩니다.

명령 모드에서 C 키를 누르면 선택된 셀의 복사본을 만들 수 있습니다(셀을 마우스로 클릭하면 해당 셀이 선택되며, 선택된 셀 주변에 윤곽선이 표시됩니다). 그다음 V 키를 누르면 복사한 셀을 붙여 넣을 수 있습니다.

'# CLICK ME'로 시작하는 셀을 클릭하여 선택합니다. 이 문자열의 첫 번째 문자는 나머지가 주석임을 표시하는 파이썬의 문법이므로, 셀 실행 시 무시됩니다. 믿을지 모르겠지만, 몇 줄만을 포함한 이 단순한 셀이 바로 고양이와 개를 인식하는 최신 모델을 만들고 학습시키는 완전한 시스템입니다. 자, 그러면 바로 학습시켜보죠! Shift + Enter 키를 누르거나, 도구 모음의 재생 버튼을 클릭하면 선택된 셀이 실행됩니다. 그리고 몇 분 정도 기다리면 해당 셀의 실행이 완료됩니다. 이 셀은 크게 다음과 같은 세 가지 작업을 수행합니다.

1 fast.ai가 제공하는 데이터셋 목록에서 37개 품종의 고양이와 개의 이미지 7,349장이 포함된 'Oxford-IIIT Pet Dataset(https://oreil.ly/c_4Bv)'을 현재 GPU 서버로 다운로드하고 압축을 해제합니다.

2 경연대회의 우승 모델을 이미지 130만 장으로 학습시켜 얻은 **사전 학습된 모델**pretrained model을 인터넷에서 다운로드합니다.

3 전이 학습의 최신 기법으로 사전 학습된 모델을 **미세 조정**fine-tune하여 개와 고양이 인식에 특화된 모델을 생성합니다.

처음 두 개는 GPU 서버에서 한 번만 실행해도 됩니다. 셀을 다시 실행하더라도 다시 다운로드하지 않으며, 이미 다운로드한 데이터셋과 모델을 사용합니다. 셀의 내용과 결과를 살펴보죠.

```
# CLICK ME
from fastai.vision.all import *
path = untar_data(URLs.PETS)/'images'

def is_cat(x): return x[0].isupper()
dls = ImageDataLoaders.from_name_func(
    path, get_image_files(path), valid_pct=0.2, seed=42,
    label_func=is_cat, item_tfms=Resize(224))

learn = cnn_learner(dls, resnet34, metrics=error_rate)
learn.fine_tune(1)
```

표 1-2 처음으로 학습시킨 결과

epoch	train_loss	valid_loss	error_rate	time
0	0.169390	0.021388	0.005413	00:14

epoch	train_loss	valid_loss	error_rate	time
0	0.058748	0.009240	0.002706	00:19

여러분의 결과는 이와 똑같지 않을지도 모릅니다. 미세한 임의성이 모델 학습에 관여하기 때문이죠. 다만 이 예에서는 보통 오차율error rate이 0.02보다 훨씬 낮습니다.

TIP 학습 시간

인터넷 속도에 따라 사전 학습된 모델과 데이터셋 다운로드에 수 분 정도 걸릴지도 모릅니다. 또한 fine_tune[2]에는 약 1분이 소요됩니다. 앞으로 볼 모델들은 일반적으로 학습에 수분이 걸립니다. 나중에 여러분만의 모델을 만들더라도 마찬가지죠. 따라서 이 시간을 최대한 활용하는 방식을 고민해봐야 합니다. 가령 모델이 학습되는 동안, 다음 절을 계속해서 읽거나 다른 노트북으로 코드를 실험해볼 수 있습니다.

---

2 옮긴이_ fine_tune은 미세조정을 하는 메서드입니다. 뒤에 나오겠지만, 범용적으로 사전 학습된 모델을 특정 문제에 알맞은 형태로 추가 학습시켜 나가는 것을 미세 조정이라고 합니다.

그렇다면 모델 성능이 얼마나 좋은지는 어떻게 알 수 있을까요? 표의 마지막 열에 있는 **오차율**(error_rate)을 보면 알 수 있습니다. 잘못 식별된 이미지의 비율을 나타내죠. 오차율은 모델의 품질을 직관적이며 이해하기 쉬운 형태로 표현하는 측정 지표로 사용됩니다. 보다시피 학습은 단 몇 초간 수행되었지만, 거의 완벽한 모델을 얻었습니다(데이터셋과 사전 학습된 모델을 다운로드한 시간은 포함하지 않음). 사실, 여기서 달성한 정확도는 10년 전의 모든 결과를 웃도는 수준입니다!

마지막으로 모델이 실제로 작동하는지 확인해보죠. 직접 개나 고양이 사진을 찍거나, 구글링하여 찾은 이미지를 다운로드하세요. 이미지를 준비한 다음 uploader를 정의한 셀을 실행합니다. 그러면 클릭할 수 있는 버튼이 출력되고, 이를 클릭하여 원하는 이미지를 선택하여 업로드합니다.

```
uploader = widgets.FileUpload()
uploader
```

⬆ Upload (0)

이제 업로드한 파일을 모델로 전달할 수 있습니다. 스케치나 만화풍의 이미지보다는 실제 개나 고양이 한 마리가 선명하게 찍힌 사진을 골라야 합니다. 그렇지 않으면 모델이 오작동할 수 있다는 사실을 알아두세요. 다음 셀을 실행하면 업로드한 사진이 개인지, 고양이인지, 예측 결과에 얼마나 자신하는지(신뢰도가 있는지)의 정보가 출력됩니다. 모델이 훌륭하게 작동하기를 기대해보죠.

```
>>> img = PILImage.create(uploader.data[0])
>>> is_cat,_,probs = learn.predict(img)
>>> print(f"Is this a cat?: {is_cat}.")
>>> print(f"Probability it's a cat: {probs[1].item():.6f}")

Is this a cat?: True.
Probability it's a cat: 0.999986
```

축하합니다! 첫 번째 분류 모델을 무사히 만들었습니다.

그런데 이것은 무엇을 의미할까요? 우리가 실제로 무엇을 했나요? 이를 설명하려면 잠시 멀리 떨어져서 큰 그림을 살펴봐야 합니다.

1.6.3 머신러닝 소개

여러분이 만든 분류기가 바로 딥러닝 모델입니다. 앞서 말한 대로 딥러닝 모델은 1950년대에 시작된 신경망을 사용하며 최근의 발전 덕분에 매우 강력해졌습니다.

또한 딥러닝은 **머신러닝**이라는 더 넓은 분야의 현대적인 영역에 불과합니다. 즉 분류 모델을 학습시킬 때 수행한 작업의 본질을 이해하려면, 딥러닝 자체보다는 모델과 학습 과정의 개념이 일반적인 머신러닝에 어떻게 적용되는지를 파악해야 합니다.

따라서 이 절에서는 머신러닝을 설명합니다. 핵심 개념을 탐구하고, 핵심 개념들이 소개되었던 때와 어떤 연관성이 있는지를 추적하며 살펴봅니다.

머신러닝machine learning은 일반 프로그래밍과 마찬가지로 컴퓨터가 특정 작업을 완료하도록 하는 방법입니다. 그러나 일반 프로그래밍으로 개와 고양이 사진을 인식하는 애플리케이션을 만드는 방법은 무엇일까요? 작업을 완수하는 데 필요한 단계를 정확히 컴퓨터가 이해할 수 있는 방식으로 작성해야겠죠.

일반적으로 특정 작업을 완료하는 각 단계를 작성하는 일은 쉽습니다. 필요한 작업 단계를 떠올린 다음 코드로 옮겨 적으면 됩니다. 가령 목록을 정렬하는 함수를 작성하는 일을 떠올려봅시다. 보통 [그림 1-4]와 같은 함수를 작성하게 됩니다. **입력**은 정렬되지 않은 목록이고, **결과**는 정렬된 목록입니다.

그림 1-4 전통적인 프로그램

하지만 사진 속 물체를 인식하는 문제는 꽤 까다롭습니다. 어떤 작업 단계를 거쳐야 할까요? 사실 무의식적으로 두뇌가 물체를 인식하기 때문에 우리도 잘 모릅니다.

컴퓨팅이 시작된 1949년, IBM의 연구원인 아서 사무엘Arthur Samuel은 컴퓨터가 작업을 완료하도록 하는 다른 방법을 연구하기 시작했으며, 이를 **머신러닝**이라고 명명했습니다. 1962년에 쓴 「Artificial Intelligence: A Frontier of Automation」에서 그는 다음과 같이 말합니다.

컴퓨터를 프로그래밍해서 얻을 수 있는 것은 기껏해야 어려운 작업을 계산한 결과입니다. 컴퓨터 자체에 내재한 고유의 복잡성 때문이 아니라 세부 사항을 짜증 날 정도로 매우 잘게 쪼개야 하기 때문이죠. 프로그래머들은 컴퓨터를 거대한 두뇌가 아닌 거대한 바보라 부릅니다.

그가 제시한 아이디어의 기본은 컴퓨터에 문제 해결에 필요한 정확한 단계를 알려주지 않고, 해결할 문제의 예를 보여주고 스스로 해결하는 방법을 알아내도록 하는 것입니다. 그리고 이는 매우 효과적임이 밝혀졌죠. 1961년 그가 개발한 체커 게임[3]을 하는 프로그램은 코네티컷의 챔피언을 이길 정도였습니다! 그는 자신의 아이디어를 다음처럼 설명합니다(동일 글에서 발췌).

실제 성능적 관점에서 현재 할당된 모든 가중치의 유효성을 자동으로 검증하는 수단이 있으며, 성능을 최대화하는 방향으로 할당된 가중치를 수정해나가는 메커니즘이 존재한다고 가정해봅시다. 그렇다면 전체를 자동화하는 과정을 상세히 이해할 필요 없이, 단지 컴퓨터가 경험으로부터 '학습'하며 프로그래밍되는 것을 지켜보기만 하면 됩니다.

이 짧은 문장에는 여러 가지 강력한 개념이 숨어 있습니다.

- '가중치 할당'의 개념
- 모든 가중치 할당에 '실제 성능'이 있다는 사실
- 해당 성능을 검증하는 '자동화된 수단'이 있어야 한다는 요구 사항
- 가중치 할당을 바꿔서 성능을 향상하는 '메커니즘'(즉, 또 다른 자동화된 과정)의 필요성

이런 개념을 하나씩 살펴보며 실제로 이들이 결합하는 방식을 이해해보죠. 먼저 사무엘이 말한 **가중치 할당**이 의미하는 바를 이해해야 합니다.

가중치는 단지 변수일 뿐이며, 가중치 할당은 변수에 대해 선택된 특정값입니다. 한편 프로그램의 입력은 결과를 만들어내려고 처리하는 값이죠. 예를 들어 이미지 픽셀을 입력으로 받고, 결과로 '개'라는 분류를 반환하는 프로그램을 생각해볼 수 있습니다. 이 프로그램에서의 가중치 할당이란 프로그램이 작동할 방식을 정의하는 다른 값들입니다.

가중치는 프로그램에 영향을 미치므로 일종의 입력으로 볼 수도 있습니다. 이를 고려해서 [그림 1-4]를 [그림 1-5]처럼 수정해보죠.

---

3   옮긴이_ 체스판에 말을 놓고 움직이며 상대방의 말을 잡는 보드 게임입니다.

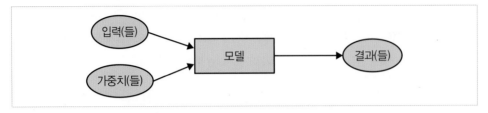

그림 1-5 가중치 할당을 사용한 프로그램

네모 상자의 이름을 **프로그램**에서 **모델**로 바꿨습니다. 이는 현대적인 용어를 따르고, **모델**이 **가중치**에 따라 **다양한 작업**을 수행하는 특수한 종류의 프로그램임을 반영하는 조치입니다. 모델은 다양한 방식으로 구현할 수 있습니다. 가령 사무엘의 체커 프로그램에 다른 값의 가중치를 할당한다면, 다른 전략을 구사하는 모델을 만들 수 있습니다.

(덧붙여 사무엘이 '가중치'라고 부른 것을 요즘에는 일반적으로 모델의 **파라미터**parameters라고 합니다. 그리고 **가중치**는 모델을 구성하는 특정 유형의 파라미터를 위해 예약된 용어입니다.)

다음으로 사무엘은 '실제 성능적 관점에서 현재 할당된 모든 가중치의 유효성을 자동으로 검증하는 수단'이 필요하다고 말했습니다. 가령 그가 만든 체커 프로그램에서 모델의 '실제 성능'은 게임을 얼마나 잘하는지에 달려있죠. 그리고 두 모델이 서로 대결하도록 설정하여 모델 성능을 자동으로 측정할 수 있습니다. 두 모델 중 더 많이 이기는 쪽을 확인하면 되죠.

마지막으로 그는 '성능을 최대화하는 방향으로 할당된 가중치를 수정해나가는 메커니즘'이 필요하다고 말했습니다. 가령 승리한 모델과 패배한 모델 간 가중치의 차이를 파악하여, 승리하는 방향으로 가중치를 조금 더 조정해볼 수 있습니다.

이제 왜 그런 절차를 '자동화할 수 있으며... 컴퓨터가 경험으로부터 '학습'하며 프로그래밍되는 것'이라고 했는지 이해할 수 있습니다. 가중치를 수동으로 조정하지 않고, 성능에 기반해 자동으로 조정하는 메커니즘을 사용한다면 학습을 완전히 자동화할 수 있겠죠.

[그림 1-6]은 사무엘이 제시한 머신러닝의 학습 아이디어를 전체적으로 보여줍니다.

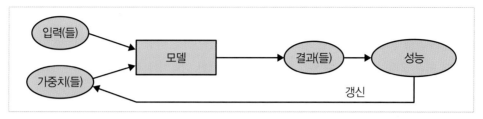

그림 1-6 머신러닝 모델 학습시키기

모델의 **결과**(예: 체커 말의 움직임)와 **성능**(예: 게임 승리 여부, 얼마나 빨리 이겼는지)의 차이를 알아두기 바랍니다.

또한 모델이 학습되고 나면(즉 최상의 최종 가중치가 할당된 후) 더는 변경하지 않으므로, 가중치를 **모델의 일부**라고 생각할 수 있습니다.

따라서 학습된 모델을 **사용**한다는 말은 [그림 1-7]과 같죠.

그림 1-7 학습된 모델을 프로그램으로 사용하기

[그림 1-7]은 [그림 1-4]와 정확히 같은 모양입니다. 단지 **프로그램** 대신 **모델**이라는 용어를 썼을 뿐이죠. 이들의 유사성은 중요한 통찰을 제공합니다. 바로 **훈련된 모델을 일반 컴퓨터 프로그램처럼 취급할 수 있다**는 사실이죠.

> **NOTE_ 전문용어: 머신러닝**
> 개별 단계를 수동으로 코딩하지 않고, 컴퓨터가 경험으로부터 학습하는 방식으로 개발된 프로그램의 학습법입니다.

1.6.4 신경망 소개

체커 프로그램 모델의 생김새는 쉽게 상상해볼 수 있습니다. 다양한 전략과 검색 메커니즘을 탑재한 여러 모델이 존재할 수 있으며, 가중치는 선택한 전략이나 검색이 집중하는 보드의 영역 등에 따라 달라지겠죠. 그러나 이미지를 인식하거나 텍스트를 이해하는 프로그램과 같은 흥미로운 문제를 다루는 모델의 생김새를 떠올리기란 쉽지 않습니다.

우리는 가중치를 바꾸기만 해도 모든 문제를 해결할 수 있을 정도로 매우 유연한 함수를 원합니다. 놀랍게도 이 함수는 실제로 존재합니다! 앞서 언급한 신경망이 바로 이런 역할을 하죠. 즉 신경망을 수학적 함수라고 생각하면, 가중치에 따라 변하는 매우 유연한 함수라고 볼 수 있죠. **일반 근사 정리**universal approximation theorem라는 수학적 증명은 이론적으로 이 함수가 모든 문제를 원하는 수준으로 해결할 수 있음을 보여줍니다. 신경망이 매우 유연하다는 사실은 실제로 적합한 모델을 만들어낼 능력이 있다는 의미입니다. 또한 좋은 가중치 할당을 찾는 학습 과정에 초점을 맞춰야 한다는 뜻이기도 합니다.

여기서 과정이란 무엇일까요? 모든 문제에 자동으로 가중치를 갱신하는 새로운 종류의 '메커니즘'을 찾아야 할 수도 있습니다. 힘든 일이죠. 특히 우리는 작업의 종류에 상관없이 신경망의 가중치를 갱신하며 결과를 개선해나가는 보편적 방법이 필요합니다. 다행히 이 방식도 이미 존재합니다!

이를 **확률적 경사 하강법**stochastic gradient descent(SGD)이라고 합니다. 신경망, SGD, 일반 근사 정리는 4장에서 자세히 다룹니다. 우선 당장은 사무엘이 언급한 "전체를 자동화할 수 있는 과정을 상세히 이해할 필요 없이, 단지 컴퓨터가 경험으로부터 '학습'하며 프로그래밍되는 과정을 지켜보기만 하면 됩니다"라는 말을 되짚어보겠습니다.

> **TIP** 제러미의 말
>
> SGD와 신경망 모두 수학적으로 복잡하지 않으므로 걱정하지 마세요. 둘 다 거의 전적으로 덧셈과 곱셈에만 의존하여 작업을 수행합니다(단지 덧셈과 곱셈을 **많이** 합니다!). 학생들에게 실제 세부 사항을 보여주면 대개 "그게 전부인가요?"라고 합니다.

요약하자면 신경망은 사무엘이 제시한 개념에 잘 맞는 특정 종류의 머신러닝 모델입니다. 신경망은 매우 유연하다는 점에서 특별합니다. 단지 올바른 가중치를 찾기만 해도 광범위한 문제를 해결할 수 있기 때문이죠. 그리고 확률적 경사 하강법은 가중치 값을 자동으로 찾는 방법을 제공하는 강력한 수단입니다.

지금까지 넓은 시야로 개념을 살펴보았습니다. 그러면 사무엘이 제시한 틀을 유념한 채 이미지 분류 문제를 구체적으로 살펴보겠습니다.

이미지 분류 문제에서 입력은 이미지, 가중치는 신경망의 가중치, 모델은 신경망, 결과는 '개' 또는 '고양이'와 같이 신경망이 계산한 값이죠.

그러면 그다음 '실제 성능적 관점에서 현재 할당된 모든 가중치의 유효성을 자동으로 검증하는 수단'은 무엇일까요? '실제 성능'은 쉽게 정의할 수 있습니다. 올바른 답을 예측한 정확도로 모델의 성능을 정의하면 되겠죠.

이를 모두 종합하고 SGD가 가중치를 갱신하는 메커니즘이라 가정하면, 그렇게 얻은 이미지 분류 모델이 바로 사무엘이 구상한 머신러닝 모델임을 알 수 있습니다.

1.6.5 딥러닝 전문용어

사무엘이 연구하던 1960년대와 비교해서 용어에도 변화가 있었습니다. 앞서 배운 내용의 현대적인 딥러닝 용어는 다음과 같습니다.

- **모델**의 함수 형태를 **구조**architecture(아키텍처라고도 함)라고 합니다(**모델**과 **구조**를 동의어로 사용하는 사람도 있어서 헷갈릴 수 있습니다).
- **가중치**를 **파라미터**라고 합니다.
- **예측**은 레이블을 포함하지 않는 **데이터**인 **독립변수**로 계산됩니다.
- 모델의 **결과**를 **예측**이라고 합니다.
- **성능** 측정을 **손실**이라고 합니다.
- 손실은 **예측**뿐만 아니라 올바른 **레이블**(**타깃, 종속변수**라고도 부름)로도 측정됩니다.

이렇게 변화한 용어를 사용해 [그림 1-6]을 다시 그려보면 [그림 1-8]과 같습니다.

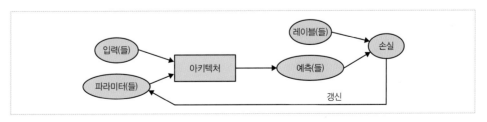

그림 1-8 학습 루프의 상세

1.6.6 머신러닝의 한계점

[그림 1-8]에서 딥러닝 모델 학습에 관한 몇 가지 기본 사항을 파악할 수 있습니다.

- 데이터 없이는 모델을 만들 수 없습니다.
- 모델은 학습용 입력 데이터에 존재하는 패턴에 관한 작동 방법만을 학습할 수 있습니다.
- 이런 학습 접근법은 권장되는 다음 **행동**actions이 아니라, **예측**만을 생성합니다.
- 입력 데이터만으로는 충분하지 않습니다. 데이터의 레이블도 필요합니다(예: 개와 고양이 사진과 함께 어느 사진이 개이고, 고양이인지를 알려주는 레이블이 필요합니다).

일반적으로 데이터가 충분치 않다는 말은 **레이블된** 데이터가 충분치 않다는 의미입니다. 실제로 모델로 무언가를 수행하는 데 관심이 있는 조직이라면, 모델을 작동시킬 입력 데이터를 가지고 있을 것입니다. 그리고 아마도 한동안 다른 방법(예: 수동 또는 휴리스틱 프로그램 사용)으로 모델이 수행하길 원하는 일을 해왔겠죠. 그로부터 얻은 데이터도 축적했을 것입니다! 가령 방사선 진료로 얻은 데이터는 거의 의료 스캔 보관소에 저장되지만(시간에 따른 환자의 상태 확인용), 스캔 데이터에는 진단이나 중재 등 구조적 레이블이 포함되지 않을 수 있겠죠(보통 방사선 전문의는 구조적 데이터가 아닌 자연어로 보고서를 작성하죠). 레이블링은 실전에서 매우 중요한 문제이므로 앞으로 다양한 레이블링 방식을 다루겠습니다.

이런 유형의 머신러닝 모델은 예측(레이블을 복제하려는 시도)만 할 수 있으므로, 조직의 목표와 모델의 기능 사이에는 상당한 격차가 발생합니다. 사용자가 구매할 상품을 예측하는 추천 시스템을 예로 들어보죠. 추천 시스템은 사용자별로 가장 높은 순위의 항목을 홈페이지에 표시하는 등 전자 상거래에서 자주 사용하는 기법입니다. 그런데 이를 수행하는 모델은 사용자와 구매 이력(**입력**) 및 구매하거나 둘러본 상품(**레이블**)으로 만들어집니다. 즉 모델은 사용자가 전혀 모르지만 관심 있을 만한 새로운 제품보다는 이미 보유하거나 알고 있는 제품을 알려줄 가능성이 높죠. 이는 서점 직원이 간단한 질문을 통해 여러분의 취향을 파악해서, 지금까지 본 적이 없는 작가나 시리즈물을 추천해주는 상황과는 매우 대조적입니다.

한편 모델이 환경과 상호작용하는 방식을 고려하면, 다음에 묘사한 **피드백 루프**feedback loop가 만들어지는 중요한 통찰을 얻을 수 있습니다.

1 **예측 치안 유지**predictive policing 모델은 과거에 체포가 발생한 장소에 기반하여 만들어집니다. 범죄가 아닌 체포를 예측하는 모델이라서 기존 치안 활동의 편향을 부분적으로 반영합니다.

2 법 집행관이 해당 모델을 활용해 치안 활동을 집중해야 할 위치를 결정하면, 그 장소에서 체포되는 건수가 증

가하는 결과를 초래합니다.

3 이런 추가 체포 데이터는 미래의 모델을 재교육하는 입력으로 활용됩니다.

이를 **긍정 피드백 루프**positive feedback loop라고 합니다. 즉 모델을 많이 사용할수록 데이터의 편향이 커지고, 모델 자체의 편향도 더 커지는 결과가 지속해서 발생하죠.

피드백 루프는 상업 환경에서도 문제를 일으킬 수 있습니다. 예를 들어서 비디오 추천 시스템은 동영상을 많이 시청하는 사람들이 소비하는 콘텐츠를 추천하는 쪽으로 편향될 수 있습니다(예: 음모론자와 극단주의자는 온라인 비디오 콘텐츠를 평균 이상으로 시청하는 경향이 있음). 결과적으로 소비가 촉진된 동영상을 더 많이 추천하게 되죠. 이 주제는 3장에서 자세히 살펴봅니다.

이론적 기초를 살펴봤으므로, 이제는 코드 예제로 돌아가보겠습니다. 지금껏 설명한 과정이 코드로는 어떻게 표현되는지를 자세히 살펴보죠.

1.6.7 이미지 인식 모델의 작동 방식

이미지 인식 모델을 통해 코드와 개념이 매핑되는 방식을 살펴보겠습니다. 코드를 한 줄씩 별도의 셀에 넣고 어떤 일이 일어나는지를 알아봅니다(앞으로 모든 인자를 상세히 살펴보겠지만, 여기서는 중요한 내용만을 다룹니다). 첫 번째 줄은 `fastai.vision`에 속한 모든 라이브러리를 가져옵니다.

```
from fastai.vision.all import *
```

여기에는 다양한 영상 처리 모델을 생성하는 데 필요한 모든 함수와 클래스가 포함되죠.

TIP **제러미의 말**

대부분의 파이썬 프로그래머는 `import *` 문법으로 전체 라이브러리를 불러오는 방식을 지양합니다. 하지만 주피터 노트북과 같은 대화형 작업 환경에서는 전체 라이브러리를 불러오는 방식이 유용합니다. 특히 fastai는 대화형 작업 환경을 고려해서 필요한 부분만을 작업 환경으로 가져올 수 있도록 특별한 방식으로 설계된 라이브러리입니다.

두 번째 줄은 fast.ai의 데이터셋 컬렉션(`https://course.fast.ai/datasets`)에서 데이터셋을 서버에 다운로드하고(다운로드한 적이 없다면), 압축을 해제한 다음(해제한 적이 없다면), 추출된 위치를 Path 객체로 반환합니다.

```
path = untar_data(URLs.PETS)/'images'
```

fast.ai에서 공부할 때부터 fast.ai의 기여자로 활동하는 지금까지 수많은 생산적인 코딩 방법을 배웠습니다. fastai 라이브러리와 fast.ai가 제공하는 노트북은 저를 더 나은 프로그래머로 만드는 데 도움을 준 조언들로 가득합니다. 가령 fastai 라이브러리는 데이터셋의 경로를 문자열 대신 Path객체로 반환합니다. 이는 파이썬의 표준 라이브러리가 제공하는 매우 유용한 클래스로, 파일과 디렉터리에 훨씬 쉽게 접근하도록 해주죠. 아직 이 라이브러리를 시도해본 적이 없다면, 공식 문서나 튜토리얼을 찾아서 실습해보길 바랍니다. 이 책의 웹 사이트(`https://book.fast.ai`)는 각 장의 권장 튜토리얼 링크를 제공합니다. 앞으로 제가 발견한 유용한 코딩 팁을 계속해서 알려 드리겠습니다.

세 번째 줄은 데이터셋에 포함된 파일명의 규칙에 따라 고양이 레이블을 지정하는 `is_cat` 함수를 정의합니다.[4]

```
def is_cat(x): return x[0].isupper()
```

네 번째 줄은 이 함수를 사용해 fastai에 데이터셋의 종류와 구조화 방법을 알려줍니다.

```
dls = ImageDataLoaders.from_name_func(
    path, get_image_files(path), valid_pct=0.2, seed=42,
    label_func=is_cat, item_tfms=Resize(224))
```

fastai는 다양한 딥러닝 데이터셋과 문제에 사용할 수 있는 여러 클래스를 제공합니다(여기서는 ImageDataLoaders를 사용). 일반적으로 클래스 이름의 첫 부분은 이미지(Image), 텍스트(Text)와 같이 데이터의 유형을 표현합니다.

fastai는 데이터셋에서 레이블을 가져오는 방법도 알아야 합니다. 보통 영상 처리 데이터셋은 이미지의 레이블을 파일명 또는 경로의 일부(대부분 상위 폴더 이름)로 제공합니다. fastai는

---

4 옮긴이_이 함수는 고양이면 True를, 고양이가 아니면 False를 반환합니다. 데이터셋에는 고양이와 개 사진만이 포함되므로, 결국 False는 개를 의미합니다.

여러 표준적인 레이블 지정 방식을 미리 정의할 뿐만 아니라, 여러분만의 방식을 만드는 방법도 함께 제공합니다. 여기서는 레이블 지정 방식에 방금 정의한 is_cat 함수를 쓰도록 지시합니다.

네 번째 줄의 마지막 부분은 필요한 Transform(변형) 목록을 지정합니다. Transform은 학습 중 자동으로 적용되는 코드를 포함합니다. fastai는 미리 정의된 여러 가지 Transform을 제공하며, 새로운 Transform은 파이썬 함수를 만드는 수준으로 간단히 정의할 수 있습니다. 변형에는 두 종류가 있으며, 각기 item_tfms와 batch_tfms라는 인자로 제어됩니다. item_tfms는 개별 데이터에 적용할 변형(앞 예제에서는 각 이미지를 224×224픽셀 정사각형으로 크기를 조정)을 지정합니다. batch_tfms는 데이터 배치batch(뭉치)에 GPU가 빠르게 한 번에 처리할 변형을 지정하는 데 사용합니다. 앞으로 두 변형의 예를 많이 접할 것입니다.

그런데 왜 224픽셀을 선택했을까요? 이는 영상 처리 분야의 역사적 이유로, 흔히 찾아볼 수 있는 표준적인 크기입니다. 하지만 다른 크기도 사용할 수 있습니다(예전에 사전 학습된 모델은 정확히 224픽셀을 요구하곤 합니다). 크기를 늘리면 더 나은 결과를 얻을 수 있지만(더 많은 세부 정보에 집중할 수 있으므로), 속도와 메모리 소비량을 희생해야 합니다. 크기를 줄이면 이와 반대의 영향이 있겠죠.

> **NOTE_ 전문용어: 분류와 회귀**
>
> **분류**classification와 **회귀**regression는 머신러닝에서 매우 구체적인 의미를 가지며, 이 책에서 살펴볼 두 주요 유형의 모델이기도 합니다. **분류 모델**이란 클래스나 범주를 예측하는 모델입니다. 즉 '개'와 '고양이'처럼 여러 이산적인 가능성을 예측합니다. 반면 **회귀 모델**은 온도, 위치와 같은 하나 이상의 수치형 수량을 예측하는 모델입니다. 가끔 회귀를 **선형 회귀 모델**이라는 특정 유형의 모델을 가리키는 데 사용하기도 합니다. 하지만 이는 나쁜 관행이며 여기서는 회귀라는 용어를 이 방식으로 사용하지 않습니다!

Pet 데이터셋은 37개 품종으로 구성된 개와 고양이 사진을 7,390장 포함합니다. 그리고 각 이미지의 레이블은 파일명으로 지정합니다. 가령 great_pyrenees_173.jpg라는 파일명은 데이터셋에 포함된 그레이트 피레네 품종 개의 173번째 이미지를 뜻합니다. 또한 파일명은 이미지가 고양이라면 대문자로, 그렇지 않다면 소문자로 시작하는 규칙을 따릅니다. 파일명에서 레이블을 가져오는 방법은 ImageDataLoaders의 from_name_func 메서드(이 메서드의 이름은 파일명에 적용할 함수로 레이블을 추출함을 의미)를 사용해서 label_func 인자에 레이블을 추출할 함수를 지정하는 것입니다. 여기서는 is_cat 함수를 사용했고, 이는 문자열의 첫 번째 문자가 대문자면 True(고양이)를 반환하는 x[0].isupper() 코드로 작성했습니다.

여기서 valid_pct=0.2가 중요합니다. 이는 데이터의 20%를 **모델 학습에 사용하지 말고** 따로 빼놓으라고 지시하는 역할을 합니다. 20% 데이터를 **검증용 데이터셋**validation set, 나머지 80%를 **학습용 데이터셋**training set이라고 부르죠. 검증용 데이터셋은 모델의 정확도를 측정하는 데 사용하며, 보통 임의로 선택해서 구성합니다. seed=42는 코드를 실행할 때마다 동일한 임의성으로 검증용 데이터셋을 구성하도록 시드값을 고정한 부분입니다.[5] 데이터셋을 그대로 고정한다면, 모델을 변경해 재학습시키더라도 이전 모델과의 차이를 쉽게 비교할 수 있겠죠.

fastai는 모델의 정확도 측정에 **항상** 검증용 데이터셋만을 사용합니다. 긴 시간 동안 큰 모델을 학습시키면 결국 데이터셋을 모두 기억해버리므로. 정확도 측정에 **절대로** 학습용 데이터셋을 사용하지 않아야 합니다! 학습 단계에서 **보지 못한 이미지**에서 모델이 얼마나 잘 작동할지가 우리의 관심사이기 때문에 학습용 데이터셋을 완전히 기억하는 모델은 유용하지 않겠죠. 언제나 모델이 학습된 이후, 미래에 입력될 데이터에서도 유용한 모델을 만들어야 합니다.

모델이 모든 데이터를 완전히 기억하지 않았더라도, 학습 초기 데이터의 특정 부분은 기억했을 수 있겠죠. 결과적으로 학습의 시간이 길면 길수록, 학습용 데이터셋에서의 정확도는 증가합니다. 반면 검증용 데이터셋에서의 정확도는 한동안 개선되다가 점점 악화됩니다. 모델이 데이터를 일반화할 수 있는 근본적인 패턴 대신 학습용 데이터셋을 통째로 외워버리기 때문이죠. 이런 상황을 모델이 **과적합**overfit되었다고 합니다.

[그림 1-9]는 임의로 생성한 데이터를 파라미터가 하나인 함수 x**2로 학습시킨 간단한 예를 사용해서 과적합이 발생하면 어떤 일이 일어나는지를 보여줍니다. 보다시피 과적합된 모델은 관측된 데이터 근처의 데이터에 대해서는 정확한 예측을 수행하지만, 일정 범위를 벗어나면 결과가 형편없어짐을 알 수 있습니다.

---

5 옮긴이_ 랜덤 시드라고도 불리며, 무작위 값의 추출이 시작되는 시드가 같다면 항상 같은 임의의 값이 추출됩니다. 이 값을 지정하지 않는다면, 코드를 실행할 때마다 새로운 시드가 할당되어 임의의 값이 추출되는 것처럼 보입니다.

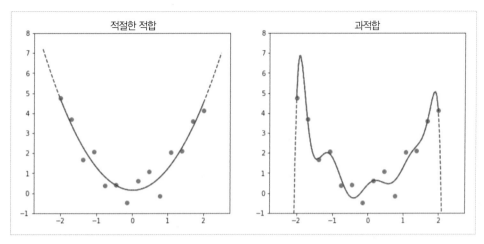

그림 1-9 과적합의 예

모든 알고리즘과 머신러닝 실무자에게 **가장 중요하고 어려운 문제가 바로 과적합입니다.** 앞으로 알게 되겠지만 학습된 데이터를 정확히 예측하는 모델을 만들기는 쉬워도, 본 적이 없는 데이터에 대한 정확한 예측을 수행하는 모델을 만들기는 훨씬 어렵습니다. 그리고 본 적이 없는 데이터가 실제로 우리가 관심을 가져야 할 데이터죠. 가령 손으로 쓴 숫자 MNIST를 분류하는 모델로 실제 수표에 적힌 숫자를 인식하려 한다면, 해당 모델은 어떠한 숫자도 인식하지 못할 것입니다(그리고 수표마다 약간씩 다른 글씨체가 사용되기도 하죠).

이 책에서는 과적합을 방지하는 여러 가지 방법을 다룹니다. 다만 이런 방법은 과적합의 발생을 확인한 후(예: 학습 중 검증용 데이터셋에서의 정확도가 악화되는 현상을 목격한 후)에만 사용할 수 있습니다. 저희는 실제로 과적합 방지 기술을 적용할 필요가 없을 만큼 충분한 데이터가 있는 상황에서도 과적합 방지 기술을 지나치게 사용하여 낮은 정확도의 모델을 얻는 상황을 많이 봤습니다.

> **TIP** **검증용 데이터셋**
>
> 모델을 학습시킬 때는 **항상** 학습용과 검증용 데이터셋이 있어야 하고, 모델의 정확도는 오직 검증용 데이터셋에서만 측정해야 합니다. 데이터가 충분치 않은 상황에서 학습을 계속해서 진행하면 모델의 정확도가 악화되는 시점이 도래합니다. 이를 과적합이 발생하는 시점이라고 부릅니다. fastai는 기본적으로 valid_pct를 0.2로 설정하므로, 여러분이 깜빡하더라도 자동으로 검증용 데이터셋을 구성합니다!

이미지 인식 모델을 학습시키는 다섯 번째 줄의 코드는 **합성곱 신경망**^{convolutional neural} network (CNN)을 생성합니다. 이때 학습에 사용할 데이터셋과 모델의 **아키텍처**(모델의 종류) 및 **평가지표**^{metric}를 지정합니다.

```
learn = cnn_learner(dls, resnet34, metrics=error_rate)
```

왜 CNN을 사용했을까요? CNN은 영상 처리 모델을 만드는 최신 접근법이기 때문입니다. 이 책에서 CNN의 작동 방식을 모두 배우겠지만, 당장은 사람의 시각 시스템이 작동하는 방식에서 영감을 받은 신경망 구조라는 점만 알아두세요.

fastai는 여러 가지 모델을 제공하며, 앞으로 차차 알아보겠습니다(물론 여러분만의 구조를 만드는 방법도 다룹니다). 그러나 일반적으로 모델의 구조를 선택하는 일은 딥러닝의 전체 과정에서 크게 중요한 부분이 아닙니다. 학계에서는 모델의 구조를 다루기를 좋아하지만, 실제로는 여기에 많은 시간을 할애할 필요는 없습니다. 대부분의 상황에서 잘 작동하는 몇 가지 표준 구조가 있기 때문이죠. 여기서는 앞으로 많이 다룰 **ResNet**이라는 구조의 모델을 사용합니다. 여러 데이터셋과 문제에서 빠르고 정확하게 작동하는 모델이죠. resnet34에서 34는 이 구조에 있는 계층의 수를 나타냅니다(18, 50, 101, 152 등 다른 버전도 존재함). 더 많은 계층 구조가 있는 모델은 학습에 더 오랜 시간이 걸리며, 더 과적합되는 경향이 있습니다(즉 검증용 데이터셋의 정확도가 악화되기 전까지 많은 에포크^{epoch}의 학습을 수행할 수 없음). 대신 더 많은 데이터를 사용하면, 훨씬 더 정확한 결과를 얻을 수 있습니다.

그러면 평가지표는 무엇일까요? **평가지표**란 검증용 데이터셋을 사용해 모델이 내놓은 예측의 품질을 측정하는 함수로, 보통 매 에포크의 마지막에 출력됩니다. 여기서는 fastai가 제공하는 error_rate(오차율) 함수를 평가지표로 사용합니다. 이 함수는 검증용 데이터셋 중 잘못 분류된 이미지의 비율을 알려주죠. accuracy(정확도)도 분류에 일반적으로 사용하는 평가지표입니다. 단순히 1.0-error_rate로 계산되죠. fastai는 이 외에도 다양한 평가지표를 제공하며, 앞으로 책 전반에 걸쳐 살펴보겠습니다.

평가지표의 개념을 보고 **손실**을 떠올렸을지도 모릅니다. 하지만 이 둘 사이에는 중요한 차이가 있습니다. 손실의 목적은 학습 시스템이 가중치를 자동으로 갱신하는 데 사용할 수 있는 '성능 측정'을 정의하는 것입니다. 즉 좋은 손실을 선택하면 확률적 경사 하강법이 쉽게 길을 찾아갈 수 있겠죠. 반면 평가지표는 사람이 활용할 수 있는 형태로 정의되었습니다. 즉 좋은 평가지표란 사람이 이해하기 쉽고, 모델이 수행할 작업에 최대한 들어맞는 지표입니다. 때로는 손실 함수가 적절한 평가지표가 되지만, 반드시 그렇지는 않습니다.

cnn_learner 함수에는 pretrained라는 인자가 있습니다. 이 인자가 기본값인 True이면, 전문가가 약 천 개의 범주로 구성된 130만 장의 사진(유명한 데이터셋)의 학습으로 얻은 가중치를 모델의 가중치로 설정합니다. 다른 데이터셋에서 이미 학습된 가중치가 있는 모델을 **사전 학습된 모델**pretrained model이라고 합니다. 학습용 데이터가 전혀 준비되지 않은 상황에서도 이미 매우 유능한 모델이기 때문에, 가능하면 항상 사전 학습된 모델을 사용하기를 권장합니다. 앞으로 보겠지만, 프로젝트의 종류와 관계없이 이렇게 사전 학습된 모델의 가능성이 유용할 때가 많습니다. 예를 들어 여러 작업에 유용한 의미 있는 직선, 그러데이션, 색상 감지 등을 다루는 능력을 갖춘 사전 학습된 모델이 있죠.

사전 학습된 모델 사용 시 cnn_learner는 자동으로 마지막 계층을 제거하고, 현재 작업하는 데이터셋에 알맞은 크기의 가중치를 임의로 초기화하여 만든 계층으로 교체합니다. 마지막 계층은 보통 원래 학습된 작업(예: 이미지넷 데이터셋의 분류)에 특별히 맞도록 정의한 부분이기 때문이죠. 모델의 마지막 부분을 **머리**head라고 합니다.

사전 학습된 모델을 사용하는 방법은 데이터, 시간, 비용을 적게 들이면서 빠르고 정확한 모델을 학습시키는 **가장** 중요한 기법입니다. 이런 이유로 사전 학습된 모델의 사용법이 학계에서 가장 많은 연구가 이뤄진 분야라고 생각할지도 모르지만, 사실은 그렇지 않습니다! 사전 학습된 모델의 중요성은 대부분의 강의, 책, 소프트웨어 라이브러리의 특징에서 잘 다뤄지지 않습니다. 심지어 학술 논문에서도 드물게 다루는 주제입니다. 2020년 초에 이 책을 쓸 때, 이런 상황이 막 바뀌기 시작했지만 앞으로 시간이 꽤 걸릴 것으로 예상됩니다. 따라서 사람들과 대화할 때는 주의를 기울이기 바랍니다. 많은 사람이 사전 학습된 모델의 사용법을 깊게 이해하지 못하므로, 적은 자원(예: 데이터, 계산)으로는 딥러닝이 해낼 수 있는 일이 적다고 과소평가할 가능성이 크기 때문이죠.

원래 학습된 작업과는 다른 작업에 사전 학습된 모델을 사용하는 일을 **전이 학습**transfer learning이라고 합니다. 아쉽지만 전이 학습에 관한 연구는 너무나도 부족해서, 매우 적은 분야에서만 사전 학습된 모델을 활용할 수 있습니다. 가령 현재 의학에서 사용할 수 있는 사전 학습된 모델이 거의 없으므로 전이 학습을 활용하기가 어렵습니다. 또한 시계열 분석과 같은 작업에 전이 학습을 사용하는 방법은 아직 잘 연구되지 않습니다.

여섯 번째 줄의 코드는 모델을 **적합**^{fit}시키기를 지시합니다.

```
learn.fine_tune(1)
```

앞서 설명한 바와 같이 구조/아키텍처는 오로지 수학적 함수의 **템플릿**^{template}을 묘사할 뿐입니다. 포함된 수백만 개의 파라미터에 실젯값을 제공하기 전까지는 아무런 일도 해낼 수 없죠.

그리고 특정 문제를 해결하려고 모델의 파라미터값을 알맞게 적합시키는 방법을 결정하는 것이 바로 딥러닝의 핵심이죠. 모델을 적합시키려면 적어도 각 이미지를 학습할 횟수(**에포크**^{epoch} 수)를 제공해야만 합니다. 에포크 수의 선택은 여러분이 쓸 수 있는 시간, 실제 모델을 적합시키는 데 걸리는 시간 등에 따라 크게 달라집니다. 다만 작은 수를 선택하더라도, 나중에 언제든지 더 많은 에포크의 학습을 재개할 수 있습니다.

그런데 왜 이 메서드의 이름이 `fit`(적합)이 아니라 `fine_tune`(미세 조정)일까요? 사실 fastai는 모델을 적합시키는 `fit` 메서드도 제공합니다(즉 학습용 데이터셋의 이미지를 여러 번 학습하며, 매번 파라미터를 갱신하면서 예측을 타깃 레이블에 더 가까워지도록 만듦). 하지만 우리는 사전 학습된 모델로 시작했으며 이미 학습된 모든 가능성을 유지하고 싶죠. 이때 사전 학습된 모델을 새로운 데이터셋에 적응시키는 몇 가지 중요한 비법이 있는데, 이 과정을 **미세 조정**^{fine tuning}이라고 합니다.

`fine_tune` 메서드 사용 시 fastai는 다음과 같은 비법을 적용합니다. 설정할 수 있는 인자가 몇 가지 있지만(나중에 설명합니다), 다음은 기본적인 두 단계로 수행되는 작동 방식을 설명합니다.

1 한 번의 에포크 동안 임의의 가중치가 있으며 현재 데이터셋을 위해 모델의 머리로 새로 추가한 부분만을 적합시킵니다.

2 메서드 호출 시 입력된 에포크 수만큼 전체 모델을 적합시키는 과정을 수행합니다. 일반적으로 뒤에 있는 계층들(특히 머리 부분)의 가중치는 앞에 있는 계층들의 가중치보다 빠르게 갱신됩니다(보통 사전 학습된 가중치는 많이 바뀌지 않아도 됩니다).

모델의 **머리**는 새로운 데이터셋을 위해 추가된 부분입니다. 그리고 한 **에포크**는 데이터셋 전체를 모델에 한 번 통과시켰다는 의미입니다. `fit`이나 `fine_tune` 메서드를 호출하고 나면, 에포크가 끝날 때마다 현재 에포크 번호, 학습용 및 검증용 데이터셋에 대한 손실(모델 학습에 사용된 '성능 측정값'), 명시한 **평가지표**(여기서는 오차율)를 포함한 결과가 출력됩니다.

이렇게 코드를 사용해 레이블이 지정된 데이터로 모델이 고양이와 개를 인식하는 방법을 학습했습니다. 하지만 어떻게 학습했을까요?

1.6.8 이미지 인식 모델의 학습 내용

잘 작동하는 이미지 인식 모델을 구축했지만, 내부적으로 어떻게 작동하는지는 전혀 모릅니다! 딥러닝 모델이 눈에 보이지 않는 '블랙박스'(예측은 하지만, 과정은 아무도 이해할 수 없음)라고 불평하는 사람이 많습니다. 하지만 이는 진실과는 거리가 멉니다. 딥러닝 모델을 심층적으로 관찰하고, 풍부한 통찰을 얻는 방법을 소개하는 방대한 연구가 이루어지고 있죠. 그렇지만 모든 머신러닝 모델(딥러닝과 기존 통계적 모델 포함)을 완전히 이해하기란 쉽지 않습니다. 특히 모델이 학습에 사용한 데이터와 매우 다른 데이터에서 작동하는 방식을 고려할 때 더욱더 그렇습니다. 이 책 전반에 걸쳐 이 문제를 다룹니다.

2013년 박사 과정 학생이었던 매튜 질러Matt Zeiler와 지도 교수 롭 퍼거스Rob Fergus는 모델의 각 계층에서 학습된 신경망 가중치를 시각화하는 방법을 다루는 「Visualizing and Understanding Convolutional Networks(https://oreil.ly/iP8cr)」논문을 발표했습니다. 이들은 2012년에 이미지넷 대회에서 우승한 모델을 신중하게 분석하고, 이에 기반해 모델을 대폭 개선하여 2013년 대회에서 우승했죠! [그림 1-10]은 첫 번째 계층의 가중치를 시각화한 그림입니다.

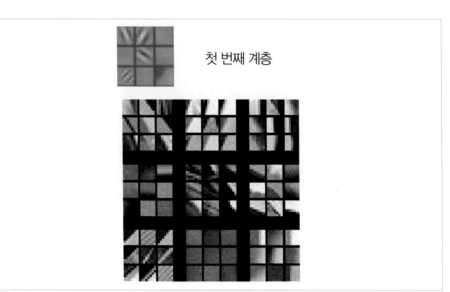

그림 1-10 CNN 첫 번째 계층의 활성(출처: 매튜 질러 및 롭 퍼거스)

이 그림을 이해하려면 설명이 약간 필요합니다. 각 계층에서 상단 이미지 중 배경이 밝은 회색인 부분은 재구성된 가중치를 보여주며, 하단에 나열된 부분은 학습용 이미지 중 가중치 집합과 가장 일치하는 부분을 보여줍니다. 여기서 모델의 첫 번째 계층이 대각선, 수평선, 수직선, 다양한 그러데이션을 표현하는 가중치를 발견했음을 알 수 있습니다(각 계층에 대해 특징의 일부만이 표현되었습니다. 실제로 모든 계층에는 수천 개 이상의 특징이 존재하죠).

이는 영상 처리를 위해 모델이 학습한 기본 구성 요소이며, 신경 과학자와 영상 처리 연구자들이 광범위하게 분석한 바가 있습니다. 그리고 이런 기본 구성 요소는 딥러닝 이전 세대 사람들이 손으로 개발했던 영상 처리용 특징feature과 실제 사람 눈의 시각 조직과도 매우 유사함이 밝혀졌죠. [그림 1-11]은 다음 계층의 가중치가 발견한 내용입니다.

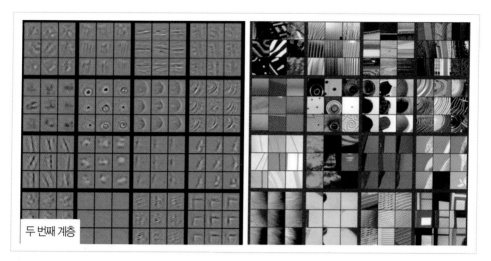

그림 1-11 CNN 두 번째 계층의 활성(출처: 매튜 질러 및 롭 퍼거스)

두 번째 계층에서는 모델이 찾은 특징별 가중치를 재구성한 아홉 가지의 예를 제시합니다. 보다시피 모델이 모서리, 반복적인 선, 원 등의 간단한 패턴을 감지하는 특징을 학습했습니다. 그리고 이런 특징은 첫 번째 계층의 기본 구성 요소로부터 구축되었죠. 오른쪽 그림의 작은 사각형 하나하나는 실제 이미지에서 이런 특징에 가장 들어맞는 작은 부분들을 보여줍니다. 예를 들어서 2행 1열의 패턴은 일몰과 관련된 그러데이션과 질감에 매칭됩니다.

[그림 1-12]는 세 번째 계층의 특징을 재구성한 결과입니다.

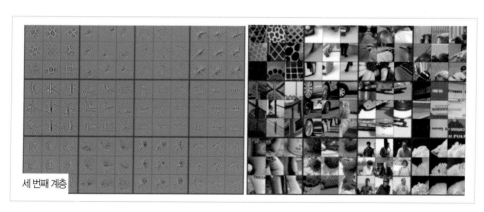

그림 1-12 CNN 세 번째 계층의 활성(출처: 매튜 질러 및 롭 퍼거스)

그림의 오른쪽에서 볼 수 있듯이, 세 번째 계층의 특징은 자동차 바퀴, 텍스트, 꽃잎과 같은 고차원적 의미의 구성 요소를 식별합니다. 그리고 이런 구성 요소를 사용해 [그림 1-13]에서처럼 네 번째와 다섯 번째 계층은 훨씬 더 고차원적 개념을 식별하죠.

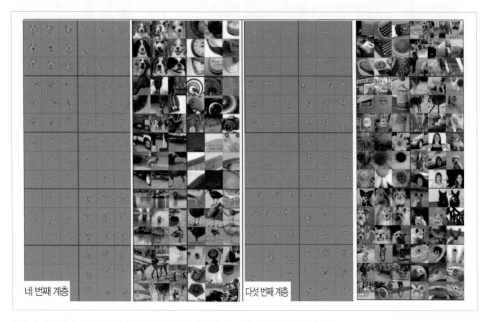

그림 1-13 CNN 네 번째와 다섯 번째 계층의 활성(출처: 매튜 질러 및 롭 퍼거스)

이 논문의 연구 대상은 다섯 계층으로만 구성된 **알렉스넷**AlexNet이라는 오래된 모델이었습니다. 그 후로 수백 개의 계층으로 구성된 신경망까지 발전이 이루어졌습니다. 따라서 요즘 모델이 알아내는 특징은 상상을 초월할 정도로 풍부하죠!

앞서 사전 학습된 모델을 미세 조정할 때, 원래의 마지막 계층이 집중한 부분(꽃, 인간, 동물 등)을 우리의 고양이와 개 문제에 특화되도록 조정했습니다. 이를 일반적인 시각으로 바라보면, 사전 학습된 모델은 여러 다른 작업에 특화될 수 있습니다. 몇 가지 예를 살펴보죠.

1.6.9 이미지와 무관한 작업에 쓰이는 이미지 인식 모델

이름에서 알 수 있듯이, 이미지 인식 모델은 오직 이미지만 인식합니다. 그런데 사실 여러 가지를 이미지로 표현할 수 있죠. 이는 곧 이미지 분류 모델이 여러 작업을 해내는 방법을 습득할 수 있다는 말이 됩니다.

예를 들어 소리는 오디오 파일에서 시간별 주파수의 양을 표현하는 스펙트럼 그래프로 변환할 수 있습니다. fast.ai의 학생이었던 이선 수틴Ethan Sutin은 8,732개의 도시에서 수집한 소리 데이터셋에 이 접근법을 적용해 환경의 소리를 감지하는 최신 모델의 정확도를 간단하게 뛰어넘었습니다. [그림 1-14]는 각 소리의 스펙트럼이 잘 구별된다는 사실을 명확히 보여줍니다(fastai 라이브러리의 show_batch 메서드로 출력함).

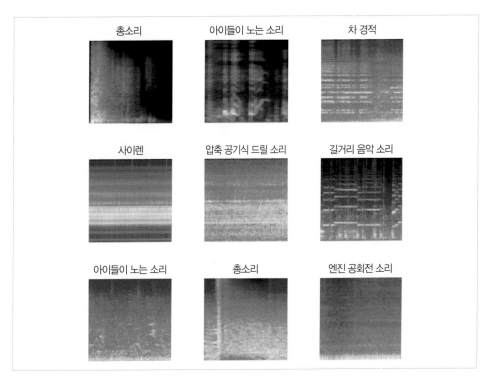

그림 1-14 show_batch로 본 소리의 스펙트럼 이미지

시계열은 그래프로 나타내면 쉽게 이미지로 변환할 수 있습니다. 하지만 가장 중요한 요소(신호)를 가능한 한 쉽게 끄집어내는 방식으로 데이터를 표현하는 편이 좋습니다. 시계열에서는 계절성, 비정상성과 같은 요소에 관심이 있을 가능성이 높죠.

시계열 데이터에는 다양한 변환을 적용할 수 있습니다. 가령 fast.ai의 학생이었던 이그나시오 오기자Ignacio Oguiza는 그람 각도 차 필드Gramian Angular Difference Field(GADF)라는 기술을 사용해 올리브 오일 분류용 시계열 데이터셋에서 [그림 1-15]와 같은 이미지를 생성했습니다. 그다음 이 장에서 본 이미지 분류 모델에 해당 이미지를 제공했죠. 학습용 데이터셋이 단 30개였지만, 결과는 90% 정확도로 최신 연구 결과에 필적하는 성능을 얻었습니다.

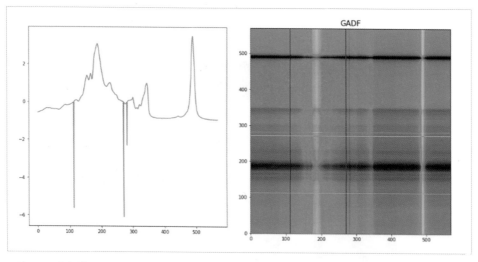

그림 1-15 시계열을 이미지로 변환한 예

fast.ai의 학생이었던 글렙 에즈만Gleb Esman이 진행한 프로젝트도 흥미로운 예입니다. 그는 스플렁크Splunk에서 사용자의 마우스 움직임과 마우스 클릭에 대한 데이터셋으로 사기를 탐지하는 작업을 수행했습니다. 마우스 포인터의 위치, 속도, 가속도는 선으로 표현하고 마우스 클릭은 작은 원으로 표현한 그림을 그렸죠. 이를 앞에서 본 이미지 인식 모델에 제공했고, 결과적으로 너무나도 잘 작동하여 사기 분석의 접근법에 관한 특허를 출원하기도 했습니다!

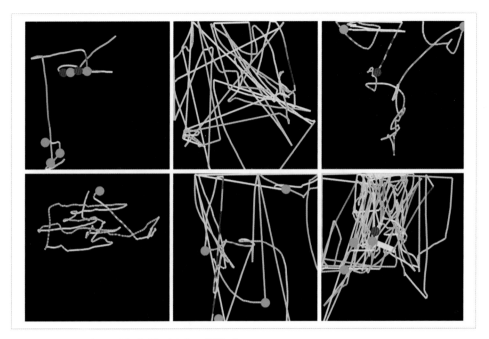

그림 1-16 컴퓨터 마우스의 움직임을 이미지로 변환한 예

마무드 칼라쉬[Mahmoud Kalash] 등이 쓴 「Malware Classification with Deep Convolutional Neural Networks(https://oreil.ly/l_knA)」 논문도 살펴보죠. [그림 1-17]처럼 '악성 소프트웨어의 이진 파일은 8bit 시퀀스로 분리한 다음 10진수로 변환할 수 있습니다. 그리고 10진수 벡터의 모양을 변형하면 악성 소프트웨어를 표현하는 흑백 이미지를 얻을 수 있습니다' 라고 설명합니다.

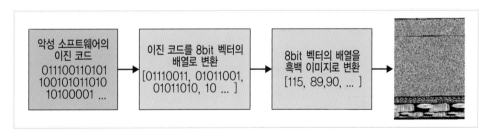

그림 1-17 악성 소프트웨어 분류 과정

그리고 여러 악성 소프트웨어에서 생성된 '이미지'를 [그림 1-18]과 같이 보여줬죠.

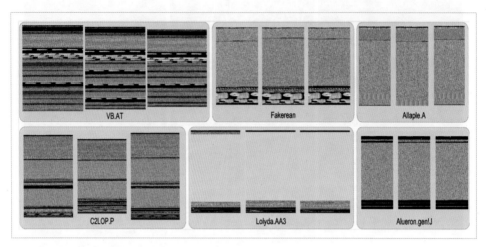

그림 1-18 악성 소프트웨어의 예

보다시피 서로 다른 유형의 악성 소프트웨어는 사람의 눈에 매우 다르게 보입니다. 이렇게 표현한 이미지로 학습된 모델은 지금까지 학계에서 본 어떤 접근법보다 더 정확히 악성 소프트웨어를 분류했습니다. 이 사례는 데이터셋을 이미지로 변환하는 경험적 법칙의 좋은 예를 제시합니다. 즉 맨눈으로 이미지 범주를 파악할 수 있다면, 딥러닝 모델도 같은 일을 해낼 수 있다는 의미죠.

약간 창의적으로 데이터를 표현할 수 있다면, 딥러닝의 일반적인 접근법 몇 가지만으로도 많은 일을 할 수 있습니다! 여기서 설명한 접근법을 '임시방편적 해결법^{hacky workarounds}' 정도로 생각하지 마세요. 이전에 가장 좋았던 연구 결과를 능가할 때가 많기 때문이죠. 그 대신 문제 영역을 대하는 올바른 방법으로 받아들여야 합니다.

1.6.10 전문용어 요약

지금까지 다룬 정보를 요약해보겠습니다. 용어 목록은 [표 1-3]과 같이 간단히 정리할 수 있습니다.

표 1-3 딥러닝 용어 사전

용어	의미
레이블	'개'나 '고양이'처럼 예측하려는 데이터
구조/아키텍처	적합하려는 모델의 **템플릿**(예: 입력 데이터와 파라미터를 전달받는 실제 수학 함수)
모델	특정 조합의 파라미터와 결합된 아키텍처
파라미터	모델이 학습되는 동안 갱신되어 모델이 하는 일을 바꾸는 값
적합	주어진 입력 데이터를 사용하는 모델의 예측이 타깃 레이블과 일치되게끔 모델의 파라미터를 갱신하는 과정
학습	적합의 동의어
사전 학습된 모델	일반적으로 대규모 데이터셋에서 이미 학습되었으며 미세 조정해야 하는 모델
미세 조정	다른 작업을 위해 사전 학습된 모델을 갱신하는 과정
에포크	모든 입력 데이터가 모델에 한 번씩 통과된 상황
손실	SGD가 학습을 이끄는 기준으로, 선택된 모델이 얼마나 좋은지를 측정
평가지표	사람이 직접 사용할 용도로, 선택된 모델이 검증용 데이터셋에서 얼마나 좋은지를 측정
검증용 데이터셋	모델이 얼마나 좋은지를 측정하는 데만 사용하려고 학습용 데이터셋에서 떼어낸 데이터 집합
학습용 데이터셋	모델을 적합시키는 데 사용하는 데이터로, 검증용 데이터셋과 겹치지 않음
과적합	입력 데이터의 특정한 특징을 기억하도록 모델을 학습시킨 상태. 학습 시 보지 못한 데이터에서 일반화가 잘 되지 않음
CNN	영상 처리 작업에서 특히 잘 작동하는 신경망인 합성곱 신경망

이 용어 목록과 함께 지금까지 소개한 모든 핵심 개념을 통합할 수 있습니다. 잠시 시간을 내서 각 용어의 정의를 검토한 다음, 이어지는 요약을 읽어보기 바랍니다. 설명을 따라갈 수 있다면, 앞으로 다룰 내용을 이해할 준비가 된 것입니다.

머신러닝은 프로그램을 직접 작성하지 않고 데이터에서 학습하여 프로그램을 만드는 학문입니다. **딥러닝**은 머신러닝의 한 분야로 여러 **계층**으로 구성된 **신경망**을 사용합니다. **이미지 분류**가 대표적인 예입니다(이미지 인식이라고도 함). 이미지를 분류하려면 **레이블된 데이터**가 필요합니다. 레이블된 데이터란, 각 이미지에 이미지가 나타내는 내용을 표시하는 레이블을 할당한 데이터를 말합니다. 우리의 목표는 새로운 이미지가 무엇을 나타내는지를 정확히 **예측**하는 **모델**이라는 프로그램을 만드는 것입니다.

모델을 얻는 과정은 **구조/아키텍처**를 고르는 일로 시작됩니다. 구조란, 특정 유형의 모델이 내부적으로 작동하는 방식에 관한 일반적인 템플릿입니다. 모델을 **학습**(적합)시키는 과정은 해당 템플릿을 우리의 데이터에서 잘 작동하게끔 만드는 특정 **파라미터의 값(가중치)**을 찾는 과정입니다. 모델이 단일 예측을 얼마나 잘 수행했는지를 측정하려면, 예측의 좋고 나쁜 정도를 측정하는 **손실 함수**를 정의해야 합니다.

학습 과정을 빠르게 하려면 다른 누군가의 데이터를 사용해 이미 학습된 적이 있는 **사전 학습된 모델**을 사용해서 시작하면 됩니다. 그다음 해당 모델을 우리의 데이터에서 약간 더 학습시키는 **미세 조정**의 과정을 거쳐 새로운 데이터에 적응된 모델을 만들어낼 수 있습니다.

모델을 학습시킬 때는 모델이 **일반화**되도록 해야 합니다. 즉 데이터에서 일반적인 내용을 학습하면 새로운 데이터에 적용하여 좋은 예측을 만들어낼 수 있죠. 학습이 나쁜 방향으로 이루어져서 모델이 학습 시 본 내용을 통째로 암기해버린다면, 새로운 이미지에 대한 예측을 잘못 수행할 수 있습니다. 이런 실패 상황을 **과적합**이라고 합니다.

과적합을 피하려면 데이터를 항상 **학습용**과 **검증용 데이터셋**으로 나눠야 합니다. 학습용 데이터셋은 모델 학습 시에만 사용하고, 검증용 데이터셋은 모델이 얼마나 예측을 잘 수행해내는지 평가하는 용도로만 써야 합니다. 이 방식은 모델이 학습용 데이터셋에서 배운 내용을 검증용 데이터셋에서도 일반화할 수 있는지를 확인하게 해줍니다. **평가지표**는 모델이 검증용 데이터셋에 대해 얼마나 잘 해내는지를 사람이 이해하도록 표현하는 수단입니다. 학습 과정에서 학습용 데이터셋의 모든 데이터가 한 번씩 모델에 입력된 시점을 하나의 **에포크**라고 합니다.

이 모든 개념은 일반적인 머신러닝에도 적용됩니다. 데이터를 학습해 모델을 정의하는 모든 방식에 적용되죠. 딥러닝을 특별하게 만드는 것은 **신경망**을 기반으로 하는 특수한 구조입니다. 특히 이미지 분류와 같은 작업은 곧 살펴볼 **CNN**에 크게 의존하죠.

1.7 다양한 분야에서의 딥러닝

이미지 분류에 사용하는 딥러닝의 효과는 최근 몇 년 동안 광범위하게 연구되었습니다. CT 스캔에서 악성 종양을 인식하는 등 복잡한 작업에서 **사람을 뛰어넘는 결과**를 보여주기도 했습니다. 그러나 딥러닝은 그보다 더 많은 일을 해낼 수 있습니다.

자율 주행 자동차를 예로 들어보겠습니다. 사진에서 물체의 위치를 파악하는 기술이 매우 중요하겠죠. 보행자의 위치를 파악할 수 없으면 피할 수도 없을테니 말입니다! 이미지의 모든 개별 픽셀을 인식하는 모델을 만드는 일을 **세그먼테이션**segmentation이라고 합니다. 다음은 가브리엘 브로스토Gabriel J. Brostow 등이 쓴 「Semantic Object Classes in Video: A High-Definition

Ground Truth Database(`https://oreil.ly/Mqclf`)」논문에서 소개한 **CamVid 데이터셋**(`https://oreil.ly/rDy1i`)의 일부를 사용해 fastai로 세그먼테이션 모델을 학습시키는 방법입니다.

```
path = untar_data(URLs.CAMVID_TINY)
dls = SegmentationDataLoaders.from_label_func(
    path, bs=8, fnames = get_image_files(path/"images"),
    label_func = lambda o: path/'labels'/f'{o.stem}_P{o.suffix}',
    codes = np.loadtxt(path/'codes.txt', dtype=str)
)

learn = unet_learner(dls, resnet34)
learn.fine_tune(8)
```

epoch	train_loss	valid_loss	time
0	2.906601	2.347491	00:02

epoch	train_loss	valid_loss	time
0	1.988776	1.765969	00:02
1	1.703356	1.265247	00:02
2	1.591550	1.309860	00:02
3	1.459745	1.102660	00:02
4	1.324229	0.948472	00:02
5	1.205859	0.894631	00:02
6	1.102528	0.809563	00:02
7	1.020853	0.805135	00:02

앞서 다룬 예제와 거의 같으므로 코드를 한 줄씩 살펴보지는 않겠습니다(세그먼테이션 모델과 이 장에서 간략히 소개하는 모델들은 15장에서 상세히 다룹니다).

모델에 이미지의 각 픽셀에 색상 코드를 입히도록 요청하면 작업을 얼마나 잘 수행했는지를 시각화할 수 있습니다. 보다시피 모든 물체의 모든 픽셀을 거의 완벽하게 분리합니다. 가령 모든 자동차와 모든 나무를 각각 같은 색상으로 칠했습니다(각 이미지 쌍의 왼쪽은 실측 레이블을, 오른쪽은 모델의 예측 결과를 나타냅니다).

```
learn.show_results(max_n=6, figsize=(7,8))
```

Target/Prediction

자연어 처리(NLP)도 지난 수년간 딥러닝이 크게 개선한 영역입니다. 이제 컴퓨터는 텍스트 생성, 언어 간 자동 번역, 댓글 분석, 문장 내 단어별 성분 분석 등과 같은 작업을 수행할 수 있습니다. 가령 아래의 코드 네 줄만으로 불과 5년 전의 어떤 알고리즘보다 영화 리뷰에 실린 감정을 더 잘 분류하는 모델을 얻을 수 있습니다.

```
from fastai.text.all import *

dls = TextDataLoaders.from_folder(untar_data(URLs.IMDB), valid='test')
learn = text_classifier_learner(dls, AWD_LSTM, drop_mult=0.5, metrics=accuracy)
learn.fine_tune(4, 1e-2)
```

epoch	train_loss	valid_loss	accuracy	time
0	0.594912	0.407416	0.823640	01:35

epoch	train_loss	valid_loss	accuracy	time
0	0.268259	0.316242	0.876000	03:03
1	0.184861	0.246242	0.898080	03:10
2	0.136392	0.220086	0.918200	03:16
3	0.106423	0.191092	0.931360	03:15

이 모델은 앤드류 마스[Andrew Maas] 등이 쓴 「Learning Word Vectors for Sentiment Analysis(`https://oreil.ly/L9vre`)」논문에서 소개한 IMDb 대규모 영화 리뷰 데이터셋(`https://oreil.ly/tl-wp`)을 사용합니다. 수천 단어로 구성된 영화 리뷰에도 잘 작동하는 모델이지만, 짧은 단어로 간단히 시험해보죠.

```
>>> learn.predict("I really liked that movie!")

('pos', tensor(1), tensor([0.0041, 0.9959]))
```

모델은 해당 리뷰를 긍정적이라고 판단했습니다. 결과의 두 번째 부분은 데이터 내 'pos'의 색인 번호를 뜻하고, 마지막 부분은 각 범주에 대해 계산된 확률을 보여줍니다('pos'에서는 99.6%, 'neg'에서는 0.4%).

이제 여러분이 시도해볼 차례입니다! 여러분만의 간단한 영화 리뷰를 쓰거나 인터넷에서 찾은 영화 리뷰를 복사한 다음, 모델이 리뷰를 어떻게 바라보는지 확인해보기 바랍니다.

순서는 중요합니다

주피터 노트북에서는 각 셀을 실행하는 순서가 중요합니다. 아무 곳에 입력해도 즉시 갱신되는 엑셀과는 다르죠. 가령 노트북의 ('CLICK ME' 주석을 포함한) 첫 번째 셀을 실행하면 이미지 분류 문제의 모델과 데이터가 포함된 learn 객체가 생성됩니다.

그다음 직전에 본 영화 리뷰의 긍정/부정 여부를 예측하는 셀을 실행하면 에러가 발생합니다. learn 객체에 텍스트 분류 모델이 포함되지 않기 때문이죠. 즉 기존에 쓰던 텍스트 분류용 learn 객체를 첫 번째 셀에서 생성된 이미지 분류용 learn 객체로 덮어씁니다. 해당 셀을 실행하려면, 다음 코드를 포함한 셀을 다시 실행해야만 합니다.

```
from fastai.text.all import *

dls = TextDataLoaders.from_folder(untar_data(URLs.IMDB), valid='test')
learn = text_classifier_learner(dls, AWD_LSTM, drop_mult=0.5,
                                metrics=accuracy)
learn.fine_tune(4, 1e-2)
```

셀이 출력한 내용을 겉모습만으로 판단해서는 안 됩니다. 가장 최근에 셀을 실행한 결과를 담고 있기 때문이죠. 셀의 내용을 바꿨을지라도, 셀 자체를 실행하지 않는다면 이전에 출력된 결과가 그대로 남아 오해의 소지가 있습니다.

별도로 언급하지 않는 한 책의 웹사이트(https://book.fast.ai)에서 제공하는 노트북은 위에서 아래로 순서대로 실행한다고 가정하여 만들었습니다. 빠르게 실험하려고 순서에 상관없이 셀을 실행(주피터 노트북의 뛰어난 기능이죠)할 때도 있습니다. 하지만 코드의 탐구를 끝내고 최종 버전을 만들 때면 노트북의 셀을 순서대로 실행하도록 정리하기를 권장합니다(나중에 다시 노트북을 열어봤을 때, 순서가 뒤죽박죽이라면 결과가 어떻게 도출되었는지 파악하기 어렵겠죠. 여러분이 작성한 코드라도 말입니다!).

한편 명령 모드에서 0을 두 번 입력하면 **커널**kernel(노트북을 구동하는 엔진)이 재시작됩니다. 그러면 지금까지의 상태를 깨끗이 지우고, 노트북을 방금 실행된 상태처럼 만들어 줍니다. 그리고 'Cell' 메뉴에서 'Run All Above' 항목을 선택하면, 현재 선택된 셀 앞쪽의 모든 셀이 순서대로 실행됩니다. fastai 라이브러리 개발 단계에서 이런 기능을 유용하게 사용했습니다.

fastai 메서드에 관해 궁금한 점이 있다면, doc 함수에 원하는 메서드 이름을 전달해보세요.

```
doc(learn.predict)
```

```
Learner.predict                                                    [source]

    Learner.predict ( item , rm_type_tfms = None , with_input = False )

Return the prediction on item , fully decoded, loss function decoded and probabilities
Show in docs
```

doc 함수로 알아본 learn.predict 메서드의 내용이 표시됩니다. 보다시피 간단한 한 줄 설명을 포함한 창이 나타납니다. 여기서 'Show in docs' 링크를 클릭하면, 해당 메서드의 모든 세부 정보와 다양한 예제가 있는 전체 문서로 이동합니다. 또한 fastai 라이브러리가 제공하는 메서드는 대부분 단 몇 줄만으로 구현했으므로, 'source' 링크를 클릭하여 내부적으로 일어나는 일을 쉽게 파악할 수 있습니다.

이번에는 덜 흥미롭지만 상업적으로는 훨씬 유용한 역할을 하는 **테이블형**tabular 데이터로 모델을 구축하는 방법을 살펴보겠습니다.

> **NOTE_ 전문용어: 테이블형**
> 스프레드시트, 데이터베이스, CSV[6] 파일과 같이 테이블 형식으로 저장된 데이터를 말합니다. 테이블형 모델은 한 열의 값을 다른 열들의 정보로 예측하는 일을 합니다.

코드 자체는 매우 유사한 형태입니다. 다음은 사람들의 사회경제적 배경을 토대로 고소득자인지를 예측하는 모델을 학습시키는 코드입니다.

```
from fastai.tabular.all import *
path = untar_data(URLs.ADULT_SAMPLE)

dls = TabularDataLoaders.from_csv(path/'adult.csv', path=path, y_names="salary",
    cat_names = ['workclass', 'education', 'marital-status', 'occupation',
                 'relationship', 'race'],
    cont_names = ['age', 'fnlwgt', 'education-num'],
    procs = [Categorify, FillMissing, Normalize])

learn = tabular_learner(dls, metrics=accuracy)
```

보다시피 **범주형**categorical 열(occupation(직업)처럼 이산적인 값을 포함), **연속형**continuous 열(age(나이)처럼 양을 표현하는 수를 포함)이 무엇인지를 fastai 라이브러리에 알려줘야만 합니다.

이 작업에는 사용할 수 있는 사전 학습된 모델이 없습니다(일부 조직은 내부적으로 사전 학습된 모델을 보유하기도 하지만, 보통 사전 학습된 테이블형 모델을 접할 기회는 거의 없습니다). 따라서 fine_tune 메서드를 사용하지 않았습니다. 그 대신 (전이 학습 없이) 모델을 **밑**

---

6   옮긴이_ 쉼표로 구분해 값을 저장하는 형식의 파일입니다.

바닥부터 학습시킬 때 fastai에서 가장 일반적으로 사용하는 `fit_one_cycle` 메서드를 사용합니다.

```
learn.fit_one_cycle(3)
```

epoch	train_loss	valid_loss	accuracy	time
0	0.359960	0.357917	0.831388	00:11
1	0.353458	0.349657	0.837991	00:10
2	0.338368	0.346997	0.843213	00:10

이 모델은 론 코하비[Ron Kohavi]가 쓴 「Scaling Up the Accuracy of Naive-Bayes Classifiers: a Decision-Tree Hybrid (`https://oreil.ly/qFOSc`)」 논문에서 소개한 **Adult** 데이터셋(`https://oreil.ly/Gc0AR`)[7]을 사용하여 구축했습니다. 학습 시간은 약 30초였으며, 80% 이상의 정확도를 갖춘 모델을 얻었습니다.

예를 한 가지 더 살펴보죠. 추천 시스템은 전자 상거래에서 특히 중요합니다. 아마존, 넷플릭스 같은 회사는 사용자가 좋아할 만한 제품이나 영화를 추천하려고 노력합니다. 다음은 무비렌즈[MovieLens] 데이터셋(`https://oreil.ly/LCfwH`)을 사용해 이전 시청 습관을 기반으로 사람들이 좋아할 만한 영화를 예측하는 모델을 학습시키는 방법입니다.

```
from fastai.collab import *
path = untar_data(URLs.ML_SAMPLE)
dls = CollabDataLoaders.from_csv(path/'ratings.csv')
learn = collab_learner(dls, y_range=(0.5,5.5))
learn.fine_tune(10)
```

epoch	train_loss	valid_loss	time
0	1.554056	1.428071	00:01

epoch	train_loss	valid_loss	time
0	1.393103	1.361342	00:01
1	1.297930	1.159169	00:00
2	1.052705	0.827934	00:01

---

7 Adult 데이터셋은 교육, 결혼 상태, 인종, 성별, 연간 소득이 5만 달러 이상인지 여부 등 개인의 인구 통계학적 자료를 제공합니다.

3	0.810124	0.668735	00:01
4	0.711552	0.627836	00:01
5	0.657402	0.611715	00:01
6	0.633079	0.605733	00:01
7	0.622399	0.602674	00:01
8	0.629075	0.601671	00:00
9	0.619955	0.601550	00:01

이 모델은 약 0.6의 평균 오차 내로 0.5~5.0 사이의 영화 평점을 예측합니다. 범주가 아닌 연속적인 수치를 예측하므로 y_range 인자를 사용해 예측 대상의 범위를 지정했습니다.

테이블형 모델에서 사전 학습된 모델을 사용하지 않았을 때와 같은 이유로 사전 학습된 모델을 사용하지 않았습니다. 하지만 이 예제는 이런 때도 fine_tune 메서드를 사용할 수도 있음을 보여줍니다(5장에서 자세히 다룹니다). 때로는 fine_tune과 fit_one_cycle을 비교 실험하여 어느 쪽이 데이터셋에서 가장 잘 작동하지를 확인하는 것이 좋습니다.

앞에서와 똑같은 show_results 메서드를 호출하여 일부 데이터의 사용자 ID, 영화 ID, 실제 평점, 예측된 평점 결과를 확인할 수 있습니다.

```
learn.show_results()
```

	userId	movieId	rating	rating_pred
0	157	1200	4.0	3.558502
1	23	344	2.0	2.700709
2	19	1221	5.0	4.390801
3	430	592	3.5	3.944848
4	547	858	4.0	4.076881
5	292	39	4.5	3.753513
6	529	1265	4.0	3.349463
7	19	231	3.0	2.881087
8	475	4963	4.0	4.023387
9	130	260	4.5	3.979703

데이터셋: 모델의 먹거리

이 절에서 다양한 모델을 살펴봤습니다. 서로 다른 데이터셋으로 학습되어 서로 다른 작업을 수행하죠. 머신러닝과 딥러닝이란 기술이 있더라도 데이터가 없다면 소용이 없습니다. (자주 과소평가하지만) 모델을 학습시킬 데이터셋을 만드는 사람들은 존경받아 마땅합니다. 유용하고 중요한 일부 데이터셋은 중요한 **학술적 기준**이 되었습니다. 알고리즘을 비교하거나 연구자들이 광범위하게 연구하는 데 쓰이죠. MNIST, CIFAR-10, 이미지넷과 같은 데이터셋은 누구나 아는 데이터셋이 되었습니다.

이 책에서 사용하는 데이터셋은 앞으로 여러분이 접할 가능성이 높은 종류를 반영하여 선택했습니다. 또한 수많은 학술 문헌에 이런 데이터셋에 대한 모델의 결과가 있으니 여러분의 작업을 쉽게 비교할 수도 있습니다.

이 책에서 사용한 대부분의 데이터셋은 제작자들이 많은 시간을 투자한 결과입니다. 가령 후반부에서는 프랑스어와 영어 간 번역을 하는 모델의 구축 방법을 다루는데, 이 모델의 핵심 입력 데이터는 펜실베이니아 대학교수인 크리스 캘리슨 버치Chris Callison-Burch가 2009년에 만든 프랑스어/영어 병렬 말뭉치입니다. 이 데이터셋은 2천만 개 이상의 프랑스어와 영어 문장 쌍을 포함합니다. 수백만 개의 캐나다 웹페이지(자주 다국어로 제작됨)를 크롤링한 다음, 간단한 휴리스틱 방법으로 프랑스어 콘텐츠 URL을 동일한 영어 콘텐츠 URL로 변환하는 매우 영리한 방식으로 구축한 데이터셋입니다.

책 전반에 걸쳐 소개하는 데이터셋을 살펴보면서 데이터셋의 출처와 구축 방식을 생각해보기 바랍니다. 그리고 자신만의 프로젝트에서 어떤 흥미로운 데이터셋을 구축할 수 있을지를 고민해보세요(자체적인 이미지 데이터셋을 구축하는 과정은 2장에서 단계별로 배웁니다).

fast.ai는 신속한 프로토타이핑과 실험을 지원하고, 쉽게 배울 수 있도록 인기 있는 데이터셋을 경량화하는 데 많은 시간을 투자했습니다. 이 책은 경량 버전의 데이터셋으로 시작한 뒤 전체 크기로 확장하는 방식을 자주 취합니다. 이는 세계 최고의 실무자들이 실제로 모델링을 수행할 때 쓰는 방법이기도 하죠. 전체 데이터의 부분 집합으로 대부분의 실험과 프로토타이핑을 수행해 충분한 이해를 구축한 다음에 전체 데이터셋을 사용할 때가 많습니다.

우리가 학습시킨 각 모델은 학습되는 동안 학습용 및 검증용 데이터셋에서의 손실을 보여주었습니다. 좋은 검증용 데이터셋을 구축하는 일은 학습 과정에서 매우 중요한 부분입니다. 다음으로는 그 이유와 좋은 검증용 데이터셋을 구축하는 방법을 알아보겠습니다.

1.8 검증용 및 테스트용 데이터셋

앞서 이야기한 대로 모델의 목적은 데이터에 대한 예측을 수행하는 것입니다. 그러나 모델의 학습이 근본적으로 영리한 절차로 이루어지지는 않습니다. 모든 데이터로 모델을 학습시킨 다음 똑같은 데이터로 모델을 평가한다면, 미래에 보지 못한 데이터에서 모델이 얼마나 예측을 잘 수행할지를 알 길이 없습니다. 모델의 학습을 안내해줄 귀중한 정보가 없다면, 주어진 데이터에서만 예측을 잘 수행하고 새로운 데이터에서는 그렇지 못할 가능성이 큽니다.

이를 방지하려면 우선 데이터셋을 **학습용 데이터셋**(학습 시 사용)과 **검증용 데이터셋**(평가 시 사용, **개발용 데이터셋**이라고도 함)으로 분할해야 합니다. 이를 사용해 학습용 데이터셋에서 배운 내용이 새로운 데이터로 간주되는 검증용 데이터셋에서 얼마나 일반화가 잘 되는지를 확인할 수 있죠.

우리는 '속임수(엿보기)'를 사용해 일시적으로 좋은 결과를 얻길 원하지 않습니다. 특정 데이터에 대한 정확한 예측은 해당 데이터 유형의 특성을 학습한 결과에서 비롯되어야 하며, **실제로 본 데이터**에 꼭 들어맞도록 모델의 모양이 형성되어서는 안 됩니다.

검증용 데이터셋을 분리한다는 말은 모델이 학습 중에 볼 수 없도록 데이터를 따로 보관한다는 의미입니다. 따라서 해당 데이터를 엿보는 게 불가능하죠.

그러나 반드시 그렇지는 않으며, 상황이 좀 더 미묘할 수 있습니다. 현실적인 시나리오에서는 단 한 번만의 학습만으로 모델의 파라미터를 찾을 때가 거의 없기 때문입니다. 신경망의 구조, 학습률, 데이터 증강 전략, 다음 장에서 논의할 기타 요소 등 다양한 선택을 통해 여러 버전의 모델을 탐색해야 할 가능성이 높죠. 이런 선택을 보통 **하이퍼파라미터**hyperparameter 선택이라고 합니다. 이는 파라미터에 대한 파라미터라는 뜻을 반영합니다. 의미 있는 가중치 파라미터를 찾을 때 제어해야 하는 고차원적인 선택을 의미하기 때문이죠.

일반적인 학습 과정은 학습용 데이터셋에 대한 예측만을 보고 가중치 파라미터값을 학습해나가지만, 우리에게는 이 과정을 적용할 수 없다는 문제가 있습니다. 우리는 검증용 데이터셋으로 모델을 평가하여, 새로운 하이퍼파라미터값을 탐구하게 되죠! 따라서 새로 탐구한 하이퍼파라미터를 적용한 후속 모델들은 검증용 데이터셋을 본 우리(사람)에게서 간접적인 영향을 받습니다. 자동 학습 과정이 모델을 학습용 데이터셋에 과적합되도록 만들 위험이 있듯이, 인간의 시행착오와 탐색은 모델이 검증용 데이터셋에 과적합될 위험을 초래할 수 있습니다.

이 문제를 해결하는 방법은 또 다른 보관용 데이터를 구축하는 것입니다. 이를 **테스트용 데이터셋**test set이라고 합니다. 검증용 데이터를 학습 중에 사용하지 않았듯이, 테스트용 데이터는 우리(사람)가 알 수 없도록 해야 합니다. 모델을 개선하는 데 절대 사용해서는 안 되며, 오직 모든 시도를 다 수행한 후 최종 모델을 평가하는 목적으로만 활용해야 하죠. 요컨대 학습과 모델링 과정에서 데이터가 얼마나 감춰져야 하는지에 따라 데이터를 쪼개는 체계를 정의할 수 있습니다. 즉 학습용 데이터는 완전히 노출되고, 검증용 데이터는 덜 노출되며, 테스트용 데이터는 완전히 감춰지죠. 특히 이런 체계는 역전파를 통한 자동 학습 과정, 학습 간 서로 다른 하이퍼파라미터를 시도하는 수동적인 과정, 최종 결과의 평가에서 서로 다른 모델링과 평가 과정이 서로 겹침 없이 평행하게 진행되게끔 해줍니다.

테스트용 및 검증용 데이터셋에는 정확도를 정확히 추정할 수 있는 수준의 충분한 데이터가 있어야 합니다. 만약 고양이 감지 모델을 만든다면, 일반적으로 검증용 데이터셋에는 30개 이상의 고양이 이미지가 있어야 합니다. 따라서 데이터가 수천 개라면, 이 중 기본적으로 선택되는 비율인 20%가 검증용 데이터셋에 할당되기에 실제 필요한 양보다 훨씬 더 많습니다. 하지만 데이터가 매우 많다면, 그중 일부를 검증용으로 떼어내 쓰더라도 크게 문제가 되지는 않습니다.

'보관된 데이터'를 검증용과 테스트용 데이터셋이라는 두 수준으로 보유하는 일은 여러분 자신에게서 가상으로 데이터를 숨기는 행위이므로, 약간 지나쳐 보일지도 모릅니다. 그러나 이렇게 두 수준의 데이터를 보유해야만 할 때가 많습니다. 모델은 좋은 예측을 수행하는 가장 간단한 방법(암기)에 끌리는 경향이 있고, 우리도 모델이 얼마나 잘 작동하는지에 관해 자신을 속이는 경향이 있기 때문이죠. 테스트용 데이터셋은 우리가 지성적으로 정직해지는 데 유용합니다. 한편 데이터가 매우 부족한 특수한 상황에서는 별도의 테스트용 데이터셋을 **항상** 구축해야 하지는 않습니다. 검증용 데이터셋만 구축해야 할지도 모르죠. 하지만 가능하다면 테스트용 데이터셋까지 추구하는 편이 바람직합니다.

모델링 작업을 제삼자에게 맡길 때는 이 규칙이 특히 중요해집니다. 여러분의 요구 사항을 정확하게 이해하지 못하거나, 용역비에 따라 오해가 조장되는 등 여러 가지 위험요소가 있기 때문이죠. 좋은 테스트용 데이터셋을 구축하면 이런 위험을 크게 완화하고, 작업 결과가 실제 문제를 해결하는지를 평가할 수 있습니다.

여러분이 조직의 고위 의사 결정자(또는 고위 의사 결정자에게 조언하는 사람)이고 AI를 도입하기로 했다면, 테스트용과 검증용 데이터셋이 무엇이고, 왜 중요한지를 잘 이해해야 합니다.

이는 발생할 수 있는 가장 큰 실패의 원천을 방지하는 매우 중요한 부분입니다. 가령 외부 업체나 서비스의 도입을 고려한다면, 외부 업체가 **절대 볼 수 없는** 테스트용 데이터셋을 따로 빼 둬야만 합니다. 그러면 여러분은 비지니스상 실제로 중요한 사항을 표현하는 평가지표를 **직접** 설정하고, 해당 평가지표와 테스트용 데이터셋을 사용해 모델을 **직접** 평가한 다음, 어느 정도 수준의 성능이 적당한지를 **직접** 결정할 수 있습니다(단순한 기준선을 직접 시도하여 매우 간단한 모델로 얻을 수 있는 결과를 파악해봐도 좋습니다. 때로는 간단한 모델이 외부 '전문가'가 만든 모델과 동등한 수준의 성능을 내기도 하죠!).

1.8.1 테스트용 데이터셋 정의 기준

검증용 및 테스트용 데이터셋을 잘 정의하려면, 원래 데이터셋의 일부를 임의로 추출하는 방법으로는 부족합니다. 이런 데이터셋은 미래의 새로운 데이터를 대표해야만 한다는 핵심 속성을 떠올려 보세요. 이 말이 불가능하게 들릴지도 모릅니다! 정의에 따르면 이 데이터를 본 적이 없기 때문이죠. 하지만 우리가 아는 부분도 존재합니다.

몇 가지 사례를 살펴보면 도움이 됩니다. 대부분의 사례는 캐글Kaggle 플랫폼(`https://www.kaggle.com`)에서 개최한 예측 모델링 대회에서 가져왔으며, 실제 상황에서 마주할 수 있는 문제와 해결 방법을 잘 보여줍니다.

시계열 데이터를 다루는 사례를 살펴보죠. 시계열에서 임의로 선택된 데이터는 예측하려는 날짜의 전후 데이터를 모두 포함하므로 문제를 지나치게 쉽게 만들며, 과거의 데이터로 미래의 모델을 구축해야 하는 대부분의 비즈니스 유스케이스를 대표하지 못합니다. 데이터에 날짜가 포함되고 해당 데이터로 미래에 사용할 모델을 구축하려면, 최근의 일련의 날짜들로 검증용 데이터셋을 구성하면 좋습니다(예: 마지막 2주 또는 마지막 한 달간의 데이터).

[그림 1-19]가 표현하는 시계열 데이터를 학습용 및 검증용 데이터셋으로 분할하는 상황을 가정해보죠.

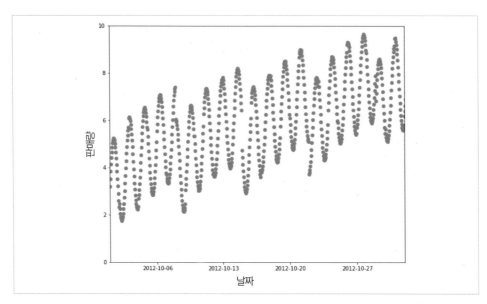

그림 1-19 시계열

[그림 1-20]에서 볼 수 있듯이 임의의 데이터 집합은 잘못된 선택입니다(임의로 제거된 간격을 너무나도 쉽게 채울 수 있으며, 실제 배포 상황을 대변하지 못합니다).

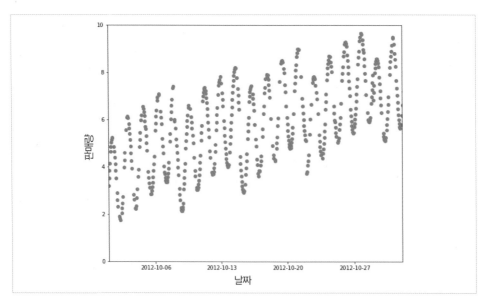

그림 1-20 바람직하지 않은 학습용 데이터셋의 예

그 대신 [그림 1-21]과 같이 날짜상 이른 시기의 데이터를 학습용 데이터셋으로 사용합니다 (검증용 데이터셋으로는 최근 데이터를 사용).

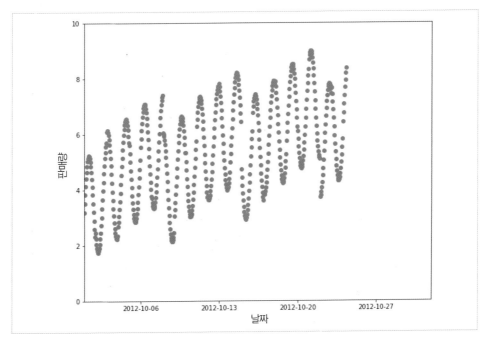

그림 1-21 바람직한 학습용 데이터셋의 예

캐글에서 개최한 '에콰도르 식료품 체인 매장의 판매량 예측(https://oreil.ly/UQoXe)' 대회를 예로 들어보죠. 제공된 학습용 데이터의 범위는 2013년 1월 1일부터 2017년 8월 15일까지였으며, 테스트용 데이터의 범위는 2017년 8월 16일부터 2017년 8월 31일까지였습니다. 이런 식으로 대회 주최자는 참가자들의 모델이 예측할 시기가 **미래**가 되게끔 강제했죠. 이는 헤지 펀드 거래자가 모델이 과거의 데이터에 기반해 미래를 예측할 수 있는지를 확인하는 **백테스팅**backtesting 방식과도 유사합니다.

두 번째 일반적인 상황은 실제 배포 환경에서 접하는 데이터가 모델이 학습될 때 접한 데이터와 **질적으로 다를** 수 있다는 사실에서 발생합니다.

캐글에서 개최된 '산만한 운전자를 인식하는 대회(https://oreil.ly/zT_tC)'에서는 운전석에 앉은 운전자의 사진을 독립변수로, 스마트폰 사용/음식 섭취/전방 주시와 같은 범주를 종속변수로 제공했습니다. 제공된 사진은 모두 같은 운전자를 대상으로 찍었습니다. 다만 몸의 위치가 약간씩 다를 뿐이었죠(그림 1-22). 만약 여러분이 이 데이터로 모델을 구축하는 보험회사 연구원이라면, 모델이 지금까지 본 적 없는 운전자에 대해서 얼마나 잘 작동할지에 가장 관심이 있겠죠(보유한 학습용 데이터가 모든 사람을 대변하지는 못하기 때문입니다). 대회 개최자도 학습용 데이터셋과는 다른 사람의 이미지로만 테스트용 데이터셋을 구축하여 제공했습니다.

그림 1-22 학습용 데이터의 사진 두 장

[그림 1-22]의 두 이미지 중 하나를 학습용 데이터셋에, 다른 하나를 검증용 데이터셋에 포함시킨다고 가정해보죠. 그러면 모델은 검증용 데이터셋의 이미지로 예측하는 데 어려움을 겪지 않을 것입니다. 즉 완전히 새로운 사람들의 이미지에서보다 더 잘 작동하는 것처럼 보이겠죠. 또 다른 관점은 모델 학습에 모든 사람의 데이터를 사용한다면, 모델은 상태(스마트폰 사용, 음식 섭취 등)를 배우지 못하고 특정 사람들의 특성에 과적합될 수 있다는 점입니다.

멸종 위기 어종의 불법 포획을 줄이기 위해 어선별 포획 어종을 식별하는 캐글의 '어업 대회(https://oreil.ly/iJwFf)'에서도 유사한 상황을 확인할 수 있습니다. 테스트용 데이터셋을 구성하는 이미지에는 학습용 데이터셋에서는 나타나지 않았던 어선들이 포함되었죠. 따라서 검증용 데이터셋도 마찬가지로 학습용 데이터셋에는 없는 어선이 담긴 이미지로 구성해야 합니다.[8]

때로는 검증용 데이터가 어떻게 다른지를 명확히 파악하기가 어려울지도 모릅니다. 가령 위성 이미지를 사용하는 문제에서는 학습용 데이터셋이 특정 지리적 위치만 포함하는지, 아니면 지

---

8   옮긴이_ 학습용 및 테스트용 데이터셋만 주어졌다면, 검증용 데이터셋을 테스트용 데이터셋과 가능한 한 유사하게 만들면 좋습니다.

리적으로 분산된 데이터를 포함하는지와 같은 추가 정보를 파악하는 노력이 필요하죠.

모델을 어떻게 만드는지를 가볍게 알아봤습니다. 이제 다음으로 무엇을 더 깊이 파고들지를 여러분이 스스로 결정할 수 있습니다.

1.9 모험의 순간, 여러분만을 위한 선택

오류의 식별과 수정, 실제 작동하는 웹 애플리케이션의 제작, 모델이 여러분의 조직이나 사회에 예상치 못한 피해를 초래하는 것을 방지하는 방법 등 실제로 딥러닝 모델을 사용하는 법을 자세히 알아보려면 계속해서 다음 두 장을 읽어보기 바랍니다. 그러나 딥러닝이 작동하는 방법에 관한 기초를 배우려면 4장으로 건너뛰어도 좋습니다.

이 책의 모든 장을 읽어나가며 진행해야겠지만, 각 장은 최대한 독립적으로 읽을 수 있도록 작성했으니 읽는 순서는 전적으로 여러분에게 달려있습니다. 만약 여기서 4장으로 건너뛰어 진행하더라도 4장을 읽은 후에는 건너뛴 장으로 돌아와 마저 읽기를 바랍니다.

1.10 질문지

수많은 코드와 개념을 읽다 보면 집중해야 하는 주요 내용이 무엇인지 알아차리기가 어렵습니다. 그래서 각 장의 마지막에 배운 내용을 정리하는 질문 목록을 준비했습니다. 여기서 제기된 모든 질문의 답은 해당 장의 내용에 있습니다. 확실한 답을 떠올릴 수 없다면 본문으로 돌아가 관련 부분을 다시 읽고 이해했는지 확인해보기를 바랍니다. 모든 질문의 답은 책의 웹사이트 (https://book.fast.ai)에서도 확인할 수 있으며, 포럼에 접속하여 같은 내용을 공부하는 사람들과 교류하며 토론해도 좋습니다.

또한 이 책의 내용을 다루는 강의 영상도 제공합니다(https://course.fast.ai/videos/). 라덱 오스멀스키Radek Osmulski는 추가 질문 목록과 관련 강의 영상을 링크로 달아 제공합니다 (http://aiquizzes.com/howto).

1 딥러닝에 다음과 같은 사항이 필요한가요?

- 뛰어난 수학 지식 (참/거짓)

- 많은 양의 데이터 (참/거짓)

- 고가의 컴퓨터 (참/거짓)

- 박사 학위 (참/거짓)

2 현재 딥러닝이 세계 최고의 도구로 자리매김한 다섯 가지 영역은 무엇인가요?

3 인공 뉴런의 원리에 기반한 첫 번째 장치의 이름은 무엇인가요?

4 병렬 분산 처리(PDP)에 대한 요구 사항은 무엇인가요?

5 신경망 분야의 발전을 저해하는 두 가지 이론적 오해는 무엇인가요?

6 GPU란 무엇인가요?

7 노트북을 열고 1+1 코드를 담은 셀을 실행해보세요. 어떤 일이 일어나나요?

8 이 장에 해당하는 출력이 제거된 버전의 노트북을 살펴보고, 각 셀을 실행하기 전에 일어날 일을 추측해보세요.

9 주피터 노트북의 사용법을 다룬 온라인 부록(https://oreil.ly/9uPZe)을 읽어보세요.

10 전통적인 컴퓨터 프로그램으로 이미지를 인식하는 작업이 어려운 이유는 무엇인가요?

11 사무엘이 '가중치 할당'으로 의미한 바는 무엇인가요?

12 사무엘이 말한 '가중치'에 대응하는 일반적인 딥러닝 용어는 무엇인가요?

13 머신러닝 모델에 대한 사무엘의 견해를 그림 한 장으로 요약해보세요.

14 딥러닝 모델이 내놓은 특정 예측 결과의 이유를 이해하기는 왜 어려운가요?

15 신경망이 모든 수준의 정확도로 모든 수학적 문제를 해결할 수 있음을 보여주는 정리의 이름은 무엇인가요?

16 모델을 학습시키려면 무엇이 필요한가요?

17 피드백 루프는 예측 치안 유지 모델에 어떤 영향을 미치나요?

18 고양이 인식 모델에는 항상 224×224픽셀 크기의 이미지를 사용해야만 하나요?

19 분류와 회귀는 어떻게 다른가요?

20 검증용 데이터셋과 테스트용 데이터셋이란 무엇인가요? 왜 필요한가요?

21 검증용 데이터셋을 명시적으로 제공하지 않을 때 fastai는 어떤 조치를 취하나요?

22 항상 임의로 추출한 표본만으로도 검증용 데이터셋을 구축할 수 있나요? 그렇다면, 또는 그렇지 않다면 그 이유는 무엇인가요?

23 과적합이란 무엇인가요? 예를 들어 설명해보세요.

24 평가지표란 무엇인가요? 손실과는 어떻게 다른가요?

25 사전 학습된 모델은 어떤 면에서 도움이 되나요?

26 모델의 '머리'란 무엇인가요?

27 CNN의 초기 계층은 어떤 종류의 특징을 찾아내나요? 후기 계층은 어떤가요?

28 이미지 모델은 사진에만 유용한가요?

29 구조/아키텍처란 무엇인가요?

30 세그먼테이션이란 무엇인가요?

31 y_range 인자는 언제, 왜 쓰이나요?

32 하이퍼파라미터란 무엇인가요?

33 조직에서 AI를 사용할 때 실패를 방지하는 가장 좋은 방법은 무엇인가요?

1.10.1 추가 연구

각 장에는 책에서 완전한 답을 제공하지 않은 부분의 탐구를 장려하고, 고급 주제의 과제를 제공하는 '추가 연구'가 포함됩니다. 여기서 제기한 질문의 답은 따로 제공하지 않으므로, 여러분이 스스로 조사해봐야만 합니다!

1 딥러닝에 GPU가 유용한 이유는 무엇인가요? CPU는 왜 딥러닝에서 덜 효과적인가요?

2 피드백 루프가 머신러닝의 사용에 영향을 미칠 수 있는 세 가지 분야를 생각해보세요. 실제로 발생한 사례를 다룬 문서를 찾아보기 바랍니다.

CHAPTER 2

모델에서 제품까지

사실 1장에서 본 코드 여섯 줄은 딥러닝의 전체 과정 중 작은 부분에 불과합니다. 이번 장에서는 컴퓨터 영상 처리 문제를 예로 들어 딥러닝 애플리케이션의 제작 과정을 처음부터 끝까지 살펴봅니다. 세부적으로는 '곰' 분류 모델을 구축하면서 딥러닝의 가능성 및 제한사항을 살펴봅니다. 이 과정에서 데이터셋의 생성 방법, 실제 딥러닝의 사용상 주의 사항 등을 다룹니다. 여기서 배울 내용은 1장에서 다룬 문제를 비롯한 여러 딥러닝 문제에 적용할 수 있습니다. 따라서 나중에 여러분이 이 장에서 배운 내용과 유사한 문제를 마주친다면 적은 양의 코드로 빠르게 풀어나갈 수 있을 것입니다.

우선은 문제의 틀을 잡는 방법부터 알아보죠.

2.1 딥러닝 프로젝트 실습하기

앞서 딥러닝이 적은 양의 코드만으로도 여러 가지 어려운 문제를 빠르게 해결할 수 있음을 확인했습니다. 입문자라고 해도 우리가 살펴본 문제와 유사한 문제를 다룬다면 매우 빠르게 유의미한 결과를 얻을 수 있습니다. 하지만 딥러닝이 뭐든 가능한 마법이라고는 생각하지 마세요! 사실상 단 코드 여섯 줄로만 해결할 수 있는 문제는 많지 않겠죠.

딥러닝의 제한사항은 과소평가하고 능력을 과대평가하면, 딥러닝이 내놓은 결과에 실망할지도 모릅니다. 반면 제한사항은 과대평가하고 능력을 과소평가하면, 실제 문제를 해결해본 경험을 쌓기도 전에 해결할 수 있는 문제를 시도조차 하지도 못하는 결과를 초래합니다.

딥러닝의 제한사항과 능력을 모두 과소평가하는 사람들과 대화를 나눌 기회가 자주 있습니다. 하지만 이런 두 가지 태도는 모두 문제가 됩니다. 능력을 과소평가하면 실제로는 이로울 수도 있는 일을 처음부터 시도조차 하지 않을 수 있습니다. 그리고 제한사항을 과소평가하면 중요한 문제를 고민하고 적절하게 조치할 기회를 놓칠 수 있습니다.

열린 마음을 유지하는 것이 가장 중요합니다. 기대치보다 데이터가 적고 더 복잡한 문제에서도 딥러닝의 가능성에 마음을 열어두면, 문제 해결 과정에서 여러분이 처한 특정 문제와 관련된 가능성 및 제한사항을 찾아서 설계에 반영할 수 있습니다. 그러나 위험을 감수하며 도박을 하라는 이야기는 아닙니다. 이 장에서는 모델을 점진적으로 구축해서 심각한 위험을 피해가는 방법, 모델을 실제 제품화하기 전 사전 평가하는 방법을 통해서 딥러닝을 사용한 문제의 해결 과정을 알아봅니다.

2.1.1 프로젝트 시작하기

딥러닝의 여정을 어디서부터 시작하면 좋을까요? 우선 작업하고 싶은 프로젝트를 하나쯤 발굴해야 합니다. 모델을 구축하고 사용하는 실제 경험을 쌓을 수만 있다면, 개인 프로젝트로도 충분합니다. 단지 프로젝트를 고를 때는 가용한 데이터가 있는지를 반드시 고려해야 합니다.

여러분은 어떤 프로젝트든 당장 빠르게 시작하고 경험을 쌓을 수 있는 것을 원하겠죠. 자신만의 학습용 프로젝트이든 여러분이 속한 조직이 기획하는 실제 애플리케이션 프로젝트이든 종류에 상관없이 말입니다. 그동안 목격한 바에 따르면, 많은 학생, 연구자, 산업 종사자가 수개월 또는 수년이라는 오랜 시간을 완벽한 데이터셋을 찾는 데 허비하고 있습니다. '완벽한' 데이터셋, '그럴듯한 프로젝트'를 발굴하기보다는 일단 시작할 수 있는 지점을 만들고, 거기서부터 지속해서 반복적으로 개선해나가는 방식을 지향해야 합니다. 이런 접근법은 완벽주의자가 아직도 계획 수립에 끙끙대고 있을 때, 이미 여러 가지 가능성과 제한점을 발견하고 수차례의 반복된 개선 작업을 수행하게 해줍니다.

또한 프로젝트를 처음부터 끝까지 반복하기를 권장합니다. 즉 모델의 미세 조정fine tuning, GUI 완벽하게 꾸미기, 데이터셋 완벽하게 레이블링하기 등에 수개월을 허비하지 말아야 합니다. 그 대신 모든 단계를 적당한 시간 내에 하나씩 수행하여 처음부터 마지막 단계까지 완전히 돌아보고 이를 한 번의 반복으로 취급하는 것이 좋습니다. 가령 스마트폰용 애플리케이션을 제작한다면, 항상 매 반복의 마지막에는 애플리케이션이라는 결과물이 나와야 합니다. 다만 초기 반복에서는 어느 정도 지름길을 사용해도 괜찮습니다. 예를 들어 실제로 스마트폰에서 구동되는 기능의 일부를 서버에서 처리한다거나, 복잡한 UI 대신 간단한 반응형 웹 애플리케이션을 활용해 일부 단계를 건너뛰어도 됩니다. 프로젝트를 처음부터 끝까지 한 번 반복하면 가장 까다로운 부분, 최종 결과물에 가장 지대한 영향을 미치는 부분 등을 빠르게 파악할 수 있습니다.

앞으로 제공되는 노트북의 내용을 조금씩 바꾸며 작은 단위의 실험을 많이 해보는 동시에 여러분만의 프로젝트를 조금씩 발굴해나가기 바랍니다. 이 책의 모든 도구와 기법에 대한 지식뿐만 아니라 경험도 함께 쌓아가는 연습이 필요합니다.

TIP 실뱅의 말

> 이 책을 100% 소화하려면 각 장이 마무리되는 시점에 시간을 내어 여러 가지를 실험해보세요. 그리고 실험한 내용을 여러분만의 프로젝트에 적용해보기 바랍니다. 또한 제공된 노트북을 살펴보고, 새로운 데이터셋을 대상으로 완전히 새롭게 작성해보면 좋습니다. 수많은 연습과 실패를 거름 삼아 모델을 학습시키는 방법을 터득한다면 직관력을 습득할 수 있을 것입니다.

프로젝트를 처음부터 끝까지 반복하는 식으로 접근하면 필요한 데이터양을 잘 파악할 수 있습니다. 가령 프로젝트를 시작하는 시점에 레이블링된 데이터가 200개만 있다고 있다 해보죠. 과연 이 개수가 원하는 성능에 도달하는 데 충분한지는 실제 상황을 겪어보기 전까지 알 수 없습니다.

또한 실제 작동하는 프로토타입까지 만들기 때문에 아이디어의 가능성을 여러분의 동료에게 보여줄 수도 있겠죠. 중요하지 않은 일처럼 보이지만, 기관에서는 결과를 눈으로 확인할 수 있는 제품을 수용하고 계속해서 발전시키려 합니다. 실제로도 그런 사례를 수차례 목격했습니다.

이미 가용 데이터를 보유한 프로젝트가 시작하기에 가장 쉽습니다. 현재 몸담은 분야와 관련한 데이터는 이미 축적되었을 가능성이 높으니 이와 관련된 프로젝트를 기획하여 시작하면 수월합니다. 가령 음악 분야 종사자라면 여러 음반 데이터에 접근이 가능할지 모릅니다. 방사선 전문의라면 수많은 의료 영상 데이터에 접근할 수 있을 테죠. 야생 동물 보호에 관심이 있다면 수많은 야생 동물 이미지를 보유하고 있을지도 모릅니다.

때로는 외부에서 창의적인 아이디어를 얻어야 합니다. 캐글 경연 등 관심 분야에서 진행된 머신러닝 프로젝트에서 영감을 얻을지도 모릅니다. 한편 때로는 타협도 필요합니다. 정확히 여러분의 목적에 부합하는 데이터를 찾기 어려울 수도 있습니다. 이때는 유사 분야에 주의를 돌려보거나, 약간 다르지만 유사한 문제에 사용된 다른 데이터를 살펴보면 도움이 될 수 있습니다. 유사한 프로젝트를 살펴보면 전체 과정을 잘 이해할 수 있으며, 전혀 생각지도 못한 방법이나 데이터 등이 있다는 사실을 깨닫게 됩니다.

딥러닝 입문자라면 아직 딥러닝이 적용되지 않은 분야로 뛰어들지 않기를 바랍니다. 시작하자마자 모델이 작동하지 않는다면 여러분의 실수 때문인지, 딥러닝으로 해결할 수 없는 문제이기 때문인지를 판단할 수 없기 때문이죠. 그뿐만 아니라 도움을 구할 곳도 없을 것입니다. 즉 최종적으로 달성하려는 목표와 유사한 문제를 찾고 이미 좋은 결과를 얻은 전례를 검색해보는 편이 좋습니다. 만약 그런 사례가 있다면 유사한 방식으로 데이터를 변형해보는 등의 시도를 해볼 수 있습니다. 다음으로 살펴볼 내용은 딥러닝의 현 상황입니다. 현재까지 딥러닝이 유용하다고 증명된 작업 분야도 함께 알아봅니다.

2.1.2 딥러닝의 현 상황

여러분이 해결하려는 문제에 딥러닝이 좋은 솔루션이 될 수 있는지 고려해봅시다. 이번 절은 2020년 초의 딥러닝 상황에 관한 요약을 제공합니다. 하지만 딥러닝의 급변하는 추세 때문에 여러분이 책을 읽는 시점에는 여기서 언급된 제약사항이 더는 존재하지 않을지도 모릅니다. 책의 웹사이트에 지속해서 최신 내용을 갱신하여 반영할 예정이므로 참고하기 바랍니다. 또한 'what can AI do now(현재 AI가 할 수 있는 일)'라는 키워드로 구글 검색을 해서 최신 정보를 얻을 수 있습니다.

컴퓨터 영상 처리

아직 딥러닝이 사용되지 않은 이미지 분석 영역이 많지만, 시도된 영역에서는 컴퓨터가 적어도 사람만큼 이미지 내 물체를 잘 인식한다는 사실이 보편적으로 알려졌습니다. 심지어 방사선 전문의처럼 전문적으로 훈련된 사람과도 견줄 수 있는 수준으로 성능이 좋습니다. 이렇게 이미지 내 물체를 인식하는 작업을 **물체 인식**object recognition이라고 합니다. 또한 딥러닝은 이미지 내 물체의 위치 식별에도 능숙하며 물체의 이름 및 위치를 표시할 수 있습니다. 이런 종류의 작업을

물체 탐지object detection라고 합니다(1장에서는 이 작업을 변형하여 물체의 종류에 따라 모든 픽셀을 분류하는 작업을 살펴보았습니다. 이런 종류의 작업은 **세그먼테이션**segmentation이라고 합니다).

딥러닝 알고리즘은 일반적으로 모델 학습에 사용된 이미지와 구조나 스타일이 크게 다른 이미지를 잘 인식하지 못합니다. 가령 학습용 데이터셋에 흑백 이미지가 없다면, 학습된 모델은 흑백 이미지를 잘 다룰 수 없습니다. 또 학습용 데이터셋에 손으로 그린 이미지가 없다면, 손으로 그린 이미지를 잘 다루지 못하는 모델이 됩니다. 학습용 데이터에서 부족한 이미지가 무엇인지를 파악하는 보편적인 방법은 없습니다. 다만 이 장에서는 모델을 상품화한 뒤 실전 상황에서 예기치 않은 종류의 이미지가 등장했을 때 해당 이미지를 인식하도록 하는 몇 가지 방법을 다룹니다 (이는 **영역 밖**out of domain 데이터 검증이라고 합니다).

물체 탐지 시스템을 구축할 때는 이미지 레이블링 작업에 비용이 많이 들고 시간이 오래 걸릴 수 있다는 어려움에 부딪히게 됩니다. 정확한 물체 탐지 모델의 구축에 필요한 이미지 레이블링을 쉽고 빠르게 해주며 사람의 손을 덜 거쳐도 되는 도구를 제작하려는 시도가 많이 이루어지고 있습니다. 이 중에 입력 이미지를 회전하거나 명도 및 채도를 바꾸는 등 다양한 합성 이미지를 생성하는 **데이터 증강**data augmentation이라는 기법이 유용합니다. 이는 이미지뿐만 아니라 텍스트 등 다양한 모델에 유용합니다. 이 장에서 데이터 증강 기법과 관련된 내용을 자세히 다룹니다.

또한 여러분의 문제가 컴퓨터 영상 처리와 밀접한 연관이 없더라도, 상상력을 약간 더하면 영상 처리 문제로 바꿀 수 있다는 점도 고려해야 합니다. 소리 분류 문제를 예로 들어보죠. 소리를 음향의 파형 이미지로 변환한 후 해당 이미지로 모델을 학습시킬 수 있습니다.

텍스트(자연어 처리)

컴퓨터는 영상 처리뿐만 아니라 짧거나 긴 문서를 스팸, 긍정/부정, 작성자, 소스 웹사이트 등에 따라 매우 능숙하게 분류할 수 있습니다. 이 분야에서는 사람과 컴퓨터의 수행 능력을 비교하는 엄격한 기준을 정하는 연구가 많이 이루어지지는 않았습니다. 그러나 딥러닝의 수행 능력이 사람과 유사한 수준이라고 보이는 여러 가지 사례가 있습니다.

또한, 딥러닝은 소셜 미디어의 게시글에 적절한 답글을 달거나 특정 작가 스타일을 모방한 글쓰기에도 매우 능숙합니다. 사람의 눈길을 끄는 글을 만들어내며, 사람보다 더 매력적인 글을 작성한 사례도 있습니다. 그러나 딥러닝은 현재 **100%의 정답**을 도출하지는 못합니다! 가령 딥러닝 모델에 의학 정보를 결합한다고 한들, 의학적으로 올바른 자연어적 응답을 안정적으로 만들어내기는 어렵습니다. 실제로는 완전히 틀렸지만 비전문가를 설득할만한 내용을 생성할 수 있어서 매우 위험합니다.

또 다른 우려는 소셜 미디어에서 문맥적으로 적절하면서도 설득력 있는 악의적인 댓글이 지금껏 본 적 없는 규모와 속도로 생성되어 허위 정보를 전파하고, 불안감을 조성하며, 갈등을 조장할 수 있다는 점입니다. 현재까지의 추세로 볼 때 자동 텍스트 생성 기술은 텍스트의 자동 생성 여부를 탐지하는 기술보다 항상 조금씩 앞서 있습니다. 가령 텍스트 생성 모델의 사실성을 향상하는 데 인위적으로 생성된 텍스트를 인식하는 모델이 활용되어, 알고리즘이 탐지하지 못하는 수준까지 도달하는 것이죠.

반면 딥러닝을 유익하게 활용하는 사례도 있습니다. 예를 들면 텍스트를 다른 언어로 번역하고, 긴 문서를 짧게 요약하고, 관심 주제를 검색하는 등 다양하게 활용하고 있죠. 불행히도 번역 및 요약 결과가 항상 올바르지는 않습니다! 그렇지만 딥러닝에 기반한 구글의 번역 시스템을 포함한 여러 온라인 서비스는 이미 많은 사람이 애용할 만큼 충분히 유용합니다.

텍스트와 이미지의 결합

텍스트와 이미지를 하나의 모델로 결합하는 딥러닝의 능력은 사람들이 직관적으로 예상하는 수준보다 훨씬 우수합니다. 가령 이미지를 입력받아 영어 자막을 출력하는 모델을 학습시키면, 놀라울 정도로 새로운 이미지에 적절한 자막을 자동으로 생성하는 방법을 터득하는 식이죠! 그러나 여기서도 생성된 자막이 실제로 정확하다고는 보장할 수 없습니다.

이런 심각한 문제로 시스템의 전체 과정을 딥러닝으로 자동화하기를 권장하지 않습니다. 대신 전체의 일부로서, 사람과 모델이 서로 가까이서 상호작용하는 형태가 되어야 합니다. 이는 완전한 수동적 방식보다 잠재적으로 더욱 생산적인 환경을 만들 수 있으며, 사람만 작업하는 환경보다 정확하게 처리합니다.

한 가지 예를 들어보겠습니다. 자동 시스템으로 CT 스캔에서 잠재적인 뇌졸중을 즉각적으로 식별해 우선순위가 높은 경고를 보내면, 전문의가 해당 CT 스캔을 빠르게 확인할 수 있습니다. 뇌졸중은 발생한 뒤 3시간 이내에 적절한 조치가 이루어져야 하므로, 빠른 피드백 루프의 시스템이 실제로 생명을 구하는 데 기여할 수 있습니다. 그러나 모든 CT 스캔이 일반적인 방식으로 방사선 전문의에게 전송될 수도 있습니다. 즉 사람의 개입이 전혀 줄어들지 않습니다. 이때는 또 다른 딥러닝 모델을 생각해볼 수 있습니다. 가령 CT 스캔을 자동으로 측정하고 보고서를 만들어서 방사선 전문의가 놓쳤을지 모르는 사실을 경고하거나 과거에 일어난 유사 상황의 사례를 제시할 수 있습니다.

테이블 데이터

최근 딥러닝은 시계열 및 테이블 데이터 분석에서 큰 진전을 이루었습니다. 그러나 일반적으로는 여러 모델 앙상블의 일원으로 활용됩니다. 인기 있는 테이블 데이터 모델링 도구인 **랜덤 포레스트**random forest나 **그레이디언트 부스팅 머신**gradient boosting machines(9장)을 이미 사용하는 시스템을 딥러닝으로 교체하거나, 딥러닝을 추가 사용한다고 해서 극적으로 개선되지는 않습니다.

딥러닝은 포함할 수 있는 열의 종류를 크게 늘려준다는 장점이 있습니다. 자연어를 담은 열(책 제목, 리뷰 등), 높은 카디널리티cardinality의 열(우편 번호, 상품 번호처럼 많은 이산적인 선택지) 등이 모두 대상입니다. 랜덤 포레스트, 그레이디언트 부스팅 머신보다 학습 시간이 오래 걸린다는 단점도 존재하지만, 전체 모델링 파이프라인에 GPU 가속을 지원하는 RAPIDS(https://rapids.ai) 같은 라이브러리의 등장으로 계속해서 개선되고 있습니다. 9장에서는 이 기법의 장단점을 상세히 다룹니다.

추천 시스템

추천 시스템recommendation systems은 특별한 유형의 테이블 데이터입니다. 일반적으로 사용자와 상품(또는 이와 유사한 데이터)을 표현하는 카디널리티가 높은 변수가 있다는 특징이 있습니다. 아마존 같은 회사에서는 고객을 행, 제품을 열로 표현하는 거대한 **희소 행렬**sparse matrix로 모든 구매 이력을 표현합니다. 그러면 데이터 과학자는 **협업 필터링**collaborative filtering 기법을 적용하여 이런 형식의 데이터 행렬을 채웁니다. 가령 고객 A가 상품 1, 10을 구매했고, 고객 B가 상품 1, 2, 4, 10을 구매했다면, 추천 시스템 엔진은 고객 A에게 상품 2와 4를 추천합니다.

카디널리티가 높은 범주형 변수를 잘 처리하는 딥러닝 모델은 추천 시스템을 꽤 능숙하게 다룰 수 있습니다. 특히 이런 변수가 자연어나 이미지 등 다른 종류의 데이터와 결합할 때 딥러닝의 진가가 발휘되곤 합니다. 또한 여기에 사용자 정보, 트랜잭션 이력과 같은 추가적인 메타데이터를 결합하는 작업도 잘 수행합니다.

그러나 대부분의 머신러닝 접근법은 사용자에게 도움이 되는 상품이 아니라 사용자가 좋아할 만한 상품을 추천한다는 단점이 존재합니다. 가령 추천받은 상품을 사용자가 이미 잘 알고 있거나, 이미 구매한 상품의 포장만 바꾼 버전(예컨대 소장 중인 소설책 각 권을 묶어서 판매)을 추천한다면 전혀 도움이 되지 않겠죠. 저는 테리 프래챗Terry Pratchett이 쓴 책을 좋아하여 거의 모든 책을 소장하고 있지만, 아마존은 항상 테리 프래챗의 책만 추천해 줘서 도움이 되지 않았습니다(그림 2-1)!

그림 2-1 별로 도움이 되지 않는 추천의 예

그 외의 데이터 형식

때로는 특정 도메인에 특화된 데이터가 기존 유형에 잘 들어맞기도 합니다. 예를 들어 복잡한 관계 및 의미의 개별 토큰으로 일련의 순서를 구성하는 **단백질 사슬**protein chain은 자연어로 표현된 문서와 꽤 유사합니다. 실제로도 여러 유형의 단백질을 분석하는 최신 기법에는 NLP 딥러닝 방식이 활용되고 있습니다. 또 다른 사례는 소리를 **스펙트로그램**spectrogram으로 표현하여 이미지처럼 다루는 작업입니다. 이미지에 대한 표준적인 딥러닝 접근법은 스펙트로그램에서도 매우 잘 작동한다고 알려졌습니다.

2.1.3 원동력 접근법

전혀 사용되지 않는 정확한 모델이 있는가 하면, 매우 유용해도 정확도가 떨어지는 모델도 있습니다. 모델을 실제로 유용하게 사용하려면 모델의 사용 방식을 고려해야만 합니다. 이 책의 저자인 제러미와 마깃 지머margit zwemer, 마이크 루키드mike loukides는 2012년에 **원동력 접근법** drivetrain approach을 도입해 이 문제를 다루는 방식을 소개하였습니다.

[그림 2-2]가 묘사하는 원동력 접근법은 『Designing Great Data Products(위대한 데이터 상품 설계)』(오라일리, 2012)에서 상세히 다루고 있습니다. 기본 개념은 먼저 목표를 고려하고, 목표에 변화를 주는 '레버lever'를 생각한 다음, 각 레버를 목표로 연결하는 유용한 데이터가 무엇인지 고민하여 모델의 구축까지 이어지도록 하는 것입니다. 그러면 모델을 사용해 목표에 맞는 최상의 결과로 이어지는 최선의 행동(레버)을 발견할 수 있습니다.

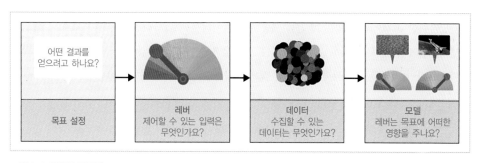

그림 2-2 원동력 접근법

예를 들어 사람의 개입 없이 지점 A에서 B까지 안전하게 운전하는 자율 주행차 모델을 고려해 보죠. 뛰어난 예측 능력을 모델링하는 작업은 이를 해결하는 데 중요한 부분을 차지하지만, 그것만으로는 충분하지 않습니다. 제품이 계속 정교해지면서 모델링이라는 한 부분은 감춰져 버립니다. 가령 자율 주행을 이루는 수백, 수천 개 모델의 조합과 페타바이트 급의 데이터와 같은 부분을 운전자는 전혀 알지 못합니다. 그러나 정교한 상품으로 진화하는 데 맞춰 데이터 과학자는 체계적인 설계 방식을 도입해야 합니다.

데이터는 더 많은 예측 데이터를 생성할 뿐만 아니라 **실행할 수 있는 결과물**을 만드는 데도 사용됩니다. 바로 이것이 원동력 접근법이 추구하는 **목표**입니다. 우선 명확한 목표를 정의하여 시작합니다. 예를 들어서 구글이 처음 검색 엔진을 만들 때 "검색하는 사람의 주요 목적이 무엇일까?"를 고려했고, "가장 연관성 있는 검색 결과를 보여주자"라는 결론을 도출했죠. 다음으로는 목표를 잘 달성하려면 어떤 **레버**를 당겨야 하는지(즉, 어떤 조치를 취할 수 있는지)를 고려합니다. 구글에서는 검색 결과에 순위를 매기는 레버였죠. 세 번째 단계에는 레버를 실제 작동시키는 데 어떤 새로운 **데이터**가 필요한지를 고려합니다. 구글은 페이지 간의 링크 관계에 포함된 암시적인 정보를 검색 결과의 순위를 매기는 목적으로 사용할 수 있다고 판단했습니다.

세 단계를 거쳐야 비로소 예측 모델의 구축을 고민할 수 있습니다. 즉 목표, 가용 레버, 보유 데이터 및 수집해야 하는 데이터가 구축될 모델을 결정합니다. 레버 및 제어할 수 없는 모든 변수를 모델의 입력으로 사용해 얻은 예측 결과를 모두 결합하여 우리의 목적에 맞는 최종 상태를 예측합니다.

또 다른 예로 추천 시스템을 고려해보죠. 추천 엔진의 목적은 고객에게 유용하지만 추천 없이는 구매하지 않을만한 상품을 추천하여 추가 구매를 끌어내는 것입니다. 여기서는 추천의 순위 매기기가 레버입니다. 새로운 판매로 이어지는 추천을 하려면 새로운 데이터를 수집해야 합니다. 광범위한 고객에게 다양한 추천을 제공하는 데이터를 수집하려면 수많은 실험이 수행되어야만 합니다. 실제로 이를 수행하는 사례는 거의 없지만, 이 단계 없이는 진정한 목표(더 많은 판매)에 기반하여 추천을 최적화하는 데 필요한 정보가 없다고 볼 수 있습니다.

마지막으로 추천 내용을 보거나, 보지 않는 조건에서의 구매 확률에 대한 두 가지 모델을 구축할 수 있습니다. 두 확률 간의 차이는 고객에 추천한 사실에 대한 **효용함수**utility function에 있습니다. 고객이 이미 구매를 거부한 상품(두 요소 모두 작음)이나 추천 없이도 구매한 친숙한 상품(두 요소 모두 커서 서로를 상쇄)을 추천하는 알고리즘에서는 그 차이가 낮습니다.

보다시피 모델의 실제 구현에는 단순한 모델 훈련 이상의 작업이 필요합니다! 더 많은 데이터를 수집하는 실험을 수행하고, 개발하는 시스템에 모델을 통합하는 방법을 고려해야 합니다. 다음은 프로젝트에 사용할 데이터를 찾는 방법을 다룹니다.

2.2 데이터 수집

여러 가지 프로젝트에 필요한 데이터는 대부분 온라인에서 얻습니다. 이 절에서는 세 종류의 곰(회색곰grizzly bear, 흑곰black bear, 테디 베어teddy bear)을 구분하는 곰 탐지기 프로젝트를 완성합니다. 각 종류의 곰 이미지는 인터넷에서 손쉽게 찾을 수 있으므로, 파이썬으로 이미지를 찾고 다운로드하는 방법만 알면 데이터를 구축할 수 있습니다.

이 장에서는 이런 목적에 맞는 도구를 제공합니다. 따라서 내용을 따라가다 보면 이미지에서 원하는 물체를 인식하는 애플리케이션을 만들 수 있습니다. 그동안 fast.ai 수업을 들은 학생 수천 명이 커뮤니티 포럼에 작업을 공유했습니다. 트리니다드 벌새 품종부터 파나마 버스[9]를 인식하는 애플리케이션까지 다양한 작업이 있습니다. 어떤 학생은 크리스마스 휴가 때 만날 사촌 16명을 약혼녀가 알아볼 수 있도록 돕는 애플리케이션을 제작하기도 했습니다!

이 책을 쓰는 시점에는 **빙 이미지 검색**(bing image search)이 이미지의 검색 및 다운로드에 가장 좋은 방법입니다. 매월 1,000번의 쿼리를 무료로 요청할 수 있으며, 쿼리당 이미지 150장을 다운로드할 수 있거든요. 물론 여러분이 책을 읽는 시점에는 더 좋은 방법이 생길지도 모릅니다. 책의 웹사이트(`https://book.fast.ai`)에서 현재 추천하는 방법을 확인하기 바랍니다.

> **TIP** **최신 서비스를 지속적으로 알아보기**
>
> 데이터셋 생성에 활용할 수 있는 서비스가 생기거나 사라지는 일은 흔합니다. 그리고 서비스의 특징, 인터페이스, 가격도 정기적으로 바뀌고는 합니다. 이 절에서는 애저 코그니티브 서비스(Azure Cognitive Services)에 포함된 빙 이미지 검색 API(`https://oreil.ly/P8VtT`)의 사용법을 소개합니다.

빙 이미지 검색을 사용하여 이미지를 다운로드하려면 마이크로소프트의 빙 이미지 검색 서비스에 가입해야 합니다. 그런 다음 가입 완료 시 발급받은 키로 다음 코드의 **'XXX'** 부분을 교체합니다.

```
key = 'XXX'
```

또는 터미널의 명령어 사용이 익숙하다면 다음처럼 환경변수를 설정할 수도 있습니다.

```
export AZURE_SEARCH_KEY=빙 이미지 검색 서비스 키
```

터미널로 환경변수를 설정했다면 주피터 노트북을 재시작한 뒤 다음 내용을 실행합니다.

```
key = os.environ['AZURE_SEARCH_KEY']
```

---

9 옮긴이_ 파나마의 상징인 붉은 악마 버스로, 독특한 모양과 색깔로 유명합니다.

이렇게 key를 설정하고 나면 search_images_bing 함수를 사용할 수 있습니다. 이 함수는 책 저장소의 utils라는 파일이 제공하는 편의 기능입니다. 함수가 정의된 위치를 파악하기 어렵다면 다음과 같이 주피터 노트북 셀에 함수 이름을 적고 실행해 찾습니다.

```
>>> search_images_bing

<function utils.search_images_bing(key, term, min_sz=128)>
```

그러면 간단하게 search_images_bing 함수를 사용해보겠습니다.

```
>>> results = search_images_bing(key, 'grizzly bear')
>>> ims = results.attrgot('content_url')
>>> len(ims)

150
```

회색곰 이미지(빙 이미지 검색이 회색곰이라고 찾은 결과) 150장의 URL을 성공적으로 다운로드했습니다. 다운로드한 이미지를 하나 살펴보겠습니다.

```
dest = 'images/grizzly.jpg'
download_url(ims[0], dest)

im = Image.open(dest)
im.to_thumb(128,128)
```

잘 작동하는 것으로 보입니다. 이번에는 각 검색어에서 얻은 모든 URL의 이미지를 fastai가 제공하는 download_images 함수로 다운로드하겠습니다. 검색어별 이미지는 검색어가 이름인 별도의 폴더에 저장하도록 코드를 작성합니다.

```
bear_types = 'grizzly','black','teddy'
path = Path('bears')

if not path.exists():
    path.mkdir()
    for o in bear_types:
        dest = (path/o)
        dest.mkdir(exist_ok=True)
        results = search_images_bing(key, f'{o} bear')
        download_images(dest, urls=results.attrgot('contentUrl'))
```

다음 코드를 실행하면 예상한대로 폴더와 이미지 파일이 생깁니다.

```
>>> fns = get_image_files(path)
>>> fns
```

```
(#421) [Path('bears/black/00000095.jpg'),Path('bears/black/00000133.jpg'),Path('
> bears/black/00000062.jpg'),Path('bears/black/00000023.jpg'),Path('bears/black
> /00000029.jpg'),Path('bears/black/00000094.jpg'),Path('bears/black/00000124.j
> pg'),Path('bears/black/00000056.jpeg'),Path('bears/black/00000046.jpg'),Path(
> 'bears/black/00000045.jpg')...]
```

> **TIP** 제러미의 말
>
> 저는 주피터 노트북을 좋아합니다! 점진적으로 구축하고 단계별로 검증하기가 쉽기 때문이죠. 실수를 많이 하
> 는 저에게는 이 환경이 **매우** 유용합니다.

인터넷에서 파일을 다운로드하다 보면 가끔 파일에 오류가 발생하곤 합니다. 파일의 오류 여부
는 다음과 같이 verify_images 함수로 검사할 수 있습니다.

```
>>> failed = verify_images(fns)
>>> failed
```

```
(#0) []
```

상기 코드에는 오류가 발생한 파일이 없지만, 오류 파일을 삭제하려면 unlink 함수를 사용합
니다. **컬렉션**collection 자료형을 반환하는 여러 fastai 함수처럼 verify_images 또한 L이라는
컬렉션 객체를 반환합니다. 이 객체에 있는 map 메서드는 호출 시 인자로 전달된 함수를 컬렉

션에 포함된 각 요소에 적용합니다. 즉 다음 코드는 `unlink` 함수를 사용해 오류가 발생한 모든 파일(요소)을 삭제합니다.

```
failed.map(Path.unlink);
```

주피터 노트북에서 도움을 얻는 법

주피터 노트북은 실험을 쉽게 수행할 수 있는 환경을 제공하며, 각 함수의 결과를 즉각적으로 파악할 수 있습니다. 그뿐만 아니라 코드 내부를 즉시 살펴보는 등 함수의 사용 방법을 알아보는 데 유용한 여러 가지 기능도 제공합니다. 가령 주피터 노트북의 셀에 다음과 같이 입력해보죠.

```
??verify_images
```

그러면 화면 하단창에 다음과 같은 내용이 나타납니다.

```
Signature: verify_images(fns)
Source:
def verify_images(fns):
    "Find images in `fns` that can't be opened"
    return L(fns[i] for i,o in
            enumerate(parallel(verify_image, fns)) if not o)
File:       ~/git/fastai/fastai/vision/utils.py
Type:       function
```

해당 함수가 수용하는 인자(`fns`), 실제 구현 코드, 함수가 정의된 파일의 위치 등을 살펴볼 수 있습니다. 소스 코드를 살펴보겠습니다. 여러 번의 `verify_image` 함수 호출을 병렬로 처리하여 각 결과가 False인 파일만을 컬렉션에 보관합니다. 이 내용은 독스트링doc string의 설명과 일치합니다. 즉 `fns`에 포함된 이미지 중 열 수 없는 이미지를 찾아내 반환합니다.

다음은 주피터 노트북에서 매우 유용한 명령어입니다.

- 함수나 인자의 정확한 철자가 기억나지 않는다면 'Tab 키'를 눌러서 제안된 자동 완성 목록을 확인합니다.
- 함수의 괄호 안에서 'Shift 키'와 'Tab 키'를 동시에 누르면, 함수의 원형과 짧은 설명을 담은 팝업창이 나타납니다. 이 키 조합을 연속으로 두 번 누르면 설명 문서의 내용이 확장되고, 세 번 누르면 팝업창 대신 별도의 창이 화면 하단에 나타납니다.
- 셀에서 '?함수이름'을 입력해 실행하면 함수의 원형과 짧은 설명을 담은 창이 화면 하단에 나타납니다.

- 셀에서 '??함수이름'을 입력해 실행하면 함수의 원형, 짧은 설명, 구현 코드를 담은 창이 화면 하단에 나타납니다.
- fastai 라이브러리는 doc이라는 함수를 제공합니다. 'doc(함수이름)'처럼 함수를 호출하면, 함수의 원형, 짧은 설명, 깃허브 소스 코드 링크, 해당 라이브러리를 다루는 문서의 웹사이트 주소 링크를 담은 창이 화면 하단에 나타납니다.
- 문서 외에도 매우 유용한 기능이 있습니다. 에러 발생 시 에러가 발생한 셀 다음 셀에 '%debug'를 입력해 실행하면 파이썬 디버거(https://oreil.ly/RShnP)가 열리며, 여기서 모든 변수의 내용을 살펴볼 수 있습니다.

이 과정에서 한 가지를 알아둬야 합니다. 1장에서 다뤘듯이 모델은 학습에 사용된 데이터만 반영하여 만들어집니다. 하지만 세상은 편향된 데이터로 가득 차 있다는 문제가 있습니다. 가령 모델이 빙 이미지 검색이 내놓은 데이터 대로만 작동한다고 상상해봅시다. 사용자의 피부가 건강한지를 판단하는 애플리케이션을 예로 들어보겠습니다. 이때 '건강한 피부'로 검색된 데이터로 모델을 학습시켰다고 가정해보죠. [그림 2-3]은 '건강한 피부' 검색으로 얻은 이미지 목록입니다.

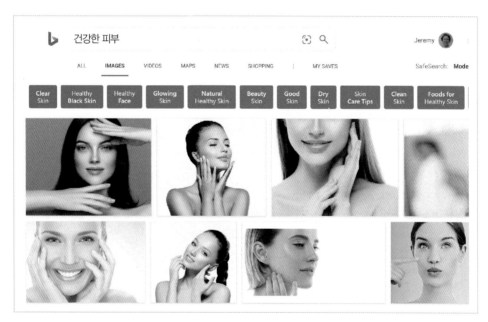

그림 2-3 건강한 피부를 판단할 수 있는 데이터일까요?

이렇게 얻은 데이터로 모델을 학습한다면 건강한 피부를 감지하는 모델이 아니라, 얼굴을 만지는 젊은 백인 여성을 감지하는 모델이 만들어지겠죠! 실제 애플리케이션이 기대하는 데이터 유형을 신중하게 생각해봐야 하며, 모델이 학습할 데이터가 고려한 모든 데이터 유형을 반영하는지 조심성 있게 검사해야만 합니다.[10]

어쨌든 빙 이미지 검색으로 곰 이미지 분류 문제에 필요한 데이터를 다운로드했습니다. 이제 모델이 학습할 수 있는 적절한 형식으로 데이터를 구성할 차례입니다. 이는 fastai에서 DataLoaders 객체를 만드는 작업에 해당합니다.

2.3 데이터에서 DataLoaders까지

지금까지 모델 학습에 사용할 이미지를 다운로드하고 파일 오류를 검증했습니다. 이제는 다운로드한 데이터를 DataLoaders 객체로 만들 차례입니다. DataLoaders는 단순히 전달받은 여러 DataLoader 객체를 목적에 맞게 학습용과 검증용으로 나누어 저장하는 클래스입니다. 매우 간단하지만, 모델에 데이터를 제공하는 역할도 하기 때문에 매우 중요한 클래스입니다. 다음 코드 네 줄은 DataLoaders의 주요 기능을 보여줍니다(중요치 않은 기능도 포함하지만, 지금은 그 부분을 건너뛰겠습니다).

```
class DataLoaders(GetAttr):
    def __init__(self, *loaders): self.loaders = loaders
    def __getitem__(self, i): return self.loaders[i]
    train,valid = add_props(lambda i,self: self[i])
```

> **NOTE_ 전문용어: DataLoaders**
> fastai가 제공하는 여러 DataLoader를 저장하는 클래스입니다. 개수 제한 없이 원하는 만큼 DataLoader를 저장할 수 있지만, 보통 학습용과 검증용으로 DataLoader 두 개를 저장합니다. 상기 코드에서 알 수 있듯이 처음 저장된 두 DataLoader를 train과 valid라는 속성으로 지정합니다.

----

10 건강한 피부 예제의 아이디어를 준 뎁 라지(deb raji)에게 감사의 말을 전합니다. 모델 편향에 관한 더 흥미로운 통찰을 얻으려면, 뎁 라지의 논문 「Actionable Auditing: Investigating the Impact of Publicly Naming Biased Performance Results of Commercial AI Products」를 읽어보기 바랍니다

11장에서는 DataLoader와 DataLoaders의 관계와 유사한 Dataset과 Datasets 클래스도 다룹니다. 한편 다운로드한 데이터로 DataLoaders로 만들려면 적어도 다음과 같은 네 가지 정보가 필요합니다.

- 작업 데이터 유형
- 데이터 목록을 가져오는 방법
- 각 데이터에 레이블을 지정하는 방법
- 검증용 데이터셋을 만드는 방법

지금까지는 미리 정의된 네 개의 특정 조합으로 구현된 여러 가지 **팩토리 메서드**factory method를 접했습니다. 이미 정의된 메서드에 들어맞는 상황을 다룰 때 유용했죠. 그런데 딱 들어맞는 메서드가 없으면 어떻게 해야 할까요? fastai는 이러한 상황에 사용할 수 있는 **데이터블록**data block 이라는 유연한 시스템을 제공합니다. 데이터블록 API를 사용해 DataLoaders 생성에 관련된 모든 단계를 완전히 사용자의 상황에 맞게 정의할 수 있습니다. 다음 코드는 데이터블록 API를 사용해 우리가 다운로드한 데이터셋을 DataLoaders로 만드는 방법입니다.

```
bears = DataBlock(blocks=(ImageBlock, CategoryBlock),
                  get_items=get_image_files,
                  splitter=RandomSplitter(valid_pct=0.2, seed=42),
                  get_y=parent_label,
                  item_tfms=Resize(128))
```

데이터블록 API에서 사용한 인자를 하나씩 살펴보죠. 첫 번째는 **독립변수**independent variables와 **종속변수**dependent variables의 데이터 유형을 **튜플**tuple 형태로 지정하는 부분입니다.

```
blocks=(ImageBlock, CategoryBlock)
```

독립변수는 예측에 사용되는 입력 데이터이고, 종속변수는 독립변수를 활용해 예측할 대상입니다. 가령 이 예제에서 독립변수와 종속변수는 각각 이미지와 각 이미지의 범주(곰의 종류)라고 볼 수 있습니다. 앞으로 이 책에서는 더 다양한 종류의 블록block을 살펴봅니다.

DataLoaders에 제공되는 데이터는 실제 데이터가 위치한 파일 경로입니다. 즉 파일 경로 목록을 가져오는 방법을 명시해야 합니다. fastai가 제공하는 **get_image_files** 함수는 인자로 주어진 경로에 포함된 모든 이미지 목록을 찾아 반환합니다(기본적으로 재귀적으로 작동합니다).

```
get_items=get_image_files
```

때로는 데이터를 다운로드하는 시점에 검증용 데이터셋을 미리 정의합니다. 가령 학습용과 검증용 데이터셋을 서로 다른 폴더에 분리해 저장하거나, CSV 파일에 각 데이터가 속하는 데이터셋 유형을 기록하는 등 다양한 방식이 존재합니다. fastai에서는 미리 정의된 여러 가지 클래스를 사용하거나 여러분만의 방법을 쉽게 만들 수 있는 일반적인 접근법을 제공하여 이런 상황에 유연하게 대처하도록 해줍니다.

지금 다루는 예제에서는 데이터를 유형별로 저장하지 않았으므로 데이터셋을 무작위로 학습용과 검증용으로 분리하겠습니다. 그런데 주피터 노트북을 실행할 때마다 각 데이터셋에 포함된 이미지가 달라집니다. 이는 난수를 생성하는 기준값이 매번 바뀌기 때문입니다. 다음처럼 seed에 고정된 상수를 넣으면 이 문제를 해결할 수 있습니다(컴퓨터는 진정한 난수를 생성하는 방법을 알지 못합니다. 단지 난수처럼 보이는 숫자 목록을 만들 뿐이죠. 목록이 시작되는 지점(**시드**seed라고 합니다)이 항상 같다면, 매번 똑같은 목록을 얻을 수 있습니다).

```
splitter=RandomSplitter(valid_pct=0.2, seed=42)
```

흔히 독립변수는 x로, 종속변수는 y로 표현합니다. 즉 다음은 데이터셋 레이블링에 쓰일 함수를 지정하는 코드로 해석할 수 있습니다.

```
get_y=parent_label
```

fastai에서 제공하는 parent_label 함수는 파일이 저장된 폴더명을 가져옵니다. 우리는 각 이미지를 곰의 유형과 같은 이름의 폴더에 다운로드했으니 parent_label 함수로 레이블 정보를 구할 수 있습니다.

이미지 크기가 대부분 다르다는 점은 딥러닝에서 문제가 됩니다. 보통 한 번에 한 장의 이미지만을 모델로 주입하지 않고 여러 이미지(**미니배치**mini-batch)를 넣기 때문이죠. 모델에 주입할 여러 이미지를 큰 배열(일반적으로 **텐서**tensor)로 구성하려면 모든 이미지의 크기가 같아야 합니다. 따라서 이미지의 크기를 똑같이 맞추는 **변형**transform이 필요합니다. **요소 변형**item transform 인자에는 이미지, 범주 등 개별 요소를 변형하는 방법을 지정할 수 있습니다. fastai는 미리 정의된 여러 가지 변형 방법을 제공합니다. 그중 다음 예에서는 이미지 크기를 바꾸는 Resize를 사용합니다.

```
item_tfms=Resize(128)
```

각 인자를 살펴보면서 어떤 DataBlock 객체가 만들어지는지를 확인했습니다. 이 객체는 DataLoaders를 생성하는 **템플릿**template과도 같습니다. DataLoaders를 생성하는 dataloaders 메서드를 보면 템플릿이라고 표현한 이유를 알 수 있습니다. dataloaders 메서드를 호출할 때 비로소 실제 데이터의 경로를 지정하기 때문이죠. 여기서는 앞서 이미지를 다운로드해둔 경로를 담은 path를 지정해 줍니다.

```
dls = bears.dataloaders(path)
```

앞서 언급한 대로 DataLoaders는 학습용과 검증용 DataLoader를 포함합니다. 그리고 3장에서 자세히 다룰 DataLoader 클래스는 한 번에 **여러 배치**batch(데이터뭉치)를 GPU로 제공하는 역할도 담당합니다. DataLoader에 반복적으로 접근하면, 기본으로 한 번에 64개의 요소를 들고 옵니다. 즉 요소 64개가 텐서 하나에 쌓입니다. fastai는 DataLoader에 show_batch 라는 편의성 메서드를 구현해 두었는데, 하나의 배치의 요소 중 일부를 화면에 출력할 수 있는 기능을 제공합니다. 이를 사용해 데이터블록 API가 구성한 데이터를 모델에 주입하기 전에 미리 확인할 수 있습니다.

```
dls.valid.show_batch(max_n=4, nrows=1)
```

앞서 요소 변형에 지정한 Resize는 이미지의 너비와 높이를 요청한 크기로 맞춥니다. 그 과정에서 너비나 높이 중 더 작은 쪽을 기준으로 나머지를 **잘라내는 작업**crop이 디폴트입니다. 잘라

내는 과정에서 이미지의 중요한 세부사항이 유실되는 결과가 초래될 수도 있죠. 이에 대한 대응책으로 잘라내는 대신 이미지를 찌그러뜨리는 방법이 있습니다. 또는 너비나 높이 중 더 큰 쪽을 기준으로 크기를 맞춘 다음, 빈 곳을 0(검은색)으로 채우거나 이미지를 늘어뜨려 채우는 방법도 있습니다. 다음 두 예제 코드는 순서대로 이미지를 찌그러뜨리고, 빈 곳을 0으로 채우는 방법의 예입니다.

```
bears = bears.new(item_tfms=Resize(128, ResizeMethod.Squish))
dls = bears.dataloaders(path)
dls.valid.show_batch(max_n=4, nrows=1)
```

```
bears = bears.new(item_tfms=Resize(128, ResizeMethod.Pad, pad_mode='zeros'))
dls = bears.dataloaders(path)
dls.valid.show_batch(max_n=4, nrows=1)
```

두 접근법은 약간 낭비적이거나 문제가 있어 보입니다. 찌그러뜨리거나 늘린 이미지는 비현실적으로 변형되어 모델이 실제와는 다른 형태를 학습할 수도 있습니다. 따라서 높은 정확도를 기대하기 어렵습니다. 이미지의 일부를 잘라내는 방법 또한 이미지 인식에 유용한 특징을 제거할 수 있기 때문에 문제가 됩니다. 가령 개 또는 고양이의 품종을 인식하려는 데, 유사 품종 구별에 필요한 얼굴 또는 몸통의 일부가 잘려나갈 수 있겠죠. 또한 패딩 처리는 불필요한 빈 공간을 많이 만들어내어 모델의 계산 처리에 큰 낭비가 발생할 뿐만 아니라, 실제 필요한 이미지 부

분에 대한 **유효해상도**effective resolution가 낮아지는 결과를 초래합니다.

실전에서는 이런 방법 대신 이미지의 특정 부분을 무작위로 선택하여 잘라내는 방식을 보편적으로 사용합니다. 즉 에포크(데이터셋의 이미지가 모두 한 번씩 모델에 입력된 주기)마다 무작위로 각 이미지의 다른 부분을 선택합니다. 이 방식은 모델이 각 이미지의 서로 다른 위치에서 드러난 특징에 집중하여, 다양성을 인식할 수 있는 방향으로 학습되는 기회를 제공합니다. 또한 같은 대상을 찍더라도 사진마다 약간씩 다른 방식으로 대상을 표현한다는 실질적인 이미지의 특징을 반영하기도 합니다.

사실 학습되지 않은 신경망은 이미지의 변화하는 모양을 파악하지 못합니다. 물체가 1도 회전하더라도, 회전 전후의 사진이 같다는 사실을 전혀 인지하지 못하죠. 따라서 위치와 크기가 약간씩 다른 이미지로 모델을 학습시키면, 그 이미지에 포함된 물체의 기본 개념과 표현된 방식을 이해하는 데 도움이 될 것입니다.

다음은 이전 예제 코드와 매우 비슷합니다. 직전에 설명한 변형의 방식을 적용하려고 `Resize`를 `RandomResizedCrop`으로 대체한 점만 다릅니다. `RandomResizedCrop` 변형에서는 `min_scale` 인자가 매우 중요합니다. 이 인자는 매번 이미지의 얼마나 많은 영역을 선택할지를 결정합니다.

```
bears = bears.new(item_tfms=RandomResizedCrop(128, min_scale=0.3))
dls = bears.dataloaders(path)
dls.train.show_batch(max_n=4, nrows=1, unique=True)
```

그리고 이번에 사용한 `show_batch` 메서드에는 인자값 `unique=True`를 전달했습니다. 이 옵션을 활성화하면 동일 이미지에 반복해서 적용되는 `RandomResizedCrop` 변형이 만드는 서로 다른 이미지를 확인할 수 있습니다.

사실 `RandomResizedCrop`은 데이터 증강이라는 좀 더 일반적인 기술의 구체적인 예입니다.

2.3.1 데이터 증강

데이터 증강은 입력 데이터를 임의로 변형해 새로운 데이터를 생성하는 기법입니다. 변형된 결과들은 서로 다른 개체를 만들지만, 데이터 자체의 의미를 바꿔서는 안 됩니다. 이미지에서 일반적인 데이터 증강의 예로는 회전rotation, 뒤집기flipping, 원근 뒤틀기perspective warping, 명도brightness 바꾸기, 채도contrast 바꾸기 등이 있습니다. 예제에서 사용된 것과 같은 자연스러운 사진에는 이미 잘 작동한다고 알려진 표준적인 데이터 증강 목록이 존재한다는 사실을 fastai 기관에서 발견했습니다. 그리고 이 목록은 aug_transforms 함수를 통해서 제공됩니다.

Resize 변형으로 모든 이미지의 크기를 똑같이 맞추고 나면, GPU가 배치마다 병렬로 연산을 수행하므로 시간이 많이 절약됩니다. 데이터블록 API에서 제공하는 batch_tfms 인자는 이름 그대로 GPU에서 배치 단위로 적용할 변형을 지정하는데, 이를 활용하면 앞서 설명한 작동 방식을 달성할 수 있습니다(다음 예제 코드에서는 RandomResizedCrop을 사용하지 않았습니다. 직전 코드 예제와의 차이를 분명히 파악하기 위함입니다. 또한 aug_transforms 함수에 mult=2를 설정하여 기본값보다 두 배로 조정된 데이터 증강을 적용했습니다.[11]).

```
bears = bears.new(item_tfms=Resize(128), batch_tfms=aug_transforms(mult=2))
dls = bears.dataloaders(path)
dls.train.show_batch(max_n=8, nrows=2, unique=True)
```

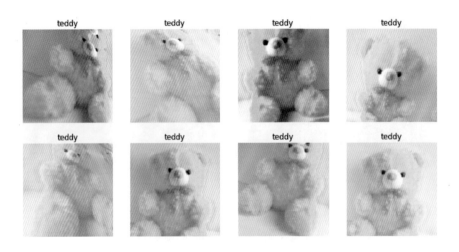

---

11 옮긴이_ aug_transforms는 회전, 뒤틀기, 명도 등을 얼마나 변형할지를 미리 정의해두었습니다. mult 값은 미리 정의된 변형의 정도에 곱해집니다.

지금까지 모델이 학습하는 데 적합한 형태로 데이터를 구성했습니다. 이제는 데이터를 사용해 실제 이미지 분류 모델을 학습할 차례입니다.

2.4 모델 훈련과 훈련된 모델을 이용한 데이터 정리

'곰' 분류 모델의 학습에는 1장에서와 같은 코드를 사용합니다. 곰의 유형별로 150장씩 수집된 데이터는 규모가 크지 않으므로 RandomResizedCrop 변형 및 디폴트값으로 구성된 aug_transforms를 활용하여 모델을 학습시킵니다. 이때 모델로 입력된 이미지의 크기를 224px로 지정했습니다. 이는 이미지 분류 문제에서 일반적으로 사용하는 표준 크기이며 aug_transforms이 작동하는 기본 크기이기도 합니다.

```
bears = bears.new(item_tfms=RandomResizedCrop(224, min_scale=0.5),
                  batch_tfms=aug_transforms())
dls = bears.dataloaders(path)
```

이제 전과 같은 방식으로 Learner 객체[12]를 만들고 미세 조정할 수 있습니다.

```
learn = cnn_learner(dls, resnet18, metrics=error_rate)
learn.fine_tune(4)
```

epoch	train_loss	valid_loss	error_rate	time
0	1.235733	0.212541	0.087302	00:05

epoch	train_loss	valid_loss	error_rate	time
0	0.213371	0.112450	0.023810	00:05
1	0.173855	0.072306	0.023810	00:06
2	0.147096	0.039068	0.015873	00:06
3	0.123984	0.026801	0.015873	00:06

----

12 옮긴이_ cnn_learner 함수가 반환하는 객체입니다.

학습을 완료했습니다. 그러면 모델이 회색곰을 테디 베어라고 하거나 회색곰을 흑곰이라고 판단하는 등 실수를 주로 어디서 했는지를 알아보겠습니다. **오차 행렬**confusion matrix을 만들어 이를 시각적으로 파악할 수 있습니다.

```
interp = ClassificationInterpretation.from_learner(learn)
interp.plot_confusion_matrix()
```

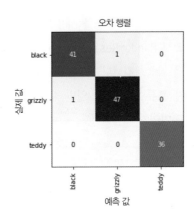

오차 행렬에서 행은 데이터셋에 지정된 곰의 유형, 즉 실제 레이블을 표현합니다. 반면 열은 모델이 예측한 곰의 유형을 표현하죠. 따라서 모델이 올바르게 분류한 이미지는 대각선에, 잘못 분류한 이미지는 그 외의 위치에 표시됩니다. 이런 모양의 행렬이 바로 오차 행렬이며, fastai 가 제공하는 모델의 결과를 파악하는 여러 방법 중 하나입니다. 그리고 이 오차 행렬에 표시된 결과는 당연히 검증용 데이터셋에 대한 것입니다. 결과의 색상은 짙은 파란색 대각선을 제외한 나머지가 모두 흰색이 되는 상태가 가장 이상적입니다. 모두 흰색이라는 말은 모델이 실수를 단 한 번도 하지 않았다는 의미입니다.

오류가 발생하는 곳은 원인을 정확히 파악해야 합니다. 그래야 문제의 원인이 데이터셋에서 야기되었는지(예컨대 곰이 아닌 이미지가 섞여 있거나 레이블이 올바르지 않음), 모델 자체에서 발생했는지(예컨대 이미지에 표현된 조명이나 앵글이 고려되지 않음)를 진단할 수 있습니다. 이는 손실loss을 기준으로 이미지를 정렬해서 확인할 수 있습니다.

손실은 모델이 올바르지 않거나 올바르지만 결과를 신뢰할 수 없으면 값이 높아집니다. 손실을 계산하는 방법, 모델의 학습 과정에서 손실이 사용되는 방식 등 손실에 관한 자세한 내용은 2 부에서 다룹니다. 지금은 `plot_top_losses` 메서드가 가장 손실이 높은 이미지를 보여준다는 점만 알아두세요. 출력된 이미지는 예측된 범주, 실제 범주(타깃 레이블), 손실, 확률 정보도 포함합니다. 여기서 **확률**probability이란 0부터 1 사잇값의 **신뢰 수준**confidence level을 의미합니다. 모델이 예측에 대해서 얼마나 확신하는지 말해주는 것이죠.

```
interp.plot_top_losses(5, nrows=1)
```

Prediction/Actual/Loss/Probability

grizzly/black / 1.37 / 0.74   black/grizzly / 0.94 / 0.61   black/black / 0.56 / 0.57   grizzly/grizzly / 0.14 / 0.87   grizzly/grizzly / 0.11 / 0.90

출력 내용을 보면, 가장 손실이 큰 이미지는 'grizzly(회색곰)'라고 예측한 이미지입니다. 그리고 신뢰도를 보면 모델은 예측이 올바르다고 매우 확신함을 알 수 있습니다. 하지만 해당 이미지는 빙 이미지 검색에 따라 'black(흑곰)'으로 레이블링되었습니다. 곰 사육사가 아니더라도 이 레이블이 올바르지 않다는 점은 쉽게 눈치챌 수 있습니다! 즉 모델은 올바르게 예측했지만 레이블이 틀렸으니, 레이블을 'grizzly'로 바꿔야 합니다.

모델을 데이터로 학습하기 **전에** 말끔히 정리하는 것이 직관적으로 옳아 보입니다. 그러나 이 예제에서 보았듯이 학습된 모델을 사용하면 데이터의 문제를 더 쉽고 빠르게 찾아낼 수 있습니다. 즉 적당히 간단한 모델을 빠르게 학습시켜 구축한 다음, 이를 데이터의 정리 작업에 활용하는 것이 일반적으로 좋습니다.

fastai는 주피터 노트북에서 GUI로 간단히 데이터를 정리할 수 있는 `ImageClassifierCleaner`를 제공합니다. 이 GUI에서는 범주별, 학습/검증용 데이터셋별로 가장 손실이 큰 순서대로 정렬된 이미지를 확인할 수 있습니다. 또한 출력된 이미지를 선택하여 삭제하거나 다시 레이블링할 수도 있습니다.

```
cleaner = ImageClassifierCleaner(learn)
cleaner
```

출력된 내용을 보면 학습용 데이터셋에서 흑곰 범주의 이미지 중 회색곰과 흑곰이 있는 이미지가 가장 손실이 큼을 알 수 있습니다. 한 이미지에 두 범주가 들어있기 때문에, 이미지 하단의 메뉴에서 <Delete>를 선택해 삭제해야만 합니다. 하지만 ImageClassifierCleaner가 이미지를 실제로 삭제하거나 레이블을 변경하지는 않습니다. 그 대신 선택한 삭제 또는 변경 목록의 색인번호를 반환합니다. 즉 반환된 번호를 활용하여 추가 작업을 해야 합니다. 다음은 삭제를 선택한 모든 이미지를 실제로 삭제(unlink)하는 코드입니다.

```
for idx in cleaner.delete(): cleaner.fns[idx].unlink()
```

그리고 다음은 레이블의 변경을 선택한 모든 이미지를 알맞은 범주의 디렉터리로 옮기는 코드입니다.[13]

```
for idx,cat in cleaner.change(): shutil.move(str(cleaner.fns[idx]), path/cat)
```

TIP 실뱅의 말

모델에 사용할 수 있도록 데이터를 말끔히 정리하여 준비하는 작업은 모든 데이터 과학자들이 직면한 가장 큰 두 가지 도전 과제 중 하나입니다. 저는 이 작업이 전체에서 90%를 차지한다고 생각합니다. fastai는 이를 가능한 한 쉽게 만들어주는 도구를 제공하는 데 목적을 둔 라이브러리입니다.

앞으로 모델이 주도하는 데이터 정리 작업의 예를 더 많이 접할 것입니다. 일단 데이터를 정리한 후에 이 데이터로 모델을 다시 한번 학습시킬 수 있습니다. 직접 이 과정을 수행하여 정확도가 얼마나 향상되는지 살펴보기 바랍니다!

---

13 옮긴이_ 이미지는 범주별로 디렉터리에 저장됩니다. 데이터셋의 저장 방식이 다르다면 다른 방법을 생각해야 합니다.

이제 모델을 학습시키는 과정까지 마쳤습니다. 다음은 모델을 실제로 사용할 수 있도록 배포하는 방법을 알아봅니다.

2.5 모델을 온라인 애플리케이션으로 전환하기

학습된 모델을 온라인 애플리케이션으로 만드는 데 필요한 사항을 살펴볼 차례입니다. 다만 어느 정도 작동하는 프로토타입을 만드는 수준까지만 다룹니다. 상세한 웹 애플리케이션의 개발은 책의 범위를 벗어납니다.

2.5.1 추론에 모델 사용하기

만족스러운 모델을 배포환경에서 사용하려면 우선 파일 형태로 서버에 저장해야 합니다. 모델은 두 부분으로 구성됩니다. 바로 모델의 **구조**와 학습된 **파라미터**입니다. 이 두 요소를 모두 저장하는 것이 가장 쉽게 모델을 저장하는 방식입니다. 이후 모델을 다시 불러들일 때 파라미터가 모델의 구조에 정확히 들어맞는다고 확신할 수 있기 때문입니다. 모델의 export 메서드를 사용하여 모델의 구조 및 파라미터를 모두 파일로 쉽게 저장할 수 있습니다.

사실 export 메서드는 DataLoaders 생성 방법의 정의까지도 저장합니다. 그렇지 않으면 데이터의 변형 방법을 다시 정의해야하기 때문에, 이 내용도 저장된다는 점이 중요합니다. 기본적으로 fastai는 검증용 데이터셋을 위해 만들어진 DataLoader를 추론에서도 사용하도록 자동으로 선택합니다. 즉 추론에는 데이터 증강이 적용되지 않는다는 의미입니다. 일반적으로는 학습에만 데이터 증강을 적용하죠.

다음처럼 export 메서드가 호출되면 fastai는 export.pkl라는 파일을 저장합니다.

```
learn.export()
```

fastai가 파이썬의 표준 클래스 Path에 추가한 ls 메서드를 사용하여 해당 파일이 생성되었는지 확인해봅시다.

```
>>> path = Path()
>>> path.ls(file_exts='.pkl')

(#1) [Path('export.pkl')]
```

이 파일은 애플리케이션이 배포되는 곳에 옮기는 것이 정석입니다. 하지만 지금은 주피터 노트북 내에서 간단한 애플리케이션을 만들어보겠습니다.

모델을 학습 대신 예측에 사용하는 것은 **추론**inference이라 합니다. load_learner 함수를 사용하면 파일로 저장된 모델로 추론용 Learner 객체를 생성할 수 있습니다(지금 다루는 예제에서는 이미 주피터 노트북 내에 작동하는 Learner가 있으니 불필요한 단계입니다. 다음 코드는 일반적으로 추론용 Learner가 필요한 딥러닝 프로젝트의 전체적인 흐름을 파악할 목적으로 수행합니다).

```
learn_inf = load_learner(path/'export.pkl')
```

일반적으로 추론 시에는 한 번에 한 장의 이미지를 예측합니다. predict 메서드에 예측하려는 파일명을 넣으면 해당 이미지를 예측할 수 있습니다.

```
>>> learn_inf.predict('images/grizzly.jpg')

('grizzly', tensor(1), tensor([9.0767e-06, 9.9999e-01, 1.5748e-07]))
```

보다시피 predict 메서드는 세 가지를 반환합니다. 첫 번째는 원래 제공된 형식으로 표현된 예측된 범주(여기서는 문자열)이고, 두 번째는 예측된 범주의 색인 번호이며, 마지막은 범주별 확률입니다. 마지막 두 가지는 DataLoaders의 vocab에 저장된 모든 범주 목록의 순서에 따라 결정됩니다. 또한 Learner의 dls 속성을 활용해서 실제 DataLoaders에도 접근이 가능합니다.

```
>>> learn_inf.dls.vocab
```

```
(#3) ['black','grizzly','teddy']
```

예측이 반환한 정수, tensor(1)을 색인번호로 vocab을 검색하면 예상대로 'grizzly'를 얻을 수 있습니다. 또한 같은 정수로 범주별 확률 목록을 검색하면 거의 1.00에 가까운 확신으로 'grizzly'를 예측한다는 사실도 알 수 있습니다.

저장된 모델을 불러오고 예측을 수행하는 방법까지 알아보았습니다. 애플리케이션에 모델을 삽입하는 데 필요한 내용을 어느 정도 파악한 셈이죠. 다음은 해당 모델을 사용하는 애플리케이션을 만들어보겠습니다. 주피터 노트북을 사용하면 간단한 애플리케이션을 만들 수 있습니다.

2.5.2 모델로 노트북 애플리케이션 만들기

제공된 모델이 단순히 애플리케이션을 구성하는 수많은 객체 중 하나라고 생각해봅시다. 그러면 모델 객체의 predict 메서드를 일반적인 함수로 취급해서 모델의 예측 기능을 사용할 수 있겠죠. 따라서 애플리케이션 개발자에게는 모델이 여러 프레임워크 및 기술과 어우러져 구동되는 일부분에 불과합니다.

그렇지만 데이터 과학자는 대부분 웹 애플리케이션 개발에 익숙하지 않습니다. 그래서 여기서는 웹 애플리케이션을 구축하는 생소한 방법을 다루기보다, 이미 잘 알고 있는 주피터 노트북으로 웹 애플리케이션을 만드는 방법을 알아보겠습니다. 실제 주피터 노트북만 사용해도 제 기능을 갖춘 웹 애플리케이션을 만들 수 있습니다! 그러려면 다음과 같은 두 가지 기술이 필요합니다.

- IPython 위젯(ipywidgets)
- Voilà[14]

IPython 위젯은 자바스크립트와 파이썬을 함께 묶어 웹 브라우저상에서 파이썬을 사용할 수 있도록 만들어주는 GUI 구성 요소입니다. 주피터 노트북에서 생성하고 사용할 수 있습니다. 앞서 본 이미지 데이터를 정리하는 도구는 IPython 위젯의 예입니다. 한 가지 아쉬운 점은 애플

---

14 옮긴이_ '브왈라'라고 발음하는 프랑스어 단어로, "자 봐봐, 짜잔"이라는 뜻입니다.

리케이션 사용자가 직접 주피터 노트북을 실행해야 한다는 점입니다. 서비스하는 입장에서 볼 때 이상적인 상황은 아니죠.

다행히도 이런 단점을 보완해주는 **Voilà**가 등장했습니다. 사용자가 주피터 노트북을 전혀 사용하지 않더라도 IPython 위젯으로 구성된 애플리케이션에 접근할 수 있도록 만들어주는 시스템이죠. 주피터 노트북이 **이미** 일종의 웹 애플리케이션이라는 사실을 이용하여, 주피터 노트북에 내재된 내용을 배포하기 쉬운 웹 애플리케이션의 형태로 변환합니다. 따라서 주피터 노트북이 아니라, 보통의 웹 애플리케이션처럼 작동하는 결과물을 얻을 수 있습니다.

또한 Voilà를 사용하면 주피터 노트북을 사용하는 개발 환경의 이점도 함께 누릴 수 있습니다. 즉 IPython 위젯을 포함하여 GUI를 단계별로 구축할 수 있습니다. 이 접근법으로 간단한 이미지 분류용 웹 애플리케이션을 만들어보겠습니다. 우선은 예측할 이미지 파일을 업로드하는 위젯이 필요합니다.

```
btn_upload = widgets.FileUpload()
btn_upload
```

⬆ Upload (0)

위젯으로 업로드된 이미지를 다음과 같이 가져옵니다.

```
img = PILImage.create(btn_upload.data[-1])
```

그리고 `Output` 위젯으로 해당 이미지를 화면에 출력합니다.[15]

----

15 옮긴이_ 상기 이미지는 IPython 위젯으로 출력된 것이 아닙니다. Voilà는 마크다운, 일반적인 텍스트 출력, IPython 위젯의 요소를 웹 애플리케이션으로 변환하기 때문에 이미지를 웹 애플리케이션에서 출력하려면 `Output` 위젯이 필요합니다.

```
out_pl = widgets.Output()
out_pl.clear_output()
with out_pl: display(img.to_thumb(128,128))
out_pl
```

그러면 다음처럼 **predict** 메서드를 사용해서 해당 이미지에 대한 예측도 수행할 수 있습니다.

```
pred,pred_idx,probs = learn_inf.predict(img)
```

Label 위젯을 사용해서 예측 결과를 화면에 출력합니다.

```
>>> lbl_pred = widgets.Label()
>>> lbl_pred.value = f'Prediction: {pred}; Probability: {probs[pred_idx]:.04f}'
>>> lbl_pred

Prediction: grizzly; Probability: 1.0000
```

여기까지 단계별로 이미지 업로드, 업로드된 이미지 출력, 업로드된 이미지의 예측, 예측 결과 출력을 수행했습니다. 단계별 기능은 일련의 코드를 직접 실행하여 검증했습니다. 하지만 실제 상황에서 사용자는 코드를 알 필요가 없습니다. 이미지를 업로드하고 분류를 요청하는 버튼 두 개만 있으면 충분합니다. 다만 버튼 내부에는 앞서 검증된 코드를 그대로 심어야겠죠.

우선 **Button** 위젯으로 이미지 분류를 요청하는 버튼을 만듭니다. 버튼은 **Upload** 위젯과 똑같이 생겼습니다.

```
btn_run = widgets.Button(description='Classify')
btn_run
```

버튼 자체로는 아무 일도 일어나지 않습니다. 버튼을 눌렀을 때 호출되어 일련의 작업을 수행하는 **클릭 이벤트 핸들러**^{click event handler}가 필요하죠. 다음과 같이 클릭 이벤트 핸들러용 함수를 정의하고, 앞서 작성했던 이미지를 출력하고, 예측을 수행하고, 예측 결과를 출력하는 코드를 그대로 복사해서 붙여 넣어줍니다. 그리고 앞서 만든 Button 위젯의 on_click 메서드로 클릭 이벤트 핸들러용 함수를 해당 버튼에 등록합니다.

```python
def on_click_classify(change):
    img = PILImage.create(btn_upload.data[-1])
    out_pl.clear_output()
    with out_pl: display(img.to_thumb(128,128))
    pred,pred_idx,probs = learn_inf.predict(img)
    lbl_pred.value = f'Prediction: {pred}; Probability: {probs[pred_idx]:.04f}'

btn_run.on_click(on_click_classify)
```

이제 버튼을 클릭하면 on_click_classify 함수가 실행됩니다. 그 결과, 이미지와 예측 내용이 자동으로 출력되도록 GUI가 갱신됩니다.

지금까지는 각 IPython 위젯을 셀 단위로 만들었습니다. VBox(수직 상자^{vertical box})에 지금까지 만든 위젯을 나열하면, 하나의 셀 내에 수직 방향으로 각 위젯을 배치하여 GUI를 완성할 수 있습니다.

```python
VBox([widgets.Label('Select your bear!'),
      btn_upload, btn_run, out_pl, lbl_pred])
```

Select your bear!

⬆ Upload (0)

Classify

Prediction: grizzly; Probability: 1.0000

애플리케이션에 필요한 코드를 모두 작성했습니다. 다음은 작성한 코드를 배포할 수 있는 형태로 바꾸는 방법을 알아봅니다.

2.5.3 노트북을 실제 애플리케이션으로 바꾸기

주피터 노트북 내에서 전 과정을 작동하게끔 했으니 이제는 실제 애플리케이션을 만들어보겠습니다. 그러려면 브라우저에 출력하려는 텍스트를 담은 마크다운과 위젯 출력에 필요한 코드만을 담은 새로운 주피터 노트북을 만듭니다. 지금까지의 내용을 정리해서 담았으며 새로운 내용은 없습니다. 저장소에서 제공하는 bear_classifier 라는 이름의 주피터 노트북 내용을 살펴보기 바랍니다.

그리고 다음 명령어를 실행하여 Voilà를 설치하고, 설치된 Voilà를 주피터 노트북에 확장 프로그램으로 등록합니다.

```
!pip install voila
!jupyter serverextension enable voila --sys-prefix
```

주피터 노트북에서 느낌표(!)로 시작하는데 파이선 코드를 포함하지 않는 셀이 있다면, 셸 환경(bash, 윈도우 PowerShell 등)의 명령어로 전달되는 코드입니다. 터미널 명령어가 익숙하다면 느낌표 없이 직접 터미널에 입력해서 실행해도 좋습니다. 앞 코드의 첫 번째는 Voilà 라이브러리와 애플리케이션을 설치하고, 두 번째는 Voilà 애플리케이션을 주피터 노트북에 연결하는 역할을 하는 명령입니다.

Voilà는 여러분이 지금 사용하는 주피터 노트북 서버처럼 주피터 노트북을 실행합니다. 또한 모든 코드 셀의 입력 내용을 제거한 후 출력 내용만을 보여주며(IPython 위젯 포함), 작성된 모든 마크다운 셀의 텍스트를 출력하는 등 매우 중요한 작업을 추가로 수행합니다. 즉 웹 애플리케이션이 사용자에게 보여줄 내용만 남습니다! 주피터 노트북을 Voilà 웹 애플리케이션 형태로 실행하려면, 브라우저 주소란에 표시된 URL의 'notebooks' 문자열을 'voila/render'로 바꿔주기만 하면 됩니다. 그러면 기대한 대로 웹 애플리케이션이 실행됩니다. 코드를 담은 셀을 제외한 나머지 내용을 주피터 노트북과 똑같이 출력합니다.

물론 Voilà나 IPython 위젯을 사용하지 않아도 됩니다. 모델 자체는 (pred,pred_idx,probs = learn.predict(img))만으로도 작동하므로 predict 메서드만 호출할 수 있다면 플랫폼과 프레임워크의 종류는 상관없습니다. 다만 Voilà와 IPython 위젯은 편리하고 쉽게 사용할 수 있어서, 프로토타입을 빠르게 만들고 간단히 일반적인 웹 애플리케이션의 형태로 바꿔준다는 장점이 있습니다. 여기서 Voilà와 IPython 위젯을 이용한 방법을 다룬 이유는 (모델을 만드는 방법은 알지만 웹 애플리케이션을 만들어보지 않은) 데이터 과학자가 손쉽게 본인이 만든 모델을 서비스할 수 있도록 도움을 주기 위해서입니다.

자, 웹 애플리케이션을 만들었으니 다음은 직접 배포할 차례입니다!

2.5.4 애플리케이션 배포하기

유용한 딥러닝 모델을 학습시키는 데는 거의 항상 GPU가 필요합니다. 그렇다면 모델을 실제 서비스할 때도 GPU가 항상 필요할까요? 아닙니다! **모델을 서비스할 때 GPU가 필요한 상황은 거의 없습니다.** 왜 그런지 몇 가지 이유를 살펴보죠.

- GPU는 수많은 동일한 작업을 병렬로 처리해야 할 때만 유용합니다. 일반적인 이미지 분류 작업은 사용자에게서 한 번에 한 장의 이미지만 입력받아 분류합니다. 이미지 한 장을 처리하면서 GPU를 충분히 오랜 시간 바쁘게 만들기란 어렵겠죠. 따라서 이 상황에서는 CPU가 GPU보다 비용 효율이 더 높습니다.

- 한 가지 대안은 여러 사용자가 제출하는 이미지를 기다렸다가 일괄적으로 처리하는 것입니다. 하지만 즉시 처리되지 않으므로, 사용자에게 기다려 달라는 양해를 구해야 하죠! 또한 여러 사용자의 요청을 처리할 수 있는 대용량 사이트를 구축해야 할지도 모릅니다. 그럼에도 이 방식이 필요하다면 마이크로소프트의 ONNX 런타임 또는 AWS의 세이지메이커SageMaker와 같은 도구를 활용해보세요.

- GPU 추론을 다루는 일은 상당히 복잡합니다. 특히 GPU 메모리는 세심하게 수동으로 관리해야 하며, 한 번에 한 배치만 처리하려면 세심한 큐잉 시스템이 필요합니다.

- GPU보다 CPU 서버의 시장 경쟁률이 더 치열해서 CPU 서버군에 훨씬 저렴한 옵션이 많습니다.

GPU를 이용한 추론 서비스의 복잡성 때문에 이를 자동화하려는 여러 시스템이 등장하기도 했습니다. 다만 특정 시스템에 특화된 형태로 모델을 컴파일해야 하므로 이를 관리하고 구동하는 일도 간단하지 않습니다. 여러분이 만든 애플리케이션의 수요가 많지 않고 재정적으로 여유가 없다면, 이런 복잡성을 다루는 일을 가능한 한 피하는 편이 좋습니다.

사실 애플리케이션의 초기 프로토타입이나 자랑하고 싶은 토이 프로젝트는 거의 무료로 호스팅할 수 있습니다. 호스팅하기 좋은 최고의 서비스 및 방법은 시기에 따라 다릅니다. 최신 추천 방법은 책의 웹사이트에서 확인하기 바랍니다. 이 책을 집필한 시점인 2020년 초에는 Binder(`https://mybinder.org`)가 가장 간단한 접근법을 제공하는 무료 서비스입니다. 다음과 같은 순서에 따라 애플리케이션을 Binder로 배포할 수 있습니다.

1 깃허브 저장소(`http://github.com`)에 주피터 노트북을 저장합니다.
2 [그림 2-4]의 'GitHub repository name or URL' 필드에 해당 저장소의 URL을 입력합니다.
3 'Path to a notebook file (optional)' 필드의 드롭다운 메뉴를 클릭하여 'File' 대신 'URL'을 선택합니다. 그러면 필드 이름이 'URL to open (optional)'로 바뀝니다.
4 'URL to open (optional)' 필드에 `/voila/render/`노트북이름`.ipynb`을 입력합니다.
5 우측 하단의 클립보드 아이콘을 클릭하여 URL을 따로 저장합니다.
6 'Launch' 버튼을 클릭합니다.

그림 2-4 Binder에 배포하기

웹 애플리케이션을 Binder에 처음으로 배포할 때는 약 5분 정도 소요됩니다. 그동안 내부적으로는 애플리케이션을 실행할 가상 머신을 찾고, 스토리지를 할당하고, 주피터 노트북을 웹 애플리케이션의 형태로 보여주는 데 필요한 파일을 수집하는 등의 작업이 수행됩니다.

애플리케이션을 실행하면 브라우저가 자동으로 웹 애플리케이션이 호스팅된 주소의 페이지를 열어줍니다. 또한 해당 URL을 복사해서 공유하면 다른 사람들도 접근할 수 있습니다.

웹 애플리케이션을 배포하는 또 다른 옵션(무료, 유료 모두)은 책의 웹사이트(`https://book.fast.ai`)에서 확인해보세요.

애플리케이션을 모바일 장치나 라즈베리 파이 같은 에지 장치에 배포하고 싶을지도 모릅니다. 모델을 즉시 모바일 애플리케이션에 통합해주는 다양한 라이브러리와 프레임워크가 있습니다. 그러나 이런 접근법에는 여러 추가 단계와 보일러플레이트 코드가 필요하며, 파이토치 및 fastai로 만든 모델에 포함된 모든 계층이 지원되지 않을 때도 있습니다. 또한 배포 대상 모바일 기기에 따라 설정해야 하는 작업이 달라지기도 합니다. iOS 기기, 최신 안드로이드 기기, 기존 안드로이드 기기 등에서 필요한 작업이 다를 수 있죠. 그 대신, 가능한 한 서버로 모델을 배포하고 모바일이나 에지 애플리케이션이 배포된 모델의 서버로 접근하는 방식을 권장합니다.

여기에는 몇 가지 장점이 있습니다. 우선 간단한 GUI 애플리케이션만 배포하는 데 필요한 초기 과정이 쉽습니다. 그리고 사용자마다 별도로 배포할 필요가 없습니다. 애플리케이션의 업그레이드된 내용을 서버에만 반영하면, 접근해서 이용하는 모든 사용자가 갱신된 버전의 애플리케이션 기능을 사용할 수 있죠. 늘어나는 모델의 수요에 따라서 에지 기기보다 훨씬 큰 메모리와 처리 능력이 필요하기도 하지만, 이런 자원은 매우 쉽게 늘릴 수 있습니다. 마지막으로 서버로 사용되는 하드웨어는 일반적인 표준 스펙으로 구성되어 파이토치 및 fastai를 즉시 지원하므로, 모델을 별도로 다른 형태로 컴파일할 필요가 없습니다.

물론 단점도 있습니다. 네트워크로 연결되어 호출할 때마다 어느 정도 지연이 있습니다(어차피 신경망 모델을 수행하는 데 시간이 걸립니다. 따라서 사용자는 네트워크 지연에 따른 추가 시간을 느끼지 못할 수도 있습니다. 사실상 모델을 로컬에서 구동할 때보다 더 나은 스펙을 갖춘 서버에서 구동할 때 전체적으로 더 빠를지도 모릅니다!). 또한 민감한 데이터를 다룬다면 이런 데이터가 원격 서버로 전송되는 상황이 부담스러울 수 있겠죠. 이때는 모델을 에지 장치에서 구동해야만 할지도 모릅니다(클라우드 대신 자체 방화벽이 있는 서버(**온프레미스**on-premise)로 문제를 해결할 수도 있습니다). 마지막으로 서버 자체의 복잡성과 대규모 서버를 운용하는 데는 추가 오버헤드가 발생할 수 있습니다. 모델이 각 에지 장치에서 구동된다면, 각 사용자의 장치가 계산 자원이 되고 사용자 수의 증가를 쉽게 다룰 수 있습니다(**수평적 확장**horizontal scaling이라고 합니다).

> **TIP** **알렉시스의 말**
>
> 제 직업 특성상 모바일 머신러닝의 변화 방향을 가까이서 지켜볼 수 있었습니다. 클라우드에서 구동되는 영상 처리 기능이 탑재된 아이폰 애플리케이션을 수년간 제공했거든요. 이 모델에는 상당한 양의 메모리 및 계산 자원이 필요했고, 입력 데이터 처리에 꽤 오랜 시간이 소요되어서 클라우드만이 유일한 옵션이었습니다. 이런 접근법은 모델의 구축(재밌는 부분)뿐만 아니라, 특정 수의 '계산을 처리하는 기계'가 항상 구동되게끔 보장하는

인프라의 구축(무서운 부분)까지를 포함합니다. 증가하는 트래픽 요청에 맞춰 계산을 처리하는 기계의 수를 자동으로 늘리고, 대규모 입력 및 출력을 안정적으로 저장하는 스토리지를 확보하며, 처리 과정을 피드백해주는 알림 등을 모두 신경 써야 하죠. 요즘 애플은 기기에서 효율적으로 구동되도록 모델을 변환하는 API를 제공합니다. 또한 iOS 기기 대다수는 머신러닝에 특화된 하드웨어를 탑재한다는 점도 새로 만들 모델의 배포 전략에 함께 고려해야 합니다. 그렇다고 해도 여전히 쉬운 작업은 아니지만, 더 빠른 사용자 경험을 제공하면서 서버와 관련한 걱정거리를 덜 수 있다는 점에서 좋습니다. 가장 적합한 방법은 여러분이 만들려는 사용자 경험, 구현의 복잡성 등 현실적인 상황에 따라 다릅니다. 즉, 서버를 잘 다룬다면 서버를 활용하고, 모바일 앱을 잘 구축한다면 모바일 앱에 모델을 심으면 됩니다. 목적지까지 가는 길은 여러 가지입니다.

이런 이유로 되도록 CPU 기반의 서버를 사용하기를 권장합니다. 여러분이 만든 애플리케이션이 성공을 거두어 수요가 증가한다면, 이때 더 복잡한 배포 방식에 투자하면 됩니다.

축하합니다. 성공적으로 딥러닝 모델을 만들어 배포했습니다! 이제는 잠시 진행을 멈추고 어떤 문제가 발생할 수 있을지 고민해보기에 적절한 시점입니다.

2.6 재앙을 피하는 방법

사실 딥러닝 모델은 더 큰 시스템의 극히 일부에 불과합니다. 이 장의 초반에 언급한 대로, 데이터 상품을 만들려면 개념을 세우는 단계부터 상품을 사용하는 단계까지 전체 과정을 고려해야만 합니다. 배포된 데이터 상품을 관리하는 복잡성을 이 책에서 모두 다룰 수는 없습니다. 이 주제에는 다양한 버전의 모델, A/B 검정, 카나리 배포, 데이터 업데이트, 데이터 레이블링, 구성 요소 모니터링, 모델의 악화 감지 등 많은 내용이 포함되기 때문이죠.

이 절에서는 가장 중요한 문제 몇 가지를 간략히 다루겠습니다. 배포에 관한 상세한 논의는 에마뉘엘 아메장Emmanuel Ameisin이 집필한 『Building Machine Learning Powered Applications』[16] (오라일리, 2020)이라는 훌륭한 책을 참조하기 바랍니다.

고려해야 할 가장 큰 문제는 딥러닝 모델의 행동을 이해하고 검증하기가 코딩보다 훨씬 어렵다는 점입니다. 일반적인 소프트웨어 개발에서는 소프트웨어가 수행하는 단계를 정확히 분석하고, 각 단계가 개발자가 기대한 결과를 도출하는지 세밀히 살펴볼 수 있습니다. 그러나 신경망의 행동은 정확히 정의되지 않고 모델이 학습용 데이터에 맞는 형태를 찾아가는 방식에 따라서 결정됩니다.

---

16 『머신러닝 파워드 애플리케이션』(한빛미디어, 2021), 2021년 9월 출간 예정

이런 신경망의 작동 방식이 재앙을 초래할 수 있습니다! 비디오카메라에 곰 탐지 시스템을 탑재해 국립공원 야영지에 설치한 다음, 곰 출몰 시 야영객에게 경고하는 상황을 상상해봅시다. 다운로드한 데이터셋으로 모델을 훈련시켰다면, 실제로 다음과 같은 여러 문제가 터져 나올 수 있습니다.

- 이미지가 아닌 비디오 데이터 작업임
- 데이터셋에는 포함되지 않은 야간 이미지를 처리해야 함
- 저해상도 카메라 이미지를 처리해야 함
- 실전에서 유용한 수준으로 결과를 빠르게 도출해야 함
- 사람들이 온라인에 올린 사진에서는 거의 볼 수 없는 곰의 위치를 파악해야 함(가령 뒷모습이거나, 덤불에 일부가 가려지거나, 카메라에서 멀리 떨어진 상황)

사람들이 인터넷에 올리는 사진은 특정 주제를 예술적으로 또는 명확히 표현하기에 좋은 형태라는 점이 가장 큰 문제입니다. 시스템이 처리하는 실세계 데이터와는 거리가 멀죠. 따라서 유용한 시스템을 만들려면 상당한 양의 데이터 수집과 레이블링 작업을 직접 해야만 할 가능성이 높습니다.

지금 이야기한 내용은 **영역 밖** 데이터의 일반적인 문제입니다. 즉 모델이 학습하는 동안 본 데이터는 실제 환경에서 접한 데이터와 매우 다를 수 있습니다. 현재 이 문제를 기술적으로 완벽하게 해결할 방법은 없습니다. 우리가 만든 기술을 상용화는 방법을 신중히 검토하는 수밖에 없습니다.

이외에도 신중해야만 하는 여러 이유가 있습니다. 그중 **도메인 시프트**domain shift는 매우 일반적인 문제로, 모델이 바라보는 데이터의 종류가 시간이 지나면서 계속 변화하는 상황입니다. 가령 보험사에서 가격별 적정 보장 내역을 찾는 알고리즘에 딥러닝을 사용할 수도 있지만, 고객과 보장 내역의 종류가 모델이 학습되던 당시에 사용한 데이터와 너무 달라서 관련성이 사라졌을지도 모릅니다.

영역 밖 데이터와 도메인 시프트는 더 큰 문제의 예일 뿐입니다. 신경망은 너무나도 많은 파라미터로 구성되어서 모든 행동을 완전히 이해하기란 불가능에 가깝습니다. 문제의 구체적인 해결 방법을 알지 못하더라도 복잡한 문제를 풀어낼 수 있는 유연성은 신경망의 최고 장점이지만, 이 장점 때문에 자연스레 단점도 발생합니다. 하지만 다행히도 세심하게 숙고한 절차를 따르면 이런 위험을 완화할 수 있습니다. 절차의 상세 내용은 직면한 문제의 세부 사항에 따라 다

릅니다. 다만 이 책에서는 [그림 2-5]에 요약된 일반적인 접근법을 제시합니다.

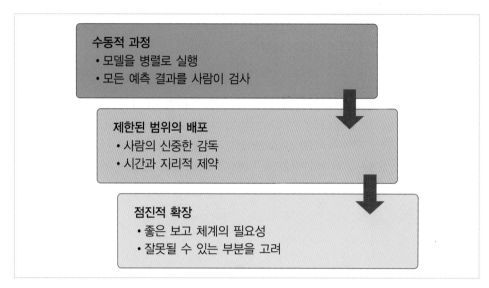

그림 2-5 배포 과정

첫 번째 단계에서는 다양한 딥러닝 모델을 병렬로 시도해야 합니다. 단, 시도한 아이디어가 즉시 다음 단계로 이어지지 않도록 가능한 한 완전히 수동적인 절차로 진행해야 합니다. 딥러닝 모델이 내놓은 출력을 살펴보고 내용의 타당성을 사람이 직접 검사하는 과정이 필요합니다. 곰 분류 시스템을 예로 들어보죠. 공원의 관리인이 보는 큰 화면에 공원에 배치된 모든 카메라 영상을 배치했고, 곰을 감지한 카메라의 위치가 붉은색으로 강조된다고 가정해봅시다. 공원 관리인은 여전히 딥러닝 모델을 배포하기 전과 마찬가지로 경계 태세를 취해야 합니다. 즉, 이 모델은 문제를 파악하는 데 도움을 줄 뿐, 문제 자체를 해결하지는 못합니다.

두 번째 단계에서는 사람이 신중히 감독하는 환경에서 모델의 범위를 제한하려는 노력이 이루어져야 합니다. 가령 지리적 또는 시간적 제약이 있는 소규모의 모델 주도적 시험을 해볼 수 있습니다. 곰 분류 시스템을 전국에 배치하기 전에 특정 국립공원에만 1주일간 배치하여 공원 관리인에게 발생하는 문제를 검사하도록 요청할 수 있습니다.

제한된 환경에서 시스템을 안정화한 다음 점진적으로 배포의 범위를 늘려나갑니다. 이 단계에서 넓어진 범위를 다루려면 관리 감독이 어느 정도 자동화되어야 합니다. 따라서 자동으로 내려진 결정을 수동 절차와 비교하여 둘 사이의 중대한 차이를 인식할 수 있는 쓸만한 보고 체계를 갖춰야만 합니다. 만약 일부 국립공원에 새로운 시스템을 배포한 후 곰 출현 경고가 두 배 증가하거나 절반으로 감소했다면, 해당 시스템에 매우 우려스러운 문제가 발생했을지도 모릅니다. 잘못된 작동을 초래할 만한 시스템의 상황, 측정, 보고 등을 신중히 살펴야 하며, 정기적인 보고 체계에 이러한 정보들이 반드시 포함되어야만 합니다.

TIP 제러미의 말

저는 약 20년 전 머신러닝과 최적화 기법으로 대형 보험사의 가격 책정을 도와주는 옵티멀 디시전스Optimal Decisions 사를 설립했고, 수백억 달러 수준의 비즈니스 결정에 영향을 주었습니다. 그리고 여기서 소개한 접근법을 사용해 잠재적인 문제에서 비롯한 손실을 관리했죠. 또한 클라이언트와 협력해서 상품을 상용화하기 전, 작년 데이터를 사용해 시스템을 처음부터 끝까지 시뮬레이션해서 잠재적인 문제점을 파악하기도 했습니다. 이런 새로운 방식을 상품화 과정에 도입하는 일은 매우 신경 쓰이는 작업이기는 했지만, 결과는 항상 성공적이었습니다.

2.6.1 예상치 못한 파급 효과와 피드백 루프

모델을 배포할 때 시스템의 일부인 모델이 시스템의 행동을 바꿀지도 모른다는 심각한 문제가 있습니다. 가령 범죄가 더 많이 발생할 위치를 예측하여 해당 위치로 더 많은 경찰관을 보내는 '예측 치안 유지predictive policing' 알고리즘은 의도와는 다르게 해당 위치에서 더 많은 범죄가 발생한 것처럼 보이게 합니다. 더 많은 경찰관이 활동하니 범죄를 더 많이 목격하게 되고, 결국 범죄가 그 장소에 쏠리는 것처럼 기록됩니다. 왕립 통계 협회Royal Statistical Society에 게재된 「To Predict and Serve?(https://oreil.ly/3YEWH)」라는 논문에서 저자인 크리스틴 룸Kristian Lum과 윌리엄 아이작William Isaac은 "예측 치안 유지는 적절한 용어입니다. 미래의 범죄가 아니라 미래의 치안을 예측하는 알고리즘이기 때문입니다[17]"라는 내용을 논의한 적도 있습니다.

이 예는 어떤 문제에 **편향**bias이 있을 때, **피드백 루프**feedback loop가 편향의 부정적 영향을 점점 더 악화시킬 수 있다는 점을 보여줍니다(3장에서 깊이 다룹니다). 이미 현실에서도 일어나는 현상으로, 미국에서는 인종에 따른 체포율이 상당히 편향되어 있습니다. 미국시민자유연맹American Civil Liberties Union(ACLU)에 따르면 흑인과 백인의 마리화나 사용률이 비슷하지만, 흑인이 체포될 가능성은 백인보다 3.73배 더 높습니다(https://oreil.ly/A9ijk). 예측 치

---

17 옮긴이_ 치안은 국가 사회의 안녕과 질서를 유지, 보전한다는 뜻입니다. 즉 경찰관의 투입으로 해당 위치의 치안을 보강한다는 의미이며, 실제 중대한 범죄가 발생할 지역을 예측하지는 못한다고 비판한 것입니다.

안 유지 알고리즘은 현재 미국의 여러 지역에 배포되었습니다. 배리 윌리엄스^{Bärí Williams}는 알고리즘의 편향에 관해 뉴욕 타임스에 다음과 같은 글을 썼습니다(https://oreil.ly/xR0di). '지금 일곱 살인 제 아들은 앞으로 몇 년간, 단지 인종과 주거지역이라는 요소 때문에 프로파일링되거나 체포될 가능성이 매우 높습니다. 한때 저를 흥분시킨 바로 그 기술이 이제는 잘못된 방식의 법률 집행에 사용됩니다.'

중대한 머신러닝 시스템을 출시하기 전 '시스템의 모든것이 매우 잘 작동하기만 해왔다면 어떤 일이 일어날까요?'와 같은 질문을 던져보면 좋습니다. 이는 '예측 능력이 지나치게 좋고, 그 영향이 매우 중요하다면 어떨까요?'와 같은 질문으로 생각해도 됩니다. 또한 '누가 영향을 가장 많이 받을까요?', '어떤 심각한 잠재적 문제가 있을까요?', '문제가 발생한다면 어떻게 알아챌 수 있을까요?'와 같은 추가 질문을 던질 수 있습니다.

이런 사고의 연습은 지속적인 모니터링 시스템과 사람의 관리 감독과 함께 세심한 출시 계획을 수립하는 데 도움이 됩니다. 사람의 관리 감독에서 나온 의견은 수용되지 않으면 소용이 없습니다. 적절한 사람이 문제를 인식하고 해결할 수 있도록 안정적이고 탄력적인 의사소통 채널이 있는지 꼭 확인하기 바랍니다.

2.7 기술적 글쓰기의 장점

그동안 배운 내용을 성공적으로 자신의 것으로 만든 fastai 수강생들은 모두 기술적 글쓰기 technical writing가 큰 도움이 되었다고 했습니다. 누군가에게 내용을 설명하는 것이 바로 내용을 잘 이해했는지 검증하는 가장 좋은 방법이죠. 자신만의 학습 노트를 써도 괜찮지만, 공유하면 더 좋습니다. 아직 블로그를 해본 적이 없다면, 한번 시작해보기를 권합니다. 이 장에서 배운 모델의 학습 및 배포 방법이 여러분의 딥러닝 여행에 관한 블로그 첫 번째 게시글로서 좋은 주제가 될 수 있겠죠. 딥러닝이 여러분의 전문 분야에 가져올만한 기회, 예상되는 문제, 인상 깊었던 점 등을 함께 논의한다면 더욱 풍부한 글을 적을 수 있을 것입니다.

fast.ai의 공동 설립자인 레이철 토마스는 「왜 블로그를 해야만 할까요?(https://oreil.ly/X9-3L)」라는 글에 다음과 같은 블로그의 장점을 담았습니다.

과거로 돌아갈 수 있다면, 어린 저에게 블로그를 빨리 시작하라고 조언할 것입니다. 다음과 같은 이유 때문입니다.

- 이력서와 비슷한 구석이 있지만, 훨씬 낫습니다. 저는 블로그 덕분에 일자리를 제의받은 몇 가지 사례를 본 적이 있습니다.
- 배움에 도움을 줍니다. 체계적으로 정리된 지식은 자신만의 아이디어 창출에 항상 도움이 됩니다. 무언가를 이해했는지 검증하려면 누군가에게 배운 내용을 설명할 수 있는지 확인해보면 됩니다. 블로그는 이런 일에 적합합니다.
- 저는 '내가 텐서플로를 싫어하는 이유'라는 글을 쓴 덕분에 텐서플로 데브 서밋이라는 컨퍼런스에 초청된 적이 있습니다.
- 새로운 사람을 만날 기회가 생깁니다. 저는 제 글에 응답한 사람을 실제로 만난 적이 있습니다.
- 시간을 절약할 수 있습니다. 이메일로 같은 질문에 여러 번 응답해야 한다면, 그 내용을 블로그 게시글로 전환할 수 있습니다. 다음에 누군가가 같은 질문을 할 때 공유하기 훨씬 수월합니다.

레이철의 글에서 다음 내용을 눈여겨보세요.

여러분은 여러분보다 한 단계 뒤처진 사람을 돕기 가장 좋은 위치에 있습니다. 배운 내용이 여러분의 머릿속, 마음속에 생생히 살아 있기 때문이죠. 전문가들은 초보자(또는 중급자)일 때 어땠는지, 처음 듣는 주제를 왜 이해하기 어려운지를 잊어버렸습니다. 여러분만의 배경, 스타일, 지식수준은 작성하는 내용에 다른 변화를 가져다줄 것입니다.

부록 A는 블로그를 설정하는 방법을 상세히 다룹니다. 아직 블로그를 해보지 않았다면, 당장 부록 A를 읽어보고 블로그를 시도해보기 바랍니다. 광고 없이 무료로 블로그를 개설하는 방법은 물론이고 블로그에 주피터 노트북을 사용하는 방법도 알게 될 것입니다!

2.8 질문지

1 현재 텍스트 모델의 심각한 결함은 무엇인가요?
2 텍스트 생성 모델이 줄 수 있는 사회적인 부정적 영향은 무엇인가요?
3 모델이 실수할 수 있고 그런 실수가 해로울 수 있는 상황에서 과정을 자동화하는 좋은 대안은 무엇인가요?
4 어떤 종류의 테이블 데이터에서 딥러닝이 특히 잘 작동하나요?
5 추천 시스템에 딥러닝 모델을 직접적으로 사용할 때 불리한 점은 무엇인가요?

6 원동력 접근법을 구성하는 단계는 무엇인가요?

7 원동력 접근법 단계를 추천 시스템에 어떻게 연관시킬 수 있을까요?

8 직접 수집한 데이터를 사용해서 이미지 인식 모델을 만들고, 웹에 배포해보세요.

9 DataLoaders란 무엇인가요?

10 DataLoaders를 생성할 때 fastai에 알려줘야 하는 네 가지는 무엇인가요?

11 DataBlock의 splitter 인자의 역할은 무엇인가요?

12 무작위 분할이 항상 같은 검증용 데이터셋을 선택하게 하려면 어떻게 해야 하나요?

13 종속변수와 독립변수를 나타내는 데 사용되는 문자는 무엇인가요?

14 이미지 자르기, 패딩, 크기 조절은 서로 어떻게 다른가요? 각각 어떤 상황에 더 적합한가요?

15 데이터 증강의 개념과 필요한 이유는 무엇일까요?

16 스타일이나 구조가 다른 학습용 데이터 때문에 분류 모델이 잘 작동하지 않는 예를 들어보세요.

17 item_tfms와 batch_tfms의 차이는 무엇인가요?

18 오차 행렬이란 무엇인가요?

19 export는 무엇을 저장하나요?

20 학습 대신 예측을 얻는 데 모델을 사용하는 것을 뭐라고 부르나요?

21 IPython 위젯이란 무엇인가요?

22 모델 배포에서 언제 CPU를 사용하면 좋을까요? 그리고 GPU는 어떤 상황에서 더 좋을까요?

23 앱을 스마트폰이나 PC와 같은 클라이언트/에지 장치 대신, 서버로 배포할 때의 단점은 무엇일까요?

24 곰 경고 시스템을 실제로 배치할 때 발생할만한 문제의 세 가지 예는 무엇인가요?

25 영역 밖 데이터란 무엇인가요?

26 도메인 시프트란 무엇인가요?

27 세 가지 배포 처리 단계는 각각 무엇인가요?

2.8.1 추가 연구

1 여러분이 풀고 싶은 문제나 프로젝트에 원동력 접근법을 어떻게 적용할 수 있는지 고민해보세요.

2 특정 데이터 증강 기법을 피하는 게 최선인 상황을 생각해보세요.

3 딥러닝 적용을 앞둔 프로젝트에서 "정말 모든 것이 잘 풀린다면?"이라고 머릿속에서 사고실험을 해보세요.

4 블로그를 시작하고 첫 번째 글을 작성해보세요. 예를 들어 여러분의 전문 분야에서도 딥러닝이 유용할지를 다루는 글을 쓸 수 있겠죠.

CHAPTER 3

데이터 윤리

> **알아두기: 레이철 토마스 박사**
>
> 3장은 fast.ai의 공동 설립자이자 샌프란시스코 대학 응용 데이터 윤리 센터의 창립 이사인 레이철 토마스Rachel Thomas 박사와 함께 집필했습니다. 토마스가 개발한 데이터 윤리 입문 강의 (https://ethics.fast.ai)의 세부 목차를 참고하여 구성했습니다.

1, 2장에서 설명했듯이 머신러닝 모델은 가끔 잘못된 행동을 보일 수 있습니다. 즉 버그가 발생할 수 있죠. 이런 잘못된 행동은 학습할 때 보지 못한 데이터 때문에 발생하곤 합니다. 또는 정확히 설계된 방식대로 작동하더라도, 전혀 예상치 못한 방식으로 활용될 때도 있습니다.

딥러닝은 매우 강력한 도구이며 다양한 용도로 사용할 수 있으므로 우리가 선택한 행동이 어떤 결과를 초래할지 고민하는 일은 매우 중요합니다. **윤리**ethics에 대한 철학적 연구란 다양한 용어의 정의, 옳고 그른 행위의 인식, 행위와 결과 사이의 연관성을 이해하는 등 옳고 그름을 연구하는 분야입니다. **데이터 윤리**data ethics 연구는 오래전에 시작되었으며, 현재 많은 학자가 집중하는 분야입니다. 많은 사법 기관에서 정책을 정의하는 데 활용하기도 하죠. 또한 크고 작은 회사에서 제품을 개발할 때 사회적으로 좋은 결과를 보장하는 최고의 방법을 찾아내는 용도로 활용합니다. 그리고 연구 결과가 나쁜 일이 아니라 좋은 일에 사용되는지 알고자 하는 연구자들이 활용하기도 합니다.

따라서 딥러닝 실무자라면 언젠가는 데이터 윤리를 고려해야 하는 상황을 맞닥뜨릴 수 있습니다. 그렇다면 데이터 윤리란 무엇일까요? 데이터 윤리는 윤리의 하위 분야입니다. 따라서 윤리부터 살펴보죠.

> **TIP** 제러미의 말
>
> 대학교에서 저의 주 전공은 윤리 철학이었습니다(실무에 뛰어들려고 대학교를 그만두지 않았다면, 윤리 철학은 제 논문의 주제가 되었을 겁니다). 제가 윤리학 공부에 투자한 수년의 시간에 기반해서 이렇게 말씀드리고 싶습니다. 옳고 그름이 무엇인지, 선악이 존재하는지, 선악을 어떻게 발견하는지, 어떤 사람이 좋고 나쁜지 등에 모두가 동의할 수는 없습니다. 그러니 이론적 내용에 너무 많이 기대하지는 마세요! 여기서는 이론이 아닌 예시와 사색에 초점을 맞춰보려 합니다.

'윤리란 무엇인가?What Is Ethics?(https://oreil.ly/nyVh4)'라는 질문에 답한 마크쿨라 응용 윤리 센터Markkula Applied Ethics는 윤리를 다음과 같이 정의합니다.

- 인간이 마땅히 해야 할 일을 규정하는 옳고 그름의 근거 있는 기준
- 한 인간의 윤리적 기준 연구 및 개발

옳은 답은 없으며, 해야 할 일과 하지 말아야 할 일도 없습니다. 윤리는 복잡하고 상황에 따라 다릅니다. 많은 이해관계자의 관점이 얽혀 있기 때문이죠. 윤리란 일종의 근육과도 같아서 지속적인 계발과 단련이 필요합니다. 이 장은 그 여정에 도움이 되는 몇 가지 이정표를 제공합니다.

윤리적 문제를 발견하는 일은 협력하는 팀의 일원으로서 진행하는 것이 가장 좋습니다. 다른 관점을 포용할 수 있는 유일한 방법이기 때문이죠. 팀원들의 다양한 배경은 여러분이 미처 생각하지 못한 관점을 파악하는 데 도움을 줍니다. 팀 단위의 일은 윤리를 포함해 여러 가지 '근육 형성' 활동에 유용합니다.

책 전반에 걸쳐 간헐적으로 데이터 윤리를 이야기하지만, 데이터 윤리만 집중적으로 설명하는 장이 있다면 좋겠죠. 우선 몇 가지 예시를 살펴보면 방향성을 잡는 데 도움이 됩니다. 그래서 핵심 주제의 일부를 효과적으로 설명하는 예를 세 가지 골랐습니다.

3.1 데이터 윤리의 핵심 사례

기술 분야에서 일반적인 세 가지 윤리적 문제를 설명하는 구체적인 사례부터 시작하겠습니다 (좀 더 자세한 내용은 이 장의 뒷부분에서 살펴봅니다).

- **청원 절차**Recourse process

  아칸소Arkansas주(州)에 배포된 건강관리 알고리즘의 버그가 많은 환자의 발을 묶은 사례
- **피드백 루프**Feedback loops

  유튜브 추천 시스템이 갑작스러운 음모론 유행을 일으킨 사례
- **편향**Bias

  아프리카계 미국인 이름을 구글링하면 범죄 신원 조회 광고가 등장한 사례

이 장에서 소개하는 모든 개념에 관한 구체적인 예시를 적어도 하나 이상 제공하고자 합니다. 각 예시에서 여러분이라면 어떤 조치를 취할 수 있을지, 어떤 장애물이 있을지를 고민해보기 바랍니다. 직면한 문제를 어떻게 다룰 건가요? 또 무엇을 조심해야 할까요?

3.1.1 청원과 버그: 헬스케어 혜택에 사용된 알고리즘의 버그

버지The Verge는 미국의 주(州) 절반 이상에서 사용하는 소프트웨어를 조사하여 사람들이 의료 서비스를 얼마나 많이 받는지 확인하고, 결과를 「What Happens When an Algorithm Cuts Your Healthcare(https://oreil.ly/25drC)」라는 기사로 공개했습니다. 아칸소주에서는 건강관리 알고리즘을 구현한 후, 중증 장애인 수백 명에게 제공하던 의료 서비스를 급격하게 줄였습니다.

예를 들어 침대에서 일어나고, 화장실에 가고, 음식을 먹는 데 도움이 필요한 뇌성마비 환자인 타미 돕스Tammy Dobbs라는 여성이 지원받는 시간은 갑자기 일주일에 20시간이나 줄었습니다. 그러나 아무도 이유를 설명해주지 못했습니다. 결국 알고리즘 구현에 실수가 있어 당뇨병이나 뇌성마비 환자에게 부정적인 영향을 미쳤다는 사실이 법원에서 밝혀졌습니다. 그러나 이 사건 이후, 돕스를 비롯하여 이런 의료 혜택에 의존하는 많은 사람은 혜택이 갑자기 이유 없이 줄어들 수 있다는 두려움 속에 살게 되었죠.

3.1.2 피드백 루프: 유튜브 추천 시스템

피드백의 고리는 모델이 다음 회차의 데이터를 제어할 때 발생할 수 있습니다. 소프트웨어가 빠르게 반환하는 데이터는 소프트웨어 자체의 결함으로 이어질 수 있습니다.

가령 유튜브가 보유한 19억 명의 사용자는 하루 10억 시간 이상을 유튜브 동영상 시청에 소비합니다. 그중 구글이 설계한 시청 시간 최적화용 추천 알고리즘을 통해 시청되는 콘텐츠가 약 70%를 차지합니다. 그러나 여기에 문제가 있었습니다. 이 알고리즘은 통제 불가능한 피드백 루프를 만들어냈고, 2019년 2월 뉴욕 타임스^{New York Times} 1면에는 「YouTube Unleashed a Conspiracy Theory Boom. Can It Be Contained?(https://oreil.ly/Lt3aU)」라는 기사가 실렸습니다. 추천 시스템은 표면적으로는 사람들이 좋아할 만한 콘텐츠를 예측하지만, 사람들이 시청할 콘텐츠를 결정하는 데도 지대한 영향을 미칩니다.

3.1.3 편견: 체포된 라타냐 스위니 교수

라타냐 스위니^{Latanya Sweeney} 박사는 하버드 대학교의 교수이자 데이터 개인 정보 보호 연구소장입니다. 그는 자신이 라타냐 스위니라는 이름을 가진 유일한 사람이며 체포된 적이 없지만, 그 이름으로 구글링하면 '라타냐 스위니, 체포되었나?'라는 광고가 나온다는 사실을 발견했습니다. 그리고 이를 「Discrimination in Online Ad Delivery(https://oreil.ly/1qBxU)」([그림 3-1] 참조) 논문에서 설명했습니다. 반면 '커스틴 린퀴스트^{Kirsten Lindquist}'와 같은 이름을 검색하면 (해당 인물은 세 번 체포되었음에도) 더 중립적인 문구의 광고가 나타났죠.

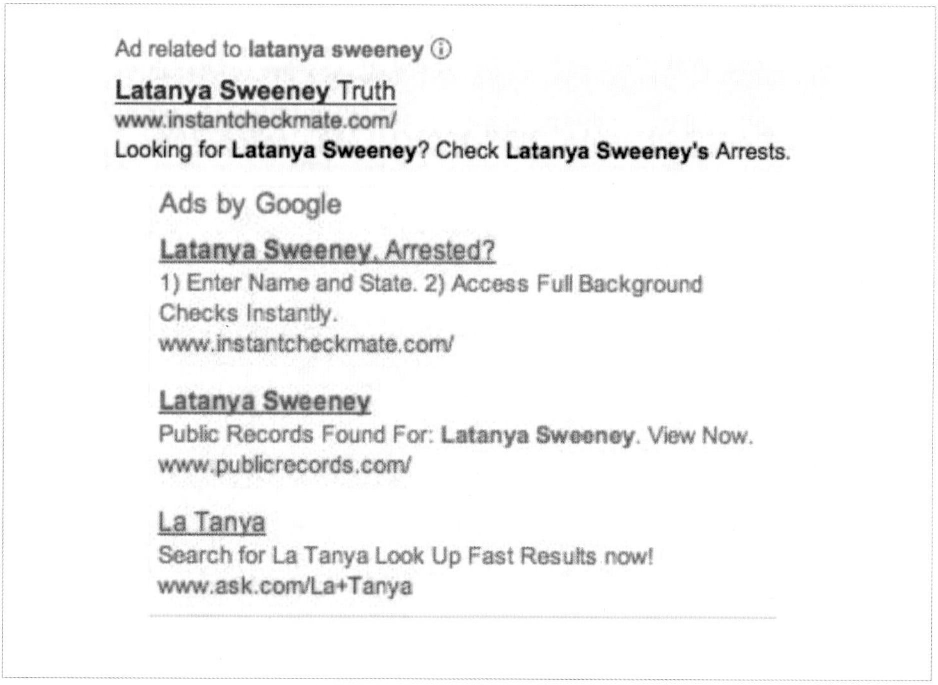

그림 3-1 라타냐 스위니 교수의 존재하지 않는 체포 기록 광고를 보여주는 구글 검색 결과

그는 컴퓨터 과학자로서 2,000개가 넘는 이름을 조사하여 문제를 체계적으로 연구했고, 명확한 패턴을 발견했습니다. 관습적으로 흑인 이름에는 범죄 기록에 관련된 광고가 검색 결과에 포함되지만, 백인 이름에는 더 중립적인 광고가 포함된다는 사실을 알게 되었죠.

이는 편향의 한 가지 예로, 사람들의 삶에 큰 영향을 미칠 수 있습니다. 가령 구직자를 구글링하면 실제로는 범죄 이력이 없더라도 범죄를 저지른 것처럼 보일 수 있습니다.

3.1.4 문제가 되는 이유

이런 문제를 들으면 많은 사람이 자연스럽게 "나랑 무슨 상관이야? 나는 데이터 과학자이지, 정치인이 아니야. 나는 의사 결정을 내리는 고위 간부도 아니고, 그저 가장 좋은 예측 모델을 구축할 뿐이야"라고 반응하겠죠.

이런 반응은 매우 합리적으로 보입니다. 하지만 저희는 모델을 구축하는 모든 사람이 반드시 모델이 사용될 방향을 고려하고, 가능한 한 긍정적으로 사용되도록 최선을 다해야 한다는 사실을 분명히 알려주고 싶습니다. 여러분이 할 수 있는 일이 있습니다. 그런 일을 하지 않으면 상황이 매우 나빠질지도 모릅니다.

기술자가 모든 시간과 비용을 기술에만 집중할 때 일어나는 끔찍한 일의 사례를 살펴보죠. IBM과 독일 나치의 이야기입니다. 2001년, 스위스 판사는 '나치의 반인도적 범죄에 협력한 기술 지원 및 강제수용소에서 회계 및 분류 작업에 활용되는 형태로 나치에 가담한 IBM의 기계'는 옳지 않다고 판단했습니다.

IBM은 유대인을 포함한 여러 그룹의 대규모 학살 기록을 추적하는 데이터 테이블 상품을 나치에 공급했습니다. 회사 경영진이 이를 주도했으며, 히틀러를 포함한 간부들을 대상으로 마케팅을 진행하기도 했습니다. 당시 대표였던 토마스 왓슨Thomas Watson은 폴란드계 유대인의 이름을 알파벳 순으로 정리해 추방을 돕는 특수한 IBM 기계의 출시를 1939년에 승인했습니다. [그림 3-2]는 1937년 아돌프 히틀러(맨 왼쪽)가 IBM의 대표 톰 왓슨(왼쪽에서 두 번째)에게 '제국 공로훈장Service to the Reich'이라는 메달을 수여할 때 찍은 사진입니다.

그림 3-2 IBM 대표 톰 왓슨과 아돌프 히틀러의 만남

그러나 이것이 끝이 아닙니다. 광범위하게 참여했죠. IBM과 여러 자회사는 강제수용소에 정기적으로 사용 방법 교육과 유지 보수 서비스를 제공했습니다. 카드를 인쇄하고, 기계의 사용 환경을 설정하고, 고장 난 기계를 빠르게 수리하는 일 등이 포함되었죠. IBM은 엄청난 대참사 속에서 살해된 사람들이 속한 그룹, 살해된 방식 등 추적에 필요한 정보를 기입하는 천공 카드 분

류 시스템을 구축했습니다(그림 3-3). IBM이 강제수용소의 유대인을 분류하는 데 사용한 코드는 8이었습니다(약 6백만 명이 살해됨). 그리고 루마니안을 분류하는 데 사용한 코드는 12였습니다(나치가 '반사회자'로 분류했으며, 집시 수용소Zigeunerlager에서 약 30만 명 이상이 살해됨). 일반 처형은 4, 가스실 처형은 6으로 분류했습니다.

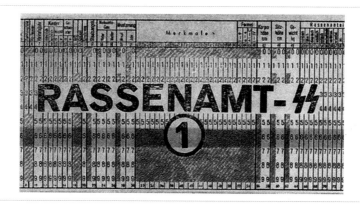

그림 3-3 IBM이 강제수용소에서 사용한 천공 카드

물론 프로젝트 관리자와 엔지니어, 기술자들은 평범한 삶을 살고 있었습니다. 명령을 따르면서도 가족을 돌보고, 일요일에는 교회를 가고, 자기 일에 최선을 다했죠. 마케팅 담당자도 비즈니스 발전 목표를 달성하려고 자신이 할 수 있는 일을 했습니다. 『IBM and the Holocaust』(Dialog Press, 2001)의 저자인 에드윈 블랙Edwin Black은 다음과 같이 말합니다.

> 이런 문제를 깨닫지 못한 기술자에게는 수단이 목적보다 더 중요했습니다. 유대인의 전멸이라는 이
> 슈는 크게 중요한 문제가 아니었습니다. 전 세계적으로 어려운 시기에 IBM이 벌어들인 어마어마한
> 수익으로 IBM의 기술력이 급성장했기 때문입니다.

잠시 물러서서 생각해봅시다. 내가 사회를 해치는 시스템의 일부였다는 사실을 알게 된다면 어떤 기분이 들까요? 그 사실을 알 수는 있었을까요? 이런 일이 발생하지 않으려면 어떻게 해야 할까요? 매우 극단적인 예를 들었지만, 오늘날 AI 및 머신러닝과 관련해서도 사회적으로 부정적인 결과가 많이 관찰됩니다. 이 장에서는 그중 일부를 설명하고자 합니다.

도덕적 책임만이 문제가 아닙니다. 때로 기술자는 자신의 행동에 매우 직접적으로 값을 치릅니다. 폭스바겐 스캔들을 예로 들어보죠. 폭스바겐의 허위 디젤 차량 배기가스 검사가 밝혀진 후 처음 수감된 사람은 회사의 프로젝트를 지휘한 관리자나 책임자가 아니었습니다. 회사에서 지시한 대로 일을 처리한 엔지니어인 제임스 리앙James Liang이었죠.

물론 모든 상황이 나쁘게 돌아가지는 않을 겁니다. 참여한 프로젝트가 단 한 사람에게만이라도 큰 긍정적인 영향을 미친다면 매우 기분이 좋을테죠.

여러분도 이런 문제에 경각심을 가져야 한다고 생각하길 바랍니다. 그런데 문제를 인식한 다음에는 무엇을 해야 할까요? 데이터 과학자인 우리는 일부 평가 지표를 개선하며 모델을 개선하는 데 집중하는 경향이 있습니다. 그게 자연스러운 행동이죠. 하지만 평가지표의 최적화가 꼭 더 나은 결과를 만들어낸다는 보장은 없으며, 설령 그렇다고 하더라도 다른 중요한 고려사항들이 있습니다. 연구자 또는 실무자가 모델이나 알고리즘을 개발하는 단계와 실제 만든 결과물을 의사 결정에 사용하는 단계의 처리 공정을 생각해보세요. 원하는 결과를 얻으려면 처리공정의 처음부터 끝까지를 **전체적으로** 고려해야 합니다.

일반적으로 전체 처리 공정은 매우 긴 일련의 단계로 구성됩니다. 연구가 어떤 용도로 사용될지 모르는 연구원 또는 처리 공정의 초기 단계인 데이터 수집에 관여한 사람이라면 특히 이 말이 더 와닿겠지요. 그러나 여러분이야말로 특정 단계의 영향, 제약, 세부 사항을 다른 단계의 작업자에게 더 잘 알릴 수 있는 사람입니다. 여러분의 작업이 올바른 방식으로 사용되도록 보장할 수 있는 '묘책silver bullet'이란 없지만, 전체 과정에 참여해 올바른 질문을 던진다면 최소한 문제를 올바르게 인식하고 고민하는지는 확인할 수 있을 것입니다.

작업 요청을 받았을 때 "싫습니다"라는 대답이 윤리적으로 올바를 때가 있습니다. 그러나 우리가 자주 듣는 핑계는 "내가 하지 않으면 다른 사람이 한다"입니다. 여러분이 특정 작업의 담당자로 뽑혔다면, 그들이 보기에 여러분이 작업을 가장 잘 해낼 사람인 것입니다. 즉 여러분이 그 프로젝트를 거절한다면, 프로젝트에 가장 적합한 사람이 빠지게 되는 것이죠.

3.2 머신러닝과 제품 디자인 통합하기

아마도 여러분이 이 일을 하는 이유는 결과물이 어딘가에 사용되기를 바라기 때문일 것입니다. 그렇지 않다면 시간 낭비일 뿐이겠죠. 여러분의 결과물이 어디선가 사용될 것이라는 가정으로부터 출발해보죠. 데이터를 수집하고 모델을 개발하면서 많은 결정을 내리게 됩니다. 데이터를 어떤 수준으로 집계하여 저장할까요? 어떤 손실 함수를 사용할까요? 어떤 학습용 및 검증용 데이터셋을 사용하면 좋을까요? 구현의 단순성, 추론 속도, 모델의 정확도 등 어디에 중점을 둬야 할까요? 모델이 영역 밖 데이터를 어떻게 처리해야 할까요? 미세 조정을 할 수 있을까요? 아니면 시간에 따라 처음부터 새로 모델을 학습시켜야만 할까요?

이는 알고리즘에 국한된 질문이 아닙니다. 데이터 제품 설계와 관련 있는 질문이죠. 그러나 제품 관리자, 경영진, 판사, 언론인, 의사 등 여러분이 만든 모델이 포함된 시스템을 개발하고 사용하는 누구라도 여러분이 내린 결정을 잘 이해할 수 없음은 물론, 의도와는 다른 방향으로 변경해나갈 수도 있습니다.

가령 두 연구는 아마존의 얼굴 인식 소프트웨어가 정확하지 않고(https://oreil.ly/bL5D9), 인종적으로 편향된 결과(https://oreil.ly/cDYqz)를 만든다는 사실을 밝혀냈습니다. 이에 대해 아마존은 편향된 결과를 어떤 방향으로 개선할지는 설명하지 않고, 연구원들이 기본 매개변수를 변경했어야 했다고 해명했습니다. 게다가 아마존은 해당 소프트웨어를 실제로 운용하는 경찰에게 사용법에 관한 자세한 교육을 제공하지 않았다는 사실도 밝혀졌습니다(https://oreil.ly/I50Aj). 아마도 알고리즘을 개발한 연구원과 경찰에 제공할 지침서를 작성한 담당자 간에 업무적인 거리가 상당했을 것으로 추측됩니다.

긴밀한 협업이 이루어지지 않아서 경찰과 아마존은 물론이고 사회 전체에 심각한 문제가 발생했습니다. 국회의원 28명을 범죄 수배자로 잘못 인식했죠([그림 3-4]에서처럼 소프트웨어가 범죄 수배자로 잘못 인식한 의원들은 대체로 유색인종이었습니다).

그림 3-4 아마존 소프트웨어에서 범죄 수배자로 인식한 미국 국회의원들

데이터 과학자는 여러 분야의 사람들이 모인 팀에 속해야만 합니다. 그리고 연구자는 연구를 사용할 사람들과 긴밀히 협력해야 합니다. 해당 분야의 전문가가 인공지능 모델 일부를 직접 학습시키고 디버깅할 수 있을 만큼 역량을 충분히 키운다면 더 좋겠죠. 각 분야의 전문가들이 지금 이 책을 읽고 있기를 바랍니다!

현대의 직장은 매우 전문화된 장소이며 직원들은 잘 정의된 업무를 수행하는 경향이 있습니다. 특히 대기업과 같이 거대한 기업에서 일어나는 모든 일을 파악하기란 불가능에 가깝습니다. 때때로 회사가 내놓은 해결책을 직원들이 좋아하지 않으리라 판단하면, 작업 중인 프로젝트 최종 목표를 의도적으로 모호하게 만들기도 합니다. 이런 일은 종종 여러 부서로 나눠 진행되곤 하죠.

다시 말해 이 모든 일은 쉽지 않습니다. 어렵죠. 정말 힘듭니다. 우리 모두가 최선을 다해야 하죠. 저희는 이런 프로젝트를 고차원적인 맥락에서 참여하고, 여러 분야에 걸친 다양한 사람의 역량과 팀을 개발하려고 시도하는 사람들이 조직에서 가장 중요하고 좋은 보상을 받는 구성원이 되는 사례를 종종 보았습니다. (중간 경영진은 다소 불편하게 여기더라도) 고위 경영진은 이런 일을 높이 평가합니다.

3.3 데이터 윤리의 주제

데이터 윤리는 넓은 분야이며, 여기서 모든 내용을 다룰 수는 없습니다. 대신 특별히 관련 있다고 생각되는 몇 가지 주제를 선택해서 이야기해보죠.

- 청원 및 책임감의 필요성
- 피드백 루프
- 편향
- 거짓 정보

하나씩 차례로 살펴보겠습니다.

3.3.1 청원과 책임감

복잡한 시스템에서는 아무도 결과에 책임감을 느끼지 않게 되기가 쉽습니다. 이런 태도를 이해할 수는 있지만, 좋은 결과로 이어지지는 않습니다. 버그 때문에 뇌성마비가 환자가 필요한 치료를 받지 못한 아칸소주의 건강관리 시스템을 다룬 예시로 돌아가봅시다. 알고리즘 개발자는 정부 관계자를, 정부 관계자는 소프트웨어를 개발자를 서로 비난했습니다. 뉴욕 대학교의 다나 보이드^{Danah Boyd} 교수(`https://oreil.ly/KK5Hf`)는 이 현상을 "관료주의는 책임을 전가하거나 회피하는 데 자주 사용되었습니다. 오늘날의 알고리즘 시스템은 관료주의를 확장하고 있습니다"라고 설명했습니다.

청원이 필요한 또 다른 이유는 데이터에 종종 오류가 포함되기 때문입니다. 감사와 오류 수정 메커니즘은 중대합니다. 캘리포니아 법률 집행원이 관리하는 범죄 조직 구성원 데이터베이스는 오류로 가득 차 있습니다. 여기에는 한 살이 되기도 전에 데이터베이스에 들어간 아기 42명도 포함되었죠(그중 28명은 '범죄 조직 구성원으로 인정됨' 표시를 받음). 특히 누군가가 데이터베이스에 등재된 다음, 실수를 수정하거나 감사를 거쳐 잘못 추가한 사람을 삭제하는 과정이 없었습니다. 또 다른 예는 미국 신용 기록 시스템입니다. 2012년 신용 기록에 대한 연방거래위원회^{Federal Trade Commission}(FTC)의 대규모 연구에 따르면 보고받은 소비자 파일의 26%에서 적어도 한 번의 실수가 발견되었으며, 그 중 5%에서는 심각한 오류가 있다는 사실이 드러났습니다.

그러나 이런 오류를 수정하는 과정은 매우 느리고 모호합니다. 공영 라디오 기자인 바비 앨린 Bobby Allyn은 자신이 총기 유죄 판결을 받았다고 잘못 기재된 사실을 발견했습니다. 12건 이상의 전화 통화와 지방 법원 서류 작업을 비롯한 노력 끝에 문제를 해결하기까지 6주가 걸렸습니다. 심지어 이 오랜 시간은 기자로서 회사의 커뮤니케이션 부서에 연락한 다음부터 걸린 기간이었습니다.

머신러닝 실무자인 우리는 실제 알고리즘이 사용될 방식을 이해할 의무를 항상 고민하지는 않습니다. 하지만 사실은 그래야만 합니다.

3.3.2 피드백 루프

1장에서 알고리즘이 환경과 상호작용하여 피드백 루프를 생성하는 방식을 설명했습니다. 실세계에서 선택한 행동을 강화하는 예측을 만들어 같은 방향의 더욱 뚜렷한 예측을 유도하는 방식이었죠. 예를 들어 유튜브의 추천 시스템을 다시 살펴보죠. 수년 전 구글팀은 유튜브의 추천 시스템 개선에 강화 학습을 도입한 방법을 소개한 적이 있습니다(딥러닝과 밀접히 관련되지만, 손실 함수는 조치가 이루어진 지 한참 후에나 결과를 도출합니다). 시청 시간을 최적화하도록 추천하는 알고리즘을 어떻게 사용했는지를 설명했습니다.

그러나 인간은 논란의 소지가 있는 콘텐츠에 끌리는 경향이 있습니다. 사용자가 본 내용에 기반한 추천 시스템이 음모론과 같은 비디오를 점점 더 많이 추천하는 현상이 이를 설명하죠. 게다가 음모론에 관심이 있는 사람들은 온라인 동영상을 많이 본다고 밝혀졌습니다. 따라서 이런 사람들이 점점 더 유튜브 알고리즘에 끌려들어 왔죠. 유튜브에서 동영상을 시청하는 음모론자가 증가함에 따라 알고리즘이 점점 더 많은 음모론 및 극단주의 관련 콘텐츠를 추천하게 되었습니다. 이는 또다시 더 많은 극단주의자가 유튜브 동영상을 시청하게끔 해서 극단주의 동영상 조회수를 늘렸으며, 알고리즘이 더욱 극단적인 콘텐츠를 추천하는 결과를 만들어냈습니다. 시스템이 통제할 수 없는 상태에 빠지게 되었죠.

그리고 이 현상은 음모론과 같은 특정 유형에 국한되지 않습니다. 2019년 6월 뉴욕 타임스는 유튜브의 추천 시스템에 관한 「On YouTube's Digital Playground, an Open Gate for Pedophiles(https://oreil.ly/81BEy)」라는 글을 게재했습니다. 이 기사는 다음의 끔찍한 이야기로 시작합니다.

10살 된 딸과 친구가 뒷마당 수영장에서 노는 동영상을 업로드했을 때, 크리스티안 C.Christiane C.는 별생각이 없었습니다. 그런데 며칠 후 동영상의 조회 수가 수천을 기록했으며, 얼마 지나지 않아 40만 건까지 도달했습니다. 크리스티앙은 "동영상을 다시 봤을 때 조회수에 공포심을 느꼈어요"라고 말했습니다. 여기에는 그럴 만한 이유가 있었습니다. 연구팀은 유튜브의 추천 자동화 시스템이 옷을 덜 입은 어린이가 있는 다른 동영상을 시청한 사용자에게 크리스티앙이 찍은 동영상을 추천했다는 사실을 발견했습니다.

각 비디오만 놓고 보면 완벽하게 순수할지 모릅니다. 예를 들어 어린이가 직접 촬영한 홈비디오처럼 말입니다. 노출이 심한 장면들은 순식간에 우연히 등장하지만, 이런 장면을 함께 묶어놓으면 공통된 특징이 오해를 불러일으킬 수 있습니다.

유튜브의 추천 알고리즘은 옷을 덜 입은 아동을 포함한 순수한 가족 비디오를 소아성애자용 재생 목록으로 선별하기 시작했습니다.

구글의 누구도 가족 동영상을 소아성애자용 포르노로 바꾸는 시스템을 만들 계획은 없었음에도 말이죠. 그래서 무슨 일이 벌어졌을까요?

이 문제의 일부는 재정적으로 중요한 시스템을 주도하는 중심 역할을 한 평가지표에 있습니다. 이미 살펴본 바와 같이 최적화할 지표가 있는 알고리즘은 그 지표를 최적화하는 데 모든 수단을 동원합니다. 알고리즘의 이런 작동 방식은 극단적인 상황으로 이어지는 경향이 있으며, 시스템과 상호작용하는 인간은 악의적으로 극단적 상황과 피드백 루프를 찾고 활용하여 이익을 추구하곤 합니다.

2018년에는 정확히 이와 같은 유튜브 추천 시스템의 징후가 나타난 적이 있었습니다. 가디언The Guardian은 이런 징후를 추적하는 웹사이트(https://algotransparency.org)를 만든 전 유튜브 엔지니어인 기욤 샤슬롯Guillaume Chaslot과 「How an Ex-YouTube Insider Investigated Its Secret Algorithm(https://oreil.ly/yjnPT)」이라는 기사를 게재했습니다. 또한 샤슬롯은 로버트 뮐러Robert Mueller의 「Report on the Investigation Into Russian Interference in the 2016 Presidential Election」 발표에 대해 [그림 3-5]와 같은 도표를 발표하기도 했죠.

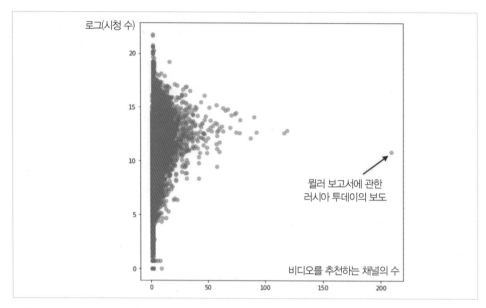

그림 3-5 뮐러 보고서의 보도

뮐러의 보고서에 관한 러시아 투데이Russia Today의 보도는 이 보도를 추천하는 채널의 수적 측면에서 매우 특이했습니다. 즉 러시아 국영 미디어 매체인 러시아 투데이가 유튜브 추천 알고리즘에 건 도박에 성공했을 가능성을 시사하죠. 하지만 안타깝게도 이와 같은 시스템의 부족한 투명성으로는 이런 종류의 문제를 밝히기가 어렵습니다.

이 책의 검토자 중 한 명인 오렐리앙 제롱Aurélien Géron은 (앞서 논의한 사건보다 훨씬 이전인) 2013년부터 2016년까지 유튜브의 동영상 분류팀을 이끌었습니다. 그는 인간과 관련된 피드백 루프만이 문제가 아니라고 지적했습니다. 사람이 관련되지 않은 피드백 루프도 있을 수 있겠죠! 그가 든 예시는 다음과 같습니다.

> 동영상이 속한 채널은 동영상의 주요 주제를 분류하는 중요한 신호입니다. 가령 요리 채널에 업로드된 동영상은 요리 동영상일 가능성이 높겠죠. 하지만 채널의 주제가 무엇인지는 어떻게 알 수 있을까요? 음... 채널에 업로드된 비디오 주제를 살펴보면 어느 정도 파악할 수 있겠죠! 여기서 피드백 루프가 보이나요? 예를 들어 많은 비디오에는 촬영에 사용된 카메라를 나타내는 설명이 있습니다. 따라서 이런 동영상 중 일부는 '사진'을 주제로 분류할 수 있겠죠. 그런데 특정 채널에 이렇게 잘못 분류된 동영상이 있으면 해당 채널은 '사진' 채널로 분류되어 향후 업로드될 동영상이 '사진'으로 잘못 분류될 가능성이 더욱 높아집니다. 이는 바이러스와 같은 분류로 이어질 수 있습니다! 이 피드백 루프를

끊어내려면 비디오를 채널과 함께, 그리고 채널 없이 분류하는 방법을 사용할 수 있습니다. 그러면 채널이란 정보 없이 얻은 범주를 채널 분류에 활용할 수 있고, 그 결과 피드백 루프가 끊어집니다.

이 문제를 해결하려는 사람과 조직의 긍정적인 예가 있습니다. 밋업^{Meetup}의 머신러닝 엔지니어인 에반 에스톨라^{Evan Estola}는 남성이 여성보다 기술 모임에 더 많은 관심을 보이는 사례 (https://oreil.ly/QfHzT)를 이야기했습니다. 즉 밋업의 알고리즘이 여성에게 기술 모임을 덜 추천해서 더 적은 여성이 기술 모임을 알아내 참석할 기회를 얻게 됩니다. 이는 또다시 알고리즘이 여성에게 더 적은 기술 모임을 제안하는 자기 강화의 피드백 루프에 빠지게 합니다. 따라서 에반과 그의 팀은 추천 알고리즘에 그런 피드백 루프가 생성되지 않도록, 모델에 성별을 명시적으로 사용하지 않는 윤리적 결정을 내렸습니다. 평가지표를 아무 생각 없이 최적화하는 것이 아니라 영향까지도 고려했던 고무적인 사례입니다. 에반은 다음과 같이 말했습니다. "알고리즘에서 사용해선 안 될 특징을 선별해야만 합니다. 가장 최적의 알고리즘이라고 해도 실제 배포하기에 가장 좋은 것은 아닐 수 있습니다."

밋업은 문제를 방지하는 길을 택했지만, 페이스북은 폭주하는 피드백 루프를 그대로 허용한 예시를 보여줍니다. 유튜브와 마찬가지로 하나의 음모론에 관심이 있는 사용자에게 더 많은 음모론을 소개하여 급진화시키는 경향이 있습니다. 허위 정보 확산을 연구하는 르네 디레스타^{Renee DiResta}는 다음과 같은 글을 썼습니다(https://oreil.ly/svgOt).

> 일단 사람들이 하나의 음모를 지향하는 페이스북의 그룹에 가입하면, 알고리즘이 다른 수많은 유사 그룹으로의 통로를 열어줍니다. 가령 백신 반대 그룹에 가입하면 GMO 반대, 켐트레일^{chemtrail} 감시[18], 평평한 지구, 자연적인 암 치료와 같은 그룹을 제안받게 됩니다. 추천 엔진은 토끼굴에서 사용자를 끌어내지 않고 오히려 더 밀어 넣습니다.

이런 종류의 행동이 발생할 수 있음을 명심하고 여러분의 프로젝트에서 피드백 루프를 예상하거나, 발견 초기에 고리를 끊어내는 긍정적인 조치를 취해야 합니다. 한편 **편향**도 명심해야 합니다. 앞 장에서 간략히 살펴본 대로, 편향은 매우 골치 아픈 방식으로 피드백 루프와 상호작용할 수 있습니다.

---

18 옮긴이_ 켐트레일 음모론에서는 비행운이 사실은 독극물 또는 화학물질을 살포한 것이라 주장합니다. 켐트레일 감시란 이 행위를 감시하는 집단을 의미합니다.

3.3.3 편향

온라인상에서의 편향에 관한 토론은 순식간에 혼란해지는 경향이 있습니다. '편향'이라는 단어에는 매우 다양한 의미가 있습니다. 통계학자들은 편향에 관해 이야기하는 데이터 윤리학자를 보고 통계적인 용어로서의 편향을 정의한다고 생각할지도 모릅니다. 하지만 그렇지 않습니다. 그리고 모델 파라미터를 구성하는 가중치와 편향에 나타나는 편향을 의미하지도 않습니다!

데이터 윤리학자들은 사회 과학적 개념으로서의 편향을 말합니다. 「A Framework for Understanding Unintended Consequences of Machine Learning(https://oreil.ly/aF33V)」에서 MIT의 하리니 수레시[Harini Suresh]와 존 구탁[John Guttag]은 [그림 3-6]에 요약된 여섯 가지 유형의 머신러닝 편향을 설명합니다.

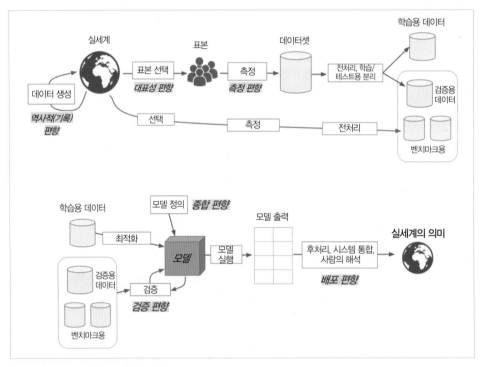

그림 3-6 머신러닝에서의 편향은 다양한 경로에서 발생할 수 있습니다(출처: 하리니 수레시 및 존 구탁)

여기서는 이중 우리의 작업에 가장 유용한 네 종류의 편향을 다룹니다(나머지는 해당 논문을 참조하세요).

역사적 편향

역사적 편향은 사람, 과정, 사회가 편향되어 있다는 사실에서 비롯됩니다. 수레시와 구탁은 "역사적 편향은 데이터 생성의 첫 번째 단계에서 발생하는 근본적이며 구조적인 문제이며, 완벽한 샘플링 및 특징 선택이 이루어진 상황에서도 존재할 수 있습니다"라고 말합니다.

다음은 시카고 대학교수인 센딜 멀레이너선Sendhil Mullainathan이 뉴욕 타임스에 기고한 「Racial Bias, Even When We Have Good Intentions(https://oreil.ly/cBQop)」 기사에서 발췌한 미국의 역사적 인종 편견의 예를 몇 가지 보여줍니다.

- 검사 결과가 같더라도, 의사는 백인보다 훨씬 적은 확률로 흑인 환자에게 심도자술cardiac catheterization[19](실제로는 유용했을 수술 기법)을 권했습니다.
- 중고차 흥정 시 흑인에게 제시된 초기 가격은 700달러 더 높았으며, 할인도 훨씬 적게 받았습니다.
- 크레이그리스트Craigslist[20]아파트 임대 광고에 흑인 이름으로 응답하면 백인 이름보다 회신율이 낮았습니다.
- 백인으로만 구성된 배심원은 백인보다 흑인 피고인을 16% 더 높은 확률로 유죄로 판결했지만, 배심원에 흑인이 한 명이라도 포함되면 인종에 상관없이 같은 비율로 유죄 판결을 받았습니다.

컴파스Correctional Offender Management Profiling for Alternative Sanctions(COMPAS) 알고리즘은 미국에서 판결 및 보석 결정에 널리 사용됩니다. 프로퍼블리카ProPublica에서 테스트한 결과, 이 알고리즘은 실제로 인종 편향을 분명히 보여준 중요한 사례입니다(그림 3-7).

흑인 피고인에 대해 예측이 다르게 실패한 비율		
	백인	아프리카계 미국인
고위험군이지만, 다시 범죄를 저지르지 않음으로 레이블링됨	23.5%	44.9%
저위험군이지만, 다시 범죄를 저지름으로 레이블링됨	47.7%	28.0%

그림 3-7 COMPAS 알고리즘의 결과

의료, 판매, 주택, 정치 데이터 등 인간과 관련된 모든 데이터셋에는 편향이 내재할 수 있습니다. 근본적인 편향이 매우 만연하기 때문에 데이터셋의 편향 또한 매우 만연할 수밖에 없죠. 구

---

19 옮긴이_ X-선을 이용한 침습적 검사로 심장내압, 심박출량, 산소포화도, 심장 구조 등의 정보를 얻는 방법입니다.
20 옮긴이_ 벼룩시장의 일종

글 포토 사용자가 트위터에 공유한 [그림 3-8]은 자동으로 사진을 분류하는 컴퓨터 영상 처리 알고리즘에도 인종 편향이 있음을 보여주는 예입니다.

그림 3-8 이 중 한 레이블은 매우 잘못되었습니다

구글 포토는 친구와 함께 있는 흑인 사용자의 사진을 '고릴라'로 분류했습니다. 이 알고리즘의 실수는 언론의 주목을 받았습니다. 구글 대변인은 "이런 일이 일어났다는 사실에 충격을 받았습니다. 진심으로 죄송합니다. 이미지 자동 레이블링 기술이 성숙하려면 여전히 많은 작업이 필요하며, 앞으로 이런 실수가 발생하지 않도록 방지하는 방법을 찾고 있습니다"라고 말했습니다.

불행히도 입력 데이터가 문제인 머신러닝 시스템을 수정하기는 어렵습니다. 가디언이 보도한 대로 구글이 제시한 첫 번째 해결책은 신망을 불러일으키지 못했습니다(그림 3-9).

돌발적으로 발생한 알고리즘의 인종 차별에 대한 구글의 해결책: 고릴라를 금지하라

보고서에 따르면 AI가 흑인을 고릴라로 잘못 레이블링한 사례에 대한 구글의 '즉각적인 조치'는 침팬지, 원숭이, 고릴라 단어를 금지한 것으로 보입니다.

▲ 구글 포토에서 더는 제대로 레이블링될 수 없는 실버백 하이 마운틴 고릴라
사진: 토마스 무코야Thomas Mukoya / 로이터Reuters

그림 3-9 구글이 취한 첫 번째 조치

이런 문제는 구글에만 국한되지 않습니다. MIT 연구원들은 인기 있는 온라인 영상 처리 API 들이 얼마나 정확한지를 연구했습니다. 단일 정확도 수치만을 계산하지 않고 [그림 3-10]에서 볼 수 있듯이 4개 그룹으로 나눠 정확도를 조사했죠.

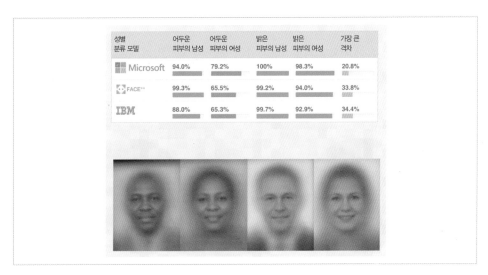

성별 분류 모델	어두운 피부의 남성	어두운 피부의 여성	밝은 피부의 남성	밝은 피부의 여성	가장 큰 격차
Microsoft	94.0%	79.2%	100%	98.3%	20.8%
FACE**	99.3%	65.5%	99.2%	94.0%	33.8%
IBM	88.0%	65.3%	99.7%	92.9%	34.4%

그림 3-10 다양한 얼굴 인식 시스템의 성별 및 인종별 오류율

보다시피 IBM 시스템의 오류율은 흑인에 가까운 여성에서는 34.7%, 백인에 가까운 남성에서는 0.3%였습니다. 100배가 넘는 격차죠! 어떤 사람들은 단순히 컴퓨터가 어두운 피부를 인식하기 어렵기 때문에 발생한 차이라고 주장하는 등 실험 결과에 잘못된 반응을 보이기도 했죠. 그러나 이 부정적인 결과가 매스컴을 탄 이후, 문제가 발생한 모든 회사에서 모델을 어두운 피부에서도 상당히 개선했습니다. 그 결과 1년 후에는 피부색에 따른 오류율의 차이가 거의 없어졌습니다. 즉 개발자가 초기에 어두운 피부의 데이터셋을 충분히 활용하지 못했거나, 최종 상품을 어두운 피부의 얼굴로 검증하는 데 실패했다는 이야기가 됩니다.

MIT 연구원인 조이 부올람위니[Joy Buolamwini]는 "우리는 자신만만하게 자동화 시대에 들어섰지만 준비가 부족했습니다. 윤리적이고 포괄적인 인공지능을 만들지 못한다면, 기계 중립성을 가장하여 지금껏 이뤄낸 시민권과 성 평등의 이익을 잃을 위험이 있습니다"라고 경고했습니다.

이런 문제의 일부는 모델의 학습에 사용한 인기 있는 데이터셋이 체계적으로 불균형했기 때문에 발생했습니다. 쉐레야 샌카르[Shreya Shankar] 등이 쓴 「No Classification Without Representation: Assessing Geodiversity Issues in Open Data Sets for the Developing World(https://oreil.ly/VqtOA)」논문의 초록에서는 다음과 같이 말합니다.

> 우리는 두 대규모 공개 이미지 데이터셋을 분석하여 지리적 다양성을 평가했고, 이런 데이터셋이 미국과 유럽을 중심적으로 표현되는 편향을 보인다는 사실을 알아냈습니다. 또한 이 데이터셋으로 학습된 분류 모델을 분석하여, 이런 학습 분포가 가진 영향을 평가하고 서로 다른 지역에서 수집된 이미지에 대해 상대적으로 큰 성능 차이를 보인다는 사실을 밝혔습니다.

[그림 3-11]은 이 논문에 수록된 차트입니다. (이 책을 쓴 시점을 기준으로) 모델 학습에 가장 중요한 두 이미지 데이터셋을 구성하는 지리적 특성을 보여줍니다.

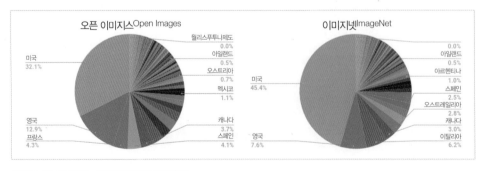

그림 3-11 인기 있는 이미지 데이터셋의 출처

대부분의 이미지는 미국 등 서방 국가에서 수집되었으므로 이미지넷으로 학습된 모델은 다른 국가와 문화의 장면을 담은 이미지에서 낮은 성능을 보입니다. 연구에 따르면 이런 모델은 저소득 국가의 가정용품(예: 비누, 향신료, 소파, 침대)을 잘 식별하지 못합니다. 페이스북 인공지능 연구소의 테렌스 드브리스Terrance DeVries 등이 쓴 「Does Object Recognition Work for Everyone?(https://oreil.ly/BkFjL)」논문에서 발췌한 [그림 3-12]는 이런 문제를 잘 보여줍니다.

실젯값: 비누　　　　　　　　　　네팔, 월 288달러
애저: 음식, 치즈, 빵, 케이크, 샌드위치
클래리파이: 음식, 나무, 요리, 맛있는, 건강한
구글: 음식, 접시, 조리법, 컴포트 푸드, 스팸,
아마존: 음식, 사탕과자, 사탕, 햄버거
왓슨: 음식, 음식 상품, 강황, 양념
텐센트: 음식, 접시, 재료, 패스트푸드, 자양물

실젯값: 비누　　　　　　　　　영국 월 1890달러
애저: 화장실, 디자인, 예술, 싱크대
클래리파이: 사람, 수도꼭지, 헬스케어, 변기, 수세식 대변기
구글: 상품, 술, 물, 화장실 액세서리
아마존: 싱크대, 실내용의, 병, 싱크대 수도꼭지
왓슨: 가스 탱크, 저장고, 세면용품, 디스펜서, 비누 디스펜서
텐센트: 로션, 세면용품, 비누 디스펜서, 디스펜서, 면도 후 로션

실젯값: 비누　　　　　　　　필리핀 월 262달러
애저: 병, 맥주, 카운터, 음료, 오프너
클래리파이: 컨테이너, 음식, 병, 음료, 비축품
구글: 상품, 노란색, 병, 플라스틱 병
아마존: 청량음료, 맥주, 알코올, 음료, 병
왓슨: 음식, 식품 저장실, 식료품 저장실, 조미료, 양념
텐센트: 조미료, 소스, 첨자게, 케첩, 핫소스

실젯값: 비누　　　　　　　　미국 월 4559달러
애저: 병, 벽, 카운터, 음식
클래리파이: 컨테이너, 음식, 통조림, 의약품, 비축품
구글: 시즈닝, 양념된 소금, 식재료, 향신료, 향신료 수납 선반
아마존: 선반, 통조림, 식료품 저장실, 알루미늄
왓슨: 금속 용기, 음식, 식료품 저장실, 페인트, 통조림
텐센트: 향신료 수납 선반, 칠리 소스, 조미료, 통조림 음식, 받침대

그림 3-12 물체 감지의 행동 방식

저소득 국가에서 찍힌 비누 사진이 부정확하게 분류됨을 알 수 있습니다. 모든 상업용 이미지 인식 서비스는 '음식'을 가장 가능성 있는 답으로 예측했죠!

대다수의 AI 연구원과 개발자는 젊은 백인이며, 프로젝트의 사용자 테스트에는 친구와 가족이 참여할 때가 많습니다. 이를 고려하면 이런 문제가 있다고 해도 그리 놀랄만한 일이 아니죠.

자연어 처리 모델의 데이터로 사용되는 텍스트에서도 유사한 역사적 편향이 발견됩니다. 머신 러닝 처리 공정의 여러 단계에서 다양한 방식으로 일어나죠. 한 가지 예로, 작년까지 구글 번역기는 터키어의 성 중립 대명사 'o'를 영어로 번역할 때 일관된 편향을 보였음이 널리 보고되었습니다(https://oreil.ly/Vt_vT). 남성과 관련된 직업에서는 'he'를 사용했으며, 여성과 주로 관련된 직업에는 'she'를 사용했죠(그림 3-13).

그림 3-13 텍스트 데이터셋에서 드러난 성(性) 편향

온라인 광고에서도 이런 편견을 볼 수 있습니다. 가령 무하마드 알리^{Muhammad Ali} 등이 2019년 진행한 연구(https://oreil.ly/UGxuh)는 광고 게시자가 차별적인 내용을 넣지 않더라도, 페이스북 알고리즘이 인종과 성별에 따라 매우 다른 사용자에게 광고를 표시한다는 사실을 발견했습니다. 같은 문구와 배경으로 꾸며졌지만, 페이스북 사용자의 인종에 따라 백인 또는 흑인 가족의 사진을 광고에 포함시킨 사례였죠.

측정 편향

아메리칸 이코노믹 리뷰American Economic Review에 게재된 논문 「Does Machine Learning Automate Moral Hazard and Error?(https://oreil.ly/79Qtn)」에서 센딜 멀레이너선Sendhil Mullainathan과 지아드 오베마이어Ziad Obermeyer는 모델에 "과거의 전자 건강 기록electronic health record(EHR) 데이터 중 뇌졸중을 잘 예측하는 요인은 무엇입니까?"라는 질문을 입력했습니다. 다음은 모델의 상위 예측 변수입니다.

- 앞서 발생한 뇌졸중
- 심혈관 질환
- 우발적 부상
- 양성 유방 혹
- 대장 내시경
- 부비동염

그러나 이 중 상위 두 요인만이 **뇌졸중**과 관련이 있습니다! 지금까지 연구한 내용을 바탕으로 그 이유를 짐작할 수 있습니다. 혈액 공급이 중단됨에 따라 뇌에 산소가 차단되는 뇌졸중을 실제로 측정하지는 않았습니다. 그 대신 증상이 있어 의사를 찾은 사람이 적절한 검사를 받고 뇌졸중을 진단받은 사례를 측정했죠. 실제로 뇌졸중 외의 다른 요소도 이 목록에 영향을 줍니다. 즉 의사를 찾는 사람과도 관련 있죠(의료 서비스를 받을 수 있는 사람, 공동 부담금을 감당할 수 있는 사람, 인종이나 성별에 따른 의료 차별을 경험하지 않는 사람 등의 영향을 받습니다)! 가령 **우발적 부상**으로 의사를 찾을 가능성이 높은 사람은 뇌졸중이 있을 때도 의사를 찾아갈 가능성이 높습니다.

이는 **측정 편향**measurement bias의 한 예입니다. 잘못된 대상을 측정하거나, 잘못된 방식으로 측정하거나, 모델에 해당 측정을 부적절한 방법으로 통합할 때 모델이 만들어내는 실수가 바로 측정 편향입니다.

집계 편향

집계 편향aggregation bias은 모델이 모든 적절한 요인을 통합하는 방식으로 데이터를 집계하지 않거나, 모델이 필요한 교호작용 항interaction term, 비선형성 등을 포함하지 않을 때 발생합니다. 이는 특히 의료 환경에서 발생하곤 합니다. 예를 들어 당뇨병 치료법은 종종 이질적인 소수의 인원을 대상으로 한 간단한 단변량 통계 및 연구에 기반합니다. 결과 분석은 인종이나 성별을 고려하지 않은 채 수행되기도 하죠. 그러나 당뇨병 환자는 인종에 따라 합병증이 다르며 (https://oreil.ly/gNS39), 인종과 성별에 따라 HbA1c 수준(당뇨병 진단 및 모니터링에 널리 사용됨)은 매우 복잡한 방식으로 다르게 나타납니다(https://oreil.ly/nR4fx). 의료 결정에 이렇게 중요한 변수와 변수 간의 상호작용 정보를 반영하지 않은 모델을 사용한다면, 오진 또는 잘못된 치료로 이어질 수 있습니다.

대표성 편향

마리아 디아르테아가Maria De-Arteaga 등이 쓴 「Bias in Bios: A Case Study of Semantic Representation Bias in a High-Stakes Setting(https://oreil.ly/0iowq)」논문의 초록에서는 직업에 성 불균형이 존재함(예: 여성은 간호사, 남성은 목사일 가능성이 높음)에 주목하며 "성별 사이의 참 양성률 차이는 기존의 직업의 성 불균형과 관련이 있을 뿐만 아니라 불균형을 악화시킬 수도 있습니다"라고 말했습니다.

즉 연구자들은 직업을 예측하는 모델이 실제로 만연한 성 불균형을 **반영**할 뿐만 아니라, **증폭**시킨다는 사실을 알아냈습니다! 이런 유형의 **대표성 편향**representation bias은 특히 단순한 모델에서 매우 일반적으로 발생합니다. 간단한 모델은 보통 명확하고 확연히 드러나는 근본 관계가 항상 유지된다고 가정합니다. 논문의 [그림 3-14]에서 알 수 있듯이, 모델은 여성 비율이 높은 직업의 성행을 과대평가하는 경향이 있습니다.

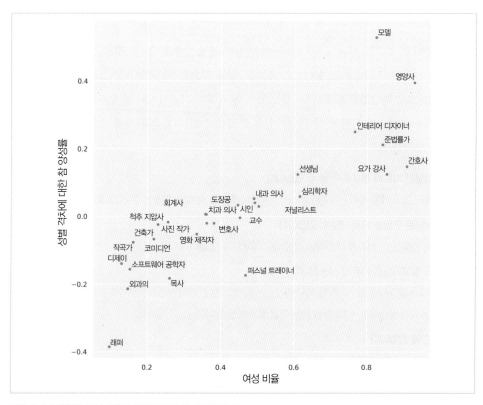

그림 3-14 직업의 여성 비율과 모델이 예측한 직업의 오차

예를 들어 학습용 데이터셋에 포함된 외과의 중 14.6%는 여성이었지만, 모델 예측에서는 참 양성 중 11.6%만이 여성이었습니다. 따라서 모델은 학습용 데이터셋에 존재하는 편향을 증폭 시켰다고 볼 수 있죠.

지금까지 여러 유형의 편향을 확인했습니다. 그렇다면 이들을 완화할 방법은 무엇일까요?

다양한 유형의 편향에 대한 해결

편향을 완화하려면 유형별로 다른 접근법을 사용해야 합니다. 더 다양한 데이터셋을 수집하면 대표성 편향을 해결할 수 있지만, 역사적 편향이나 측정 편향에는 도움이 되지 않죠. 모든 데이 터셋에는 편향이 존재하며, 완전히 편향이 제거된 데이터셋이란 없습니다. 이 분야의 연구자들 은 특정 데이터셋이 생성된 방법 및 이유, 사용에 적합한 시나리오, 제한 사항에 대한 맥락, 세 부 사항, 결정 사항을 잘 문서화할 수 있는 일련의 제안을 수렴해 왔습니다. 이런 식으로 특정 데이터셋을 사용하는 사람들은 편향과 한계에 허를 찔리지 않을 것입니다.

"인간이 편향된 사고를 하는데, 알고리즘적 편향이 중요할까요?"라는 질문을 자주 받습니다. 이를 묻는 사람들이 나름대로 합리적인 추론을 했을 것으로 생각합니다. 그러나 저희가 듣기에는 논리적으로 타당하지 않았죠! 사실 그들의 생각이 논리적인지와 관계없이 알고리즘(특히 머신러닝 알고리즘)과 사람이 다르다는 점을 인식해야 합니다. 머신러닝 알고리즘에 관한 다음 사항을 고려해보죠.

- **머신러닝은 피드백 루프를 만들 수 있습니다**
  피드백의 고리 때문에 약간의 편향이라도 기하급수적으로 빠르게 증가할 수 있습니다.

- **머신러닝은 편향을 증폭시킬 수 있습니다**
  인간의 편향은 더 심각한 머신러닝 편향으로 이어질 수 있습니다.

- **사람과 알고리즘은 다르게 사용됩니다**
  인간 의사 결정자와 알고리즘적 의사 결정자는 플러그 앤 플레이plug-and-play, 즉 교환할 수 있는 방식으로 사용되지 않습니다. 이에 관한 예는 다음 목록에 있습니다.

- **기술은 곧 힘입니다**
  그리고 강한 힘에는 책임이 뒤따릅니다.

아칸소주의 의료 사례에서 보았듯이 실제로 머신러닝은 더 나은 결과를 보장하기 때문이 아니라, 더 저렴하고 효율적이기 때문에 구현될 때가 많습니다. 캐시 오닐Cathy O'Neill은 자신의 저서인 『Weapons of Math Destruction』(Crown, 2016)에서 특권 계급을 위한 것은 사람에 의해 처리되는 반면, 가난한 사람들을 위한 것은 알고리즘에 의해 처리되는 패턴을 설명했습니다. 이는 알고리즘이 인간 의사 결정자와는 다르게 사용되는 여러 방법의 하나일 뿐이죠. 다음과 같은 상황도 고려해봅시다.

- 사람들은 알고리즘이 객관적이며 오류가 없다고 가정할 가능성이 더 높습니다(사람이 재정의할 수 있는 옵션을 제공하더라도 말이죠).
- 알고리즘은 항소 절차 없이 구현될 가능성이 더 높습니다.
- 알고리즘은 흔히 대규모로 사용됩니다.
- 알고리즘 시스템은 저렴합니다.

설령 편향이 없더라도, **허위 정보**에 사용되는 알고리즘(특히 효과적이며 확장성 있는 딥러닝)은 사회적으로 부정적인 문제를 일으킬 수 있습니다.

3.3.4 허위 정보

허위 정보disinformation의 역사는 수백 또는 수천 년 전으로 거슬러 올라갑니다. 단순히 누군가가 거짓을 믿게 만들기보다, 사람들에게 부조화와 불확실성을 심고 진리 찾기를 포기하게 만드는 데 자주 사용됩니다. 정보가 충돌하는 상황은 사람들이 누구를, 무엇을 신뢰할 수 있을지 알 수 없다고 생각하게 만들 수 있습니다.

어떤 사람들은 허위 정보를 주로 거짓 정보 또는 **가짜 뉴스**라 생각합니다. 하지만 사실 허위 정보는 진실에 기반을 두기도 하고 맥락을 약간 벗어난 절반의 진실을 포함하기도 합니다. 라디슬라브 비트맨Ladislav Bittman은 소련의 정보 장교로 훗날 미국으로 망명했습니다. 1970년대와 1980년대에는 소련의 선전 작전에서 허위 정보의 역할에 관한 책을 썼습니다. 그는 **KGB와 소련의 허위 정보**(페르가몬 도시)에 관해 "대부분의 캠페인은 반쪽 진실, 과장, 의도적 거짓말, 사실을 뒤섞어서 치밀하게 설계한 결과물입니다"라고 언급했습니다.

2016년 FBI에 의해 미 대선에 러시아가 대규모로 개입된 허위 정보 캠페인 사건이 알려지면서, 최근 들어 미국에서도 사람들이 경각심을 가지게 되었습니다. 해당 캠페인에 사용된 허위 정보를 이해하는 일은 교육적으로 중요합니다. 가령 FBI는 러시아의 허위 정보 캠페인이 문제에 관여된 진영마다 가짜 '풀뿌리grass root'시위를 조직하는 동시에 시위가 발생하도록 조장한 사실을 발견했습니다! 일간 신문인 휴스턴 크로니클Houston Chronicle (`https://oreil.ly/VyCkL`) 에서는 당시 발생한 이상한 사건 하나를 다음과 같이 보도했습니다(그림 3-15).

> 자칭 '텍사스의 심장부'라는 단체가 소셜미디어에 조직되었습니다. 텍사스의 '이슬람화'에 반대하는 항의라고 합니다. 트래비스 거리 한쪽에서 시위자 10명, 건너편에서 반대 시위자 약 50명을 발견했습니다. 하지만 집회 주최자는 찾을 수 없었습니다. '텍사스의 심장부'라는 그룹은 등장하지 않았습니다. 자신이 주최한 이벤트에 나타나지 않는 단체가 있을까요? 당시에는 이상한 일이라고 생각했지만, 이제는 이유를 압니다. 시위 당시 주최자는 러시아 상트페테르부르크에 있었음이 드러났습니다. '텍사스의 심장부'는 러시아의 미 대선 조작과 관련한 로버트 뮬러 특검의 최근 기소에서 언급한 인터넷 트롤 단체 중 하나입니다.

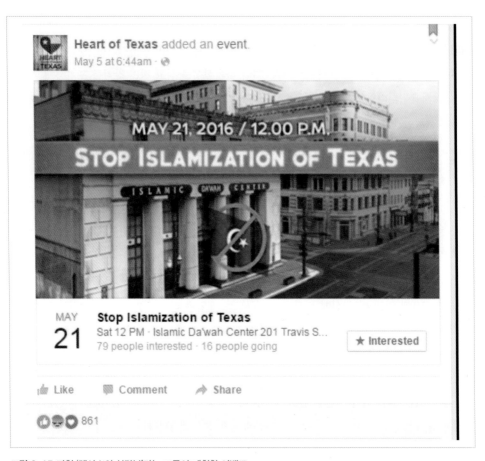

그림 3-15 자칭 '텍사스의 심장부'라는 그룹이 계획한 이벤트

허위 정보는 종종 거짓된 행동을 조직화한 캠페인과 관련되어 있습니다. 예를 들어 사기 계정은 여러 사람이 특정 관점을 가진 것처럼 보이게끔 할 수 있습니다. 우리는 보통 자신을 독립적으로 사고하는 사람이라고 생각하기를 좋아합니다. 하지만 실제로는 소속 그룹원으로부터는 영향을 수용하고, 그룹 밖 사람들은 밀어내는 식으로 진화했습니다. 온라인 토론은 우리의 관점에 영향을 미치거나 수용할 수 있는 관점의 범위를 바꿀 수 있습니다. 인간은 사회적 동물이라서 주변 사람들에게 영향을 많이 받습니다. 그리고 이런 경향은 온라인 환경에서 점점 더 급진화되기 때문에, 온라인 포럼과 소셜 네트워크 등 가상 공간에 있는 사람들의 영향력이 커집니다.

자동 생성한 텍스트로 전달하는 허위 정보는 딥러닝의 가능성이 크게 향상된 최근 특히 중요한 문제입니다. 언어 모델을 만드는 10장에서 이를 자세히 다룹니다.

한 가지 접근법은 일종의 전자 서명을 개발하고 손쉽게 확장할 수 있도록 구현하여 검증된 콘텐츠만 신뢰하도록 하는 규범을 만드는 것입니다. 앨런 인공지능 연구소^{Allen Institute on AI}의 책임자인 오렌 에지오니^{Oren Etzioni}는 「How Will We Prevent AI-Based Forgery?(`https://oreil.ly/8z7wm`)」기사에서 다음과 같이 제안합니다. "AI는 저렴하고 자동화된 방식으로 매우 정확한 위조를 가능케 합니다. 이는 잠재적으로 민주주의, 보안, 사회에 재앙을 초래할 수 있습니다. 실체가 없는 AI 위조는 디지털 콘텐츠의 인증 수단으로 디지털 서명을 만들어야 함을 의미합니다."

딥러닝과 알고리즘의 사용에서 일반적으로 제기되는 모든 윤리적 문제를 논의할 수는 없지만, 여기서 다룬 간략한 소개가 유용한 출발점이 되었기를 바랍니다. 이번에는 윤리적 문제를 식별하고 대처하는 방법을 살펴보죠.

3.4 윤리적 문제를 식별하고 해결하기

실수는 늘 발생합니다. 이를 발견하고 처리하는 일은 머신러닝을 포함해 모든 시스템 설계의 일부가 되어야만 합니다. 데이터 윤리에서 제기되는 문제에는 대개 여러 학문 분야가 관련되어 복잡합니다. 하지만 이를 해결하려고 노력해야만 합니다.

그래서 우리가 무엇을 할 수 있을까요? 이는 거대한 주제지만, 여러분께 다음과 같은 윤리적 문제를 해결하는 몇 가지 단계를 제시하고자 합니다.

- 작업 중인 프로젝트를 분석하세요.
- 소속 회사에서 윤리적 위험을 찾고 해결하는 과정을 구현하세요.
- 좋은 정책을 지원하세요.
- 다양성을 증진하세요.

프로젝트 분석부터 시작해서 각 단계를 하나씩 살펴보죠.

3.4.1 작업 중인 프로젝트 분석하기

업무의 윤리적 영향을 고려할 때면 중요한 문제를 놓치기 쉽습니다. 이때 '올바른 질문'을 하면 큰 도움이 됩니다. 레이철 토마스는 데이터 프로젝트 개발 전반에 걸쳐 다음 질문을 고려해보길 권장합니다.

- 우리가 이 일을 해야만 하나요?
- 데이터에는 어떤 편향이 있나요?
- 코드와 데이터의 품질을 검사할 수 있나요?
- 다른 하위 집단의 오차율은 얼마인가요?
- 간단한 규칙 기반 방법으로 어느 정도의 정확도를 얻을 수 있나요?
- 항소나 실수를 처리하는 데 어떤 처리 과정이 마련되었나요?
- 그 처리 과정을 만든 팀은 다양성을 얼마나 반영해 구성했나요?

이런 질문은 미해결 문제와 (이해하고 제어하기 쉬운) 대안을 식별하는 데 유용합니다. 또한 올바른 질문을 하면서 실제 구현의 과정과 실례도 고려해야 합니다.

이 단계에서는 어떤 데이터를 수집하고 저장해야 하는지를 고려해야 합니다. 데이터는 빈번히 원래 의도와는 다른 목적으로 사용되죠. 가령 IBM은 대참사가 일어나기 전부터 나치 독일에 제품을 판매했습니다. 여기에는 히틀러가 훨씬 더 많은 유대인을 효과적으로 식별하려고 실시한 1933년의 독일 인구 조사 지원도 포함되죠. 마찬가지로 미국 인구 조사 데이터는 제2차 세계대전 중 수용할 일본계 미국인(미국 시민)을 수집하는 데 사용되었습니다. 수집된 데이터와 이미지가 나중에 어떤 방식으로 무기화될 수 있는지를 인식해야 합니다. 컬럼비아 대학교 교수인 팀 우$^{Tim Wu}$는 "페이스북이나 안드로이드에 보관된 모든 개인 정보는 전 세계 정부가 얻으려고 하거나, 도둑이 훔치려는 대상이라고 가정해야만 합니다"라고 말했습니다.

3.4.2 구현 과정

마쿨라 센터$^{Markkula Center}$는 구체적인 예시를 든 '공학/설계를 위한 윤리적 도구(https://oreil.ly/vDGGC)'를 공개했습니다. 여기에는 윤리적 위험을 사전에 발견하는 정기적인 점검(사이버 보안 침투 테스트와 유사한 방식), 다양한 이해관계자의 관점에 대한 윤리적 고리, 악의적인 사람들에 대한 고려 사항(여러분이 구축한 것을 어떻게 남용, 도용, 오해, 해킹, 파괴, 무기화할 수 있는가) 등이 포함됩니다.

구성원이 다양한 팀이 아니더라도, 다음과 같은 질문을 고려하면 더 광범위한 그룹의 관점을 적극적으로 포함할 수 있습니다(제공: 마쿨라 센터).

- 누구의 관심사, 욕망, 기술, 경험, 가치관을 실제 상의 없이 단순히 가정했나요?
- 제품에 직접적인 영향을 받는 이해관계자는 누구인가요? 그들의 이익은 어떤 식으로 보호받았나요? 그들의 관심사가 실제로 무엇인지는 어떻게 알 수 있나요?
- 누가 간접적이지만 심각하게 영향을 받나요?
- 예상한 사용자군이 아닌 누군가가 제품을 사용할까요? 또는 누가 우리의 처음 의도와는 다른 방식으로 사용하나요?

윤리적 렌즈

마쿨라 센터의 '기술 및 공학 실무의 개념적 프레임워크(https://oreil.ly/QnRTt)' 자료도 유용합니다. 이는 기본이 되는 다양한 윤리적 렌즈ethical lenses가 구체적인 문제를 식별하는 데 어떻게 도움이 되는지를 고려하여, 다음과 같은 접근법과 핵심 질문을 제시합니다.

- **권리적 접근법**
  어떤 선택이 모든 이해관계자의 권리를 가장 잘 존중하나요?
- **정의적 접근법**
  어떤 선택이 사람들을 동등하게 또는 균형적으로 대하나요?
- **실용주의적 접근법**
  어떤 선택이 가장 좋은 결과를 가져오고 피해를 최소화하나요?
- **공동체에 적합한 접근법**
  어떤 선택이 일부 구성원뿐만 아니라 지역사회 전체에 가장 적합하나요?
- **선행적 접근법**
  어떤 선택이 여러분의 양심과 가치관에 더 부합하나요?

마쿨라의 권장 사항은 **결과**의 렌즈로 프로젝트를 살펴보는 일을 포함해 각 관점에 대한 심층 분석을 포함합니다.

- 프로젝트의 직접적인 영향을 받는 사람과 간접적으로 영향을 받는 사람은 누구인가요?
- 종합적인 영향이 피해보다 이익을 더 많이 창출할 가능성이 높은가요? 어떤 유형의 피해와 이익을 고려했나요?

- 모든 관련 유형의 피해/이익(심리적, 정치적, 환경적, 도덕적, 인지적, 정서적, 제도적, 문화적)을 고려했나요?

- 프로젝트는 후대에 어떤 영향을 미칠까요?

- 프로젝트에서 비롯한 피해의 위험 요소가 사회적 약자에게 불균형적으로 돌아가나요? 혜택이 부유층에게 불균형적으로 돌아갈까요?

- '이중 사용'과 의도하지 않은 다운스트림 효과를 적절히 고려했나요?

이것의 **대안**이 되는 렌즈는 **옳고 그름**이란 기본 개념에 초점을 맞춘 의무론적 관점입니다.

- 타인의 어떤 권리와 타인에 대한 어떤 의무를 존중해야 하나요?

- 프로젝트는 관련 이해관계자의 존엄성과 자율성에 어떤 영향을 미칠 수 있나요?

- 신뢰와 정의의 측면에서 볼 때 설계 및 프로젝트에서 무엇을 고려해야 하나요?

- 프로젝트에 사람들 간의 도덕적 의무 또는 이해관계자들 간의 권리가 상충하는 부분이 있나요? 그렇다면 어떤 방식으로 우선순위를 정할 수 있나요?

질문자의 **다양성**을 확보하면 이와 같은 질문에 완전하고 신중한 답을 도출하는 데 매우 도움이 됩니다.

3.4.3 다양성의 힘

엘리먼트 AI^Element AI^의 연구(`https://oreil.ly/sO09p`)에 따르면, 현재 AI 연구원 중 여성은 12% 미만에 불과합니다. 인종과 나이 측면에서도 다양성이 확연히 떨어집니다. 팀 구성원이 모두 비슷한 배경을 가지고 있다면, 윤리적 위험의 사각지대도 모두 비슷할 가능성이 높습니다. 하버드 비지니스 리뷰^Harvard Business Review^(HBR)는 팀 구성원이 다양할 때 얻을 수 있는 여러 이점을 보여주는 많은 연구를 발표했습니다. 다음은 그중 일부입니다.

- 「How Diversity Can Drive Innovation(`https://oreil.ly/WRFSm`)」

- 「Teams Solve Problems Faster When They're More Cognitively Diverse(`https://oreil.ly/vKy5b`)」

- 「Why Diverse Teams Are Smarte(`https://oreil.ly/SFVBF`)」

- 「Defend Your Research: What Makes a Team Smarter? More Women(`https://oreil.ly/A1A5n`)」

다양성은 문제를 조기에 식별하고 더 광범위한 해결책을 고려하도록 해줍니다. 가령 쿠오라 Quora의 초기 엔지니어였던 트레이시 초우Tracy Chou는 트롤과 상습범을 차단하는 기능을 추가하려고 내부적으로 어떻게 촉구했는지를 설명하면서 자기 경험을 글로 썼습니다(https://oreil.ly/n7WSn). 초우는 다음과 같이 회상합니다. "저는 사이트에서 적대와 학대를 당했다고 느껴서 이 기능을 만들기를 열망했습니다. 제 목소리가 없었더라면 쿠오라 팀은 차단 버튼을 만드는 작업에 초창기부터 우선순위를 두지는 않았을 겁니다." 괴롭힘은 종종 소외된 집단의 사람들을 온라인 플랫폼에서 몰아내므로 이 기능은 쿠오라 커뮤니티를 건강하게 유지하는 데 중요했습니다.

여성이 기술 산업을 떠날 확률이 남성보다 두 배 이상 높다는 점을 꼭 이해해야 합니다. HBR에 따르면 여성 기술 산업 종사자 중 41%가 직장을 그만두었지만, 남성은 17%에 불과합니다. 200권이 넘는 책, 백서, 기사를 분석한 결과 그들이 떠나는 이유는 '저임금이며, 남성 동료보다 빠르게 출세할 가능성이 적다고 간주되는 등 불공정한 대우를 받고 있다는 사실'이었습니다.

여러 연구가 직장에서 여성의 진급을 어렵게 하는 다양한 요인을 확인했습니다. 여성은 성과 평가에서 더 모호한 피드백과 성격 비판을 받지만, 남성은 비즈니스 성과와 관련된 실행할 수 있는 조언(더 유용함)을 받습니다. 여성은 더 창의적이고 혁신적인 역할에서 제외되고, 승진에 도움이 되는 가시성이 높은 '발전 과제'를 받지 못할 때가 많습니다.

통계적으로 멘토링은 남성의 발전에 도움이 된다고 나타났지만, 여성에게는 그렇지 않습니다. 여성은 멘토에게서 개선해야 할 점과 지식을 더 많이 얻는 방법을 조언받습니다. 하지만 남성은 그들의 권위를 공개적으로 지지하는 멘토링을 받습니다. 둘 중 어느 쪽이 승진에 더 유용할까요?

자격을 갖춘 여성이 계속 기술직을 그만두는 한 더 많은 여자아이에게 코딩을 가르친다고 한들 현장을 괴롭히는 다양성 문제가 해결되지는 않습니다. 유색인종 여성은 더 많은 장애물에 직면하지만, 다양성 문제 해결은 주로 백인 여성에게 초점을 맞춥니다. STEM 연구에 참여한 유색인종 여성 60명과 한 인터뷰에서, 이들 모두가 차별을 경험했다고 고백했습니다.

채용 절차는 특히 기술 분야에서 문제가 있습니다. 소프트웨어 공학자에게 표준화된 기술 인터뷰를 제공하여 구직을 돕는 트리플바이트Triplebyte란 회사는 채용 절차의 문제를 보여주는 연구를 발표했습니다. 이 회사는 다양한 회사 인터뷰에 지원한 엔지니어 300명 이상이 어떻게 시험을 치렀는지에 관한 매력적인 데이터셋을 보유하고 있었죠. 트리플바이트의 연구(`https://oreil.ly/2Wtw4`)에서 가장 두드러진 발견은 "각 회사가 원하는 개발자 유형은 해당 회사가 해야 하거나 현재 하는 일과는 거의 관련이 없었습니다. 오히려 회사 문화와 설립자의 배경을 많이 반영합니다"입니다.

오늘날 대다수 기업이 보유한 딥러닝 그룹은 학계 출신들이 만들었습니다. 따라서 배경이 다른 사람들이 딥러닝의 세계에 뛰어들기란 쉽지 않습니다. 이런 그룹은 '자신과 같은' 사람을 원합니다. 즉 복잡한 수학 문제를 풀고 전문용어를 이해할 수 있는 사람을 찾는 경향이 있습니다. 그들은 딥러닝으로 실제 현실의 문제를 잘 해결하는 사람을 발굴하는 방법을 잘 알지 못합니다.

지위와 혈통을 넘어 결과에 집중할 준비가 된 회사는 큰 기회를 잡을 수 있습니다!

3.4.4 공정성, 책임성, 투명성

컴퓨터 과학자를 위한 전문 사회인 ACM^Association for Computing Machinery은 ACM FAccT(공정성 Fairness, 책임성Accountability, 투명성Transparency)라는 데이터 윤리 콘퍼런스를 운영합니다. 이 콘퍼런스는 FAT라는 약어를 사용하다가 이제는 덜 불쾌한 FAccT로 대체했습니다. 마이크로소프트에도 AI의 공정성, 책임성, 투명성, 윤리(FATE)에 초점을 맞춘 그룹이 있습니다. 이 절에서는 공정성, 책임성, 투명성의 개념을 지칭하는 약어로 FAccT를 사용합니다.

FAccT는 이미 윤리적 문제를 고려하는 렌즈로 사용되고 있습니다. 솔론 바로카스Solon Barocas 등이 쓴 『Fairness and Machine Learning: Limitations and Opportunities(`https://fairmlbook.org`)』라는 온라인 무료 책이 유용합니다. 사후 고려가 아닌 중심 관심사로서 공정성을 취급하는 머신러닝에 대한 관점을 제공합니다. 하지만 "의도적으로 범위를 좁히기도 합니다... 머신러닝 윤리의 좁은 틀은 기술 개입에 초점을 맞추고, 권력과 책임에 관련한 심도 있는 질문에는 한 발짝 물러서는 방식으로 기술자와 기업을 유혹할지도 모릅니다. 우리는 이 유혹에 주의해야 합니다"라고 경고합니다. 한편 우리는 윤리에 대한 FAccT 접근법의 개요(이 내용은 솔론 바로카스의 책을 참조하세요)보다는 좁은 틀이 가져오는 한계점에 초점을 맞출 것입니다.

윤리적 렌즈의 완전성 여부를 판단하는 좋은 방법은 렌즈와 우리 자신의 윤리적 직관이 서로 다른 결과를 도출하는 예를 생각해보는 것입니다. 오스 키스[Os Keyes] 등이 쓴 논문 「A Mulching[21] Proposal: Analysing and Improving an Algorithmic System for Turning the Elderly into High-Nutrient Slurry[22] (https://oreil.ly/_qug9)」에서는 이를 시각적으로 탐구했습니다. 논문 초록에서 다음과 같이 말합니다.

> 알고리즘적 시스템의 윤리적 의미는 HCI와 기술 설계, 개발, 정책에 관심 있는 사람들의 광범위한 커뮤니티에서 많이 논의되었습니다. 이 논문은 식량 안보 및 인구 고령화와 관련된 다양한 사회 문제를 해결하는 제안 알고리즘에 유명한 윤리적 프레임워크인 FAT(공정성, 책임성, 투명성)를 적용하는 방법을 살펴봅니다. 알고리즘의 감사 및 평가에 다양한 방식으로 표준화된 형식을 사용하면 알고리즘이 빠르게 FAT 프레임워크에 순응하도록 하며, 윤리적으로 더 유익한 시스템을 만듭니다. 우리는 이것이 알고리즘적 시스템의 결과를 더 낫게 보장하려는 연구자 및 실무자에게 지침서 역할을 할 수 있는 방법에 관해 논의합니다.

이 논문의 다소 논란의 소지가 있는 제안('오래된 것을 고영양분의 슬러리로 전환')은 결과('FAT 프레임워크에 대한 알고리즘의 순응도를 대폭 증가시켜 더 윤리적이고 유익한 시스템으로 이어짐')와 서로 상충됩니다.

철학, 특히 윤리 철학에서는 먼저 문제를 해결할 목적으로 고안된 절차, 정의, 일련의 질문 등을 제시한 다음, 명백한 해결책을 누구도 수용할 수 없는 사례를 고민하는 방식이 가장 효과적입니다. 그러면 솔루션의 추가 개선을 끌어낼 수 있습니다.

지금까지 여러분과 여러분이 속한 조직이 할 수 있는 일에 중점을 두었습니다. 그러나 때로는 개인이나 조직의 행동만으로는 충분하지 않습니다. 때로는 정부에서 정책적 영향을 고려해야만 하죠.

---

21 옮긴이_ 멀칭(Mulching)이란 무기물인 흙을 덮는 층을 통칭하는 단어입니다. 흙의 온도 유지, 잡초 방지, 수분 증발 방지 효과가 있습니다.
22 옮긴이_ 슬러리(Slurry)는 고체와 액체의 혼합물입니다.

3.5. 정책의 역할

저희는 지금까지 논의한 문제의 완전한 해결책을 찾기를 열망하는 사람들과 자주 이야기를 합니다. 가령 편향이 제거된 데이터에 대한 기술적 접근이나, 기술의 중독성을 줄이는 설계 지침 등이 있죠. 이런 조치는 유용하지만 현재 상태를 초래한 근본적인 문제를 해결하기에는 충분치 않습니다. 예를 들어 중독성 있는 기술이 수익성 있는 한, 기업은 계속해서 해당 기술을 개발하겠죠. 음모론을 촉진하거나 정보 생태계를 오염시키는 등 부작용과 관계없이 말입니다. 물론 개인이 제품 설계를 조정하려 시도할 수는 있지만, 근본적인 수익 구조가 바뀌기 전까지는 체감할 만한 변화를 보지 못할 것입니다.

3.5.1 규제의 효과

무엇이 기업의 구체적인 조치를 이끄는지를 알아보려면, 다음 두 예에서 페이스북이 취한 행동을 고려해보세요. 2018년 유엔 조사에서는 페이스북이 미얀마의 소수민족인 로힝야[23]에서 일어난 집단 학살에 '결정적 역할'을 했다는 사실을 발견했습니다. 현지 활동가들은 페이스북 임원들에게 2013년 초부터 페이스북이 증오 발언을 퍼뜨리고 폭력을 선동하는 데 사용되었다는 경고를 해왔습니다. 그리고 2015년에는 페이스북이 르완다 대학살(백만 명 이상 살해된 사건)을 불러일으킨 라디오 방송과 같은 역할을 할 수 있다는 경고를 하기도 했죠. 그러나 2015년 말까지 페이스북은 버마어를 사용하는 네 명의 사람만을 고용했습니다. 이 문제를 가까이서 지켜본 한 사람은 "소 잃고 외양간 고치는 수준이 아닙니다. 매우 자명한 문제였으며, 규모는 엄청났습니다"라고 말했습니다. 국회 청문회에서 저커버그는 미얀마 대학살을 해결하는 데 '수십 명'을 고용하기로 약속했습니다(하지만 대학살이 시작된 지 수년이 지난 2018년이 되어서야 이런 약속을 했습니다. 이미 라카인 북부의 마을이 최소 288개 소실되었죠).

이는 페이스북이 증오 발언에 대한 독일의 새로운 법률에 따라 비싼 벌금(최대 5천만 유로)을 피하려고 독일에서 재빨리 1,200명을 고용한 사례와 극명한 대조를 이룹니다. 분명히 페이스북은 소수 민족의 체계적인 파괴보다 재정적 처벌 위협에 더 반응했다고 볼 수 있죠.

프라이버시 문제에 관한 기사(`https://oreil.ly/K5YKf`)에서 마치에이 세그로브스키[Maciej Ceglowski]는 환경 운동과 유사점을 발견했습니다.

이 규제 프로젝트는 제1세계에서 너무나 성공적이어서 이전 삶이 어땠는지를 잊어버릴 위험이 있습니다. 자카르타와 델리에서 수천 명의 목숨을 앗아간 스모그는 한때 런던의 상징이었습니다 (https://oreil.ly/pLzU7). 오하이오의 카이오호가 강은 불이 잘 붙곤 했습니다(https://oreil.ly/qrU5v). 예상치 못한 결과가 이끈 끔찍한 예로는 50년 동안 전 세계적으로 폭력 범죄율을 높여온 가솔린에 첨가된 테트라에틸납을 들 수 있습니다(https://oreil.ly/4ngvr). 이런 피해는 사람들에게 재정적으로 가장 좋은 선택을 하라고 말하거나, 모든 회사의 환경 정책을 주의 깊게 검토하거나, 문제의 기술 사용을 중단하라고 말해서는 해결할 수 없었습니다. 이를 해결하려면 관할 영역에 걸쳐 편성된, 그리고 때로는 고도로 기술적인 규제가 필요했습니다. 오존층을 고갈시킨 상업용 냉매의 금지(https://oreil.ly/o839J)처럼 전 세계적인 합의가 필요한 상황도 있죠. 우리는 개인 정보 보호법의 관점과 유사한 변화가 필요한 시점에 있습니다.

3.5.2 권리와 정책

개별 시장의 결정으로는 보호하기가 거의 불가능한 깨끗한 공기나 식수와 같은 공공재에는 조직화된 규제 조치가 필요합니다. 마찬가지로 의도하지는 않았지만 기술 오용이 유발한 결과가 만들어낸 피해는 오염된 정보 환경 또는 악화된 주변 사생활과 같은 공공재와 관련이 깊습니다. 사생활은 개인의 권리로 표현되곤 하지만, 사실 광범위한 감시는 사회적 영향을 초래할 수밖에 없습니다.

기술 분야에서 인권 문제는 많은 부분을 차지합니다. 가령 편향된 알고리즘이 흑인 피고인에게 더 긴 징역형을 선고하도록 권장하거나, 특정 직업 광고를 청소년에게만 표시하거나, 경찰이 시위자 식별에 얼굴 인식을 사용하는 등이 있습니다. 일반적으로 인권 문제는 법으로 해결하는 것이 적절합니다.

규제 및 법적 변화, **그리고** 개인의 윤리적 행동이 모두 필요합니다. 개인의 행동 변화가 잘못된 이익 추구, 외부 효과(기업이 비용을 절감하고 사회에 해를 끼치며 큰 이익을 거둠), 제도적인 실패를 해결할 수는 없습니다. 하지만 법이 모든 예외 상황을 다룰 수는 없습니다. 따라서 개별 소프트웨어 개발자와 데이터 과학자가 실제로 윤리적 결정을 내릴 수 있도록 준비해야 합니다.

3.5.3 자동차: 역사적 선례

맥 빠지게 들릴지도 모르지만, 우리가 직면한 문제는 복잡하며 단순한 해결책은 없습니다. 때로는 역사적으로 다른 사람들이 시도한 큰 도전에서 희망을 찾을 수 있습니다. 한 가지 예로 자동차 안전을 개선시키는 움직임을 들 수 있습니다. 팀닛 게브루Timnit Gebru 등이 쓴 「Datasheets for Datasets」 논문의 사례 연구와 디자인 팟캐스트 99% 인비저블design podcast 99% invisible에서 이를 다뤘습니다. 초기 자동차에는 안전벨트가 없었고, 충돌 시 사람의 두개골에 박힐 수 있는 계기판의 금속 손잡이, 위험한 방식으로 부서질 수 있는 일반 유리창, 운전자를 찌르는 비접이식 조향 기둥steering column 등으로 구성되었습니다. 그러나 자동차 회사들은 안전성 개선에 도움을 줄 수 있었음에도 논의 자체를 거부했고, 자동차는 원래 그렇게 생겼으며 문제는 자동차가 아니라 자동차를 사용하는 사람이라고 말했습니다.

소비자 안전 운동가와 옹호자들이 자동차 회사에는 규제로 해결해야만 하는 책임이 있음을 전국적으로 여론화하는 데 수십 년이 걸렸습니다. 접이식 조향 기둥을 발명하고도 재정적 이익이 없다는 이유로 수년 동안 구현하지 않기도 했습니다. 주요 자동차 회사인 제너럴 모터스General Motors는 소비자 안전 옹호자인 랄프 네이더Ralph Nader의 추문을 파헤치려고 사립 탐정을 고용하기도 했죠. 하지만 결국 요구 사항 중 안전벨트, 충돌 테스트 더미, 접이식 조향 기둥에서 큰 승리를 얻었습니다. 또한 2011년에는 자동차 회사들이 남성뿐만 아니라 여성용 충돌 테스트 더미를 사용하기 시작했습니다. 그전에는 같은 충격의 충돌 사고에서 여성이 다칠 가능성이 남성보다 40% 더 높았습니다. 이는 편향, 정책, 기술이 중요한 결과를 가져오는 방식을 보여주는 생생한 선례입니다.

3.6 결론

이진 논리로 작업해온 여러분에게 명확한 답이 없는 윤리는 꽤 좌절스러울지도 모릅니다. 그러나 우리가 하는 일이 세상에 미치는 영향은 굉장히 중요하게 고려해야 할 질문입니다. 여기에는 의도치 않은 결과와 악의적인 행위자 때문에 무기화되는 작업이 포함됩니다. 쉬운 답은 없지만 피해야 할 함정과 윤리적인 행동에 한 발짝 더 다가가려면 실천해야 할 관행이 있습니다.

우리를 포함한 많은 사람은 기술의 유해한 영향을 해결하는 더 만족스럽고 확실한 방법을 찾으려고 노력을 기울이고 있습니다. 그러나 우리가 직면한 문제는 복잡하고, 광범위하며, 다양한 학문 분야가 서로 얽힌 특성이 있으므로, 간단한 해결책은 없습니다. 알고리즘의 편향 및 감시 문제에 집중하는 프로퍼블리카의 전(前) 선임 리포터인 줄리아 앙윈[Julia Angwin][24]은 2019년 인터뷰(https://oreil.ly/o7FpP)에서 다음과 같이 말했습니다.

> 문제를 해결하려면 문제를 진단해야 합니다. 저는 우리가 아직 문제를 진단하는 단계에 있다고 믿습니다. 세기의 전환과 산업화를 생각해보면, 우리는 30년간 아동 노동, 무제한 노동 시간, 끔찍한 근무 조건이란 환경에 노출되었고, 여러 언론인이 내린 불평과 옹호라는 진단이 있었으며, 문제가 무엇인지 이해하고 나서야 비로소 법을 바꾸려는 행동주의가 일어났습니다. 저는 우리가 두 번째 데이터 정보 산업화의 세상에 산다고 생각합니다... 저는 단점을 가능한 한 명확히 밝히고, 해결할 수 있도록 정확하게 진단하는 일이 제 역할이라고 생각합니다. 쉽지 않은 일이지만, 훨씬 더 많은 사람이 참여해야 한다고 생각합니다.

우리가 아직 진단 단계에 있다는 앙윈의 생각에 안심이 됩니다. 이런 문제를 완전히 이해하지 못한다고 느끼더라도 정상이며 자연스러운 단계이기 때문이죠. 우리는 직면한 문제를 더 잘 이해하고 해결하려고 계속 노력해야 하지만, 아직 아무도 '치료법'을 발견하지 못했습니다.

이 책의 검토자 중 한 명인 프레드 먼로[Fred Monroe]는 헤지 펀드 거래 관련 업무를 했습니다. 그는 이 장에서 논의한 많은 문제(학습된 모델에 사용된 것과 매우 다른 데이터 분포, 배포된 모델이 받는 피드백 루프의 영향 등)가 수익성 높은 거래용 모델을 구축할 때 고려하는 주요 문제이기도 하다고 말했습니다. 사회적 결과를 고려할 때 해야 할 일은 조직, 시장, 고객 측면의 결과를 고려하는 데 필요한 일과 많은 부분에서 겹칩니다. 따라서 윤리적인 측면을 신중히 고민하면 여러분의 데이터 상품을 더 성공적으로 만드는 방법을 신중하게 고민하는 데 유용하다고 볼 수 있습니다.

3.7 질문지

1 윤리에 '올바른 정답'이 있을까요?

2 윤리적 질문 고려할 때 배경이 다른 사람들과 일하면 어떤 도움이 되나요?

3 나치 독일에서 IBM의 역할은 무엇이었나요? 회사가 참여한 이유는 무엇인가요? 또 노동자들이 참여한 이유는 무엇일까요?

---

24 옮긴이_ 줄리아 앙윈은 FAccT 분야를 촉발하는 데 도움이 된 COMPAS 범죄 알고리즘을 2016년에 조사한 사람 중 한 명이기도 합니다.

4 폭스바겐 디젤 스캔들에서 수감된 첫 번째 사람의 역할은 무엇이었나요?

5 캘리포니아 법 집행관이 관리하는 갱단 용의자 데이터베이스의 문제점은 무엇이었나요?

6 구글 직원이 프로그래밍하지 않았음에도, 유튜브의 추천 알고리즘이 옷을 덜 입은 아동의 동영상을 소아 성애자에게 추천한 이유는 무엇인가요?

7 평가지표 중심성의 문제는 무엇인가요?

8 밋업이 기술 모임 추천 시스템에 성별을 포함하지 않은 이유는 무엇인가요?

9 수레시와 구탁이 말한 머신러닝의 여섯 가지 유형의 편향은 무엇인가요?

10 미국의 역사적 인종 편향의 예를 두 가지 들어보세요.

11 이미지넷을 구성하는 이미지는 주로 어디서 수집되었나요?

12 「Does Machine Learning Automate Moral Hazard and Error?」 논문에서, 부비동염이 뇌졸중의 예측변수인 이유를 무엇이라고 설명하나요?

13 대표성 편향이란 무엇인가요?

14 결정을 내리는 데 사용하는 기계와 사람은 어떻게 다른가요?

15 허위 정보와 '가짜 뉴스'는 같은 의미인가요?

16 자동 생성된 텍스트로 퍼지는 허위 정보가 특히 심각한 문제인 이유는 무엇인가요?

17 마쿨라 센터에서 설명하는 다섯 유형의 윤리적 렌즈는 무엇인가요?

18 데이터 윤리 문제 해결에 정책적으로 적합한 도구는 어디에 있나요?

3.7.1 추가 연구

1 「What Happens When an Algorithm Cuts Your Healthcare(`https://oreil.ly/5Ziok`)」 기사를 읽어보세요. 이와 같은 문제를 앞으로 어떻게 방지할 수 있을까요?
유튜브의 추천 시스템과 사회적 영향을 자세히 조사해보세요. 추천 시스템에는 항상 부정적인 결과의 피드백 루프가 있을 수밖에 없다고 생각하나요? 이를 피하려면 구글과 정부는 어떤 접근법을 취할 수 있을까요?

2 「Discrimination in Online Ad Delivery(`https://oreil.ly/jgKpM`)」 논문을 읽어보세요. 스위니 박사에게 일어난 일을 구글이 책임져야 한다고 생각하나요? 적절한 조치는 무엇일까요?

3 팀에 여러 분야의 구성원이 있으면 부정적인 결과를 피하는 데 어떤 도움을 주나요?

4 「Does Machine Learning Automate Moral Hazard and Error?(`https://oreil.ly/tLLOf`)」 논문을 읽어보세요. 이 논문이 지적한 문제에 대해 어떤 조치를 취해야 한다고 생각하나요?

5 「How Will We Prevent AI-Based Forgery?(`https://oreil.ly/6MQe4`)」 기사를 읽어보세요. 에지오니가 제안한 접근법이 효과가 있다고 생각하나요? 그 이유는 무엇인가요?

6 3.4.1에 제시된 일련의 질문에 답해보세요.

7 여러분의 팀이 더 다양한 배경의 구성원을 수용할 수 있는지 고려해보세요. 어떤 접근법이 도움이 될까요?

3.8 실전 딥러닝: 요약

책의 1부를 끝마친 것을 축하합니다! 1부에서는 딥러닝으로 할 수 있는 일, 딥러닝을 사용해 실제 애플리케이션 및 제품을 만드는 방법을 보여드리고자 했습니다. 이 시점에 배운 내용을 시험하는 데 시간을 할애하면 훨씬 더 많은 것을 얻어갈 수 있습니다. 이미 그렇게 해왔을지도 모르죠. 잘하셨습니다! 설령 그렇지 않더라도 문제 되지는 않습니다. 바로 지금이 여러분 자신을 점검해보기 좋은 때입니다.

아직 책의 웹사이트(`https://book.fast.ai`)에 접속해보지 않았다면, 지금 바로 방문해보세요. 주피터 노트북을 실행할 환경을 갖추는 것은 매우 중요합니다. 효과적인 딥러닝 실무자가 되려면 많은 연습이 필요하므로, 모델을 학습시킬 준비를 해야만 하죠. 아직 주피터 노트북을 실행한 적이 없다면 지금 당장 실행해보기 바랍니다! 그리고 책의 웹 사이트에서 중요한 업데이트와 공지사항도 확인해보세요. 딥러닝은 빠르게 변화하고 있지만, 인쇄된 책에는 변화를 반영할 수 없으므로 웹사이트에서 최신 정보를 확인하기 바랍니다.

다음 단계를 완료했는지도 점검하기 바랍니다.

1 책의 웹 사이트가 권장하는 GPU용 주피터 서버 중 하나에 연결합니다.
2 첫 번째 주피터 노트북을 직접 실행합니다.
3 첫 번째 주피터 노트북에서 찾은 이미지를 업로드하여 진행한 다음, 추가로 여러 종류의 이미지도 시도하여 어떤 일이 일어나는지를 파악합니다.
4 두 번째 노트북을 실행하여 여러분만의 아이디어로 검색한 이미지로 데이터셋을 수집/구축합니다.
5 데이터의 유형, 발생할 수 있는 문제의 유형, 문제를 완화할 방법 등 여러분의 프로젝트에 딥러닝을 유용하게 활용할 방안을 생각해보세요.

2부에서는 딥러닝을 실제로 사용하는 방법 대신 딥러닝이 어떻게, 왜 작동하는지를 알아봅니다. 딥러닝은 꽤 새로운 분야입니다. 따라서 실무자와 연구자를 가리지 않고 거의 모든 프로젝트에 일정 수준의 사용자 정의화와 디버깅 실력이 필요함을 이해해야 합니다. 딥러닝의 기초를 더 잘 이해하는 만큼 여러분의 모델은 더 개선될 것입니다. 이런 기초는 경영진, 제품 관리자 등에게는 덜 중요하지만(그러나 여전히 유용하므로 자유롭게 읽어보기 바랍니다!), 모델을 직접 학습시키고 배포하는 사람에게는 매우 중요합니다.

Part **II**

fastai 애플리케이션 계층 이해하기

Part II

fastai 애플리케이션 계층 이해하기

CHAPTER 4

숫자 분류기의 학습 내부 들여다보기

2장에서는 다양한 모델을 통해서 모델을 학습시키는 의미를 알아보았습니다. 이번 장에서는 학습이 처리되는 내부에서 일어나는 일을 살펴봅니다. 우선 영상 처리 분야를 시작으로 딥러닝의 개념과 딥러닝을 수행하는 데 필요한 기초적인 도구를 알아봅니다.

구체적으로는 배열과 텐서의 역할을 살펴봅니다. 그리고 브로드캐스팅이란 강력한 기법으로 배열과 텐서를 효과적으로 사용하는 방법을 알아봅니다. 그다음으로는 파라미터의 가중치를 자동으로 갱신하는 **확률적 경사 하강법**stochastic gradient descent (SGD), 기본적인 분류 작업에서 선택 가능한 **손실 함수**loss function의 종류, **미니배치**minibatch의 역할을 다룹니다. 그리고 신경망의 기본 작동을 수학적으로 설명하고, 마지막에는 배운 내용을 포괄적으로 검토해봅니다.

5장부터는 영상 처리 외의 애플리케이션도 자세히 살펴보며 이번 장에서 배운 개념과 도구를 일반화해 적용할 수 있는지 알아볼 것입니다. 사실 이 장은 우리가 다룰 내용 중 가장 어려운 부분에 속합니다. 앞으로 다룰 개념들이 서로 연결된 방식을 이해해야 하기 때문입니다. 이 과정은 건축과도 비슷합니다. 구조물을 세우려면 기반이 되는 돌이 제자리에 있어야 하죠. 일단 돌의 위치를 제대로 잡는 데 성공했다면, 다른 부분을 지탱할 수 있는 강력한 기반을 마련한 것입니다. 다만 그 기반을 마련하려면 어느 정도의 인내심과 시간이 필요합니다.

시작해봅시다. 우선 컴퓨터가 이미지를 표현하는 방식을 이해해야 합니다.

4.1 픽셀: 컴퓨터 영상 처리의 기본 토대

영상 처리 모델에서 일어나는 일을 이해하려면 컴퓨터가 이미지를 다루는 방식을 먼저 이해해야 합니다. 그러려면 이미지를 살펴볼 때 사용할 데이터가 필요한데, 여기서는 영상 처리 분야에서 가장 유명한 MNIST(https://oreil.ly/g3RDg) 데이터셋을 사용하겠습니다. 손으로 쓴 숫자 이미지로 구성된 MNIST는 미국 국립표준기술원National Institute of Standards and Technology에서 수집했고, 얀 르쿤Yann Lecun과 동료들이 머신러닝용 데이터셋으로 교정했습니다. 1998년, 얀 르쿤은 손으로 쓴 숫자를 잘 인식하여 실제로도 널리 활용되는 LeNet-5(https://oreil.ly/LCNEx) 시스템을 구축했습니다. 이때 활용한 데이터셋이 바로 MNIST입니다. 이는 AI 역사상 손꼽히는 중요한 발전입니다.

집념 그리고 딥러닝

딥러닝의 역사는 헌신적인 소수의 일부 연구자의 끈기와 집념이 이끌어왔습니다. 신경망은 초기에 높은 관심을 받았지만 1990년대와 2000년대에는 소외당했습니다. 이때 소수의 연구자만이 신경망을 잘 작동하도록 만드는 데 지속적인 노력을 쏟아부었습니다. 그동안 머신러닝과 통계학 커뮤니티는 신경망에 깊은 회의감과 무관심을 드러냈지만, 결국 얀 르쿤, 요슈아 벤지오Yoshua Bengio, 제프리 힌튼Geoffrey Hinton은 신경망 분야에서 쌓은 업적으로 2018년에 (컴퓨터 과학 분야의 가장 명예로운 상인) 튜링상Turing Award[25]을 수상했습니다.

"지금까지 출판된 어떤 학술논문보다 훨씬 더 나은 결과를 보여주더라도, 신경망 기법을 사용했다면 최고 권위의 저널 및 콘퍼런스에서 받아들이지 않을 것입니다."

이는 힌튼이 실제로 한 말입니다. 다음 절에서 배울 르쿤의 합성곱 신경망 연구는 신경망 기반의 모델이 지금까지 등장했던 어떤 기법보다도 손글씨를 잘 인식할 수 있음을 보여주었습니다. 하지만 연구자는 대부분 이런 업적과 결과를 무시했습니다. 심지어 르쿤의 연구는 상업적으로 미국에서 발행하는 수표의 10%를 인식하는 데 활용되기까지 했는데도 말이죠!

세 명의 튜링상 수상자 외에도 현재의 딥러닝이 탄생하기까지 여러 연구자의 노력이 있었습니다. 유르겐 슈미트후버Jurgen Schmidhuber[26]는 여러 가지 중요한 아이디어를 개척했는데, 그중에는

---

25 옮긴이_ 일반적으로 컴퓨터 과학 분야의 노벨상이라고 알려져 있습니다.
26 옮긴이_ 많은 사람들이 튜링상을 같이 수상했어야 했다고 생각하는 인물입니다.

그의 제자인 셉 호흐라이터Sepp Hochreiter와 함께 연구한 장단기 메모리long short-term memory(LSTM) 구조[27]도 있습니다. 또한 폴 워보스Paul Werbos는 1974년에 역전파backpropagation라는 기법을 발명했습니다. 이 장에서 다룰 역전파는 신경망 학습에서 보편적으로 사용하는 매우 중요한 기법입니다. 역전파 기법 또한 수 세기 동안 완전히 무시되었지만, 오늘날에는 현대적 AI의 가장 중요한 토대로 여겨지고 있습니다.

이런 이야기는 우리 모두가 새겨야 할 중요한 가르침을 내포합니다! 앞으로 딥러닝 여행 도중, 기술적인 어려움과 여러분이 실패하리라 믿는 주변 사람들의 의심 등 여러 가지 난관을 만날 것입니다. 하지만 실패란 시도를 멈출 때만 찾아옵니다. 세계적인 딥러닝 분야의 실무자로 거듭난 fast.ai의 모든 학생은 집요하고 끈기 있다는 공통점이 있습니다.

지금부터 다룰 예제는 숫자 3과 7의 이미지를 분류하는 모델을 만듭니다.[28] 그러려면 우선 해당 숫자 이미지가 있는 MNIST 샘플 데이터셋을 다운로드해야 합니다.

```
path = untar_data(URLs.MNIST_SAMPLE)
```

다음처럼 ls 메서드[29]를 사용하여 해당 디렉터리의 내용을 확인할 수 있습니다. 이 메서드는 fastai에서 제공하는 L 클래스 객체를 반환합니다. L은 파이썬에 내장된 list를 확장하여 추가 기능을 얹은 클래스입니다. 예를 들어 목록과 목록의 개수를 함께 출력하는 유용한 기능[30]을 포함합니다(10개가 넘을 때는 나머지를 ... 로 표현합니다).

```
>>> path.ls()

(#9) [Path('cleaned.csv'),Path('item_list.txt'),Path('trained_model.pkl'),Path(
> models'),Path('valid'),Path('labels.csv'),Path('export.pkl'),Path('history.cs
> v'),Path('train')]
```

---

27 옮긴이_ 음성인식과 텍스트 모델링 작업에서 널리 활용되고 있으며, 1장에서 본 〈인터넷 영화 데이터베이스(IMDb)〉 예제에서도 사용되었습니다.

28 옮긴이_ 원본 MNIST에는 0~9 숫자 이미지가 있지만, 교육 목적으로 이 중 3과 7만을 분리한 간단한 버전입니다.

29 옮긴이_ untar_data 함수는 다운로드한 압축 파일을 해제한 후, 해제한 디렉터리 위치를 가리키는 Path 객체를 반환합니다. fastai는 표준 Path 라이브러리에 ls 메서드를 추가했습니다.

30 옮긴이_ 유용하다고 할 것까진 아니지만, 기존 list에서는 개수를 파악하려면 len 함수를 사용하는 등 추가 단계가 필요한데, 이런 과정을 거치지 않아도 됩니다.

MNIST는 학습과 검증(또는 테스트용) 데이터셋을 별도의 폴더로 분리해서 보관하는 일반적인 머신러닝 데이터셋의 구조를 따릅니다. 그러면 다시 한번 ls 메서드를 사용하여 학습 데이터셋의 폴더 내용을 확인해보겠습니다.

```
>>> (path/'train').ls()
```

```
(#2) [Path('train/7'),Path('train/3')]
```

이름이 3과 7인 폴더가 있습니다. 머신러닝에서는 이 '3'과 '7'을 데이터셋의 **레이블**label(또는 **타깃**target)이라는 용어로 표현합니다. 폴더 하나를 선택해서 속 내용을 확인해보겠습니다(항상 파일 출력 순서가 같도록 sorted 메서드로 정렬했습니다).

```
>>> threes = (path/'train'/'3').ls().sorted()
>>> sevens = (path/'train'/'7').ls().sorted()
>>> threes

(#6131) [Path('train/3/10.png'),Path('train/3/10000.png'),Path('train/3/10011.pn
> g'),Path('train/3/10031.png'),Path('train/3/10034.png'),Path('train/3/10042.p
> ng'),Path('train/3/10052.png'),Path('train/3/1007.png'),Path('train/3/10074.p
> ng'),Path('train/3/10091.png')...]
```

예상한 대로 폴더는 수많은 이미지 파일로 가득 차 있습니다. 이 중 한 파일을 살펴보겠습니다. 다음은 손으로 쓴 숫자 3 이미지를 출력하는 코드입니다.

```
im3_path = threes[1]
im3 = Image.open(im3_path)
im3
```

파이썬 영상 처리 라이브러리 Python Imaging Library(PIL)가 제공하는 Image 클래스를 사용했습니다. PIL은 이미지를 열고, 조작하고, 출력할 때 가장 널리 사용하는 파이썬 패키지입니다. 주피터 노트북은 PIL 라이브러리가 표현하는 이미지를 즉시 인식할 수 있습니다. 따라서 앞의 코드처럼, 별다른 작업 없이 이미지를 화면에 즉시 출력합니다.

컴퓨터는 모든 것을 숫자로 표현합니다. 이미지를 구성하는 숫자를 확인하려면, 이미지를 **넘파이**[NumPy] **배열** 또는 **파이토치**[PyTorch] **텐서**로 변환해야 합니다. 다음은 넘파이 array로 변환한 결과의 일부입니다.

```
>>> array(im3)[4:10,4:10]

array([[   0,   0,   0,   0,   0,   0],
       [   0,   0,   0,   0,   0,  29],
       [   0,   0,   0,  48, 166, 224],
       [   0,  93, 244, 249, 253, 187],
       [   0, 107, 253, 253, 230,  48],
       [   0,   3,  20,  20,  15,   0]], dtype=uint8)
```

4:10은 4(포함)에서 10(미포함) 미만의 범위를 표현하는 방식입니다. 즉 **[4:10, 4:10]**은 행과 열 모두에서 4부터 9까지의 범위를 데이터를 추출합니다. 또한 넘파이는 위아래, 좌우 방향으로 데이터를 색인합니다. 따라서 앞 코드의 출력은 이미지 좌측 상단의 모서리 부근에 있는 숫자들을 나타냅니다. 같은 내용을 파이토치 **tensor**로 표현하면 다음과 같습니다.

```
>>> tensor(im3)[4:10,4:10]

tensor([[   0,   0,   0,   0,   0,   0],
        [   0,   0,   0,   0,   0,  29],
        [   0,   0,   0,  48, 166, 224],
        [   0,  93, 244, 249, 253, 187],
        [   0, 107, 253, 253, 230,  48],
        [   0,   3,  20,  20,  15,   0]], dtype=torch.uint8)
```

다음 코드는 숫자가 있는 이미지 상단의 일부를 잘라낸 뒤, **팬더스**[Pandas] 데이터프레임으로 숫자의 값에 따라 색상을 그라데이션 형태로 입히는 방법을 보여줍니다. 그러면 픽셀값에 따라 이미지가 구성된 방식을 확인할 수 있습니다.

```
im3_t = tensor(im3)
df = pd.DataFrame(im3_t[4:15,4:22])
df.style.set_properties(**{'font-size':'6pt'}).background_gradient('Greys')
```

	0	1	2	3	4	5	6	7	8	9	10	11	12	13	14	15	16	17
0	0	0	0	0	0	0	0	0	0	0	0	0	0	0	0	0	0	0
1	0	0	0	0	0	29	150	195	254	255	254	176	193	150	96	0	0	0
2	0	0	0	48	166	224	253	253	234	196	253	253	253	253	233	0	0	0
3	0	93	244	249	253	187	46	10	8	4	10	194	253	253	233	0	0	0
4	0	107	253	253	230	48	0	0	0	0	0	192	253	253	156	0	0	0
5	0	3	20	20	15	0	0	0	0	0	43	224	253	245	74	0	0	0
6	0	0	0	0	0	0	0	0	0	0	249	253	245	126	0	0	0	0
7	0	0	0	0	0	0	14	101	223	253	248	124	0	0	0	0	0	0
8	0	0	0	0	0	11	166	239	253	253	253	187	30	0	0	0	0	0
9	0	0	0	0	0	16	248	250	253	253	253	253	232	213	111	2	0	0
10	0	0	0	0	0	0	0	43	98	98	208	253	253	253	253	187	22	0

보다시피 하얀색 배경은 픽셀값이 0이고 검은색은 255입니다. 그 외 하얀색과 검은색 사이의 색조는 두 숫자의 사잇값입니다. 또한 전체 이미지는 가로 28, 세로 28개의 픽셀로 구성되어, 픽셀이 총 784개 있습니다.[31]

컴퓨터가 이미지를 어떻게 바라보는지 알아보았습니다. 이쯤에 3과 7 이미지를 인식하는 모델을 만든다는 목표를 다시 떠올려 봅시다. 컴퓨터가 이 목표를 달성하려면 어떻게 해야 할까요?

> **WARNING_ 잠시 멈추고 생각해봅시다!**
> 더 나아가기 전에 컴퓨터에 이 두 숫자를 인식시킬 방법을 잠시 생각해봅시다. 숫자로 표현된 픽셀값에 어떤 특징이 있나요? 특징은 어떻게 식별할 수 있나요? 다른 사람이 제시한 해답을 단순히 읽기보다 스스로 문제를 해결해보는 편이 배움의 지름길입니다. 잠시 책을 덮어두고, 떠오르는 생각을 종이에 적어보기를 바랍니다.

....

31 옮긴이_ 핸드폰으로 촬영하는 수백만 픽셀의 사진보다 매우 작지만, 초기의 학습 및 여러 실험을 해보기에는 편리한 크기입니다. 나중에는 더 크고 완전한 색상을 갖춘 이미지도 다뤄봅니다.

4.2 첫 번째 시도: 픽셀 유사성

첫 번째로 시도할 방법은 이렇습니다. 숫자 3과 7 각각에 대한 모든 이미지의 평균 픽셀값을 구합니다. 두 숫자에 대해 얻은 평균 픽셀값을 각각 '이상적인' 3과 7로 정의해볼 수 있겠죠. 그리고 새로운 이미지가 이상적인 두 이미지 중 어느 쪽에 가까운지 계산하여 분류할 수 있습니다. 최선의 방법은 아니지만 없는 것보다는 나은 방법이므로, 이를 초기 기준선으로 설정할 수 있습니다.

> **NOTE_ 전문용어: 기준선**Baseline
>
> 신뢰할 수 있는 간단한 모델은 적정 수준으로 잘 작동해야만 합니다. 또한 다양한 아이디어를 테스트하고 기준선보다 더 나은지를 확인해보려면 구현과 테스트가 쉬워야만 합니다. 적당한 기준선이 없다면 여러분이 만든 복잡한 모델이 얼마나 더 나은지 알 길이 없습니다. 직전에 언급했듯이, 구현이 쉬운 간단한 모델을 생각해보는 방법으로 기준선을 만들 수 있습니다. 또는 여러분이 원하는 문제와 유사한 문제를 해결한 다른 사람의 해결책을 찾아서 여러분의 데이터셋에 적용해보는 방법도 있습니다. 사실 두 방법을 모두 시도해보는 편이 이상적입니다!

간단한 모델을 만드는 첫 번째 단계는 두 숫자 그룹에 대한 평균 픽셀값을 구하는 것입니다. 이 과정에서 파이썬을 이용한 수치형 프로그래밍의 여러 요령도 함께 배워보겠습니다.

모든 숫자 3 이미지를 쌓아 올린 텐서를 만들어보죠. 앞서 단일 이미지를 담은 텐서의 생성 방법을 봤습니다. 그러면 디렉터리 내 모든 이미지를 담는 텐서는 어떻게 만들 수 있을까요? 우선 파이썬의 리스트 컴프리헨션을 사용하여 각 이미지에 대한 텐서 목록으로 구성된 리스트를 생성해봅시다.

앞으로는 구현 내용이 주피터 노트북에서 기대한 대로 작동하는지를 함께 검증합니다. 다음은 리스트 컴프리헨션으로 만든 리스트에 기대한 개수만큼 아이템이 들어있는지를 확인하는 코드입니다.

```
>>> seven_tensors = [tensor(Image.open(o)) for o in sevens]
>>> three_tensors = [tensor(Image.open(o)) for o in threes]
>>> len(three_tensors),len(seven_tensors)

(6131, 6265)
```

이미지 중 하나를 검사하여 리스트가 제대로 만들어졌는지 확인합니다. PIL 패키지의 Image 가 아니라 tensor 형식으로 담긴 이미지를 출력하려면 fastai가 제공하는 show_image 함수를 사용합니다.

```
show_image(three_tensors[1]);
```

모든 이미지를 대상으로 각 픽셀 위치의 전체 평균을 계산하여 각 픽셀의 강도를 구하는 것이 목표였죠. 그러려면 리스트 내의 모든 이미지를 3차원 텐서 하나로 결합해야 합니다. 일반적으로 3차원 텐서는 **랭크3**rank-3 **텐서**라고 합니다. 이렇게 컬렉션에 담긴 개별 텐서들을 쌓아 올려 단일 텐서를 만드는 일은 꽤 흔한 작업 패턴입니다. 그래서 파이토치는 이 작업을 수행하는 **stack**이라는 함수를 제공합니다.

평균 계산 등 파이토치가 제공하는 일부 연산은 정수 대신 부동소수형 데이터만을 지원하여, 작업에 따라 **형 변환**을 해야 합니다. 사실 지금 당장 형 변환을 해야 하는 것은 아니지만, 언젠가 해야 하는 작업이므로 구성된 텐서를 미리 부동소수형 데이터로 변환해주겠습니다. 파이토치에서 형 변환은 매우 간단합니다. 단순히 원하는 자료형 이름의 메서드를 호출해주기만 하면 되죠.

일반적으로 픽셀값을 부동소수로 표현할 때는 그 값을 0과 1 사이로 맞춰줍니다. 다음과 같이 255로 나누어 픽셀값이 0~1 범위가 되도록 변환해줍니다.

```
>>> stacked_sevens = torch.stack(seven_tensors).float()/255
>>> stacked_threes = torch.stack(three_tensors).float()/255
>>> stacked_threes.shape

torch.Size([6131, 28, 28])
```

텐서의 속성 중에는 각 축의 길이를 표현하는 **shape**이 가장 중요합니다. 앞 코드의 출력 내용을 보면 이미지가 6,131장 있으며, 각각 28x28픽셀로 구성되었음을 알 수 있습니다. 하지만 텐서 자체만으로는 각 축이 이미지 개수, 높이, 폭을 의미한다는 사실을 알 수 없습니다. 텐서를 구성하는 각 축의 의미는 순전히 텐서를 만드는 우리가 정합니다. 파이토치 입장에서는 단지 수많은 숫자를 메모리에 저장한다고만 생각할 뿐이죠.

텐서의 **shape** 속성 길이는 랭크라고 표현합니다.

```
>>> len(stacked_threes.shape)

3
```

텐서에 관련된 용어를 외우고, 이해하고, 쓰임새를 연습해보는 일은 정말 중요합니다. 랭크는 텐서의 차원 또는 축의 개수를 뜻하며, **shape**은 텐서 각 축의 크기를 표현합니다.

> **TIP 알렉시스의 말**
>
> '차원'이라는 용어는 두 가지 뜻으로 사용되므로 주의합시다. 우리는 '3차원 공간'에 살고, 이 공간의 물리적 위치는 길이가 3인 벡터 v로 묘사할 수 있습니다. 하지만 파이토치에서 해당 벡터의 ndim 속성값은 3이 아니라 1입니다(v의 '차원 개수'처럼 보이지만 말이죠)! 왜 그럴까요? v는 벡터라서 랭크가 1인 텐서입니다. 즉 해당 축의 길이가 3이어도 단 하나의 축만 존재하죠. 다시 말해 축의 크기로 차원을 사용하기도 하지만('3차원 공간'), 축의 개수 또는 랭크로 사용할 때도 있습니다('두 차원을 가지는 행렬'). 저는 혼란스러울 때면 랭크, 축, 길이로 모든 문장을 풀어보는 방식으로 모호함을 해결했습니다.

ndim 속성으로 텐서의 랭크를 즉시 확인할 수 있습니다.

```
>>> stacked_threes.ndim
3
```

마침내 이상적인 3의 모양을 계산할 수 있습니다. 쌓아 올린 랭크3 텐서에서 0번째 차원의 평균을 구해서 모든 이미지 텐서의 평균을 얻습니다. 0번째 차원은 이미지를 색인하는 차원입니다.

다시 말해 이 계산은 각 픽셀 위치에 대한 모든 이미지의 평균을 구하고, 평균 픽셀값으로 구성된 이미지 한 장을 만듭니다. 다음은 계산 방법과 출력된 이상적인 숫자 3의 모습입니다.

```
mean3 = stacked_threes.mean(0)
show_image(mean3);
```

이상적인 숫자 3의 모습을 출력했습니다! 마음에 들지 않는 결과일지도 모르지만, 현재 숫자 3을 가장 잘 표현하는 이미지입니다. 모든 이미지에서 어두운 부분은 매우 어둡고, 일부 이미지에서만 어두운 부분은 희미하고 흐릿합니다.

숫자 7에 대해서도 같은 작업을 해보죠.

```
mean7 = stacked_sevens.mean(0)
show_image(mean7);
```

이제 무작위로 숫자 3을 고른 다음 '이상적인 숫자들'과의 **거리**distance를 측정합니다.

다음은 임의로 선택한 숫자 3 샘플입니다.

```
a_3 = stacked_threes[1]
show_image(a_3);
```

이상적인 숫자 3과의 거리를 어떻게 결정할 수 있을까요? 이상적인 숫자와의 픽셀 간 차이를 단순히 더해서는 문제를 해결할 수 없습니다. 일부 차이에서는 양수, 다른 차이에서는 음수가 발생한다면 서로를 더했을 때 상쇄되죠. 그러면 극단적으로는 차이를 더했을 때 0으로만 구성되는(즉 이상적인 숫자와 차이가 없어 보이게 만드는) 결과를 얻을지도 모릅니다. 이 방식에는 오해의 소지가 있습니다!

데이터 과학자는 주로 두 가지 방법으로 이 문제 현상을 방지합니다.

- 차이의 절댓값에 대한 평균을 구하는(음수를 양수화) 방법. **L1 노름** 또는 **평균절대차**mean absolute difference(MAD)라 합니다.

- 차이의 제곱(모든 수를 양수화합니다)에 대한 평균의 제곱근(제곱을 다시 원상태로 돌립니다)을 구하는 방법. **L2 노름** 또는 **평균제곱근오차**root mean squared error(RMSE)라 합니다.

두 방법을 모두 시도해봅시다.

```
>>> dist_3_abs = (a_3 - mean3).abs().mean()
>>> dist_3_sqr = ((a_3 - mean3)**2).mean().sqrt()
>>> dist_3_abs,dist_3_sqr

(tensor(0.1114), tensor(0.2021))

>>> dist_7_abs = (a_3 - mean7).abs().mean()
>>> dist_7_sqr = ((a_3 - mean7)**2).mean().sqrt()
>>> dist_7_abs,dist_7_sqr

(tensor(0.1586), tensor(0.3021))
```

각 방법 모두에서 선택한 숫자 3 이미지는 '이상적인' 숫자 7보다 이상적인 숫자 3과의 거리가 더 짧습니다. 즉 간단히 만든 기준선 모델이 예측을 올바르게 수행했다고 볼 수 있겠죠.

파이토치는 이 두 방법에 대한 **손실 함수**를 제공합니다. 각 손실 함수는 torch. nn.functional[32]에서 찾아볼 수 있습니다.

```
>>> F.l1_loss(a_3.float(),mean7), F.mse_loss(a_3,mean7).sqrt()

(tensor(0.1586), tensor(0.3021))
```

MSE는 **평균제곱오차**mean squared error, l1은 **절대평균값**mean absolute value이라는 표준 수학 용어를 뜻합니다 (보통은 **L1 노름**이라고 하죠).

---

32 옮긴이_ 파이토치 제작팀은 이 모듈을 F라는 이름으로 임포트 하기를 권장하며, fastai도 이를 F로 임포트 합니다.

직관적으로 평균제곱오차는 L1 노름보다 실수에 더 강한 페널티를 부여한다고 볼 수 있습니다(작은 실수에는 더 관대합니다).

TIP 제러미의 말

처음 L1 어쩌고를 봤던 때를 기억합니다. "도대체 이게 무엇일까?"라며 검색을 했죠. 절댓값을 사용한 벡터 노름vector norm이라는 구글링 결과에서 다시 '벡터 노름'이 의미하는 바를 검색한 다음 결과를 읽어봤습니다. "실수, 복소수 필드 F의 벡터 공간 V에서, V에 대한 노름은 음의 값을 가지지 않는 모든 함수 p: V → \[0,+∞)를 뜻합니다. 이때 모든 a ∈ F 와 u에 대해 v ∈ V, p(u + v) ≤ p(u) + p(v)와 같은 속성을 따르며…"

그리고 도중에 읽기를 포기했습니다. '윽! 나는 도저히 수학을 이해하지 못할 거야!'라고 수천 번 생각했습니다. 그러기를 반복하다가 복잡한 수학적 용어를 접할 때마다 코드로 바꿔 개념을 터득하는 방법을 생각해냈습니다. 가령 L1 손실은 코드로 (a-b).abs().mean()처럼 간단히 표현할 수 있습니다(a와 b는 텐서). 수학에 뛰어난 사람과 제가 생각하는 방식이 다른 것 같습니다. 이 책은 전문적인 수학 용어가 나올 때마다 코드 표현 방식을 같이 보여주고, 상식적인 선에서 작동 방식을 설명합니다.

파이토치의 텐서로 다양한 수학 연산을 수행했습니다. 넘파이로 수치형 프로그래밍을 해봤다면 넘파이의 배열 사용 방식과 유사하다는 점을 눈치챘을 겁니다. 이어지는 내용에서는 중요한 넘파이 배열과 파이토치 텐서 자료구조를 살펴봅니다.

4.2.1 넘파이 배열과 파이토치 텐서

넘파이는 과학과 수치 프로그래밍에서 가장 널리 사용되는 파이썬 라이브러리입니다. 파이토치와 유사한 API 및 기능을 제공하지만, 딥러닝에서 매우 중요한 GPU를 이용한 그레이디언트 계산 같은 기능은 제공하지 않습니다. 따라서 이 책은 가능한 한 넘파이 배열보다는 파이토치 텐서를 사용하여 설명합니다.[33]

배열과 텐서란 무엇이며, 왜 관심을 가져야 할까요?

파이썬은 다른 컴퓨터 언어보다 속도가 느립니다. 파이썬에서 그나마 빠르다고 할만한 부분은 넘파이, 파이토치와 같은 라이브러리입니다. 그런데 사실 이런 라이브러리는 파이썬이 아닌 다른 언어로 작성되었습니다. 최적화된 컴파일 단계로 만들어진 객체를 파이썬으로 래핑한 것이

---

33 fastai는 넘파이, 파이토치에 몇 가지 기능을 추가하여 서로를 비슷한 형태로 맞춥니다. 주피터 노트북 맨 상단에 from fastai.vision. all import *가 누락되면 수록된 코드가 작동하지 않을 수 있습니다. 이 부분을 꼭 추가해주세요!

죠[34]. 실제로 넘파이 배열과 파이토치 텐서는 순수 파이썬 코드보다 수천 배 빠르게 계산합니다.

넘파이 배열은 다차원 테이블의 형태로 데이터를 담고, 배열 내의 모든 데이터는 같은 자료형을 따라야 합니다. 이 제약사항만 맞춰주면 다양한 모습의 배열을 만들 수 있습니다. 가령 크기가 서로 다른 배열을 포함한 배열을 정의할 수 있습니다.[35] '다차원 테이블'이란 리스트(1차원), 테이블/행렬(2차원), 중첩 테이블/큐브cube(3차원) 이상의 모든 형상을 표현할 수 있음을 의미합니다. 또한 넘파이는 내부적으로 모두 같은 자료형의 데이터를 C의 자료구조로 압축하여 메모리에 저장합니다. 여기가 바로 넘파이가 빛나는 부분이죠. 이렇게 압축된 자료구조에 최적화된 C 코드로 작성된 다양한 연산자 및 메서드를 제공하여 빠른 속도를 보장합니다.

파이토치 텐서는 넘파이 배열과 거의 같지만 추가 기능에 따른 제약사항이 있습니다. 동일 자료형 데이터가 있는 다차원 테이블이라는 부분은 같지만, 기본적인 수치형 데이터만 사용할 수 있습니다. 또한 들쭉날쭉한 배열과 같은 구성도 불가능해서, 항상 크기가 일정한 사각형 모양이어야 합니다.

파이토치는 넘파이가 제공하는 대다수의 연산자 및 메서드를 같은 형식으로 지원합니다. 또한 파이토치 텐서만의 능력이 더 있습니다. 그중 가장 중요한 능력은 파이토치 텐서를 GPU에 적재한다는 것입니다. 그러면 넘파이보다 훨씬 더 빠른 GPU에 최적화된 계산을 할 수 있죠. 또한 파이토치는 자동으로 미분(다양한 연산 조합에 대한 미분까지도)을 계산할 수 있습니다. 딥러닝을 하다 보면 알게 될 사실이지만, 이 두 능력 없이 딥러닝을 하기란 현실적으로 불가능합니다.

> **TIP 실뱅의 말**
>
> C 언어를 모르더라도 걱정하지 마세요. 사용할 일이 전혀 없기 때문이죠. 간단히 말하자면, C 언어는 저수준 언어[36]로, 파이썬보다 매우 빠릅니다. 파이썬 사용 시 이 빠른 속도의 이점을 누리려면 반복문loop 사용을 최대한 피해야 합니다. 대신 array나 tensor에 직접적으로 작동하는 명령어를 사용해야 합니다.

가장 중요한 파이썬 코딩 스킬은 배열과 텐서가 제공하는 API를 효과적으로 사용하는 것입니다. 앞으로 여러 사용 방법을 다루겠지만, 지금 당장 필요한 내용은 다음 코드로 간단히 살펴볼 수 있습니다.

----

34 넘파이 및 파이토치의 실제 구현체는 C로 작성되었습니다.

35 들쭉날쭉한(jagged) 배열이라고 합니다.

36 옮긴이_ '저수준'은 컴퓨터가 내부적으로 사용하는 언어와 상당히 유사하다는 의미입니다.

리스트(중첩 리스트, 중첩의 중첩 리스트 등)를 배열 또는 텐서로 전달하여 배열과 텐서를 생성할 수 있습니다.

```
>>> data = [[1,2,3],[4,5,6]]
>>> arr = array (data)
>>> tns = tensor(data)

>>> arr  # 넘파이

array([[1, 2, 3],
       [4, 5, 6]])

>>> tns  # 파이토치

tensor([[1, 2, 3],
        [4, 5, 6]])
```

앞으로는 텐서로만 연산 작업을 수행하지만, 넘파이 배열을 사용해도 문법과 결과는 같습니다.

행을 선택할 수 있습니다(파이썬의 리스트처럼 텐서의 시작 색인번호는 0입니다. 즉 다음 코드의 1은 두 번째 행을 의미합니다).

```
>>> tns[1]

tensor([4, 5, 6])
```

콜론(:)으로 열을 선택할 수 있습니다. 다음 코드의 콜론은 **첫 번째 축의 모든 것**을 의미합니다(텐서 및 배열에서는 차원을 **축**이라고 표현하기도 합니다).

```
>>> tns[:,1]

tensor([2, 5])
```

이 방식을 [시작 : 끝]으로 표현하는 파이썬의 슬라이스 문법(**끝**은 불포함)과 결합하면 행 또는 열의 일부를 자유자재로 선택할 수 있습니다.

```
>>> tns[1,1:3]
```

```
tensor([5, 6])
```

그리고 +, -, *, / 같은 표준 연산자도 사용할 수 있습니다.

```
>>> tns+1
```

```
tensor([[2, 3, 4],
        [5, 6, 7]])
```

텐서에는 자료형이 있습니다.

```
>>> tns.type()
```

```
'torch.LongTensor'
```

그리고 필요하면 자동으로 자료형을 바꿉니다. 다음은 정수에서 부동소수로 자료형이 자동으로 바뀌는 예입니다.

```
>>> tns*1.5
```

```
tensor([[1.5000, 3.0000, 4.5000],
        [6.0000, 7.5000, 9.0000]])
```

기준선 모델이 얼마나 좋을까요? 평가지표metric를 사용하면 이를 정량적으로 측정할 수 있습니다.

4.3 브로드캐스팅으로 평가지표 계산하기

평가지표란 데이터셋에 표기된 올바른 레이블과 모델이 도출한 예측을 비교해서 모델이 얼마나 좋은지를 평가하는 단일 숫자입니다. 예를 들어 앞서 본 평균제곱오차, 평균절대오차, 전체 평균을 구하는 함수를 평가지표로 사용할 수도 있겠죠. 그러나 세 지표 모두 사람이 직관적으로 이해하기 쉽지 않으므로 보통 **정확도**accuracy를 분류 모델 평가지표로 사용합니다.

우리가 평가지표를 계산하려는 대상은 **검증용 데이터셋**validation set입니다. 그 이유는 의도치 않게 학습용 데이터셋에서만 잘 작동하는 과적합overfit을 피하기 위해서죠. 첫 번째 시도로 만든 픽셀 유사도 모델은 학습이라는 요소가 전혀 없어서 이런 문제가 없었습니다. 하지만 모델은 대부분 학습으로 구축되기 때문에 관례적으로 검증용 데이터셋을 사용합니다. 이 관례를 따르는 두 번째 시도를 준비하는 일환으로 검증용 데이터셋을 사용하겠습니다.

검증용 데이터셋을 얻으려면 학습에 사용되는 일부 데이터를 완전히 제거해야 합니다. 그래야만 모델이 전혀 본 적 없는 데이터를 얻을 수 있겠죠. 사실 MNIST 데이터셋에는 이미 이 작업이 되어 있습니다. `valid`라는 완전히 분리된 디렉터리를 기억하나요? 바로 이 디렉터리에 검증용 데이터가 있습니다.

그러면 검증용 데이터가 있는 디렉터리에서 3과 7에 대한 텐서를 만들어보죠. 이상적인 이미지와의 거리를 측정하는 첫 번째 모델의 품질 평가지표를 계산하는 데 사용할 텐서입니다.

```
>>> valid_3_tens = torch.stack([tensor(Image.open(o))
                                for o in (path/'valid'/'3').ls()])
>>> valid_3_tens = valid_3_tens.float()/255
>>> valid_7_tens = torch.stack([tensor(Image.open(o))
                                for o in (path/'valid'/'7').ls()])
>>> valid_7_tens = valid_7_tens.float()/255
>>> valid_3_tens.shape,valid_7_tens.shape

(torch.Size([1010, 28, 28]), torch.Size([1028, 28, 28]))
```

수시로 텐서의 모양(shape)을 점검하는 습관을 들이면 좋습니다. 보다시피 크기가 28×28인 1,010장의 숫자 3에 대한 검증용 이미지, 크기가 28×28인 1,028장의 숫자 7에 대한 검증용 이미지를 표현하는 두 텐서가 있습니다.

궁극적인 목표는 임의로 입력된 이미지가 3 또는 7인지를 판단하는 `is_3` 함수를 만드는 것입니다. 즉 임의의 이미지가 '이상적인 숫자' 두 개 중 어느 쪽에 더 가까운지를 결정하는 역할을 합니다. 이 함수를 만들려면 두 이미지 사이의 거리를 계산해야 하므로, 우선 거리의 개념부터 정의해야 합니다.

앞 절에서와 매우 유사한 형태로 평균절대오차를 계산하는 간단한 함수를 만들 수 있습니다.

```
>>> def mnist_distance(a,b): return (a-b).abs().mean((-1,-2))
>>> mnist_distance(a_3, mean3)

tensor(0.1114)
```

a_3와 mean3는 단일 이미지를 표현하는 텐서입니다. 각각 임의의 숫자 3, 이상적인 숫자 3을 표현하며, 둘 다 [28,28] 모양입니다. 그리고 계산 결과는 앞서 계산된 두 이미지 사이의 거리와 같음을 알 수 있습니다.

그런데 전체 이미지에 대한 평가지표를 계산하려면, 검증용 데이터셋 내 **모든** 이미지와 이상적인 숫자 3 이미지의 거리를 계산해야만 합니다. 이런 계산은 어떻게 하면 될까요? 검증용 데이터셋을 담은 [1010,28,28] 모양의 텐서 valid_3_tens에 반복 접근하여, 한 번에 개별 이미지 텐서 하나씩 접근하는 방법이 가장 간단합니다. 하지만 이보다 더 나은 방법이 있습니다.

숫자 3의 검증용 데이터셋을 나타내는 텐서 valid_3_tens를 mnist_distance 함수에 넣어주면 매우 흥미로운 일이 일어납니다.

```
>>> valid_3_dist = mnist_distance(valid_3_tens, mean3)
>>> valid_3_dist, valid_3_dist.shape

(tensor([0.1050, 0.1526, 0.1186,  ..., 0.1122, 0.1170, 0.1086]),
 torch.Size([1010]))
```

모양 불일치 에러가 발생하지 않고 모든 이미지에 대해 측정한 거리를 담는 길이가 1,010인 벡터를 반환합니다(벡터는 랭크1 텐서이고, 1,010은 숫자 3 검증용 데이터셋의 이미지 개수입니다). 어떻게 이런 일이 일어났을까요?

mnist_distance 함수 내부에는 뺄셈하는 부분인 (a-b)가 있습니다. 마법과도 같은 이 결과는 파이토치로 랭크가 서로 다른 두 텐서 간의 뺄셈을 수행할 때 발생하는 **브로드캐스팅**에 기인합니다. 브로드캐스팅은 더 낮은 랭크의 텐서를 더 높은 랭크의 텐서와 같은 크기로 자동 확장합니다. 텐서를 사용한 코드를 훨씬 쉽고 간결하게 만들어주는 매우 중요한 기능입니다.

입력받은 두 텐서를 같은 랭크로 만들어주는 브로드캐스팅이 일어난 후, 파이토치는 랭크가 같은 두 텐서에 평상시와 같은 로직을 적용합니다. 즉 두 텐서의 서로 대응되는 요소에 연산을 수행하여 얻는 텐서를 결과로 반환합니다. 예를 들면 다음과 같습니다.

```
>>> tensor([1,2,3]) + tensor(1)

tensor([2, 3, 4])
```

파이토치는 단일 이미지를 표현하는 랭크2 텐서인 mean3에 복사본 이미지가 1,010장 있다고 취급하여 검증용 데이터셋 내의 각 이미지와 복사본 이미지에서 뺄셈을 수행합니다. 그 결과로 얻은 텐서의 모양은 어떨까요? 답을 보기 전에 직접 생각해보는 시간을 가져보기 바랍니다.

이상적인 숫자 3과 검증용 데이터셋의 개별 숫자 3(크기: 28×28, 개수: 1,010)간의 차이를 계산한 결과로 얻은 텐서의 모양은 [1010,28,28]입니다.

성능, 표현성 측면에서 모두 뛰어난 브로드캐스팅을 구현할 때 중요한 고려사항이 두 가지 있습니다.

- **사실** 파이토치는 mean3를 1,010번 복사하지 않습니다. **그 모양의 텐서인 척**하지만, 실제로 메모리를 추가 할당하지는 않습니다.
- 실제 모든 계산은 C로 수행됩니다(GPU가 있고 CUDA를 설치했다면, GPU를 활용하는 C 코드가 수행됩니다). 순수 파이썬보다 수만 배 빠르며, GPU 사용 시 수백만 배 빠르게 계산을 수행합니다!

```
>>> (valid_3_tens-mean3).shape

torch.Size([1010, 28, 28])
```

이는 파이토치 내의 모든 브로드캐스팅, 요소별 연산, 함수에 적용되는 내용으로, **효과적인 파이토치 코드를 작성하려면 꼭 알아둬야 할 가장 중요한 기술입니다.**

이제 mnist_distance 함수에서 abs 부분을 살펴보죠. 지금쯤이면 abs가 텐서에 적용되는 방식을 추측해볼 수 있을 겁니다. 텐서내 개별 요소마다 abs메서드가 적용되어 새로운 텐서를 반환하겠죠(즉 abs 메서드는 **요소별로** 적용됩니다). 따라서 절댓값으로 바뀐 값 1,010개로 구성된 텐서를 얻습니다.

mnist_distance 함수는 마지막으로 mean((-1,-2))를 호출합니다. (-1,-2) 튜플은 축의

범위를 의미합니다. 파이썬에서는 보통 목록의 마지막은 −1, 마지막에서 두 번째는 −2라는 특별한 색인번호를 사용해서 참조합니다. 그리고 이미지의 마지막 두 축은 각각 이미지의 가로와 세로이므로, 이 코드는 이미지 텐서의 가로와 세로의 모든 값에 대한 평균을 구하는 작업을 수행합니다. 마지막 두 축에서 평균을 구한 결과로 얻는 텐서에는 이미지 색인을 담당한 첫 번째 축만 남습니다. 최종적으로 얻은 텐서의 크기가 (1010)인 이유입니다. 즉 모든 이미지에 대해 각 이미지의 픽셀 강도평균을 구했습니다.

앞으로 브로드캐스팅을 더 자세히 다룰 것입니다. 특히 17장에서 많은 내용을 다루지만, 다른 장에도 브로드캐스팅을 연습할 기회가 많습니다.

mnist_distance 함수를 '만약 특정 숫자 이미지와 이상적인 숫자 3과의 거리가 이상적인 숫자 7과의 거리보다 짧다면, 그 숫자 이미지를 3이라고 판단하는' 로직에 활용하면 이미지가 숫자 3인지를 알아낼 수 있습니다. 이 함수는 모든 파이토치의 함수와 연산자처럼 자동으로 브로드캐스팅을 수행하고 요소별로 적용될 수 있습니다.

```
def is_3(x): return mnist_distance(x,mean3) < mnist_distance(x,mean7)
```

예제 상황에서 실험해보죠.

```
>>> is_3(a_3), is_3(a_3).float()

(tensor(True), tensor(1.))
```

is_3 함수는 결과로 불리언값을 반환하는데, 이를 float()로 부동소수화하면 True와 False에서 각각 1.0과 0.0을 얻습니다.

브로드캐스팅 덕분에 검증용 데이터셋의 모든 숫자 3 이미지에서도 실험해볼 수 있습니다.

```
>>> is_3(valid_3_tens)
tensor([True, True, True,  ..., True, True, True])
```

이제 is_3 함수를 이용하여 검증용 데이터셋의 모든 숫자 3과 7에 대한 평균을 계산해서 정확도를 계산할 수 있습니다.

```
>>> accuracy_3s =       is_3(valid_3_tens).float() .mean()
>>> accuracy_7s = (1 - is_3(valid_7_tens).float()).mean()

>>> accuracy_3s,accuracy_7s,(accuracy_3s+accuracy_7s)/2

(tensor(0.9168), tensor(0.9854), tensor(0.9511))
```

일단 시작은 꽤 좋아 보입니다! 숫자 3과 7 모두에서 90%가 넘는 정확도를 얻었으며, 브로드 캐스팅으로 평가지표를 편리하게 정의하는 방법도 알아보았습니다. 다만 약간 솔직해질 필요가 있습니다. 3과 7은 매우 다르게 생긴 숫자이고[37], 원본 MNIST가 제공하는 숫자 10개 중 두 개만 분류하는 모델을 만들었기 때문에, 앞으로는 이보다 더 나은 결과를 얻어야만 합니다!

더 나은 결과를 얻으려면 이제는 실제로 무언가를 학습하는 시스템을 시도해야 합니다. 즉 시스템이 스스로 자동 수정해나가도록 하는 방법이 필요하죠. 다음은 이를 실현하는 방법으로 SGD와 학습 과정을 살펴봅니다.

4.4 확률적 경사 하강법

1장에서 인용한 아서 사무엘이 묘사한 머신러닝을 기억하나요?

실제 성능적 관점에서 현재 할당된 모든 가중치의 유효성을 자동으로 검증하는 수단이 있으며, 성능을 최대화하는 방향으로 할당된 가중치를 수정해나가는 메커니즘이 존재한다고 가정해봅시다. 그렇다면 전체를 자동화하는 과정을 상세히 이해할 필요 없이, 단지 컴퓨터가 경험으로부터 '학습'하며 프로그래밍되는 것을 지켜보기만 하면 됩니다.

이 부분이 바로 학습을 통해서 모델이 계속 더 나아지는 비결입니다. 그런데 앞서 만든 픽셀 유사도 방식은 이런 학습의 과정을 전혀 수행하지 않습니다. 가중치 할당, 할당된 가중치의 유효성 판단에 기반해 성능을 향상하는 방식을 제공하지 않죠. 즉 파라미터 조정을 사용한 픽셀 유사도 방식의 개선이 불가능합니다. 딥러닝의 능력을 이용하려면, 사무엘이 묘사한 방식대로 풀고자 하는 문제를 정의해야만 합니다.

---

37 옮긴이_ 매우 다르다는 말은 다른 정도를 눈치채기 쉽다는 뜻입니다.

특정 이미지와 '이상적인 이미지' 사이의 유사도를 찾는 대신, 개별 픽셀마다 가중치를 설정하고 숫자를 표현하는 검은색 픽셀의 가중치를 높이는 방법을 생각해보죠. 가령 숫자 7 이미지 우측 하단에 위치한 픽셀은 활성화될 가능성이 매우 낮지만, 숫자 3 이미지라면 해당 부분이 높은 확률로 활성화되겠죠. 따라서 이미지 우측 하단 픽셀들의 가중치는 숫자 7에서는 낮게, 숫자 3에서는 높게 매겨집니다. 이 과정은 이미지 픽셀(x)과 각 픽셀에 대한 가중치(w)를 입력받는 함수로 표현할 수 있습니다. 가령 다음은 숫자 3이 될 확률입니다.

```
def pr_three(x,w): return (x*w).sum()
```

여기서 이미지를 나타내는 벡터 x는 2차원으로 표현된 픽셀의 각 행을 이어붙인 1차원의 긴 배열이라고 가정합니다. 그리고 w는 가중치 벡터입니다. 함수를 정의한 다음에는 가중치를 약간씩 조정하는 방법을 생각해봐야 합니다. 그래야 충분할 때까지 가중치 조정 과정을 여러 번 반복하며 더 나은 가중치를 얻을 수 있겠죠.

최종 목표는 숫자 3에서는 높지만 그 외의 숫자에서는 낮은 w 값을 찾는 것입니다. 최적의 값을 가진 벡터 w를 찾으면, 이는 곧 최적의 숫자 3 인식 함수를 발견했다고도 할 수 있습니다(아직 딥러닝을 사용하지 않았으므로 함수가 할 수 있는 일에 제한이 있습니다. 앞으로 이런 제한을 해결합니다).

좀 더 구체적으로 알아봅시다. 다음은 작성한 함수를 머신러닝 분류 모델로 만드는 데 필요한 단계입니다.

1 가중치를 **초기화**initialize 합니다.
2 현재 가중치로 이미지가 3 또는 7인지를 **예측**predict합니다.
3 예측한 결과로 모델이 얼마나 좋은지 계산합니다(**손실** 측정).
4 가중치 갱신 정도가 손실에 미치는 영향을 측정하는 **그레이디언트**gradient를 계산합니다.
5 4번 단계에서 계산한 그레이디언트로 가중치의 값을 **한 단계**step 조정합니다.
6 2번 단계로 돌아가서 과정을 **반복**repeat합니다.
7 학습 과정을 **멈춰도 좋다**는 판단이 설 때까지 계속해서 반복합니다(모델 성능이 충분하다고 판단하거나, 시간 상 제약으로 멈춰야 할지도 모릅니다).

이 7단계는 모든 딥러닝 모델을 학습시키는 핵심 과정이며 [그림 4-1]에도 묘사해두었습니다. 7단계에만 완전히 의존해도 딥러닝이 복잡한 문제를 풀 수 있다는 사실은 상당히 놀랍습니다.

다만 그 과정을 직관적으로 이해하기 어려우므로 앞으로 자세히 살펴보겠습니다!

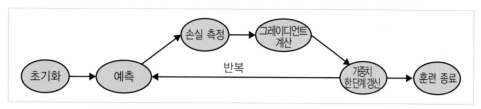

그림 4-1 경사 하강의 과정

각 단계를 달성하는 다양한 방법을 책 전반에 걸쳐 배울 것입니다. 사실 달성 방법은 딥러닝 실무자들 간의 큰 차이를 만드는 세부 사항이지만, 각 단계의 일반적인 접근법에는 기본 원칙이 존재합니다. 다음은 몇 가지 원칙입니다.

- **초기화**

  파라미터의 값을 무작위로 초기화합니다. 무작위라는 점이 황당하게 들릴지도 모릅니다. 물론 특정 범주에서 활성화되는 픽셀의 비율에 따른 초기화 등 다른 방법을 생각해볼 수도 있습니다. 하지만 앞서 배운 가중치를 개선하는 일련의 과정을 거치면 무작위로 초기화된 가중치가 꽤 잘 작동하는 방향으로 갱신됩니다.

- **손실**

  실제 성능 측면에서 현재 할당된 가중치의 유효성 검증에 관해 사무엘이 언급한 내용입니다. 여기에는 모델의 성능이 좋을 때 낮은 값을 반환하는 함수가 필요합니다(일반적으로 적은 손실은 좋고 큰 손실은 나쁘다고 취급합니다).

- **가중치 단계 갱신**

  가중치를 약간 크게 또는 작게 조정해야 하는지를 알아내는 간단한 방법은 일단 시도하는 것입니다. 가중치를 약간씩 조정하고 손실의 변화를 관찰하면 되죠. 일단 올바른 방향을 찾으면, 질 작동하는 크기를 찾을 때까지 좀 더 크거나 작은 크기로 바꿔주는 시도를 해볼 수 있습니다. 하지만 이 과정은 하나씩 건드리며 진행하므로 느릴 수밖에 없습니다. 그 대신 미적분학을 사용하여 그레이디언트를 계산하면 방향을 즉시 알 수 있으며, 크기를 조금씩 바꾸는 방식을 사용하지 않아도 개략적으로 가중치를 얼마나 갱신해야 하는지를 알 수 있습니다. 이는 단순히 성능 최적화 문제로, 수작업으로 천천히 계산하더라도 같은 결과를 얻을 수는 있습니다.

- **훈련 종료**

  모델을 학습할 에포크 횟수를 정하고 적용합니다. 숫자 분류 모델 예제에서는 모델의 정확도가 높아지다가 낮아지는 시점까지, 또는 사정상 시간이 부족한 시점까지 계속해서 학습을 수행합니다.

이런 단계를 이미지 분류 문제에 적용하기 전에 좀 더 간단한 예를 들어 설명해보겠습니다. 일단 매우 간단한 2차 함수를 정의합니다. 그리고 이 함수를 손실 함수, x를 함수의 가중치 파라미터라고 가정합니다.

```
def f(x): return x**2
```

다음은 앞 함수의 그래프입니다.

```
plot_function(f, 'x', 'x**2')
```

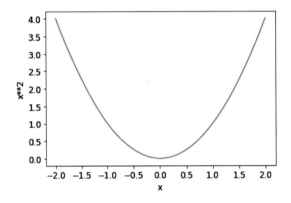

앞서 설명한 과정의 시작 부분처럼 임의의 파라미터값을 선택하고 손실값을 계산합니다.

```
plot_function(f, 'x', 'x**2')
plt.scatter(-1.5, f(-1.5), color='red');
```

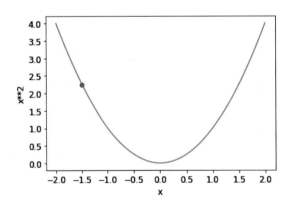

그리고 파라미터를 약간씩 크거나 작게 **조정**adjustment했을 때 일어나는 일을 살펴봅니다. 우선 임의로 선택한 특정 지점의 기울기를 구해서 조정의 방향을 정합니다.

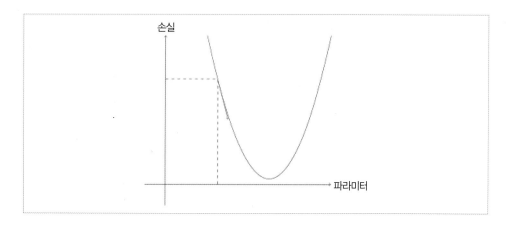

기울기 방향에 따라서 가중치를 약간 바꿉니다. 그 후 다시 손실을 계산하고 가중치를 조정하는 과정을 수차례 반복하다 보면, 결국 2차 함수 곡선의 가장 낮은 부분에 도달하게 됩니다.

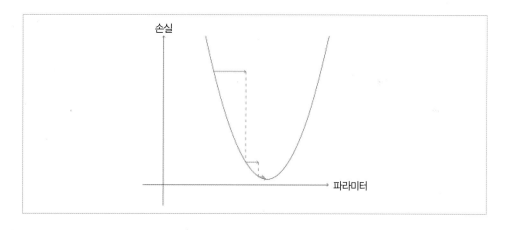

기본 아이디어는 이 방식으로 어떤 함수도 최적화할 수 있다고 지적한 아이작 뉴턴의 시대까지 거슬러 올라갑니다. 함수의 복잡도와는 상관없이, 기본 경사 하강법을 이용한 접근법은 크게 바뀌지 않습니다. 다만 가중치 갱신과 관련한 더 좋은 값을 찾아내서 갱신 과정을 빠르게 하는 수준의 변화를 줄 수는 있습니다(책 후반부에 다룹니다).

4.4.1 그레이디언트 계산

학습의 마법은 그레이디언트를 계산할 때 일어납니다. 앞서 미적분을 사용하여 성능 최적화를 한다고 언급했습니다. 파라미터값을 크거나 작게 조정할 때 손실이 커지거나 작아지는지를 더 빠르게 계산할 수 있기 때문이죠. 즉 그레이디언트는 모델이 더 나아지려면 갱신해야 할 가중치의 정도를 알려줍니다.

고등학교 미적분 수업을 들어봤다면, 함수의 미분이 파라미터의 변화에 따라 결과가 얼마나 변화하는지를 알려준다는 점을 기억할 것입니다. 만약 기억하지 못하더라도 걱정하지는 마세요. 졸업 후 고등학교 미적분 내용을 기억하는 사람은 많지 않습니다! 그렇지만 계속 내용을 진행하기 전에 직관적으로 미분의 의미를 이해해야 합니다. 기억이 흐릿하거나 이런 말들이 머릿속을 복잡하게 만든다면, 칸 아카데미의 '미분 기본 강의(https://oreil.ly/nyd0R)'를 들어보기 바랍니다. 미분을 계산하는 방법까지는 알지 못해도 됩니다. 미분이 무엇인지 파악하기만 해도 충분합니다.

미분의 핵심은 이러합니다. 앞서 본 2차 함수를 포함한 어떤 함수도 미분을 계산할 수 있습니다. 미분 또한 함수이며 값 자체를 계산하지 않고 값의 변화 정도를 계산합니다. 가령 값이 3인 지점에서 2차 함수에 대한 미분은 값 3에서 2차 함수가 얼마나 빠르게 변화하는지를 알려줍니다. 그레이디언트가 **y의 변화량/x의 변화량**으로 정의된다는 사실을 상기해봅시다. 즉 파라미터값의 변화로 함숫값의 변화를 나눕니다. 함수가 변화하는 방식을 알면 무엇을 해야 변화가 작아지는지도 알 수 있습니다. 이것이 바로 머신러닝의 핵심으로, 함수의 그레이디언트를 더 작게 만들도록 파라미터를 조정하는 방법이죠. 미적분학은 함수의 그레이디언트를 즉시 계산할 수 있는 미분이라는 손쉬운 계산 방법을 제공합니다.

한 가지 중요한 사실은 함수가 매우 많은 가중치로 구성된다는 점입니다. 따라서 미분을 계산할 때도 하나가 아니라 모든 가중치에 대한 그레이디언트를 계산해야 합니다. 하지만 수학적으로 까다로운 점은 없습니다. 한 가중치에 대한 미분 계산 시, 다른 가중치들을 상수처럼 취급하면 그만입니다. 그리고 모든 가중치에 대해 이 과정을 반복 수행합니다. 그러면 모든 가중치에 대한 그레이디언트를 계산할 수 있습니다.

앞서 여러분이 직접 그레이디언트를 계산하지 않아도 된다고 언급했습니다. 왜 그럴까요? 놀랍게도 파이토치에는 거의 모든 함수에 대한 미분을 자동으로 계산해내는 능력이 있습니다! 심지어 매우 빠르기까지 하죠. 아무리 느려도 여러분이 직접 계산할 때보다는 훨씬 빠를 것입니다. 한 가지 예를 살펴보죠.

우선 그레이디언트를 계산하려는 텐서값 하나를 고릅니다.

```
xt = tensor(3.).requires_grad_()
```

requires_grad_라는 특별한 메서드가 보이나요? 이 메서드가 바로 파이토치에 특정 값의 변수에 대한 그레이디언트를 계산해 달라고 하는 마법의 주문입니다. 내부적으로는 변수에 일종의 태그를 붙이는 방법이 적용되고, 파이토치는 태그 정보를 활용해 기존의 텐서에 추가 연산이 발생하더라도 모든 연산을 추적하여 그레이디언트를 계산하는 방법을 기억합니다.

TIP 알렉시스의 말

여러분이 수학이나 물리학을 배웠다면 API 이름에서 혼란을 느낄지도 모릅니다. 수학이나 물리학에서 말하는 함수의 '그레이디언트'는 또 다른 함수(예: 미분)를 의미하므로 그레이디언트 관련 API가 새로운 함수를 반환한다고 기대할 수도 있습니다. 하지만 딥러닝에서는 보통 '그레이디언트'가 특정 인잣값에 대한 함수의 미분된 **값**을 의미합니다. 또한 파이토치 API는 실제로 그레이디언트를 계산하는 함수가 아닌 인잣값에 초점을 둡니다. 처음에는 이상하게 느껴질 수도 있지만, 단지 서로 다른 관점으로 설계되었을 뿐입니다.

이제는 그 값으로 함수를 계산합니다. 파이토치가 계산한 결과를 출력하면, 단순히 계산된 값뿐만 아니라 그레이디언트 함수도 포함한다는 사실을 알 수 있습니다. 이 함수는 요청 시 경사를 계산합니다.

```
>>> yt = f(xt)
>>> yt

tensor(9., grad_fn=<PowBackward0>)
```

마지막으로 backward 메서드를 호출하여 그레이디언트를 계산합니다.

```
yt.backward()
```

'backward(역방향)'라는 함수의 이름은 각 계층의 미분을 계산하는 과정인 **역전파**에서 따왔습니다. 이 과정이 수행되는 방법은 17장에서 심층신경망의 그레이디언트를 밑바닥에서부터 계산하는 부분에서 정확히 살펴봅니다. 역전파는 네트워크의 **역방향 전파**backward pass라고도 불리며, 이에 반대되는 개념으로 활성을 계산하는 **순방향 전파**forward pass가 있습니다. 딥러닝 전문가들은 어려운 전문용어 쓰기를 좋아하는 경향이 있습니다. `backward` 대신 `calculate_grad`(그레이디언트 계산)라고 표현했다면 훨씬 이해하기 쉬웠을 텐데 말이죠!

그레이디언트를 계산한 후 텐서의 `grad` 속성으로 실제 계산된 그레이디언트를 알 수 있습니다.

```
>>> xt.grad

tensor(6.)
```

고등학교 미적분에서 배운 규칙을 기억한다면, x**2의 미분이 2*x임을 알 것입니다. 따라서, x=3의 그레이디언트는 2*3=6이 되고, 파이토치가 이를 잘 계산했음을 알 수 있습니다!

이번에는 함수에 단일 숫자 대신 벡터를 입력해서 그레이디언트를 다시 구해봅니다.

```
>>> xt = tensor([3.,4.,10.]).requires_grad_()
>>> xt

tensor([ 3.,  4., 10.], requires_grad=True)
```

그리고 함수에 sum을 추가해서, 벡터(랭크1의 텐서)가 입력되었을 때 스칼라값(랭크0의 텐서)을 출력하도록 만들어줍니다.

```
>>> def f(x): return (x**2).sum()

>>> yt = f(xt)
>>> yt

tensor(125., grad_fn=<SumBackward0>)
```

기대한 대로 그레이디언트 2*xt를 구했습니다!

```
>>> yt.backward()
>>> xt.grad

tensor([ 6.,  8., 20.])
```

그레이디언트는 함수의 기울기만 알려줍니다. 파라미터를 얼마나 조정해야 하는지를 알려주지는 않죠. 하지만 목적지까지 떨어진 정도에 관한 몇 가지 아이디어를 제공합니다. 가령 경사가 매우 가파르면 조정을 더 많이 해야 하고, 경사가 덜 가파르면 최적의 값에 가깝다는 사실을 알 수 있습니다.

4.4.2 학습률을 사용해 단계 밟아 나가기

그레이디언트로 파라미터의 조절 방식을 결정하는 일은 딥러닝의 중요한 부분입니다. 대부분의 접근법은 **학습률**learning rate(LR)이라는 작은 값을 그레이디언트에 곱하는 가장 기본적인 아이디어에서 출발합니다. 학습률의 값은 무엇이든 될 수 있지만, 대부분 0.001과 0.1 사이의 값이 선택됩니다. 때로는 학습 과정을 여러 번 시도하여 가장 좋은 모델의 결과를 도출한 학습률을 선택하기도 합니다(5장에서는 **학습률 발견자**learning rate finder라는 좀 더 나은 방식을 배웁니다). 일단 학습률을 선택하고 나면 다음과 같이 간단한 함수를 사용해서 파라미터를 조정할 수 있습니다.

```
w -= w.grad * lr
```

이 과정은 보통 **최적화 단계**optimization step를 사용한 파라미터의 **갱신 단계**stepping라고 합니다.

너무 작은 학습률을 선택하면 상당히 많은 단계를 수행해야 할 수 있습니다. [그림 4-2]는 이런 상황을 보여주죠.

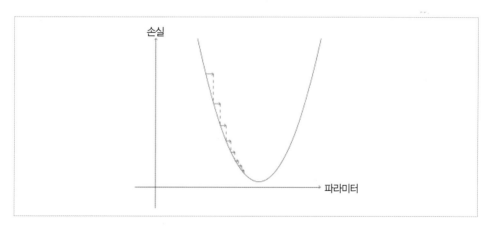

그림 4-2 작은 학습률로 수행되는 경사 하강법

학습률이 너무 크면 상황이 더 나빠집니다. [그림 4-3]에서처럼 손실이 **더 심해지는** 결과를 초래할 수 있죠!

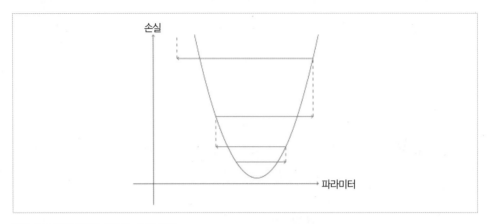

그림 4-3 큰 학습률로 수행되는 경사 하강

학습률이 지나치게 크면 이탈하지 않고 이리저리 '뛰어다니는' 현상이 발생하기도 합니다. [그림 4-4]는 지나치게 큰 학습률로는 학습의 성공적인 완료까지 오랜 시간이 걸림을 보여줍니다.

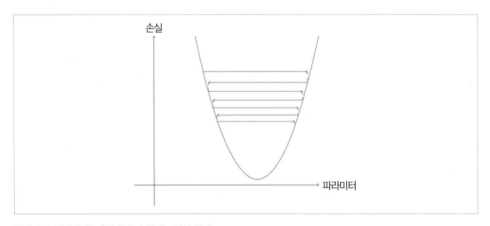

그림 4-4 뛰어다니는 학습률로 수행되는 경사 하강

이제 지금까지 배운 내용을 시작부터 끝까지 한 번에 다루는 예를 살펴봅시다.

4.4.3 SGD를 활용한 시작부터 끝까지를 보여주는 예제

지금까지 그레이디언트로 손실을 최소화하는 방법을 알아보았습니다. 이제는 SGD 예제를 살펴보고 최솟값을 찾는 과정이 어떻게 모델을 데이터에 더 잘 적합시키는 학습에 사용될 수 있는지를 알아볼 차례입니다.

우선 간단한 합성 데이터로 시작해보겠습니다. 가장 높은 지점으로 올라가는 롤러코스터의 속도를 측정하는 상황을 상상해봅시다. 처음에는 빠르지만 경사로를 올라가면서 점점 느려질 것입니다. 최정상에서 가장 느리고 내리막을 내려가면서 점점 빨라지겠죠. 여기서는 시간에 따른 속력의 변화 정도를 예측하는 모델을 만들려 합니다. 20초 동안 매초에 수작업으로 속력을 측정해서 다음의 형태를 띤 그래프를 얻는다고 가정합니다.

```
>>> time = torch.arange(0,20).float(); time

tensor([ 0.,  1.,  2.,  3.,  4.,  5.,  6.,  7.,  8.,  9., 10., 11., 12., 13.,
 > 14., 15., 16., 17., 18., 19.])
```

```
speed = torch.randn(20)*3 + 0.75*(time-9.5)**2 + 1
plt.scatter(time,speed);
```

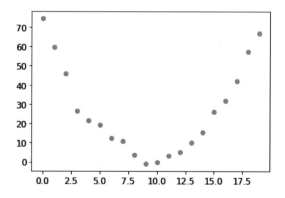

수작업 측정은 정확하지 않을 수 있어서 임의의 노이즈도 약간 추가했습니다. '롤러코스터의 속력이 얼마였나요?'와 같은 질문에 대답하기는 쉽지 않습니다. 그러나 SGD를 사용하면 관측한 데이터에 들어맞는 함수를 찾아낼 수 있습니다. 단 가능한 모든 함수를 고려하기란 불가능하므로 2차 함수라고 가정합니다. 가령 a*(time**2)+(b*time)+c와 같은 형태의 함수가 될 수 있죠.

함수의 입력(롤러코스터 속도를 측정한 시간)과 파라미터(2차 함수를 정의하는 값)를 분명히 구분하기 위해서 모든 파라미터는 하나의 함수 인자에 담습니다. 즉 입력 t와 그 외의 모든 파라미터 params가 있는 함수를 다음처럼 정의할 수 있죠.

```
def f(t, params):
    a,b,c = params
    return a*(t**2) + (b*t) + c
```

다르게 표현하면, 데이터에 가장 잘 들어맞는 2차 함수라는 제한된 함수를 찾는 문제를 다룬다고 볼 수 있습니다. 이 제한에 따르면 모든 2차 함수를 a, b, c 세 개의 파라미터로 정의할 수 있으므로 문제가 매우 단순해집니다. 따라서 가장 적합한 2차 함수를 찾는 문제는 가장 적합한 a, b, c 값을 찾으면 해결됩니다.

만약 세 파라미터가 있는 2차 함수 문제를 풀 수 있다면, 파라미터가 더 많은 복잡한 함수의 문제에도 같은 방법을 적용할 수 있습니다. 일단은 함수 f에 가장 적합한 파라미터값을 찾은 다음, MNIST 데이터셋을 학습할 신경망에 같은 방식을 적용하는 방향으로 진행합니다.

우선 '가장 적합한'의 의미를 정의해야 합니다. 이는 신중히 올바른 **손실 함수**를 고르는 일과 관련이 있습니다. 손실 함수는 예측과 타깃을 기반으로 계산된 값을 반환하는데, 값이 낮을수록 '더 나은' 예측 결과를 얻었다는 의미입니다. 분류 문제가 아닌, 연속적인 값을 예측하는 회귀 문제에서는 일반적으로 **평균제곱오차**라는 손실 함수를 사용합니다.

```
def mse(preds, targets): return ((preds-targets)**2).mean().sqrt()
```

손실 함수를 정의했으니 이제 일곱 단계를 하나씩 다뤄보겠습니다.

1단계: 파라미터 초기화

파라미터를 임의의 값으로 초기화하고 requires_grad_ 메서드를 사용하여 파이토치가 파라미터의 그레이디언트를 추적할 수 있도록 합니다.

```
params = torch.randn(3).requires_grad_()
```

2단계: 예측 계산

함수에 입력과 파라미터를 넣어서 예측을 계산합니다.

```
preds = f(time, params)
```

예측과 실제 타깃의 유사도를 그래프로 확인하는 간단한 함수를 만듭니다.

```
def show_preds(preds, ax=None):
    if ax is None: ax=plt.subplots()[1]
    ax.scatter(time, speed)
    ax.scatter(time, to_np(preds), color='red')
    ax.set_ylim(-300,100)
```

```
show_preds(preds)
```

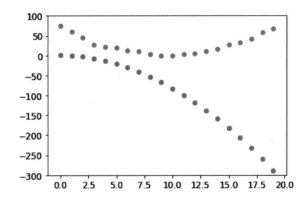

예측과 타깃이 완전히 다릅니다. (굳이 해석해보자면) 임의의 값으로 초기화된 파라미터에 따라 속도가 음수이므로 거꾸로 움직이는 롤러코스터의 모습을 묘사하는 것으로 보이네요!

3단계: 손실 계산

다음과 같이 손실을 계산합니다.

```
>>> loss = mse(preds, speed)
>>> loss
tensor(25823.8086, grad_fn=<MeanBackward0>)
```

이제 계산된 손실값을 줄여서 성능을 높이는 것이 목표입니다. 그러려면 그레이디언트를 알아야 하겠죠.

4단계: 그레이디언트 계산

파라미터값이 바뀌어야 하는 정도를 추정하는 그레이디언트를 계산합니다.

```
>>> loss.backward()
>>> params.grad

tensor([-53195.8594,   -3419.7146,    -253.8908])

>>> params.grad * 1e-5

tensor([-0.5320, -0.0342, -0.0025])
```

계산된 그레이디언트로 파라미터값을 개선할 수 있습니다. 그러려면 우선 학습률을 선택해야 겠죠(5장에서 학습률을 선택하는 실용적인 방법을 다루지만, 여기서는 일단 1e-5(0.00001)을 선택합니다).

```
>>> params

tensor([-0.7658, -0.7506,   1.3525], requires_grad=True)
```

5단계: 가중치를 한 단계 갱신하기

이제 계산된 그레이디언트에 기반하여 파라미터값을 갱신합니다.

```
lr = 1e-5
params.data -= lr * params.grad.data
params.grad = None
```

TIP **알렉시스의 말**

최근에 배운 내용을 기억한다면 이 부분을 이해할 수 있습니다. loss의 backward 메서드를 호출하여 그레이디언트를 계산했습니다. 그러나 loss 자체는 required_grads_를 호출한 params 객체를 입력받는 f로 계산된 preds를 입력받은 mse가 계산했죠. 그리고 required_grads_가 바로 loss의 backward가 호출되도록 한 메서드입니다. 이렇게 연결된 함수의 호출은 수학의 합성 함수를 표현합니다. 그러면 파이토치 내부에서는 미적분의 연쇄법칙chain rule으로 그레이디언트를 계산할 수 있습니다.

손실이 개선되었는지 확인해봅시다.

```
>>> preds = f(time,params)
>>> mse(preds, speed)

tensor(5435.5366, grad_fn=<MeanBackward0>)
```

그리고 파라미터가 개선된 2차 함수를 그려보죠.

```
show_preds(preds)
```

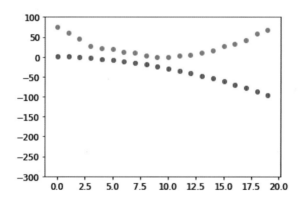

지금까지의 과정을 수차례 반복해야 하므로 모든 과정을 담은 함수를 만듭니다.

```
def apply_step(params, prn=True):
    preds = f(time, params)
    loss = mse(preds, speed)
    loss.backward()
    params.data -= lr * params.grad.data
    params.grad = None
```

```
    if prn: print(loss.item())
    return preds
```

6단계: 과정 반복하기

반복해보도록 하죠. 반복 과정에서 성능이 많이 향상되었음을 알 수 있습니다. 더 좋은 결과를 기대할 수 있습니다.

```
>>> for i in range(10): apply_step(params)

5435.53662109375
1577.4495849609375
847.3780517578125
709.22265625
683.0757446289062
678.12451171875
677.1839599609375
677.0025024414062
676.96435546875
676.9537353515625
```

기대한 대로 손실이 점점 낮아졌습니다! 하지만 손실값의 확인만으로는 반복마다 완전히 다른 형태의 2차 함수를 시도한 사실이 드러나지 않습니다. 매번 가장 적합한 2차 함수를 찾으려고 노력하는 부분이죠. 매 단계에 측정된 손실값을 출력하지 않고 함수 그래프를 직접 출력하면 그 과정을 시각적으로 확인할 수 있습니다. 그러면 주어진 데이터에 가장 잘 들어맞는 2차 함수의 모양이 잡혀가는 과정을 쉽게 파악할 수 있습니다.

```
_,axs = plt.subplots(1,4,figsize=(12,3))
for ax in axs: show_preds(apply_step(params, False), ax)
plt.tight_layout()
```

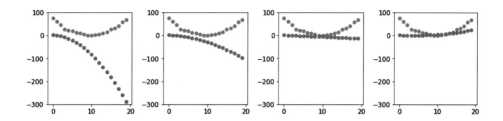

7단계: 학습 종료

10번의 에포크 후 학습을 종료했습니다. 임의로 정한 횟수이기에 큰 의미는 없지만, 실전에서는 학습용과 검증용 데이터셋에 대한 손실 및 평가지표를 주시하면서 학습 종료 시점을 결정해야 합니다.

4.4.4 경사 하강법 요약

단계별로 일어나는 일을 살펴봤습니다. 다시 경사 하강법의 과정을 묘사한 [그림 4-5]을 보면서 내용을 요약하겠습니다.

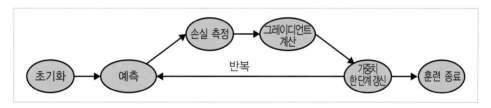

그림 4-5 경사 하강의 과정

시작 단계에서는 모델의 가중치를 임의의 값으로 설정하거나(**밑바닥부터**from scratch 학습) 사전에 학습된 모델로부터 설정할 수 있습니다(**전이 학습**transfer learning). 첫 번째 방법으로는 입력 데이터에서 원하는 결과를 얻을 수 없습니다. 두 번째 방법도 완벽하지 않습니다. 사전에 학습된 모델이 우리가 원하는 특정 문제에서 좋은 성능을 보일 가능성은 작습니다. 따라서 모델은 더 나은 가중치를 **학습**해야만 합니다.

손실 함수로 모델의 출력과 목표 타깃값을 비교합니다. 그러면 손실 함수는 가중치를 개선해서 가능한 한 낮춰야만 하는 손실값을 반환합니다. 이미지 같은 학습용 데이터셋의 데이터 일부를 모델에 주입합니다. 그리고 모델이 도출한 예측과 타깃을 손실 함수로 비교합니다. 그렇게 얻은 손실값은 모델의 예측이 어긋난 정도를 알려주는 단서입니다. 이를 기반으로 가중치를 조금 바꾸면 약간 더 나은 모델을 만들 수 있습니다.

미적분으로 **그레이디언트**를 계산합니다. 사실 파이토치는 이를 자동으로 계산하면 손실을 조금 더 개선하는 가중치 변경 방법을 찾을 수 있습니다. 비유적으로 표현해보죠. 등산로 입구에 차를 주차하고 등산하다가 산 중턱에서 길을 잃어버린 상황을 상상해봅시다. 다시 주차장으로 돌아가는 길을 찾으려고 어딘지 모를 임의의 방향으로 방황할지도 모릅니다. 그런데 이런 길 찾기 방법은 별로 도움이 되지 않습니다. 가장 낮은 지점인 등산로 입구에 주차장이 있다는 사실을 알고 있으니 일단 내리막을 찾아 내려가는 편이 '임의의 방향'보다 더 나은 결정이겠죠. 가장 가파른 내리막길 방향으로 계속 내려가야 목적지에 도착할 가능성이 높습니다. 그리고 경사진 정도(가파른 정도)에 **학습률**이라는 숫자를 곱해서 한 번에 움직여야 하는 양을 알 수 있습니다. 이 과정을 가장 낮은 등산로 입구 지점에 도달할 때까지 **반복**iterate합니다. 그리고 도달하면 그 과정을 **멈춥니다**.

손실 함수만 바꾸면 지금까지 본 모든 내용을 MNIST 데이터셋 학습에도 그대로 적용할 수 있습니다. 다음은 좋은 학습 목표를 정의하는 방법을 살펴봅니다.

4.5 MNIST 손실 함수

이미지를 담은 독립변수 x들은 이미 준비됐습니다. 따라서 이를 단일 텐서로 엮어 행렬의 목록(랭크3 텐서)을 만들고, 다시 벡터의 목록(랭크2 텐서)으로 바꿔줍니다.[38] 이 작업은 담긴 데이터는 건드리지 않은 채 텐서의 모양만 바꿔주는 파이토치의 view 메서드로 실현할 수 있습니다. view 메서드의 첫 번째 인자에 입력된 −1에는 '해당 축을 모든 데이터에 들어맞을 만큼 크게 만들어라'라는 특별한 의미가 있습니다.

....

[38] 옮긴이_ MNIST의 이미지는 너비×높이로 구성된 랭크2 텐서로 표현됩니다. 이런 이미지의 목록이므로 한 차원이 추가되어 랭크3 텐서가 됩니다.

```
train_x = torch.cat([stacked_threes, stacked_sevens]).view(-1, 28*28)
```

각 이미지에 레이블이 필요합니다. 숫자 3과 7에는 각각 1과 0을 사용합니다.

```
>>> train_y = tensor([1]*len(threes) + [0]*len(sevens)).unsqueeze(1)
>>> train_x.shape,train_y.shape
(torch.Size([12396, 784]), torch.Size([12396, 1]))
```

파이토치의 Dataset은 (x,y) 튜플을 반환하기를 요구합니다. 파이썬의 zip 함수를 list와 함께 사용하면 튜플을 간단히 구성할 수 있습니다.

```
>>> dset = list(zip(train_x,train_y))
>>> x,y = dset[0]
>>> x.shape,y

(torch.Size([784]), tensor([1]))
```

```
valid_x = torch.cat([valid_3_tens, valid_7_tens]).view(-1, 28*28)
valid_y = tensor([1]*len(valid_3_tens) + [0]*len(valid_7_tens)).unsqueeze(1)
valid_dset = list(zip(valid_x,valid_y))
```

이번에는 각 픽셀에 임의로 초기화된 가중치가 필요합니다(7단계 중 **초기화** 단계).

```
def init_params(size, std=1.0): return (torch.randn(size)*std).requires_grad_()

weights = init_params((28*28,1))
```

weights*pixels 형식의 함수는 충분히 유연하지 않습니다. 픽셀값이 0(즉 **절편**intercept이 0) 이라면 곱한 결과는 항상 0이 되기 때문이죠. 직선 방정식은 y=w*x+b 형태라는 점을 기억할지 모르겠습니다. 즉 b가 필요하므로, b 또한 임의의 숫자로 초기화합니다.

```
bias = init_params(1)
```

신경망에서는 y=w*x+b 방정식의 w를 **가중치**weights, b를 **편향**이라고 합니다. 그리고 가중치와 편향을 모두 통틀어서 **파라미터**parameters라고 하죠.

그러면 이제 단일 이미지에 대한 예측을 계산할 수 있습니다.

```
>>> (train_x[0]*weights.T).sum() + bias

tensor([20.2336], grad_fn=<AddBackward0>)
```

각 이미지의 예측 계산에 파이썬의 for 반복문을 사용할 수도 있지만 속도가 매우 느립니다. 파이썬 반복문이 GPU에서 수행되지 않기 때문입니다. 파이썬은 for 반복문을 느리게 처리하는 언어이기에, 가능한 한 모델 계산의 많은 부분을 더 고수준인 함수로 표현해야 합니다.

이를 위해 행렬의 모든 행에 대해 w*x를 계산하는 **행렬 곱셈**matrix multiplication이라는 매우 편리한 수학 연산이 있습니다. [그림 4-6]은 행렬 곱셈의 모습입니다.

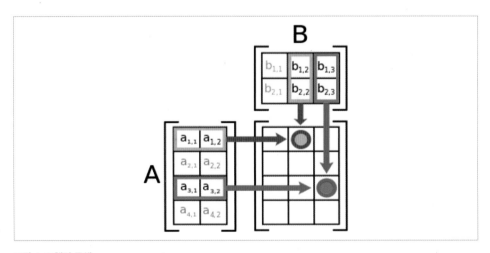

그림 4-6 행렬 곱셈

이 이미지는 A, B 두 행렬을 곱하는 과정을 보여줍니다. 행렬 곱셈 결과(AB)의 각 요소는 A의 행과 B의 열을 곱한 결괏값으로 채워집니다. 가령 1번째 행, 2번째 열의 내용(붉은 테두리의 노란 원)에는 $a_{1,1} * b_{1,2} + a_{1,2} * b_{2,2}$를 계산한 값이 들어갑니다. 행렬 곱셈은 딥러닝에서 가장 중요한 수학 연산이니, 필요하다면 칸 아카데미의 '행렬 곱셈 소개(https://oreil.ly/

w0XKS)' 강의를 수강하여 숙지하기 바랍니다.

파이썬에서는 @ 연산자가 행렬 곱셈을 표현합니다. 다음을 시도해봅시다.

```
>>> def linear1(xb): return xb@weights + bias
>>> preds = linear1(train_x)
>>> preds

tensor([[20.2336],
        [17.0644],
        [15.2384],
        ...,
        [18.3804],
        [23.8567],
        [28.6816]], grad_fn=<AddBackward0>)
```

첫 번째 요소는 기대한 대로 직전에 계산한 결과와 같습니다. `batch @ weights + bias`는 모든 신경망의 가장 기본인 두 방정식 중 하나입니다(다른 하나는 잠시 후 살펴볼 **활성화 함수** activation function입니다).

정확도를 검사해봅시다. 예측이 숫자 3 또는 7인지를 판단하려면 출력값이 0.5보다 큰지를 검사하면 됩니다. 다음은 이 방법으로 출력 요소마다 정확도를 계산합니다.

```
>>> corrects = (preds>0.5).float() == train_y
>>> corrects

tensor([[ True],
        [ True],
        [ True],
        ...,
        [False],
        [False],
        [False]])

>>> corrects.float().mean().item()

0.4912068545818329
```

그리고 가중치 하나를 약간 바꿨을 때 정확도에 일어나는 변화를 실험해봅니다.

```
>>> weights[0] *= 1.0001

>>> preds = linear1(train_x)
>>> ((preds>0.5).float() == train_y).float().mean().item()

0.4912068545818329
```

이미 알다시피 SGD로 모델을 향상하려면 그레이디언트가 필요합니다. 그리고 그레이디언트의 계산에는 현재의 모델이 얼마나 좋은지를 표현하는 **손실 함수**가 필요하죠. 그레이디언트는 가중치를 약간 조정함에 따라 손실 함수가 변화하는 방식을 측정하기 때문입니다.

따라서 손실 함수를 선택해야 합니다. 평가지표인 정확도를 손실 함수로도 사용하는 것이 너무나도 당연해보입니다. 각 이미지에 대한 예측을 수행하고, 모든 예측의 정확도를 계산한 다음, 전체 정확도에 대한 각 가중치의 그레이디언트를 계산하는 방식을 떠올릴 수 있겠죠.

하지만 아쉽게도 여기에는 기술적으로 중대한 문제가 있습니다. 함수의 그레이디언트란 **기울기** 또는 가파른 정도로, y가 변한 정도를 x가 변한 정도로 나눈 값입니다. 즉 입력값에 따라 함수의 출력이 위아래로 얼마나 움직였는지를 측정합니다. 다음과 같이 수학적으로 표현할 수 있습니다.

```
(y_new – y_old) / (x_new – x_old)
```

x_new가 x_old와 매우 유사해 차이가 매우 작을 때 그레이디언트의 좋은 근사치를 구할 수 있습니다. 하지만 정확도는 예측 결과가 숫자 3에서 7로 변하거나 7로 3으로 변할 때만 바뀌는 값이죠. 가중치에 작은 변화가 생기더라도 예측 결과 전후에 미치는 영향이 미미해서 결국 (y_new - y_old)는 거의 항상 0이 됩니다. 즉 그레이디언트는 거의 모든 곳에서 0입니다.

일반적으로 가중치에 작은 변화가 생기더라도 정확도는 전혀 바뀌지 않습니다. 즉 정확도를 손실 함수로 사용하는 것이 별로 유용하지 않다는 의미입니다. 만약 정확도를 손실 함수로 사용한다면, 그레이디언트가 거의 항상 0이 되어 모델의 학습이 전혀 이루어지지 않습니다.

> **TIP** **실뱅의 말**
> 수학적 관점에서 볼 때 정확도라는 용어는 임계 지점인 0.5를 제외한 거의 모든 곳에서 값이 상수인 함수입니다. 따라서 거의 모든 곳에서의 미분값은 0이 됩니다(임계 지점에서는 무한대). 즉 그레이디언트가 0 또는 무한대가 되어서 모델 파라미터 갱신 측면에서 무의미합니다.

따라서 정확도 대신 약간 더 나은 예측을 도출한 가중치에 따라 약간 더 나은 손실을 계산하는 손실 함수가 필요합니다. 그런데 '약간 더 나은 예측'은 정확히 무엇일까요? 이는 올바른 정답이 3일 때 점수가 약간 더 높고, 올바른 정답이 7일 때 점수가 약간 더 낮다는 의미입니다.

그러면 이를 반영하는 함수를 작성해보겠습니다. 과연 어떤 형태가 되어야 할까요?

손실 함수는 이미지 자체가 아니라 모델 예측을 입력받습니다. 따라서 이미지가 3인지에 대한 예측으로 0~1 사잇값을 가지는 prds라는 한 인자를 정의할 수 있습니다. 이 인자는 이미지로 색인된 벡터입니다(랭크1 텐서).

손실 함수의 목적은 예측값과 참값(타깃 또는 레이블) 사이의 다름을 측정하는 것입니다. 예측 인자는 앞서 언급했으므로, 이번에는 0 또는 1의 값을 가지는 trgts라는 인자를 정의하겠습니다. 이 또한 이미지별로 색인된 벡터입니다(랭크1 텐서).

예를 들어 실제 정답이 3, 7, 3인 이미지 세 장을 떠올려 봅시다. 모델은 높은 신뢰도(0.9)로 첫 번째 이미지가 3이고, 약간의 신뢰도(0.4)로 두 번째 이미지가 7이라 예측했지만, 낮은 신뢰도(0.2)로 세 번째 이미지가 7이라 틀리게 예측했다고 가정해 보겠습니다. 이때 손실 함수는 다음 여섯 개의 값을 입력받습니다.

```
trgts  = tensor([1,0,1])
prds   = tensor([0.9, 0.4, 0.2])
```

그리고 predictions와 targets 사이의 거리를 측정하는 손실 함수를 만듭니다.

```
def mnist_loss(predictions, targets):
    return torch.where(targets==1, 1-predictions, predictions).mean()
```

torch.where(a,b,c)라는 새로운 함수를 사용했습니다. 이 함수는 [b[i] if a[i] else c[i] for i in range(len(a))] 형식의 리스트 컴프리헨션과 같은 작업을 수행합니다. 다만 C/CUDA 속도의 이점을 누리는 텐서에서 작동한다는 점이 다를 뿐이죠. 말로 풀어보자면, 이 함수는 정답이 1일 때 예측이 1과 떨어진 정도를, 정답이 0일 때 예측이 0과 떨어진 정도를 측정하고 이렇게 구한 모든 거리의 평균을 구하는 일을 합니다.

앞서 선언한 prds와 trgts에 torch.where 함수를 시도해봅시다.

```
>>> torch.where(trgts==1, 1-prds, prds)

tensor([0.1000, 0.4000, 0.8000])
```

보다시피 이 함수는 예측이 더 정확할 때, 정확한 예측의 신뢰도가 더 높을 때(더 높은 절댓
값), 부정확한 예측의 신뢰도가 낮을 때 낮은 숫자 값을 반환합니다. 파이토치에서는 보통 손
실 함수의 값이 낮을수록 좋다고 가정합니다. 결국 계산된 손실은 스칼라값이어야 하므로
mnist_loss 함수는 각 손실의 평균을 반환합니다.

```
>>> mnist_loss(prds,trgts)

tensor(0.4333)
```

가령 '거짓' 타깃에 대한 예측을 0.2에서 0.8로 바꾸면 손실이 줄어들어 더 나은 예측을 나타냅
니다.

```
>>> mnist_loss(tensor([0.9, 0.4, 0.8]),trgts)

tensor(0.2333)
```

현재 정의된 mnist_loss 함수에는 예측이 항상 0과 1 사잇값이라고 가정하는 문제가 있습니
다. 그렇다면 실제로도 값이 0과 1 사이가 되도록 강제하여 이를 확실히 해야 합니다. 마침 정
확히 이 작업을 수행하는 함수가 있습니다.

4.5.1 시그모이드

항상 0과 1 사이의 숫자를 출력하는 시그모이드^{sigmoid} 함수는 다음과 같이 정의됩니다.

```
def sigmoid(x): return 1/(1+torch.exp(-x))
```

파이토치는 GPU 가속을 할 수 있는 시그모이드 함수를 제공합니다. 따라서 직접 함수를 만들 필요는 없지만, (값을 0과 1 사이로 만드는 일이 많은) 딥러닝에서 중요한 함수이므로 의미를 파악해둬야만 합니다. 시그모이드 함수의 생김새를 그래프로 그리면 다음과 같습니다.

```
plot_function(torch.sigmoid, title='Sigmoid', min=-4, max=4)
```

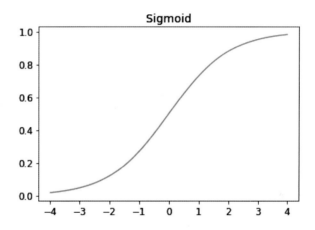

보다시피 입력값은 음수부터 양수까지 제한이 없지만, 출력값은 0과 1 사이입니다. 또한 오직 증가만 하는 부드러운 곡선이라서 SGD가 의미 있는 그레이디언트를 더 쉽게 찾도록 해줍니다.

그러면 먼저 입력된 값(예측값)에 시그모이드가 적용되도록 mnist_loss 함수를 갱신합니다.

```
def mnist_loss(predictions, targets):
    predictions = predictions.sigmoid()
    return torch.where(targets==1, 1-predictions, predictions).mean()
```

이제는 예측이 0과 1 사잇값이 아니더라도 손실 함수가 잘 작동한다고 확신할 수 있습니다. 단 하나의 전제 조건은 높은 예측값이 곧 높은 신뢰도로 연결된다는 사실입니다.

손실 함수를 정의한 지금이 손실 함수가 필요한 이유를 짚고 가기 좋은 시점입니다. 어쨌든 이미 전체적인 정확도라는 평가지표를 정의했는데, 왜 손실을 정의해야 할까요?

평가지표는 사람의 이해를 돕고, 손실은 자동화된 학습을 이끌어간다는 점이 주된 차이점입니다. 따라서 손실은 유의미한 미분이 있는 함수여야만 합니다. 넓고 평평하거나 급작스러운 변화 구간이 있어선 안 되며, 적당히 매끄러운 형태를 띠어야만 합니다. 앞서 구상했던 작은 신뢰도 변화에도 반응하는 손실 함수가 이런 특징을 수용하죠. 손실 함수의 요구 사항은 사람이 정한 달성 목표를 정확히 반영하지는 못하지만, 달성 목표와 그레이디언트로 최적화될 수 있는 함수 사이의 절충안으로 볼 수 있습니다. 손실 함수는 데이터셋의 각 요소에 대해 계산되고, 한 에포크가 끝나는 시점에는 모든 손실값의 평균을 구할 수 있습니다.

반면 평가지표는 사람이 실제로 관심을 가지는 숫자입니다. 매 에포크의 끝에서 모델이 얼마나 학습을 잘했는지를 알려주는 값이죠. 손실보다는 평가지표로 모델의 성능을 판단해야 한다는 사실을 알아두기 바랍니다.

4.5.2 SGD와 미니배치

이제 SGD에 적절한 손실 함수를 갖추었으므로, 그레이디언트에 기반하여 가중치를 갱신하는 학습의 다음 과정에 관련된 세부사항을 고려할 수 있습니다. 이런 과정을 **최적화 단계**라고 합니다.

최적화 단계를 거치려면 하나 이상의 데이터에 대한 손실을 계산해야만 합니다. 그렇다면 얼마나 많은 데이터가 필요할까요? 전체 데이터셋에 대한 손실을 계산한 다음 평균을 내거나, 단일 데이터에 대해서만 계산할 수도 있겠죠. 하지만 두 가지 모두 이상적인 선택은 아닙니다. 전체 데이터셋에 대한 계산은 시간이 오래 걸리고, 단일 항목에 대한 계산은 많은 정보를 활용할 수 없어서 부정확하고 불안정한 그레이디언트가 계산됩니다. 단일 항목에만 의존하여 모델의 성능을 개선하므로 가중치 갱신에 문제를 겪게 되죠.

따라서 절충안이 필요합니다. 즉 한 번에 일정 개수의 데이터에 대한 손실의 평균을 계산합니다. 이런 방식을 **미니배치학습**이라 하고, 미니배치에 포함된 데이터 개수를 **배치 크기**batch size라고 합니다. 배치 크기가 클수록 손실 함수로 계산되는 그레이디언트가 더 정확하고 안정적으로 추정되지만, 계산이 오래 걸립니다. 그렇다면 미니배치의 배치 크기를 더 작게 조정해볼 수 있겠죠. 딥러닝 실무자라면 모델을 빠르고 정확히 학습시키는 적당한 배치 크기를 고를 줄 알아야 합니다. 책 전반에 걸쳐 그 방법을 알아봅니다.

그레이디언트 계산을 개별 데이터 대신 미니배치로 해야 하는 또 다른 이유는 학습을 보통 GPU 같은 가속장치에서 수행하기 때문입니다. 그리고 이런 가속장치는 한 번에 많은 일을 처리해야 할 때만 성능이 좋습니다. 즉 가속장치 작업으로 가능한 한 많은 데이터를 할당하면 도움이 되며, 미니배치는 이를 위한 좋은 방법입니다. 그러나 너무나도 많은 데이터 처리를 요청한다면 메모리 부족 현상을 겪을지도 모릅니다. GPU를 효율적으로 활용하기도 꽤 까다롭습니다!

2장에서 데이터 증강을 다루며 본 대로, 다양한 데이터로 학습을 시도하면 더 나은 일반화를 얻을 수 있습니다. 미니배치 단위로 데이터를 다양화하는 일은 간단하면서도 효과적인 시도입니다. 일반적으로는 매 에포크에 순차적으로 데이터셋을 소비하는 단순한 방식 대신 미니배치가 생성되기 전에 임의로 데이터셋을 뒤섞는 방식을 사용합니다. 파이토치와 fastai는 임의로 데이터셋을 뒤섞은 다음 미니배치를 만드는 DataLoader 클래스를 제공합니다.

DataLoader는 파이썬이 제공하는 모든 컬렉션을 주어진 배치 크기 단위로 분할된 여러 배치에 접근하는 반복자로 만들어 줍니다.

```
>>> coll = range(15)
>>> dl = DataLoader(coll, batch_size=5, shuffle=True)
>>> list(dl)

[tensor([ 3, 12,  8, 10,  2]),
 tensor([ 9,  4,  7, 14,  5]),
 tensor([ 1, 13,  0,  6, 11])]
```

모델 학습에는 임의의 파이썬 컬렉션을 사용해선 안 됩니다. 그 대신 독립변수와 종속변수(모델의 입력과 타깃)를 모두 포함한 컬렉션이 필요하죠. 파이토치는 독립 변수와 종속변수 쌍을 다루는 Dataset이라는 컬렉션 클래스를 제공합니다. 다음은 매우 간단한 Dataset의 예입니다.

```
>>> ds = L(enumerate(string.ascii_lowercase))
>>> ds

(#26) [(0, 'a'),(1, 'b'),(2, 'c'),(3, 'd'),(4, 'e'),(5, 'f'),(6, 'g'),(7,
 > 'h'),(8, 'i'),(9, 'j')...]
```

DataLoader로 Dataset을 넣어주면 독립변수와 종속변수 쌍을 표현한 텐서의 배치 목록을 얻을 수 있습니다.

```
>>> dl = DataLoader(ds, batch_size=6, shuffle=True)
>>> list(dl)

[(tensor([17, 18, 10, 22,  8, 14]), ('r', 's', 'k', 'w', 'i', 'o')),
 (tensor([20, 15,  9, 13, 21, 12]), ('u', 'p', 'j', 'n', 'v', 'm')),
 (tensor([ 7, 25,  6,  5, 11, 23]), ('h', 'z', 'g', 'f', 'l', 'x')),
 (tensor([ 1,  3,  0, 24, 19, 16]), ('b', 'd', 'a', 'y', 't', 'q')),
 (tensor([2, 4]), ('c', 'e'))]
```

이제 SGD를 사용한 첫 번째 학습 루프를 만들 준비가 되었습니다!

4.6 모든 것을 한 자리에

[그림 4-1]에서 묘사한 과정을 구현할 차례입니다. 다음은 매 에포크에 구현되어야 할 과정의 코드입니다.

```
for x,y in dl:
    pred = model(x)
    loss = loss_func(pred, y)
    loss.backward()
    parameters -= parameters.grad * lr
```

우선 파라미터를 초기화합니다.

```
weights = init_params((28*28,1))
bias = init_params(1)
```

DataLoader는 Dataset에서 생성할 수 있습니다.

```
>>> dl = DataLoader(dset, batch_size=256)
>>> xb,yb = first(dl)
>>> xb.shape,yb.shape

(torch.Size([256, 784]), torch.Size([256, 1]))
```

검증용 데이터셋에도 같은 작업을 합니다.

```
valid_dl = DataLoader(valid_dset, batch_size=256)
```

크기가 4인 미니배치를 만들어서 간단히 검사해봅니다.

```
>>> batch = train_x[:4]
>>> batch.shape

torch.Size([4, 784])

>>> preds = linear1(batch)
>>> preds

tensor([[-11.1002],
        [  5.9263],
        [  9.9627],
        [ -8.1484]], grad_fn=<AddBackward0>)

>>> loss = mnist_loss(preds, train_y[:4])
>>> loss

tensor(0.5006, grad_fn=<MeanBackward0>)
```

이제 그레이디언트를 계산할 수 있습니다.

```
>>> loss.backward()
>>> weights.grad.shape,weights.grad.mean(),bias.grad

(torch.Size([784, 1]), tensor(-0.0001), tensor([-0.0008]))
```

그러면 지금까지의 모든 내용을 함수 하나로 정의해봅시다.

```
def calc_grad(xb, yb, model):
    preds = model(xb)
    loss = mnist_loss(preds, yb)
    loss.backward()
```

그리고 함수로 만든 버전을 검사해봅시다.

```
>>> calc_grad(batch, train_y[:4], linear1)
>>> weights.grad.mean(),bias.grad

(tensor(-0.0002), tensor([-0.0015]))
```

그런데 같은 코드를 두 번 호출하니 어떤 일이 일어나나요?

```
>>> calc_grad(batch, train_y[:4], linear1)
>>> weights.grad.mean(),bias.grad

(tensor(-0.0003), tensor([-0.0023]))
```

그레이디언트가 변했습니다! loss.backward는 지금 계산된 손실의 그레이디언트를 앞서 계산된 그레이디언트에 **더하기** 때문입니다. 따라서 이전의 그레이디언트를 0으로 설정해줘야 합니다.

```
weights.grad.zero_()
bias.grad.zero_();
```

> **NOTE_ 제자리 연산자**
>
> 파이토치가 제공하는 메서드 중 이름의 마지막에 밑줄이 포함된 것은 해당 객체를 **제자리에서**in-place 조작합니다. 가령 bias.zero_라는 메서드는 bias 자체의 모든 요소를 0으로 설정합니다.

이제 그레이디언트 및 학습률에 기반해 가중치와 편향을 갱신하는 단계만 남았습니다. 그러려면 여기서도 파이토치가 그레이디언트를 계산하지 못하도록 조치해야 합니다. 안 그러면 다음 배치의 미분 계산 시 매우 혼란스러운 상황이 발생할 수 있습니다! 텐서의 **data** 속성에 값을 할당하면 파이토치는 해당 단계에서 그레이디언트를 계산하지 않습니다. 다음은 한 에포크에서 수행되는 간단한 학습 루프입니다.

```
def train_epoch(model, lr, params):
    for xb,yb in dl:
        calc_grad(xb, yb, model)
        for p in params:
            p.data -= p.grad*lr
            p.grad.zero_()
```

또한 검증용 데이터셋으로 정확도를 확인하여 학습이 얼마나 잘 이뤄지는지를 확인해야 합니다. 예측 출력이 0.5보다 큰지를 확인하여 3과 7 중 무엇을 의미하는지 판단할 수 있습니다. 따라서 다음처럼 각 데이터에 대한 정확도를 계산할 수 있습니다(브로드캐스팅 덕분에 반복문이 필요 없습니다!).

```
>>> (preds>0.5).float() == train_y[:4]

tensor([[False],
        [ True],
        [ True],
        [False]])
```

이 방식으로 배치 단위의 평균 정확도를 계산하는 함수를 만들 수 있습니다.

```
def batch_accuracy(xb, yb):
    preds = xb.sigmoid()
    correct = (preds>0.5) == yb
    return correct.float().mean()
```

함수가 잘 작동하는지 확인합니다.

```
>>> batch_accuracy(linear1(batch), train_y[:4])

tensor(0.5000)
```

그리고 검증용 데이터셋의 모든 배치에 batch_accuracy 함수를 적용해서 얻은 결과들의 평균을 구해보죠.

```
>>> def validate_epoch(model):
        accs = [batch_accuracy(model(xb), yb) for xb,yb in valid_dl]
        return round(torch.stack(accs).mean().item(), 4)

>>> validate_epoch(linear1)

0.5219
```

여기까지가 학습을 진행하기 위한 출발점입니다. 그러면 이번에는 한 에포크 동안 모델을 학습시킨 다음 정확도가 개선되는지를 확인해봅시다.

```
>>> lr = 1.
>>> params = weights,bias
>>> train_epoch(linear1, lr, params)
>>> validate_epoch(linear1)

0.6883
```

그리고 에포크를 여러 번 더 반복합니다.

```
>>> for i in range(20):
        train_epoch(linear1, lr, params)
        print(validate_epoch(linear1), end=' ')

0.8314 0.9017 0.9227 0.9349 0.9438 0.9501 0.9535 0.9564 0.9594 0.9618 0.9613
 > 0.9638 0.9643 0.9652 0.9662 0.9677 0.9687 0.9691 0.9691 0.9696
```

좋아 보이네요! 범용적으로 사용할 수 있는 기본 코드를 직접 만들었을 뿐만 아니라, 이미 '픽셀 유사도' 접근과 유사한 수준의 정확도까지 도달했습니다. 다음으로는 SGD 단계를 포장하여 객체로서 다룰 수 있게끔 만들어 보겠습니다. 파이토치에서는 이런 객체를 **옵티마이저**optimizer라고 합니다.

4.6.1 옵티마이저 만들기

지금까지는 매우 일반적인 기본 코드를 직접 작성했습니다. 하지만 사실 파이토치는 이런 구현을 쉽게 해주는 유용한 클래스를 제공합니다. 가장 먼저 시도할만한 일은 linear1 함수를 파이토치의 nn.Linear 모듈로 대체하는 것입니다. **모듈**module이란 파이토치의 nn.Module 클래스를 상속받은 클래스 객체를 의미합니다. 이 클래스의 객체는 일반적인 파이썬 함수와 작동 방식이 같습니다. 즉 소괄호로 호출할 수 있으며, 호출 결과로 모델의 출력 활성값을 반환합니다.

nn.Linear는 앞서 만든 init_params 및 linear의 작동을 하나로 수행합니다. 단일 클래스 내에 **가중치**와 **편향** 모두가 저장되죠. 앞 절에서 만든 모델을 nn.Linear로 다음과 같이 만들수 있습니다.

```
linear_model = nn.Linear(28*28,1)
```

모든 파이토치의 모듈은 학습할 수 있는 파라미터의 존재를 자체적으로 알고 있습니다. 파라미터 목록은 parameters 메서드로 접근할 수 있습니다.

```
>>> w,b = linear_model.parameters()
>>> w.shape,b.shape

(torch.Size([1, 784]), torch.Size([1]))
```

그리고 이 파라미터 정보는 옵티마이저를 정의하는 데 활용할 수 있습니다.

```
class BasicOptim:
    def __init__(self,params,lr): self.params,self.lr = list(params),lr

    def step(self, *args, **kwargs):
        for p in self.params: p.data -= p.grad.data * self.lr

    def zero_grad(self, *args, **kwargs):
        for p in self.params: p.grad = None
```

그리고 모델의 파라미터를 넣어주어 해당 옵티마이저 객체를 생성합니다.

```
opt = BasicOptim(linear_model.parameters(), lr)
```

이제는 학습 루프를 다음처럼 간소화 할 수 있습니다.

```
def train_epoch(model):
    for xb,yb in dl:
        calc_grad(xb, yb, model)
        opt.step()
        opt.zero_grad()
```

검증용 데이터셋의 정확도를 구하는 **validate_epoch**는 구현 내용을 바꾸지 않아도 잘 작동합니다.

```
>>> validate_epoch(linear_model)

0.4157
```

그러면 **train_model**이라는 함수를 정의하고, 그 안에 학습 루프 및 검증용 데이터셋의 정확도를 구하는 과정을 모두 포함해보겠습니다. 이로써 좀 더 추상적인 관점에서 전체 과정을 간단히 바라볼 수 있습니다.

```
def train_model(model, epochs):
    for i in range(epochs):
        train_epoch(model)
        print(validate_epoch(model), end=' ')
```

그리고 결과가 앞 절에서와 같음을 확인합니다.

```
>>> train_model(linear_model, 20)

0.4932 0.8618 0.8203 0.9102 0.9331 0.9468 0.9555 0.9629 0.9658 0.9673 0.9687
 > 0.9707 0.9726 0.9751 0.9761 0.9761 0.9775 0.978 0.9785 0.9785
```

fastai는 SGD 클래스를 제공합니다. 기본으로 설정된 SGD 클래스는 방금 만든 BasicOptim 클래스와 정확히 같은 방식으로 작동합니다.

```
>>> linear_model = nn.Linear(28*28,1)
>>> opt = SGD(linear_model.parameters(), lr)
>>> train_model(linear_model, 20)

0.4932 0.852 0.8335 0.9116 0.9326 0.9473 0.9555 0.9624 0.9648 0.9668 0.9692
 > 0.9712 0.9731 0.9746 0.9761 0.9765 0.9775 0.978 0.9785 0.9785
```

또한 fastai는 **train_model** 함수 대신 사용할 수 있는 **Learner.fit**도 제공합니다. **Learner.fit**을 사용하려면 우선 **Learner**를 생성해야 합니다. 그리고 **Learner**를 생성하려면 **DataLoaders**를 만들어야 합니다. **DataLoaders**는 학습용과 검증용 **DataLoader**에서 쉽게 만들 수 있습니다.

```
dls = DataLoaders(dl, valid_dl)
```

cnn_learner 같은 편리성 함수를 사용하지 않고 **Learner**를 생성하려면, 이 장에서 만든 모든 요소를 **Learner**의 생성 인자로 전달해야 합니다. 즉 기본적으로 **DataLoaders**, 모델, 최적화 함수(모델의 파라미터가 전달됨), 손실 함수가 지정되어야 하며 추가로 출력을 원하는 평가지표도 함께 지정할 수 있습니다.

```
learn = Learner(dls, nn.Linear(28*28,1), opt_func=SGD,
                loss_func=mnist_loss, metrics=batch_accuracy)
```

이제 **Learner** 객체에 포함된 **fit** 메서드를 호출할 수 있습니다.

```
learn.fit(10, lr=lr)
```

epoch	train_loss	valid_loss	batch_accuracy	time
0	0.636857	0.503549	0.495584	00:00
1	0.545725	0.170281	0.866045	00:00
2	0.199223	0.184893	0.831207	00:00
3	0.086580	0.107836	0.911187	00:00
4	0.045185	0.078481	0.932777	00:00
5	0.029108	0.062792	0.946516	00:00
6	0.022560	0.053017	0.955348	00:00

7	0.019687	0.046500	0.962218	00:00
8	0.018252	0.041929	0.965162	00:00
9	0.017402	0.038573	0.967615	00:00

보다시피 파이토치와 fastai가 제공하는 클래스가 마법을 부린다고 느낄만한 부분은 없습니다. 딥러닝을 좀 더 쉽게 할 수 있도록 돕는 기능 조각들을 미리 만들어두었을 뿐이죠! (물론 그 외에도 여러 가지 추가 기능을 제공합니다. 관련 내용은 차차 알아볼 것입니다.)

다음은 이런 클래스를 활용해서 현재의 선형 모델을 신경망 모델로 바꿔볼 차례입니다.

4.7 비선형성 추가

지금까지 함수의 파라미터를 최적화하는 일반적인 과정과 (약간은 지루한) 단순 선형 분류 모델을 구현한 함수를 시도해 봤습니다. 선형 분류 모델이 할 수 있는 일에는 한계가 있습니다. 좀 더 복잡한 일을 다루려면 분류 모델을 좀 더 복잡하게 바꿔줘야 합니다. 두 선형 분류 모델 (계층) 사이에 **비선형**nonlinear($ax+b$와는 다름)을 추가하면 됩니다. 그리고 이 형태가 바로 신경망이기도 하죠.

다음은 간단한 신경망을 정의한 코드입니다.

```
def simple_net(xb):
    res = xb@w1 + b1
    res = res.max(tensor(0.0))
    res = res@w2 + b2
    return res
```

이 코드가 전부입니다! simple_net은 두 선형성과 그 사이에 존재하는 max 함수만으로 구성됩니다.

w1과 w2는 가중치 텐서이며, b1과 b2는 편향 텐서입니다. 그리고 이런 파라미터는 앞 절에서처럼 임의로 초기화됩니다.

```
w1 = init_params((28*28,30))
b1 = init_params(30)
w2 = init_params((30,1))
b2 = init_params(1)
```

w1에는 출력 활성이 30개 있다는 점이 중요합니다(**w2**는 **w1**과 맞물릴 수 있게 입력 활성이 30개여야 하죠). 즉 첫 번째 계층은 서로 다른 특징 30개를 구성할 수 있고, 각 특징은 서로 다른 픽셀 조합을 표현합니다. 사실 이 숫자 30은 여러분이 원하는 값으로 바꿀 수 있습니다. 바꾼 숫자에 따라 모델이 더 복잡해지거나 덜 복잡해질 수 있습니다.

res.max(tensor(0.0)) 함수는 **렐루**Rectified Linear Unit(**ReLU**)라고도 알려져 있습니다. ReLU를 문자 단위로 해석하면 정류된 선형 단위인데, 매우 복잡하고 어렵게 들립니다. 하지만 실제로는 **res.max(tensor(0.0))** 이외의 숨겨진 뜻은 없습니다. 다시 말해 모든 음숫값을 0으로 교체한다는 뜻이죠. 파이토치에서는 이 단순한 함수를 **F.relu**로 제공합니다.

```
plot_function(F.relu)
```

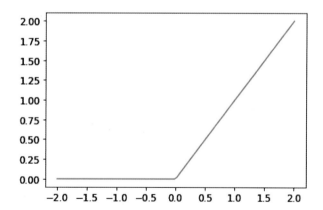

TIP **제러미의 말**

딥러닝 세계에는 수많은 전문용어가 존재합니다. 정류 선형 장치도 그중 하나죠. 하지만 이런 전문용어는 대부분 매우 짧은 코드로 구현할 수 있을 정도로 의미가 복잡하지 않습니다. 학계에 제출된 논문의 저자들은 자신의 논문을 출판하려고 아이디어를 인상적이며 복잡하게 만들어야 할 때가 있습니다. 이런 목적으로 전문용어를 만들기도 합니다. 하지만 불행히도 이런 현상은 딥러닝을 시작하는 사람에게 겁을 주고 진입하기 어렵게 만듭니다. 논문, 튜토리얼의 내용을 이해하려면 여러분은 전문용어를 배워야만 합니다. 하지만 전문용어 때문에 겁을 먹지는 않아도 됩니다. 단지 전에 보지 못한 용어나 구절이 실제로는 매우 단순한 개념에 뿌리를 둘 가능성이 높다는 점을 기억해두기 바랍니다.

기본적인 개념은 선형 계층을 더 많이 사용하여 모델이 계산을 더 많이 수행하도록 만드는 것입니다. 즉, 더 복잡한 함수를 모델링하는 것이죠. 그러나 한 선형 계층 다음에 또 다른 선형 계층을 배치하는 일에는 큰 의미가 없습니다. 곱셈과 덧셈을 여러 번 수행하면 사실상 한 선형 계층이 수행하는 한 번의 곱셈 및 덧셈과 다를 바가 없기 때문입니다. 이는 순차적으로 배치된 여러 선형 계층은 다른 종류의 파라미터로 구성된 하나의 선형 계층으로 대체할 수 있다는 말입니다.

하지만 선형 계층들 사이에 max와 같은 비선형 함수를 넣으면 상황이 달라집니다. 각 선형 계층이 서로 분리되어 각각 자신만의 유용한 일을 할 수 있게 됩니다. max 함수가 특히 흥미로운 이유는 간단한 if 조건문만으로 작동하기 때문입니다.

TIP 실뱅의 말

수학적으로 두 선형 함수의 조합은 또 다른 선형 함수입니다. 따라서 원하는 만큼 선형 함수를 차례대로 쌓아 올릴 수 있고 중간에 비선형 함수가 추가되지 않는다면, 이는 단순히 선형 함수 하나와 같다고 볼 수 있습니다.

놀랍게도 w1과 w2를 충분히 큰 행렬로 구성하고 행렬의 올바른 값을 찾을 수만 있다면, 이 단순한 함수는 모든 계산 가능한 문제를 높은 정확도로 풀어낸다는 점을 수학적으로 증명할 수 있습니다. 수많은 짧은 선을 연결하면 모든 구불구불한 함수를 추정할 수 있겠죠. 이를 **일반 근사 정리**universal approximation theorem라고 합니다. 다음 코드는 여러 **계층**layer을 표현합니다. 첫 번째와 세 번째는 **선형 계층**, 두 번째는 **비선형성** 또는 **활성화 함수**입니다.

앞 절과 마찬가지로 파이토치를 사용하면 간단한 코드로 이를 구현할 수 있습니다.

```
simple_net = nn.Sequential(
    nn.Linear(28*28,30),
    nn.ReLU(),
    nn.Linear(30,1)
)
```

nn.Sequential은 인자로 나열된 계층을 순차적으로 호출하는 모듈을 생성합니다.

nn.ReLU는 F.relu 함수와 정확히 같은 일을 하는 파이토치 모듈입니다. 모델에 포함될 수 있는 함수 대부분에는 같은 일을 하는 대응 모듈이 있습니다. 보통 F를 nn으로 바꾸고 일부 문자를 대문자로 바꿔서 대응 모듈을 찾을 수 있습니다. 파이토치는 nn.Sequential 사용 시 함수 대신 모듈을 사용하기를 요구합니다. 그리고 모듈은 클래스이므로 상기 코드의 nn.ReLU()처럼 인스턴스를 만들어야만 합니다.

nn.Sequential 또한 모듈이므로 파라미터를 관리합니다. 즉 nn.Sequential에 포함된 모든 모듈에 있는 파라미터 목록을 얻을 수 있습니다. 한번 시도해보죠! 전보다 약간 더 깊은 모델을 만들었으니 학습률을 낮추고 에포크 횟수는 높여서 모델을 학습시켜봅니다.

```
learn = Learner(dls, simple_net, opt_func=SGD,
                loss_func=mnist_loss, metrics=batch_accuracy)

learn.fit(40, 0.1)
```

지면 관계상 출력 결과 40줄을 생략합니다. 한편 학습 과정은 learn.recorder에 기록됩니다. 특히 앞서 본 출력 결과를 담은 테이블은 values 속성에 저장되죠. 이 속성값에 접근하여 학습 과정에 따른 정확도 그래프를 그려봅시다.

```
# itemgot은 튜플 목록에서 지정된 색인에 해당하는 튜플 요소만을 추출해
# 목록을 만들어줍니다
# 예를 들어 [(1,2,3), (4,5,6)].itemgot(2)는 [3, 6]을 반환합니다
plt.plot(L(learn.recorder.values).itemgot(2));
```

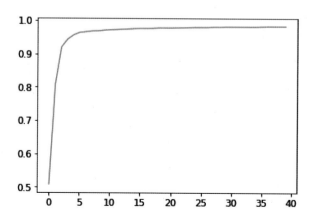

그리고 다음과 같이 마지막에 기록된 정확도를 출력할 수도 있습니다.

```
>>> learn.recorder.values[-1][2]
```

```
0.982826292514801
```

이 시점에서 마법이라고 할만한 결과를 얻었습니다.

- 올바른 파라미터 집합이 주어지면 모든 문제를 원하는 정확도로 풀어낼 수 있는 함수(신경망)
- 모든 함수에 대한 최적의 파라미터 집합을 찾아내는 방법(SGD)

이 두 가지가 딥러닝이 환상적인 일을 해낼 수 있는 이유입니다. 이 간단한 두 기법의 결합이 모든 문제를 해결할 수 있다는 믿음은 딥러닝을 배우는 학생들이 취해야 할 큰 도약입니다. 사실이라고 보기엔 너무 좋아 보이죠. 더 복잡하고 어려운 무언가가 있어야 할 것 같죠? 저는 일단 시도해보시라고 말씀드리고 싶습니다. MNIST 데이터셋에 대한 결과를 직접 확인했습니다. 그레이디언트 계산을 제외한 모두를 직접 밑바닥부터 만들었으니 내부적으로 딱히 마법과도 같은 일이 일어나지 않는다는 사실을 알 수 있었습니다.

4.7.1 좀 더 깊은 모델

단지 선형 계층 두 개로만 끝낼 이유는 없습니다. 선형 계층 사이에 비선형성을 추가하기만 하면, 원하는 만큼 계층을 계속 추가할 수 있습니다. 하지만 모델이 깊어진다는 말은 파라미터 최적화가 어려워짐을 의미합니다(나중에 배울 내용입니다). 책 후반부에서는 더 깊은 모델을 효과적으로 학습시키는 뛰어나지만 간단한 기법들을 배웁니다.

두 선형 계층 사이에 있는 비선형성 하나가 모든 함수를 근사하는 데 충분하다는 점을 배웠습니다. 그렇다면 왜 더 깊은 모델이 필요할까요? 바로 성능 때문입니다. 더 많은 계층으로 구성된 모델이 그 깊이만큼 많은 파라미터를 요구하지는 않습니다. 더 많은 계층이 있는 작은 행렬을 사용하면 적은 계층의 큰 행렬보다 더 좋은 결과를 얻을 수 있다는 사실이 밝혀졌습니다.

다시 풀어서 설명해보면, 메모리를 덜 차지하는 방식으로 모델을 더 빠르게 학습시킬 수 있다는 의미입니다. 일반 근사 정리에 집중하던 1990년대의 연구자 중 극소수만이 하나 이상의 비선형성을 다루는 실험을 했습니다. 이론적으로는 완벽하지만 실용적이지 않았던 이 개념은 신경망 분야를 수년 동안 정체시킨 원인입니다. 하지만 일부 연구자는 심층적인 모델로 실험을 수행했고, 마침내 그런 모델이 실전에서 훨씬 좋은 성능을 보인다는 사실을 밝혀냈습니다. 그리고 그 이유를 뒷받침하는 이론적인 내용은 나중에 정립되었죠. 오늘날 비선형성 하나만으로 신경망을 사용하는 사람은 거의 찾아볼 수 없습니다.

다음은 1장과 같은 방식을 사용하되, 18개 계층으로 구성된 모델을 학습시키는 상황을 보여줍니다.

```
dls = ImageDataLoaders.from_folder(path)
learn = cnn_learner(dls, resnet18, pretrained=False,
                    loss_func=F.cross_entropy, metrics=accuracy)
learn.fit_one_cycle(1, 0.1)
```

epoch	train_loss	valid_loss	accuracy	time
0	0.082089	0.009578	0.997056	00:11

거의 100%에 가까운 정확도를 얻었습니다! 앞서 만든 단순한 신경망 대비 큰 차이를 만들어냈군요. 앞으로 배우겠지만 요령을 약간 더하면 여러분 스스로 구현해도 이 정도로 좋은 결과를 얻을 수 있습니다. 여러분은 이미 가장 중요한 기본기를 익혔다고 볼 수 있습니다(물론 모든 비법을 터득하더라도 거의 항상 파이토치와 fastai가 미리 정의하여 제공하는 클래스를 사용합니다. 직접 작은 세부사항 하나하나를 고민하는 데 드는 시간을 절약할 수 있기 때문이죠).

4.8 전문용어 정리

축하합니다! 여러분은 이제 밑바닥에서부터 심층 신경망을 만들고 학습시키는 방법을 터득했습니다! 이 지점에 도달하기까지 꽤 많은 단계를 거쳤지만, 돌이켜보면 그 과정이 얼마나 단순한지에 놀랄지도 모릅니다.

지금 이 시점에 몇 가지 전문용어와 주요 개념을 정의하며 되돌아보는 기회를 가지면 좋을 것 같습니다.

신경망은 수많은 수로 구성되지만, 계산된 수와 이 수를 계산하는 파라미터라는 단 두 종류로 분류할 수 있습니다. 이는 가장 중요한 두 전문용어와 관련이 있습니다.

- **활성**
  선형 및 비선형 계층에서 계산된 수

- **파라미터**
  임의로 초기화되고 최적화된 수(즉 모델을 정의하는 수)

이 책은 활성과 파라미터에 관한 이야기를 자주 꺼냅니다. 두 가지의 구체적인 의미를 기억하세요. 이들은 추상적인 개념이 아니라 실제로 모델을 구성하는 구체적인 수입니다. 좋은 딥러닝 실무자가 되려면 활성과 파라미터를 살펴볼 줄 알아야 하고, 그래프를 그려서 이들의 작동이 올바른지 검사 및 확인할 수 있어야 합니다.

활성과 파라미터는 모두 **텐서**로 저장됩니다. 즉 행렬과 같은 일반적인 모양의 배열일 뿐이죠. 행렬은 행과 열로 구성되는데, 이들을 **축** 또는 **차원**이라고 부르기도 합니다. 텐서의 차원 개수는 해당 텐서의 랭크입니다. 다음은 몇 가지 특별한 텐서의 예입니다.

- 랭크0: 스칼라

- 랭크1: 벡터

- 랭크2: 행렬

신경망은 여러 계층으로 구성됩니다. 그리고 계층은 **선형** 또는 **비선형**의 형태를 따릅니다. 일반적으로 이 두 종류의 계층을 번갈아 사용하여 신경망을 만듭니다. 선형 계층과 따라 나오는 비선형 계층을 묶어서 하나의 계층이라고 표현하는 사람도 있습니다. 그래서 가끔은 혼란스러울지도 모릅니다. 때로는 비선형성을 **활성화 함수**라고 표현하기도 합니다.

[표 4-1]은 SGD와 관련된 주요 개념을 요약합니다.

표 4-1 SGD와 관련된 전문용어

용어	의미
ReLU	양수의 입력은 그대로 출력하고 음수의 입력은 0으로 반환하는 함수입니다.
미니배치	두 배열에 모인 입력과 타깃의 작은 그룹입니다. 경사 하강 단계는 한 에포크 전체에 대해 수행되지 않고 미니배치 단위로 수행됩니다.
순전파	입력을 모델에 적용하여 예측을 수행하는 과정입니다.
손실	모델이 얼마나 잘하는지, 못하는지를 표현하는 값입니다.

그레이디언트	모델의 일부 파라미터에 대한 손실을 미분한 값입니다.
역전파	모델의 모든 파라미터에 대한 손실의 그레이디언트를 계산하는 과정입니다.
경사 하강	모델의 파라미터를 약간 더 좋게 만들려고 그레이디언트의 반대 방향으로 나아가는 한 번의 단계입니다.
학습률	SGD를 적용하여 모델의 파라미터가 갱신되어야 하는 크기입니다.

> **NOTE_ 자신만의 여정을 선택한 독자를 위한 알림**
> 내부적인 일이 궁금해서 2, 3장을 건너뛰고 4장을 먼저 읽으셨나요? 그렇다면 2장으로 돌아가기 바랍니다.
> 곧 2, 3장의 내용이 필요하기 때문입니다!

4.9 질문지

1 컴퓨터는 흑백 이미지를 어떻게 표현하나요? 컬러 이미지는 어떻게 표현하나요?

2 MNIST_SAMPLE 데이터셋의 파일과 폴더는 어떻게 구성되나요? 이렇게 구성된 이유는 무엇일까요?

3 '픽셀 유사도' 접근법이 숫자를 분류하는 방식을 설명해보세요.

4 리스트 컴프리헨션이란 무엇인가요? 리스트에서 홀수를 선택한 다음 두 배 증가시키는 리스트 컴프리헨션을 만들어 보세요.

5 랭크3 텐서란 무엇인가요?

6 텐서의 랭크와 모양은 어떻게 다른가요? 모양에서 랭크를 어떻게 구할 수 있나요?

7 RMSE와 L1 노름은 무엇인가요?

8 파이썬의 반복문보다 수천 배 빠르게 수천 개의 계산을 하는 방법은 무엇인가요?

9 3x3 텐서 또는 배열을 만들고 1부터 9까지 넣어보세요. 그리고 값을 두 배 증가시키세요. 그다음 우측 하단의 숫자 네 개를 선택해보세요.

10 브로드캐스팅이란 무엇인가요?

11 학습용 데이터셋과 검증용 데이터셋으로 계산되는 평가지표란 무엇인가요? 왜 평가지표를 계산할까요?

12 SGD란 무엇인가요?

13 SGD가 미니배치를 사용하는 이유는 무엇인가요?

14 머신러닝에서 SGD의 일곱 단계는 무엇인가요?

15 모델의 가중치는 어떻게 초기화되나요?

16 손실이란 무엇인가요?

17 항상 높은 학습률을 사용하지 못하는 이유는 무엇인가요?

18 그레이디언트란 무엇인가요?

19 여러분이 직접 그레이디언트를 계산하는 방법을 알아야 하나요?

20 정확도를 손실 함수로 사용할 수 없는 이유는 무엇인가요?

21 시그모이드 함수를 그려보세요. 함수 모양에서 특별한 점은 무엇인가요?

22 손실 함수와 평가지표의 다른 점은 무엇인가요?

23 학습률로 새로운 가중치를 계산하는 함수는 무엇인가요?

24 DataLoader 클래스의 역할은 무엇인가요?

25 각 에포크에 SGD가 수행하는 기본적인 단계를 보여주는 슈도코드를 작성해보세요.

26 [1,2,3,4]와 'abcd'를 인자로 전달받아 [(1,'a'),(2,'b'),(3,'c'),(4,'d')]를 반환하는 함수를 만들어 보세요. 출력된 데이터 구조의 특별한 점은 무엇인가요?

27 파이토치의 view가 하는 일은 무엇인가요?

28 신경망의 편향 파라미터란 무엇인가요? 왜 필요할까요?

29 파이썬의 @ 연산자 역할은 무엇인가요?

30 backward 메서드가 하는 일은 무엇인가요?

31 그레이디언트를 0으로 만들어야만 하는 이유는 무엇인가요?

32 Learner로 넘겨줘야 하는 정보에는 무엇이 있나요?

33 학습 루프의 기본 단계를 보여주는 파이썬 코드나 슈도코드를 작성해보세요.

34 ReLU란 무엇인가요? 값 범위가 −2에서 +2까지인 그래프를 그려보세요.

35 활성화 함수란 무엇인가요?

36 F.relu와 nn.ReLU의 차이는 무엇인가요?

37 만능 근사 정리는 비선형성 하나만으로도 모든 함수를 거의 근사할 수 있음을 보여줍니다. 그렇다면 왜 보통 비선형형이 하나 이상 필요할까요?

4.9.1 추가 연구

1 여기서 배운 학습 루프에 기반해 밑바닥에서부터 직접 Learner를 구현해보세요.

2 전체 MNIST 데이터셋으로 모든 단계를 수행해보세요(3과 7이 아니라 모든 숫자). 중요한 프로젝트이며, 완성하는 데 시간이 상당히 걸릴지도 모릅니다. 도중에 만날 여러 장애물을 극복하는 과정에 여러분만의 연구를 해볼 기회를 얻게 될 것입니다.

CHAPTER 5

이미지 분류

지금까지 딥러닝의 개념과 딥러닝 모델을 만들고 배포하는 방법을 배웠습니다. 이제는 좀 더 심도 있게 들어가 볼 차례입니다! 언젠가 도래할 이상적인 세상에서는 딥러닝의 내부에서 일어나는 모든 내용을 상세히 알 필요가 없을지도 모르지만, 아직 그런 세상이 오지는 않았습니다. 사실 모델을 정말 안정적으로 작동하게 만들려면 모델을 올바르게 이해하고, 검사해야 할 수많은 세부사항을 숙지해야 하는 것이 현실입니다. 이 과정은 신경망의 학습 및 예측 시 내부를 들여다보고 가능성 있는 문제를 찾아내서 해결하는 능력을 요구하죠.

따라서 여기서는 딥러닝의 작동 방식을 철저히 분석하는 시간을 가져봅니다. 가령 영상 처리, 자연어 처리, 테이블 데이터 모델 등의 구조적 이해와 특정 도메인 요구 사항에 부합하는 구조를 만드는 방법, 최고의 학습 결과를 끌어내는 방법, 더 빠르게 학습을 수행하는 방법, 데이터셋이 바뀌면 처리해줘야 하는 작업의 내용을 포함합니다.

1장에서 본 애플리케이션을 다시 살펴보면서, 다음 두 사항을 추가해봅시다.

- 애플리케이션 개선하기
- 다양한 종류의 데이터에 적용하기

이 두 가지를 하려면 딥러닝 퍼즐의 모든 조각을 배워야만 합니다. 가령 여러 계층 종류, 정규화 방법, 옵티마이저, 한 구조에 여러 계층을 넣는 방법, 레이블링 기법 등이죠. 이 모두를 지금 당장 여러분께 떠넘기지는 않겠습니다. 필요할 때마다 점진적으로 각 개념을 소개하고, 우리가 다루는 프로젝트와 연관 지어 각 개념을 문제 해결에 활용하는 방법을 알아봅니다.

5.1 개/고양이 예를 반려동물 품종으로 확장하기

우리는 처음 만든 모델로 강아지와 고양이를 분류하는 방법을 배웠습니다. 이는 수년 전만 해도 매우 어려운 일이었지만, 오늘날에는 너무나도 쉬운 문제가 되었습니다. 따라서 이 문제로는 모델 학습 방법 간의 미묘한 차이를 설명하기가 어렵습니다. 학습의 세부 내용을 몰라도 거의 완벽에 가까운 결과를 얻을 수 있기 때문이죠. 하지만 같은 데이터셋을 사용해서 각 이미지 내 반려동물의 품종을 분류하는 훨씬 도전적인 문제를 만들 수도 있습니다.

1장에서는 이미 해결된 문제에 관한 응용을 소개했습니다. 하지만 실생활에서의 문제 해결은 그보다 훨씬 어렵습니다. 어떤 데이터셋인지 전혀 모르고 시작할 때가 많기 때문이죠. 데이터가 구성된 방식, 필요한 형태로 데이터를 추출하는 방법, 그렇게 얻은 데이터가 어떤 형식일지를 알아나가야 합니다. 앞으로는 데이터를 이해하는 데 필요한 모든 중간 과정을 포함하여 모델링을 검사하는 등 실제로 문제를 풀어나가는 방법을 다룹니다.

이미 PETS 데이터셋을 다운로드했습니다. 1장에서와 같은 코드를 실행해서 이미 다운로드한 데이터셋의 경로를 얻을 수 있습니다.

```
from fastai.vision.all import *
path = untar_data(URLs.PETS)
```

각 이미지에서 반려동물 품종을 추출하려면 데이터의 구성 방식을 먼저 이해해야만 합니다. 데이터의 구성 방식을 이해하는 일은 딥러닝 퍼즐에서 필수적인 조각입니다. 일반적으로 데이터는 다음 두 방식으로 제공됩니다.

- 개별 파일이 텍스트 문서, 이미지 같은 개별 데이터 요소에 대응합니다. 그리고 폴더나 파일명에 각 데이터의 추가 정보가 있습니다.
- 테이블 형식의 데이터(예: CSV)로 제공됩니다. 이때 각 행은 개별 데이터를 표현하며, 열 중에는 파일명을 담당하는 열이 있기도 합니다. 파일명은 테이블로 표현된 데이터를 실제 텍스트 문서나 이미지 같은 데이터로 연결하는 역할을 합니다.

일반적으로 데이터셋은 대부분 두 방식의 조합으로 구성됩니다. 물론 예외도 있습니다. 특히 유전체학genomics에서는 이진 데이터베이스나 네트워크 스트림 형식의 데이터를 종종 다루곤 합니다.

데이터셋에 포함된 내용은 ls 메서드로 확인할 수 있습니다.

```
>>> path.ls()
```

```
(#3) [Path('annotations'),Path('images'),Path('models')]
```

데이터셋에 images, annotations 디렉터리가 포함됨을 알 수 있습니다. 데이터셋을 제공하는 웹사이트(https://oreil.ly/xveoN)는 annotations 디렉터리가 반려동물의 품종이 아니라 이미지 내 해당 동물이 위치한 좌표 정보를 담고 있다는 점을 알려줍니다. 우리는 반려동물이 이미지 내 어디에 있는지를 알아내는 위치 파악 문제가 아니라 반려동물의 품종을 알아내는 분류 문제를 다루므로 annotations 디렉터리는 무시하고 images 디렉터리 내용만 확인합니다.

```
>>> (path/"images").ls()
```

```
(#7394) [Path('images/great_pyrenees_173.jpg'),Path('images/wheaten_terrier_46.j
> pg'),Path('images/Ragdoll_262.jpg'),Path('images/german_shorthaired_3.jpg'),P
> ath('images/american_bulldog_196.jpg'),Path('images/boxer_188.jpg'),Path('ima
> ges/staffordshire_bull_terrier_173.jpg'),Path('images/basset_hound_71.jpg'),P
> ath('images/staffordshire_bull_terrier_37.jpg'),Path('images/yorkshire_terrie
> r_18.jpg')...]
```

fastai 라이브러리 중 컬렉션을 반환하는 함수나 메서드는 대부분 L이라는 클래스를 반환합니다. 이 클래스는 평범한 파이썬 list 자료형에 편리한 기능을 추가하여 강화한 버전입니다. 가령 노트북 환경에서 이 클래스 객체를 출력하면, 앞서 본 형식을 따르는 결과를 볼 수 있습니다. # 문자로 시작하는 가장 첫 번째 정보는 컬렉션이 포함한 요소 개수입니다. 이어지는 출력은 마지막에 줄임표(...)를 포함하여 요소의 실제 목록을 일부 보여줍니다. 즉 처음 요소 몇 개만 출력하므로 파일명 7,000개를 한 화면에 모두 출력하고 싶지 않을 때 유용합니다.

출력된 파일명은 품종, 밑줄(_), 숫자, 확장자로 구성됩니다. 즉, 각 파일 경로의 Path에서 품종을 추출하는 코드를 만들어야 합니다. 주피터 노트북 환경에서는 이를 쉽게 구현할 수 있습니다. 조금씩 작동하는 코드를 만들어서 전체 데이터셋으로 점진적 확장하여 기능을 검증할 수 있기 때문이죠. 단, 이 시점에 너무 많은 가정을 하지 않도록 조심해야 합니다. 가령 품종이 여러 단어로 구성되므로 단순히 문자열을 _ 문자 기준으로 분리해서는 안 됩니다. 일단 파일명을 하나 고르고, 제한적인 상황에서 코드를 검증해보겠습니다.

```
fname = (path/"images").ls()[0]
```

정규 표현식^{regular expression}은 이런 문자열에서 정보를 추출하는 가장 강력하면서도 유연한 방법입니다. 줄여서 **regex**라고도 합니다. 정규 표현식은 정규 표현식 언어로 작성된 특별한 규칙이 있는 문자열로, 입력 문자열이 규칙을 따르는지를 검사하거나(정규 표현식에서는 '맞춤^{match}'이라고 합니다) 입력된 문자열 중 규칙에 부합하는 일부를 추출하는 데 사용됩니다. 따라서 우리는 파일명에서 품종을 추출하는 정규 표현식을 만듭니다.

여기서 정규 표현식을 자세히 다루지는 않습니다. 하지만 온라인에 뛰어난 튜토리얼이 많고, 소프트웨어 엔지니어인 여러분에게 정규 표현식은 꽤 친숙할 것입니다. 그렇지만 모르더라도 문제없습니다. 바로 지금 배울 기회를 얻었다고 생각하세요! 정규 표현식은 유용한 프로그래밍 도구이며, 많은 fast.ai 수강생이 가장 재밌는 부분으로 꼽기도 했습니다. 그러니 아직 잘 모른다면 지금 당장 '정규 표현식 튜토리얼'을 구글에 검색해서 어느 정도 이해를 쌓고 다시 책으로 돌아오기 바랍니다. 책의 웹사이트(https://book.fast.ai)에 저희가 좋아하는 튜토리얼 목록을 나열해 두었습니다.

> **TIP** 알렉시스의 말
>
> 정규 표현식은 매우 유용할 뿐 아니라 뿌리 또한 흥미롭습니다. '정규^{regular}'라고 부르는 이유는 촘스키 계층구조^{Chomsky hierarchy}의 가장 하위 단계인 '정규' 언어에서 따왔기 때문입니다. 이 계층구조는 언어학자 놈 촘스키^{Noam Chomsky}가 개발한 문법 분류 체계입니다. 촘스키는 사람 언어에서 형식 문법을 검색하는 선구적 연구인 **변형생성문법**^{Syntactic Structures} 이론을 썼습니다. 저는 매일 사용하는 도구가 사실은 다른 곳에서 영감을 받았는지도 모른다는 점도 프로그래밍의 매력이라 생각합니다.

정규 표현식을 작성할 때는 한 가지 예로 시작해보는 방법이 가장 좋습니다. 다음은 `findall` 메서드로 `fname` 객체의 파일명 속성인 `name`에 정규 표현식을 적용합니다.

```
>>> re.findall(r'(.+)_\d+.jpg$', fname.name)

['great_pyrenees']
```

이 정규 표현식은 마지막 밑줄 문자 다음에 하나 이상의 숫자와 JPEG 확장자가 등장하면 마지막 밑줄 문자 이전의 모든 문자열을 추출합니다.

선택된 예제 파일명에서 정규 표현식이 잘 작동한다는 사실을 확인했습니다. 그러면 전체 데이터셋 레이블링에도 적용해봐야겠죠. fastai는 정규 표현식을 이용해 레이블링 작업을 할 수 있도록 RegexLabeller 클래스를 제공합니다. 이 클래스는 2장에서 본 데이터블록 API와 함께 사용할 수 있습니다(사실상 거의 항상 데이터블록 API를 사용합니다. 1장에서 본 단순한 팩토리 메서드보다 훨씬 더 유연하기 때문이죠).

```
pets = DataBlock(blocks = (ImageBlock, CategoryBlock),
                 get_items=get_image_files,
                 splitter=RandomSplitter(seed=42),
                 get_y=using_attr(RegexLabeller(r'(.+)_\d+.jpg$'), 'name'),
                 item_tfms=Resize(460),
                 batch_tfms=aug_transforms(size=224, min_scale=0.75))
dls = pets.dataloaders(path/"images")
```

데이터블록 객체 생성 시 입력된 인자 중 다음 둘은 이번에 처음 등장합니다.

```
item_tfms=Resize(460),
batch_tfms=aug_transforms(size=224, min_scale=0.75)
```

이 코드 두 줄로 fastai의 데이터 증강 전략 중 하나인 **사전 크기 조절**presize을 구현할 수 있습니다. 사전 크기 조절은 좋은 성능을 유지하면서, 동시에 데이터 파괴destruction를 최소화하도록 설계된 특별한 이미지 증강 기법입니다.

5.2 사전 크기 조절

텐서로 포장된 이미지를 GPU로 전달하려면 이미지가 모두 같은 크기여야만 합니다. 그리고 수행될 데이터 증강의 계산 횟수도 최소화하는 편이 좋겠죠. (손실되는 연산과 계산 횟수를 줄이도록) 가능한 한 적은 변형 작업으로 데이터 증강을 수행하고, (GPU에서 더 효율적으로 처리하도록) 이미지를 같은 크기로 변형하는 것이 성능상 권장 요구 사항입니다.

문제는 크기를 증강된 크기로 조정한 후 다양한 데이터 증강을 수행하면 불필요하게 채워진 빈 영역spurious empty zones이나 데이터의 저하data degradation(또는 두 가지가 모두)가 발생할 수 있다는 점입니다. 가령 이미지를 45도 회전하면, 새 경계의 모서리 부분이 텅 비겠죠. 이렇게 텅 빈 부분에는 학습할 정보가 없습니다. 그래서 회전, 확대, 축소와 같은 작업으로 생겨난 빈 부분을 채우는 보간법interpolating이 필요합니다. 그러나 보간된 픽셀은 원본 이미지 데이터에서 파생되었지만 품질이 좋지는 않습니다.

사전 크기 조절은 [그림 5-1]에 묘사한 두 전략으로 이 문제를 해결합니다.

1 이미지 크기를 상대적으로 '크게' 만듭니다. 즉 실제로 원하는 이미지보다 훨씬 더 크게 만듭니다.

2 이미지에 공통적으로 적용할 모든 증강 연산을 하나로 구성하고, 처리 마지막 단계에서 조합된 연산들을 GPU가 단 한 번만 수행합니다. 개별 이미지에 증강 연산과 보간법을 수행하는 것과 대조되는 방식이죠.

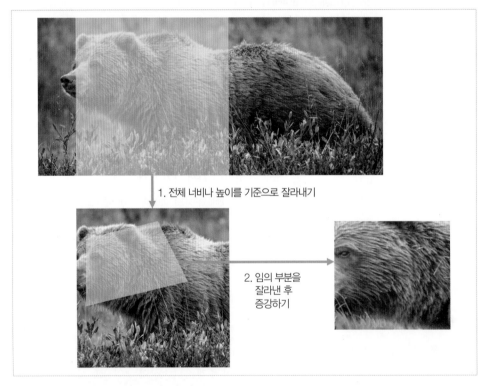

그림 5-1 학습용 데이터셋에 대한 사전 크기 조절

첫 번째 단계인 크기 조절에서는 이미지를 충분히 크게 키웁니다. 즉, 빈 영역을 만들지 않고 데이터 증강을 내부 영역에서 수행하도록 여분의 여백을 보장합니다. 구체적으로는 정사각형으로 이미지 일부를 잘라내어 크기를 조절하는 방식을 적용합니다. 학습용 데이터셋에서 잘라낼 영역은 임의로 정해지고 잘라낼 크기는 이미지 전체 너비와 높이 중 작은 쪽이 선택됩니다. 그리고 두 번째 단계에서는 모든 데이터 증강 연산을 GPU에서 수행합니다. 이때 모든 잠재적인 파괴 작업을 함께 수행하고, 마지막에 보간법을 한 번 적용합니다.

이 그림은 두 단계를 보여줍니다.

1. **전체 너비나 높이를 기준으로 잘라내는 단계**: item_tfms에 해당합니다. 즉 GPU로 복사되기 전 개별 이미지에 적용하는 부분이죠. 이 단계는 모든 이미지를 같은 크기로 만들어줍니다. 학습용 데이터셋에서는 잘릴 영역이 임의로 정해지고, 검증용 데이터셋에서는 항상 이미지의 정중앙 정사각형 영역이 선택됩니다.
2. **임의의 부분을 잘라낸 후 증강하는 단계**: batch_tfms에 해당합니다. 즉 GPU에서 한 번에 처리할 배치 단위의 데이터에 적용되어 빠르게 처리됩니다. 검증용 데이터셋에서는 모델에 필요한 최종 크기로 조절하는 작업만 수행하고, 학습용 데이터셋에서는 임의로 잘라내는 작업을 포함한 다른 증강 연산을 먼저 수행합니다.

fastai로 이 과정을 구현하려면 요소 변환에 Resize를, 배치 변환에 작은 크기의 RandomResizedCrop을 사용해야 합니다. 또는 직전에 본 코드처럼 aug_transforms 함수에 min_scale 인잣값을 조절해서도 RandomResizedCrop을 적용할 수 있습니다. 초기 잘라내기 과정에 Resize 대신 pad 또는 squish를 사용해도 됩니다.

그림 5-2 fastai의 데이터 증강 전략(좌측)과 일반적인 접근 방식(우측) 비교

[그림 5-2]는 확대, 보간, 회전, 재보간 작업을 순차적으로 한 번씩 수행한 이미지(우측)와 확대와 회전을 단일 연산으로 수행한 다음 보간을 한 번만 적용한 이미지(좌측. fastai 접근법)의 차이를 보여줍니다.

우측 이미지는 좌측보다 윤곽이 덜 선명하고, 좌측 하단에 인위적인 반사체가 채워졌으며, 좌측 상단의 잔디가 사라졌습니다. fastai 연구 결과에 따르면 사전 크기 조절은 학습 속도를 높일 뿐만 아니라 모델의 정확도 개선에도 매우 유용한 기법입니다.

fastai 라이브러리는 모델을 학습시키기 전에 데이터의 올바른 형태를 검사하는 간단한 방법도 제공합니다. 이는 매우 중요한 단계입니다. 다음 절에서 자세히 알아보죠.

5.2.1 데이터블록 검사와 디버깅

코드가 완벽히 작동한다고 상정할 수는 없습니다. 데이터블록을 만드는 일은 일종의 청사진(템플릿)을 작성하는 작업으로 볼 수 있습니다. 코드에 문법 오류가 있다면 관련 오류 메시지가 표시되지만, 템플릿만으로는 실제 데이터에서 의도한 대로 작동한다고 보장할 수 없습니다. 따라서 모델을 학습시키기 전 데이터블록이 정상적으로 작동하는지를 항상 점검해야만 합니다.

show_batch 메서드는 이런 점검을 도와줍니다.

```
dls.show_batch(nrows=1, ncols=3)
```

beagle   yorkshire_terrier   leonberger

각 이미지가 올바른 품종명으로 레이블링되었는지 눈으로 점검해봅시다. 데이터 과학자가 항상 특정 도메인 전문가만큼 해당 분야의 데이터를 잘 이해하지는 않습니다. 예를 들어 저는 반

려동물 품종이 얼마나 다양한지 잘 모릅니다. 이 분야 전문가가 아니라서 **show_batch**로 출력한 이미지의 레이블이 올바른지 점검하려면 구글 이미지 검색을 활용해야 할지도 모릅니다.

데이터블록을 구축할 때 저지른 실수를 바로 파악하기란 어렵습니다. 대신 디버깅 목적으로 제공되는 **summary** 메서드 사용을 권장합니다. 이 메서드는 제공된 데이터의 여러 세부사항을 모두 포함한 한 배치를 생성하려고 시도합니다. 만약 메서드 호출이 실패하면, 에러가 발생한 정확한 지점을 확인할 수 있습니다. 발생한 에러에 관해 라이브러리에서 도움을 받을 수도 있습니다. 가령 깜빡하고 **Resize** 변형을 사용하지 않으면, 모든 이미지의 크기가 서로 달라서 배치를 만들지 못하고 실패합니다. 다음은 이런 실패를 했을 때 **summary** 메서드가 출력하는 내용입니다(여러분이 책을 읽는 시점에는 출력 내용이 바뀌었을지도 모릅니다. 하지만 전반적인 작동 방식을 알아본다는 생각으로 읽어보기 바랍니다).

```
>>> pets1 = DataBlock(blocks = (ImageBlock, CategoryBlock),
                       get_items=get_image_files,
                       splitter=RandomSplitter(seed=42),
                       get_y=using_attr(RegexLabeller(r'(.+)_\d+.jpg$'), 'name'))
>>> pets1.summary(path/"images")

Setting-up type transforms pipelines
Collecting items from /home/sgugger/.fastai/data/oxford-iiit-pet/images
Found 7390 items
2 datasets of sizes 5912,1478
Setting up Pipeline: PILBase.create
Setting up Pipeline: partial -> Categorize

Building one sample
  Pipeline: PILBase.create
    starting from
      /home/sgugger/.fastai/data/oxford-iiit-pet/images/american_bulldog_83.jpg
    applying PILBase.create gives
      PILImage mode=RGB size=375x500
  Pipeline: partial -> Categorize
    starting from
      /home/sgugger/.fastai/data/oxford-iiit-pet/images/american_bulldog_83.jpg
    applying partial gives
      american_bulldog
    applying Categorize gives
      TensorCategory(12)
```

```
Final sample: (PILImage mode=RGB size=375x500, TensorCategory(12))

Setting up after_item: Pipeline: ToTensor
Setting up before_batch: Pipeline:
Setting up after_batch: Pipeline: IntToFloatTensor

Building one batch
Applying item_tfms to the first sample:
  Pipeline: ToTensor
    starting from
      (PILImage mode=RGB size=375x500, TensorCategory(12))
    applying ToTensor gives
      (TensorImage of size 3x500x375, TensorCategory(12))

Adding the next 3 samples

No before_batch transform to apply

Collating items in a batch
Error! It's not possible to collate your items in a batch
Could not collate the 0-th members of your tuples because got the following
shapes:
torch.Size([3, 500, 375]),torch.Size([3, 375, 500]),torch.Size([3, 333, 500]),
torch.Size([3, 375, 500])
```

데이터가 모이고 분할된 방식, 파일명으로 **샘플**((이미지, 분류) 튜플)을 구성한 방식, 개별 데이터에 적용된 변형의 종류 등을 정확히 확인할 수 있습니다. 또한 각 샘플을 배치 하나로 구성하는 단계에서 실패한 원인도 자세히 알 수 있습니다(서로 다른 이미지 크기 때문이죠).

이런 디버깅 과정을 거쳐 데이터가 올바르다고 판단한 다음에는 데이터로 간단한 모델을 학습시켜보기를 권장합니다. 많은 분이 실제 모델의 학습을 오랫동안 미뤄두곤 합니다. 그러면 결과적으로 기준선 찾기조차 하지 않은 채 머무르게 되죠. 때로는 문제를 해결하는 데 도메인에 특화된 여러 복잡한 기술이 필요치 않거나, 수집한 데이터 자체의 문제로 모델이 전혀 학습되지 못하기도 합니다. 이런 사실을 가능한 한 빨리 알아내야 합니다.

첫 번째 테스트로 사용할 모델은 1장에서 사용한 간단한 모델과 같습니다.

```
learn = cnn_learner(dls, resnet34, metrics=error_rate)
learn.fine_tune(2)
```

epoch	train_loss	valid_loss	error_rate	time
0	1.491732	0.337355	0.108254	00:18

epoch	train_loss	valid_loss	error_rate	time
0	0.503154	0.293404	0.096076	00:23
1	0.314759	0.225316	0.066306	00:23

앞서 잠시 언급했듯이, 모델을 학습시킬 때 나타나는 표는 학습의 각 에포크가 끝난 후의 결과를 보여줍니다. 한 에포크는 데이터에 포함된 이미지를 모두 한 번씩 처리했다는 뜻임을 기억해 두세요. 각 열은 학습용 및 검증용 데이터셋에서의 평균 손실 정보와 요청한 평가지표를 포함합니다. 여기서는 에러율(error_rate)이죠.

손실은 모델 파라미터를 최적화하는 데 사용하기로 한 어떤 함수도 될 수 있습니다. 그런데 우리는 명시적으로 사용할 손실 함수를 지정한 적이 없죠. 내부적으로 무슨 일이 일어날까요? fastai는 사용 중인 데이터와 모델의 종류에 따라 적절한 손실 함수를 고릅니다. 여기서는 이미지 데이터를 입력받아서 범주형 출력을 내놓으므로, 기본적으로 **교차 엔트로피 손실**cross-entropy loss을 선택합니다.

5.3 교차 엔트로피 손실

교차 엔트로피 손실은 앞 장에서 사용한 손실 함수와 유사하지만, 다음과 같은 두 가지 추가 장점이 있습니다.

- 종속 변수에 범주가 둘 이상이더라도 작동합니다.
- 더 빠르고 안정적인 학습 결과를 도출합니다.

교차 엔트로피가 범주가 둘 이상인 종속 변수에 대해 작동하는 방식을 이해하려면, 먼저 손실 함수가 실제 데이터 및 활성을 바라보는 방식을 이해해야만 합니다.

5.3.1 활성 및 레이블 확인

모델의 활성을 살펴봅시다. `DataLoaders`의 `one_batch` 메서드는 실제 배치를 하나 가져옵니다.

```
x,y = dls.one_batch()
```

보다시피 `one_batch` 메서드는 종속변수와 독립변수를 미니배치 형태로 반환합니다. 종속변수에 포함된 내용을 확인해보죠.

```
>>> y

TensorCategory([11,  0,  0,  5, 20,  4, 22, 31, 23, 10, 20,  2,  3, 27, 18, 23,
> 33,  5, 24,  7,  6, 12,  9, 11, 35, 14, 10, 15,  3,  3, 21,  5, 19, 14, 12,
> 15, 27,  1, 17, 10,  7,  6, 15, 23, 36,  1, 35,  6,
        4, 29, 24, 32,  2, 14, 26, 25, 21,  0, 29, 31, 18,  7,  7, 17],
> device='cuda:5')
```

배치 크기가 64이므로 해당 텐서는 행이 64개입니다. 그리고 각 행의 값은 0~36 사이의 정수입니다. 즉, 37종의 품종을 나타내죠. `Learner.get_preds` 메서드로는 예측값(신경망 마지막 계층의 활성)을 확인할 수 있습니다. 이 메서드는 데이터셋의 색인 번호(0은 학습용, 1은 검증용 데이터셋) 또는 배치 형식의 반복자iterator를 입력받습니다. 따라서 배치로 간단한 리스트를 만들어서 입력하면 예측값을 얻을 수 있겠죠. 사실 `get_preds` 메서드는 예측값에 대응하는 레이블(타깃)도 함께 반환하지만, 우리는 그 정보가 필요 없으니 특별한 변수 _로 해당 반환값을 무시해도 됩니다.

```
>>> preds,_ = learn.get_preds(dl=[(x,y)])
>>> preds[0]

tensor([7.9069e-04, 6.2350e-05, 3.7607e-05, 2.9260e-06, 1.3032e-05, 2.5760e-05,
> 6.2341e-08, 3.6400e-07, 4.1311e-06, 1.3310e-04, 2.3090e-03, 9.9281e-01,
> 4.6494e-05, 6.4266e-07, 1.9780e-06, 5.7005e-07,
        3.3448e-06, 3.5691e-03, 3.4385e-06, 1.1578e-05, 1.5916e-06, 8.5567e-08,
> 5.0773e-08, 2.2978e-06, 1.4150e-06, 3.5459e-07, 1.4599e-04, 5.6198e-08,
> 3.4108e-07, 2.0813e-06, 8.0568e-07, 4.3381e-07,
        1.0069e-05, 9.1020e-07, 4.8714e-06, 1.2734e-06, 2.4735e-06])
```

예측은 0~1 범위의 확률 37개로 구성됩니다. 그리고 이 값 37개를 모두 더하면 1이 되어야 겠죠.

```
>>> len(preds[0]),preds[0].sum()

(37, tensor(1.0000))
```

내부적으로는 **소프트맥스**softmax 활성화 함수를 적용해서 모델이 내놓은 활성을 이런 형식의 출력으로 변형합니다.

5.3.2 소프트맥스

분류 모델에서는 마지막 계층의 모든 활성값이 0~1이 되도록 조정하고, 모두 더하면 1이 되도록 만들기 위 소프트맥스 활성화 함수를 사용합니다.

소프트맥스는 앞서 본 시그모이드 함수와 유사합니다. 시그모이드 함수는 다음과 같은 형태였죠.

```
plot_function(torch.sigmoid, min=-4,max=4)
```

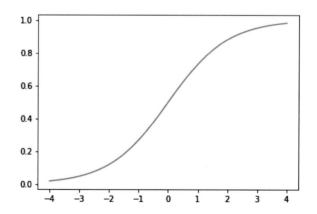

이 함수를 신경망의 활성값으로 채운 단일 열에 적용하면 0과 1 사이의 숫자로 채워진 열을 만들 수 있습니다. 따라서 마지막 계층에서 매우 유용한 활성화 함수죠.

이번에는 범주가 더 많은 타깃(37개 품종)이 필요할 때 일어날 일을 생각해봅시다. 단일 열보다 더 많은 활성이 필요하다는 의미로, **범주당** 활성 하나가 필요합니다. 더 일반적인 접근법을 터득하는 첫 번째 단계로서 3과 7을 예측하는 상황을 고려해보죠. 활성을 두 개 출력하는 신경망을 만들어야 합니다. 대신 신경망 자체를 만들지 않고, 예제를 단순화하려고 출력 활성이 표준 편차가 2(randn에 2를 곱함)인 임의의 숫자들이라고 가정합니다. 즉 아래 코드의 acts가 두 범주 중 하나에 속하는 이미지 여섯 장을 표현한다고 상상해보죠(첫 번째 열은 3, 두 번째 열은 7을 표현함).

```
>>> acts = torch.randn((6,2))*2
>>> acts

tensor([[ 0.6734,  0.2576],
        [ 0.4689,  0.4607],
        [-2.2457, -0.3727],
        [ 4.4164, -1.2760],
        [ 0.9233,  0.5347],
        [ 1.0698,  1.6187]])
```

여기에 시그모이드를 바로 적용할 수는 없습니다. 행을 더한 값이 1이 아니기 때문이죠(3이 될 확률과 7이 될 확률을 더하면 1이 되어야 합니다).

```
>>> acts.sigmoid()

tensor([[0.6623, 0.5641],
        [0.6151, 0.6132],
        [0.0957, 0.4079],
        [0.9881, 0.2182],
        [0.7157, 0.6306],
        [0.7446, 0.8346]])
```

4장에서 만든 신경망은 이미지당 활성 하나를 출력했고, 이를 시그모이드 함수에 넣었습니다. 단일 활성이 입력된 이미지가 숫자 3인지 아닌지에 대한 모델의 예측 확률을 표현했었죠. mnist_loss에서 그랬듯이 이진 분류는 타깃을 불리언값으로 다루는 특별한 유형의 문제로, 다중 범주를 다루는 일반적인 예로 볼 수 있습니다. 단지 두 범주만 다루는 상황이 주어진 것이죠. 다중 범주를 다룬 곰 분류에 사용한 신경망에서는 범주당 활성 하나를 반환합니다.

이진 분류도 출력을 두 개 내놓는 신경망으로 접근해봅시다. 그렇다면 각 활성이 나타내는 내용은 무엇일까요? 활성 쌍(두 활성)은 단순히 입력이 7과 3이 될 **상대적인**relative 가능성을 표현합니다. 이 두 값이 절대적으로 큰지 작은지보다 둘 중 어느 값이 더 큰지가 중요하죠.

이는 단일 활성만 사용했던 것을 표현하는 또 다른 방식일 뿐입니다. 따라서 "두 활성을 출력하는 신경망에도 시그모이드 함수를 적용하면 어떨까?"라고 생각해볼 수 있습니다. 그렇게 못 할 이유는 없습니다! 우선 두 활성 간의 **차이**difference로부터 입력이 7이 아닌 3이라고 얼마나 확신할 수 있는지를 구합니다. 그리고 그 차이에 시그모이드 함수를 씌워보죠.

```
>>> (acts[:,0]-acts[:,1]).sigmoid()

tensor([0.6025, 0.5021, 0.1332, 0.9966, 0.5959, 0.3661])
```

이렇게 해서 3일 확률을 구했습니다. 그러면 7일 확률(두 번째 열)은 1에서 3일 확률을 빼면 되겠죠. 지금까지는 3과 7이라는 두 범주를 다루는 문제에만 적용되는 개념처럼 설명했지만, 사실 둘 이상의 열로 확장할 수도 있습니다. 그런데 이미 이와 같은 일을 하는 함수가 존재합니다. 바로 소프트맥스죠.

```
def softmax(x): return exp(x) / exp(x).sum(dim=1, keepdim=True)
```

> **NOTE_ 전문용어: 지수 함수(exp)**
> e**x으로 정의합니다. 여기서 e는 값이 약 2.718인 특별한 숫자이며, exp는 자연 로그의 역함수입니다. 이 함수는 항상 양수를 출력하고 **매우** 빠르게 증가한다는 점을 꼭 알아두세요!

첫 번째 행을 대상으로 소프트맥스가 시그모이드와 같은 값을 반환하는지 알아봅시다. 그리고 1에서 그 값을 빼면 두 번째 행의 값이 되는지도 확인해봅시다.

```
>>> sm_acts = torch.softmax(acts, dim=1)
>>> sm_acts

tensor([[0.6025, 0.3975],
        [0.5021, 0.4979],
        [0.1332, 0.8668],
        [0.9966, 0.0034],
```

```
        [0.5959, 0.4041],
        [0.3661, 0.6339]]])
```

소프트맥스는 시그모이드의 다중 범주 버전쯤으로 볼 수 있습니다. 범주가 둘 이상이고 각 범주 확률의 합이 1이 되어야 하는 상황에서는 언제나 사용할 수 있습니다. 그리고 단지 두 범주만 있을 때도 일관성을 유지할 목적으로 많이 사용합니다. 모든 활성값이 0~1 사이이며 합하면 1이 되는 특성이 있는 함수를 직접 만들 수도 있습니다. 하지만 부드럽고 대칭적인 모양의 시그모이드 같은 함수를 만들기는 쉽지 않습니다. 또한 소프트맥스는 다음 절에서 다룰 손실 함수와도 함께 잘 작동합니다.

출력 활성이 세 개인 곰 분류 모델에 곰 이미지를 한 장 입력하면, [그림 5-3]처럼 소프트맥스가 계산됩니다.

	output	exp	softmax
teddy	0.02	1.02	0.22
grizzly	-2.49	0.08	0.02
brown	1.25	3.49	0.76
		4.60	1.00

그림 5-3 곰 분류기에 대한 소프트맥스의 예

이 함수가 실제로 하는 일은 무엇일까요? 지수 함수로 모든 숫자를 양수화하고 이들을 합한 값으로 각 숫자를 나누면, 더했을 때 1이 되는 숫자가 여럿 생깁니다. 지수 함수는 여러 활성값 중 하나가 다른 값보다 조금만 크더라도 그 값을 증폭시키는 좋은 속성이 있습니다. 증폭된다는 말은 값이 1에 가까워진다는 의미죠.

소프트맥스 함수가 **정말로** 하려는 일은 범주들 가운데 하나를 고르는 것입니다. 따라서 각 입력에 레이블이 단 하나인 데이터를 분류하는 모델을 학습시키는 데 이상적입니다(추론 중에는 덜 이상적일 수 있습니다. 학습 시 인지하지 못한 범주를 만났을 때, 모델이 그 사실을 알려주길 원할지도 모르기 때문이죠. 이때는 각 출력 활성에 시그모이드 함수를 적용하는 다중 이진 출력 행을 사용하는 모델을 학습시키는 편이 바람직할지도 모릅니다.).

교차 엔트로피 손실은 두 부분으로 구성됩니다. 첫 번째는 소프트맥스이고 두 번째는 로그 가능도log likelihood입니다.

5.3.3 로그 가능도

4장에서 다룬 MNIST 예에서는 다음 함수로 손실을 계산했습니다.

```
def mnist_loss(inputs, targets):
    inputs = inputs.sigmoid()
    return torch.where(targets==1, 1-inputs, inputs).mean()
```

시그모이드에서 소프트맥스로 변경했으므로 손실 함수도 이진 분류 이상에서 작동하는 형태로 확장해야 합니다. 즉 범주의 개수와 무관하게 분류할 수 있어야 하죠(여기서는 범주가 37개입니다). 소프트맥스를 거친 예측 배치에 속한 활성의 값은 0~1 사이이며 모두 더하면 1입니다. 그리고 타깃값은 0과 36 사이의 정수입니다.

이진 문제에서는 torch.where로 inputs와 1-inputs 사이를 선택했습니다. 이진 문제를 범주가 둘인 일반적인 분류 문제로 다뤄보면, 앞 절에서 본 대로 inputs와 1-inputs에 대응하는 별도의 행이 존재하기 때문에 훨씬 쉬워집니다. 따라서 올바른 행을 선택하기만 하면 됩니다. 파이토치로 구현해봅시다. 인위적으로 만든 숫자 3과 7의 레이블이 다음과 같다고 가정합니다.

```
targ = tensor([0,1,0,1,1,0])
```

그리고 다음은 소프트맥스를 적용한 결과죠.

```
>>> sm_acts

tensor([[0.6025, 0.3975],
        [0.5021, 0.4979],
        [0.1332, 0.8668],
        [0.9966, 0.0034],
        [0.5959, 0.4041],
        [0.3661, 0.6339]])
```

여기서 텐서의 색인기능을 사용해 targ의 각 요소에 대해 sm_acts의 적절한 열을 선택할 수 있습니다.

```
>>> idx = range(6)
>>> sm_acts[idx, targ]
```

```
tensor([0.6025, 0.4979, 0.1332, 0.0034, 0.4041, 0.3661])
```

모든 열의 내용을 테이블 형식으로 표현해보면 일어나는 일을 정확히 파악할 수 있습니다. 처음 두 열은 소프트맥스를 적용한 활성값입니다. 그리고 타깃, 행 색인 번호, 직전 코드의 결과가 차례대로 표시됩니다.

3	7	targ	idx	loss
0.602469	0.397531	0	0	0.602469
0.502065	0.497935	1	1	0.497935
0.133188	0.866811	0	2	0.133188
0.99664	0.00336017	1	3	0.00336017
0.595949	0.404051	1	4	0.404051
0.366118	0.633882	0	5	0.366118

3과 7열로 2열 행렬을 구성하고 targ와 idx 열의 값으로 해당 행렬을 색인하면 마지막 열의 값을 구할 수 있습니다. 이 작업이 바로 sm_acts[idx, targ]가 하는 일입니다.

둘 이상의 열에서도 잘 작동한다는 점이 흥미롭습니다. 이를 확인하려면 0~9까지 모든 숫자에 대한 활성을 담은 열을 고려해보세요. targ에는 0~9까지의 숫자가 할당될 수 있겠죠. 활성 열의 합이 1이기만 하면(소프트맥스를 사용하기만 하면), 각 숫자를 얼마나 잘 예측하는지를 판단하는 손실 함수를 사용할 수 있습니다.

올바른 레이블에 대응하는 손실만 선택하고 나머지는 신경 쓰지 않아도 됩니다. 소프트맥스의 정의에 따르면, 그 외의 열에 대한 활성을 모두 더한 값은 1에서 올바른 레이블의 활성을 뺀 값이기 때문이죠. 따라서 올바른 레이블의 활성을 최대한 높게 만들면 그 외의 열에 대한 활성은 감소합니다.

파이토치는 sm_acts[range(n), targ]와 정확히 같은 일을 하는 nll_loss 함수를 제공합니다(단, 음수를 수용한다는 점이 다릅니다. 나중에 로그를 적용하면 음수가 생기기 때문입니다). 여기서 **NLL**은 **음의 로그 가능도**negative log likelihood를 뜻합니다.

```
>>> -sm_acts[idx, targ]
tensor([-0.6025, -0.4979, -0.1332, -0.0034, -0.4041, -0.3661])

>>> F.nll_loss(sm_acts, targ, reduction='none')
tensor([-0.6025, -0.4979, -0.1332, -0.0034, -0.4041, -0.3661])
```

이름에 '로그'가 있지만, 파이토치가 제공하는 nll_loss 함수는 로그를 적용하진 않습니다. 이유는 다음 절에서 살펴보도록 하죠. 하지만 그 전에 로그가 유용한 이유를 먼저 살펴봅니다.

5.3.4 로그 취하기

앞 절의 nll_loss는 손실 함수로서 꽤 잘 작동합니다. 하지만 조금 더 개선하는 방안이 있습니다. 문제는 확률값이 0보다 작거나 1보다 클 수 없다는 점입니다. 즉 모델은 예측값이 0.99일 때와 0.999일 때의 차이를 잘 다루지 못합니다. 두 수는 매우 근접하지만, 다른 시각에서 보면 0.999는 0.99보다 신뢰도가 10배나 높다고 해석할 수 있습니다. 이를 해결하려면 0~1 사이의 값을 음의 무한대와 양의 무한대로 변환해야 합니다. 그래야 차이가 극명하게 갈리겠죠. **로그**logarithm라는 수학 함수가 바로 이런 변환을 수행하는 함수이며, 파이토치에서는 torch.log로 제공됩니다. 0보다 작은 수에서 정의되지 않는 로그는 다음과 같은 모양을 띕니다.

```
plot_function(torch.log, min=0,max=4)
```

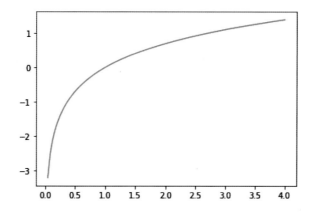

'로그'가 뭔가를 떠올리게 했나요? 로그 함수에는 다음과 같은 성질이 있습니다.

```
y = b**a
a = log(y,b)
```

일반적으로 log(y,b)는 **밑이 b인 로그** y를 반환합니다. 그러나 파이토치는 log를 이런 식으로 정의하지 않습니다. e(2.718...)이라는 특별한 수를 밑으로 사용하죠.

여러분은 오랫동안 로그를 생각해본 적조차 없을지도 모릅니다. 하지만 로그는 딥러닝의 여러 부분에서 매우 중요한 수학 개념이므로, 지금이라도 기억을 상기하는 시간을 가져야 합니다. 다음 관계가 여러분이 알아야 할 핵심 개념입니다.

```
log(a*b) = log(a)+log(b)
```

이 형식이 약간 지루해보일지 모르지만, 실제로 의미하는 바를 생각해봅시다. 기본이 되는 신호가 곱셈 또는 지수적으로 증가할 때 로그가 선형적으로 증가한다는 의미가 있습니다. 이를 사용하는 사례로는 지진의 심각도인 리히터 척도^Richter scale 및 소음 수준인 데시벨(dB) 척도가 있습니다. 또한 복합 성장률을 더 명확하게 확인하려는 금융 차트에도 자주 사용합니다. 컴퓨터 과학자들도 로그를 애용합니다. 정말 크거나 작은 숫자를 만들 수 있는 곱셈을 덧셈으로 대체하여 컴퓨터가 다루기 쉬운 척도로 변환해주기 때문이죠.

> **TIP** 실뱅의 말
> 컴퓨터 과학자만 로그를 좋아지는 않습니다! 컴퓨터가 등장하기 전까지 공학자 및 과학자는 로그를 더해 곱셈을 수행하는 **계산자**^slide rule라는 특별한 눈금자를 사용했습니다. 물리학을 포함한 다양한 분야에서 매우 크거나 작은 숫자를 곱하는 데 로그를 사용합니다.

확률의 양 또는 음의 로그 평균으로 (범주가 올바른지 잘못되었는지에 따라) **음의 로그 가능도**를 얻을 수 있습니다. 파이토치의 nll_loss 함수는 이미 소프트맥스에 로그가 적용되었다고 가정합니다. 따라서 로그를 적용하는 과정은 포함되지 않죠.

소프트맥스 다음에 로그 가능도를 적용하는 조합을 교차 엔트로피 손실이라고 합니다. 파이토치에서는 nn.CrossEntropyLoss(실제로는 log_softmax 다음에 nll_loss를 수행함)로 교차 엔트로피 손실을 사용할 수 있습니다.

```
loss_func = nn.CrossEntropyLoss()
```

보다시피 클래스죠. 인스턴스화하면 함수처럼 작동하는 객체를 얻을 수 있습니다.

```
>>> loss_func(acts, targ)

tensor(1.8045)
```

파이토치의 모든 손실 함수는 방금 본 클래스 형식과 F 네임스페이스에서 사용할 수 있는 일반 함수, 두 가지 형식으로 제공됩니다.

```
>>> F.cross_entropy(acts, targ)

tensor(1.8045)
```

어느 쪽이든 잘 작동하며 어떤 상황에서도 사용할 수 있습니다. 다만 대부분 클래스 사용을 선호하고 파이토치의 공식 문서 및 예제에서도 자주 사용하므로, 여기서도 클래스를 사용합니다.

기본적으로 파이토치의 손실 함수는 모든 항목의 평균 손실을 계산합니다. reduce = 'none' 옵션을 사용하면 이런 행동을 비활성화 할 수 있습니다.

```
>>> nn.CrossEntropyLoss(reduction='none')(acts, targ)

tensor([0.5067, 0.6973, 2.0160, 5.6958, 0.9062, 1.0048])
```

실뱅의 말

교차 엔트로피 손실의 흥미로운 특징은 그레이디언트를 고려할 때 나타납니다. cross_entropy(a, b)의 그레이디언트는 softmax(a)-b입니다. softmax(a)는 모델의 최종 활성이므로 그레이디언트가 예측과 타깃 간의 차이에 비례함을 의미합니다. 이것은 (a-b)**2의 그레이디언트가 2*(a-b)인 회귀의 평균 제곱 오차와 같은 의미죠(최종 활성화 함수에 y_range 등에 의한 덧셈이 없다고 가정합니다). 그레이디언트가 선형이기 때문에 갑작스러운 점프나 기하급수적인 증가가 없어서 모델은 더 원활히 학습될 수 있습니다.

이제 손실 함수 뒤편에 숨겨진 조각을 모두 살펴봤습니다. 그러나 손실은 모델이 학습을 잘하고 있는지(또는 못하고 있는지)를 나타내는 숫자를 부여할 뿐, 이 정보만으로는 모델의 좋고 나쁨을 파악할 수 없습니다. 그러면 이번에는 모델의 예측을 해석하는 몇 가지 방법을 알아봅시다.

5.4 모델 해석

사람이 손실 함수를 즉시 해석하기란 매우 어렵습니다. 손실 함수는 사람이 보려고 만든 것이 아니라 컴퓨터가 미분을 구하고 최적화할 수 있도록 설계되었기 때문이죠. 바로 평가지표가 필요한 이유기도 하죠. 평가지표는 최적화에 사용되지 않고 단지 무슨 일이 일어나는지 사람이 이해하도록 돕는 데 사용됩니다. 여기서는 평가지표로 정확도를 사용했습니다. 정확도를 보고 모델이 꽤 잘 학습되었다고 판단할 수 있었습니다. 하지만 모델이 어느 부분에서 실수했는지도 알 수 있을까요?

이미 1장에서 오차 행렬로 모델이 잘한 부분과 그렇지 못한 부분을 확인했죠.

```
interp = ClassificationInterpretation.from_learner(learn)
interp.plot_confusion_matrix(figsize=(12,12), dpi=60)
```

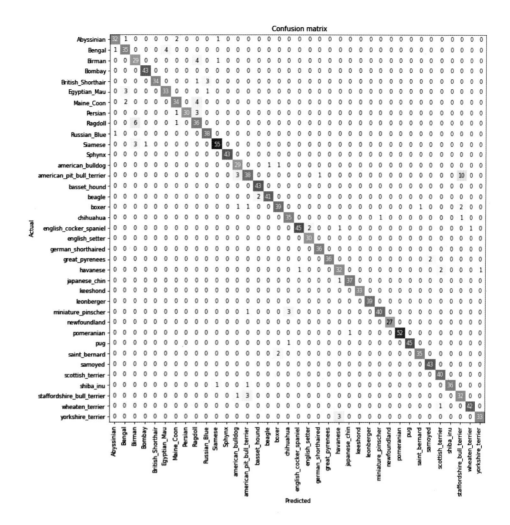

맙소사! 이번에 출력한 오차 행렬은 너무 읽기 힘드네요. 품종이 37개라서 37×37 크기의 거대한 행렬이 구성되었습니다. 이럴 때는 `most_confused` 메서드를 사용할 수 있습니다. 이 메서드는 오차 행렬 중 가장 올바르지 못한 예측만 보여줍니다(다음 코드의 `min_val=5`는 최소 5번 잘못 예측한 부분만 추출한다는 의미입니다).

```
>>> interp.most_confused(min_val=5)
```

```
[('american_pit_bull_terrier', 'staffordshire_bull_terrier', 10),
 ('Ragdoll', 'Birman', 6)]
```

우리는 반려동물 품종 관련 전문가가 아니므로 오류가 발생한 범주가 실제로 인식이 어려운 품종을 반영하는지 바로 알 수가 없습니다. 따라서 이번에도 구글 검색을 해봐야겠죠. 제가 검색해본 결과, 여기 나타난 품종은 전문가 사이에서도 때로는 의견이 갈리는 품종이라는 점을 알았습니다. 이런 사실을 안다면 올바른 방향으로 나아가고 있다는 심적 안정을 얻을 수 있겠죠.

꽤 좋은 기준선을 구한 것 같습니다. 그렇다면 이를 더욱 좋게 만들려면 무엇을 시도해볼 수 있을까요?

5.5 모델 향상하기

이번에는 모델의 학습 능력을 개선하고 성능을 높이는 다양한 기법을 살펴봅니다. 이 과정에서 전이 학습을 좀 더 설명하고 사전 학습된 모델의 가중치를 무너뜨리지 않으면서 최대한 미세 조정하는 방법을 다룹니다.

모델 학습에서는 학습률을 가장 먼저 설정해야 합니다. 앞 장에서 학습률을 적절히 설정해야 학습이 더 효율적으로 이루어짐을 배웠습니다. 그러면 좋은 학습률은 어떻게 고를 수 있을까요? fastai는 이를 위한 도구를 제공합니다.

5.5.1 학습률 발견자

모델의 학습에서 올바른 학습률을 고르는 일은 굉장히 중요합니다. 학습률이 너무 낮으면 에포크가 많이 소요될 수 있습니다. 시간이 낭비될 뿐만 아니라 과적합 문제도 발생할 수 있겠죠. 즉 모델이 전체 데이터를 반복해서 볼 기회를 많이 제공하므로 데이터를 기억할 기회가 더 생깁니다.

그러면 학습률을 정말 높게 설정하면 될까요? 높은 학습률이 어떤 결과를 초래하는지 확인해봅시다.

```
learn = cnn_learner(dls, resnet34, metrics=error_rate)
learn.fine_tune(1, base_lr=0.1)
```

epoch	train_loss	valid_loss	error_rate	time
0	8.946717	47.954632	0.893775	00:20

epoch	train_loss	valid_loss	error_rate	time
0	7.231843	4.119265	0.954668	00:24

결과가 좋지 않습니다. 이 학습에서는 다음과 같은 과정이 발생했습니다. 옵티마이저는 올바른 방향으로 나아갔을테지만, 너무 많이 움직여서 최소 손실 지점을 완전히 비껴갔습니다. 이를 여러 번 반복하면 점점 더 최소 지점에 가까워지는 게 아니라 더욱더 멀어지게 됩니다!

너무 크지도, 작지도 않은 완벽한 학습률을 찾는 데 fastai가 하는 일은 무엇일까요? 2015년, 연구자 레즐리 스미스Leslie Smith는 **학습률 발견자**라는 훌륭한 아이디어를 떠올렸습니다. 다루기 크다는 생각이 전혀 들지 않을 만큼 매우 작은 학습률부터 사용하자는 아이디어입니다. 미니배치 하나에 선택된 학습률을 사용하고 손실을 측정합니다. 그리고 특정 비율로 학습률을 늘립니다(예: 매번 두 배로 늘림). 그리고 다음 미니배치에서 증가된 학습률을 적용하고 손실을 측정합니다. 그다음 학습률을 또다시 늘립니다. 손실이 나빠지기 직전까지 이를 반복합니다. 그러면 너무 많은 움직임을 만들어낸 지점을 알아낼 수 있고, 우리는 그 지점보다 약간 작은 학습률을 선택하면 되죠. 일반적으로 다음 둘 중 한 규칙으로 학습률을 선택하기를 권장합니다.

- 최소 손실이 발생한 지점보다 한 자릿수 작은 학습률(예: 최소 손실이 발생한 학습률을 10으로 나눈 값)
- 손실이 명확히 감소하는 마지막 지점

학습률 발견자는 곡선의 점들을 계산하여 여러분의 판단에 도움을 줍니다. 보통 앞의 두 규칙 모두 비슷한 학습률을 제안합니다. 1장에서는 학습률을 지정하지 않고 fastai가 제시하는 디폴트값(1e−3)을 사용했습니다.

```
learn = cnn_learner(dls, resnet34, metrics=error_rate)
lr_min,lr_steep = learn.lr_find()
```

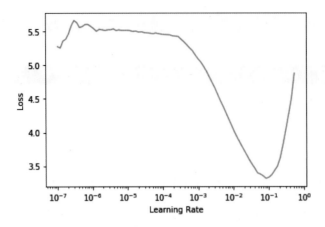

```
>>> print(f"Minimum/10: {lr_min:.2e}, steepest point: {lr_steep:.2e}")

Minimum/10: 8.32e-03, steepest point: 6.31e-03
```

그래프의 1e-6과 1e-3 구간에서는 별다른 사건이 발생하지 않습니다. 즉 학습이 이뤄졌다고
보기 힘들죠. 그다음에는 손실이 최하점에 도달할 때까지 감소가 계속되다가 최하점 이후에는
다시 증가합니다. 학습을 이탈시킬 가능성이 높은 1e-1보다 큰 학습률은 바람직하지 않습니
다. 그리고 1e-1은 이미 상당히 큰 값이기도 하죠. 손실이 꾸준히 감소하는 구간을 이미 지나
갔습니다.

앞의 학습률 도표를 보면 3e-3 부근의 학습률이 적당해보입니다. 이 값으로 학습을 시도해봅
시다.

```
learn = cnn_learner(dls, resnet34, metrics=error_rate)
learn.fine_tune(2, base_lr=3e-3)
```

epoch	train_loss	valid_loss	error_rate	time
0	1.071820	0.427476	0.133965	00:19

epoch	train_loss	valid_loss	error_rate	time
0	0.738273	0.541828	0.150880	00:24
1	0.401544	0.266623	0.081867	00:24

신경망은 1950년대에, 학습률 발견자는 2015년에 개발되었다는 사실은 흥미롭습니다. 이 긴 시간 동안 좋은 학습률을 찾는 일은 아마도 가장 중요하면서 가장 어려운 문제였을 것입니다. 학습률 발견자가 제시한 해결책은 고등수학, 대규모 계산 자원, 대규모 데이터셋 등 접근이 어려운 요소를 요구하지 않습니다. 더욱이 스미스는 실리콘 밸리 연구소의 일원이 아닌 해군 소속 연구원입니다. 이는 딥러닝의 큰 발전을 이끄는 연구에 방대한 자원, 정예 팀, 고급 수학 개념이 꼭 필요하지는 않음을 시사합니다. 일반적인 상식, 창의성, 끈기로 완성되는 연구도 많습니다.

모델을 학습시키기 좋은 학습률을 얻었습니다. 이제는 사전 학습된 모델의 가중치를 미세 조정하는 방법을 알아봅니다.

5.5.2 동결 해제 및 전이 학습

1장에서 전이 학습의 작동 방식을 간단히 다뤘습니다. 기본 아이디어는 수백만 개의 데이터(예: 이미지넷)로 사전 학습된 모델이 다른 작업에 대해 미세 조정된다는 것이었습니다. 그런데 이 말의 의미는 정확히 무엇일까요?

이제는 합성곱 신경망이 여러 선형 계층과 이들을 잇는 비선형 계층의 조합과 그 끝에는 하나 이상의 선형 계층이 위치하며, 가장 마지막 선형계층에는 소프트맥스 같은 활성화 함수가 쓰인다는 것을 알 것입니다. 그리고 마지막 선형 계층은 모델이 분류하는 범주의 개수와 열의 크기가 같은 행렬을 사용하죠(분류 문제라고 가정함).

마지막 선형 계층이 전이 학습의 미세 조정에 사용될 가능성은 낮습니다. 사전 학습된 원본 데이터셋이 특정한 범주를 분류하도록 디자인되었기 때문이죠. 따라서 전이 학습에서는 이 계층을 모델 구조에서 제거하고 새로운 문제에 맞는 출력 개수로 구성한 새로운 선형 계층으로 교체해야만 합니다(여기서는 품종이 37개이므로 활성 37개로 구성합니다).

새로 추가된 선형 계층의 가중치는 완전히 임의로 지정됩니다. 그렇기 때문에 미세 조정 전까지 모델은 완전히 임의의 출력을 합니다. 하지만 모델 자체가 완전히 임의적이라는 뜻은 아닙니다! 마지막 계층 이전의 모든 계층은 일반적인 이미지 분류 작업을 잘 해내도록 신중히 학습되었기 때문이죠. 1장에서 본 질러^{Zeiler}와 퍼거스^{Fergus}의 논문(https://oreil.ly/aTRwE)에 수록된 이미지([그림 1-10]에서 [그림 1-13]까지)를 떠올려 봅시다. 처음 계층 몇 개는 음영, 모서리 같은 일반적인 개념을 인코딩했으며 이후 계층들 또한 특정 상황에 구체적이긴 하지만 털, 안구같이 여전히 우리가 다루는 문제에 유용한 개념을 인코딩했습니다.

이렇게 사전 학습된 모델의 유용한 개념을 모두 기억한 채 새로운 문제를 해결할 모델을 학습시킨다면 가장 바람직할 것입니다. 즉 새로운 문제에 특화된 일부만을 조정하는 방식이죠.

미세 조정 문제는 신중하게 사전 학습된 가중치를 망가뜨리지 않으면서, 추가된 선형 계층의 임의 가중치를 새로운 작업을 올바르게 푸는 가중치로 바꾸는 작업입니다. 간단한 기법으로 이를 가능케 할 수 있습니다. 옵티마이저는 추가된 계층의 임의 가중치만 갱신하고, 그 외의 가중치는 전혀 바꾸지 않도록 강제할 수 있겠죠. 이를 사전 학습된 계층을 **동결**^{freezing}시키는 기법이라고 합니다.

사전 학습된 신경망으로 모델을 만들 때, fastai는 자동으로 사전 학습된 모든 계층을 동결시킵니다. 그리고 `fine_tune` 메서드를 호출하면 다음 두 작업을 수행합니다.

- 한 에포크 동안 추가된 계층의 임의 가중치만 갱신(학습)합니다. 그 외 계층은 동결 상태를 유지합니다.
- 그다음 모든 계층의 동결을 해제하고 요청된 에포크 수만큼 학습을 진행합니다.

이는 적당한 기본 접근법이지만, 데이터셋의 특성에 따라 약간씩 변화를 주면 더 좋은 결과를 얻을 수 있습니다. `fine_tune` 메서드 자체가 일부 행동에 변화를 주는 인자를 제공하지만, 완전한 사용자 정의 행동을 얻으려면 내부적으로 실제 호출되는 메서드를 직접 사용하는 편이 가장 명확하고 쉽습니다. 다음과 같이 주피터 노트북 환경에서 ??를 사용해서 해당 메서드의 소스 코드를 즉시 확인할 수 있음을 기억해 두세요.

```
learn.fine_tune??
```

그러면 fine_tune이 하는 일을 직접 해보도록 하죠. 우선 fit_one_cycle 메서드로 추가된 계층에 대해 세 번의 에포크 동안 학습을 수행합니다. 1장에서 언급한 대로 fit_one_cycle은 fine_tune을 사용하지 않는 상황에서 모델 학습에 권장되는 메서드입니다. fit_one_cycle 메서드의 작동 원리는 13장에서 자세히 살펴볼 것이므로 여기서는 간략히만 설명합니다. fit_one_cycle에서는 전체 학습을 두 부분으로 나눕니다. 우선 낮은 학습률로 학습을 시작하여 첫 번째 부분까지 점진적으로 학습률을 증가시키고 두 번째 부분에서는 다시 점진적으로 학습률을 감소시킵니다.

```
learn = cnn_learner(dls, resnet34, metrics=error_rate)
learn.fit_one_cycle(3, 3e-3)
```

epoch	train_loss	valid_loss	error_rate	time
0	1.188042	0.355024	0.102842	00:20
1	0.534234	0.302453	0.094723	00:20
2	0.325031	0.222268	0.074425	00:20

그리고 모델을 동결 해제해보죠.

```
learn.unfreeze()
```

그다음 lr_find를 다시 수행합니다. 학습할 계층이 더 많아졌고 세 에포크 동안 학습된 일부 가중치가 있으니 앞서 찾은 학습률이 더는 적절치 못하기 때문이죠.

```
>>> learn.lr_find()

(1.0964782268274575e-05, 1.5848931980144698e-06)
```

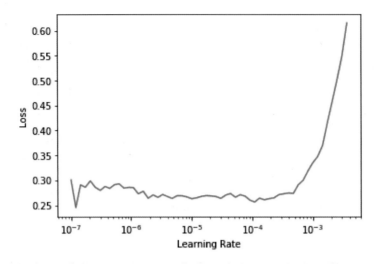

임의로 초기화된 가중치만 학습했을 때 출력한 그래프와는 조금 달라 보입니다. 모델이 학습 중임을 가리키는 가파른 절벽이 없습니다. 모델이 이미 학습되었기 때문이죠. 가파르게 상승하는 지점 이전에 어느 정도 평평한 부분이 있습니다. 즉 적어도 가파르게 상승하는 지점 이전의 어느 부분을 선택해야만 합니다. 가령 1e-5와 같은 값을 말이죠. 여기서는 그레이디언트가 최대인 지점을 찾는 것이 목적이 아니므로 그 부분은 무시해야 합니다.

적당한 학습률로 학습을 시도해봅시다.

```
learn.fit_one_cycle(6, lr_max=1e-5)
```

epoch	train_loss	valid_loss	error_rate	time
0	0.263579	0.217419	0.069012	00:24
1	0.253060	0.210346	0.062923	00:24
2	0.224340	0.207357	0.060217	00:24
3	0.200195	0.207244	0.061570	00:24
4	0.194269	0.200149	0.059540	00:25
5	0.173164	0.202301	0.059540	00:25

이로써 모델을 약간 개선할 수 있었습니다. 그러나 더 개선할 수도 있습니다. 사전 학습된 모델의 가장 심층부에는 마지막에 추가된 계층 정도로 높은 학습률이 필요 없을지도 모릅니다. 즉 서로 다른 계층에 서로 다른 학습률을 사용해야 할 가능성이 높다는 말이죠. 이렇게 계층마다 다른 학습률을 적용하는 방식을 **차별적 학습률**discriminative learning rates이라고 합니다.

5.5.3 차별적 학습률

동결 해제 후에도 사전 학습에서 형성된 가중치의 품질에 주의를 깊게 기울여야 합니다. 사전 학습된 파라미터를 위한 최적의 학습률이 임의로 추가된 파라미터 학습에서만큼 크다고 생각해선 안 되겠죠. 이는 임의로 추가된 파라미터를 수 에포크 동안 조정한 후에도 마찬가지입니다. 사전 학습된 가중치들은 수백 번 이상의 에포크 동안 수백만 장의 이미지로 학습해서 얻었음을 기억하세요.

1장에서 각 계층이 학습한 내용을 시각적으로 보여준 이미지를 기억하나요? 첫 번째 계층은 모서리, 그레이디언트와 같은 매우 기초적인 특징을 학습한 모습을 보여줬죠. 이런 특징은 거의 모든 작업에서 유용합니다. 그리고 '눈', '노을빛'처럼 더 복잡한 개념을 학습한 이후의 계층들은 다른 작업에서는 전혀 도움이 되지 않을 수도 있겠죠(가령 자동차 기종을 분류한다고 생각해보세요). 따라서 초기보다 후기 계층을 더 빠르게 미세 조정하는 편이 타당합니다.

이런 이유로 fastai에서는 차별적 학습률의 사용을 기본 접근법으로 채택합니다. 이 기법은 NLP 분야의 전이 학습을 다룬 ULMFiT에서 개발된 접근법입니다(10장에서 소개합니다). 딥러닝의 여러 개념과 마찬가지로, 신경망의 초기 계층에는 작은 학습률을 사용하고 후기 계층(특히 임의의 가중치로 추가된 계층을 포함함)에는 높은 학습률을 사용한다는 매우 단순한 기법입니다. [그림 5-4]처럼, 신경망의 서로 다른 계층들은 서로 다른 속도로 학습되어야 한다는 전이 학습 개념의 통찰에 기반합니다. 이 개념은 2014년 제이슨 요신스키Jason Yosinski 등(https://oreil.ly/j3640)이 개발했습니다.

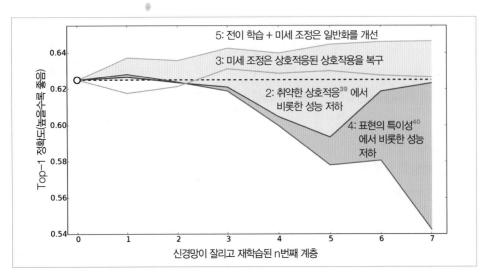

그림 5-4 전이 학습에서 서로 다른 계층 및 학습 방법이 미치는 영향(출처: 제이슨 요신스키 외)

fastai는 학습률을 지정할 수 있는 모든 곳에서 파이썬의 slice 객체를 수용합니다. slice 객체에 명시된 첫 번째 값은 신경망의 가장 초기 계층의 학습률이며, 두 번째 값은 최종 계층의 학습률입니다. 그리고 두 계층 사이의 계층들은 정해진 범위에서 일정한 크기로 곱한 학습률을 할당받습니다. 직전에 수행한 학습에 이 접근법을 그대로 적용해보겠습니다. 가장 초기 계층은 학습률을 1e-6으로 설정하고, 다른 계층들은 1e-6에서 1e-4까지 일정하게 증가하여 설정합니다. 잠시 학습한 뒤 어떤 일이 발생하는지 알아보죠.

```
learn = cnn_learner(dls, resnet34, metrics=error_rate)
learn.fit_one_cycle(3, 3e-3)
learn.unfreeze()
learn.fit_one_cycle(12, lr_max=slice(1e-6,1e-4))
```

epoch	train_loss	valid_loss	error_rate	time
0	1.145300	0.345568	0.119756	00:20
1	0.533986	0.251944	0.077131	00:20
2	0.317696	0.208371	0.069012	00:20

---

39 옮긴이_ 원래 학습된 데이터셋과는 다른 데이터셋을 학습할 때는 원래의 신경망 가중치를 새로운 데이터에 적용된 가중치로 갱신해야 합니다.

40 옮긴이_ 새로운 데이터셋에 등장하는 특이성을 말합니다.

epoch	train_loss	valid_loss	error_rate	time
0	0.257977	0.205400	0.067659	00:25
1	0.246763	0.205107	0.066306	00:25
2	0.240595	0.193848	0.062246	00:25
3	0.209988	0.198061	0.062923	00:25
4	0.194756	0.193130	0.064276	00:25
5	0.169985	0.187885	0.056157	00:25
6	0.153205	0.186145	0.058863	00:25
7	0.141480	0.185316	0.053451	00:25
8	0.128564	0.180999	0.051421	00:25
9	0.126941	0.186288	0.054127	00:25
10	0.130064	0.181764	0.054127	00:25
11	0.124281	0.181855	0.054127	00:25

미세 조정이 잘 작동하네요!

fastai는 학습용과 검증용 데이터셋의 손실 그래프를 그리는 기능도 제공합니다.

```
learn.recorder.plot_loss()
```

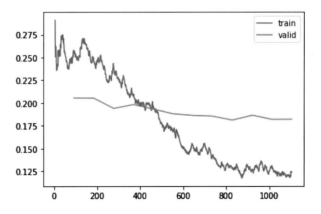

보다시피 학습용 데이터셋 손실이 계속해서 나아지는 모습입니다. 그러나 검증용 데이터셋 손실의 개선은 매우 더딘 편이며, 여기서는 나타나지 않았지만 때로는 나빠지는 모습을 보이기도 합니다. 바로 여기가 과적합이 발생하는 지점입니다. 모델이 예측에 과한 자신감을 가집니다. 하지만 반드시 정확도가 떨어진다는 의미는 **아닙니다**. 에포크별 학습 결과에 따르면, 검증

용 데이터셋 손실이 나빠지더라도 정확도는 계속해서 증가함을 알 수 있습니다. 궁극적으로 우리가 알고싶은것은 손실이 아니라, 비지니스 목적에 알맞게 고른 평가 지표여야 합니다. 손실은 단지 컴퓨터가 최적화해야 하는 함수일 뿐이죠.

모델을 학습시킬 때는 학습을 얼마나 오래 진행할지도 결정해야 합니다. 바로 이어서 살펴보죠.

5.5.4 에포크 횟수 선택하기

에포크 횟수를 정할 때 주로 제약받는 부분은 (일반화 및 정확도 수준이 아니라) 학습을 진행할 시간입니다. 따라서 얼마나 오랫동안 학습을 기다릴 수 있는지에 따라 에포크의 횟수를 선정하는 방법을 가장 먼저 고려해야 합니다. 그다음 학습용과 검증용 데이터셋 손실 및 평가지표 도표를 확인합니다. 최종 에포크에서도 여전히 모델이 개선될 여지가 있다면, 학습 시간이 충분하지 않았다는 의미입니다.

한편 학습 종반에 선택한 평가지표가 나빠지는 상황을 목격할지도 모릅니다. 검증용 데이터셋 손실뿐만 아니라 실제 평가지표가 나빠지는지도 관찰해야 함을 명심하세요. 모델의 자신감이 과해지는 순간 검증용 데이터셋 손실이 나빠지기 시작하며, 데이터를 올바르지 않게 기억해서 더 나빠집니다. 그런데 우리는 이 중 두 번째 상황만 걱정하면 되죠. 손실 함수는 옵티마이저가 미분과 최적화에 사용하는 것이지, 실제로 우리가 관심을 가져야 부분이 아닙니다.

원사이클$^{1-cycle}$ 학습 방법이 개발되기 전에는 보통 에포크마다 모델을 저장하고 저장된 모델 중 정확도가 가장 높은 모델을 선택했습니다. 이런 방법을 **조기 종료**$^{early stopping}$라고 하죠. 그러나 중간 어디쯤의 에포크에서 선택한 모델은 최고의 결과를 찾는 학습률에 도달하기 전에 발견되었을지도 모릅니다. 즉 최고의 모델을 얻을 가능성이 낮습니다. 그래서 과적합을 발견했다면 모델 전체를 처음부터 다시 학습시켜야만 하며, 이번에는 이전에 발견된 최선의 결과에 기반하여 에포크의 횟수를 골라야만 합니다.

많은 에포크 동안 학습을 진행할 시간이 충분하다면, 더 많은 파라미터 학습에 시간을 투자하는 편이 현명할지도 모릅니다. 즉, 더 깊은 구조의 모델을 사용하자는 말이죠.

5.5.5 더 깊은 구조

일반적으로 파라미터가 더 많은 모델은 데이터를 더 정확하게 모델링할 수 있습니다(이를 일반화하는 데는 여러 주의 사항이 있으며 사용하는 구조의 세부 사항에 따라 차이가 있습니다. 하지만 현재로서는 합리적인 경험적 법칙입니다). 이 책에서 볼 모델 구조 대부분에 단순히 계층을 더 많이 추가해서 더 큰 모델을 만들 수도 있습니다. 그러나 사전 학습된 모델을 활용할 때는 사전 학습된 계층 수가 곧 여러분이 사용할 모델의 크기를 결정합니다.

실전에서 모델의 구조가 다양하지 않은 이유입니다. 가령 5장에서 사용한 ResNet 구조는 18, 34, 50, 101, 152개의 계층으로 구성된 버전들로 제공되며, 모두 이미지넷으로 사전 학습되었습니다. 구조가 더 큰[41] ResNet은 항상 더 나은 학습 손실을 얻게 합니다. 그러나 과적합될 파라미터가 더 많으므로 과적합 문제에 빠질 가능성이 더 높습니다.

일반적으로 구조가 더 큰 모델은 데이터의 실제 관계를 더 잘 포착합니다. 또한 개별 이미지에 특화된 세부 사항을 포착하고 기억하는 능력도 더 뛰어납니다.

그러나 더 심층적인 구조의 모델은 GPU 메모리를 더 많이 요구하므로 **메모리 부족 오류**out-of-memory error를 피하려면 배치 크기를 줄여줘야만 합니다. 보유한 GPU의 용량을 초과하는 너무 많은 데이터를 한 번에 학습시킬 때 발생하는데, 보통 다음과 같은 오류 메시지를 출력하죠.

```
Cuda runtime error: out of memory
```

이 문제가 발생하면 주피터 노트북을 재시작해야 할지도 모르며, 더 작은 배치 크기를 사용해야만 문제를 해결할 수 있습니다. 즉 모델에 한 번에 전달하는 이미지 개수를 줄여야 합니다. DataLoaders를 만들 때 bs= 인잣값을 활용하면 원하는 배치 크기를 설정할 수 있습니다.

더 큰 구조의 모델을 사용하면 학습에 시간이 오래 소요된다는 단점도 있습니다. 속도를 끌어올리는 기법 중에는 **혼합 정밀도 학습**mixed-precision training이 있습니다. 이는 학습 시 가능한 한 덜 정밀한 숫자[42]를 사용함을 의미합니다. 2020년 초 현재 거의 모든 NVIDIA GPU가 신경망 학습을 2~3배가량 빠르게 해주는 **텐서코어**tensor cores라는 특별한 기능을 지원합니다. 훨씬 적은 GPU 메모리를 요구하기도 하죠. fastai에서 이 기능을 활성화하려면 생성한 Learner에

---

41 계층 및 파라미터가 더 많은 상황입니다. 계층과 파라미터의 개수를 모델의 **용량**(capacity)이라고도 합니다.

42 **반정밀도 부동소수점**(half-precision floating point) 또는 **fp16**

to_fp16() 메서드를 호출해주기만 하면 됩니다(물론 관련 모듈도 임포트해야 하죠).

여러분의 문제에 가장 적합한 모델 구조를 미리 알 수는 없습니다. 어느 정도 학습을 진행해야만 알아낼 수 있죠. 따라서 다음처럼 혼합 정밀도를 사용한 ResNet-50 모델을 시도해봅시다.

```
from fastai.callback.fp16 import *
learn = cnn_learner(dls, resnet50, metrics=error_rate).to_fp16()
learn.fine_tune(6, freeze_epochs=3)
```

epoch	train_loss	valid_loss	error_rate	time
0	1.427505	0.310554	0.098782	00:21
1	0.606785	0.302325	0.094723	00:22
2	0.409267	0.294803	0.091340	00:21

epoch	train_loss	valid_loss	error_rate	time
0	0.261121	0.274507	0.083897	00:26
1	0.296653	0.318649	0.084574	00:26
2	0.242356	0.253677	0.069012	00:26
3	0.150684	0.251438	0.065629	00:26
4	0.094997	0.239772	0.064276	00:26
5	0.061144	0.228082	0.054804	00:26

fine_tune 메서드는 상당히 편리하므로 다시 사용했습니다. freeze_epochs 인잣값으로 동결 상태에서의 학습 에포크 횟수를 지정할 수 있습니다. 그리고 대부분의 데이터셋에 적절하도록 학습률을 자동으로 바꿔주기도 하죠.

이 결과만 놓고 보면 더 깊은 모델이 명확히 더 좋다고 보기는 어렵습니다. 그리고 실제로 모델이 크다고 해서 항상 더 좋지는 않다는 사실을 기억해야 합니다! 모델의 크기를 키우기 전 작은 모델부터 시도해보세요.

5.6 결론

이 장에서는 중요하고 실용적인 내용을 배웠습니다. 모델링에 필요한 이미지 데이터를 준비하는 방법(사전 크기 조절, 데이터블록 요약)과 모델을 학습시키는 방법(학습률 발견자, 동결 해제, 차별적 학습률, 에포크 횟수 설정, 더 깊은 구조 사용)을 다뤘죠. 이런 도구는 더 정확한 이미지 모델을 더 빠르게 구축하는 데 도움을 줍니다.

또한 교차 엔트로피 손실도 다뤘습니다. 많은 시간을 투자할만한 가치가 있는 부분입니다. 실전에서 교차 엔트로피를 밑바닥에서부터 구현할 가능성은 낮습니다. 하지만 이 함수(또는 다음 장에서 볼 변종)는 거의 모든 분류 모델에서 사용되므로 함수의 입력과 출력을 반드시 이해해야 합니다. 모델 디버깅, 모델 상용화, 모델 정확도 개선을 하려면 모델의 활성과 손실을 살펴보고 무슨 일이 일어나는지, 왜 그런 일이 일어나는지를 이해해야만 합니다. 손실 함수를 이해하지 못하면 작업을 올바르게 수행할 수 없습니다.

교차 엔트로피가 아직 '와닿지' 않더라도 걱정하지 마세요. 우선 4장의 mnist_loss를 정확히 이해하는지 스스로 점검해보고, 이 장의 교차 엔트로피 손실 부분을 점진적으로 실행해봅시다. 각 계산이 하는 일과 그 이유를 이해하는지 스스로 점검해보세요. 여러분이 직접 정의한 간단한 텐서를 해당 함수에 집어넣고 반환되는 결과를 확인하는 등 다양한 실험을 해보기를 바랍니다.

이 책에서 본 방법 외에도 교차 엔트로피 손실을 구현하는 방법이 있다는 점도 알아두세요. 회귀를 다룰 때도 평균제곱오차와 절대평균오차(L1) 중 하나를 고르고 구현의 상세 내용을 바꿀 수 있었죠. 잘 작동할만한 함수가 떠오른다면, 이 장의 노트북에서 자유롭게 실험해보기 바랍니다!(경고: 모델의 학습 속도 및 정확도가 떨어질 것입니다. 교차 엔트로피 손실의 기울기가 활성과 타깃 간의 차이에 비례하기 때문에, SGD는 항상 가중치에 대해 잘 조정된 갱신 단계를 얻습니다.)

5.7 질문지

1 이미지 크기를 CPU상에서 늘린 다음, GPU로 다시 작은 크기로 줄이는 이유는 무엇인가요?

2 정규 표현식에 익숙하지 않다면 관련 튜토리얼 및 예제 문제를 찾아 풀어보세요. 책의 웹사이트에서 권장 자료를 살펴봐도 좋습니다.

3 딥러닝의 데이터셋이 데이터를 제공하는 일반적인 두 방식은 무엇인가요?

4 L 클래스의 공식 문서를 살펴보고, 새로운 메서드를 몇 가지 시도해보세요.

5 파이썬의 pathlib 모듈의 공식 문서를 살펴보고, Path 클래스의 메서드를 몇 가지 시도해보세요.

6 이미지 변형이 데이터의 질을 낮추는 예를 두 가지 들어보세요.

7 DataLoaders 내의 데이터를 보여주는 fastai 메서드는 무엇인가요?

8 데이터블록을 디버깅할 때 유용한 fastai 메서드는 무엇인가요?

9 데이터를 완벽히 정리할 때까지 모델의 학습을 보류해야만 할까요?

10 파이토치에서 교차 엔트로피 손실에 결합된 두 부분은 무엇인가요?

11 소프트맥스가 보장하는 활성의 두 속성은 무엇인가요? 왜 중요한가요?

12 활성에 앞의 두 속성이 없어야 할 때는 언제인가요?

13 [그림 5-3]의 열에 대한 exp 및 softmax를 직접 계산해보세요(계산기와 스프레드시트를 활용하거나, 주피터 노트북을 사용해보세요).

14 범주가 두 개 이상인 데이터셋에 대한 손실 함수 생성에 torch.where를 사용하지 못하는 이유는 무엇인가요?

15 log(-2)의 값은 무엇인가요? 그 이유는 무엇인가요?

16 학습률 발견자로 학습률을 선택하는 규칙은 무엇인가요?

17 fine_tune 메서드가 수행하는 두 단계 작업은 무엇인가요?

18 주피터 노트북에서 메서드나 함수의 소스 코드를 확인하는 방법은 무엇인가요?

19 차별적 학습률이란 무엇인가요?

20 fastai는 학습률에 전달된 파이썬의 slice 객체를 어떻게 해석하나요?

21 원사이클 정책의 학습에서 조기 종료가 잘못된 선택인 이유는 무엇인가요?

22 resnet50과 resnet101은 어떻게 다르나요?

23 to_fp16이 하는 일은 무엇인가요?

5.7.1 추가 연구

1 학습률 발견자를 소개한 레즐리 스미스Leslie Smith의 논문을 찾아 읽어보세요.

2 이 장에서 다룬 분류 모델의 정확도를 더 개선시킬 수 있는지 시험해보세요. 여러분이 얻은 최고의 정확도는 어느 정도인가요? 책의 웹사이트와 포럼에서 다른 학생들이 이룬 성취와 방법을 확인하고 비교해보기 바랍니다.

그 밖의 영상 처리 문제

5장에서는 모델 학습에 중요한 실전 기법을 배웠습니다. 좋은 결과를 얻으려면 학습률과 에포크 수의 선택 등에 주의를 기울여야 합니다.

이번 장에서는 다중 레이블 분류multi-label classification 및 회귀regression라는 두 종류의 영상 처리 문제를 다룹니다. 첫 번째는 이미지당 하나 이상의 레이블을 예측하는 문제이고(때로는 레이블이 아예 없을 때도 있습니다), 두 번째는 레이블이 범주가 아니라 하나 이상의 수로 표현될 때의 문제입니다.

이 과정에서 딥러닝 모델의 출력 활성, 타깃, 손실 함수를 좀 더 깊게 들여다보는 시간을 가집니다.

6.1 다중 레이블 분류

다중 레이블 분류는 이미지 내에 포함된 하나 이상의 물체 범주를 식별하는 문제입니다. 물체가 여러 종류 존재할 수도 있지만, 찾고 싶은 종류의 물체가 전혀 없는 상황도 모두 포함됩니다.

이는 앞서 다룬 곰 분류 모델에 적용하기 좋은 접근법입니다. 2장에서 만든 곰 분류 모델에서는 사용자가 곰 이외의 사진을 업로드하면 문제가 발생합니다. 모델은 회색곰, 흑곰, 테디 베어 셋 중 하나를 예측하기 때문입니다. "해당 사진은 곰이 아닙니다"라고 예측하지는 못하죠. 이장을 마치고 나서 전에 만든 이미지 분류 애플리케이션에 다중 레이블 기법을 적용해 모델을 재학습시켜보고, 범주에 속하지 않은 이미지 입력을 검증해보면 좋은 경험이 될 것입니다.

사실 애플리케이션 사용자와 개발자 모두 이런 문제에 불평을 쏟아내곤 합니다. 하지만 실제로 이를 해결하는 데 다중 레이블 분류 모델을 고려한 사례는 많지 않습니다. 매우 간단한 해결책 이지만 너른 인식과 이해가 부족한 듯 보입니다! 현실에서는 존재하지 않는 범주가 있거나 하나 이상의 범주로 이미지가 표현될 때가 일반적이기 때문에 단일 레이블 분류 모델보다는 다중 레이블 분류 모델이 더 널리 적용되어야 할지도 모릅니다.

우선 다중 레이블이 있는 데이터셋의 생김새를 알아봅니다. 그리고 데이터를 모델 학습에 맞게 준비하는 방법을 살펴봅니다. 5장에서 본 모델 구조를 바꾸지 않아도 됩니다. 손실 함수만 바꾸면 이 문제를 해결할 수 있습니다. 자, 그러면 데이터를 살펴보죠.

6.1.1 데이터

이 예제는 이미지마다 분류된 물체가 한 종류 이상인 PASCA 데이터셋을 사용합니다.

지금까지 해온 대로 데이터셋을 다운로드하고 압축을 해제합니다.

```
from fastai.vision.all import *
path = untar_data(URLs.PASCAL_2007)
```

이 데이터셋은 앞서 본 것들과는 다릅니다. 전에 본 데이터셋은 파일명이나 폴더로 구조화되었 지만, PASCA 데이터셋은 각 이미지의 파일명과 레이블 정보를 기록한 CSV 파일을 제공합니다. 그리고 팬더스는 데이터프레임 형식으로 CSV 파일을 불러오고 살펴보는 기능을 제공합니다.

```
df = pd.read_csv(path/'train.csv')
df.head()
```

	fname	labels	is_valid
0	000005.jpg	chair	True
1	000007.jpg	car	True
2	000009.jpg	horse person	True
3	000012.jpg	car	False
4	000016.jpg	bicycle	True

보다시피 각 이미지를 표현하는 범주는 공백 문자로 구분됩니다.

팬더스와 데이터프레임

판다가 아니라 팬더스입니다! 파이썬 라이브러리인 **팬더스**Pandas는 테이블 데이터와 시계열 데이터를 분석하고 조작하는 데 사용됩니다. 데이터프레임은 팬더스가 제공하는 가장 중요한 클래스로, 데이터를 행과 열로 구성된 테이블로 표현하는 능력이 있습니다.

데이터프레임은 CSV 파일, 데이터베이스 테이블, 파이썬 딕셔너리 등 여러 종류의 데이터에서 생성될 수 있습니다. 주피터 노트북에서 데이터프레임을 출력하기만 하면 앞서 본 형식과 같은 테이블을 얻을 수 있습니다.

데이터프레임의 행과 열은 마치 행렬처럼 iloc 속성으로 접근할 수 있습니다.

```
>>> df.iloc[:,0]

0        000005.jpg
1        000007.jpg
2        000009.jpg
3        000012.jpg
4        000016.jpg
            ...
5006     009954.jpg
5007     009955.jpg
5008     009958.jpg
5009     009959.jpg
5010     009961.jpg
Name: fname, Length: 5011, dtype: object

>>> df.iloc[0,:]
>>> # 마지막 ':'은 numpy, pytorch, pandas 등에서 선택적으로 사용할 수 있습니다.
>>> # 즉, 다음과 같습니다.
>>> df.iloc[0]

fname         000005.jpg
labels             chair
is_valid            True
Name: 0, dtype: object
```

열 이름으로 데이터프레임을 색인하면 열 내용을 즉시 가져올 수 있습니다.

```
>>> df['fname']

0       000005.jpg
1       000007.jpg
2       000009.jpg
3       000012.jpg
4       000016.jpg
           ...
5006    009954.jpg
5007    009955.jpg
5008    009958.jpg
5009    009959.jpg
5010    009961.jpg
Name: fname, Length: 5011, dtype: object
```

새로운 열을 만들고 열 기반의 계산도 할 수 있습니다.

```
df1 = pd.DataFrame()
df1['a'] = [1,2,3,4]
df1
```

	a
0	1
1	2
2	3
3	4

```
>>> df1['b'] = [10, 20, 30, 40]
>>> df1['a'] + df1['b']

0    11
1    22
2    33
3    44
dtype: int64
```

팬더스는 빠르고 유연한 라이브러리로, 파이썬을 사용하는 모든 데이터 과학자에게 중요한 도구로 자리 잡았습니다. 단지 API에 친숙해지는 데 시간이 걸린다는 점은 아쉽습니다. 팬더스를 사용해본 적이 없다면 튜토리얼을 하나 정도 보기 바랍니다. 저희가 특별히 권장하는 자료는 팬더스를 만든 웨스 맥키니Wes McKinney가 쓴 『파이썬 라이브러리를 활용한 데이터 분석』(한빛미디어, 2019)입니다. 이 책은 맷플롯립matplotlib, 넘파이와 같은 다른 주요 라이브러리의 내용도 함께 다룹니다. 앞으로 팬더스의 기능을 간략히 소개하겠지만, 맥키니가 쓴 책 수준으로 자세히 다루지는 않으므로 읽어보길 추천합니다.

데이터 모양을 살펴봤으니 이제는 모델 학습에 적합한 형태로 만드는 과정을 알아봅니다.

6.1.2 데이터블록 구성하기

어떻게 하면 DataFrame 객체를 DataLoaders 객체로 만들 수 있을까요? 가능한 한 데이터블록DataBlock API를 사용하기를 권고합니다. 해당 API를 사용하면 간결성과 유연성을 모두 잡을 수 있기 때문이죠.

이미 배운 대로 파이토치와 fastai에는 학습용 및 검증용 데이터셋을 표현하고 접근하는 두 가지 주요 클래스를 제공합니다.

- **Dataset**
  단일 데이터를 표현하는 독립변수 및 종속변수 튜플을 반환합니다.
- **DataLoader**
  미니배치 스트림을 제공하는 반복자로, 각 미니배치는 여러 독립변수와 여러 종속변수에 대한 튜플로 구성됩니다.

fastai에서는 이 두 클래스를 기반으로 학습용 및 검증용 데이터셋을 함께 다루는 별도의 두 클래스를 제공합니다.

- **Datasets**
  학습용 및 검증용 Dataset을 포함하는 반복자입니다.
- **DataLoaders**
  학습용 및 검증용 DataLoader를 포함하는 객체입니다.

Dataset에 기반한 DataLoader는 Dataset에 없는 몇 가지 추가 기능을 제공합니다. 따라서 Datasets의 생성, 검증으로 시작한 다음에 DataLoaders를 살펴보는 편이 쉽습니다.

DataBlock 객체는 단계적으로 구축해야 합니다. 특히 주피터 노트북을 사용해서 데이터를 단계적으로 검증하면 좋습니다. 주피터 노트북 같은 대화형 환경은 탄력적인 코딩을 지속하고 발생할 수 있는 문제를 검사하는 데 굉장히 유용합니다. 또한 현재 작성 중인 코드 블록에서 문제가 발생하면 즉시 알아챌 수 있어서 디버깅도 쉽습니다!

가장 간단한 작업부터 해보죠. 디폴트 파라미터로 구성된 데이터블록을 생성합니다.

```
dblock = DataBlock()
```

DataBlock 객체로 Datasets 객체를 생성할 수 있습니다. 이때 실제 데이터 소스를 명시해야 합니다. 여기서는 데이터프레임이 데이터 소스죠.

```
dsets = dblock.datasets(df)
```

이렇게 만든 Datasets에는 train과 valid라는 Dataset형 속성이 있습니다. 다음은 train 속성에 접근하여 학습용 데이터셋의 데이터를 색인하는 코드입니다.

```
>>> dsets.train[0]

(fname        008663.jpg
 labels       car person
 is_valid     False
 Name: 4346, dtype: object,
 fname        008663.jpg
 labels       car person
 is_valid     False
 Name: 4346, dtype: object)
```

보다시피 데이터프레임의 같은 열을 두 번 반환합니다. 기본적으로 데이터블록에는 입력과 타깃 두 요소가 포함된다고 가정하기 때문입니다. 따라서 데이터프레임에서 적절한 필드를 가져와야만 합니다. 그러려면 우선 원하는 필드를 반환하는 함수를 정의하고, 원하는 입력과 타깃 필드를 가져오는 각 함수를 get_x 및 get_y 인자에 지정하면 됩니다.

```
>>> dblock = DataBlock(get_x = lambda r: r['fname'], get_y = lambda r: r['labels'])
>>> dsets = dblock.datasets(df)
>>> dsets.train[0]

('005620.jpg', 'aeroplane')
```

보다시피 일반적인 함수 정의 방식 대신 파이썬의 **lambda** 키워드를 사용해 함수를 정의했습니다. **lambda**는 간단하게 함수를 정의하고 참조하는 방법입니다. 그러나 사실은 다음처럼 장황하게 작성한 코드가 이상적입니다.

```
>>> def get_x(r): return r['fname']
>>> def get_y(r): return r['labels']
>>> dblock = DataBlock(get_x = get_x, get_y = get_y)
>>> dsets = dblock.datasets(df)
>>> dsets.train[0]

('002549.jpg', 'tvmonitor')
```

lambda 함수는 빠른 실험에는 굉장히 좋지만, 직렬화를 지원하지 않으므로 학습된 모델의 **Learner**를 다른 환경으로 내보내려면 일반적인 방식으로 정의하는 편이 바람직합니다(실험 목적이라면 **lambda**를 사용해도 무방합니다).

이미지를 열려면 완전한 경로로 독립변수를 구성해야 합니다. 그리고 공백 문자로 쪼개진 목록을 종속변수로 레이블을 구성합니다(파이썬의 **split** 함수가 문자열을 나누는 기본 기준도 공백 문자입니다).

```
>>> def get_x(r): return path/'train'/r['fname']
>>> def get_y(r): return r['labels'].split(' ')
>>> dblock = DataBlock(get_x = get_x, get_y = get_y)
>>> dsets = dblock.datasets(df)
>>> dsets.train[0]
(Path('/home/sgugger/.fastai/data/pascal_2007/train/008663.jpg'),
 ['car', 'person'])
```

실제로는 이미지 파일을 열고 텐서로 변환하려면 여러 변형 과정이 필요합니다. 다행히 fastai 에서는 이를 처리하는 블록을 이미 정의해두었습니다. 입력은 앞서 사용한 ImageBlock

을 그대로 사용해도 좋지만 출력은 다릅니다. 유효한 이미지 경로를 제공하는 현 상황에서 ImageBlock은 문제없이 작동합니다. 하지만 CategoryBlock은 단일 정수만을 반환하기 때문에 제대로 작동하지 않습니다. 우리는 다중 레이블을 반환하는 블록이 필요합니다. MultiCategoryBlock을 사용하면 이 문제를 해결할 수 있습니다. 이 블록이 기대하는 입력은 문자열 목록이니 우리가 원하는 행동과 정확히 일치합니다. 간단한 테스트를 해보죠.

```
>>> dblock = DataBlock(blocks=(ImageBlock, MultiCategoryBlock),
                       get_x = get_x, get_y = get_y)
>>> dsets = dblock.datasets(df)
>>> dsets.train[0]
(PILImage mode=RGB size=500x375,
 TensorMultiCategory([0., 0., 0., 0., 0., 0., 0., 0., 0., 0., 0., 1., 0., 0.,
 > 0., 0., 0., 0., 0., 0.]))
```

범주의 목록이 CategoryBlock과는 다른 방식으로 인코딩되었습니다. CategoryBlock에서는 문자열과 정수를 매핑한 vocab에서 범주에 맞는 단일 정숫값을 가져와서 표현하지만, MultiCategoryBlock은 범주가 있는 부분만 1로 채워진(나머지는 0) 정수 벡터로 표현됩니다. 가령 두 번째와 네 번째 위치에 1이 있다면, vocab에 담긴 벡터에 따라 해당 이미지는 두 번째와 네 번째 종류의 물체만 포함합니다. 이런 표현 방식을 원-핫 인코딩one-hot encoding이라고 합니다. 단순한 범주의 색인 번호 목록은 매번 길이가 달라서 사용할 수 없습니다. 파이토치는 텐서라는 자료형을 요구합니다. 즉, 항상 길이가 같은 텐서에 데이터가 주입되어야 함을 의미합니다.

> **NOTE_ 전문용어: 원-핫 인코딩**
> 0으로 채워진 벡터의 요소 중 실제 데이터에 나타난 위치에는 1을 할당합니다. 정수 목록을 인코딩하는 방식입니다.

앞서 출력된 원-핫 인코딩 형식의 벡터가 어떤 범주를 표현하는지 확인해보죠(참이거나 거짓인 조건에 부합하는 모든 색인을 찾아주는 편리한 torch.where 함수를 사용합니다).

```
>>> idxs = torch.where(dsets.train[0][1]==1.)[0]
>>> dsets.train.vocab[idxs]

(#1) ['dog']
```

넘파이 배열, 파이토치 텐서, fastai의 L 클래스로 리스트나 벡터를 즉시 색인을 할 수 있습니다. 직전에 다룬 코드를 포함한 다양한 코드를 훨씬 더 명확하고 간결한 형태로 만들 수 있습니다.

지금까지 is_valid라는 열은 무시했습니다. 즉 DataBlock의 디폴트 기능으로 학습용과 검증용 데이터셋을 임의로 분리했죠. 명시적으로 검증용 데이터셋을 지정하려면 splitter 인자로 전달될 함수를 작성해야 합니다(또는 fastai가 미리 정의한 함수나 클래스 중 목적에 맞는 것을 골라서 사용해도 좋습니다). 여기에 지정되는 함수는 전체 데이터 목록(본 예제에서는 전체 데이터프레임)을 수용하여 정수로 구성된 두 개 이상의 리스트(결국 학습, 검증 등의 목록)를 반환해야 합니다.[43]

```
>>> def splitter(df):
        train = df.index[~df['is_valid']].tolist()
        valid = df.index[df['is_valid']].tolist()
        return train,valid

>>> dblock = DataBlock(blocks=(ImageBlock, MultiCategoryBlock),
                       splitter=splitter,
                       get_x=get_x,
                       get_y=get_y)

>>> dsets = dblock.datasets(df)
>>> dsets.train[0]

(PILImage mode=RGB size=500x333,
 TensorMultiCategory([0., 0., 0., 0., 0., 0., 1., 0., 0., 0., 0., 0., 0., 0.,
 > 0., 0., 0., 0., 0., 0.]))
```

이미 배운 대로 DataLoader는 Dataset에 포함된 항목들을 미니배치 형태로 모아줍니다. 이렇게 모인 미니배치는 텐서로 구성된 튜플이며, 각 텐서는 단순히 해당 Dataset의 항목을 쌓아 올린 것에 불과합니다.

개별 데이터에 문제가 없음을 확인했으므로, 한 가지 단계만 남았습니다. DataLoaders를 생성하여 모든 데이터가 같은 크기가 되게끔 하는 작업이죠. RandomResizedCrop 변형을 사용하면 이 작업을 완수할 수 있습니다.

....

43 옮긴이_ 각 리스트에 포함된 정숫값들은 색인 번호로, 마스킹 목적으로 사용됩니다.

```
dblock = DataBlock(blocks=(ImageBlock, MultiCategoryBlock),
                   splitter=splitter,
                   get_x=get_x,
                   get_y=get_y,
                   item_tfms = RandomResizedCrop(128, min_scale=0.35))
dls = dblock.dataloaders(df)
```

만들어진 **DataLoaders**에서 표본을 출력해보죠.

```
dls.show_batch(nrows=1, ncols=3)
```

5장에 본 **summary** 메서드를 사용하면 **DataBlock**의 **DataLoaders** 생성 과정과 그 과정에서 발생하는 문제를 정확히 파악할 수 있습니다. **DataLoaders** 생성 시에 이 메서드를 꼭 확인하기 바랍니다.

모델 학습에 사용할 데이터를 다 준비했습니다. 언뜻 보기에는 큰 변화가 없어 보일지 모릅니다. 하지만 fastai 라이브러리는 내부적으로 이진 교차 엔트로피binary cross entropy라는 새로운 손실 함수를 자동으로 선택합니다.

6.1.3 이진 교차 엔트로피

Learner를 만들 차례입니다. 4장에 따르면 **Learner** 객체는 네 가지 주요 내용(모델, **DataLoaders**, 옵티마이저, 손실 함수)을 포함합니다. 앞서 **DataLoaders**를 준비했고, fastai가 제공하는 **resnet** 모델을 활용할 수 있으며, SGD 옵티마이저를 생성하는 방법 또한 알고 있습니다. 따라서 적절한 손실 함수를 정하는 데만 집중하면 되겠죠. 그러려면 **cnn_learner**

함수로 Learner를 생성한 다음, 해당 모델이 출력하는 활성값을 살펴봐야 합니다.

```
learn = cnn_learner(dls, resnet18)
```

Learner가 포함한 모델이 nn.Module을 상속받은 클래스 객체라는 사실도 압니다. 또한 소괄호로 모델을 함수처럼 호출할 수 있고, 모델의 출력 활성을 반환받는다는 점도 알죠. 한편 모델을 함수처럼 호출하려면 미니배치 형태의 독립변수를 인자로 넣어줘야 합니다. 그리고 DataLoader에서 미니배치 하나를 가져와서 모델로 주입하는 간단한 실험을 할 수 있죠.

```
>>> x,y = dls.train.one_batch()
>>> activs = learn.model(x)
>>> activs.shape

torch.Size([64, 20])
```

activs의 모양이 왜 이런지 생각해봅시다. 설정한 배치 크기가 64이고, 범주 20개에 대한 확률을 계산하기 때문입니다. 해당 미니배치를 통과시켜 얻은 activs가 포함한 결과 하나를 조사하여 출력 활성을 구성한 값들을 확인해보겠습니다.

```
>>> activs[0]

tensor([ 2.0258, -1.3543,  1.4640,  1.7754, -1.2820, -5.8053,  3.6130,  0.7193,
 > -4.3683, -2.5001, -2.8373, -1.8037,  2.0122,  0.6189,  1.9729,  0.8999,
 > -2.6769, -0.3829,  1.2212,  1.6073],
        device='cuda:0', grad_fn=<SelectBackward>)
```

> **NOTE_ 모델의 활성 알아보기**
> 수동으로 미니배치를 만들고 모델에 주입하는 방법을 알고 모델의 출력으로 얻은 활성과 손실을 검사하는 일은 매우 중요한 모델 디버깅 과정입니다. 물론 모델 학습 과정을 이해하는 데도 매우 유용합니다.

값들이 아직 0과 1로 조정되지 않았지만, 4장의 내용을 기억한다면 sigmoid 함수를 사용하는 방법이 떠오를 것입니다. 그리고 sigmoid에 기반해 손실을 계산하는 방법도 배웠습니다. 다음은 4장에서 소개한 손실 함수에 log를 추가한 버전입니다.

```
def binary_cross_entropy(inputs, targets):
    inputs = inputs.sigmoid()
    return -torch.where(targets==1, 1-inputs, inputs).log().mean()
```

원-핫 인코딩된 종속변수에는 `nll_loss` 또는 소프트맥스를 즉시 사용할 수 없습니다. `cross_entropy`도 마찬가지죠.

- softmax에서는 모든 예측값의 합이 1이 되어야 합니다. 그리고 예측값 중 하나를 다른 값보다 훨씬 크게 만드는 경향이 있습니다(exp를 사용하기 때문이죠). 하지만 다중 레이블 문제에서는 이미지 내에 존재하는 여러 물체 각각에 대한 신뢰도를 구해야 합니다. 따라서 활성의 총합이 1이 되도록 강제하는 방법은 그리 유용하지 않습니다. 또한 같은 이유로 이미지가 미리 정한 범주에 속하지 않을 때는 예측의 총합을 1 미만으로 만들어야 할지도 모릅니다.

- `nll_loss`는 한 데이터의 단일 레이블에 대응하는 활성값 하나만 반환합니다. 다중 레이블 문제에서는 의미가 없는 손실입니다.

반면 단순히 `mnist_loss`에 `log`를 적용한 `binary_cross_entropy` 함수는 우리가 원하는 바를 달성합니다. 파이토치의 요소별 연산의 마법 덕분에 각 활성은 각 열에 표현된 각 타깃과 그대로 비교됩니다. 즉 별도의 작업 없이도 다중 열에 대해 작동할 수 있는 셈이죠.

> TIP 제러미의 말
>
> 저는 파이토치와 같은 라이브러리 사용하기를 정말 좋아합니다. 한 가지 이유는 브로드캐스팅과 요소별 연산을 지원하기 때문입니다. 코드를 변경하지 않고도 단일 데이터 또는 배치 단위의 데이터에서 같은 작동을 보장할 수 있습니다. `binary_cross_entropy`가 좋은 예입니다. 이런 연산을 사용하면 반복문을 직접 작성할 필요가 없습니다. 작업하는 텐서의 랭크에 적합한 만큼의 반복문을 파이토치가 대신 수행하며, 우리는 그저 파이토치의 최적화된 계산 방식에 의존하면 됩니다.

파이토치는 여기에 필요한 함수를 제공합니다. 사실은 해당 함수에는 여러 버전이 존재하는데, 이름이 약간 혼동되기 때문에 짚고 넘어가겠습니다!

`nn.BCELoss`는 `F.binary_cross_entropy`와 같지만 모듈로 정의됩니다. 이 둘은 원-핫 인코딩된 타깃의 교차 엔트로피를 계산하지만, 초기에 시그모이드를 적용하지는 않습니다. 일반적으로 원-핫 인코딩된 타깃이 있을 때는 시그모이드 및 이진 교차 엔트로피를 모두 포함한 `F.binary_cross_entropy_with_logits` 또는 `nn.BCEWithLogitsLoss`를 사용합니다.

타깃을 단일 정수로 인코딩하는 레이블이 하나만 있는 데이터셋(MNIST 또는 반려동물 데이터셋)에서도 유사합니다. 초기 소프트맥스를 포함하지 않는 F.nll_loss 또는 nn.NLLLoss와 초기 소프트맥스를 포함하는 F.cross_entropy 또는 nn.CrossEntropyLoss로 나눠서 제공됩니다.

우리 예제의 타깃은 원-핫 인코딩되어 있으므로 nn.BCEWithLogitsLoss를 사용합니다.

```
>>> loss_func = nn.BCEWithLogitsLoss()
>>> loss = loss_func(activs, y)
>>> loss

tensor(1.0082, device='cuda:5', grad_fn=<BinaryCrossEntropyWithLogitsBackward>)
```

fastai에 이 손실 함수를 사용하도록 명시할 필요는 없습니다(물론 명시해도 됩니다). fastai가 자동으로 이 함수를 선택하기 때문이죠. fastai는 DataLoaders에 다중 범주의 레이블이 있다는 사실을 알고, 기본적으로 사용할 손실 함수로 nn.BCEWithLogitsLoss를 선택합니다.

5장과 비교해서 변한 점은 평가지표 단 한 가지뿐입니다. 다중 레이블 문제에서는 정확도를 구하는 함수를 사용할 수 없습니다. 왜 그럴까요? 정확도는 예측된 출력과 타깃을 다음과 같이 비교하여 계산하죠.

```
def accuracy(inp, targ, axis=-1):
    "'pred'가 bs*n_classes(배치 크기*범주 개수)일 때 'targ'로 정확도를 계산합니다"
    pred = inp.argmax(dim=axis)
    return (pred == targ).float().mean()
```

가장 높은 출력 활성을 예측된 범주로 반환합니다(argmax가 하는 일이죠). 그러나 한 이미지 내에서 하나 이상의 물체를 예측하는 상황에서는 이 방식이 작동하지 않습니다. 범위를 0~1로 만들려고 출력 활성에 시그모이드를 적용한 다음에는 활성 중 어떤 값을 0 또는 1로 간주할지를 정하는 **임계점**threshold을 선택해야 합니다. 그러면 임계점을 넘는 모든 값은 1로, 임계점 아래의 모든 값은 0으로 간주하겠죠.

```
def accuracy_multi(inp, targ, thresh=0.5, sigmoid=True):
    "'inp'와 'targ'의 크기가 같을 때 정확도를 계산합니다"
    if sigmoid: inp = inp.sigmoid()
    return ((inp>thresh)==targ.bool()).float().mean()
```

accuracy_multi 함수를 평가지표로 그대로 사용하면 기본 임계점은 0.5로 설정됩니다. 하지만 기본값을 조정한 새로운 버전의 accuracy_multi를 생성하고 싶을 수 있겠죠. 파이썬에서는 이를 돕는 partial이라는 방법을 마련해 두었습니다. partial은 함수의 일부 인자에 고정값을 할당한 새로운 버전의 함수를 생성합니다. 새로운 버전의 함수를 호출하면 지정한 인자에 고정값이 무조건 포함됩니다. 간단한 예로, 인자 두 개로 구성된 함수를 만들어보죠.

```
>>> def say_hello(name, say_what="Hello"): return f"{say_what} {name}."
>>> say_hello('Jeremy'),say_hello('Jeremy', 'Ahoy!')

('Hello Jeremy.', 'Ahoy! Jeremy.')
```

partial을 사용해서 프랑스어 버전의 함수를 간단히 만들 수 있습니다.

```
>>> f = partial(say_hello, say_what="Bonjour")
>>> f("Jeremy"),f("Sylvain")

('Bonjour Jeremy.', 'Bonjour Sylvain.')
```

이제는 모델을 학습시킵니다. 0.2로 설정된 평가지표의 정확도 임계점으로 시도해보죠.

```
learn = cnn_learner(dls, resnet50, metrics=partial(accuracy_multi, thresh=0.2))
learn.fine_tune(3, base_lr=3e-3, freeze_epochs=4)
```

epoch	train_loss	valid_loss	accuracy_multi	time
0	0.903610	0.659728	0.263068	00:07
1	0.724266	0.346332	0.525458	00:07
2	0.415597	0.125662	0.937590	00:07
3	0.254987	0.116880	0.945418	00:07

epoch	train_loss	valid_loss	accuracy_multi	time
0	0.123872	0.132634	0.940179	00:08
1	0.112387	0.113758	0.949343	00:08

임계점 설정은 중요합니다. 임계점이 너무 낮으면 레이블링된 물체를 선택하지 못할 가능성이 높습니다. 임계점을 낮게 설정하고 검증용 데이터셋의 손실과 평가지표를 반환하는 `validate` 메서드를 호출하면 이를 확인할 수 있습니다.

```
>>> learn.metrics = partial(accuracy_multi, thresh=0.1)
>>> learn.validate()

(#2) [0.10436797887086868,0.93057781457901]
```

반면 임계점이 너무 높으면 모델이 자신 있는 물체 단 하나만 선택할 가능성이 높겠죠.

```
>>> learn.metrics = partial(accuracy_multi, thresh=0.99)
>>> learn.validate()

(#2) [0.10436797887086868,0.9416930675506592]
```

몇 가지 다른 임계점을 시도해서 어떤 값에서 가장 잘 작동하는지를 확인하여 최적의 임계점을 발견할 수 있습니다. 일단 예측값을 얻고 나면 이 과정이 훨씬 빠르게 진행됩니다.

```
preds,targs = learn.get_preds()
```

그리고 평가지표 함수를 직접 호출할 수 있겠죠. 한 가지 알아둘 사항은 `get_preds` 메서드가 기본적으로 출력 활성화 함수(여기서는 시그모이드)를 적용한다는 점입니다. 따라서 해당 함수를 적용하지 않도록 조치해야 합니다.

```
>>> accuracy_multi(preds, targs, thresh=0.9, sigmoid=False)

TensorMultiCategory(0.9554)
```

이 방식으로 최적의 임계점을 찾을 수 있습니다.

```
xs = torch.linspace(0.05,0.95,29)
accs = [accuracy_multi(preds, targs, thresh=i, sigmoid=False) for i in xs]
plt.plot(xs,accs);
```

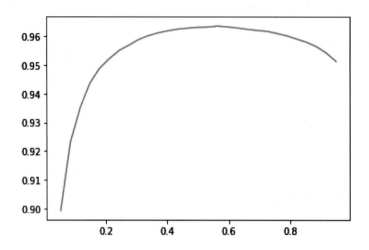

하이퍼파라미터 선택에 검증용 데이터셋을 사용했습니다. 이것이 바로 검증용 데이터셋의 목적이죠. 무엇이 가장 좋은지를 찾으려고 시도를 많이 한다면 검증용 데이터셋에도 과적합될 수 있다는 우려를 표하는 학생들도 있었습니다. 하지만 그래프에서 볼 수 있듯이 임계점에 변화를 주어 얻은 그래프는 부드러운 곡선 형태입니다. 즉 부적합한 이상치를 선택하지 않을 것이 자명합니다. 이는 이론과 실전의 차이에 주의를 기울여야 하는 좋은 예입니다.[44]

이렇게 다중 레이블 분류 문제에 관한 내용을 마무리합니다. 다음은 회귀 문제를 살펴볼 차례입니다.

6.2 회귀

우리는 흔히 딥러닝 모델을 **영상 처리, 자연어 처리** 등의 분야로 나눠서 생각합니다. 그리고 fastai 라이브러리도 분야별로 패키지가 나뉘죠. 하지만 이는 대부분의 사람이 분야를 이렇게 나눠야 한다는 생각에 갇혀 있기 때문입니다.

하지만 이런 생각은 더 흥미롭고 깊은 관점을 방해합니다. 모델이란 손실 함수, 독립변수, 종속변수로 정의됩니다. 즉 단순히 분야로 나누는 것보다 훨씬 광범위하고 다양한 모델이 있습니

---

44 옮긴이_ 이론은 검증용 데이터셋에 과적합으로 이어질 수 있는 다양한 하이퍼파라미터를 시도하지 말라고 하지만, 실전에서는 그 관계가 부드럽다면 괜찮기도 합니다.

다. 예를 들어서 독립변수와 종속변수에 각각 이미지와 텍스트(이미지의 자막 생성) 또는 텍스트와 이미지(자막의 이미지 생성)를 사용할 수도 있습니다. 또는 이미지, 텍스트, 테이블 데이터를 독립변수로 두고 상품 구매 예측을 시도하는 등 무한한 가능성이 열려 있습니다.

미리 정해진 응용을 넘어 새로운 문제에서 새로운 해결책을 찾으려면 데이터블록 API를 잘 이해해야 합니다(책 후반부에는 중간 계층 API도 다룹니다). 여기서는 **이미지 회귀**라는 문제를 예제로 다룹니다. 독립변수에는 이미지, 종속변수에는 하나 이상의 부동소수를 둔 데이터셋을 학습하는 문제죠. 가끔 이미지 회귀를 완전히 분리된 하나의 응용으로 다루곤 하지만, 여기서는 데이터블록 API로 이 문제를 그저 또 다른 CNN 문제로서 다룰 수 있다는 사실을 배웁니다.

이미지 회귀에서 파생된 문제를 다룹니다. 문제가 까다롭게 느껴질 수도 있지만, 이미 여러분은 도전하기에 충분한 지식을 갖추었습니다! 구체적으로는 이미지상 특정 위치를 의미하는 **키포인트**key point를 찾는 모델을 만들 것입니다. 사람 이미지에서 얼굴의 정중앙을 찾습니다. 즉, 각 이미지에서 얼굴 중앙을 나타내는 x, y **두** 좌표의 값을 예측하는 문제죠.

6.2.1 데이터 조립

이 문제에는 Biwi Kinect Head Post 데이터셋(`https://oreil.ly/-4c0-`)을 사용합니다. 지금까지 해온 대로 데이터셋을 다운로드합니다.

```
path = untar_data(URLs.BIWI_HEAD_POSE)
```

다운로드한 디렉터리 구조를 살펴보죠!

```
>>> path.ls()

(#50) [Path('13.obj'),Path('07.obj'),Path('06.obj'),Path('13'),Path('10'),Path('
> 02'),Path('11'),Path('01'),Path('20.obj'),Path('17')...]
```

01부터 24까지 숫자에 해당하는 디렉터리 24개와 `.obj` 파일이 있습니다.[45] 디렉터리 중 하나를 선택해 내부를 살펴봅니다.

---

[45] 옮긴이_ 각 디렉터리에는 다른 사람의 사진이 있습니다. 그리고 우리가 다룰 문제는 `.obj` 파일을 활용하지 않습니다.

```
>>> (path/'01').ls()

(#1000) [Path('01/frame_00281_pose.txt'),Path('01/frame_00078_pose.txt'),Path('0
> 1/frame_00349_rgb.jpg'),Path('01/frame_00304_pose.txt'),Path('01/frame_00207_
> pose.txt'),Path('01/frame_00116_rgb.jpg'),Path('01/frame_00084_rgb.jpg'),Path
> ('01/frame_00070_rgb.jpg'),Path('01/frame_00125_pose.txt'),Path('01/frame_003
> 24_rgb.jpg')...]
```

디렉터리 내부에는 서로 다른 프레임을 나타내는 데이터가 있습니다.[46] get_image_files 함수를 사용하면 모든 이미지 파일을 재귀로 쉽게 가져올 수 있습니다. 다음으로는 이미지 파일명에 해당하는 포즈 파일명을 반환하는 함수를 만듭니다.

```
>>> img_files = get_image_files(path)
>>> def img2pose(x): return Path(f'{str(x)[:-7]}pose.txt')
>>> img2pose(img_files[0])

Path('13/frame_00349_pose.txt')
```

출력해서 첫 번째 이미지를 살펴보죠.

```
>>> im = PILImage.create(img_files[0])
>>> im.shape

(480, 640)
```

```
im.to_thumb(160)
```

---

46 옮긴이_ 동영상의 프레임을 잘라서 이미지로 저장한 데이터입니다.

Biwi 데이터셋의 웹사이트(https://oreil.ly/wHL28)에서 파악할 수 있듯이 이미지 포즈의 파일에는 머리의 중심 위치 정보가 있습니다. 하지만 세부 사항은 우리 문제에 중요하지 않으므로, 부연 설명 없이 포즈 파일에서 머리의 중심 위치를 추출하는 함수를 보여주기만 하겠습니다.

```python
cal = np.genfromtxt(path/'01'/'rgb.cal', skip_footer=6)
def get_ctr(f):
    ctr = np.genfromtxt(img2pose(f), skip_header=3)
    c1 = ctr[0] * cal[0][0]/ctr[2] + cal[0][2]
    c2 = ctr[1] * cal[1][1]/ctr[2] + cal[1][2]
    return tensor([c1,c2])
```

이 함수는 좌표 요소가 둘인 텐서를 반환합니다.

```python
>>> get_ctr(img_files[0])

tensor([384.6370, 259.4787])
```

이 함수는 각 입력 이미지의 레이블(좌표)을 반환하므로 DataBlock 생성자의 인자 중 get_y에 할당될 수 있습니다. 그리고 실습을 빠르게 하려고 입력될 이미지의 크기를 절반으로 줄입니다.

학습용과 검증용 데이터셋을 임의로 분리해선 안 된다는 점도 중요합니다. 모델을 일반화하려면 본 적이 없는 인물 데이터가 필요하지만, 데이터셋에는 동일 인물의 이미지가 여러 번 등장하기 때문이죠. 각 디렉터리에는 한 사람의 이미지 목록이 담겨 있습니다. 따라서 검증용 데이터셋으로는 한 사람의 이미지만 사용하는 방법을 생각해볼 수 있습니다. 그러려면 DataBlock 생성자의 인자 중 splitter에 특정 한 사람의 이미지에서만 True를 반환하는 함수를 생성하여 할당해야 합니다.

지금껏 본 데이터블록과 다른 점이 하나 더 있습니다. 두 번째 블록으로 PointBlock을 사용한 부분입니다. 이 블록을 사용하면 fastai는 레이블이 좌표로 표현된다는 사실을 파악합니다. 또한 데이터 증강을 적용하는 순간에 이미지뿐만 아니라 좌표에도 같은 증강 기법을 적용해야 한다는 점도 파악합니다.

```
biwi = DataBlock(
    blocks=(ImageBlock, PointBlock),
    get_items=get_image_files,
    get_y=get_ctr,
    splitter=FuncSplitter(lambda o: o.parent.name=='13'),
    batch_tfms=[*aug_transforms(size=(240,320)),
                Normalize.from_stats(*imagenet_stats)]
)
```

TIP 좌표와 데이터 증강

저희가 아는 한 fastai 외 좌표에 올바른 데이터 증강을 자동으로 적용하는 라이브러리는 없습니다. 따라서 다른 라이브러리를 사용한다면 데이터 증강을 비활성화해야 할지도 모릅니다.

실제 모델링하기 전에 이미지와 레이블 데이터가 정상인지 확인합니다.

```
dls = biwi.dataloaders(path)
dls.show_batch(max_n=9, figsize=(8,6))
```

두 정보 모두 좋아보입니다! 배치를 시각적으로 확인하면서 텐서의 실젯값도 살펴보면 좋습니다(특히 배우는 입장에서 모델이 실제 보는 데이터를 분명히 이해하는 데 도움이 됩니다).

```
>>> xb,yb = dls.one_batch()
>>> xb.shape,yb.shape
```

```
(torch.Size([64, 3, 240, 320]), torch.Size([64, 1, 2]))
```

미니배치의 모양이 **왜** 이런지를 꼭 이해해야 합니다.

종속변수 중 한 행을 조사하여 담긴 데이터를 확인합니다.

```
>>> yb[0]
```

```
tensor([[0.0111, 0.1810]], device='cuda:5')
```

보다시피 별도의 이미지 회귀용 API는 사용하지 않았습니다. 단지 입력 데이터를 위한 레이블 정보를 반환하는 함수, 독립변수와 종속변수가 표현하는 데이터 유형을 데이터블록 API에 알렸을 뿐이죠.

Learner도 유사한 방향으로 만들 수 있습니다. 전에 사용한 cnn_learner 함수를 그대로 사용하되 새로운 인자 하나를 추가로 사용할 뿐입니다. 그것으로 모델을 학습시킬 준비가 끝납니다.

6.2.2 모델 학습

지금까지 해온 대로 cnn_learner 함수로 Learner를 만듭니다. y_range라는 인자로 타깃의 범위를 조절했던 1장의 내용을 기억하나요? 여기서도 같은 작업을 하여 항상 좌푯값이 −1과 1 사이의 범위로 조정되도록 합니다.

```
learn = cnn_learner(dls, resnet18, y_range=(-1,1))
```

fastai는 sigmoid_range 함수로 y_range를 구현합니다. 그리고 다음은 sigmoid_range 함수를 정의한 모습이죠.

```
def sigmoid_range(x, lo, hi): return torch.sigmoid(x) * (hi-lo) + lo
```

y_range 인자를 설정하면 앞의 함수가 모델 마지막 계층에 설정됩니다. 이 함수의 역할이 무엇일지 잠시 생각해봅시다. 모델의 출력 활성의 범위를 (lo,hi)로 강제하는 이유가 무엇일까요?

범위를 −1과 1 사이로 강제하면 다음과 같은 모양의 그래프가 나옵니다.

```
plot_function(partial(sigmoid_range,lo=-1,hi=1), min=-4, max=4)
```

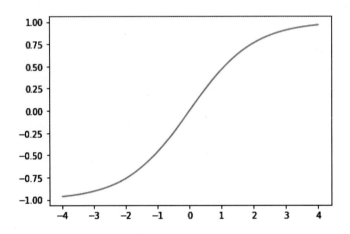

손실 함수를 지정하지 않았으니 fastai가 자동으로 정한 함수가 사용됩니다. 어떤 손실 함수를 선택했는지 알아보죠.

```
>>> dls.loss_func

FlattenedLoss of MSELoss()
```

fastai의 선택은 타당해보입니다. 우리는 주어진 좌표에 가능한 한 가까운 값을 예측하려 하는데, MSELoss(평균제곱오차 손실)가 바로 그런 일을 합니다. 다른 손실 함수를 사용하려면 cnn_learner 함수의 loss_func 인자에 지정하면 됩니다.

평가지표를 지정하지 않은 점도 주목할 만합니다. MSE 자체가 이미 이 작업에 유용한 평가지표이므로 별도의 평가지표를 지정하지 않았습니다(제곱근을 적용하면 해석이 좀 더 용이할 수도 있겠죠).

학습률 발견자로 적당한 학습률을 찾습니다.

```
learn.lr_find()
```

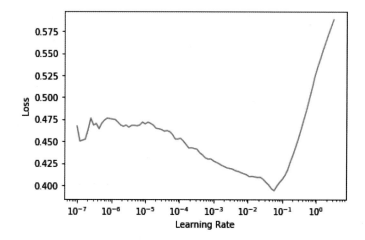

적당해보이는 2e−2를 학습률로 채택하여 학습을 진행합니다.

```
lr = 1e-2
learn.fine_tune(3, lr)
```

epoch	train_loss	valid_loss	time
0	0.045840	0.012957	00:36
1	0.006369	0.001853	00:36
2	0.003000	0.000496	00:37
3	0.001963	0.000360	00:37
4	0.001584	0.000116	00:36

이 학습을 진행하면 보통 0.0001 수준의 손실에 도달합니다. 그리고 이 손실값은 다음의 평균 좌표 예측 오차에 해당합니다.

```
>>> math.sqrt(0.0001)

0.01
```

매우 정확해보입니다! 그러나 실제 결과를 눈으로 확인하는 과정도 중요합니다. Learner의 show_results 메서드를 사용하면 검증용 데이터를 대상으로 결과를 시각적으로 확인할 수 있습니다. 좌측은 실제(실측^{ground truth}) 좌표, 우측은 모델이 예측한 좌표를 나타냅니다.

```
learn.show_results(ds_idx=1, max_n=3, figsize=(6,8))
```

단 몇 분간의 계산만으로 이렇게 정확한 키포인트 모델을 만들었다는 사실이 놀랍습니다. 또한 특정 영역에 특화된 어떤 응용 기법도 사용하지 않았죠. 유연한 API로 구현된 막강한 전이 학습으로도 볼 수 있습니다. 특히 완전히 다른 작업 간에도 전이 학습을 매우 효과적으로 사용할 수 있다는 점이 매력적입니다. 우리가 이미지 분류용으로 학습된 모델을 이미지 회귀 문제에 적용하고 미세 조정했듯이 말이지요.

6.3 결론

언뜻 보기에 완전히 달라 보이는 문제(단일 레이블 분류, 다중 레이블 분류, 회귀)에 출력만 다르게 구성한 동일한 모델을 사용할 수 있다는 점을 배웠습니다. 단, 문제별로 다른 손실 함수가 필요할 뿐입니다. 따라서 다룰 문제에 적합한 손실 함수가 선택되었는지를 두세 번 확인해야 합니다.

fastai는 데이터를 보고 올바른 손실 함수를 자동으로 선택합니다. 하지만 DataLoaders를 순수 파이토치만으로 구축한다면 손실 함수를 직접 신중히 선택해야만 합니다. 일반적으로 지금까지 다룬 세 종류의 문제에 사용되는 손실 함수는 다음과 같습니다. 이를 잘 숙지하길 바랍니다.

- 단일 레이블 분류 문제에는 nn.CrossEntropyLoss를 사용합니다.
- 다중 레이블 분류 문제에는 nn.BCEWithLogitsLoss를 사용합니다.
- 회귀 문제에는 nn.MSELoss를 사용합니다.

6.4 질문지

1 다중 레이블 분류는 곰 분류기의 편리성을 어떻게 향상할 수 있을까요?

2 다중 레이블 분류 문제에서 종속변수는 어떻게 인코딩 할 수 있을까요?

3 데이터프레임의 행과 열에 마치 행렬처럼 접근하는 방법은 무엇인가요?

4 데이터프레임의 열에 이름으로 접근하는 방법은 무엇인가요?

5 Dataset과 DataLoader는 어떻게 다른가요?

6 Datasets 객체가 일반적으로 포함하는 내용은 무엇인가요?

7 DataLoaders 객체가 일반적으로 포함하는 내용은 무엇인가요?

8 파이썬 lambda의 역할은 무엇인가요?

9 데이터블록 API에서 독립변수와 종속변수의 생성 방식을 사용자 정의하는 방법은 무엇인가요?

10 원-핫 인코딩된 타깃에 소프트맥스가 출력 활성화 함수로 적합하지 않은 이유는 무엇인가요?

11 원-핫 인코딩된 타깃에 nll_loss가 손실 함수로 적합하지 않은 이유는 무엇인가요?

12 nn.BCELoss와 nn.BCEWithLogitsLoss는 어떻게 다른가요?

13 다중 레이블 문제에서 일반적인 정확도를 사용하지 못하는 이유는 무엇인가요?

14 검증용 데이터셋으로 하이퍼파라미터를 조정해도 좋을 때는 언제인가요?

15 fastai의 y_range는 어떻게 구현되나요?(책을 보지 말고 직접 구현해보세요!)

16 회귀 문제란 무엇인가요? 이 문제에는 어떤 손실 함수를 사용해야 하나요?

17 fastai가 입력 이미지와 타깃 좌표에 동일한 데이터 증강을 적용하려면 무엇을 해줘야 하나요?

6.4.1 추가 연구

1 팬더스 데이터프레임에 관한 튜토리얼을 찾아 읽고, 흥미로워 보이는 몇 가지 방법을 시도해보세요. 책의 웹사이트에 권장 튜토리얼 목록이 있습니다.

2 다중 레이블 분류 모델로 곰 분류 문제에 다시 도전해보세요. 웹 애플리케이션을 포함해 곰이 없는 이미지도 효과적으로 분류하도록 만들어보기 바랍니다. 또는 두 종류의 곰이 함께 포함된 이미지도 시도해보세요. 단일 레이블 데이터셋에 다중 레이블 분류 모델을 사용하면 정확도에 어떤 영향을 주는지 확인해보세요.

최신 모델의 학습 방법

이번 장은 이미지 분류 모델 학습에 심화 기법을 적용하고, 최신 수준의 결과를 얻는 방법을 다룹니다. 여기서 다루는 내용은 다른 장의 선수 지식이 아닙니다. 따라서 다른 딥러닝 응용 분야를 좀 더 알고 싶다면 이 장을 건너뛴 다음 나중에 다시 읽어도 좋습니다.

구체적으로는 정규화, 강력한 데이터 증강 기법인 **믹스업**Mixup, 점진적 크기 조절 기법, 테스트 시 증강 기법을 살펴봅니다. 밑바닥부터 모델을 학습시켜 나가면서 이런 기법을 점진적으로 다룹니다. 전이 학습은 사용하지 않으며, **이미지넷**ImageNet(`https://oreil.ly/1uj3x`)의 일부로 구성된 **이미지네트**Imagenette를 데이터셋으로 사용합니다. 이미지넷에서 매우 다른 범주 10개만을 뽑아 만든 이미지네트 데이터셋은 유의미한 학습 실험을 빠르게 할 목적으로 제작했습니다.

이번에 사용하는 이미지는 풀컬러로 표현된 실치수full-size이며, 이미지는 서로 다른 크기, 방향, 조명 등으로 표현된 물체를 포함하므로 지금껏 다룬 데이터셋보다 난도가 훨씬 높습니다. 따라서 이 장에서는 데이터셋의 가능성을 최대한 끌어내는 중요한 기술을 소개합니다. 특히 밑바닥에서부터 학습을 진행할 때와 사전 학습된 모델과는 매우 다른 데이터셋을 다룰 때 전이 학습을 활용하는 내용을 모두 다룹니다.

7.1 이미지네트

fasta.ai 과정이 처음 개설되었을 당시 영상 처리 모델의 구축 및 검증에는 세 종류의 주요 데이터셋을 사용했습니다.

- **이미지넷**
  범주 1,000개, 픽셀 약 500개로 표현된 다양한 크기의 이미지를 130만 장 제공합니다. 보통 학습하는 데 며칠이 걸립니다.
- **MNIST**
  5만 장으로 구성된 28×28픽셀의 흑백 숫자 손글씨 이미지입니다.
- **CIFAR10**
  6만 장으로 구성된 32×32픽셀 크기의 컬러 이미지로, 전체 이미지는 10개의 범주로 구분됩니다.

적은 양의 이미지 데이터셋은 큰 이미지넷에 효과적으로 일반화가 될 수 없다는 문제가 있습니다. 일반적으로 이미지넷에서 잘 작동하던 접근법은 이미지넷과 같은 대규모 데이터셋에서 개발 및 적용되어야만 합니다. 이런 통념은 대규모 계산 자원을 보유한 연구자만 이미지 분류 알고리즘의 발전에 효과적으로 이바지할 수 있다는 믿음을 심어주었죠.

하지만 이는 사실이 아닙니다. 그리고 이미지넷의 규모가 정답이고, 다른 데이터셋으로는 유용한 통찰을 개발할 수 없다는 증거를 보여주는 연구는 없습니다. 따라서 fast.ai에서는 연구자들이 저렴한 가격으로 알고리즘을 빠르게 검증하는 동시에 완전한 이미지넷 데이터셋 수준의 통찰을 얻을 수 있는 데이터셋을 만들기로 했습니다.

아이디어를 떠올리고 나서 약 세 시간 후, **이미지네트**를 만들었습니다. 전체 이미지넷 데이터 중 매우 다른 범주를 10개만 선택하여 구성한 데이터셋입니다. 기대한 대로 저렴하면서도 빠르게 분류 모델을 만들 수 있었고, 이어서 몇몇 알고리즘이 이미지네트에 미치는 영향을 파악하는 실험을 진행해서 잘 작동하는 알고리즘을 찾았습니다. 그 후 해당 알고리즘이 이미지넷에서도 잘 작동하는지를 확인하는 실험을 진행했고, 이미지넷에서도 마찬가지 결과를 얻었습니다!

여기에 중요한 메시지가 있습니다. 여러분이 원하는 데이터셋이 주어지지 않을 수도 있다는 사실이죠. 특히 개발 및 프로토타이핑용 데이터셋이 아닐 가능성이 높습니다. 실험을 반복하는 데 드는 시간은 몇 분 이내로 설정해야만 합니다. 즉 새로운 아이디어가 생겼을 때 모델을 학습시키고, 몇 분 안에 결과를 어느 정도 확인할 수 있어야 하죠. 이보다 더 오랜 시간이 걸린다면 데이터셋의 크기를 줄이거나 모델을 단순화하여 실험 속도를 개선할 방법을 찾아봐야 합니다.

실험을 많이 하면 할수록 더 좋습니다!

그러면 이미지네트 데이터셋을 다운로드해보죠.

```
from fastai.vision.all import *
path = untar_data(URLs.IMAGENETTE)
```

5장에서 다룬 **사전 크기 조절** 기법을 적용하여 데이터셋을 **DataLoaders** 객체로 만듭니다.

```
dblock = DataBlock(blocks=(ImageBlock(), CategoryBlock()),
                   get_items=get_image_files,
                   get_y=parent_label,
                   item_tfms=Resize(460),
                   batch_tfms=aug_transforms(size=224, min_scale=0.75))
dls = dblock.dataloaders(path, bs=64)
```

그리고 기준선으로 사용할 모델을 학습시킵니다.

```
model = xresnet50(n_out=dls.c)
learn = Learner(dls, model, loss_func=CrossEntropyLossFlat(), metrics=accuracy)
learn.fit_one_cycle(5, 3e-3)
```

epoch	train_loss	valid_loss	accuracy	time
0	1.583403	2.064317	0.401792	01:03
1	1.208877	1.260106	0.601568	01:02
2	0.925265	1.036154	0.664302	01:03
3	0.730190	0.700906	0.777819	01:03
4	0.585707	0.541810	0.825243	01:03

사전 학습된 모델을 사용하지 않은 것치고는 괜찮은 기준선 모델이지만, 이보다 더 잘할 수 있습니다. 밑바닥에서부터 학습된 모델을 새로 만들거나, 사전 학습된 모델을 쓰지만 기존과는 매우 다른 데이터셋으로 미세 조정을 할 때 매우 중요한 역할을 하는 추가 기법들이 있습니다. 지금부터는 익혀두면 유용한 주요 접근방식 몇 가지를 살펴봅니다. 첫 번째는 데이터 **정규화** normalizing입니다.

7.2 정규화

평균이 0이고 표준편차가 1임을 의미하는 **정규화**된 입력 데이터는 모델 학습에 도움이 됩니다. 하지만 이미지 및 영상 처리 라이브러리는 대부분 0에서 255 또는 0에서 1 사이의 픽셀값을 사용하므로, 정규화 조건을 만족하지 못합니다.

데이터에서 배치 하나를 가져와서 채널 축을 제외한 모든 축값의 평균과 표준편차를 살펴봅니다(채널 축의 색인 번호는 1입니다).

```
>>> x,y = dls.one_batch()
>>> x.mean(dim=[0,2,3]),x.std(dim=[0,2,3])

(TensorImage([0.4842, 0.4711, 0.4511], device='cuda:5'),
 TensorImage([0.2873, 0.2893, 0.3110], device='cuda:5'))
```

예상한 대로 평균과 표준편차는 정규화 조건을 만족하지 않습니다. 다행히 fastai에서는 `Noramlize` 변형만 추가하면 데이터를 쉽게 정규화할 수 있습니다. 한 번에 미니배치 하나 단위로 처리하므로 데이터블록의 `batch_tfms` 부분에 추가하면 됩니다. 인자로 원하는 평균과 표준편차를 지정해야 하지만, fastai는 미리 이미지넷의 표준 평균과 표준편차를 정의하여 제공합니다(`Normalize`에 통계 정보를 넘기지 않으면 fastai가 자동으로 데이터의 배치 하나에서 통계 정보를 계산하고 적용합니다).

이 변형이 적용된 데이터 배치 하나를 살펴보죠(이미지네트는 이미지넷의 부분집합이어서 통계 정보로 `imagenet_stats`를 사용합니다).

```
>>> def get_dls(bs, size):
        dblock = DataBlock(blocks=(ImageBlock, CategoryBlock),
                      get_items=get_image_files,
                      get_y=parent_label,
                      item_tfms=Resize(460),
                      batch_tfms=[*aug_transforms(size=size, min_scale=0.75),
                            Normalize.from_stats(*imagenet_stats)])
        return dblock.dataloaders(path, bs=bs)

>>> dls = get_dls(64, 224)

>>> x,y = dls.one_batch()
```

```
>>> x.mean(dim=[0,2,3]),x.std(dim=[0,2,3])

(TensorImage([-0.0787,  0.0525,  0.2136], device='cuda:5'),
 TensorImage([1.2330, 1.2112, 1.3031], device='cuda:5'))
```

이를 적용한 결과가 모델 학습에 미치는 영향을 알아보죠.

```
model = xresnet50()
learn = Learner(dls, model, loss_func=CrossEntropyLossFlat(), metrics=accuracy)
learn.fit_one_cycle(5, 3e-3)
```

epoch	train_loss	valid_loss	accuracy	time
0	1.632865	2.250024	0.391337	01:02
1	1.294041	1.579932	0.517177	01:02
2	0.960535	1.069164	0.657207	01:04
3	0.730220	0.767433	0.771845	01:05
4	0.577889	0.550673	0.824496	01:06

당장은 영향이 미미해보이지만, 정규화는 사전 학습된 모델을 사용할 때 특히 중요한 기법입니다. 사전 학습된 모델은 이미 자신이 본 종류의 데이터에서만 작동하는 방법을 알기 때문이죠. 가령 평균 픽셀값이 0인 데이터로 사전 학습된 모델을 만들었다고 가정해봅시다. 여기에 픽셀 최솟값이 0인 데이터를 넣는다면, 모델은 기대와는 매우 다른 데이터를 다뤄야만 하죠!

즉 모델 배포 시 학습에 사용한 정규화 관련 통계 정보를 함께 제공해야 합니다. 배포된 모델로 추론이나 전이 학습을 수행하려면 같은 통계 정보를 사용해야만 하기 때문이죠. 다른 누군가가 만든 모델을 사용한다면, 해당 모델의 정규화 관련 통계 정보를 찾아 그에 맞는 데이터를 넣어야만 합니다.

우리는 지금까지 정규화를 다루지 않았습니다. cnn_learner 함수로 사전 학습된 모델을 사용하면 fastai 라이브러리가 해당 모델에 적절한 정규화 변환을 자동으로 추가하기 때문입니다. 모델은 특정 통계 정보로 사전 학습되기 때문에 라이브러리가 이를 채워줄 수 있죠(보통 이미지넷 데이터셋의 통계 정보를 많이 사용합니다). 이런 자동화는 사전 학습된 모델에만 적용되는 사항입니다. 여기서는 밑바닥에서부터 모델을 학습시키는 내용을 다루므로 정보를 직접 추가했습니다.

지금까지는 크기가 244인 이미지에서만 학습을 수행했습니다. 하지만 좀 더 작은 크기로 먼저 학습을 수행해볼 수 있습니다. 이를 **점진적 크기 조절**progressive resizing이라고 합니다.

7.3 점진적 크기 조절

2018년 fast.ai 연구진과 학생으로 구성된 팀이 DAWNBench 경연 대회(`https://oreil. ly/16tar`)에서 우승했을 때 보여준 혁신 중 하나는 매우 간단한 아이디어였습니다. 작은 이미지로 학습을 시작해서 큰 이미지로 학습을 끝내자는 아이디어죠. 학습 에포크의 대부분을 작은 이미지로 진행하면 학습에 걸리는 시간이 많이 단축되며, 큰 이미지로 학습을 마무리하면 최종 정확도가 훨씬 높아집니다. 우리는 이 접근법을 **점진적 크기 조절**이라고 명명했습니다.

> **NOTE_ 전문용어: 점진적 크기 조절**
> 학습하면서 점진적으로 더 큰 이미지를 사용하는 방법입니다.

지금까지 살펴본 내용에 따르면, 합성곱 신경망이 학습해 얻은 특징은 이미지 크기와는 무관합니다. 초기 계층은 직선 및 그레이디언트를, 후기 계층은 코나 일몰 같은 구체적인 특징을 찾죠. 따라서 학습 도중에 이미지 크기가 바뀌더라도 전혀 다른 파라미터를 찾아야 한다는 의미는 아닙니다.

하지만 큰 이미지와 작은 이미지 사이에는 분명한 차이가 존재하므로 어떠한 변화도 없이 모델을 그대로 계속 학습시켜서는 안됩니다. 뭔가 떠오르나요? 개발 당시 저희는 전이 학습을 떠올렸습니다! 전에 학습했던 것과 약간 다른 데이터를 계속 학습해나가는 과정이 유사했기 때문이죠. 따라서 이미지 크기를 조절한 다음에도 `fine_tune` 메서드로 미세 조정을 수행할 수 있습니다.

점진적 크기 조절에는 장점이 더 있습니다. 데이터 증강 기법의 일종으로 바라볼 수 있다는 점입니다. 즉 점진적 크기 조절로 학습해나가면 일반화가 더 잘 됩니다.

점진적 크기 조절을 구현하려면 이미지 크기, 배치 크기를 입력받는 `get_dls` 함수를 만들어 호출 시 매번 다른 크기의 이미지로 구성된 `DataLoaders`를 반환하도록 합니다. 그러면 반복적인 작업을 간소화할 수 있겠죠.

우선 작은 크기의 이미지에 대한 **DataLoaders**를 생성한 후 `fit_one_cycle` 메서드로 평소보다 적은 에포크 동안 학습을 지시합니다.

```
dls = get_dls(128, 128)
learn = Learner(dls, xresnet50(n_out=dls.c), loss_func=CrossEntropyLossFlat(),
                metrics=accuracy)
learn.fit_one_cycle(4, 3e-3)
```

epoch	train_loss	valid_loss	accuracy	time
0	1.902943	2.447006	0.401419	00:30
1	1.315203	1.572992	0.525765	00:30
2	1.001199	0.767886	0.759149	00:30
3	0.765864	0.665562	0.797984	00:30

그리고 **Learner** 내부의 **DataLoaders**를 큰 이미지의 **DataLoaders**로 교체한 다음 미세 조정을 수행합니다.

```
learn.dls = get_dls(64, 224)
learn.fine_tune(5, 1e-3)
```

epoch	train_loss	valid_loss	accuracy	time
0	0.985213	1.654063	0.565721	01:06

epoch	train_loss	valid_loss	accuracy	time
0	0.706869	0.689622	0.784541	01:07
1	0.739217	0.928541	0.712472	01:07
2	0.629462	0.788906	0.764003	01:07
3	0.491912	0.502622	0.836445	01:06
4	0.414880	0.431332	0.863331	01:06

보다시피 성능이 훨씬 나아졌으며, 작은 이미지로 진행한 초기 학습은 훨씬 빠르게 진행되었습니다.

이미지 크기를 늘리고 추가 학습을 진행하는 과정은 원하는 만큼 반복할 수 있습니다. 하지만 원본 이미지보다 큰 크기로는 별다른 이점이 없습니다.

전이 학습에서 점진적 크기 조절을 하면 성능을 해칠지도 모릅니다. 이 현상은 사전 학습된 모델이 전이 학습하려는 문제와 유사하고 이미지 크기도 비슷할 때 발생할 가능성이 높습니다. 학습될 내용이 적어서 가중치에 많은 변화를 기대하기 어렵기 때문이죠. 이때 더 작은 이미지로 학습을 진행하면 이미 잘 구성된 가중치를 망가뜨리는 결과를 초래할지도 모릅니다.

반면 데이터셋이 사전 학습된 데이터와는 다른 크기와 스타일의 이미지로 구성된다면, 점진적 크기 조절 방식이 유용합니다. 하지만 언제나 그렇듯이 "도움이 될까요?"의 대답은 '직접 시도 해보기'로 얻을 수 있다는 점을 잊지 마세요.

검증용 데이터셋에 데이터 증강을 도입하는 기법도 시도해볼 만합니다. 지금까지는 데이터 증강을 학습용 데이터셋에만 적용했고 검증용 데이터셋의 이미지는 원본 그대로 놔두었죠. 하지만 검증용 데이터셋 이미지의 여러 버전을 만들고 예측을 수행하여 평균을 내는 방법도 있습니다. 이어지는 절에서 이런 접근법을 시도합니다.

7.4 테스트 시 증강

지금까지 임의로 자르는 데이터 증강 방식을 사용해 비교적 적은 데이터셋으로도 일반화가 더 잘 된 결과를 얻을 수 있었습니다. 한편 이 방식을 명시적으로 사용할 때 fastai는 자동으로 검증용 데이터셋의 중심부를 잘라냅니다. 즉 이미지 중앙에서 이미지 모서리 영역을 넘어가지 않는 가장 큰 정사각형 영역을 선택합니다.

하지만 이 방식에는 문제가 있습니다. 예를 들어 다중 레이블 데이터셋에서 작은 물체가 이미지 가장자리에 나타날 수도 있죠. 즉 중심부를 잘라내면 이런 물체가 완전히 사라집니다. 또한 앞서 다룬 반려동물 품종 분류의 예에서도 코의 색깔 등 품종 식별에 매우 중요한 특징이 의도치 않게 잘려 사라질지도 모릅니다.

한 가지 해결책은 임의의 잘라내기를 사용하지 않는 것이겠죠. 그 대신 이미지를 찌그러뜨리거나 늘려서 정사각형에 들어맞도록 조절하는 단순한 방법을 사용할 수 있습니다. 하지만 이 방법으로는 데이터 증강으로 얻을 수 있는 유용한 데이터를 활용할 기회를 잃고, 이미지 인식이 더욱더 어려워집니다. 모델은 올바른 비율의 이미지 대신 찌그러뜨리거나 늘린 이미지를 인식하는 방법을 배우기 때문입니다.

또 다른 해결책은 검증용 데이터셋의 중심부를 자르지 않고 정사각형으로 자를 영역을 여러 개 선택하는 방법입니다. 잘린 영역들을 모델로 입력해서 얻은 예측값의 평균을 구하는 방식이죠. 사실 여러 개의 잘린 영역뿐만 아니라, 테스트 시 여러 데이터 증강 파라미터를 적용하여 얻은 예측값의 평균을 구할 수도 있습니다. 이 방식을 테스트 시 증강$^{Test Time Augmentation}$(TTA)이라고 합니다.

> **NOTE_ 전문용어: 테스트 시 증강(TTA)**
> 테스트 시 증강은 추론 또는 검증 시 데이터 증강을 적용하여 각 이미지의 다양한 버전을 생성하고, 각 이미지와 증강된 데이터에 대한 예측의 최댓값이나 평균을 구하는 기법입니다.

데이터셋에 따라 테스트 시 증강은 정확도를 엄청나게 향상할 수 있습니다. 모델 학습에 걸리는 시간은 변함없지만, 테스트 시 증강된 이미지 개수에 따라서 검증 또는 추론에 걸리는 시간은 증가합니다. fastai는 기본적으로 증강되지 않은 중심부 잘라내기와 더불어 임의로 증강된 이미지 네 장을 사용합니다.

사실 Learner의 tta 메서드에는 원하는 DataLoader 객체를 넣을 수 있습니다. 하지만 기본적으로 검증용 데이터셋을 대입합니다.

```
>>> preds,targs = learn.tta()
>>> accuracy(preds, targs).item()

0.8737863898277283
```

보다시피 TTA는 추가 학습 없이도 성능을 끌어올립니다. 하지만 추론에 더 오랜 시간을 소요하죠. TTA로 이미지 다섯 장의 평균을 구한다면, 추론 시간이 다섯 배 정도 더 걸린다고 예상할 수 있습니다.

지금까지 데이터 증강이 더 나은 모델을 만드는 데 도움이 되는 예를 몇 가지 살펴봤습니다. 다음으로는 **믹스업**이라는 새로운 데이터 증강 기법을 살펴봅니다.

7.5 믹스업

믹스업은 2017년 홍이 장Hongyi Zhang 등이 발표한 「mixup: Beyond Empirical Risk Minimization(`https://oreil.ly/UvIkN`)」 논문에서 소개한 강력한 데이터 증강 기법입니다. 많은 데이터를 보유하지 않거나 보유 데이터가 사전 학습된 모델이 학습한 데이터와 유사하지 않을 때 정확도를 높여줍니다. 다음은 논문에서 발췌한 설명입니다. "일반적으로 데이터 증강이 일반화를 개선해주지만, 데이터 유형에 따라 서로 다른 데이터 증강 기법이 적용되어야 하므로 전문 지식이 필요합니다". 가령 일반적인 이미지 뒤집기는 좌우로 적용해야 할까요? 상하로 적용해야 할까요? 답은 "데이터셋에 따라 다르다"입니다. 또한 이미지 뒤집기가 충분히 증강된 데이터를 제공하지 못하는 상황에서 '더 많이 뒤집기'를 할 수는 없겠죠. 그러면 이렇게 생각할 수 있습니다. 만약 데이터 증강의 정도를 강화하거나 완화하는 방식으로 가장 좋은 정도를 알아낼 수 있다면 유용하지 않을까요?

믹스업은 각 이미지에 대해 다음의 순서로 작동합니다.

1 데이터셋에서 임의로 다른 이미지를 선택합니다.

2 임의로 가중치를 고릅니다.

3 기존 이미지와 선택한 이미지의 가중 평균(두 번째 단계의 가중치를 사용)을 구합니다. 그리고 이를 독립변수로 사용합니다.

4 기존 이미지와 선택한 이미지 레이블의 가중 평균(세 번째 단계와 같은 가중치 사용)을 구합니다. 그리고 이를 종속변수로 사용합니다.

이를 슈도코드로 표현하면 다음과 같습니다(t는 가중 평균의 가중치입니다).

```
image2,target2 = dataset[randint(0,len(dataset)]
t = random_float(0.5,1.0)
new_image = t * image1 + (1-t) * image2
new_target = t * target1 + (1-t) * target2
```

믹스업이 작동하려면 타깃은 원-핫 인코딩되어야 합니다. 논문에서는 이를 [그림 7-1]과 같이 설명합니다(여기서 λ는 슈도코드의 t입니다).

> **기여 항목** 이 문제로부터 영감을 받아 간단하면서도 모든 데이터 유형에 적용 가능한 믹스업 이라는 데이터 증강 기법을 고안하였습니다. 간단히 말하자면 믹스업은 다음과 같이 가상의 학습용 데이터를 구성합니다.
>
> $$\tilde{x} = \lambda x_i + (1 - \lambda) x_j, \quad \text{여기서 } x_i, x_j \text{는 원본 입력 벡터입니다.}$$
> $$\tilde{y} = \lambda y_i + (1 - \lambda) y_j, \quad \text{여기서 } y_i, y_j \text{는 원-핫 인코딩된 레이블입니다.}$$

그림 7-1 믹스업 논문에서 발췌한 내용

논문과 수학

앞으로 더 많은 연구 논문을 살펴볼 것입니다. 지금까지 기본적인 전문용어를 습득하며 약간의 연습으로 상당한 양을 이해할 수 있었다는 사실에 놀랄지도 모릅니다! 논문에는 대부분 λ와 같은 그리스 문자가 등장한다는 점에 주목하세요. 이런 문자를 모르면 논문을 읽고 내용을 기억하기 어려우므로 모든 그리스 문자의 이름을 알아두면 좋습니다(또는 수학 공식을 코드로 바꿔서 읽어도 좋습니다. λ를 람다(lambda)로 표기하듯이, 코드에서는 보통 그리스 문자의 실제 발음을 표기하기 때문이죠).

논문을 읽다 보면 내용을 코드가 아니라 수학적으로 이해해야 한다는 점이 큰 부담으로 다가올 때가 있습니다. 수학적 배경지식이 충분치 않으면 처음에는 혼란스럽고 쉽게 겁을 먹게 됩니다. 하지만 수학적인 표현을 코드로 구현할 수 있다는 사실을 기억하세요. 같은 내용을 다른 방식으로 이야기할 뿐이죠! 논문을 많이 읽을수록 더 많은 표기법에 익숙해질 것입니다. 특정 부호를 모른다면 위키피디아에서 수학 부호 목록(https://oreil.ly/m5ad5)을 찾아보거나 디텍시파이Detexify(https://oreil.ly/92u4d)를 참고하세요. 디텍시파이는 여러분의 손글씨를 머신러닝으로 인식해 원하는 부호의 이름을 찾아줍니다. 해당 이름을 검색하여 더 많은 내용을 습득할 수 있겠죠.

[그림 7-2]는 믹스업이 제안한 방식대로 이미지들을 선형 결합했을 때 얻는 결과의 예시입니다.

그림 7-2 교회와 주유소의 혼합

세 번째 이미지는 첫 번째 이미지에 0.3을 곱한 것과 두 번째 이미지에 0.7을 곱한 것을 더해서 만들었습니다. 그러면 모델이 '교회'를 예측해야 할까요? '주유소'를 예측해야 할까요? 정답은 30%는 교회, 70%는 '주유소'입니다. 원-핫 인코딩된 타깃들의 선형 조합으로 얻은 결과입니다. 가령 범주가 10개이고 '교회'는 색인 번호 2, '주유소'는 색인 번호 7로 표현한다고 가정해 봅시다. 그러면 각각 원-핫 인코딩된 표현은 다음과 같겠죠.

```
[0, 0, 1, 0, 0, 0, 0, 0, 0, 0] and [0, 0, 0, 0, 0, 0, 0, 1, 0, 0]
```

그리고 최종 타깃은 다음과 같은 형태가 됩니다.

```
[0, 0, 0.3, 0, 0, 0, 0, 0.7, 0, 0]
```

Learner에 **콜백**callback을 추가하기만 하면 fastai가 믹스업을 내부적으로 처리합니다. 콜백은 학습 루프 내의 사용자 정의 행동을 주입하는 수단으로 fastai 내부에서 사용합니다(학습률 스케줄이나 혼합 정밀도로 학습하기 등을 콜백으로 구현해두었습니다). 콜백은 16장에서 자세히 다룹니다. 여러분만의 콜백을 만드는 방법도 배울 것입니다. 지금은 Learner의 cbs 인자에 콜백을 넣어야 한다는 점만 알면 됩니다.

다음 코드는 믹스업을 포함해 모델을 학습시키는 방법입니다.

```
model = xresnet50(n_out=dls.c)
learn = Learner(dls, model, loss_func=CrossEntropyLossFlat(),
                metrics=accuracy, cbs=MixUp())
learn.fit_one_cycle(5, 3e-3)
```

이런 식으로 '혼합된mixed up' 데이터로 모델을 학습시키면 어떤 일이 발생할까요? 겹친 이미지 때문에 학습이 더 어려워진다는 점은 확실합니다. 모델은 이미지마다 두 레이블을 예측해야만 하고, 각각 어느 정도의 가중치가 매겨졌는지도 알아내야 하죠. 하지만 에포크마다 같은 이미지가 아니라 임의의 조합으로 구성된 두 이미지를 보여주므로 과적합 문제가 발생할 가능성은 낮아 보입니다.

믹스업으로 정확도를 개선하려면 지금까지 본 데이터 증강 방식들보다 학습에 더 많은 에포크가 소요됩니다. fastai 저장소(https://oreil.ly/lrGXE)의 /examples/train_imagenette.py를 사용해 이미지네트 데이터셋을 대상으로 믹스업이 추가된 버전과 그렇지 않은 버전의 모델을 학습시켜볼 수 있습니다. 이 책을 쓰는 시점의 이미지네트 저장소(https://oreil.ly/3Gt56) 리더보드 결과에 따르면, 믹스업을 사용한 상위 솔루션은 모두 80 에포크 이상 학습을 진행했으며, 이보다 적은 에포크를 사용한 학습은 믹스업을 사용하지 않았습니다. 이는 저희가 믹스업을 사용한 경험과도 일치합니다.

이미지 외의 자료형에도 믹스업을 적용할 수 있다는 점은 흥미롭습니다. 실제로 입력 데이터가 아니라 모델 **내부**의 활성에 믹스업을 사용해서 좋은 결과를 얻은 사례도 있습니다. 이런 사례를 미루어볼 때, 자연어 처리를 포함한 다른 데이터 유형에도 믹스업을 사용할 수 있습니다.

믹스업에는 또 다른 미묘한subtle 문제가 있습니다. 실제로는 앞서 본 모델로 완벽한 손실을 얻을 수 없다는 점입니다. 문제는 1과 0이라는 레이블로 보이지만, 사실 소프트맥스와 시그모이드의 출력은 1 또는 0과 같을 수 없죠. 이는 모델을 학습시키면 활성이 해당 값에 더 가까워짐을 의미합니다. 즉 학습을 더 많은 에포크 동안 진행할수록 활성값이 더 극단적으로 변합니다.

믹스업에서는 같은 범주에 속한 다른 이미지와 '혼합'할 때만 레이블이 정확히 1 또는 0이 됩니다. 따라서 앞에서 지적한 문제가 더는 발생하지 않습니다. 이전 예제에서 교회와 주유소 각각의 0.7과 0.3을 선형 조합한 것이 레이블이 되기 때문입니다.

한편 믹스업은 '실수'로 레이블을 0보다 크거나 1보다 작게 만드는 문제점이 있습니다. 즉 레이블 방식을 바꾼다고 모델에 **명시적**으로 알리지 않았기 때문에, 레이블을 0과 1에 가깝거나 멀어지도록 변경하려면 믹스업의 양을 변경해야 합니다. 이때 데이터 증가량도 변하는데, 이는 우리가 원하는 효과가 아닐 수도 있겠죠. 하지만 **레이블 평활화**label smoothing를 사용하면 이를 더 직접적으로 처리할 수 있습니다.

7.6 레이블 평활화

분류 문제에 대한 손실의 이론적 표현에서, 타깃은 원-핫 인코딩됩니다(실제로는 메모리를 절약하려고 원-핫 인코딩을 피하는 경향이 있지만 마치 원-핫 인코딩을 사용한 것처럼 손실이 계산됩니다). 즉 모델은 단 하나에서만 1을 반환하고 다른 모든 범주에 대해 0을 반환하도록 학습되었습니다. 0.999조차도 '충분하지' 않습니다. 모델은 그레이디언트를 얻고 더 높은 신뢰도로 활성을 예측하는 방법을 학습해나가죠. 그러나 이 과정을 계속하면 과적합이 조장되며 추론 시 유의미한 확률을 제공하지 않는 모델이 만들어집니다. 완벽하게 예측된 범주를 확신하지 못하더라도, 그렇게 학습되었기 때문에 항상 1이라고 예측합니다.

데이터를 완벽하게 레이블링하지 못하면 매우 해롭습니다. 2장의 곰 분류 모델에서 일부 이미지의 레이블을 잘못 지정했거나 두 종류의 곰이 한 이미지에 포함된 사례를 본 적이 있습니다. 일반적으로 데이터가 완벽할 수는 없습니다. 사람이 수작업으로 레이블링한다고 해도, 레이블링이 어려운 이미지에서는 실수하거나 사람마다 의견이 갈릴 수 있습니다.

대신 모든 1을 1보다 약간 작은 수로 바꾸고 0을 0보다 약간 큰 수로 바꾼 다음 학습해볼 수 있습니다. 이것이 **레이블 평활화** 기법입니다. 레이블 평활화는 모델의 신뢰도를 낮춤으로써 레이블링이 잘못된 데이터가 있더라도 학습을 더욱 견고하게 만들어줍니다. 그 결과로 추론 시 일반화가 더 잘 된 모델을 얻게 되죠.

다음은 레이블 평활화가 실제 작동하는 방식입니다. 우선 원-핫 인코딩된 레이블 중 0을 모두 $\frac{\epsilon}{N}$으로 바꿉니다(레이블 평활화를 소개한 논문(https://oreil.ly/L3ypf) 및 fastai 코드에서 사용한 엡실론^{epsilon}이라는 그리스 문자입니다). 여기서 N은 범주의 개수이고 ϵ는 파라미터(일반적으로 0.1. 즉 레이블을 10%로 확신할 수 없음)입니다. 그리고 레이블의 합이 1이 되어야 하므로 1은 $1 - \epsilon + \frac{\epsilon}{N}$으로 바꿉니다. 그러면 모델이 무언가를 과한 신뢰도로 예측하는 일을 방지할 수 있습니다. 범주 10개로 구성된 이미지네트 예의 대상은 다음과 같겠죠(색인 번호 3이 타깃일 때).

```
[0.01, 0.01, 0.01, 0.91, 0.01, 0.01, 0.01, 0.01, 0.01, 0.01]
```

실전에서는 레이블을 원-핫 인코딩하지 않는 편이 좋으며, 다행히 그럴 필요도 없습니다(원-핫 인코딩은 레이블 평활화를 설명하고 시각화하는 데 유용할 뿐입니다).

레이블 평활화 논문

다음은 크리스틴 세지드^{Christian Szegedy} 등이 작성한 논문에서 발췌했으며, 레이블 평활화를 하는 이유를 설명하는 내용입니다.

> 이 최댓값은 유한한 z_k가 도달할 수는 없지만, if $z_y \gg z_k$ for all $k \neq y$일 때 가까워질 수 있습니다. 즉 실측 레이블에 해당하는 로짓이 다른 모든 로짓보다 훨씬 '더 큰' 경우를 뜻하죠. 그러나 이로 인해 두 가지 문제가 발생할 수 있습니다. 첫째, 과적합이 발생할 수 있습니다. 모델이 각 학습 데이터의 실측 레이블에 대해 가득 찬 확률을 할당하는 방법을 학습한다면, 모델의 일반화를 보장할 수 없습니다. 둘째, 가장 큰 로짓과 다른 모든 로짓 사이의 차이가 커지도록 장려하고, 제한 그레이디언트 $\frac{\partial \ell}{\partial z_k}$와 결합되어 모델의 적응 능력을 감소시킵니다. 이런 문제는 모델이 예측을 너무 확신하기 때문에 발생합니다.

상기 내용을 해석하는 데 도움이 되도록 논문을 읽는 기술을 연습해봅시다. '이 최댓값'은 해당 단락 이전 부분을 참조하며, 양성 범주에 대한 레이블값이 1이란 사실을 언급합니다. 따라서 시그모이드 또는 소프트맥스 이후 무한대를 제외한 모든 값이 1이 될 수는 없습니다. 논문에서는 보통 '모든 값'이라는 말을 쓰지 않습니다. 그 대신 이 논문에서는 z_k라는 기호로 의미를 표현했습니다. 논문에서는 계속해서 참조되며 함축된 의미를 빨리 파악할 수 있도록 이렇게 줄이곤 합니다.

그리고 나서는 'if $z_y \gg z_k$ for all $k \neq y$'라고 언급했습니다. 이처럼 수학적 내용 직후 이를 설명하는 글이 나오면 의미를 자연스럽게 파악할 수 있어 편리합니다. 수학에서 y는 타깃을 참조하며(논문 앞부분에 y를 정의했습니다. 때로는 기호가 정의된 위치를 찾기 어려울지도 모르지만, 일반적으로 논문은 어딘가에 기호를 정의해 둡니다). z_y는 타깃에 대한 활성이므로 1에 가까워지려면 다른 모든 활성보다 값이 월등히 높아야 합니다.

다음으로는 '모델이 각 학습 데이터의 실측 레이블에 대해 가득 찬 확률을 할당하는 방법을 학습한다면, 모델의 일반화를 보장할 수 없습니다.'라는 문장을 살펴봅니다. 이 말은 z_y를 매우 크게 하면 모델 내 큰 가중치와 큰 활성이 필요함을 의미합니다. 큰 가중치는 입력의 작은 변화가 예측에 큰 변화를 주는 '울퉁불퉁한' 함수를 만들며, 일반화에 악영향을 줍니다. 픽셀 하나가 약간만 변하더라도 예측이 완전히 바뀌기 때문이죠!

마지막으로 '가장 큰 로짓과 다른 모든 로짓 사이의 차이가 커지도록 장려하고, 이것은 제한 그레이디언트 $\frac{\partial \ell}{\partial z_k}$와 결합되어 모델의 적응 능력을 감소시킵니다'를 살펴보죠. 교차 엔트로피의 그레이디언트는 기본적으로 출력−타깃임을 기억하세요. 출력과 타깃은 모두 0과 1 사잇값이므로 차이는 −1과 1 사이입니다. 이것이 논문에서 그레이디언트를 '제한적(무한할 수 없음)'이라고

하는 이유입니다. 따라서 SGD의 갱신 단계도 제한됩니다. '모델의 적응 능력을 감소시킨다'는 말은 전이 학습에서 갱신이 어렵다는 의미입니다. 이는 잘못된 예측에서 비롯한 손실의 차이에는 제한이 없지만, 매번 제한된 단계만 나아갈 수 있기 때문입니다.

레이블 평활화를 실제로 사용하려면 **Learner** 생성 시 손실 함수 부분만 바꿔주면 됩니다.

```
model = xresnet50(n_out=dls.c)
learn = Learner(dls, model, loss_func=LabelSmoothingCrossEntropy(),
                metrics=accuracy)
learn.fit_one_cycle(5, 3e-3)
```

믹스업과 마찬가지로 더 많은 에포크 동안 학습을 진행하지 않는 한, 레이블 평활화로는 보통 크게 개선되기 어렵습니다. 여러분 스스로 시도해보고 이유를 생각해보기 바랍니다. 레이블 평활화로 개선이 이뤄지기까지 얼마나 많은 에포크의 학습을 진행해야 할까요?

7.7 결론

지금까지 영상 처리의 최신 모델 학습에 필요한 내용을 모두 배웠습니다. 직접 구현한 적도 있고 전이 학습을 사용하기도 했죠. 이제 배운 내용을 여러분만의 문제에 적용하고 실험해보세요. 믹스업과 함께 레이블 평활화를 사용하거나, 둘 중 하나만 사용해서 오랫동안 학습을 진행하면 과적합을 피할 수 있고, 더 나은 결과를 얻을 수 있는지 알아보기 바랍니다. 또한 점진적 크기 조절과 테스트 시 증강 기법도 시도해보기 바랍니다.

가장 중요한 점은 데이터셋이 크면 프로토타입 코드를 전체 데이터셋 대상으로 작성하는 일은 의미가 없다는 것입니다. 이미지네트처럼 전체를 대표할 수 있을 만한 작은 부분집합을 찾아서 다양하게 실험해보기 바랍니다.

이어지는 세 장에서는 fastai가 직접 지원하는 또 다른 응용을 살펴봅니다. 협업 필터링, 테이블 데이터 모델링tabular modeling, 텍스트 작업이 각 장에서 배울 구체적인 주제입니다. 그리고 2부의 시작인 13장에서는 다시 영상 처리 문제로 돌아갑니다. 다만 이때는 합성곱 신경망을 더 깊이 있게 들여다봅니다.

7.8 질문지

1. 이미지넷과 이미지네트의 차이는 무엇인가요? 실험에 있어서 둘 중 하나가 더 나은 때는 언제인가요?

2. 정규화란 무엇인가요?

3. 사전 학습된 모델을 사용할 때 정규화를 염두에 두지 않아도 되는 이유는 무엇인가요?

4. 점진적 크기 조절이란 무엇인가요?

5. 여러분만의 프로젝트에 점진적 크기 조절을 적용해보세요. 도움이 되었나요?

6. 테스트 시 증강이란 무엇인가요? fastai는 이 기법을 어떻게 사용하나요?

7. 추론 시 TTA를 사용하면 일반적인 추론보다 느린가요? 빠른가요? 왜 그런가요?

8. 믹스업이란 무엇인가요? fastai에서 믹스업을 어떤 방법으로 사용하나요?

9. 믹스업 사용이 모델의 지나친 확신을 방지하는 이유는 무엇인가요?

10. 다섯 번의 에포크 동안 믹스업을 적용한 학습이 믹스업을 적용하지 않은 학습보다 결과가 나쁜 이유는 무엇인가요?

11. 레이블 평활화의 기본 개념은 무엇인가요?

12. 레이블 평활화는 데이터의 어떤 문제에 유용할까요?

13. 다섯 개의 범주에 레이블 평활화를 사용하는 상황에서 색인 1의 타깃은 무엇인가요?

14. 새로운 데이터셋을 대상으로 실험을 빠르게 프로토타이핑할 때 필요한 첫 번째 단계는 무엇인가요?

7.8.1 추가 연구

1. fastai 문서를 보고 이미지의 네 모서리를 기준으로 정사각형을 잘라내는 함수를 만들어보세요. 그리고 네 정사각형과 중심부를 정사각형으로 잘라낸 부분에 대한 예측 평균을 구하는 TTA 메서드를 구현해보세요. 도움이 되었나요? fastai의 TTA 메서드보다 더 나은가요?

2. arXiv에서 믹스업 논문을 찾아 읽어보세요. 믹스업의 변종을 소개하는 최근 글을 한두 개 찾아서 읽어보세요. 그리고 해당 기법을 구현하고, 여러분의 문제에 시도해보세요.

3. 믹스업을 사용하여 이미지네트를 학습시키는 스크립트를 찾아보세요. 해당 스크립트를 참고해 여러분의 프로젝트에서 긴 학습에 사용할 수 있는 스크립트를 작성해보세요. 작성된 스크립트를 실행하고 도움이 되는지 알아보세요.

4. 7.6절에 있는 '레이블 평활화' 논문의 일부를 읽고, 전체 논문에서 해당 부분을 찾아보세요. 전체적인 내용을 파악할 수 있는지 스스로를 테스트해보기 바랍니다. 도움이 필요하다면 주저하지 말고 물어보세요!

협업 필터링 깊게 알아보기

사용자가 많고 다양한 제품을 보유한 상황에서 어떤 제품이 어떤 사용자에게 가장 유용할지를 추천하는 일은 흔히 접하는 문제입니다. 영화 추천(예: 넷플릭스), 홈페이지 사용자에게 강조할 내용 파악, 소셜 미디어 피드에 표시할 스토리 결정 등 다양한 문제로 변형해 생각할 수도 있죠. 이런 문제의 일반적인 솔루션인 **협업 필터링**collaborative filtering은 다음과 같이 작동합니다. 사용자 A가 이미 구매했거나 좋아하는 제품을 확인하고, 유사 제품을 구매했거나 좋아하는 다른 사용자 B를 찾습니다. 그리고 B가 구매했거나 좋아하는 제품을 A에게 추천합니다.

예를 들어 여러분이 넷플릭스에서 1970년대의 SF 액션 영화를 많이 시청했다고 가정해보죠. 넷플릭스는 여러분이 시청한 영화의 특징을 구체적으로는 모를 수도 있지만, 같은 영화를 본 다른 사람들도 1970년대의 SF 액션 영화를 시청하는 경향이 있음은 알 수 있습니다. 따라서 이 접근법은 특정 영화를 누가 좋아했는지만 필요할 뿐, 영화 자체의 정보는 없어도 됩니다.

이 접근법은 사용자와 제품 간의 문제에만 국한되지 않습니다. 개념을 일반화하면 더 넓은 범위에 적용할 수 있죠. 실제로 협업 필터링에서는 **제품**product이라는 단어보다 **항목**item이라는 일반화된 용어를 더 자주 사용합니다. 항목은 사람들이 클릭하는 링크, 환자별 맞춤 진단 등 무엇이든 될 수 있습니다.

핵심 아이디어는 **잠재 요소**latent factors입니다. 넷플릭스 예에서는 여러분이 고전 SF 액션 영화를 좋아한다는 가정으로 시작했습니다. 하지만 여러분이 이런 종류의 영화를 좋아한다고 넷플릭스에 알려준 적이 없죠. 그리고 넷플릭스 영화 정보 데이터베이스에 영화의 유형을 나타내는 열이 필요하지도 않습니다. 그렇지만 여전히 SF, 액션, 영화 개봉 시기 등의 의미를 표현할 방법이 있어야 하며, 적어도 사용자가 영화를 고른 이유와 연결고리가 있어야 합니다. 이런 정보는 명시적으로 존재하지 않지만, 잠재 요소가 이를 잠재적으로 표현하죠.

이 장에서는 영화 추천 문제를 다룹니다. 우선 협업 필터링 모델에 적합한 데이터를 가져오며 시작해보죠.

8.1 데이터의 첫인상

넷플릭스의 영화 시청 기록 데이터셋을 얻을 수는 없지만, 무비렌즈^{MovieLens}(https://oreil.ly/gP3Q5)라는 훌륭한 데이터셋을 활용할 수 있습니다. 이 데이터셋은 영화 평점 정보(영화 ID, 사용자 ID, 영화 평점의 조합)를 수천만 개 제공합니다. 우리는 그중 일부인 10만 개만 사용합니다. 나중에 모든 데이터(2,500만 개)를 사용해서도 시도해보길 바랍니다. 훌륭한 학습용 프로젝트가 될 것입니다.

공통으로 사용하는 fastai의 untar_data 함수로 데이터셋을 얻습니다.

```
from fastai.collab import *
from fastai.tabular.all import *
path = untar_data(URLs.ML_100k)
```

README 파일에 따르면 기본 테이블은 u.data 파일에 있습니다. u.data는 탭 문자로 구분된 문서 형식^{tab separated values}(TSV)에 기반한 사용자, 영화, 영화 평점, 타임스탬프 열로 구성됩니다. 다만 열 이름이 실제 파일에 임베딩되지 않았으므로, 팬더스로 파일을 읽을 때 열 목록을 함께 표시해주면 좋습니다. 다음은 해당 테이블을 열고 내용을 간단히 살펴보는 방법입니다.

```
ratings = pd.read_csv(path/'u.data', delimiter='\t', header=None,
                      names=['user','movie','rating','timestamp'])
ratings.head()
```

	user	movie	rating	timestamp
0	196	242	3	881250949
1	186	302	3	891717742
2	22	377	1	878887116
3	244	51	2	880606923
4	166	346	1	886397596

여기에 필요한 정보가 모두 있지만, 사람이 쉽게 파악할 수 있는 형태는 아닙니다. [그림 8-1]은 같은 데이터를 사람이 이해하기 쉽게 교차표cross tabulated 형태로 표현한 모습입니다.

userId \ movieId	27	49	57	72	79	89	92	99	143	179	180	197	402	417	505
14	3.0	5.0	1.0	3.0	4.0	4.0	5.0	2.0	5.0	5.0	4.0	5.0	5.0	2.0	5.0
29	5.0	5.0	5.0	4.0	5.0	4.0	4.0	5.0	4.0	4.0	5.0	5.0	3.0	4.0	5.0
72	4.0	5.0	5.0	4.0	5.0	3.0	4.5	5.0	4.5	5.0	5.0	5.0	4.5	5.0	4.0
211	5.0	4.0	4.0	3.0	5.0	3.0	4.0	4.5	4.0		3.0	3.0	5.0	3.0	
212	2.5		2.0	5.0		4.0	2.5		5.0	5.0	3.0	3.0	4.0	3.0	2.0
293	3.0		4.0	4.0	4.0	3.0		3.0	4.0	4.0	4.5	4.0	4.5	4.0	
310	3.0	3.0	5.0	4.5	5.0	4.5	2.0	4.5	4.0	3.0	4.5	4.5	4.0	3.0	4.0
379	5.0	5.0	5.0	4.0		4.0	5.0	4.0	4.0	4.0		3.0	5.0	4.0	4.0
451	4.0	5.0	4.0	5.0	4.0	4.0	5.0	5.0	4.0	4.0	4.0	4.0	2.0	3.5	5.0
467	3.0	3.5	3.0	2.5			3.0	3.5	3.5	3.0	3.5	3.0	4.0	4.0	
508	5.0	5.0	4.0	3.0	5.0	2.0	4.0	4.0	5.0	5.0	5.0		4.5	3.0	4.5
546		5.0	2.0	3.0	5.0		5.0	5.0			2.5	2.0	3.5	3.5	5.0
563	1.0	5.0	3.0	5.0	4.0	5.0	5.0		2.0	5.0	5.0	3.0	3.0	4.0	5.0
579	4.5	4.5	3.5	3.0	4.0	4.5	4.0	4.0	4.0	4.0	3.5	3.0	4.5	4.0	4.5
623		5.0	3.0	3.0		3.0	5.0		5.0	5.0	5.0	5.0	2.0	5.0	4.0

그림 8-1 영화와 사용자의 교차표

[그림 8-1]은 인기 있는 영화 몇 개와 해당 영화를 많이 본 사용자 중 일부만을 선택한 교차표입니다. 중간에 보이는 빈 셀들은 학습된 모델이 채워 넣을 부분입니다. 즉 사용자가 해당 영화를 아직 보지 않아서 점수를 매기지 않은 부분이죠. 우리는 사용자별로 아직 점수를 매기지 않은 영화 중 좋아할 만한 영화를 알아내고자 합니다.

각 영화의 장르, 개봉 일, 감독, 배우 등 주요 요소 정보를 알고, 사용자별로 각 요소를 좋아하는 정도를 안다면, 두 정보의 조합으로 교차표의 빈 부분을 간단히 채워 넣을 수 있습니다. 가령 각 요솟값의 범위가 −1~+1일 때, 양수는 영화와 사용자 간의 강한 매치, 음수는 약한 매치를 의미한다고 가정해보죠. 스타워즈 시리즈의 최신작을 예로 들어 SF, 액션, 고전 영화를 나타내는 요소를 표현하면 다음과 같습니다.

```
rise_skywalker = np.array([0.98,0.9,-0.9])
```

SF적인 요소가 많으므로 0.98, **최신** 영화여서 −0.9라는 점수를 할당했습니다. 그리고 현대적인 SF 영화를 좋아하는 사용자는 다음과 같이 표현할 수 있습니다.

```
user1 = np.array([0.9,0.8,-0.6])
```

그러면 이 둘의 조합에서 유사성을 계산할 수 있죠.

```
>>> (user1*rise_skywalker).sum()

2.1420000000000003
```

두 벡터를 곱한 결과를 모두 더하는 연산을 **점곱**dot product이라고 합니다. 머신러닝에서 많이 사용되며, 행렬 곱셈의 기초이기도 하죠. 행렬 곱셈과 점곱은 17장에서 자세히 살펴봅니다.

> **NOTE_ 전문용어: 점곱**
> 두 벡터의 요소를 곱한 결과를 모두 더하는 수학적 연산입니다.

반면 영화 〈카사블랑카〉는 다음처럼 표현할 수 있죠.

```
casablanca = np.array([-0.99,-0.3,0.8])
```

그리고 같은 사용자와의 조합에서 유사성은 다음과 같습니다.

```
>>> (user1*casablanca).sum()

-1.611
```

여기서 살펴본 예제는 우리가 SF, 액션, 고전 영화를 나타내는 각 요소의 값을 안다는 가정하에 진행했습니다. 이런 요솟값이 바로 잠재 요소입니다. 다음 절에서 잠재 요소의 값을 매기는 방식을 살펴보죠.

8.2 잠재 요소 학습하기

일반적인 경사 하강법을 그대로 사용할 수 있으므로 앞 절에서처럼 모델의 구조를 정하는 일과 이를 학습시키는 일은 놀라우리만큼 비슷합니다.

이 접근법의 첫 번째 단계에서는 일부 파라미터를 임의로 초기화합니다. 이런 파라미터는 각 사용자와 영화의 일련의 잠재 요소가 됩니다. 그리고 원하는 잠재 요소의 개수는 여러분이 결정해야만 합니다. 적절한 개수를 선택하는 방법은 차후 다룰 예정이며, 지금은 다섯 개를 선택하겠습니다. 각 사용자와 영화에는 일련의 잠재 요소가 있으므로, 임의로 초기화된 값을 교차표에서 해당 사용자와 영화 옆에 함께 표현한다면 보기가 수월하겠죠. 또한 사용자와 영화의 잠재 요소 간 점곱 결과를 중간에 채워 넣습니다. [그림 8-2]는 이를 마이크로소프트 엑셀로 표현한 모습입니다. 좌측 상단 셀에 점곱을 계산한 공식의 예가 있습니다.

두 번째 단계에서는 예측을 계산합니다. 각 사용자와 영화 간의 점곱을 구하면 되죠. 가령 사용자의 첫 번째 잠재 요소는 사용자가 액션 영화를 좋아하는 정도를 표현하며, 영화의 첫 번째 잠재 요소는 영화에 액션이 많은지를 표현한다고 가정해보죠. 그러면 사용자가 액션 영화를 좋아하고 영화에 액션이 많거나, 사용자가 액션 영화를 좋아하지 않고 영화에 액션이 많지 않다면, 점곱의 결과는 클 것입니다. 반면 사용자와 영화가 매칭되지 않는다면(사용자는 액션 영화를 좋아하지만 영화가 액션물이 아니거나, 사용자가 액션 영화를 좋아하지 않지만 영화에 액션이 많을 때) 점곱의 결과는 매우 낮겠죠.

값은 임의로 초기화되며,
경사 하강법으로 최적의
값을 찾아냅니다.

						-1.69	1.49	-0.14	1.95	-0.09	1.80	1.74	0.68	0.22	1.92	1.87	1.69	-1.16	1.66	1.35
						1.01	0.12	1.36	1.49	1.17	0.73	-0.20	-0.01	2.06	1.40	1.23	0.91	1.93	0.66	0.08
						0.82	1.48	0.02	0.53	1.07	1.24	1.64	0.95	0.43	0.82	0.42	0.71	0.99	0.57	1.47
						1.89	0.50	1.74	0.41	1.57	0.49	0.20	1.54	0.43	-0.22	0.25	0.19	1.39	0.46	0.72
				movieId		2.39	1.13	1.15	-0.74	1.14	-0.63	0.90	1.24	1.11	0.19	0.43	0.43	1.11	0.47	0.90
			userId			27	49	57	72	79	89	92	99	143	179	180	197	402	417	505
0.21	1.61	2.89	-1.26	0.82	14	=@IF(D9="",0,MMULT($U9:$Y9,AA$3:AA$7))							1.97	4.98	5.45	3.65	3.97	4.90	2.87	4.51
1.55	0.75	0.22	1.62	1.26	29	4.40	4.98	5.08	3.99	4.95	3.61	4.37	5.32	4.08	4.10	4.88	4.31	3.53	4.55	4.79
1.50	1.17	0.22	1.08	1.49	72	4.43	4.94	4.98	4.13	4.86	3.42	4.30	4.74	4.96	4.75	5.27	4.60	3.90	4.61	4.58
0.47	0.89	1.32	1.13	0.77	211	5.16	4.21	4.01	2.83	5.06	3.19	3.74	4.27	3.84	0.00	3.15	3.08	4.91	3.01	0.00
0.31	2.10	1.47	-0.29	-0.15	212	1.91	0.00	2.18	4.52	0.00	3.87	2.35	0.00	4.74	4.77	3.66	3.36	4.59	2.55	2.41
1.00	1.45	0.37	0.83	0.67	293	3.24	0.00	4.05	4.14	4.05	3.28	0.00	3.12	4.46	4.19	4.31	3.71	3.90	3.53	0.00
1.16	1.16	0.19	2.16	-0.03	310	3.37	3.19	5.14	4.98	4.80	4.23	2.49	4.24	3.60	3.51	4.19	3.54	4.06	3.78	3.45
0.79	1.07	1.30	1.29	0.70	379	4.92	4.68	4.41	3.84	0.00	4.00	4.19	4.62	4.26	3.93	0.00	3.77	5.01	3.69	4.63
1.52	0.54	0.64	1.36	0.94	451	3.32	5.03	3.98	3.96	4.38	3.99	4.70	4.90	3.34	4.07	4.53	4.17	2.86	4.32	4.87
1.00	0.69	0.41	0.75	1.02	467	3.22	3.72	3.29	2.74	0.00	0.00	3.35	3.49	3.28	3.25	3.53	3.19	2.76	3.18	3.48
0.86	1.29	0.80	0.19	1.79	508	5.16	4.74	4.04	2.77	4.63	2.44	4.20	3.86	5.26	4.40	4.36	3.99	4.54	3.67	4.20
0.61	-0.09	2.40	1.57	-0.18	546	0.00	5.05	2.36	3.11	4.67	0.00	5.18	4.89	0.00	2.64	2.37	2.87	3.49	2.98	5.32
1.45	0.59	1.40	1.29	-0.13	563	1.44	4.81	2.71	5.06	3.93	5.47	4.84	0.00	2.53	4.43	4.29	4.15	2.50	4.13	4.87
0.68	0.95	1.53	0.84	0.64	579	4.19	4.53	3.43	3.43	4.74	3.81	4.24	3.99	3.84	3.82	3.58	3.52	4.45	3.32	4.42
1.70	1.00	0.20	-0.25	2.05	623	0.00	5.14	3.05	3.29	0.00	2.62	4.88	0.00	4.69	5.28	5.33	4.75	2.08	4.45	4.34

그림 8-2 교차표에 표현한 잠재 요소

마지막 세 번째 단계에서는 손실을 계산합니다. 어떤 손실 함수를 사용해도 되지만, 여기서는 예측의 정확성을 합리적으로 나타내는 평균제곱오차를 선택했습니다.

세 단계에 걸쳐 준비를 마쳤습니다. 이제 확률적 경사 하강법으로 파라미터(잠재 요소)를 최적화할 수 있습니다. 확률적 경사 하강법을 수행하는 옵티마이저는 각 영화와 사용자 간의 매칭을 점곱으로 계산하고, 계산한 수치를 각 사용자가 각 영화에 부여한 실제 점수와 비교해 손실을 계산합니다. 그러면 해당 손실에 대한 미분을 계산할 수 있으며, 학습률을 곱해 가중치를 한 단계 조정해나갈 수 있습니다. 이 작업을 여러 번 수행하면 손실이 점점 더 좋아지고, 추천(점수)도 점점 더 정확해지겠죠.

fastai에서 모델 학습의 공통 메서드인 `Learner.fit`를 사용하려면, 데이터를 `DataLoaders`로 가져와야만 합니다. 다음 절은 그 방법을 알아보는 데 집중합니다.

8.3 DataLoaders 만들기

데이터를 출력할 때는 영화의 ID보다 제목을 표시하는 편이 낫습니다. 사람의 관점에서 가독성이 좋기 때문이죠. `u.item` 테이블에는 각 영화 ID에 대응하는 제목 정보가 있습니다.

```
movies = pd.read_csv(path/'u.item', delimiter='|', encoding='latin-1',
                     usecols=(0,1), names=('movie','title'), header=None)
movies.head()
```

	movie	title
0	1	Toy Story (1995)
1	2	GoldenEye (1995)
2	3	Four Rooms (1995)
3	4	Get Shorty (1995)
4	5	Copycat (1995)

이 정보를 ratings 테이블과 결합합니다. 그러면 영화 제목으로 사용자별 리뷰 점수를 검색할 수 있겠죠.

```
ratings = ratings.merge(movies)
ratings.head()
```

	user	movie	rating	timestamp	title
0	196	242	3	881250949	Kolya (1996)
1	63	242	3	875747190	Kolya (1996)
2	226	242	5	883888671	Kolya (1996)
3	154	242	3	879138235	Kolya (1996)
4	306	242	5	876503793	Kolya (1996)

이렇게 만든 테이블로 DataLoaders 객체를 구축할 수 있습니다. 협업 필터링에 특화된 DataLoaders 객체인 CollabDataLoders는 첫 번째 열을 사용자, 두 번째 열을 항목(여기서는 영화), 세 번째 열을 점수로 사용하는 기본 작동 양식을 따릅니다. 그러나 우리는 영화 ID 대신 제목으로 항목을 가리키려 합니다. 다음처럼 item_name 인자에 항목으로 쓸 열의 이름을 지정해주면 됩니다.

```
dls = CollabDataLoaders.from_df(ratings, item_name='title', bs=64)
dls.show_batch()
```

	user	title	rating
0	207	Four Weddings and a Funeral (1994)	3
1	565	Remains of the Day, The (1993)	5
2	506	Kids (1995)	1
3	845	Chasing Amy (1997)	3
4	798	Being Human (1993)	2
5	500	Down by Law (1986)	4
6	409	Much Ado About Nothing (1993)	3
7	721	Braveheart (1995)	5
8	316	Psycho (1960)	2
9	883	Judgment Night (1993)	5

파이토치로 협업 필터링을 표현할 때 교차표를 바로 사용할 수는 없습니다. 그 대신 영화와 사용자의 잠재 요소 테이블을 간단한 행렬로 표현할 수 있습니다.

```
n_users  = len(dls.classes['user'])
n_movies = len(dls.classes['title'])
n_factors = 5

user_factors = torch.randn(n_users, n_factors)
movie_factors = torch.randn(n_movies, n_factors)
```

특정 영화와 사용자 조합에 대한 결과를 계산하려면, 영화 및 사용자용 잠재 요소 행렬 중 해당 영화와 사용자에 해당하는 부분을 색인에서 찾아야만 합니다. 그러면 찾은 두 잠재 요소 벡터 간의 점곱을 구할 수 있겠죠. 그러나 **색인에서 찾기**는 딥러닝 모델이 할 줄 아는 연산이 아닙니다. 딥러닝 모델은 행렬의 곱셈과 활성화 함수의 적용과 같은 연산 방법만을 알 뿐입니다.

다행히도 **색인에서 찾기**는 행렬의 곱셈으로 표현할 수 있습니다. 원-핫 인코딩된 벡터로 색인을 대체하면 됩니다. 다음은 색인 3을 표현하는 원-핫 인코딩된 벡터에 사용자용 잠재 요소 행렬을 곱했을 때 일어나는 일입니다.

```
>>> one_hot_3 = one_hot(3, n_users).float()
>>> user_factors.t() @ one_hot_3

tensor([-0.4586, -0.9915, -0.4052, -0.3621, -0.5908])
```

이 결과는 행렬의 세 번째 색인에 해당하는 벡터와 같습니다.

```
>>> user_factors[3]

tensor([-0.4586, -0.9915, -0.4052, -0.3621, -0.5908])
```

모든 색인 각각에 대한 원-핫 인코딩된 벡터를 이어 붙여 행렬을 만들면, 행렬 곱셈으로 여러 색인(사용자)에 대한 작업을 한 번에 수행할 수 있습니다! 필요 이상으로 많은 메모리와 시간이 들어간다는 점만 빼면, 이런 구조로 모델을 구축하는 데는 문제가 없습니다. 그런데 직관적으로 생각해보면 원-핫 인코딩된 벡터를 저장해 숫자 1의 위치를 검색할 근본적인 이유가 없습니다. 정수로 배열의 색인을 즉시 찾을 수 있어야겠죠. 따라서 파이토치를 포함한 대부분의 딥러닝 라이브러리는 이를 수행하는 특수한 계층을 제공합니다. 원하는 벡터에 해당하는 색인을 정수로 지정하지만, 원-핫 인코딩된 벡터로 행렬 곱셈을 수행할 때와 같은 방식으로 미분 계산을 수행하죠. 이 계층을 **임베딩**embedding 이라고 합니다.

> **NOTE_ 전문용어: 임베딩**
> 간단히 즉시 색인을 찾는 식으로 구현되는 손쉬운 계산법으로 원-핫 인코딩된 행렬을 곱합니다. 용어가 꽤 어렵게 들리지만, 실제로는 매우 단순한 개념입니다. 한편 원-핫 인코딩된 행렬(또는 손쉬운 계산법으로 직접 색인을 찾기)과 곱해지는 대상을 **임베딩 행렬**embedding matrix이라고 합니다.

컴퓨터 영상 처리에서는 RGB 값으로 픽셀의 모든 정보를 얻는 매우 쉬운 방법을 사용했습니다. 즉 컬러 이미지의 각 픽셀은 세 가지 수치로 표현되었죠. 즉 픽셀이 붉은 정도, 녹색의 정도, 파란 정도로 모델이 작동하기에 충분한 정보를 제공했습니다.

협업 필터링 문제에서는 사용자나 영화의 특징을 쉽게 표현할 방법은 없습니다. 하지만 장르와 관련 있을 수 있겠죠. 가령 특정 사용자가 로맨스를 좋아하면 로맨스 영화에 더 높은 점수를 줄 가능성이 높습니다. 또는 영화에 액션이 많은지, 대사가 많은지, 사용자가 특히 좋아할 만한 배우가 출연했는지와 같은 요소도 생각해볼 수 있습니다.

그렇다면 영화의 각 특징(요소)을 표현할 수치를 어떻게 결정해야 할까요? 사실 우리는 그 방법을 몰라도 됩니다. 대신 모델에게 **학습**하도록 하죠. 사용자와 영화의 기존 관계를 분석함으로써 모델은 각 특징의 중요도를 스스로 파악할 수 있습니다.

이것이 바로 임베딩입니다. 각 사용자와 영화에 특정 길이(여기서는 n_factors=5)의 임의로 초기화된 벡터를 부여하여 학습할 수 있는 파라미터를 만듭니다. 즉 예측과 타깃을 비교해 손실을 계산할 때마다 임베딩 벡터에 대한 손실의 그레이디언트를 계산하고, SGD(또는 다른 옵티마이저) 방식으로 임베딩 벡터값들을 갱신합니다.

임의로 선택했으므로 처음에는 벡터값들에 아무런 의미가 없지만, 학습이 끝날 무렵에는 유의미하게 바뀝니다. 사용자와 영화의 관계에 대한 기존의 데이터를 학습하면, 다른 정보 없이도 블록버스터 영화와 독립 영화를 구분하거나, 액션 영화와 로맨스 영화를 구분하는 등 중요한 특징을 얻을 수 있습니다.

이제 밑바닥부터 모델 전체를 만드는 단계에 진입해보죠.

8.4 밑바닥부터 만드는 협업 필터링

파이토치로 모델의 코드를 작성하기 전에 객체 지향 프로그래밍 및 파이썬의 기초부터 배우면 좋습니다. 여기서는 아직 객체 지향 프로그래밍을 해보지 않은 분을 대상으로 간단한 소개를 제공합니다. 하지만 계속해서 진행하기에 앞서 튜토리얼을 찾아 연습해보기를 바랍니다.

객체 지향 프로그래밍의 핵심 아이디어는 **클래스**class입니다. 사실 우리는 DataLoader, String, Learner 등의 클래스를 이미 사용해 왔습니다. 파이썬에서는 어렵지 않게 새로운 클래스를 만들 수 있습니다. 다음은 Example이라는 간단한 클래스를 만드는 예입니다.

```
class Example:
    def __init__(self, a): self.a = a
    def say(self,x): return f'Hello {self.a}, {x}.'
```

여기서 가장 중요한 부분은 __init__('던더 이닛'이라고 발음함)이라는 특수 메서드입니다. 파이썬에서는 이처럼 밑줄 두 개로 둘러싸인 모든 메서드를 특별하다고 간주합니다. 메서드 이름과 관련한 추가적인 작동이 있음을 의미하죠. __init__은 새 객체를 생성할 때 파이썬이 호출하는 메서드입니다. 따라서 이 메서드로 객체를 생성할 때 초기화될 상태를 설정할 수 있죠. 클래스 인스턴스 생성 시 포함된 모든 인잣값은 __init__ 메서드의 인자로 전달됩니다. 한 가지 유의 사항은 클래스 내 정의된 모든 메서드의 첫 번째 인자가 self라는 점입니다. 이를 통해 자기 자신의 속성을 가져오거나 새로운 속성을 설정할 수 있습니다.

```
>>> ex = Example('Sylvain')
>>> ex.say('nice to meet you')

'Hello Sylvain, nice to meet you.'
```

또한 새로운 파이토치 모듈을 만들려면 Module을 상속해야 합니다. 상속은 매우 중요한 객체 지향 개념이지만 자세히 설명하지는 않겠습니다. 기존 클래스에 작동을 추가하는 수단으로 이해하면 좋습니다. 파이토치는 우리에게 필요한 몇 가지 기반 기능을 Module 클래스로 이미 제공하고 있습니다. 다음 코드처럼 정의할 클래스 이름 뒤에 상속할 클래스(**상위 클래스**superclass) 이름을 기입하면 Module 클래스를 확장할 수 있습니다.

새로운 파이토치 모듈을 만들려면 모듈(클래스) 호출 시 파이토치 클래스 내 정의된 forward 메서드를 호출하고, 전달받은 인잣값을 모두 forward 메서드의 인자로 넘겨준다는 점도 알아야 합니다. 다음은 점곱을 계산하는 모델의 예입니다.

```python
class DotProduct(Module):
    def __init__(self, n_users, n_movies, n_factors):
        self.user_factors = Embedding(n_users, n_factors)
        self.movie_factors = Embedding(n_movies, n_factors)

    def forward(self, x):
        users = self.user_factors(x[:,0])
        movies = self.movie_factors(x[:,1])
        return (users * movies).sum(dim=1)
```

한 번도 객체 지향 프로그래밍을 본 적이 없더라도 걱정하지 마세요. 이 책에서는 객체 지향 관련 기법을 많이 쓰지 않습니다. 단지 대부분의 온라인 튜토리얼과 문서는 객체 지향적 문법을 사용하므로 이를 잠시 언급한다고 받아들이기 바랍니다.

모델의 입력은 batch_size x 2 모양의 텐서입니다. 첫 번째 열(x[:, 0])에는 사용자 ID가, 두 번째 열(x[:, 1])에는 영화 ID가 포함됩니다. 앞서 설명했듯이, 이 입력은 **임베딩** 계층으로 사용자와 영화의 잠재 요소를 나타내는 행렬입니다.

```
>>> x,y = dls.one_batch()
>>> x.shape

torch.Size([64, 2])
```

모델의 구조를 정의하고 파라미터용 행렬을 만들었으므로, 모델을 최적화할 Learner를 만드는 일만 남았습니다. 이전에는 특정 애플리케이션의 모든 것을 설정하는 cnn_learner 같은 특별하게 제작된 함수를 사용했습니다. 그러나 여기서는 밑바닥부터 만들 목적이므로, 범용적으로 활용할 수 있는 Learner 클래스를 사용합니다.

```
model = DotProduct(n_users, n_movies, 50)
learn = Learner(dls, model, loss_func=MSELossFlat())
```

이제 모델을 학습시킬 준비가 되었습니다.

```
learn.fit_one_cycle(5, 5e-3)
```

epoch	train_loss	valid_loss	time
0	1.326261	1.295701	00:12
1	1.091352	1.091475	00:11
2	0.961574	0.977690	00:11
3	0.829995	0.893122	00:11
4	0.781661	0.876511	00:12

모델을 좀 더 개선하려면 무엇을 해야 할까요? 우선 예측 범위가 0~5가 되도록 강제하는 방법이 있습니다. 6장에서 만든 sigmoid_range 함수를 사용하면 쉽게 구현할 수 있겠죠. 다만 저희는 범위가 5를 약간 넘어서도록 하면 결과가 더 나아진다는 사실을 경험적으로 발견했습니다. 즉 범위를 (0, 5.5)와 같이 설정하면 좋습니다.

```
class DotProduct(Module):
    def __init__(self, n_users, n_movies, n_factors, y_range=(0,5.5)):
        self.user_factors = Embedding(n_users, n_factors)
        self.movie_factors = Embedding(n_movies, n_factors)
        self.y_range = y_range
```

```
    def forward(self, x):
        users = self.user_factors(x[:,0])
        movies = self.movie_factors(x[:,1])
        return sigmoid_range((users * movies).sum(dim=1), *self.y_range)

model = DotProduct(n_users, n_movies, 50)
learn = Learner(dls, model, loss_func=MSELossFlat())
learn.fit_one_cycle(5, 5e-3)
```

epoch	train_loss	valid_loss	time
0	0.976380	1.001455	00:12
1	0.875964	0.919960	00:12
2	0.685377	0.870664	00:12
3	0.483701	0.874071	00:12
4	0.385249	0.878055	00:12

합리적인 출발선을 끊었지만 이보다 더 나아질 수 있습니다. 우리가 놓친 한 가지는 어떤 사용자는 다른 사용자보다 더 긍정적이거나 부정적인 추천을 하는 경향이 있고, 어떤 영화는 다른 영화보다 더 좋거나 나쁠 수 있다는 사실입니다. 그러나 우리의 점곱으로 계산된 표현에는 이런 내용을 인코딩할 수 없습니다. 가령 매우 SF적이고 액션이 많은 신작 영화라는 특징만으로는 대다수가 해당 영화를 좋아할지 알 방법이 없죠.

지금은 가중치만 있고 편향이 없어서 그렇습니다. 만약 각 사용자와 영화별로 점수에 추가할 수 있는 단일 수치가 있다면, 우리가 놓친 부분을 매우 잘 처리할 수 있을 것입니다. 먼저 모델의 구조를 조정해보죠.

```
class DotProductBias(Module):
    def __init__(self, n_users, n_movies, n_factors, y_range=(0,5.5)):
        self.user_factors = Embedding(n_users, n_factors)
        self.user_bias = Embedding(n_users, 1)
        self.movie_factors = Embedding(n_movies, n_factors)
        self.movie_bias = Embedding(n_movies, 1)
        self.y_range = y_range

    def forward(self, x):
        users = self.user_factors(x[:,0])
        movies = self.movie_factors(x[:,1])
        res = (users * movies).sum(dim=1, keepdim=True)
```

```
        res += self.user_bias(x[:,0]) + self.movie_bias(x[:,1])
        return sigmoid_range(res, *self.y_range)
```

이렇게 조정한 모델을 학습시켜 상황을 지켜보겠습니다.

```
model = DotProductBias(n_users, n_movies, 50)
learn = Learner(dls, model, loss_func=MSELossFlat())
learn.fit_one_cycle(5, 5e-3)
```

epoch	train_loss	valid_loss	time
0	0.929161	0.936303	00:13
1	0.820444	0.861306	00:13
2	0.621612	0.865306	00:14
3	0.404648	0.886448	00:13
4	0.292948	0.892580	00:13

결과는 오히려 더 나빠졌습니다. 왜 그럴까요? 앞서 수행한 두 학습을 주의 깊게 살펴보면, 검증 손실 개선이 중간에 멈추고 나빠지기 시작했음을 알 수 있습니다. 이는 분명한 과적합 신호입니다. 그런데 협업 필터링 문제에 사용할만한 데이터 증강 기법은 없으므로 별도의 정규화 기법이 필요합니다. 이때 도움이 되는 접근법 중 **가중치 감쇠**를 살펴보죠.

8.4.1 가중치 감쇠

가중치 감쇠weight decay 또는 **L2 정규화**L2 regularization는 손실 함수에 모든 가중치 제곱의 합을 더하는 것으로 구성됩니다. 왜 그럴까요? 그레이디언트 계산 시 가중치를 가능한 한 작게 만드는데 이바지하기 때문입니다.

가중치 감쇠가 과적합을 방지하는 이유는 무엇일까요? 기본 아이디어는 계수가 클수록 손실 함수에서 더 날카로운 협곡이 나타난다는 것입니다. y = a * (x ** 2)와 같은 기본 포물선의 예를 들어 봅시다. 다음 그래프처럼 a가 클수록 포물선의 폭이 더 **좁아집니다.**

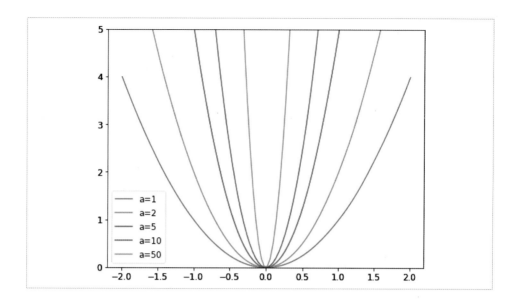

즉 모델이 높은 값의 파라미터를 학습하게 내버려 두면, 변화가 매우 심하며 너무 복잡한 함수로 학습용 데이터셋의 모든 데이터에 적합되게 됩니다. 결국 과적합으로 이어지겠죠.

가중치가 너무 커지지 않도록 제한하는 일은 모델의 학습을 방해하지만, 일반화가 더 잘 되는 상태를 만들어냅니다. 잠시 이론으로 돌아가서, 가중치 감쇠(또는 wd)는 손실에 더한 제곱의 합을 제어하는 파라미터입니다(다음 코드에서 `parameters`는 모델의 모든 파라미터를 표현하는 단일 텐서라고 가정합니다).

```
loss_with_wd = loss + wd * (parameters**2).sum()
```

그러나 현실적으로 수많은 파라미터의 모든 합을 구하고 손실에 더하는 일은 매우 비효율적입니다(수적으로 불안정할 수도 있습니다). 고등 수학을 떠올려보면, p에 대한 p**2의 미분은 2*p이므로 손실에 그렇게나 큰 합을 더하는 일은 다음과 같습니다.

```
parameters.grad += wd * 2 * parameters
```

또한 wd는 우리가 선택할 수 있는 값이므로, 두 배 크게 만들면 *2도 필요 없습니다. fastai에서 가중치 감쇠를 사용하려면 `fit` 또는 `fit_one_cycle` 메서드 호출 시 wd 인자를 사용하면 됩니다.

```
model = DotProductBias(n_users, n_movies, 50)
learn = Learner(dls, model, loss_func=MSELossFlat())
learn.fit_one_cycle(5, 5e-3, wd=0.1)
```

epoch	train_loss	valid_loss	time
0	0.972090	0.962366	00:13
1	0.875591	0.885106	00:13
2	0.723798	0.839880	00:13
3	0.586002	0.823225	00:13
4	0.490980	0.823060	00:13

훨씬 낫네요!

8.4.2 나만의 임베딩 모듈 만들기

지금까지 실제 작동 방식을 크게 신경 쓰지 않고 Embedding을 사용했습니다. 이번에는 Embedding 클래스를 사용하지 않고, 이를 대체하는 DotProductBias를 직접 만들어봅시다. 우선 각 임베딩의 가중치 행렬은 임의로 초기화되어야 합니다. 4장에서 옵티마이저는 모듈의 parameters 메서드로 모든 파라미터를 가져올 수 있다는 점을 배웠습니다. 그러나 이는 완전히 자동으로 수행되지는 않습니다. 즉 모듈의 속성으로 텐서를 추가하더라도 parameters 메서드가 반환하는 파라미터 그룹에 자동으로 포함되지는 않죠.

```
>>> class T(Module):
        def __init__(self): self.a = torch.ones(3)

>>> L(T().parameters())

(#0) []
```

텐서를 모듈의 파라미터로 추가하려면 nn.Parameter 클래스로 래핑wrap해야만 합니다. 이 클래스는 자동으로 requires_grad_ 메서드를 호출할 뿐 다른 어떤 기능도 추가하지 않지만, parameters에 포함될 대상을 표시하는 '마커marker'로 사용합니다.

```
>>> class T(Module):
        def __init__(self): self.a = nn.Parameter(torch.ones(3))

>>> L(T().parameters())

(#1) [Parameter containing:
tensor([1., 1., 1.], requires_grad=True)]
```

모든 파이토치 모듈은 학습 가능한 파라미터에 **nn.Parameter**를 사용하므로 지금까지 이 래 퍼wrapper 클래스를 명시적으로 사용할 필요는 없었습니다.

```
>>> class T(Module):
        def __init__(self): self.a = nn.Linear(1, 3, bias=False)

>>> t = T()
>>> L(t.parameters())

(#1) [Parameter containing:
tensor([[-0.9595],
        [-0.8490],
        [ 0.8159]], requires_grad=True)]

>>> type(t.a.weight)

torch.nn.parameter.Parameter
```

하지만 다음과 같이 명시적으로 임의 초기화된 텐서를 파라미터로 생성할 수 있습니다.

```
def create_params(size):
    return nn.Parameter(torch.zeros(*size).normal_(0, 0.01))
```

이를 사용하여 **DotProductBias**를 다시 만들어보죠. 단, **Embedding**은 사용하지 않습니다.

```
class DotProductBias(Module):
    def __init__(self, n_users, n_movies, n_factors, y_range=(0,5.5)):
        self.user_factors = create_params([n_users, n_factors])
        self.user_bias = create_params([n_users])
        self.movie_factors = create_params([n_movies, n_factors])
        self.movie_bias = create_params([n_movies])
```

```
        self.y_range = y_range

    def forward(self, x):
        users = self.user_factors[x[:,0]]
        movies = self.movie_factors[x[:,1]]
        res = (users*movies).sum(dim=1)
        res += self.user_bias[x[:,0]] + self.movie_bias[x[:,1]]
        return sigmoid_range(res, *self.y_range)
```

그리고 **DotProductBias**를 활용해서 학습을 진행하여 앞 절에서와 같은 결과를 얻을 수 있는지 확인합니다.

```
model = DotProductBias(n_users, n_movies, 50)
learn = Learner(dls, model, loss_func=MSELossFlat())
learn.fit_one_cycle(5, 5e-3, wd=0.1)
```

epoch	train_loss	valid_loss	time
0	0.962146	0.936952	00:14
1	0.858084	0.884951	00:14
2	0.740883	0.838549	00:14
3	0.592497	0.823599	00:14
4	0.473570	0.824263	00:14

이번에는 모델이 무엇을 학습했는지를 확인해보겠습니다.

8.5 임베딩과 편향의 분석

이렇게 만든 모델은 사용자에게 영화를 추천할 수 있어서 유용합니다. 하지만 발견한 파라미터가 무엇인지 확인해보는 일도 꽤 흥미롭습니다. 가장 해석이 쉬운 파라미터는 편향입니다. 다음은 가장 낮은 편향 벡터 값의 영화 목록입니다.

```
>>> movie_bias = learn.model.movie_bias.squeeze()
>>> idxs = movie_bias.argsort()[:5]
>>> [dls.classes['title'][i] for i in idxs]
```

```
['Children of the Corn: The Gathering (1996)',
 'Lawnmower Man 2: Beyond Cyberspace (1996)',
 'Beautician and the Beast, The (1997)',
 'Crow: City of Angels, The (1996)',
 'Home Alone 3 (1997)']
```

출력 결과의 의미를 잠시 생각해보세요. 이 결과는 설령 사용자가 영화의 잠재 요소(액션의 수준, 영화가 얼마나 오래됐는지 등을 표현함)와 잘 매칭되더라도, 사용자들이 일반적으로 이 영화들을 좋아하지 않는다는 사실을 보여줍니다. 단순히 평균 점수에 따라 영화를 정렬할 수도 있지만, 학습된 편향을 살펴보면 훨씬 더 흥미로운 사실을 알 수 있죠. 즉 사람들이 좋아하지 않는 종류의 영화인지 뿐만 아니라, 사람들이 좋아하지 않는 종류라도 즐길 만한 영화인지도 알 수 있죠! 다음은 마찬가지 방식으로 편향 벡터 중 가장 값이 높은 영화 목록입니다.

```
>>> idxs = movie_bias.argsort(descending=True)[:5]
>>> [dls.classes['title'][i] for i in idxs]

['L.A. Confidential (1997)',
 'Titanic (1997)',
 'Silence of the Lambs, The (1991)',
 'Shawshank Redemption, The (1994)',
 'Star Wars (1977)']
```

예를 들어 평소에 수사물을 즐겨보지 않는 사람도 〈LA 컨피덴셜〉은 재밌게 볼 수 있을지도 모르죠!

임베딩 행렬을 즉시 해석하기란 어렵습니다. 사람이 해석하기에 너무나도 많은 요소로 채워지기 때문이죠. 하지만 다행히도 이런 행렬에서 가장 중요한 방향성을 추출하는 **주성분 분석** principal component analysis (PCA)이라는 기법이 있습니다. 이는 딥러닝 실무자가 되는 데 특별히 중요한 개념은 아니므로 여기서는 자세히 다루지 않습니다. 하지만 관심이 있다면, fast.ai에서 진행한 'Computational Linear Algebra for Coders(https://oreil.ly/NLj2R)' 강의를 수강해보기 바랍니다. [그림 8-3]은 가장 강한 두 PCA 요소로 영화들의 관계를 시각적으로 보여줍니다.

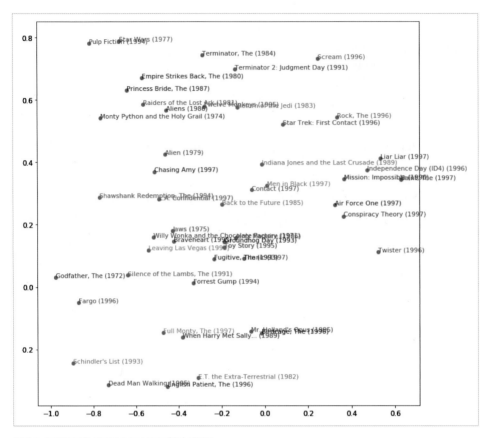

그림 8-3 가장 강한 두 PCA 요소로 표현된 영화들

[그림 8-3]의 결과는 모델이 대중적^pop culture 영화 대비 고전^classic 영화의 개념을 발견했거나, 비평가의 극찬을 받은 영화를 발견한 것처럼 보입니다.

TIP 제러미의 말

저는 모델을 학습시킨 경험이 많지만, 임의로 초기화된 수많은 수치가 간단한 메커니즘으로 학습되어 데이터의 숨은 의미를 발견한다는 사실에 여전히 놀라곤 합니다. 어떤 일을 완수할 방법을 알려주지 않아도 이를 수행하는 코드를 만들어낸다는 사실이 속임수나 부정행위처럼 느껴지기도 합니다!

내부 작동 방식을 이해하려고 모델을 밑바닥부터 정의했지만, fastai 라이브러리는 해당 모델을 즉시 구축하는 방법을 제공합니다. 어떤 방법인지 살펴보죠.

8.5.1 fastai.collab 사용하기

fastai의 `collab_learner` 함수를 사용하면, 앞에서와 정확히 같은 구조로 협업 필터링 모델을 만들고 학습시킬 수 있습니다.

```
learn = collab_learner(dls, n_factors=50, y_range=(0, 5.5))

learn.fit_one_cycle(5, 5e-3, wd=0.1)
```

epoch	train_loss	valid_loss	time
0	0.931751	0.953806	00:13
1	0.851826	0.878119	00:13
2	0.715254	0.834711	00:13
3	0.583173	0.821470	00:13
4	0.496625	0.821688	00:13

모델을 출력하면 포함된 계층들의 이름을 확인할 수 있습니다.

```
>>> learn.model

EmbeddingDotBias(
  (u_weight): Embedding(944, 50)
  (i_weight): Embedding(1635, 50)
  (u_bias): Embedding(944, 1)
  (i_bias): Embedding(1635, 1)
)
```

다음 예제를 포함해 앞 절에서 수행한 분석을 모두 재현할 수도 있습니다.

```
>>> movie_bias = learn.model.i_bias.weight.squeeze()
>>> idxs = movie_bias.argsort(descending=True)[:5]
>>> [dls.classes['title'][i] for i in idxs]

['Titanic (1997)',
 "Schindler's List (1993)",
 'Shawshank Redemption, The (1994)',
 'L.A. Confidential (1997)',
 'Silence of the Lambs, The (1991)']
```

학습된 임베딩으로 거리distance를 살펴보는 일도 흥미롭습니다. 이어서 살펴보죠.

8.5.2 임베딩 거리

2차원 지도에서 피타고라스 공식($\sqrt{x^2 + y^2}$)을 사용하면 두 좌표 사이의 거리를 계산할 수 있습니다. 공식에서 x와 y는 각 축의 좌표 간 거리입니다. 50차원의 임베딩에서도 이와 정확히 같은 계산을 할 수 있습니다. 단 50개의 좌표 거리 모두에 제곱을 취해야 할 뿐이죠.

만약 매우 비슷한 영화 두 개가 있다면, 두 영화를 좋아하는 사용자도 매우 비슷하겠죠. 따라서 두 영화의 임베딩 벡터도 매우 비슷해야 합니다. 이를 좀 더 일반화해보죠. 영화 간 유사성은 대상 영화들을 좋아하는 사용자 간의 유사성으로 정의할 수 있습니다. 그리고 이는 두 영화의 임베딩 벡터 간의 거리가 직접적으로 유사성을 정의할 수 있음을 의미하죠. 다음은 이 개념을 활용해 영화 〈양들의 침묵〉과 가장 유사한 영화를 찾는 방법입니다.

```
>>> movie_factors = learn.model.i_weight.weight
>>> idx = dls.classes['title'].o2i['Silence of the Lambs, The (1991)']
>>> distances = nn.CosineSimilarity(dim=1)(movie_factors, movie_factors[idx][None])
>>> idx = distances.argsort(descending=True)[1]
>>> dls.classes['title'][idx]

'Dial M for Murder (1954)'
```

여기까지 모델을 성공적으로 학습시키는 방법을 알아보았습니다. 다음으로는 사용자 데이터가 없는 상황을 처리하는 방법을 살펴보죠. 신규 사용자에게 추천을 할 수 있는 방법은 무엇일까요?

8.6 초기의 협업 필터링 모델 구축하기

협업 필터링 모델을 실전에서 사용할 때 마주치는 가장 큰 문제는 초기에 모델을 구축하는(**부트스트랩**bootstrapping) **문제**입니다. 가장 극단적인 예는 사용자가 없어서 학습할 기록이 없는 상황입니다. 첫 번째로 가입한 사용자에게는 어떤 제품을 추천해야 할까요?

한편, 오랜 시간 동안 축적한 사용자 데이터가 있는 안정된 시스템에도 여전히 "새로운 사용자 등록 시 무엇을 해야 할까요?", "상품 목록에 새 제품을 추가할 때는 무엇을 해야 할까요?" 와 같은 문제가 있습니다. 이런 문제에 마법의 특효약은 없습니다. **여러분의 상식**을 약간 변형한 해결책이 존재할 뿐이죠. 새로운 사용자에게 다른 모든 사용자 임베딩 벡터의 평균을 할당할 수도 있겠지만, 특정 잠재 요소들의 조합이 공통적이지 않을 수 있다는 문제가 있습니다(가령 SF 요소의 평균은 매우 높고 액션 요소의 평균은 매우 낮을 수 있지만, 액션 없는 SF 영화를 좋아하는 사람은 별로 없습니다). 따라서 **평균 취향**average taste을 나타내는 특정 사용자를 선택하는 편이 더 좋은 대안입니다.

하지만 이보다 더 좋은 방법이 있습니다. 사용자의 메타 데이터를 기반으로 한 테이블형 모델로 초기 임베딩 벡터를 구성하는 방법이죠. 가입 시 사용자의 취향을 이해하는 데 어떤 질문이 유용할지를 생각해보세요. 그러면 사용자의 임베딩 벡터를 종속변수로, 가입 시 질문의 응답을 독립변수로 둔 모델을 만들 수 있습니다. 다음 절에서는 이런 종류의 테이블형 모델을 만드는 방법을 살펴봅니다(판도라Pandora 및 넷플릭스 같은 서비스는 가입 시 좋아하는 영화나 음악 장르에 관한 몇 가지 질문을 하는 경향이 있습니다. 이런 서비스가 협업 필터링의 초기 추천을 제시하는 방법이죠).

주의할 점은 매우 열정적인 소수의 사용자가 전체 사용자를 대상으로 하는 추천을 좌우할 수 있다는 것입니다. 영화 추천 시스템에서 매우 일반적으로 드러나는 문제입니다. 애니메이션 시청자는 애니메이션을 많이 보지만 그 외의 영상은 잘 보지 않으며, 웹사이트에 평점을 매기는 데 많은 시간을 보내는 경향이 있습니다. 그 결과 '최고의 영화' 목록에서 애니메이션은 많이 과장되곤 합니다. 대표성 편향의 문제가 분명히 있는 사례죠. 그런데 편향이 잠재 요소에 내재한다면 명확히 알아채기가 어렵습니다.

이런 문제는 기반 사용자 구성과 시스템 작동의 방향을 완전히 바꿔버릴 수 있습니다. 이는 특히 긍정적 피드백 루프 때문이죠. 만약 소수의 사용자가 추천 시스템의 방향을 설정하는 경향이 있다면, 그들과 유사한 사람들이 시스템에 더 많이 유입되겠죠. 또한 원래의 대표성 편향을 더욱 증폭시키기도 하겠죠. 이런 유형의 편향은 자연스럽게 기하급수적으로 증폭되곤 합니다. 회사 임원진이 깜짝 놀랄 만큼 온라인 플랫폼이 창립자의 가치와 상충하는 방향으로 급속히 악화하기도 합니다. 이런 유형의 피드백 루프에서 목격되는 문제는 매우 빠르게 확산하지만, 상당한 시간이 지난 후에야 문제를 인지할 때가 많습니다.

이와 같은 자체 강화 시스템에서는 피드백 루프의 문제를 예외적인 상황으로 생각해선 곤란합니다. 예외가 아니라 매우 일반적인 문제로 다뤄야 하죠. 따라서 이런 문제가 나타날 것이라고 가정하고, 미리 대비책을 마련해 둬야만 합니다. 시스템에서 피드백 루프가 나타날 수 있는 모든 방식과 데이터에서 이를 식별하는 방법을 신중하게 고민해보세요. 그러면 결국 모든 머신러닝 시스템 배포 시 발생할 수 있는 재난을 피하는 방법에 대한 원래의 조언으로 돌아가게 됩니다. 바로 사람을 피드백 루프에 넣어, 세심히 모니터링하고 점진적이고 신중하게 배포하도록 하는 방법입니다.

앞서 만든 점곱 모델은 매우 잘 작동하며, 성공적인 실제 추천 시스템의 기초가 될 수 있습니다. 협업 필터링에 대한 이런 접근법을 **확률적 행렬 분해**^{probabilistic matrix factorization}(PMF)라고 합니다. 또한, 딥러닝을 사용해도 같은 데이터에서 유사한 수준으로 잘 작동합니다.

8.7 협업 필터링을 위한 딥러닝

모델의 구조를 딥러닝으로 전환하는 첫 번째 단계는 임베딩 조회 결과를 활성에 연결하는 것입니다. 그러면 일반적인 방식으로 선형 계층 및 비선형 활성화 함수에 입력할 수 있는 행렬이 만들어집니다.

점곱을 계산하지 않고 임베딩 행렬을 이어 붙이므로 두 임베딩 행렬의 크기가 다를 수 있습니다(잠재 요소 개수가 다름). fastai는 주어진 데이터를 위한 임베딩 행렬에 권장되는 크기를 반환하는 get_emb_sz 함수를 제공합니다. 이 함수는 휴리스틱 방식으로 크기를 찾아내며, 여러 상황에서 잘 작동함을 확인했습니다.

```
>>> embs = get_emb_sz(dls)
>>> embs

[(944, 74), (1635, 101)]
```

그러면 협업 필터링을 위한 딥러닝 모델을 구현해보죠.

```
class CollabNN(Module):
    def __init__(self, user_sz, item_sz, y_range=(0,5.5), n_act=100):
```

```
        self.user_factors = Embedding(*user_sz)
        self.item_factors = Embedding(*item_sz)
        self.layers = nn.Sequential(
            nn.Linear(user_sz[1]+item_sz[1], n_act),
            nn.ReLU(),
            nn.Linear(n_act, 1))
        self.y_range = y_range

    def forward(self, x):
        embs = self.user_factors(x[:,0]),self.item_factors(x[:,1])
        x = self.layers(torch.cat(embs, dim=1))
        return sigmoid_range(x, *self.y_range)
```

구현한 클래스와 권장된 임베딩 행렬의 크기로 모델을 생성합니다.

```
model = CollabNN(*embs)
```

CollabNN은 앞서 만든 클래스와 같은 방식으로 Embedding 계층을 생성합니다. embs에 명시된 크기를 사용한 점만 다르죠. 그리고 self.layers는 4장의 MNIST 문제에서 만든 간단한 신경망과 같습니다. forward 메서드에서는 임베딩을 적용하고, 적용된 결과를 이어 붙인 다음, 신경망에 전달합니다. 그리고 마지막에는 앞서 만든 모델과 마찬가지로 sigmoid_range 함수를 적용합니다.

학습이 잘 되는지 확인해보죠.

```
learn = Learner(dls, model, loss_func=MSELossFlat())
learn.fit_one_cycle(5, 5e-3, wd=0.01)
```

epoch	train_loss	valid_loss	time
0	0.940104	0.959786	00:15
1	0.893943	0.905222	00:14
2	0.865591	0.875238	00:14
3	0.800177	0.867468	00:14
4	0.760255	0.867455	00:14

collab_learner 함수 호출 시 use_nn=True 인잣값을 넘겨주면, fastai의 fastai.collab 이 제공하는 CollabNN과 같은 모델을 사용할 수 있습니다(내부적으로 get_emb_sz가 자동으로 호출됨). 또한, 계층을 더 많이 쌓아 올리는 간편한 방법을 제공합니다. 예를 들어 다음 코드는 각각 100과 50이라는 크기의 두 은닉 계층을 생성하는 방법입니다.

```
learn = collab_learner(dls, use_nn=True, y_range=(0, 5.5), layers=[100,50])
learn.fit_one_cycle(5, 5e-3, wd=0.1)
```

epoch	train_loss	valid_loss	time
0	1.002747	0.972392	00:16
1	0.926903	0.922348	00:16
2	0.877160	0.893401	00:16
3	0.838334	0.865040	00:16
4	0.781666	0.864936	00:16

learn.model은 EmbeddingNN 유형의 객체입니다. EmbeddingNN 클래스 구현체를 살펴보죠.

```
@delegates(TabularModel)
class EmbeddingNN(TabularModel):
    def __init__(self, emb_szs, layers, **kwargs):
        super().__init__(emb_szs, layers=layers, n_cont=0, out_sz=1, **kwargs)
```

코드가 매우 간단하네요! 사실 이 클래스는 필요한 모든 기능을 TabularModel을 **상속**하여 가져옵니다. __init__ 메서드에서 n_cont=0과 out_sz=1 인잣값을 설정하여 TabularModel 의 __init__ 메서드를 그대로 호출함을 알 수 있죠. 그 외에는 EmbeddingNN 생성 시 전달받은 인자를 그대로 전달할 뿐입니다.

---

kwargs와 delegates

EmbeddingNN의 __init__ 메서드에는 **kwargs라는 인자가 있습니다. 함수 정의에 포함된 **kwargs는 "모든 키-값 쌍의 인잣값을 kwargs라는 딕셔너리에 넣어라"는 의미입니다. 함수 호출 시 포함된 **kwargs는 "kwargs라는 딕셔너리에 포함된 모든 키-값 쌍을 인자로 삽입하라"는 의미입니다. 이 접근법은 여러 유명한 라이브러리에서 널리 사용됩니다. 대표적인 예로

---

plot(*args, **kwargs)으로 정의된 matplotlib 함수가 있습니다. plot 함수의 공식 문서 (https://oreil.ly/P9A8T)는 'kwargs는 Line2D의 속성'이라 하며 Line2D의 모든 속성을 함께 나열하고 있습니다.

EmbeddingNN에서 **kwargs를 사용한 이유는 입력된 모든 인잣값을 TabularModel의 __init__ 메서드 호출 시 재차 작성하지 않고 동기화하기 위함입니다. 하지만 이 방식은 주피터 노트북을 포함한 편집기가 사용할 수 있는 인자의 종류를 파악하기 어렵게 합니다. 즉, 탭 키를 눌러 인자의 목록을 확인하거나 자동 완성을 수행하는 등의 기능이 제대로 작동하지 않아 API의 사용성이 대폭 감소합니다.

fastai에서는 @delegates라는 특수 데코레이터로 이를 해결합니다. 클래스나 함수(여기서는 EmbeddingNN)에 @delegates를 쓰면 키-값 쌍으로 제시된 인자를 모두 포함하도록 관련 시그니처[signature][47]를 변경합니다.

EmbeddingNN의 결과가 점곱 접근법(도메인에 대한 아키텍처를 신중하게 구성하는 힘을 보여줌)보다 약간 나쁘긴 하지만, 매우 중요한 추가 작업을 수행할 수 있습니다. 다른 사용자와 영화 정보, 날짜와 시간 정보 등 추천에 관련된 모든 정보를 직접 통합할 수 있으며, 이것이 바로 TabularModel이 하는 일입니다. 실제로 EmbeddingNN은 n_cont=0, out_sz=1 인잣값으로 설정된 TabularModel임을 확인한 바 있습니다. 즉 TabularModel을 좀 더 깊이 있게 배우고, 이를 활용해 훌륭한 결과를 얻는 법을 터득하면 도움이 됩니다! 따라서 다음 장에서 TabularModel을 자세히 살펴보겠습니다.

8.8 결론

이번 장에서는 처음으로 컴퓨터 영상 처리에서 벗어나 추천 시스템을 다뤘습니다. 기록된 평가 점수에 기반해 경사 하강법이 잠재 요소 및 편향을 학습하는 방식을 배웠습니다. 이렇게 학습된 모델은 데이터에 담긴 좀 더 본질적인 정보를 제공합니다.

---

47 옮긴이_ 함수의 인자 등의 정보를 저장하는 객체입니다.

또한 파이토치를 사용한 첫 번째 모델을 구축하기도 했습니다. 3부에서는 이런 작업을 더 많이 해볼 것입니다. 하지만 그전에 딥러닝을 사용한 다른 일반적인 애플리케이션을 자세히 살펴보겠습니다. 먼저 테이블 데이터를 살펴보며 시작해보죠.

8.9 질문지

1 협업 필터링이 해결하려는 문제는 무엇인가요?

2 어떻게 해결하나요?

3 협업 필터링 예측 모델이 유용한 추천 시스템이 아닌 이유는 무엇인가요?

4 교차표로 표현한 협업 필터링 데이터는 어떻게 생겼나요?

5 무비렌즈 데이터의 교차표를 만드는 코드를 작성해보세요(인터넷 검색을 해도 좋습니다).

6 잠재 요소란 무엇인가요? 왜 '잠재'라는 단어를 사용할까요?

7 점곱이란 무엇인가요? 순수 파이썬의 리스트만으로 점곱을 수동으로 계산해보세요.

8 pandas.DataFrame.merge의 역할은 무엇인가요?

9 임베딩 행렬이란 무엇인가요?

10 임베딩과 원-핫 인코딩된 벡터 행렬의 관계는 무엇인가요?

11 같은 일에 원-핫 인코딩된 벡터를 사용할 수 있음에도 Embedding이 필요한 이유는 무엇인가요?

12 학습을 시작하기 전 임베딩에는 무엇이 포함되나요(사전 학습된 모델을 사용하지 않는다고 가정함)?

13 (가능하면 책을 보지 말고) 클래스를 만들고 사용해보세요.

14 x [:, 0]은 무엇을 반환하나요?

15 (가능하면 책을 보지 말고) DotProduct 클래스를 다시 구현하고, 모델을 학습시켜 보세요.

16 무비렌즈 문제에서 사용하면 좋을만한 손실 함수는 무엇인가요? 왜 그런가요?

17 무비렌즈 문제에서 교차 엔트로피 손실을 사용하면 어떻게 되나요? 교차 엔트로피 손실을 사용하려면 모델의 구현을 어떻게 바꿔야 하나요?

18 점곱 모델에서 편향을 사용하는 이유는 무엇인가요?

19 가중치 감쇠의 또 다른 이름은 무엇인가요?

20 (가능하면 책을 보지 말고) 가중치 감쇠 방정식을 작성해보세요.

21 가중치 감쇠의 그레이디언트 방정식을 작성해보세요. 가중치를 줄이는 데 도움이 되는 이유가 무엇인가요?

22 가중치를 줄이면 왜 일반화가 향상되나요?

23 파이토치 argsort의 역할은 무엇인가요?

24 영화 편향을 정렬할 때와 영화별로 전체 영화 점수의 평균을 구할 때의 결과가 같나요? 왜 그런가요? 또는 왜 그렇지 않나요?

25 모델에 포함된 계층의 이름과 세부 정보를 출력하는 방법은 무엇인가요?

26 협업 필터링의 부트스트랩 문제란 무엇인가요?

27 신규 사용자나 새로운 영화의 부트스트랩 문제를 어떻게 처리하나요?

28 피드백 루프는 협업 필터링 시스템에 어떤 영향을 미치나요?

29 협업 필터링에 신경망을 사용할 때 어떻게 영화와 사용자에 대해 다른 개수의 요소를 사용할 수 있나요?

30 CollabNN 모델에 nn.Sequential이 있는 이유는 무엇인가요?

31 사용자와 항목의 메타 데이터, 날짜, 시간과 같은 정보를 협업 필터링 모델에 추가하려면 어떤 종류의 모델을 사용해야 하나요?

8.9.1 추가 연구

1 DotProductBias의 Embedding과 create_params의 모든 차이점을 살펴보고 각 변경이 필요한 이유를 이해해보세요. 확실히 이해가 안 되는 부분은 원래 상태로 되돌려 어떤 일이 일어나는지 확인해보세요(forward 메서드에서 사용한 괄호 유형도 변경되었습니다!).

2 협업 필터링을 사용하는 세 분야를 찾고 해당 분야에서 이 접근법의 장단점을 파악해보세요.

3 전체 무비렌즈 데이터셋을 대상으로 주피터 노트북을 완성하고 여러분이 얻은 결과를 온라인 벤치마크와 비교해보세요. 정확도를 더 개선할 수 있는지도 확인해보세요. 책의 웹사이트와 fast.ai 포럼에서 몇 가지 아이디어를 검색해보세요. 전체 데이터셋은 더 많은 열을 제공한다는 사실에 유의하기 바랍니다. 추가적인 열도 활용할 수 있는지 고민해보세요(9장에서 이에 관한 아이디어를 얻을 수 있습니다).

4 무비렌즈 데이터셋에 대해 교차 엔트로피 손실로 작동하는 모델을 만들고, 이 장에서 만든 모델과 결과를 비교해보세요.

CHAPTER 9

테이블 데이터 모델링 깊게 알아보기

테이블 데이터 모델링은 CSV나 스프레드시트와 같은 테이블 형식의 데이터를 다룹니다. 이렇게 만든 모델의 목적은 여러 열의 값으로 특정 한 열의 값을 예측하는 것입니다. 9장은 딥러닝과 더불어 랜덤 포레스트random forest 같은 더 일반적인 머신러닝 기법도 함께 다룹니다. 딥러닝이 만능인 듯하지만, 상황에 따라서는 전통적인 머신러닝 기법이 더 나은 결과를 보이기도 하기 때문이죠.

그 과정에서 데이터 정리 및 전처리 방식과 모델의 학습 결과를 해석하는 방법도 같이 다룹니다. 하지만 우선은 임베딩을 사용해 수치형 데이터만 수용하는 모델에 범주형 값을 주입하는 방식부터 살펴봅니다.

9.1 범주형 임베딩

테이블 데이터에는 '나이' 같은 수치형 데이터와 '성별'처럼 문자열 값을 포함하는 열들이 있습니다. 수치형 데이터는 모델에 직접 주입될 수 있지만(일부 선택적인 전처리 과정이 있을 수 있음), 그 외의 데이터는 숫자 형태로 변환되어야만 하죠. 이렇게 변환이 필요한 값들은 각기 다른 범주를 따르므로, 이런 변수를 흔히 범주형 변수categorical variable라고 합니다. 그리고 태생이 수치형이라 변환이 필요 없는 데이터를 연속형 변수continuous variable라고 합니다.

2015년 말, 캐글에서 로스만 판매$^{Rossmann\ Sales}$ 대회(https://oreil.ly/U85_1)를 개최했습니다. 독일에 있는 다양한 가게의 광범위한 정보를 참가자들에게 공개하고, 미래 시점의 판매량을 예측하는 문제를 제시했죠. 대회의 목적은 올바른 예측으로 각 가게가 재고를 적절히 관리하고 불필요한 물품을 보유하지 않은 채 수요를 만족시키도록 도움을 주기 위함이었습니다. 공식적인 학습용 데이터셋에는 각 가게의 수많은 정보가 포함됩니다. 또한 모든 참가자와 함께 공유한다는 전제 조건하에, 공식적인 데이터 외의 추가 데이터도 허용했습니다.

금메달리스트 중 한 팀이 딥러닝을 사용했습니다. 테이블 데이터 모델링에 딥러닝을 적용한 초창기 연구로 알려졌죠. 이들이 사용한 방법은 다른 수상자보다 도메인 지식에 기반한 특징 공학이 월등히 적었습니다. 해당 접근 방식은 「Entity Embeddings of Categorical Variables(https://oreil.ly/VmgoU)」논문에서 설명합니다. 이 책의 웹사이트(https://book.fast.ai)에서는 해당 논문의 내용을 밑바닥부터 구현하고 같은 수준의 정확도를 재현하는 방법을 보여줍니다. 저자인 청 구오$^{Cheng\ Guo}$및 펠릭스 버칸$^{Felix\ Berkhahn}$은 논문의 초록에서 다음과 같이 말합니다.

> 개체 임베딩$^{entity\ embedding}$은 원-핫 인코딩보다 메모리 사용량은 줄이고 신경망의 속도는 높여줍니다. 또한 임베딩 공간상에서 범주형 변수의 유사한 값들끼리 서로 가까이 매핑되는 범주형 변수의 본질적인 속성을 표현한다는 점이 특히 중요합니다. 개체 임베딩은 과적합되는 경향을 보인 다른 방식과 비교해 많은 고차 카디널리티 특징으로 구성된 데이터셋을 특히 잘 처리합니다. 개체 임베딩은 범주형 변수 간의 거리 측정을 정의하므로 범주형 데이터의 시각화와 데이터 클러스터링에서도 유용하게 사용할 수 있습니다.

협업 필터링 모델을 구축하며 이미 이 모든 요점을 배웠습니다. 하지만 이런 통찰력이 협업 필터링에 국한하지는 않음을 분명히 알 수 있습니다.

또한 이 논문은 (앞 장에서 논의했듯이) 임베딩 계층이 원-핫 인코딩된 모든 입력 계층 다음에 있는 일반적인 선형 계층과 정확히 같다고 언급합니다. [그림 9-1]의 도표에 이런 등가성이 나타납니다. 그림의 '밀집 계층dense layer'은 '선형 계층'과 같은 의미이며, 원-핫 인코딩 계층은 입력을 표현합니다.

우리는 이미 선형 계층의 학습 방식을 이해하고 있습니다. 선형 계층의 구조와 학습 알고리즘의 관점에서 보면, [그림 9-1]의 구조에서 임베딩 계층이 또 다른 선형 계층에 불과하다는 사실을 알 수 있습니다. 그리고 앞 장에서 이 도표와 정확히 같은 협업 필터링 신경망을 만들 때 이를 실제로 확인했습니다.

영화 리뷰의 임베딩 가중치를 분석했을 때처럼, 이 논문의 저자는 가격 예측 모델의 임베딩 가중치를 분석했습니다. 그리고 임베딩이 범주형 변수를 계속적이면서도 의미 있는 입력으로 변형한다는 두 번째 중요한 통찰을 발견했죠.

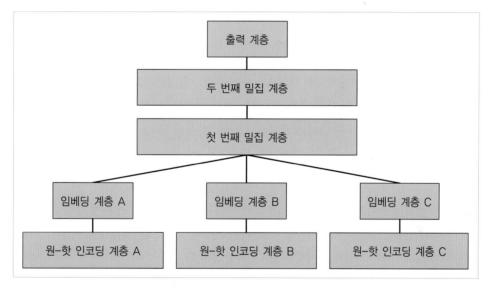

그림 9-1 신경망에서의 개체 임베딩(출처: 청 구오 및 펠릭스 버칸)

[그림 9-2]는 논문에서 소개한 접근법에 기반하여 개념을 묘사합니다(저희가 분석을 약간 추가했습니다).

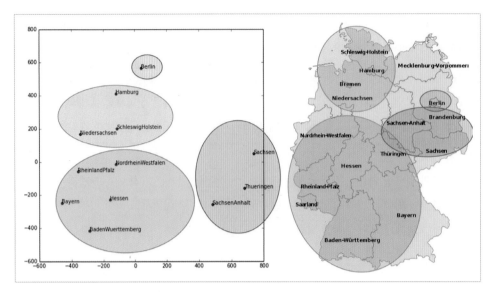

그림 9-2 주(洲) 임베딩과 지도(출처: 청 구오 및 펠릭스 버칸)

[그림 9-2]의 좌측은 임베딩 행렬로 만든 State 범주의 모든 값을 시각적으로 표현합니다. 특정 범주형 변수에 있는 모든 값은 '단계levels' 또는 '범주categories' 또는 '부류classes'라고 합니다. 따라서 State 범주형 변수의 한 단계는 '베를린', '함부르크' 등이 될 수 있겠죠. 우측은 독일 지도입니다. 실제 주의 물리적인 위치는 데이터로 제공되지 않았지만, 모델 스스로 가게 판매 데이터에서 물리적인 위치를 학습하고 파악했습니다.

거리distance와 임베딩 간의 관계를 다룬 내용을 기억하나요? 논문의 저자는 가게 간의 실제 지리적인 거리와 임베딩 공간에서의 거리를 비교하는 그래프를 만들었습니다(그림 9-3). 그리고 두 종류의 거리가 매우 가깝게 들어맞는다는 결과를 얻었죠!

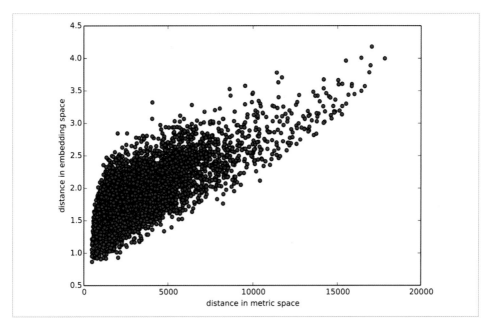

그림 9-3 가게 간 거리(출처: 청 구오 및 펠릭스 버칸)

여기에 추가로 요일과 월별 임베딩에 대한 도표도 그려보았습니다. 그 결과 달력상 가까운 요일과 월은 임베딩 공간에서도 밀접함이 드러났습니다(그림 9-4).

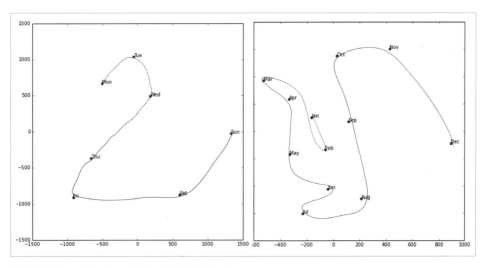

그림 9-4 요일(월) 임베딩(출처: 청 구오 및 펠릭스 버칸)

두 예제에서 알 수 있는 사실은 다음과 같습니다. 이산적인 개체(예: 독일의 주, 요일)로 구성되어 근본적으로 범주형인 데이터를 모델에 제공하면, 모델은 각 개체 간의 관계를 연속적인 거리의 개념으로 정의하는 임베딩을 학습합니다. 임베딩 거리는 데이터에 나타나는 실제 패턴을 기반으로 학습되었으니 우리의 직관과 일치하는 경향이 있죠.

또한 모델은 연속형 변수를 더 잘 이해하므로 임베딩이 연속적인 값으로 채워졌다는 사실 자체에 의미가 있습니다. 경사 하강(연속 함수의 최솟값을 찾는 학습 알고리즘)으로 갱신되는 많은 연속형 파라미터의 가중치와 연속형 활성값이 모델을 구축한다는 점을 고려하면 놀라운 일은 아닙니다.

연속형으로 임베딩된 값과 원래부터 연속형인 데이터를 간단히 결합할 수 있다는 이점도 있습니다. 단순히 두 종류의 데이터를 서로 이어 붙인 다음 첫 번째 밀집 계층에 넣어주기만 하면 되죠. 즉 원시 연속형 데이터와 엮이기 전, 임베딩 계층은 원시 범주형 데이터를 변형하여 상호 호환될 수 있게끔 만듭니다. 이것이 바로 fastai를 포함하여 구오와 버칸이 연속형과 범주형 변수가 모두 있는 테이블 데이터를 모델링 하는 방법입니다.

「Wide & Deep Learning for Recommender Systems(https://oreil.ly/wsnvQ)」논문에서 설명한 구글 플레이Google Play의 추천 시스템이 이 접근법을 사용하는 예입니다. [그림 9-5]는 이를 묘사합니다.

흥미롭게도 구글은 앞 장에서 본 점곱(논문에서는 벡터곱cross product으로 표현)과 신경망이라는 두 접근법을 결합했습니다.

여기서 잠시 멈추죠. 지금까지 다룬 모든 모델링 문제의 해결책은 딥러닝 모델의 훈련에 있습니다. 실제로 이미지, 소리, 자연어 텍스트 등 복잡하며 구조화되지 않은 데이터에서는 딥러닝을 사용하는 것이 경험상 매우 바람직하죠. 또한 딥러닝은 협업 필터링에도 매우 적합합니다. 하지만 테이블 데이터를 분석하는 데는 딥러닝이 항상 최상의 시작점은 아닙니다.

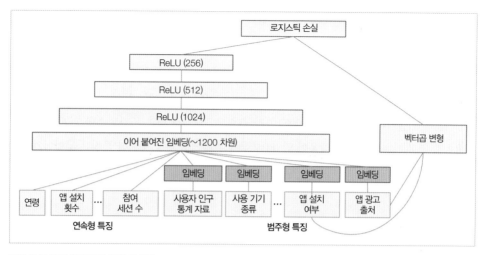

그림 9-5 구글 플레이의 추천 시스템

9.2 딥러닝 이외의 기법

머신러닝 교육 과정은 대부분 수학에 관한 간략한 기술적 설명과 토이 프로젝트로 여러 알고리즘을 소개합니다. 방대한 양의 기법은 여러분을 혼란스럽게 하고, 실용적인 적용 방법을 이해하기 어렵게 합니다.

다행히도 현대의 머신러닝은 적용 범위가 넓은 몇 가지 주요 기법으로 요약할 수 있습니다. 최근 연구에 따르면 다음 두 방법만으로도 대부분의 데이터셋을 최고 수준으로 모델링할 수 있습니다.

- 결정 트리(랜덤 포레스트, 그레이디언트 부스팅 머신 등) 앙상블 기법입니다. 주로 구조적 데이터에 적용하는데, 대부분의 회사에서 관리하는 데이터베이스 테이블이 여기에 해당합니다.
- SGD로 학습되는 다층의 계층 신경망 기법입니다(얕거나 심층적 학습). 주로 비구조적 데이터에 적용하며 오디오, 이미지, 자연어 같은 유형의 데이터가 이에 해당합니다.

비구조적 데이터를 다루는 데는 딥러닝을 따라올 기술이 없지만, 여러 종류의 구조적 데이터에서는 상기 두 방식이 유사한 수준의 결과를 도출하는 경향이 있습니다. 하지만 결정 트리 앙상블 기법은 신경망 기법보다 학습 속도가 더 빠르고, 해석이 쉬우며, 대규모 추론에 GPU와 같은 특별한 하드웨어 장치가 필요하지도 않으며, 하이퍼파라미터 조정도 덜 필요하죠. 이 기법은 딥러닝보다 훨씬 오랫동안 널리 사용되었으므로 사용하는 도구의 생태계 및 문서화 측면에서 더 성숙했다고 볼 수 있습니다.

딥러닝보다 결정 트리 앙상블에서 테이블 데이터 모델의 해석 단계가 훨씬 쉽다는 점이 특히 중요합니다. 적절한 질문에 대답하는 도구와 방법이 이미 많죠. 예를 들어 다음과 같은 질문에 답을 할 수 있습니다. 예측에 어느 열이 가장 중요하나요? 각 열과 독립변수의 관계는 무엇인가요? 각 열 간에는 어떤 상호작용이 있나요? 특정 관측에서 가장 중요한 특징은 무엇인가요?

따라서 테이블 데이터셋을 분석하는 첫 번째 접근 방식으로 결정 트리 앙상블을 사용해볼 것입니다.

단, 데이터셋이 다음 조건을 만족할 때 이 지침에도 예외가 있습니다.

- 고차 카디널리티를 포함한 범주형 변수가 매우 중요할 때입니다('카디널리티'는 어떤 범주를 표현하는 이산 단계의 개수를 뜻합니다. 고차 카디널리티 범주형 변수의 예로 우편번호가 있습니다. 모든 우편번호는 값이 고유하므로 무수히 많은 단계가 존재할 수 있습니다).
- 순수 텍스트 데이터처럼 신경망으로 가장 잘 이해할 수 있는 데이터를 포함한 열이 있을 때입니다.

이런 예외적인 조건에 부합하는 데이터셋을 다룬다면, 항상 결정 트리 앙상블과 딥러닝을 모두 시도한 다음 어느 쪽이 더 나은지 비교해야만 합니다. 협업 필터링에서는 사용자와 영화라는 두 고차 카디널리티 범주형 변수가 있어서 딥러닝이 유용한 접근법이었죠. 하지만 어느 쪽이 더 좋다고 정해지지 않았으며, 데이터셋에 고차 및 저차 카디널리티 범주형 변수와 연속형 변수가 혼합될 때가 보통입니다.

어느 쪽이든 결정 트리 앙상블을 모델링 기술로서 터득해야 한다는 점은 분명합니다!

지금까지 다룬 모든 작업에 파이토치와 fastai를 사용했습니다. 하지만 이런 라이브러리는 주로 수많은 행렬 곱셈과 미분이 필요한 (딥러닝과 같은) 알고리즘을 위해 설계되었습니다. 하지만 결정 트리에는 이런 연산이 필요하지 않으므로 파이토치를 거의 사용하지 않습니다.

그 대신 **사이킷런**scikit-learn (**sklearn**이라고도 하죠) 라이브러리에 주로 의존합니다. 사이킷런은 머신러닝 모델 구축에 딥러닝을 제외한 다양한 접근 방식을 제공하는 인기 있는 라이브러리입니다. 그리고 테이블 데이터를 처리하고 질의를 다뤄야 하므로, 팬더스 라이브러리도 사용합니다. 또한 사이킷런과 팬더스 내부의 수치 계산이 의존하는 넘파이 수치 프로그래밍 라이브러리도 사용합니다.

모든 라이브러리를 상세히 다룰 시간은 없으므로, 여기서는 중요한 부분만 다룹니다. 더 깊이 배우고 싶다면, 웨스 맥키니Wes McKinney의 『**파이썬 라이브러리를 활용한 데이터 분석**』(한빛미디어, 2019)을 읽어보기를 강력히 권장합니다. 맥키니는 팬더스의 창시자이니 그가 적은 정보가 가장 정확하겠죠!

우선 사용할 데이터를 취득해보죠.

9.3 데이터셋

이 장에서는 캐글 대회에서 제공한 '불도저 지침서Blue Book for Bulldozers'라는 데이터셋을 사용합니다. 대회의 개요는 다음과 같습니다.

> 이 대회의 목표는 중장비의 사용량, 종류, 구성에 따른 경매 가격을 예측하는 것입니다. 데이터는 경매 결과 공고에서 수집했으며, 중장비의 사용량과 장비 구성 정보를 포함합니다.

매우 일반적인 종류의 데이터셋이며 일반적인 예측 문제입니다. 이와 유사한 문제를 여러분의 직장에서 볼 가능성도 높습니다. 데이터셋은 캐글에서 다운로드할 수 있습니다. 참고로 캐글은 데이터 과학 관련 대회를 주관하는 웹사이트입니다.

9.3.1 캐글 대회

캐글은 장차 데이터 과학자가 되려는 사람과 머신러닝 관련 능력을 향상하고 싶은 사람에게 굉장히 좋은 플랫폼입니다. 캐글처럼 직접 만들어보고 실시간으로 피드백을 받으며 능력을 향상할 수 있는 플랫폼은 아직 없습니다.

캐글은 다음을 제공합니다.

- 흥미로운 데이터셋
- 여러분이 캐글에서 하는 활동에 대한 피드백
- 무엇이 좋고, 무엇을 할 수 있으며, 무엇이 최신 기법인지를 알려주는 리더보드
- 대회 우승자가 유용한 조언과 기법을 공유하는 블로그 게시글

지금까지 사용한 모든 데이터셋은 fastai 라이브러리에 통합된 데이터셋 시스템으로 다운로드할 수 있었습니다. 하지만 여기서 사용할 데이터셋은 캐글에서만 다운로드할 수 있습니다. 따라서 캐글 웹사이트에 가입한 다음 우리가 사용할 데이터셋이 게시된 대회 페이지(`https://oreil.ly/B9wfd`)로 이동하기 바랍니다. 해당 페이지에서 'Rules' 탭으로 이동한 다음 'I Understand and Accept' 버튼을 클릭하세요(대회가 종료되어서 참가할 수는 없지만, 데이터를 다운로드하려면 규칙에 동의해야 합니다).

캐글 API를 사용하면 캐글 데이터셋을 쉽게 다운로드할 수 있습니다. 해당 API는 다음처럼 주피터 노트북에서 `pip` 명령어로 설치할 수 있습니다.

```
!pip install kaggle
```

캐글 API를 사용하려면 API 키값이 필요합니다. 키값은 캐글 웹사이트에서 프로필 사진을 클릭한 다음 'My Account'를 선택하고, 'Create New API Token'을 클릭하여 얻을 수 있습니다. 그러면 API 키값이 포함된 `kaggle.json` 파일이 여러분의 로컬 컴퓨터에 저장됩니다. 이 파일을 실제로 실습하는 서버로 복사해야 합니다. `kaggle.json` 파일을 열고 내용을 복사해서 다음 코드 블록의 작은따옴표 안에 붙여 넣어주면 됩니다(예: creds = '{"username":"xxx","key":"xxx"}').

```
creds = ''
```

그리고 아래의 코드 블록을 그대로 실행합니다(한 번만 실행하면 됩니다).

```
cred_path = Path('~/.kaggle/kaggle.json').expanduser()
if not cred_path.exists():
    cred_path.parent.mkdir(exist_ok=True)
    cred_path.write(creds)
    cred_path.chmod(0o600)
```

캐글에서 데이터셋을 다운로드할 준비가 되었습니다! 다운로드할 데이터셋을 저장할 경로를 지정합니다.

```
>>> path = URLs.path('bluebook')
>>> path
```

```
Path('/home/sgugger/.fastai/archive/bluebook')
```

그리고 캐글 API로 데이터셋을 다운로드하고, 지정된 경로로 압축된 데이터셋을 해제하여 넣습니다.

```
>>> if not path.exists():
        path.mkdir()
        api.competition_download_cli('bluebook-for-bulldozers', path=path)
        file_extract(path/'bluebook-for-bulldozers.zip')
```

```
>>> path.ls(file_type='text')
```

```
(#7) [Path('Valid.csv'),Path('Machine_Appendix.csv'),Path('ValidSolution.csv'),P
 > ath('TrainAndValid.csv'),Path('random_forest_benchmark_test.csv'),Path('Test.
 > csv'),Path('median_benchmark.csv')]
```

다음으로는 다운로드한 데이터셋의 구성 방식을 살펴봅니다.

9.3.2 데이터 살펴보기

캐글은 데이터셋의 일부 필드(열)의 정보를 제공합니다. 불도저 지침서 대회의 데이터 탭 (https://oreil.ly/oSrBi)에 따르면, train.csv 파일의 주요 필드는 다음과 같습니다.

- **SalesID**
  판매를 식별하는 고유 식별자입니다.

- **MachineID**
  중장비의 고유 식별자입니다. 경매 방식이라 한 중장비가 여러 번 팔릴 수 있습니다.

- **saleprice**
  경매에서 중장비의 판매 금액입니다(train.csv에서만 제공하는 정보).

- **saledate**
  판매 날짜입니다.

데이터를 직접 살펴보고 형식, 저장 방식, 포함된 데이터 유형 등을 이해하는 일은 모든 데이터 과학에서 중요합니다. 데이터 설명을 읽어봤더라도 실제 저장된 데이터가 여러분의 기대와 일치한다는 보장은 없습니다. 먼저 학습용 데이터셋을 팬더스 데이터프레임으로 불러오겠습니다. 일반적으로 이때 사용되는 read_csv 함수에서 low_memory=False를 설정해주면 좋습니다. 그렇지 않으면 메모리를 다 쓰고 에러를 반환하는 상황을 겪게 될 수도 있습니다. low_memory 인자가 디폴트값인 True로 설정되면, 팬더스는 데이터의 행을 몇 개 살펴본 다음 각 열의 데이터 유형을 알아내려 시도합니다. 즉 다른 행에 다른 데이터 유형을 적용하게 되어 데이터 처리 에러나 모델의 학습에서 문제를 일으킬지도 모릅니다.

데이터를 불러온 다음 어떤 열로 구성되었는지 살펴보죠.

```
>>> df = pd.read_csv(path/'TrainAndValid.csv', low_memory=False)
>>> df.columns

Index(['SalesID', 'SalePrice', 'MachineID', 'ModelID', 'datasource',
       'auctioneerID', 'YearMade', 'MachineHoursCurrentMeter', 'UsageBand',
       'saledate', 'fiModelDesc', 'fiBaseModel', 'fiSecondaryDesc',
       'fiModelSeries', 'fiModelDescriptor', 'ProductSize',
       'fiProductClassDesc', 'state', 'ProductGroup', 'ProductGroupDesc',
       'Drive_System', 'Enclosure', 'Forks', 'Pad_Type', 'Ride_Control',
       'Stick', 'Transmission', 'Turbocharged', 'Blade_Extension',
       'Blade_Width', 'Enclosure_Type', 'Engine_Horsepower', 'Hydraulics',
       'Pushblock', 'Ripper', 'Scarifier', 'Tip_Control', 'Tire_Size',
       'Coupler', 'Coupler_System', 'Grouser_Tracks', 'Hydraulics_Flow',
       'Track_Type', 'Undercarriage_Pad_Width', 'Stick_Length', 'Thumb',
       'Pattern_Changer', 'Grouser_Type', 'Backhoe_Mounting', 'Blade_Type',
       'Travel_Controls', 'Differential_Type', 'Steering_Controls'],
      dtype='object')
```

살펴보기 버거울 정도로 열이 많습니다! 잠시 후 가장 흥미로운 열을 겨냥해 목표를 잡아가는 방법을 알려드리겠지만, 직접 데이터셋을 살펴보고 각 열이 표현하는 정보가 무엇인지 파악하려고 노력해보기 바랍니다.

이 시점에 **순서형 열**ordinal columns을 다뤄보도록 하죠. 순서형 열은 값이 문자열 같지만, 저장된 문자열값이 자연스러운 순서가 되도록 보장합니다. 다음 코드에서는 ProductSize 열의 단계를 순서형으로 바꾸는 방법을 보여줍니다.

```
>>> df['ProductSize'].unique()

array([nan, 'Medium', 'Small', 'Large / Medium', 'Mini', 'Large', 'Compact'],
 > dtype=object)
```

cat.set_categories 메서드를 사용하면 특정 범주형 열의 적절한 순서를 지정할 수 있습니다.

```
sizes = 'Large','Large / Medium','Medium','Small','Mini','Compact'

df['ProductSize'] = df['ProductSize'].astype('category')
df['ProductSize'].cat.set_categories(sizes, ordered=True, inplace=True)
```

가장 중요한 열은 우리가 예측하려고 하는 종속변수입니다. 모델의 평가지표란 예측이 얼마나 좋은지를 비추는 함수라는 사실을 상기해봅시다. 어떤 평가지표가 사용되는지를 알아두어야 하겠죠. 일반적으로 평가지표의 선택은 프로젝트를 설정하는 단계에서 중요한 부분입니다. 이는 프로젝트의 설계 과정의 일부이며, 단순히 사용할 변수를 고르는 수준의 일이 아닙니다. 어떤 평가지표가 여러분의 상황을 잘 반영하여 모델의 품질을 측정할 수 있을지 신중하게 고민해야 합니다. 주어진 변수 중 평가지표로 표현될 만한 변수가 없다면, 가용 변수들의 조합이나 변형으로 평가지표를 만들 수 있을지도 고려해야 합니다.

다만 이번에는 대회 주최 측에서 실제와 예측된 가격 사이의 평균제곱근로그오차^{Root Mean} ^{Squared Log Error}(RMSLE)를 평가지표로 지정했습니다. 이를 사용하기는 어렵지 않습니다. 실제 판매가격에 로그를 적용하기만 하면 되죠. 그리고 로그값에 **m_rmse**를 적용하면 최종적으로 원하는 RMLSE를 얻을 수 있습니다.

```
dep_var = 'SalePrice'
df[dep_var] = np.log(df[dep_var])
```

이제 테이블 데이터를 위한 첫 번째 알고리즘인 결정 트리^{decision tree}를 살펴볼 준비가 되었습니다.

9.4 결정 트리

이름에서 알 수 있듯이 결정 트리 앙상블은 결정 트리에 기반합니다. 따라서 결정 트리부터 알아봐야겠죠! 결정 트리는 데이터에 일련의 이진(예/아니오) 질문^{binary question}을 던지고, 각 질문에 대해 데이터는 예 또는 아니오로 분할되어 [그림 9-6]처럼 가지를 뻗어 나갑니다. 하나 이상 질문을 거치면서 예측을 도출할 수 있다는 개념입니다. 필요하면 추가 질문을 할 수 있으며, 그에 따라 더 깊이 가지를 뻗어 나가게 됩니다.

학습용이든 새로운 데이터셋이든 어떤 데이터라도 구축된 일련의 질문 순서를 거쳐 도달한 그룹에 할당됩니다. 즉 학습용 데이터셋으로 도출된 질문과 그 질문에 대한 대답으로 만들어진 트리의 가지를 활용해서 새로 유입될 데이터가 거쳐야 할 질문과 대답, 최종적으로 도달할 그룹이 정해지죠. 그런데 이 방식의 장점은 무엇일까요? 모델의 목표는 주어진 데이터로 예측을 하는 것이지 학습용 데이터셋으로 구축된 그룹에 할당하는 것이 아니니 말이죠. 다만 예측값을 각 그룹에 할당할 수 있으므로, 회귀 문제에서는 특정 그룹에 소속된 모든 데이터의 예측값에 대한 평균을 구할 수 있습니다.

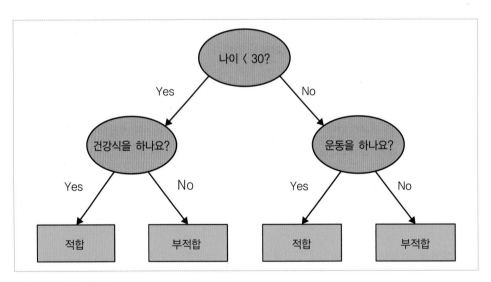

그림 9-6 결정 트리의 예

그러면 올바른 질문을 찾는 방법을 생각해봅시다. 물론 이런 질문은 우리가 직접 만들지 않아도 됩니다. 컴퓨터가 대신해주죠! 다음은 결정 트리가 학습하는 기본적인 단계를 설명합니다.

1 데이터셋의 각 열에 순서대로 반복해서 접근합니다.

2 각 열이 표현하는 각 수준^{level}에 순서대로 반복해서 접근합니다.

3 데이터가 특정 값보다 큰지 작은지에 따라 두 그룹으로 분리합니다(범주형 변수에서는 각 수준과 같은지 아닌지로 데이터 그룹을 분리합니다).

4 분리된 각 그룹의 평균 가격을 구하고, 각 그룹에 할당된 중장비들의 실제 가격과 유사한 정도를 판단합니다. 그리고 평균 가격을 매우 간단한 '모델'이 구한 예측으로 취급합니다.

5 모든 열과 각 열의 모든 수준에 모두 접근했다면, 간단한 모델을 사용해 가장 좋은 예측을 도출하는 분기점을 선택합니다.

6 이제 선택된 분기점을 기준으로 두 그룹의 데이터가 생겼습니다. 각 그룹을 별도의 데이터셋으로 취급하고, 첫 번째 단계로 돌아가서 각 그룹에 같은 일을 수행합니다.

7 특정 기준에 도달할 때까지 각 그룹에 대해 이 과정을 재귀적으로 반복합니다. 가령 그룹에 속한 데이터가 20개 이하일 때 멈추는 등의 기준을 설정합니다.

여러분이 직접 구현할 수 있는 쉬운 알고리즘이지만, 사이킷런의 구현체를 사용하면 시간을 더 절약할 수 있습니다(직접 구현해보면 좋은 연습이 되긴 하죠).

하지만 결정 트리를 학습시키기에 앞서 데이터 준비 작업이 약간 필요합니다.

> **TIP** **알렉시스의 말**
>
> 곰곰이 생각해볼 만한 생산적인 문제가 있습니다. 결정 트리가 데이터를 분리하려고 던지는 일련의 질문 과정을 생각해보면, "이 과정이 정말로 올바른 질문의 순서를 골랐는지 어떻게 알 수 있을까?"와 같은 궁금점이 생길지도 모릅니다. 기본적으로는 가장 좋은 분할(데이터를 가장 정확하게 두 그룹으로 나눔)을 만드는 질문을 선택하는 과정을 계속해서 반복하면 됩니다. 이는 컴퓨터 과학에서 '탐욕스러운^{greedy}' 접근법으로도 알려졌습니다. '덜 강력한' 분할을 만드는 질문이 더 나은 결과를 얻게 하는 상황을 상상할 수 있을까요?

9.4.1 날짜 다루기

첫 번째로 필요한 데이터 전처리 작업은 날짜 표현의 질을 높이는 것입니다. 결정 트리의 근본은 한 번에 두 집단으로 분리하는 **이분화**^{bisection}였습니다. 연속형 변수는 값이 특정 한곗값보다 큰지 작은지에 따라 데이터셋을 분리하고, 범주형 변수는 변수가 가진 수준에 따라 데이터셋을 분리하죠. 따라서 결정 트리 알고리즘은 계속형 데이터와 순서가 없는 범주형 데이터로 데이터셋을 분리하는 방법을 갖췄습니다.

그런데 날짜와 같은 자료에는 이 방식을 어떻게 적용할 수 있을까요? 날짜는 시간의 흐름에 따라 비교할 수 있으니 순서형 값으로 취급할 수도 있겠죠. 하지만 특정 날짜는 다른 날짜보다 우리가 모델링하는 시스템에 연관되어 질적으로 다를 수 있다는 점에서 일반적인 순서형 값과는 약간 다릅니다.

알고리즘이 날짜를 지능적으로 다루게 도우려면 단순히 날짜를 다른 날짜와 비교하여 더 최근인지, 아니면 더 예전인지와 같은 정보 이상을 알아야 합니다. 가령 요일, 월, 휴일 여부 같은 정보 말이죠. 이를 위해서 날짜 열을 요일, 월, 휴일과 같은 여러 메타데이터 열로 확장하는 방식을 사용해보겠습니다. 그러면 이렇게 생성된 열들은 유용하게 활용할 수 있는 범주형 데이터를 제공하겠죠.

fastai는 이런 일을 하는 **add_datepart** 함수를 제공합니다. 이 함수에 데이터프레임과 확장하려는 날짜 열의 이름을 넘겨주면, 확장된 열을 포함한 데이터프레임을 반환합니다.

```
df = add_datepart(df, 'saledate')
```

같은 작업을 테스트 데이터셋에도 수행합니다.

```
df_test = pd.read_csv(path/'Test.csv', low_memory=False)
df_test = add_datepart(df_test, 'saledate')
```

보다시피 데이터프레임에 여러 열이 새로 추가되었음을 알 수 있죠.

```
>>> ' '.join(o for o in df.columns if o.startswith('sale'))

'saleYear saleMonth saleWeek saleDay saleDayofweek saleDayofyear
 > saleIs_month_end saleIs_month_start saleIs_quarter_end saleIs_quarter_start
 > saleIs_year_end saleIs_year_start saleElapsed'
```

일단 시작은 좋아 보입니다. 다만 데이터 정리 작업을 조금 더 해야 합니다. 다음으로는 이런 작업에 도움이 되는 fastai의 TabularPandas와 TabularProc 객체를 알아보겠습니다.

9.4.2 TabularPandas와 TabularProc

데이터 준비의 두 번째 작업은 문자열과 누락된 데이터를 다루는 일입니다. 사이킷런으로는 이 두 가지를 즉시 처리할 수 없습니다. 그 대신 fastai의 TabularPandas 클래스를 활용합니다. TabularPandas 클래스는 팬더스의 데이터프레임을 래핑한 객체로 추가 편의 기능을 제공합니다. 데이터프레임을 TabularPandas로 변환하려면 TabularProcs, Categorify, FillMissing을 사용해야 합니다. 그중 TabularProc은 다음 두 가지를 제외하고는 일반적인 Transform과 같습니다.

- 전달받은 객체 내용 자체를 수정한 뒤 그 객체를 반환합니다.
- 데이터에 지연^{lazily} 접근하지 않고, 전달받은 즉시 한번에 변환을 완료합니다.

Categorify는 TabularProc의 일종으로 범주형 열을 수치형 열로 변형합니다. FillMissing 도 TabularProc의 일종입니다. 누락된 값을 해당 열의 중앙값으로 채워넣고, 값이 누락되었는지를 표시하는 행을 추가한 다음, 누락된 열이라면 True를 기입합니다. 앞으로 사용할 거의 모든 테이블 데이터셋에 이 두 종류의 변형이 필요하므로, 데이터 처리를 익히기에 좋은 시작점입니다.

```
procs = [Categorify, FillMissing]
```

TabularPandas는 데이터셋을 학습용과 검증용으로 분리하는 작업도 합니다. 하지만 검증용 데이터셋을 고르는 과정에 세심한 주의를 기울여야 합니다. 검증용 데이터셋을 캐글이 대회를 평가하는 테스트 데이터셋과 유사하도록 디자인해야 하죠.

1장에서 언급한 검증용 데이터셋과 테스트 데이터셋 간의 차이를 상기해봅시다. **검증용 데이터셋**은 모델이 학습용 데이터셋에 과적합되지 않도록 학습용 데이터셋에서 분리한 데이터셋입니다. 그리고 **테스트 데이터셋**은 모델의 구조 및 하이퍼파라미터 조정 시 발생하는 검증용 데이터셋에 대한 과적합을 방지하는 용도로 별도로 보관한 데이터셋입니다.

테스트 데이터셋을 직접 확인할 수는 없지만, 학습용 데이터셋과 테스트 데이터셋 간의 관계와 유사한 검증용 데이터셋을 만들 수 있다면 좋겠죠.

때로는 데이터를 단순히 임의로 선택해도 되지만, 지금 다루는 예와 같은 시계열 데이터에서는 임의의 선택을 피해야 합니다.

테스트 데이터셋 설명을 보면, 2012년 5월부터 6개월간의 데이터가 있음을 알 수 있습니다. 학습용 데이터셋보다 미래의 데이터입니다. 미래 예측을 할 수 있는 모델을 만들려 하므로 테스트 데이터셋을 이렇게 구성한 점은 합리적입니다. 그리고 검증용 데이터셋도 학습용 데이터셋보다 이후의 시간대로 구성되어야만 유의미하다고 해석할 수 있습니다. 캐글의 학습용 데이터셋에 포함된 마지막 날짜는 2012년 4월입니다. 따라서 학습용 데이터셋의 범위를 2011년 11월 이전으로 축소하고, 그 이후부터 2012년 4월까지의 데이터는 검증용 데이터셋으로 활용합니다.

이렇게 데이터를 분리하는 데는 np.where 함수를 사용할 수 있습니다. np.where는 조건이 참인 모든 인덱스 번호의 목록을 반환하는 함수입니다.[48]

```
cond = (df.saleYear<2011) | (df.saleMonth<10)
train_idx = np.where( cond)[0]
valid_idx = np.where(~cond)[0]

splits = (list(train_idx),list(valid_idx))
```

TabularPandas 객체를 생성할 때는 계속형 및 범주형 열의 목록을 알려줘야 합니다. cont_cat_split라는 유틸리티 함수로 해당 목록을 얻을 수 있습니다.

```
cont,cat = cont_cat_split(df, 1, dep_var=dep_var)
to = TabularPandas(df, procs, cat, cont, y_names=dep_var, splits=splits)
```

TabularPandas는 fastai의 Datasets 객체와 상당히 비슷하게 작동합니다. 가령 train 및 valid 속성을 제공하죠.

```
>>> len(to.train),len(to.valid)
(404710, 7988)
```

여전히 범주형 데이터는 문자열로 출력됩니다(전체 테이블은 너무 커서 여기에는 일부 열만 보입니다).

....

48 옮긴이_ 반환값은 튜플 형식이며, 그중 첫 번째 요소가 인덱스 번호의 목록에 해당합니다.

```
to.show(3)
```

	state	ProductGroup	Drive_System	Enclosure	SalePrice
0	Alabama	WL	#na#	EROPS w AC	11.097410
1	North Carolina	WL	#na#	EROPS w AC	10.950807
2	New York	SSL	#na#	OROPS	9.210340

하지만 출력에만 문자열로 표현될 뿐 실제는 숫자로 저장됩니다.

```
to.items.head(3)
```

	state	ProductGroup	Drive_System	Enclosure
0	1	6	0	3
1	33	6	0	3
2	32	3	0	6

범주형 열이 표현할 수 있는 고유 수준마다 숫자를 매핑하는 방식으로 간단한 변형이 이루어집니다. 이때 새로운 수준이 등장할 때마다 하나씩 큰 숫자를 할당하므로, 사실상 숫자 자체에는 아무런 의미가 없습니다. 하지만 ProductSize처럼 팬더스의 순서형 범주로 변환할 때는 예외입니다. 순서가 정해진 범주형 변수여서, 순서에 따라 숫자를 부여하기 때문이죠. classes 속성을 살펴보면 각 범주에 매핑된 숫자를 확인할 수 있습니다.

```
>>> to.classes['ProductSize']

(#7) ['#na#','Large','Large / Medium','Medium','Small','Mini','Compact']
```

변환을 완료하는 데 수분이 소요되므로 변환 결과를 저장해 두는 편이 좋습니다. 나중에 작업을 이어서 진행할 때 여기서 소요되는 시간을 절약할 수 있겠죠. fastai는 거의 모든 파이썬 객체를 저장할 수 있는 피클pickle 시스템을 사용하는 **save** 메서드를 제공합니다.

```
(path/'to.pkl').save(to)
```

저장한 객체를 다시 불러오려면 다음처럼 **load** 메서드를 사용합니다.

```
to = (path/'to.pkl').load()
```

전처리 작업을 모두 완료했습니다. 이제는 결정 트리를 만들 준비가 되었습니다.

9.4.3 결정 트리 만들기

결정 트리를 만들기에 앞서 독립변수와 종속변수를 정의합니다.

```
xs,y = to.train.xs,to.train.y
valid_xs,valid_y = to.valid.xs,to.valid.y
```

모든 데이터를 수치형으로 만들었고 누락된 값도 모두 채워 넣었으므로 다음과 같이 결정 트리를 만들 수 있습니다.

```
m = DecisionTreeRegressor(max_leaf_nodes=4)
m.fit(xs, y);
```

설명의 용이성을 위해 **리프 노드**leaf node가 네 개인 간단한 결정 트리를 만듭니다. 실제로 결정 트리가 학습한 내용을 다음과 같이 시각화하면 더 쉽게 알 수 있습니다.

```
draw_tree(m, xs, size=7, leaves_parallel=True, precision=2)
```

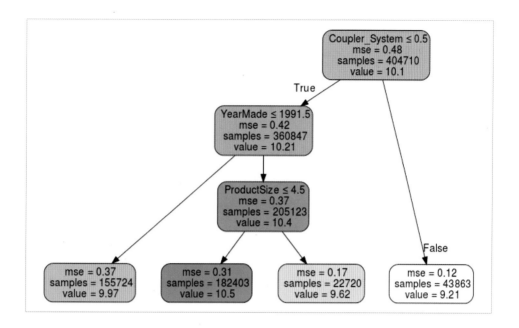

이 그림을 잘 이해하면 결정 트리를 잘 이해할 수 있습니다. 맨 위에서부터 하나씩 짚어보죠.

최상위 노드(루트 노드root node)는 아무런 분할도 발생하지 않은 **초기 모델**을 표현합니다. 이는 모든 데이터가 한 그룹에 속한 가장 간단한 모델이죠. 즉 아직 아무런 질문도 하지 않았으며, 예측값은 항상 전체 데이터셋의 평균과 일치합니다. 앞 그림에서 최상위 노드가 예측한 값은 판매 가격에 로그를 적용해 얻은 10.1입니다. 그리고 이때 측정된 평균제곱오차는 0.48이며, 여기에 제곱근을 씌우면 0.69가 됩니다.[49] 또한 최상위 노드의 그룹에 속한 경매 기록의 총 개수가 404,710이라는 점도 알 수 있습니다. 그리고 이 수는 학습용 데이터셋에 있는 총 데이터 개수와 같죠. 마지막 정보는 가장 좋다고 판단한 분할 결정의 기준으로, `coupler_system` 열에 기반해 발생했습니다.

최상위 노드에서 한 단계 좌측 하단으로 내려와 봅시다. 이 노드에는 `coupler_system`의 값이 0.5보다 낮은 조건에 부합하는 기록이 360,847개 있습니다. 그리고 평균 종속변수(예측)의 값은 10.21입니다. 한편 한 단계 우측 하단의 노드에는 `coupler_system`의 값이 0.5보다 큰 조건을 만족하는 기록이 있습니다.

---

49 m_rmse 또는 **평균제곱근오차**라고 명시하지 않았다면 제곱근을 씌우기 전의 값입니다. 따라서 다름의 제곱에 대한 평균이죠.

최하단부는 **리프 노드**를 표현합니다. 리프 노드에서는 질문이 더 생기지 않으므로, 추가 대답도 없습니다. 가장 우측 하단 노드는 coupler_system의 값이 0.5보다 큰 기록을 포함하고, 해당 기록의 평균은 9.21입니다. 결정 트리 알고리즘이 경매 결과를 분리하는 단일 이진 결정을 발견한 지점이죠. coupler_system에 질문을 던지기만 해도 10.1에서 9.21로 평균값을 예측할 수 있습니다.

다시 최상위 노드에서 한 단계 좌측 하단으로 돌아가 봅시다. 여기서는 'YearMade 값이 1991.5 이하인가'라는 질문에 따라 두 번째 이진 분할이 만들어집니다. 이 조건이 참[50]인 그룹의 예측 평균은 9.97이고, 기록이 총 155,724건 포함되죠. 반면 이 조건이 거짓인 그룹의 평균은 10.4이며, 기록이 총 205,123건 포함됩니다. 즉 결정 트리 알고리즘이 다시 한번 경매가가 크게 다른 두 그룹을 성공적으로 분할했습니다.

테렌스 파[Terence Parr]의 강력한 dtreeviz 라이브러리 글(https://oreil.ly/e9KrM)에서도 같은 정보를 확인할 수 있습니다.

```python
samp_idx = np.random.permutation(len(y))[:500]
dtreeviz(m, xs.iloc[samp_idx], y.iloc[samp_idx], xs.columns, dep_var,
        fontname='DejaVu Sans', scale=1.6, label_fontsize=10,
        orientation='LR')
```

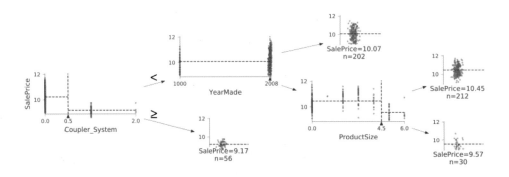

이 시각화는 각 분할 지점의 데이터 분포도를 보여줍니다. 그리고 **YearMade** 데이터에 문제가 있음을 명확히 알 수 있습니다. 1000년도에 만들어진 불도저가 있다고 표시했죠! 누락된 값을

---

50 coupler_system과 YearMade에 따른 두 번의 이진 결정에 기반합니다.

대체하는 코드^{missing value code}에서 비롯한 오류라 짐작할 수 있습니다.[51] 모델링 목적만 생각하면 1000이라는 값이 큰 문제는 아닙니다. 하지만 이런 이상치 때문에 관심값의 시각화가 더욱 어려워집니다. 따라서 해당 값을 좀 더 현실적인 1950으로 대체하겠습니다.

```
xs.loc[xs['YearMade']<1900, 'YearMade'] = 1950
valid_xs.loc[valid_xs['YearMade']<1900, 'YearMade'] = 1950
```

모델의 결과를 크게 바꾸지는 않지만, 시각화가 더 분명해졌습니다. 데이터 문제에 결정 트리가 얼마나 탄력적으로 대응하는지를 보여주는 좋은 예입니다.

```
m = DecisionTreeRegressor(max_leaf_nodes=4).fit(xs, y)
dtreeviz(m, xs.iloc[samp_idx], y.iloc[samp_idx], xs.columns, dep_var,
        fontname='DejaVu Sans', scale=1.6, label_fontsize=10,
        orientation='LR')
```

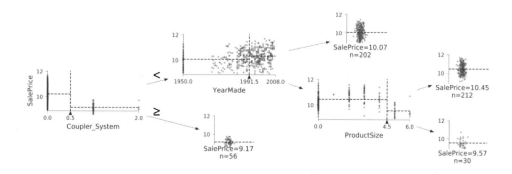

이번에는 좀 더 큰 결정 트리를 구축해보죠. max_leaf_nodes 같은 분할 중단 조건을 전혀 포함하지 않습니다.

```
m = DecisionTreeRegressor()
m.fit(xs, y);
```

그리고 이때 모델의 평균제곱근오차를 계산하는 m_rmse라는 간단한 함수를 만듭니다. 이 값으로 대회 결과를 평가하므로, 수시로 확인해야만 하기 때문이죠.

---

51 누락된 값을 대체하는 코드는 실제 데이터에는 존재하지 않지만, 누락된 값 대신에 삽입되는 플레이스홀더^{placeholder} 역할을 합니다.

```
>>> def r_mse(pred,y): return round(math.sqrt(((pred-y)**2).mean()), 6)
>>> def m_rmse(m, xs, y): return r_mse(m.predict(xs), y)

>>> m_rmse(m, xs, y)

0.0
```

결과만 보면 완벽한 모델을 찾은 것처럼 보입니다. 그렇죠? 하지만 과적합이 발생하지 않는지를 확인하려면 **m_rmse**의 계산 대상이 학습용이 아닌 검증용 데이터셋이어야만 합니다.

```
>>> m_rmse(m, valid_xs, valid_y)

0.337727
```

이런! 꽤 높은 수준의 과적합이 발생했나 봅니다! 이유는 다음과 같습니다.

```
>>> m.get_n_leaves(), len(xs)

(340909, 404710)
```

리프 노드의 개수가 전체 데이터 개수만큼이나 존재합니다! 열정이 과한 모델이라고 할 수 있을지도 모르겠네요. 사이킷런의 기본 설정은 각 리프 노드에 포함된 데이터가 하나가 될 때까지 계속해서 분할을 만들어나가죠. 따라서 분할을 멈추도록 하는 규칙을 정해야만 합니다. 가령 다음 코드는 각 리프 노드가 데이터를 최소 25개 포함하도록 규칙을 지정합니다.

```
>>> m = DecisionTreeRegressor(min_samples_leaf=25)
>>> m.fit(to.train.xs, to.train.y)
>>> m_rmse(m, xs, y), m_rmse(m, valid_xs, valid_y)

(0.248562, 0.32368)
```

결과가 훨씬 더 좋아 보입니다. 다시 한번 리프 노드의 개수를 확인해보죠.

```
>>> m.get_n_leaves()

12397
```

훨씬 더 합리적으로 보입니다!

알렉시스의 말

저는 데이터보다 리프 노드가 많은 결정 트리의 과적합을 다음과 같이 직관적으로 이해합니다. 스무고개 게임을 생각해봅시다. 문제 출제자는 어떤 사물을 은밀하게 상상하고, 추측자는 그 사물을 맞추려고 예 또는 아니오라고 대답할 수 있는 질문을 스무 개 던지죠(예를 들어 '텔레비전'에 근접하려면 "전자레인지보다 큰가요?"와 같은 질문을 던져볼 수 있겠죠). 추측자는 수치형 값 대신, 자신이 상상할 수 있는 모든 사물 중 하나를 특정하려고 합니다. 특정 도메인에 포함될 수 있는 사물보다 더 많은 리프 노드가 결정 트리에 있다면, 궁극적으로 꽤 잘 훈련된 추측자[52]입니다. 학습용 데이터셋의 특정 데이터를 식별하는 데 필요한 일련의 질문들을 학습했으며, 해당 데이터를 묘사하기만 해도 값을 '예측'합니다. 학습용 데이터셋 자체를 암기한다고 볼 수 있죠. 그리고 이런 암기를 과적합이라고 합니다.

결정 트리는 데이터의 모델을 만드는 좋은 방식입니다. 변수 간의 상호작용과 비선형적인 관계를 다룰 수 있어서 매우 유연합니다. 하지만 학습용 데이터셋에 대해서 얼마나 정확할 수 있는지(큰 트리를 사용하면 매우 정확할 수 있습니다)와 얼마나 일반화될 수 있는지(작은 트리를 사용하면 과적합이 줄어듭니다)를 모두 만족하는 타협점을 찾기란 어렵습니다.

두 가지를 모두 만족하는 방법이 있기는 할까요? 범주형 변수를 다루는 방법을 살펴본 뒤 그 방법을 바로 알아보겠습니다.

9.4.4 범주형 변수

앞 장에서 심층 신경망으로 작업했을 때는 범주형 변수를 원-핫 인코딩한 뒤 임베딩 계층으로 넣어주는 방식을 사용했습니다. 임베딩 계층은 모델이 범주형 변수의 각 고윳값에 담긴 의미를 찾는 데 도움을 줬습니다(범주형 변수의 각 고윳값의 수준 자체는 팬더스로 순서를 지정하지 않는 한 내재한 의미가 없습니다). 하지만 결정 트리에는 임베딩 계층이 없습니다. 그렇다면 결정 트리에서는 아무 처리도 되지 않은 범주형 변수가 어떻게 유용할 수 있을까요? 예를 들어 상품 코드와 같은 범주형 변수를 어떻게 사용할 수 있을까요?

간단한 답은 "그냥 그렇게 작동해요!"입니다. 경매에서 특정 상품 코드가 다른 코드보다 훨씬 더 비싼 상황을 생각해보죠. 이진 분할에 따라 해당 상품 코드는 어떤 특정 그룹에 포함되고, 해당 그룹은 다른 그룹보다 더 비싼 상품들로만 구성되겠죠. 따라서 초기의 간단한 결정 트리

---

52 옮긴이_ 지나치게 잘 훈련된 추측자

알고리즘은 그 분할 결정만을 따릅니다. 나중에 학습이 진행되면서 비싼 상품 코드로 분할된 그룹을 또다시 하위 그룹으로 분할하며, 마지막에는 단 하나의 비싼 제품으로 이어지는 경로가 구축됩니다.

단일 범주형 변수를 여러 원-핫 인코딩된 열로 대체하는 방법도 있습니다. 여기서 대체된 각 열은 원래의 범주형 변수가 표현할 수 있는 모든 수준을 펼친 것입니다. 참고로 팬더스는 이를 수행하는 `get_dummies` 메서드를 제공합니다.

그러나 이 접근법이 최종 결과를 향상한다는 증거는 없습니다. 따라서 일반적으로 데이터셋 작업을 더 어렵게 만들므로 가능한 한 피해야 합니다. 이 문제는 마빈 라이트[Marvin Wright]와 잉케 쾨니히[Inke König]가 2019년에 작성한 「Splitting on Categorical Predictors in Random Forests(https://oreil.ly/ojzKJ)」 논문에서 다룬 바가 있습니다.

> 명목 예측 변수에 대한 표준 접근 방식은 k개의 예측 변수 범주의 모든 $2^{k-1}-1$ 2 파티션을 고려하는 것입니다. 그러나 이 지수 관계는 평가할 잠재적 분할을 많이 생성하여 계산 복잡성을 증가시키고 대부분의 구현에서 가능한 범주 수를 제한합니다. 이진 분류 및 회귀에서는 각 분할에서 예측자 범주를 정렬하면 표준 접근 방식과 똑같은 분할이 발생합니다. 이렇게 하면 범주가 k개인 명목 예측 변수에 대해 $k-1$ 분할만 고려해야 하므로 계산 복잡성이 줄어듭니다.

결정 트리의 작동 방식을 이해했으니 이제는 가장 좋은 솔루션인 랜덤 포레스트를 살펴봅니다.

9.5 랜덤 포레스트

버클리 대학의 리오 브라이먼[Leo Breiman]교수는 은퇴하기 한 해 전인 1994년에 「Bagging Predictors(https://oreil.ly/6gMuG)」라는 짧은 기술 보고서를 발표했습니다. 이 보고서는 현대 머신러닝에 매우 큰 영향을 주는 개념입니다. 다음은 해당 보고서의 시작 부분입니다.

> 배깅[bagging] 예측자는 예측자의 여러 버전을 생성하고, 이를 사용하여 얻은 예측을 취합하는 방법입니다. 모든 버전의 평균을 계산하는 방식으로 취합합니다. 여러 예측자의 버전은 학습용 데이터셋을 부트스트랩으로 예측자마다 복제하여 사용하는 방식으로 형성됩니다. 이 실험은 배깅 기법이 정확도를 크게 높일 수 있음을 보여줍니다. 필수 요소는 예측 기법의 불안정성입니다. 교란된 학습용 데이터셋이 구축된 예측자에 큰 변동을 줄 수 있다면, 배깅이 정확도 향상에 도움이 됩니다.

브라이먼이 제안한 과정은 다음과 같습니다.

1 전체 데이터 중 임의로 부분집합을 고릅니다(예: 부트스트랩으로 예측자마다 복제하여 사용하는 방식).
2 해당 부분집합으로 모델을 학습시킵니다.
3 모델을 저장하고, 수차례 첫 번째 단계로 돌아가 반복합니다.
4 이렇게 해서 학습된 모델을 여럿 얻습니다. 모든 모델을 사용해 각각 예측을 구하고, 모든 예측을 집계하여 예측의 평균을 구하는 방식으로 전체 예측을 계산합니다.

이 과정이 바로 **배깅**입니다. 그리고 배깅에는 깊고 중요한 통찰이 숨어 있죠. 전체의 부분집합으로 학습된 모델은 전체 데이터셋으로 학습된 모델보다 오차가 크지만, 각 모델의 오차는 서로 관련성이 없다는 점입니다. 서로 다른 모델은 각자 다른 종류의 오차를 만들어내죠. 따라서 오차들의 평균을 계산하면 0이 됩니다! 즉 모델을 많이 만들면 만들수록, 모든 모델의 평균 예측은 정답에 더 가까워집니다. 이는 매우 놀라운 결과입니다. 머신러닝 알고리즘의 종류에 상관없이, 임의로 선택된 데이터의 부분집합을 사용해 여러 번 학습시키고 예측의 평균을 구하면 정확도를 향상시킬 수 있기 때문이죠.

2001년, 브라이먼은 이 방식을 결정 트리 알고리즘에 적용했습니다. 이때 각 모델 훈련에 데이터 행을 임의로 선택하는 것에서 더 나아가 임의의 열을 선택하는 방식도 보여줬습니다. 그리고 이 전체를 **랜덤 포레스트**로 명명했죠. 랜덤 포레스트는 오늘날 가장 널리 사용될 뿐만 아니라, 실용적 측면에서도 매우 중요한 머신러닝 기법으로 자리매김했습니다.

랜덤 포레스트는 본질적으로 수많은 결정 트리가 도출한 예측의 평균을 구하는 모델이라고 볼 수 있습니다. 그리고 각 결정 트리는 데이터와 트리를 결정짓는 다양한 파라미터를 무작위로 선택해 만들어지며, 배깅은 여러 모델의 결과를 결합하는 **앙상블**의 특수한 방식이죠. 그러면 랜덤 포레스트 모델을 만들어 보면서 실제 작동을 배워 보겠습니다!

9.5.1 랜덤 포레스트의 생성

결정 트리와 마찬가지 방식으로 랜덤 포레스트도 만들 수 있습니다. 단 포레스트를 구성할 트리의 개수, 데이터의 부분집합을 만드는 방법, 필드(열)의 부분집합을 만드는 방법을 지정하는 인잣값을 결정해야 합니다.

다음에 정의된 함수의 n_estimators는 트리의 개수, max_samples는 각 트리가 학습에 사용할 샘플 행의 수, max_features는 분할 지점마다 사용될 열의 개수를 정하는 인자[53]입니다. 그리고 결정 트리와 같은 min_samples_leaf 인자는 트리의 깊이에 한계를 주어 각 트리가 분할을 멈춰야 하는 시점을 정하는 역할을 합니다. 마지막으로 n_jobs=-1은 사이킷런이 CPU의 모든 자원을 동원하여 병렬로 트리를 생성하라고 지시하는 용도입니다. 이처럼 간단한 함수를 만들어두면, 다양한 설정 조합의 랜덤 포레스트를 빠르고 쉽게 시도해볼 수 있습니다.

```
def rf(xs, y, n_estimators=40, max_samples=200_000,
       max_features=0.5, min_samples_leaf=5, **kwargs):
    return RandomForestRegressor(n_jobs=-1, n_estimators=n_estimators,
        max_samples=max_samples, max_features=max_features,
        min_samples_leaf=min_samples_leaf, oob_score=True).fit(xs, y)

m = rf(xs, y);
```

검증용 데이터셋에 대한 RMSE가 이전 DecisionTreeRegresssor보다 훨씬 개선되었음을 알 수 있습니다. 이전에는 모든 데이터를 단 하나의 트리만으로 적합했으니 당연한 결과죠.

```
>>> m_rmse(m, xs, y), m_rmse(m, valid_xs, valid_y)

(0.170896, 0.233502)
```

랜덤 포레스트는 max_features 같은 하이퍼파라미터 선택에 크게 민감하지 않다는 점이 중요합니다. 시간이 허락하는 한 n_estimators를 원하는 만큼 높게 설정할 수 있습니다. 즉 랜덤 포레스트에 더 많은 트리를 배정하면 더 정확한 모델을 얻을 수 있습니다. max_samples는 보통 디폴트값 그대로 남겨둡니다. 단지 데이터가 200,000건 이상일 때는 200,000으로 설정하는데, 이렇게 하면 정확도에 큰 영향 없이 더 빠르게 학습할 수 있습니다. 보통 max_features는 0.5, min_samples_leaf는 4에서 잘 작동하며, 사이킷런이 제시하는 디폴트값에서도 잘 작동합니다.

사이킷런의 공식문서에는 n_estimators의 개수를 늘리면서 다양한 max_features를 선택했을 때의 영향을 보여주는 도표가 있습니다(그림 9-7). 파란 선은 특징을 가장 적게 사용했을

---

53 max_features 값이 0.5면 "전체 열 중 절반을 사용한다"라는 의미입니다.

때, 초록 선은 특징을 가장 많이(모든 특징) 사용했을 때를 나타냅니다. 이 도표에 따르면 특징을 적게 사용하되 많은 트리를 배정했을 때 오차가 가장 낮은 모델을 얻었음을 알 수 있습니다.

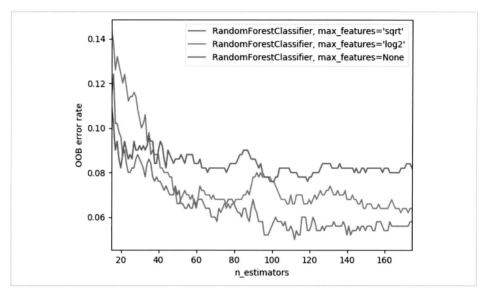

그림 9-7 max_features 및 n_estimator에 따른 오차(출처: https://oreil.ly/E0Och)

랜덤 포레스트를 구성하는 개별 트리의 예측(estimators_ 속성)에 접근해서 n_estimators의 영향을 확인해보죠.

```
preds = np.stack([t.predict(valid_xs) for t in m.estimators_])
```

보시다시피 **preds.mean(0)**를 계산하면 랜덤 포레스트와 같은 결과를 얻을 수 있습니다.

```
>>> r_mse(preds.mean(0), valid_y)

0.233502
```

더 많은 트리를 추가하면서 RMSE가 어떻게 변하는지 살펴봅시다. 보다시피 트리가 약 30개를 넘어가는 시점부터 개선이 잘되지 않습니다.

```
plt.plot([r_mse(preds[:i+1].mean(0), valid_y) for i in range(40)]);
```

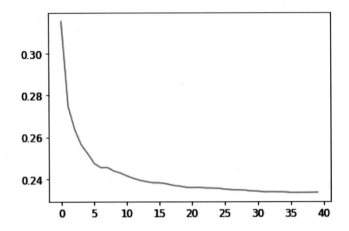

검증용 데이터셋에 대한 성능이 학습용 데이터셋보다 나쁩니다. 과적합 때문일까요? 아니면 검증용 데이터셋에는 다른 기간이 포함되어서일까요? 아니면 둘 다일까요? 우리가 본 기존 정보로는 알 수 없습니다. 다만 랜덤 포레스트는 이런 문제에 도움이 되는 **OOB**out of bag 오차라는 매우 영리한 기법을 지원합니다.

9.5.2 OOB 오차

랜덤 포레스트의 각 트리는 학습용 데이터에서 추출된 서로 다른 부분집합에 대해 학습됩니다. OOB 오차는 학습용 데이터 중 학습에 참가하지 않은 데이터(행)로 예측의 오차를 측정하는 방법입니다. 이로부터 별도의 검증용 데이터셋 없이도 과적합 여부를 파악할 수 있겠죠.

> **TIP 알렉시스의 말**
> 저는 OOB 오차를 다음과 같이 직관적으로 이해하고 있습니다. 모든 트리가 임의로 선택된 학습용 데이터셋의 일부분으로 학습되었기 때문에, 학습에 사용된 데이터 외의 나머지를 활용하는 OOB 오차는 모든 트리에 자체 검증용 데이터셋이 있는 상황과 비슷하다고 생각할 수 있습니다. 단순히 각 트리의 학습에 참여하지 않은 데이터 행을 활용하죠.

OOB 오차는 학습용 데이터셋이 적을 때 특히 유용합니다. 검증용 데이터셋을 생성하려고 일부 데이터를 제거하지 않아도 모델의 일반화 정도를 확인할 수 있기 때문이죠. OOB 예측 결과는 oob_prediction_ 속성에서 확인할 수 있습니다. 학습용 데이터셋의 일부를 사용하므로 학습용 데이터셋에 포함된 레이블과 비교해 RMSE 값을 계산합니다.

```
>>> r_mse(m.oob_prediction_, y)

0.210686
```

OOB 오차가 별도의 검증용 데이터셋에서 구한 오차보다 훨씬 낮음을 알 수 있습니다. 이는 일반화 외에도 오차를 유발하는 원인이 있음을 의미합니다. 그 이유는 이 장의 뒷부분에서 설명합니다.

이는 모델의 예측을 해석하는 한 가지 방법입니다. 다음으로는 해석하는 방법을 좀 더 다뤄보겠습니다.

9.6 모델의 해석

모델의 해석은 테이블 데이터에서 특히 중요합니다. 다음과 같은 질문에 관심을 가질만하겠죠.

- 모델이 특정 데이터 행에 대한 예측 결과를 얼마나 신뢰할 수 있나요?
- 특정 데이터 행에 대한 예측 시 가장 중요한 요소는 무엇인가요? 그 요소가 예측에 어떤 영향을 주나요?
- 어떤 열이 가장 영향력 있는 예측 변수(특징/열)이며 어떤 열을 무시해도 좋을까요?
- 예측 결과에 중복 효과가 있는 열이 있나요?
- 이런 열의 포함 범위를 바꾸면 예측 결과는 어떻게 달라지나요?

랜덤 포레스트는 이런 질문에 해답을 제공하는 데 특히 적합합니다. 그러면 첫 번째부터 시작해보죠!

9.6.1 예측의 신뢰에 대한 트리의 분산

랜덤 포레스트 모델이 각 트리에서 평균 예측을 계산하여 전체적인 예측(추정치)을 구하는 방법을 확인했습니다. 그러나 추정치의 신뢰도는 어떻게 알 수 있을까요? 한 가지 간단한 방법은 평균 대신 트리 전체에 걸친 예측의 표준편차로 각 모델이 도출한 예측의 **상대적인** 신뢰를 확인하는 것입니다. 일반적으로 각 트리가 더 일관된(낮은 표준편차) 때보다는 매우 다른(높은 표준편차) 결과를 만들어내는 데이터 행의 결과를 사용하는 데 주의를 더 기울여야만 합니다.

9.5.1 '랜덤 포레스트의 생성'에서는 파이썬의 리스트 컴프리헨션으로 랜덤 포레스트에 있는 각 트리로 검증용 데이터셋에 대한 예측을 얻는 방법을 보았습니다.

```
>>> preds = np.stack([t.predict(valid_xs) for t in m.estimators_])

>>> preds.shape

(40, 7988)
```

이렇게 검증용 데이터셋에 대한 모든 트리의 예측 결과를 얻었습니다(40개의 트리와 7,988개의 예측 경매가).

이를 사용하여 모든 트리가 도출한 예측 경매가별 표준편차를 얻을 수 있습니다.

```
preds_std = preds.std(0)
```

다음은 처음 다섯 개의 경매가(즉 검증용 데이터셋의 처음 다섯 행)에 대한 예측의 표준편차를 보여줍니다.

```
>>> preds_std[:5]

array([0.21529149, 0.10351274, 0.08901878, 0.28374773, 0.11977206])
```

보다시피 예측의 신뢰도는 매우 다양합니다. 모든 트리가 비슷한 의견을 내놓아 표준편차가 매우 낮은 데이터가 있는 반면, 그렇지 않아서 표준편차가 매우 높기도 합니다. 이는 상품화 환경에서 유용한 정보입니다. 가령 이 모델로 경매의 입찰 항목을 결정한다면, 신뢰도가 낮은 예측은 입찰 전 더 주의 깊게 경매 물품을 살펴볼 수 있도록 유도하기 때문이죠.

9.6.2 특징 중요도

일반적으로 모델이 정확한 예측을 한다는 점을 알기만 해서는 충분하지 않습니다. 모델이 예측을 수행한 방법 또한 알아야 하죠. 여기서 특징 중요도가 통찰을 얻는 데 도움을 줍니다. 사이킷런의 랜덤 포레스트 객체는 특징 중요도를 제공하는 feature_importances_ 속성을 포함합니다. 다음은 해당 속성의 내용을 데이터프레임으로 만들고 정렬하는 간단한 편의성 함수입니다.

```python
def rf_feat_importance(m, df):
    return pd.DataFrame({'cols':df.columns, 'imp':m.feature_importances_}
                       ).sort_values('imp', ascending=False)
```

모델의 특징 중요도를 살펴보면, 가장 중요한 처음 몇 개의 중요도가 나머지보다 훨씬 더 높다는 사실을 알 수 있습니다. (당연하게도) YearMade 및 ProductSize가 목록의 맨 위에 있습니다.

```python
fi = rf_feat_importance(m, xs)
fi[:10]
```

	cols	imp
69	YearMade	0.182890
6	ProductSize	0.127268
30	Coupler_System	0.117698
7	fiProductClassDesc	0.069939
66	ModelID	0.057263
77	saleElapsed	0.050113
32	Hydraulics_Flow	0.047091
3	fiSecondaryDesc	0.041225
31	Grouser_Tracks	0.031988
1	fiModelDesc	0.031838

특징 중요도 그래프를 그려보면 상대적 중요도를 더 명확하게 파악할 수 있습니다.

```
def plot_fi(fi):
    return fi.plot('cols', 'imp', 'barh', figsize=(12,7), legend=False)

plot_fi(fi[:30]);
```

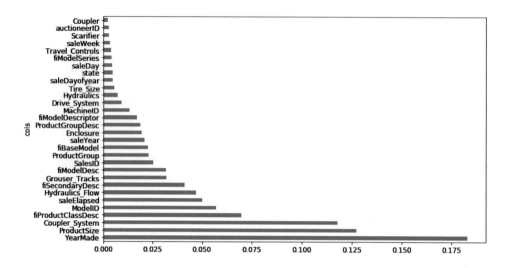

이 중요도의 계산 방법은 매우 간단하면서도 우아합니다. 특징 중요도 알고리즘은 각 트리를 반복적으로 접근하여, 트리의 각 가지branch(분할점)를 재귀적으로 탐색합니다. 각 분할에 사용된 특징과 분할의 결과로 모델이 개선된 정도를 확인하죠. 개선 정도(해당 그룹의 데이터 개수에 따라 가중치를 부여)는 해당 특징의 중요도 점수에 더해집니다. 이는 모든 트리의 모든 가지에 걸쳐 합산되고, 마지막에는 모든 점수를 더했을 때 1이 되도록 정규화됩니다.

9.6.3 중요도가 낮은 변수 제거하기

중요도가 낮은 변수를 제거해서 부분 열 집합을 사용해도 여전히 좋은 결과를 얻습니다. 특징 중요도가 0.005보다 큰 항목만 유지해보죠.

```
>>> to_keep = fi[fi.imp>0.005].cols
>>> len(to_keep)
21
```

다음 부분 열 집합만 사용해서 모델을 다시 학습시킵니다.

```
xs_imp = xs[to_keep]
valid_xs_imp = valid_xs[to_keep]

m = rf(xs_imp, y)
```

그리고 결과는 다음과 같습니다.

```
>>> m_rmse(m, xs_imp, y), m_rmse(m, valid_xs_imp, valid_y)

(0.181208, 0.232323)
```

훨씬 더 적은 열을 사용했지만 정확도는 거의 같습니다.

```
>>> len(xs.columns), len(xs_imp.columns)
(78, 21)
```

일반적으로 모델을 개선하려면 모델을 단순화하는 작업을 가장 먼저 해봐야 합니다. 78개의 열은 너무 많습니다. 도메인 지식이 부족하다면, 개별적으로 각 열을 심도 있게 파악하는 데 수많은 시간이 소요되겠죠! 그리고 실전에서는 더 간단하고 해석이 쉬운 모델을 출시하고 유지 보수하는 편이 더 수월하며 현실적입니다.

또한 특징 중요도 그래프의 해석도 더 쉬워지겠죠. 다시 살펴봅시다.

```
plot_fi(rf_feat_importance(m, xs_imp));
```

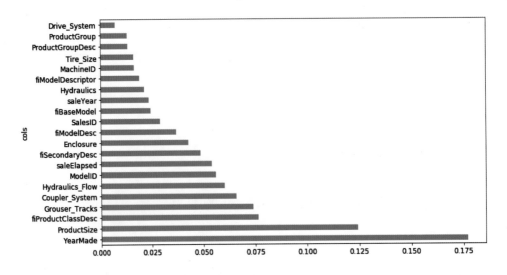

이를 해석하기 어려운 한 가지 이유는 매우 유사한 의미를 가진 일부 변수(예: ProductGroup, ProductGroupDesc) 때문입니다. 그렇다면 중복 특징을 제거해보죠.

9.6.4 중복 특징 제거하기

다음과 같은 도표(덴드로그램)를 그리며 시작해봅시다.

```
cluster_columns(xs_imp)
```

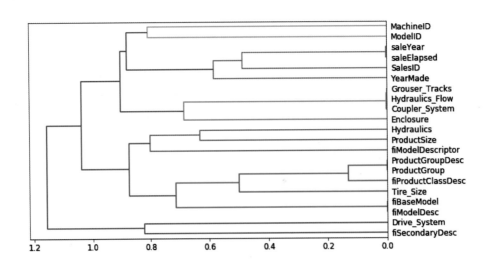

이 도표에서 가장 의미가 유사한 열의 쌍은 왼쪽 트리의 '시작점(루트)'에서 가장 멀리 떨어져 있으며, 초기에 병합된 열들입니다. ProductGroup와 ProductGroupDesc, saleYear와 saleElapsed, fiModelDesc와 fiBaseModel 같은 열의 쌍은 꽤 일찍 병합되었습니다. 각 쌍의 두 열은 실질적인 의미가 같으므로 관계가 매우 밀접하다는 점은 그리 놀라운 일이 아닙니다.

NOTE_ 유사성 결정
가장 유사한 쌍은 순위 상관rank correlation을 계산하여 찾을 수 있습니다. 즉 모든 값은 순위(열 내의 순위로 첫 번째, 두 번째, 세 번째 등)로 대체되고, 상관관계가 계산됩니다(이 부분은 사소한 세부 사항이니 건너뛰어도 무방합니다).

매우 비슷한 특징을 일부 제거해보죠. 그리고 정확도에 영향을 주지 않고 모델을 단순화할 수 있는지를 확인해보죠. 먼저 빠른 학습을 위해 max_samples는 낮고 min_samples_leaf는 높게 설정한 랜덤 포레스트를 만들어 학습시킨 다음, OOB 점수를 반환하는 함수를 정의합니다. 사이킷런의 모델에서는 oob_score_ 속성으로 OOB 점수를 얻을 수 있으며, 점수의 범위는 0.0~1.0입니다. 완벽한 모델은 1.0을, 무작위성 모델은 0.0 점수를 도출합니다(여기서 크게 중요하진 않지만, 통계학에서는 R^2라고도 합니다). 일부 중복 열을 제거하기 전과 후의 두 모델을 비교하는 실험이므로 점수가 매우 뛰어나지 않아도 됩니다.

```python
def get_oob(df):
    m = RandomForestRegressor(n_estimators=40, min_samples_leaf=15,
        max_samples=50000, max_features=0.5, n_jobs=-1, oob_score=True)
    m.fit(df, y)
    return m.oob_score_
```

다음이 기준선입니다.

```python
>>> get_oob(xs_imp)

0.8771039618198545
```

그리고 중복 가능성이 있는 변수를 한 번에 하나씩 제거하며 OOB 점수를 확인합니다.

```python
>>> {c:get_oob(xs_imp.drop(c, axis=1)) for c in (
        'saleYear', 'saleElapsed', 'ProductGroupDesc','ProductGroup',
```

```
          'fiModelDesc', 'fiBaseModel',
          'Hydraulics_Flow','Grouser_Tracks', 'Coupler_System')}

{'saleYear': 0.8759666979317242,
 'saleElapsed': 0.8728423449081594,
 'ProductGroupDesc': 0.877877012281002,
 'ProductGroup': 0.8772503407182847,
 'fiModelDesc': 0.8756415073829513,
 'fiBaseModel': 0.8765165299438019,
 'Hydraulics_Flow': 0.8778545895742573,
 'Grouser_Tracks': 0.8773718142788077,
 'Coupler_System': 0.8778016988955392}
```

이번에는 여러 변수를 삭제합니다. 앞서 매우 긴밀한 관계를 보인 각 쌍에서 하나씩 제거합니다. 그리고 그 영향을 확인해보죠.

```
>>> to_drop = ['saleYear', 'ProductGroupDesc', 'fiBaseModel', 'Grouser_Tracks']
>>> get_oob(xs_imp.drop(to_drop, axis=1))

0.8739605718147015
```

좋아 보이네요! 모든 열을 포함하는 모델보다 크게 나쁘지 않죠. 앞서 선택된 열을 제거한 데이터프레임을 만들고 저장합니다.

```
xs_final = xs_imp.drop(to_drop, axis=1)
valid_xs_final = valid_xs_imp.drop(to_drop, axis=1)

(path/'xs_final.pkl').save(xs_final)
(path/'valid_xs_final.pkl').save(valid_xs_final)
```

그러면 나중에 다시 불러올 수 있죠.

```
xs_final = (path/'xs_final.pkl').load()
valid_xs_final = (path/'valid_xs_final.pkl').load()
```

다시 RMSE를 확인하여 정확도에 큰 변화가 있는지 확인할 수 있습니다.

```
>>> m = rf(xs_final, y)
>>> m_rmse(m, xs_final, y), m_rmse(m, valid_xs_final, valid_y)

(0.183263, 0.233846)
```

가장 중요한 변수에 집중하고, 일부 중복 변수를 제거하여 모델을 크게 단순화했습니다. 다음은 부분 의존성partial dependence를 사용해 각 변수가 예측에 미치는 영향을 살펴봅니다.

9.6.5 부분 의존성

지금까지 살펴본 대로 가장 중요한 두 예측 변수는 ProductSize와 YearMade입니다. 이런 예측 변수와 판매 가격 간의 관계를 이해하려면 어떻게 해야 할까요? 먼저 예측 변수가 표현할 수 있는 범주별 데이터의 개수(팬더스의 value_counts 메소드)를 확인하여 각 범주가 얼마나 일반적인지 확인해야 합니다.

```
p = valid_xs_final['ProductSize'].value_counts(sort=False).plot.barh()
c = to.classes['ProductSize']
plt.yticks(range(len(c)), c);
```

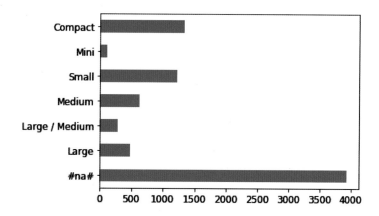

가장 데이터가 많이 몰린 범주는 #na#입니다. fastai가 누락된 값을 대체하는 데 사용하는 값입니다.

YearMade에도 같은 작업을 수행합니다. 다만 이번에는 숫자 형식의 특징이므로 연도를 몇 개의 구간bin으로 그룹화하여 히스토그램을 그립니다.

```
ax = valid_xs_final['YearMade'].hist()
```

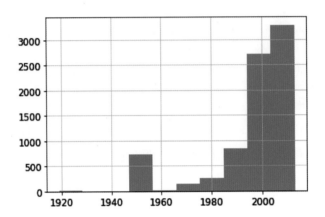

누락된 연도의 값을 대체하는 데 사용한 특솟값인 1950을 제외하면 대부분 1990년 이후의 데이터입니다.

이제 **부분 의존성 도표**partial dependence plot를 볼 준비가 되었습니다. 부분 의존성 도표는 "만약 특정 행 하나의 값만 바꾼다면 종속변수에 어떤 영향이 있을까요?"라는 질문에 답을 구하는 도구입니다.

가령 "다른 모든 특징의 값은 고정한 채 YearMade만 바꾼다면 가격에 어떤 영향을 미칠까요?"와 같은 질문이죠. 이 질문의 답은 각 YearMade의 평균 판매 가격만 계산해서는 구할 수 없습니다. 이 접근법의 문제는 판매된 제품, 에어컨이 있는 제품, 인플레이션 등 여러 조건이 해마다 달라진다는 점입니다. 따라서 같은 YearMade의 모든 경매에 대해 평균을 내기만 해도 해당 YearMade와 함께 다른 모든 열이 어떻게 변경되었는지, 전체적인 변경이 가격에 어떤 영향을 미치는지에 대한 효과를 포착할 수 있습니다.

그 대신 YearMade 열의 모든 값을 1950으로 대체한 다음, 모든 경매의 예상 가격을 계산해서 평균을 구합니다. 그리고 1951년부터 마지막 해인 2011년까지 모든 연도에 대해 같은 작업을 수행합니다. 이렇게 하면 YearMade의 효과를 분리해낼 수 있습니다(실제로 존재할 수 없는 YearMade 값이 있는 일부 가상 레코드의 평균을 내도 마찬가지입니다).

이 평균으로 x축은 연도, y축은 예측을 표현하는 그래프를 그릴 수 있습니다. 이것이 바로 부분 의존성 도표이죠. 우측은 ProductSize 값의 변화에 대한 부분 의존성 도표입니다.

```python
from sklearn.inspection import plot_partial_dependence

fig,ax = plt.subplots(figsize=(12, 4))
plot_partial_dependence(m, valid_xs_final, ['YearMade','ProductSize'],
                        grid_resolution=20, ax=ax);
```

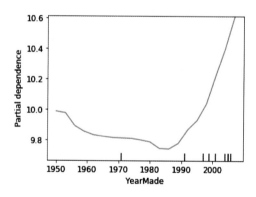 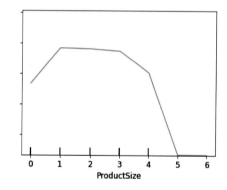

먼저 YearMade 도표를 살펴보죠. 특히 1990년 이후(가장 많은 데이터가 몰린 부분)의 상황을 보면 연도와 가격 사이에는 거의 선형 관계가 존재함을 알 수 있습니다. 종속변수는 로그를 적용한 값이므로 실제로는 가격이 기하급수적으로 증가합니다. 감가상각은 일반적으로 시간에 따라 곱셈 요소로 인식되므로, 주어진 판매일에 대해 만들어진 연도(YearMade)를 바꾸면 판매 가격과 기하급수적인 관계를 보이기를 기대할 수 있겠죠.

ProductSize의 부분 의존성 도표도 흥미롭습니다. 누락된 값을 표현하는 마지막 그룹(6)의 가격이 가장 낮습니다. 여기서 얻은 통찰을 실제로 사용하려면 자주 누락된 **이유**와 그 **의미**를 알아야만 합니다. 누락된 값의 원인에 따라 전적으로 달라지지만, 때로는 누락된 값이 유용한 예측 변수가 될 수 있습니다. 하지만 때로는 **데이터 누수**data leakage를 나타내기도 합니다.

9.6.6 데이터 누수

「Leakage in Data Mining: Formulation, Detection, and Avoidance」논문에서 샤하르 커프만Shachar Kaufman 등은 누수를 다음과 같이 설명합니다.

> 데이터 마이닝 문제의 타깃에 대한 정보의 유입으로, 이 정보는 사실상 마이닝할 수 없어야 합니다. 누수의 전형적인 예로는 타깃 자체를 입력으로 사용하는 모델이 있습니다. 마치 "비 오는 날 비가 내린다"와 같죠. 실제로 이런 정보의 유입은 데이터의 수집, 집계, 준비 과정에서 의도치 않게 발생합니다.

예를 들면 다음과 같습니다.

> 웹사이트에서 찾은 키워드로 특정 제품의 잠재 고객을 식별하는 IBM의 비즈니스 인텔리전스 프로젝트를 예로 들어보겠습니다. 학습에 사용된 웹사이트 콘텐츠는 잠재 고객이 이미 고객이 된 시점에 샘플링되었으며 웹사이트에 'Websphere'라는 단어(예: 고객이 사용하는 특정 기능이나 구매에 관한 보도자료)와 같이 구매한 IBM 제품의 흔적이 포함되어서 데이터 누수가 있었음이 밝혀졌습니다.

데이터 누수는 미묘하며 다양한 형태로 나타날 수 있습니다. 특히 누락된 값이 데이터 누수로 이어질 때가 많습니다.

한 가지 예를 들어보죠. 이 책의 저자 제러미는 연구 보조금을 받을 연구원을 예측하는 캐글 대회에 참가했습니다. 데이터는 대학에서 제공했으며, 관련 연구자 정보, 각 보조금의 최종 승인 여부, 수천 개의 연구 프로젝트 사례가 포함되었습니다. 대학은 이 대회에서 개발된 모델로 성공 가능성이 높은 보조금 신청의 순위를 매기고자 했고, 이 목적을 기준으로 작업의 우선순위를 정했습니다.

제러미는 랜덤 포레스트를 사용하여 데이터를 모델링 했고, 특징 중요도로 가장 중요한 특징을 찾아냈습니다. 그리고 여기서 세 가지 놀라운 사실을 발견했죠.

- 모델은 95%의 정확도로 누가 보조금을 받을지 정확히 예측할 수 있었습니다.

- 무의미한 식별자 관련 열들이 가장 중요한 예측 변수였습니다.

- 요일, 날짜 열도 매우 중요한 예측 변수였습니다. 가령 일요일에 작성한 보조금 신청은 대부분 수락되었고, 승인된 보조금 신청의 상당수가 1월 1일에 제출되었습니다.

식별자 열들에 대한 부분 의존성 도표는 정보가 누락되었을 때 신청이 대부분 거부됨을 보여줬습니다. 실제로 대학은 보조금 신청이 승인된 **이후**에만 해당 정보의 대부분을 작성했죠. 승인되지 않은 신청서에서는 보통 공백으로 남겨 두었습니다. 따라서 이는 신청서가 접수됐을 때 사용할 수 있는 정보가 아니었습니다. 즉 예측 모델에 사용할 수 없는 정보죠. 여기서 데이터 누수가 발생했습니다.

마찬가지로 승인된 신청서의 최종 처리는 주로 주말이나 연말에 일괄로 자동 처리되었습니다. 이때 기재된 최종 처리 날짜는 예측에 도움이 되지만, 신청서를 받은 시점에는 사용할 수 없는 정보죠.

이 예제는 모델이 구축된 상태에서 데이터 누수를 식별하는 가장 실용적이고 간단한 접근법을 보여줍니다.

- 모델의 정확도가 지나치게 좋지는 않은지 확인합니다.

- 중요해보이지만 실제로는 의미가 없는 예측 변수를 찾습니다.

- 실제로는 의미가 없는 부분 종속성 도표의 결과를 찾습니다.

곰 탐지 모델의 예를 상기해보면, 2장에서 한 조언이 그대로 반영됨을 알 수 있습니다. 먼저 모델을 빠르게 구축한 다음, 그 모델을 활용하여 데이터를 정리하면 좋다는 조언이었죠. 이 모델은 잠재적으로 문제가 있는 데이터 문제를 식별하는 데 유용합니다.

또한 트리 해석기는 특정 예측에 영향을 미치는 요인을 식별하는 데 유용합니다.

9.6.7 트리 해석기

이 절을 시작하며 관심을 가질만한 다섯 종류의 질문을 나열했습니다. 다시 한번 살펴보죠.

- 모델이 특정 데이터 행에 대한 예측 결과를 얼마나 신뢰할 수 있나요?

- 특정 데이터 행에 대한 예측 시 가장 중요한 요소는 무엇인가요? 그 요소가 예측에 어떤 영향을 주나요?

- 어떤 열이 가장 영향력 있는 예측 변수(특징/열)이며 어떤 열을 무시해도 좋을까요?
- 예측 결과에 중복 효과가 있는 열이 있나요?
- 이런 열의 포함 범위를 바꾸면 예측 결과는 어떻게 달라지나요?

우리는 이미 이 중 네 가지를 다뤘고, 두 번째 질문만 남았습니다. 이 질문에 답하려면 treeinterpreter 라이브러리를 사용해야 합니다. 더불어 waterfallcharts 라이브러리를 사용해 결과 도표를 그립니다. 주피터 노트북 셀에서 다음 명령으로 두 라이브러리를 설치할 수 있습니다.

```
!pip install treeinterpreter
!pip install waterfallcharts
```

우리는 이미 랜덤 포레스트에서 특징 중요도를 계산하는 방법을 배웠습니다. 모든 트리의 각 분할점에서 모델 개선에 대한 각 변수의 기여도를 확인하고, 변수별로 기여도를 모두 합산하는 방법이었죠.

이와 똑같은 일을 단 하나의 데이터에 대해서만 할 수도 있습니다. 예를 들어 경매의 특정 품목만을 확인한다고 가정해보죠. 모델은 해당 품목이 매우 비싸리라 예측했고, 그 이유를 알고 싶습니다. 이를 위해 해당 품목에 해당하는 데이터만을 첫 번째 결정 트리로 통과시켜 어떤 분할점을 거쳐 가는지를 확인하고 각 기여도를 더합니다. 그리고 각 분할점의 부모 노드와 비교하여 더해진 기여도의 증가 또는 감소 여부를 찾습니다. 모든 트리에 대해 이를 수행하고, 분할 변수에 의한 중요도의 총변화를 합산합니다.

예를 들어 검증용 데이터셋 중 처음 다섯 행을 선택해보죠.

```
row = valid_xs_final.iloc[:5]
```

그런 다음 treeinterpreter에 전달합니다.

```
prediction,bias,contributions = treeinterpreter.predict(m, row.values)
```

prediction은 단순히 랜덤 포레스트의 출력이며, bias는 종속 변수의 평균에 기반한 예측입니다(모든 트리의 루트 노드로만 구성된 모델). contributions가 가장 흥미로운 부분으로,

각 독립변수로 인한 예측의 총변화를 알려줍니다. 따라서 contributions와 bias를 더하면 각 데이터 행의 prediction과 일치해야 합니다. 첫 번째 데이터를 살펴보죠.

```
>>> prediction[0], bias[0], contributions[0].sum()

(array([9.98234598]), 10.104309759725059, -0.12196378442186026)
```

폭포수 도표waterfall plot를 사용하면 contributions를 명확하게 표시할 수 있습니다. 최종 예측 (맨 우측의 'net' 열)이 만들어지는 데 기여한 모든 독립변수의 긍정, 부정적 기여도를 모두 확인할 수 있는 방법이죠. 모든 기여도를 더하면 최종 예측을 구할 수 있습니다.

```
waterfall(valid_xs_final.columns, contributions[0], threshold=0.08,
          rotation_value=45,formatting='{:,.3f}');
```

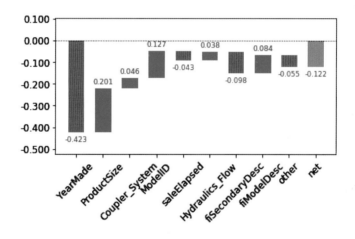

이 정보는 개발 중인 모델보다는 상품화된 모델에 더 유용합니다. 이를 사용해 제품 사용자에게 예측 결과에 대한 이유를 제시할 수 있겠죠.

지금까지 문제를 해결하는 고전적인 기계 학습 기술을 몇 가지 다뤘습니다. 이제 딥러닝이 어떻게 도움이 되는지를 살펴보죠!

9.7 외삽 및 신경망

모든 머신러닝/딥러닝 알고리즘과 마찬가지로, 랜덤 포레스트는 새로운 데이터로 일반화가 항상 잘되지는 않는다는 문제가 있습니다. 어떤 상황에서 신경망이 더 잘 일반화되는지 살펴볼 것입니다. 하지만 먼저 랜덤 포레스트의 **외삽 문제**extrapolation problem와 외삽법이 도메인 밖 데이터 식별에 도움이 되는 방식을 살펴보겠습니다.

9.7.1 외삽 문제

노이즈를 약간 포함한 선형 관계인 데이터 40개에서 예측을 수행하는 간단한 작업을 고려해보죠.

```
x_lin = torch.linspace(0,20, steps=40)
y_lin = x_lin + torch.randn_like(x_lin)
plt.scatter(x_lin, y_lin);
```

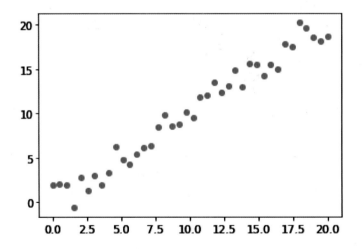

독립변수가 하나뿐이라 해도 사이킷런은 단일 벡터 대신 행렬 형식의 데이터를 기대합니다. 따라서 벡터를 열이 하나인 행렬로 바꿔야 합니다. 즉 [40]이라는 **모양**을 [40,1]로 변경해야 하죠. unsqueeze 메서드로 텐서에 새로운 차원 축을 추가해서 이를 수행할 수 있습니다.

```
>>> xs_lin = x_lin.unsqueeze(1)
>>> x_lin.shape,xs_lin.shape

(torch.Size([40]), torch.Size([40, 1]))
```

좀 더 유연한 접근법은 추가 단위 축을 원하는 위치에 **None**이라는 특수한 값을 사용해서 텐서를 슬라이스하는 것입니다.

```
>>> x_lin[:,None].shape

torch.Size([40, 1])
```

이제 이 데이터로 랜덤 포레스트를 만들 수 있습니다. 우선은 모델 학습에 처음 30개 행만 사용합니다.

```
m_lin = RandomForestRegressor().fit(xs_lin[:30],y_lin[:30])
```

그다음 전체 데이터셋으로 모델을 테스트합니다. 파란색 점은 학습용 데이터셋, 빨간색 점은 모델이 예측한 데이터를 표현합니다.

```
plt.scatter(x_lin, y_lin, 20)
plt.scatter(x_lin, m_lin.predict(xs_lin), color='red', alpha=0.5);
```

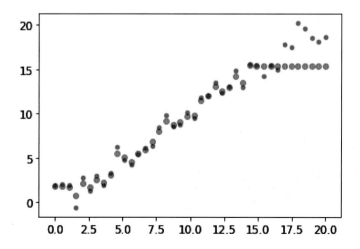

큰 문제가 있네요! 학습용 데이터의 범위를 벗어난 예측값이 너무 낮습니다. 그 이유는 무엇일까요?

랜덤 포레스트는 다중 트리가 도출한 예측의 평균을 낸다는 사실을 기억하세요. 그리고 개별 트리는 단순히 각 입력 데이터에 대해 리프 노드가 도출한 값의 평균을 구하죠. 따라서 트리와 랜덤 포레스트는 학습용 데이터의 범위를 벗어난 값을 예측하기 어렵습니다. 이런 특성은 인플레이션처럼 시간 경과에 따른 추세를 나타내는 데이터로 미래를 예측하려고 할 때 특히 문제가 됩니다. 예측 결과가 너무 낮아지기 때문이죠.

그러나 이 문제는 시계열뿐만 아니라 다른 영역으로까지 확장됩니다. 일반적으로 랜덤 포레스트는 이제껏 본 적이 없는 데이터 유형을 추론할 수 없습니다. 검증용 데이터셋에 도메인 밖 데이터를 포함시켜서는 안 되는 이유죠.

9.7.2 도메인 밖 데이터의 발견

때로는 테스트셋의 분포가 학습용 데이터셋과 같은지, 만약 다르다면 어떤 열이 그 차이를 초래했는지를 알기 어렵습니다. 하지만 이를 알아내는 쉬운 방법이 있습니다. 바로 랜덤 포레스트를 사용하는 방법이죠!

다만 이번에는 랜덤 포레스트를 종속변수의 값을 예측하는 데 사용하지 않고, 데이터 행이 학습용 또는 검증용 데이터셋 중 어디에 속하는지를 예측합니다. 방법은 다음과 같습니다. 학습용 및 검증용 데이터셋을 결합한 다음, 행마다 소속 데이터셋을 표현하는 새로운 종속변수를 만듭니다. 그리고 이 데이터로 랜덤 포레스트를 구축하여 특징 중요도를 분석합니다.

```
df_dom = pd.concat([xs_final, valid_xs_final])
is_valid = np.array([0]*len(xs_final) + [1]*len(valid_xs_final))

m = rf(df_dom, is_valid)
rf_feat_importance(m, df_dom)[:6]
```

	cols	imp
5	saleElapsed	0.859446
9	SalesID	0.119325

13	MachineID	0.014259
0	YearMade	0.001793
8	fiModelDesc	0.001740
11	Enclosure	0.000657

이 표는 학습용과 검증용 데이터셋 간 saleElapsed, SalesID, MachineID 세 열이 매우 다름을 보여줍니다. saleElapsed에서는 그 이유가 꽤 분명합니다. 데이터셋의 시작과 각 데이터 사이의 일수를 나타내는 saleElapsed는 날짜를 직접적으로 인코딩하므로 두 데이터셋 간의 날짜는 확연히 다르겠죠. 경매 식별 번호인 SalesID 또한 새 경매에 하나씩 증가한 값을 할당하므로, 두 데이터셋 간의 값이 명확히 다르죠. 마지막으로 MachineID는 각 경매의 경매품마다 매기는 식별 번호로, SalesID와 같은 방식으로 매깁니다.

앞 절에서 만든 랜덤 포레스트 모델의 RMSE를 기준선으로 잡고, 앞서 발견한 세 열을 하나씩 제거해가며 영향을 확인해봅시다.

```
>>> m = rf(xs_final, y)
>>> print('orig', m_rmse(m, valid_xs_final, valid_y))

>>> for c in ('SalesID','saleElapsed','MachineID'):
        m = rf(xs_final.drop(c,axis=1), y)
        print(c, m_rmse(m, valid_xs_final.drop(c,axis=1), valid_y))

orig 0.232795
SalesID 0.23109
saleElapsed 0.236221
MachineID 0.233492
```

이 결과로 미루어보면, SalesID와 MachineID를 제거하더라도 정확도가 하락하지 않을 것으로 보입니다. 정말 그런지 확인해보죠.

```
>>> time_vars = ['SalesID','MachineID']
>>> xs_final_time = xs_final.drop(time_vars, axis=1)
>>> valid_xs_time = valid_xs_final.drop(time_vars, axis=1)

>>> m = rf(xs_final_time, y)
>>> m_rmse(m, valid_xs_time, valid_y)

0.231307
```

두 변수를 제거했을 때 모델의 정확도가 약간 향상되었습니다. 그러나 이보다 더 중요한 점은 시간에 따라 더 탄력적이고 유지관리와 이해가 쉬워졌다는 것입니다. 따라서 이 예제뿐만 아니라, 다른 데이터셋을 다룰 때도 is_valid가 종속변수인 모델을 구축하면 좋습니다. 놓칠 수도 있는 미묘한 **도메인 시프트** 문제를 발견하는 데 유용합니다.

지금 다루는 문제에서는 단순히 오래된 데이터를 사용하지 않아도 꽤 도움이 됩니다. 오래된 데이터는 더는 유효하지 않은 관계를 보여주곤 합니다. 그럼 최근 몇 년간의 데이터만 사용해 보죠.

```
xs['saleYear'].hist();
```

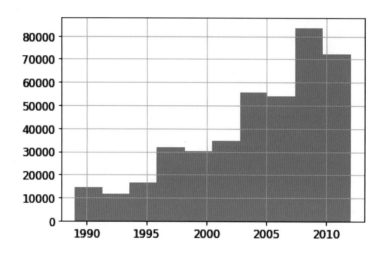

그리고 이 부분집합으로 학습시켜보죠.

```
>>> filt = xs['saleYear']>2004
>>> xs_filt = xs_final_time[filt]
>>> y_filt = y[filt]

>>> m = rf(xs_filt, y_filt)
>>> m_rmse(m, xs_filt, y_filt), m_rmse(m, valid_xs_time, valid_y)

(0.17768, 0.230631)
```

조금 더 나은 결과를 얻었습니다. 항상 전체 데이터셋을 사용할 필요는 없음을 알 수 있죠. 때로는 부분집합을 사용하면 더 좋은 결과를 얻을 수 있습니다..

이제 신경망이 얼마나 도움이 되는지 알아봅시다.

9.7.3 신경망 사용

신경망 모델 구축에도 같은 접근법을 사용할 수 있습니다. 먼저 TabularPandas 객체 설정 단계를 그대로 수행합니다.

```
df_nn = pd.read_csv(path/'TrainAndValid.csv', low_memory=False)
df_nn['ProductSize'] = df_nn['ProductSize'].astype('category')
df_nn['ProductSize'].cat.set_categories(sizes, ordered=True, inplace=True)
df_nn[dep_var] = np.log(df_nn[dep_var])
df_nn = add_datepart(df_nn, 'saledate')
```

랜덤 포레스트 예에서 원치 않는 열을 제거한 작업을 활용하여 신경망에서도 같은 열을 사용하게끔 합니다.

```
df_nn_final = df_nn[list(xs_final_time.columns) + [dep_var]]
```

결정 트리 접근법과 신경망에서 범주형 열을 처리하는 방식은 매우 다릅니다. 8장에서 봤듯이 신경망에서 범주형 변수를 다룰 때는 임베딩을 사용하면 좋습니다. 그리고 임베딩을 생성하려면 범주형 변수로 처리할 열의 목록을 fastai 라이브러리에 알려줘야 하죠. fastai에서는 변수에 있는 수준의 개수와 max_card 인잣값을 비교하여, max_card 값이 더 크면 해당 변수를 범주형으로 취급합니다. 일반적으로 임베딩 크기를 10,000보다 크게 잡을 때는 변수를 그룹화하는 더 좋은 방법이 있는지 테스트해야 합니다. 따라서 여기서는 max_card 값을 9,000으로 설정합니다.

```
cont_nn,cat_nn = cont_cat_split(df_nn_final, max_card=9000, dep_var=dep_var)
```

그런데 절대 범주형으로 취급하고 싶지 않은 변수가 하나 있습니다. 바로 saleElapsed입니다. 범주형 변수는 자신이 본 값의 수준을 벗어나는 값을 추론할 수 없는데, 우리는 미래의 경매가를 예측하려 하기 때문입니다. 따라서 이를 연속형 변수로 만들어야 합니다.

```
cont_nn.append('saleElapsed')
cat_nn.remove('saleElapsed')
```

선택된 범주형 변수의 카디널리티를 확인해보죠.

```
>>> df_nn_final[cat_nn].nunique()

YearMade             73
ProductSize           6
Coupler_System        2
fiProductClassDesc   74
ModelID            5281
Hydraulics_Flow       3
fiSecondaryDesc     177
fiModelDesc        5059
ProductGroup          6
Enclosure             6
fiModelDescriptor   140
Drive_System          4
Hydraulics           12
Tire_Size            17
dtype: int64
```

장비의 '모델'과 관련된 두 변수(ModelID, fiModelDesc)의 카디널리티가 모두 매우 높다는 사실은 이 둘 사이에 중복된 정보가 포함될 수 있음을 시사합니다. 다만 유사한 변수가 같은 순서로 정렬된(즉 유사한 이름의 수준으로 구성) 중복 특징의 분석 단계에서 이 사실을 반드시 포착해야 할 필요는 없습니다. 수준이 5,000개인 열이 있다는 말은 임베딩 행렬에 열이 5,000개 필요하다는 의미이므로, 되도록 이런 상황을 피해야 합니다. 따라서 두 열 중 하나를 제거한 후 랜덤 포레스트에 미치는 영향을 살펴보며 이를 제거해도 좋을지를 알아보겠습니다.

```
>>> xs_filt2 = xs_filt.drop('fiModelDescriptor', axis=1)
>>> valid_xs_time2 = valid_xs_time.drop('fiModelDescriptor', axis=1)
>>> m2 = rf(xs_filt2, y_filt)
>>> m_rmse(m2, xs_filt2, y_filt), m_rmse(m2, valid_xs_time2, valid_y)

(0.176706, 0.230642)
```

영향이 미미하므로 신경망의 예측 변수에서 제거합니다.

```
cat_nn.remove('fiModelDescriptor')
```

랜덤 포레스트에서와 같은 방식으로 TabularPandas 객체를 만들되, 이번에는 정규화라는 한 가지 중요한 요소를 추가합니다. 랜덤 포레스트에는 정규화가 필요하지 않습니다. 트리가 구축되는 절차는 변숫값의 크기와 상관이 없고 오로지 변숫값의 순서에만 관심이 있기 때문입니다. 그러나 신경망에는 확실히 정규화가 필요하죠. 따라서 TabularPandas 객체를 만들 때 Normalize를 추가해야 합니다.

```
procs_nn = [Categorify, FillMissing, Normalize]
to_nn = TabularPandas(df_nn_final, procs_nn, cat_nn, cont_nn,
                      splits=splits, y_names=dep_var)
```

일반적으로 테이블 데이터와 모델에는 GPU 메모리가 많이 필요하지 않습니다. 따라서 배치 크기를 좀 더 크게 잡을 수 있습니다.

```
dls = to_nn.dataloaders(1024)
```

그리고 이미 배운 대로 회귀 모델에서는 y_range 인자를 설정하는 편이 좋습니다. 따라서 y_range에 알맞은 종속변수의 최솟값과 최댓값을 파악해보겠습니다.

```
>>> y = to_nn.train.y
>>> y.min(),y.max()

(8.465899897028686, 11.863582336583399)
```

이제 Learner를 만들어 테이블 데이터의 모델을 구축할 수 있습니다. 평소처럼 특정 애플리케이션의 상황에 맞춰 간편히 활용할 수 있는 learner 함수를 사용합니다. 그러면 해당 애플리케이션에 맞춰진 디폴트 파라미터를 활용할 수 있죠. 손실 함수를 포함하여 사용자 정의가 필요한 부분이 몇 군데 있습니다. 손실 함수는 캐글 대회에서 제시한 MSE로 설정합니다.

fastai는 테이블 데이터에 대해 디폴트로 활성이 각각 200개와 100개인 두 은닉 계층의 신경망을 생성합니다. 이 정도 수준은 소규모 데이터셋에서 보통 매우 잘 작동하지만, 여기에서는 비교적 큰 규모의 데이터셋을 다루므로 각 계층의 활성 개수를 500과 250으로 늘려줍니다.

```
>>> from fastai.tabular.all import *

>>> learn = tabular_learner(dls, y_range=(8,12), layers=[500,250],
                            n_out=1, loss_func=F.mse_loss)

>>> learn.lr_find()

(0.005754399299621582, 0.0002754228771664202)
```

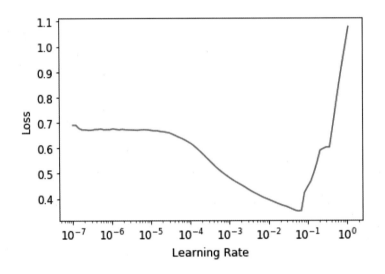

여기서는 fine_tune을 사용할 필요가 없습니다. 따라서 fit_one_cycle 메서드로 다섯 번의
에포크 동안 학습을 진행한 후 결과를 관찰해보죠.

```
learn.fit_one_cycle(5, 1e-2)
```

epoch	train_loss	valid_loss	time
0	0.069705	0.062389	00:11
1	0.056253	0.058489	00:11
2	0.048385	0.052256	00:11
3	0.043400	0.050743	00:11
4	0.040358	0.050986	00:11

r_mse 함수를 적용하여 앞서 얻은 랜덤 포레스트의 결과와 비교해보죠.

```
>>> preds,targs = learn.get_preds()
>>> r_mse(preds,targs)
```

```
0.2258
```

학습 시간이 더 오래 걸리고 하이퍼파라미터 조정이 약간 까다롭지만, 랜덤 포레스트보다 성능이 훨씬 낮습니다.

계속 진행하기 전에 모델을 저장해 두겠습니다.

```
learn.save('nn')
```

---

fastai의 Tabular 클래스

fastai의 테이블 데이터용 모델은 단순히 연속형이나 범주형 열을 사용해서 범주(분류)나 연속값(회귀)을 예측합니다. 협업 필터링에 사용한 신경망에서처럼 범주형 독립변수는 임베딩으로 전달되고, 연속형 변수도 함께 연결할 수 있습니다.

tabular_learner가 생성한 모델은 TabularModel 클래스 객체입니다. tabular_learner의 소스를 살펴보기 바랍니다(주피터 노트북에서는 tabular_learner??로 확인할 수 있죠). collab_learner와 마찬가지로, 먼저 get_emb_sz 함수로 적절한 임베딩 크기를 계산하고(딕셔너리 형태로 열 이름과 임베딩 크기를 담는 emb_szs 인잣값을 사용해 수동으로 임베딩 크기를 지정할 수도 있습니다) 그 밖의 몇 가지 디폴트 설정이 이어집니다. 그다음 TabularModel을 생성하여 TabularLearner에 전달합니다(TabularLearner는 사용자 정의형 predict 메서드를 빼면 Learner와 같습니다).

즉 모든 작업이 일어나는 TabularModel의 소스코드를 살펴보면 궁금점을 해소할 수 있습니다. 이제 BatchNorm1d와 Dropout 계층을 제외하고, 전체 클래스를 이해하는 데 필요한 모든 지식을 갖췄습니다. 앞 장 마지막의 EmbeddingNN 관련 설명을 살펴보면, TabularModel에 n_cont=0을 전달한 부분이 나옵니다. 이제는 그 이유를 알 수 있습니다. 연속 변수가 없기 때문이죠(fastai에서 n_이라는 접두사는 '숫자'를 의미하며 cont는 '연속continuous'의 약어입니다).

여러 모델을 사용해 예측의 평균을 구하는 방법도 일반화에 도움이 됩니다. 이를 **앙상블**ensemble이라고 하죠.

9.8 앙상블

랜덤 포레스트가 왜 그렇게 잘 작동하는지 원론적인 이유를 다시 한번 생각해봅시다. 각 트리에 오류가 있지만, 오류끼리는 서로 연관성이 없습니다. 따라서 트리가 적당히 많다면, 이런 오류의 평균이 0이 되는 경향이 있죠. 이와 같은 이론을 다른 알고리즘으로 학습된 모델에도 적용할 수 있습니다. 즉, 각 모델로 평균 예측을 구하는 것이죠.

여기서는 랜덤 포레스트와 신경망이라는 매우 다른 알고리즘으로 학습한 매우 다른 두 모델을 구했습니다. 각각의 오류는 서로 상당히 다를 것이라고 기대할 수 있겠죠. 따라서 이들의 평균 예측이 개별 예측보다 낫다고 예상할 수 있습니다.

앞서 보았듯이 랜덤 포레스트는 그 자체가 앙상블입니다. 하지만 랜덤 포레스트를 단일 모델로 간주하여 **다른** 앙상블에 편입할 수도 있겠죠. 랜덤 포레스트와 신경망으로 구성된 앙상블 말입니다! 앙상블이 모델링의 성패를 좌우하지는 않지만, 이미 구축한 모델에 약간 도움이 되는 기법임은 분명합니다.

여기서 주의해야 할 사항이 있습니다. 파이토치와 사이킷런 모델이 서로 다른 데이터를 출력한다는 점입니다. 파이토치는 랭크2인 텐서(열이 하나인 행렬)를, 넘파이는 랭크1 배열(벡터)을 출력하죠. 따라서 모든 텐서의 단위 축$^{unit\ axe}$을 제거하는 **squeeze** 메서드와 텐서를 넘파이 배열로 변환하는 **to_np** 메서드를 사용해야 합니다.

```
rf_preds = m.predict(valid_xs_time)
ens_preds = (to_np(preds.squeeze()) + rf_preds) /2
```

두 모델이 자체적으로 달성한 수준보다 더 나은 결과를 얻었습니다.

```
>>> r_mse(ens_preds,valid_y)

0.22291
```

이 결과는 실제로 캐글의 리더보드에 표시된 모든 점수를 상회합니다. 다만 캐글의 리더보드는 우리가 접근할 수 없는 별도의 데이터셋을 사용해 채점하므로 직접 비교할 수는 없습니다. 이미 종료된 대회라 캐글에서 채점해볼 수는 없지만, 우리가 얻은 결과가 절대 나쁘지 않음을 확인했습니다!

9.8.1 부스팅

지금까지 본 앙상블 접근법에서는 많은 모델(각각 다른 데이터 부분집합에서 훈련된)의 평균을 구해 결합하는 **배깅**을 사용했습니다. 그리고 결정 트리에 배깅을 적용한 방법을 **랜덤 포레스트**라고 했죠.

부스팅boosting도 앙상블에서 중요한 접근법입니다. 평균을 구하는 대신 모델을 추가하는 방식이며, 다음과 같은 절차를 따릅니다.

1. 데이터셋에 과소적합될 수준의 작은 모델을 학습시킵니다.

2. 해당 모델로 학습용 데이터셋에서 예측을 계산합니다.

3. 타깃에서 예측값을 뺍니다. 이를 **잔차**residuals라고 하며, 데이터셋에 포함된 각 데이터의 오차를 나타냅니다.

4. 1단계로 돌아갑니다. 이때 타깃으로 원래의 값 대신 잔차를 사용합니다.

5. 반복을 멈추는 기준(예: 최대 트리 개수)에 도달하거나 검증용 데이터셋에서의 오차가 나빠지는 현상을 목격할 때까지 이를 계속 반복합니다.

이 접근법을 사용하면 새로 만들어지는 트리는 모든 이전 트리의 결합된 오차에 적합되려는 시도를 합니다. 그리고 이전 트리의 잔차에서 새 트리의 예측을 빼서 새로운 잔차를 지속해서 갱신하므로 잔차는 점점 더 작아지죠.

이렇게 부스팅된 트리들의 앙상블로 예측하는 방식에서는 트리마다 예측을 계산한 다음 모두 더합니다. 이 기본적인 접근법을 따르는 수많은 모델이 존재하며, 유사한 이름으로 명명되곤 합니다. **그레이디언트 부스팅 머신**(GBMs), **그레이디언트 부스팅 결정 트리**Gradient boosted decision trees(GBDTs)라는 용어를 가장 빈번히 사용하며, 이를 구현한 특정 라이브러리에서 이런 이름을 볼 수 있습니다. 이 책을 쓰는 현재, **XGBoost** 라이브러리가 가장 인기 있습니다.

랜덤 포레스트와 달리 이 접근법에는 과적합을 방지할 방법이 없습니다. 랜덤 포레스트에서는 더 많은 트리를 사용하더라도 각 트리가 독립적이라서 과적합으로 이어지지 않습니다. 그러나 부스팅 앙상블 기법에서는 트리가 많을수록 학습 오차가 더 좋아져서 결국 검증용 데이터셋에 과적합될 위험이 있습니다.

여기서는 그레이디언트 부스팅 트리 앙상블을 학습시키는 방법을 자세히 다루지 않습니다. 빠르게 변하는 분야라서, 이 책을 읽을 때쯤엔 여기서 습득한 지식이 구식이 될 가능성이 높기 때문이죠. 다만 이 글을 작성할 무렵 사이킷런에서 뛰어난 성능을 제공하는 HistGradientBoostingRegressor 클래스를 추가했음을 알아두세요. 이 클래스를 포함한 모든 그레이디언트 부스팅 트리 기법에는 조정해야 하는 여러 하이퍼파라미터가 있으며, 랜덤 포레스트와는 달리 이런 하이퍼파라미터의 선택에 매우 민감합니다. 일반적으로는 다양한 하이퍼파라미터를 시도하는 반복문을 작성해서 가장 잘 작동하는 조합을 찾습니다.

머신러닝 모델에 신경망이 학습한 임베딩을 사용하는 방법도 뛰어난 결과를 보여줍니다. 자세히 알아보죠.

9.8.2 결합 임베딩을 위한 다른 기법

이 장의 초입에서 언급한 개체 임베딩 논문은 다음과 같이 요약할 수 있습니다. "학습된 신경망에서 얻은 임베딩을 입력의 대안으로 사용하면 다양한 머신러닝 방법의 성능이 상당히 향상됩니다." 해당 논문에는 [그림 9-8]과 같은 매우 흥미로운 표가 있습니다.

기법	MAPE	MAPE (with EE)
KNN	0.290	0.116
랜덤 포레스트	0.158	0.108
그레이디언트 부스팅 트리	0.152	0.115
신경망	0.101	0.093

그림 9-8 신경망이 학습한 임베딩을 다른 머신러닝 기법의 입력으로 사용했을 때의 효과(출처: 청 구오 및 펠릭스 버칸)

매우 간단한 k-최근접 이웃k-nearest neighbors(KNN) 기법을 기준선으로 두고 앞서 본 네 가지 모델링 방식 간의 평균 백분율 오차의 평균mean average percent error(MAPE)을 보여줍니다. 첫 번째 열은 캐글 대회에서 제공한 데이터에 대한 각 기법의 결과를, 두 번째 열은 먼저 신경망 훈련으로 얻은 범주형 임베딩을 모델의 입력으로 사용했을 때 일어난 일을 보여줍니다. 보다시피 임베딩을 사용했을 때 항상 모델이 크게 향상되었죠.

이 결과는 매우 중요합니다. 추론 시 실제로는 신경망을 사용하지 않더라도 신경망에서 얻은 성능 향상의 덕을 상당히 볼 수 있기 때문입니다. 작은 결정 트리들의 앙상블에 단순히 배열을 조회하는 임베딩을 함께 사용하기만 하면 됩니다.

이런 임베딩은 다른 모델이나 작업에 대해 반드시 별도로 학습될 필요는 없습니다. 일단 특정 작업으로 일련의 임베딩을 학습시킨 다음 중앙 저장소에 보관만 해두면, 이후 여러 모델이 원하는 대로 참조하여 재사용할 수 있습니다. 대기업 실무자들에게 확인한 결과, 이미 많은 곳에서 실제로 이런 방식을 사용합니다.

9.9 결론

테이블 데이터 모델링의 접근법으로 결정 트리 앙상블과 신경망을 살펴보았습니다. 또한 랜덤 포레스트, 그레이디언트 부스팅 머신이라는 결정 트리 앙상블 기법도 알아보았죠. 각 기법은 그 자체로 효과적이지만, 상황에 따른 타협도 필요합니다.

- **랜덤 포레스트**는 하이퍼파라미터 선택에 크게 민감하지 않고 데이터 전처리 작업이 거의 필요하지 않아서 학습이 가장 쉬운 모델입니다. 학습 속도가 빠르며, 충분한 트리로 구성한다면 과적합이 일어나지도 않죠. 그러나 미래 시기의 예측과 같이 외삽이 필요한 상황에는 정확도가 떨어질 수 있습니다.
- **그레이디언트 부스팅 머신**은 이론상 랜덤 포레스트만큼 빠른 학습 속도를 자랑합니다. 하지만 실제로는 수많은 하이퍼파라미터의 조합을 시도해야만 합니다. 과적합될 소지가 있지만, 적절한 하이퍼파라미터 조합을 발견한다면 랜덤 포레스트보다 정확도가 조금 더 높은 경향이 있습니다.
- **신경망**은 훈련에 가장 오랜 시간이 걸리며, 정규화와 같은 추가 전처리를 해야 합니다. 그리고 정규화는 추론 시에도 사용해야 하죠. 매우 뛰어난 결과를 도출하고 외삽 문제도 잘 다루지만, 하이퍼파라미터와 과적합에 주의를 기울여야 합니다.

분석을 시작할 때는 랜덤 포레스트를 권장합니다. 강력한 기준선을 제시하며 합리적인 시작점이라고 확신할 만한 신뢰가 있기 때문입니다. 그리고 해당 모델을 특징 선택 및 부분 종속성 분석에 활용하여 데이터를 더 잘 이해할 수 있습니다.

랜덤 포레스트로 구축한 기반을 토대로 신경망과 그레이디언트 부스팅 머신 등을 시도해보세요. 이들이 합리적인 시간 내에 검증용 데이터셋에서 더 나은 결과를 도출한다면 랜덤 포레스트 대신 사용하면 됩니다. 결정 트리 앙상블이 잘 작동한다면 범주형 변수의 임베딩을 데이터에 추가한 다음, 결정 트리의 학습에 도움이 되는지 확인해보세요.

9.10 질문지

1 연속형 변수란 무엇인가요?

2 범주형 변수란 무엇인가요?

3 범주형 변수가 표현할 수 있는 값을 의미하는 두 단어를 제시하세요.

4 밀집 계층이란 무엇인가요?

5 개체 임베딩이 신경망의 메모리 사용량을 줄이고 속도를 높이는 방식은 무엇인가요?

6 개체 임베딩은 어떤 종류의 데이터셋에 특히 유용한가요?

7 전통적인 머신러닝의 주요 알고리즘 두 가지는 무엇인가요?

8 일부 범주형 열에 특별한 순서의 값이 있어야 하는 이유는 무엇인가요? 판다스로 이를 어떻게 처리할 수 있나요?

9 결정 트리 알고리즘의 작동 방식을 요약해보세요.

10 날짜가 일반 범주형이나 연속형 변수와 어떻게 다른가요? 날짜를 모델이 사용할 수 있도록 전처리하는 방법은 무엇인가요?

11 본문에서 본 캐글 대회에서 검증용 데이터셋을 임의로 선택해야 할까요? 아니라면 어떤 종류의 검증용 데이터셋을 선택해야 할까요?

12 피클이란 무엇이며 어디에 유용한가요?

13 이 장에서 그린 결정 트리의 `mse`, `samples`, `values`를 계산한 방식은 무엇인가요?

14 결정 트리를 구축하기 전 이상치를 처리하는 방법은 무엇인가요?

15 결정 트리에서 범주형 변수를 어떻게 다루나요?

16 배깅이란 무엇인가요?

17 랜덤 포레스트 생성 시 지정하는 `max_samples`와 `max_features`는 어떻게 다른가요?

18 `n_estimators`를 매우 높게 잡으면 과적합으로 이어질까요? 왜 그런가요?

19 [그림 9-7] 이후 랜덤 포레스트를 만드는 부분에서 `preds.mean(0)`이 랜덤 포레스트의 결과와 같은 이유는 무엇인가요?

20 OOB 오차란 무엇인가요?

21 모델의 검증용 데이터셋에 대한 오차가 OOB 오차보다 더 나쁠 수 있는 이유를 나열해보세요. 여러분이 생각한 가설을 검증하는 방법은 무엇인가요?

22 랜덤 포레스트가 다음 질문에 답하는 데 적합한 이유를 설명해보세요.

   • 특정 데이터행에 대한 예측을 얼마나 확신할 수 있나요?

   • 특정 데이터행에 대한 예측에서 가장 중요한 요소와 예측에 미친 영향은 무엇인가요?

   • 가장 강력한 예측 변수 열은 무엇인가요?

   • 이런 열을 바꾸면 예측이 어떻게 달라지나요?

23 중요하지 않은 변수를 제거하는 목적은 무엇인가요?

24 트리 해석기의 결과를 표시하기 좋은 유형의 도표는 무엇인가요?

25 외삽 문제는 무엇인가요?

26 테스트/검증용 데이터셋의 분포가 학습용 데이터셋과 다른지 어떻게 파악하나요?

27 고윳값이 9,000개 미만인데도 왜 saleElapsed를 연속형 변수로 만들어야 하나요?

28 부스팅이란 무엇인가요?

29 랜덤 포레스트에 임베딩을 어떻게 접목하나요? 어떤 도움이 될까요?

30 테이블 데이터의 모델링에 신경망을 항상 사용하지 않아도 되는 이유는 무엇인가요?

9.10.1 추가 연구

1 테이블 데이터를 제시하는 캐글의 대회(과거든 현재든)를 고른 다음, 이 장에서 배운 기술을 적용하여 최상의 결과를 얻어보세요. 결과를 비공개 리더보드와도 비교해보기 바랍니다.

2 이 장의 결정 트리 알고리즘을 처음부터 직접 구현하고, 첫 번째 연습에서 사용한 데이터셋에 적용해보세요.

3 랜덤 포레스트에 이 장에서 본 신경망의 임베딩을 사용하여 랜덤 포레스트의 결과를 개선할 수 있는지 확인해보세요.

4 TabularModel 소스코드의 각 줄이 수행하는 작업을 설명해보세요(BatchNorm1d와 Dropout 계층은 제외).

CHAPTER 10

NLP 깊게 알아보기: 순환 신경망

1장에서는 자연어 데이터셋에서도 딥러닝이 좋은 결과를 얻을 수 있다는 사실을 확인했습니다. 그때 다룬 예제에서는 사전 학습된 모델에 기반하여 영화 리뷰를 분류하는 작업에 미세 조정을 수행했습니다. 또한 NLP에서의 전이 학습은 사전 학습된 모델을 다양한 작업에 활용할 수 있다는 점이 영상처리와는 다르다고 강조했습니다.

언어 모델language model은 텍스트의 다음 단어를 예측하는 모델입니다. 이런 작업을 **자가 지도 학습**self-supervised learning이라고도 하죠. 자가 지도 학습은 모델에 레이블을 제공하지 않아도 수많은 텍스트를 넣어주기만 하면 모델은 자동으로 데이터에서 레이블을 알아냅니다. 이 작업은 결코 쉽지 않습니다. 예를 들어 문장의 다음 단어를 예측하려면 영어(또는 다른 언어)에 대한 이해를 구축해야 하기 때문이죠. 자가 지도 학습은 NLP 외의 분야에서도 활용되곤 합니다. 컴퓨터 영상 처리 분야에 적용한 사례는 「Self-Supervised Learning and Computer Vision(`https://oreil.ly/ECjfJ`)」을 참고하세요. 자가 지도 학습은 보통 직접 학습된 모델에는 사용하지 않고, 전이 학습에 사용될 모델을 사전 학습하는 데 사용하곤 합니다.

> **NOTE_ 전문용어: 자가 지도 학습**
> 외부에서 레이블을 주입받지 않고 독립변수에 임베딩된(숨겨진) 레이블을 사용하여 모델을 학습시킵니다. 예를 들어 (데이터 자체에 다음 단어의 단서가 있는) 텍스트의 다음 단어를 예측하는 모델을 학습시킵니다.

1장에서 IMDb의 영화 리뷰를 분류하는 데는 위키피디아 데이터로 사전 학습된 언어 모델을 사용했습니다. 그리고 이를 미세 조정하여 훌륭한 영화 리뷰 분류 모델을 만들었습니다. 하지만 여기서 한 단계를 추가한다면 더 좋은 결과를 얻을 수 있습니다. 위키피디아에서 사용하는 영어는 IMDb 리뷰어가 사용하는 영어와 스타일이 상당히 다릅니다. 따라서 분류 모델을 만들기 전에 사전 학습된 언어 모델을 IMDb 말뭉치에 맞게 미세 조정한 다음, **미세 조정된 모델을 기반**으로 분류 모델을 만들 수 있겠죠.

언어 모델이 특정 작업에서 사용하는 언어의 기본을 알더라도, 이와 같은 아이디어는 언어 모델이 목표하는 말뭉치 스타일에 익숙해지는 데 도움이 됩니다. 좀 더 비공식적이거나 기술적인 스타일로 작성된 텍스트일 수도 있으며, 완전히 새로운 단어를 포함하거나 문장의 구성 방식이 전혀 다를 수도 있겠죠. IMDb 데이터셋에서는 수많은 영화감독과 배우 이름이 등장하고, 위키피디아보다 격식을 덜 차린 언어를 사용한 문장이 많습니다.

우리는 이미 fastai로 사전 학습된 영어 언어 모델을 다운로드하고, 이를 바탕으로 NLP 분류 문제에서 최신 수준의 결과를 얻을 수 있음을 확인했습니다.[54] 그렇다면 왜 언어 모델의 학습 방법을 자세히 알아야 할까요?

한 가지 분명한 이유는 사용하는 모델을 근본적으로 이해하는 데 도움이 되기 때문입니다. 하지만 분류 모델을 미세 조정하기에 앞서 언어 모델을 우선 미세 조정하면 더 나은 결과를 얻을 수 있다는 매우 실용적인 이유도 있습니다. 가령 IMDb 감정 분석 작업의 데이터셋에는 긍정 또는 부정의 레이블이 붙지 않은 추가 영화 리뷰 50,000건이 함께 제공됩니다. 그리고 레이블링된 영화 리뷰는 학습용과 검증용 데이터셋에 각각 25,000건씩 존재합니다. 따라서 영화 리뷰 데이터가 총 100,000건 있습니다. 이 모든 데이터를 사용해서 사전에 위키피디아로만 학습된 언어 모델을 미세 조정할 수 있습니다. 그러면 영화 리뷰에서 다음 단어를 잘 예측하는 언어 모델을 만들 수 있겠죠.

이 과정을 언어 모델의 보편적 미세 조정Universal Language Model Fine-tuning(ULMFiT) 접근법이라 합니다. 이를 소개한 논문에서는 분류 작업에 대해 전이 학습을 수행하기 전에 언어 모델을 미세 조정하는 추가 단계를 거치면 예측 결과가 훨씬 더 나아짐을 발견했습니다. 요약하자면 NLP에서의 전이 학습은 [그림 10-1]과 같이 세 단계로 구성할 수 있습니다.

----

54 조만간 더 많은 언어의 사전 훈련된 모델을 사용할 수 있길 기대합니다. 이와 관련한 최신 정보는 공식 홈페이지에서 확인해보기 바랍니다.

그림 10-1 ULMFiT의 절차

이제부터 앞 두 장에서 소개한 개념을 활용해서 언어 모델링 문제에 신경망을 적용하는 방법을 살펴봅니다. 다만 바로 다음 내용을 읽기 전에, **여러분 스스로** 어떤 접근이 좋을지 잠시 고민해 보기 바랍니다.

10.1 텍스트 전처리

지금까지 배운 내용만으로 언어 모델의 구축 방식을 명확하게 상상하기란 어려울 것입니다. 문장의 길이는 다양하고, 이런 문장으로 구성된 문서는 길거나 짧을 수도 있을 겁니다. 그러면 신경망으로 어떻게 문장의 다음 단어를 예측할 수 있을까요? 지금부터 알아봅시다!

우리는 신경망에서 범주형 변수를 독립변수로 사용하는 방식을 살펴봤습니다. 다음은 단일 범주형 변수에 대해 우리가 밟았던 과정입니다.

1 범주형 변수에 존재할 수 있는 모든 수준의 목록을 만듭니다(이 목록을 **vocab**(어휘사전)이라고 합니다).

2 각 수준을 매핑된 vocab의 색인 번호로 치환합니다.

3 각 수준을 행으로 표현하는 임베딩 행렬을 만듭니다.

4 임베딩 행렬을 신경망의 첫 번째 계층으로 사용합니다(2단계에서 생성된 원시 vocab의 색인 번호를 임베딩 행렬의 입력에 사용할 수 있습니다. 색인 번호를 표현하는 원-핫 인코딩된 벡터를 입력으로 사용할 때와 결과가 같지만 더 빠르고 효율적입니다.).

텍스트에도 이와 거의 같은 방법을 적용할 수 있습니다! 단지 **순서**[sequence]라는 개념이 추가될 뿐이죠. 우선 데이터셋에 포함된 모든 문서를 긴 문자열 하나로 이어 붙이고, 이를 단어(또는 **토큰**[token]) 단위로 분리합니다. 그러면 매우 긴 단어 목록이 만들어지겠죠. 이때 독립변수는 첫 번째 단어부터 마지막에서 두 번째 단어까지를 포함하고, 종속변수는 두 번째 단어부터 마지막 단어까지를 포함하도록 구성됩니다.

vocab은 사전 학습된 모델이 학습 당시에 사용한 단어와 새로운 문제의 특정 말뭉치(예: 영화 용어, 배우 이름)에서 얻은 새로운 단어의 조합으로 구성됩니다. 따라서 임베딩 행렬은 다음과 같이 구축할 수 있습니다. 사전 학습된 모델의 임베딩 행렬에서 당시 사용한 단어에 해당하는 행을 그대로 가져오고, 새로 유입되는 단어에는 아무런 정보도 없으니 해당 행을 무작위로 초기화합니다.

언어 모델을 생성하는 데 필요한 단계마다 대응되는 NLP 분야의 전문용어가 있습니다. 그리고 fastai와 파이토치는 각 단계를 돕는 클래스를 제공합니다.

- **토큰화**
  텍스트를 단어 목록으로 변환하는 과정입니다. 반드시 단어일 필요는 없으며, 모델이 요구하는 수준에 따라 문자나 부분 문자열substring 단위로 토큰화할 수도 있습니다.

- **수치화**
  vocab에서 모든 고유 단어 목록을 만듭니다. 그리고 각 단어를 vocab상의 인덱스값으로 치환합니다.

- **언어 모델 DataLoader 생성**
  fastai는 단일 토큰 단위로 독립변수와 종속변수를 자동으로 만들어주는 LMDataLoader 클래스를 제공합니다. 더불어 몇 가지 중요한 세부 사항도 다루는데, 독립변수와 종속변수의 구조를 그대로 유지한 채 학습용 데이터를 섞는 기능이 그중 하나입니다.

- **언어 모델 생성**
  크거나 작은 크기의 입력을 다루는 특별한 모델이 필요합니다. 지금까지 보지 못한 종류죠. 이런 모델을 만드는 방법은 다양하지만, 이번 장에서는 순환 신경망recurrent neural network(RNN)으로 문제를 해결합니다. RNN에 관한 자세한 내용은 12장에서 다룹니다. 지금은 심층 신경망의 한 종류라고 생각하세요.

각 단계의 작동 방식을 자세히 살펴보겠습니다.

10.1.1 토큰화

'텍스트를 단어 목록으로 변환한다'라는 말에는 여러 세부 사항이 숨어 있습니다. 예를 들면 다음과 같습니다. 구두점은 어떻게 처리해야 할까요? 'don't' 같은 단어는 어떻게 다뤄야 할까요? 한 단어로 취급해야 할까요? 아니면 두 단어일까요? 의학이나 화학에 등장하는 긴 단어는 어떻게 다뤄야 할까요? 의미별로 쪼개야 할까요? 하이픈이 포함된 단어는 어떻게 처리해야 할

까요? 여러 단어를 합쳐서 매우 긴 단어를 만들곤 하는 독일어나 폴란드어는 어떤가요? 어기
base[55]가 없는 일본어와 중국어는 어떤가요? 단어라는 개념 자체가 잘 정의되지 않은 언어는 또
어떨까요?

이런 질문에는 정답이 여럿일 수 있으므로 토큰화에도 다양한 접근법이 존재합니다. 다음은 그
중 가장 보편적인 세 가지 주요 방법을 보여줍니다.

- **단어 토큰화**
  공백으로 문장을 분리합니다. 공백이 없더라도 언어에 따라 의미를 나눌 수 있는 기준(예: 'don't'를
  'do n't'로 분리)으로 문장을 분리합니다. 일반적으로 구두점도 하나의 토큰으로 분리됩니다.

- **부분 단어 토큰화**
  가장 일반적으로 나타나는 부분 단어 단위로 단어를 더 작은 부분으로 분리합니다. 가령 'occasion'은
  'o c ca sion'으로 토큰화할 수 있습니다.

- **문자 토큰화**
  문장을 개별 문자로 분리합니다.

여기서는 단어와 부분 단어subword 기반의 토큰화를 다룹니다. 문자 기반의 토큰화는 연습 문제
로 남겨두겠습니다. 이 장의 마지막에 수록된 질문지를 확인해보세요.

> **NOTE_ 전문용어: 토큰**
> 토큰은 토큰화 과정을 거쳐 만든 목록에 포함된 각 요소를 말합니다. 단어, 단어의 부분(**부분 단어**), 개별 문자
> 일 수 있습니다.

10.1.2 단어 토큰화

자체 토크나이저를 제공하는 대신, fastai는 외부 라이브러리의 다양한 토크나이저에 일관된
인터페이스를 제공합니다. 토큰화는 활발한 연구 분야여서 향상된 토크나이저가 매번 새로 등
장하기 때문에 fastai가 디폴트로 사용하는 토크나이저도 언젠가 바뀔지도 모릅니다. 하지만
근본 기술이 바뀌더라도 fastai는 API를 일관되게 유지하려 노력하기 때문에, 향후에도 API와
사용 방식에 큰 변화는 없을 것입니다.

---

55 옮긴이_ 단어 형성의 근간을 이루는 부분을 가리키는 단어입니다. 일반적으로 어간보다 더 범위가 작거나 어간과 같은 뜻으로 사용합니다.

1장에서 사용한 IMDb 데이터셋으로 시도해보죠.

```
from fastai.text.all import *
path = untar_data(URLs.IMDB)
```

토크나이저를 사용하려면 텍스트 파일을 가져와야 합니다. 경로 내의 모든 이미지 파일을 가져오는 `get_image_files` 함수처럼, `get_text_files` 함수는 경로 내 모든 텍스트 파일을 가져옵니다. 두 함수에 `folders` 인자를 사용하면 하위 폴더의 검색 범위를 제한할 수도 있습니다.

```
files = get_text_files(path, folders = ['train', 'test', 'unsup'])
```

토큰화할 영화 리뷰는 다음과 같습니다(지면 관계상 시작 부분만 출력했습니다).

```
>>> txt = files[0].open().read(); txt[:75]
'This movie, which I just discovered at the video store, has apparently sit'
```

이 책을 쓴 시점에 fastai가 영어에 디폴트로 사용한 단어 기반 토크나이저는 spaCy 라이브러리입니다. 이 라이브러리에는 정교하게 정의된 규칙 엔진이 있습니다. URL 주소, 개별 영단어 등이 모두 포함되죠. 하지만 우리는 `SpacyTokenizer`를 직접 사용하지 않고 `WordTokenizer`를 사용합니다. `WordTokenizer`는 항상 fastai의 현재 디폴트 토크나이저를 참조하기 때문이죠(미래의 토크나이저가 반드시 spaCy라는 보장은 없으며, 다른 라이브러리로 대체될 수도 있습니다).

토크나이저를 사용해보죠. fastai의 `coll_repr(collection, n)` 함수를 사용해 결과를 출력합니다. 출력 결과에는 `collection`의 전체 크기와 `collection` 내 처음 n개 요소가 포함됩니다. L 클래스의 기본 작동과도 같죠. fastai 토크나이저는 토큰화할 문서를 여럿 입력받을 수 있으므로 **txt**를 []로 감싸 리스트로 만들었습니다.

```
>>> spacy = WordTokenizer()
>>> toks = first(spacy([txt]))
>>> print(coll_repr(toks, 30))

(#201) ['This','movie',',',',','which','I','just','discovered','at','the','video','s
> tore',',',',','has','apparently','sit','around','for','a','couple','of','years',','
> without','a','distributor','.','It',"'s",'easy','to','see'...]
```

보다시피 spaCy는 주로 단어와 구두점을 분리했습니다. 또한 'it's'를 'it'과 ''s'로 분리하는 등 세부 작업도 추가로 수행합니다. 이 작업으로 분리된 단어의 의미는 독립적이므로 직관적으로 이해할 수 있습니다. 다뤄야 하는 모든 세부 사항을 고려해보면 토큰화는 매우 모호한 작업임을 알 수 있습니다. 그러나 다행히 spaCy는 이런 작업을 잘 다루죠. 가령 다음 예제에서 '.'를 마침표로 사용할 때는 개별 단어로 취급하지만, '.'가 두문자어나 숫자에 포함될 때는 개별 단어로 취급하지 않습니다.

```
>>> first(spacy(['The U.S. dollar $1 is $1.00.']))

(#9) ['The','U.S.','dollar','$','1','is','$','1.00','.']
```

fastai의 **Tokenizer**가 단순히 spaCy의 토크나이저를 래핑한 클래스는 아닙니다. 몇 가지 추가 기능을 제공하죠.

```
>>> tkn = Tokenizer(spacy)
>>> print(coll_repr(tkn(txt), 31))

(#228) ['xxbos','xxmaj','this','movie',',','which','i','just','discovered','at',
 > 'the','video','store',',','has','apparently','sit','around','for','a','couple
 > ','of','years','without','a','distributor','.','xxmaj','it','"'s','easy'...]
```

일부 토큰에 'xx'처럼 일반적인 영어 접두사가 아닌 문자가 있습니다. 이런 문자가 있는 토큰을 **특수 토큰**special token이라고 합니다.

예를 들어 첫 번째 항목인 **xxbos**는 새로운 텍스트의 시작을 표시하는 특수 토큰입니다('BOS'는 NLP에서 표준적으로 사용하는 접두어로, '스트림의 시작beginning of stream'을 뜻합니다). 모델이 시작을 알리는 토큰을 인식하면, 이전까지 등장했던 문장은 '잊고' 앞으로 등장할 단어에 초점을 맞춰야 함을 학습할 수 있죠.

이런 특수 토큰은 spaCy가 제공하는 것이 아니라, fastai가 텍스트를 기본적으로 처리할 때 적용하는 규칙입니다. 이렇게 특수 토큰은 모델이 문장의 중요한 부분을 더 쉽게 인식하도록 도움을 줍니다. 영어로 쓰인 원본 텍스트를 간소화된[56] 토큰 언어로 변환하는 것이죠.

----
56 옮긴이_ 여기서 간소화되었다는 표현은 모델의 입장에서 해석된 것입니다.

다른 예도 살펴보죠. 느낌표가 네 개 연속으로 등장한다면, 그중 하나만 유지하고 **반복되는 문자**를 의미하는 특수 토큰과 숫자 4로 대체합니다. 그러면 모델의 임베딩 행렬은 서로 다른 횟수의 연속된 문자를 다르게 취급하지 않고, 반복된 구두점의 일반적인 개념 정보를 인코딩할 수 있습니다. 이와 유사하게 단어의 첫 문자가 대문자라면, 해당 대문자를 소문자로 변환하고 대문자를 의미하는 특수 토큰을 삽입하기도 하죠. 그러면 임베딩 행렬은 (단어의 소문자 버전만 필요하므로) 계산과 메모리 자원을 절약하면서 모델이 대문자라는 개념을 학습할 수 있도록 합니다.

다음은 몇 가지 특수 토큰의 설명입니다.

- **xxbos**

  텍스트(여기서는 영화 리뷰)의 시작을 표시합니다.

- **xxmaj**

  다음 단어가 대문자로 시작함을 표시합니다(모든 단어를 소문자로 만들었으므로 필요합니다).

- **xxunk**

  현재 단어가 목록에 없음을 표시합니다.

디폴트로 제공되는 규칙 목록을 확인해서 적용된 규칙을 파악할 수 있습니다.

```
>>> defaults.text_proc_rules

[<function fastai.text.core.fix_html(x)>,
 <function fastai.text.core.replace_rep(t)>,
 <function fastai.text.core.replace_wrep(t)>,
 <function fastai.text.core.spec_add_spaces(t)>,
 <function fastai.text.core.rm_useless_spaces(t)>,
 <function fastai.text.core.replace_all_caps(t)>,
 <function fastai.text.core.replace_maj(t)>,
 <function fastai.text.core.lowercase(t, add_bos=True, add_eos=False)>]
```

주피터 노트북에서 다음과 같이 **??** 키워드를 사용하면 각 함수의 소스 코드를 즉시 살펴볼 수 있습니다.

```
??replace_rep
```

다음은 각 함수를 간략히 요약한 내용입니다.

- **fix_html**

  HTML의 특별한 문자를 알아보기 쉬운 형태로 변환합니다(IMDb 영화 리뷰에도 이런 문자가 많습니다).

- **replace_rep**

  세 번 이상 연속으로 반복된 문자를 xxrep(반복을 나타내는 토큰), 반복 횟수, 해당 문자의 형태로 변환합니다.

- **replace_wrep**

  세 번 이상 연속으로 반복되는 단어를 xxwrep(단어 반복을 나타내는 토큰), 반복 횟수, 해당 단어의 형태로 변환합니다.

- **spec_add_spaces**

  /와 # 문자 주변에 공백 문자를 추가합니다.

- **rm_useless_spaces**

  공백 문자가 연속으로 반복될 때 하나만 남기고 모두 제거합니다.

- **replace_all_caps**

  대문자로만 적힌 단어를 소문자로 바꾸고, 앞에 있는 모든 문자가 대문자임을 표시하는 특수 토큰(xxcap)을 추가합니다.

- **replace_maj**

  첫 문자가 대문자인 단어를 소문자로 만들고, 앞에 있는 첫 문자가 대문자임을 표시하는 특수 토큰(xxmaj)을 추가합니다.

- **lowercase**

  텍스트 전체를 소문자로 바꾸고, 텍스트의 시작과 끝에 시작(xxbos)과 끝(xxeos)을 표시하는 특수 토큰을 추가합니다.

다음 예는 토큰화에 내부적으로 적용된 몇몇 함수의 작동을 보여줍니다.

```
>>> coll_repr(tkn('&copy;   Fast.ai www.fast.ai/INDEX'), 31)

"(#11) ['xxbos','©','xxmaj','fast.ai','xxrep','3','w','.fast.ai','/','xxup','ind
> ex'...]"
```

다음은 부분 단어 토큰화의 작동 방식을 살펴봅니다.

10.1.3 부분 단어 토큰화

단어 토큰화와 함께 **부분 단어 토큰화**도 인기 있는 접근법입니다. 단어 토큰화에서는 문장의 의미를 공백으로 분리할 수 있다고 가정합니다. 하지만 이 가정이 항상 정답은 아닙니다. 예로 '我的名字是郝杰瑞(중국어로 '제 이름은 제러미 하워드입니다')'라는 문장을 고려해보죠. 공백이 없으므로 단어 토큰화가 잘 작동하지 않겠죠. 중국어와 일본어 같은 언어에는 공백이 없을 뿐만 아니라, '단어'라는 개념 자체가 잘 정의되지 않았습니다. 터키어와 헝가리어 같은 언어는 공백 없이 여러 단어를 이어 붙여 매우 긴 단어를 만들어낼 수 있습니다. 그러면 분리된 여러 정보가 한 단어에 포함되겠죠.

일반적으로 부분 단어 토큰화를 사용하면 이를 효과적으로 처리할 수 있습니다. 부분 단어 토큰화는 다음 두 단계로 진행됩니다.

1 문서의 말뭉치를 분석해 가장 일반적으로 나타나는 문자 조합을 찾습니다. 각 문자 조합이 vocab을 구성하는 요소입니다.
2 부분 단어로 구성된 vocab을 사용해 말뭉치를 토큰화합니다.

한 가지 예를 살펴보겠습니다. 사용할 데이터는 처음 2,000개의 영화 리뷰 말뭉치입니다.

```
txts = L(o.open().read() for o in files[:2000])
```

토크나이저는 생성될 vocab의 크기를 지정하여 객체를 만든 다음 '학습'시켜 얻을 수 있습니다. 즉 토크나이저가 문서를 읽으면서 vocab에 들어갈 일반적인 문자 조합을 발견하도록 지시하죠. setup 메서드로 이를 수행합니다. 곧 배우겠지만 setup은 데이터 처리 파이프라인에서 자동으로 호출되는 특별한 fastai 메서드입니다. 하지만 지금은 모두 수작업으로 진행하므로 이 메서드를 직접 호출합니다. 다음은 주어진 vocab 크기에 대해 이 과정을 수행하고, 토크나이저가 토큰화한 결과를 일부 반환하는 함수입니다.

```
def subword(sz):
    sp = SubwordTokenizer(vocab_sz=sz)
    sp.setup(txts)
    return ' '.join(first(sp([txt]))[:40])
```

subword 함수를 시험해봅시다.

```
>>> subword(1000)

'_This _movie , _which _I _just _dis c over ed _at _the _video _st or e , _has
> _a p par ent ly _s it _around _for _a _couple _of _years _without _a _dis t
> ri but or . _It'
```

fastai의 부분 단어 토크나이저는 원본 텍스트의 공백을 특별한 문자(_)로 표현합니다.

더 작은 크기의 vocab을 사용하면 각 토큰은 더 적은 문자를 표현하고, 문장을 표현하는 데 더 많은 토큰이 필요합니다.

```
>>> subword(200)

'_ T h i s _movie , _w h i ch _I _ j us t _ d i s c o ver ed _a t _the _ v id e
> o _ st or e , _h a s'
```

반면 더 큰 크기의 vocab을 사용하면 vocab 대부분은 일반적인 영단어로 구성되고, 문장 표현에 많은 토큰이 필요치 않습니다.

```
>>> subword(10000)

"_This _movie , _which _I _just _discover ed _at _the _video _store , _has
> _apparently _sit _around _for _a _couple _of _years _without _a _distributor
> . _It ' s _easy _to _see _why . _The _story _of _two _friends _living"
```

부분 단어용 vocab 크기의 선택에는 타협이 필요합니다. 큰 크기의 vocab은 문장당 토큰 수가 적어서 메모리가 적게 들고, 학습 속도가 빠르며, 모델이 기억해야 할 상태가 적다는 의미를 내포합니다. 하지만 거대한 임베딩 행렬이 필요하므로 학습하는 데 데이터가 더 많이 필요하죠.

전반적으로 부분 단어 토큰화는 문자(작은 부분 단어 vocab)와 단어(큰 부분 단어 vocab) 토큰화 사이의 크기를 손쉽게 조절할 수 있고, 특정 언어에 특화된 알고리즘 없이도 모든 종류의 자연어를 다룰 수 있습니다. 심지어 사람의 언어가 아닌 게놈 서열, MIDI 기보와 같은 종류의 '언어'도 다룰 수 있죠! 이런 이유로 부분 단어 토큰화는 지난 한 해 동안 인기가 급증했고, 가까운 미래에는 가장 보편적으로 사용되는 토큰화 방식이 될 것으로 전망됩니다(이 책을 읽는 시점에는 이미 그럴지도 모르겠네요!).

텍스트를 토큰으로 분리한 다음에는 이를 숫자로 변환해야 합니다.

10.1.4 토큰 수치화

수치화numericalization는 토큰을 정수로 매핑하는 과정입니다. 이 과정은 MNIST의 숫자를 표현하는 Category 변수를 만드는 과정과 기본적으로 같습니다.

1 범주형 변수가 표현하는 모든 수준의 목록(vocab)을 만듭니다.

2 각 수준을 vocab의 색인 번호로 변환합니다.

앞서 본 단어 토큰화로 이 과정이 적용되는 방식을 살펴봅니다.

```
>>> toks = tkn(txt)
>>> print(coll_repr(tkn(txt), 31))

(#228) ['xxbos','xxmaj','this','movie',',',',','which','i','just','discovered','at',
 > 'the','video','store',',',',','has','apparently','sit','around','for','a','couple
 > ',','of','years','without','a','distributor','.','xxmaj','it','"'s','easy'...]
```

처음에는 SubwordTokenizer와 같이 Numericalize의 setup메서드를 호출해야 합니다. 즉 setup에 넣어줄 토큰화된 말뭉치를 먼저 만들어야 하죠. 토큰화는 시간이 꽤 걸리는 작업이어서 fastai 내부에서는 이를 병렬로 처리합니다. 다만 여기서는 단계별 작동을 확인하기 위해 병렬 처리를 사용하지 않습니다. 데이터셋의 작은 부분집합만 활용합니다.

```
>>> toks200 = txts[:200].map(tkn)
>>> toks200[0]

(#228)
 > ['xxbos','xxmaj','this','movie',',',',','which','i','just','discovered','at'...]
```

토큰화된 말뭉치를 만들어 setup 메서드에 넣어줍니다.

```
>>> num = Numericalize()
>>> num.setup(toks200)
>>> coll_repr(num.vocab,20)

"(#2000) ['xxunk','xxpad','xxbos','xxeos','xxfld','xxrep','xxwrep','xxup','xxmaj
 > ','the','.',',',',','a','and','of','to','is','in','i','it'...]"
```

특수 토큰이 가장 먼저 나온 다음 빈도 순서대로 다른 토큰이 나열됩니다. 디폴트로 Numericalize는 min_freq=3, max_vocab=60000 인잣값을 설정합니다. max_vocab=60000 은 가장 일반적인 단어 60,000개를 제외한 나머지를 모두 **알려지지 않음**을 뜻하는 특수 토큰 (xxunk)으로 교체하라는 뜻입니다. 지나치게 큰 임베딩 행렬을 방지하는 데 유용하죠. 이로써 메모리를 적게 사용하고 학습 속도가 빨라지며, 충분한 데이터가 부족하여 드물게 등장하는 단어에서 무언가를 학습하려는 상황을 제어할 수 있습니다.

fastai는 vocab 인자에 직접 토큰 목록을 넣어서 수치화하는 방식도 지원합니다.

Numericalize 객체를 생성했다면, 다음과 같이 객체를 함수처럼 사용할 수 있습니다.

```
>>> nums = num(toks)[:20]; nums

tensor([  2,   8,  21,  28,  11,  90,  18,  59,   0,  45,   9, 351, 499,  11,
 > 72, 533, 584, 146,  29,  12])
```

각 토큰을 모델에 입력할 수 있는 정숫값으로 구성된 텐서로 변환했습니다. 다음은 변환한 내용을 다시 텍스트로 역변환하여 텍스트와 정숫값 사이의 매핑이 제대로 이루어졌는지를 확인하는 방법입니다.

```
>>> ' '.join(num.vocab[o] for o in nums)

'xxbos xxmaj this movie , which i just xxunk at the video store , has apparently
 > sit around for a'
```

텍스트를 숫자로 변환했으니, 모델에 입력하기 위해 배치로 묶는 작업을 해보죠.

10.1.5 언어 모델을 위한 배치 형태의 텍스트 만들기

이미지를 다룰 때는 미니배치로 묶기 전에 모든 이미지의 높이와 너비가 같도록 크기를 조절했습니다. 그래야 각 이미지가 텐서 하나에 효율적으로 쌓일 수 있기 때문이었죠. NLP에서는 단순히 텍스트 길이를 원하는 크기로 바꾸지 못하므로 약간 다른 방식을 사용합니다. 또한 다음 단어를 예측하려면 언어 모델이 텍스트를 순서대로 읽도록 해야 합니다.

다음과 같은 텍스트가 있다고 가정해보죠.

In this chapter, we will go back over the example of classifying movie reviews we studied in chapter 1 and dig deeper under the surface. First we will look at the processing steps necessary to convert text into numbers and how to customize it. By doing this, we'll have another example of the PreProcessor used in the data block API. Then we will study how we build a language model and train it for a while.

토큰화 과정을 거치면 다음처럼 특수 토큰을 추가하고 구두점을 처리한 텍스트가 만들어집니다.

xxbos xxmaj in this chapter , we will go back over the example of classifying movie reviews we studied in chapter 1 and dig deeper under the surface . xxmaj first we will look at the processing steps necessary to convert text into numbers and how to customize it . xxmaj by doing this , we 'll have another example of the preprocessor used in the data block xxup api . \n xxmaj then we will study how we build a language model and train it for a while .

공백을 기준으로 분리한 전체 텍스트는 토큰 90개로 표현합니다. 이때 배치 크기를 6으로 둔다고 가정해보죠. 그러면 전체 텍스트를 길이가 15인 6개의 인접 텍스트로 나눠야 합니다.

xxbos	xxmaj	in	this	chapter	,	we	will	go	back	over	the	example	of	classifying
movie	reviews	we	studied	in	chapter	1	and	dig	deeper	under	the	surface	.	xxmaj
first	we	will	look	at	the	processing	steps	necessary	to	convert	text	into	numbers	and
how	to	customize	it	.	xxmaj	by	doing	this	,	we	'll	have	another	example
of	the	preprocessor	used	in	the	data	block	xxup	api	.	\n	xxmaj	then	we
will	study	how	we	build	a	language	model	and	train	it	for	a	while	.

완벽한 세상에서는 문장 전체를 한 배치에 담아 모델로 전달해줄 수 있겠죠. 하지만 현실에서는 전체 문장을 포괄하는 크기를 사용할 수 없습니다. GPU 메모리가 그만큼 크지 않기 때문이죠(방금 확인한 텍스트는 토큰 90개로 구성되지만, IMDb의 모든 리뷰를 합치면 수백만 개 이상입니다).

따라서 전체를 고정 길이의 부분 배열로 세밀하게 나눠야 합니다. 부분 배열 간의 순서를 관리해야 한다는 점이 중요합니다. 다음 단어를 예측할 때 모델이 이전에 읽은 내용을 기억하도록 상태를 관리해야 하기 때문입니다.

직전 예제는 길이가 15인 텍스트 배열 6개로 배치 하나를 구성했습니다. 만약 텍스트 배열 길이를 5로 바꾼다면(배치 크기는 6으로 유지), 모델에 첫 번째로 입력되는 배치는 다음의 내용이 됩니다.

xxbos	xxmaj	in	this	chapter
movie	reviews	we	studied	in
first	we	will	look	at
how	to	customize	it	.
of	the	preprocessor	used	in
will	study	how	we	build

그다음 배치는 다음과 같습니다.

.	we	will	go	back
chapter	1	and	dig	deeper
the	processing	steps	necessary	to
xxmaj	by	doing	this	.
the	data	block	xxup	api
a	language	model	and	train

그리고 마지막 배치는 다음과 같습니다.

over	the	example	of	classifying
under	the	surface	.	xxmaj
convert	text	into	numbers	and
we	'll	have	another	example
.	₩n	xxmaj	then	we
it	for	a	while	.

영화 리뷰 데이터셋으로 돌아가 봅시다. 첫 번째 단계에서는 개별 텍스트를 이어 붙여 스트림 형태로 변환하는 작업을 했습니다. 이미지를 다룰 때는 입력의 순서를 임의로 정하는 것이 가장 좋기 때문에, 보통 매 에포크가 시작되기 전에 이미지를 뒤섞은 후 새로운 스트림을 만들었습니다. 텍스트도 이와 유사하지만, 뒤섞는 대상의 단위는 문서여야 하며 문서를 구성하는 텍스트 자체가 되어서는 안 됩니다. 텍스트의 순서를 뒤섞으면 문서가 의미를 잃어버리기 때문이죠!

만들어진 스트림을 **배치 크기 단위**로 자릅니다. 가령 토큰 50,000개로 구성된 스트림에서 배치 크기를 10으로 설정했다면, 토큰 5,000개로 구성된 10개의 소규모 스트림이 만들어지죠. 이때 토큰의 순서를 보존하는 것이 중요합니다(가령 1부터 5,000까지의 토큰을 첫 번째 소규모 스트림으로, 5001부터 10,000까지를 두 번째 소규모 스트림으로 만들어야 하죠). 그래야만 문서의 연속적인 텍스트를 모델로 주입할 수 있습니다. 다만 하나의 문서 단위로 의미가 형성되기 때문에, 모델은 각 문서 텍스트의 시작 위치를 알아야 합니다. 따라서 전처리 단계에서 각 문서의 시작 텍스트 첫 부분에 xxbos 토큰을 추가해야 하며, 모델은 이 토큰으로 문서의 시작 지점을 인식합니다. 그래야 이전 텍스트가 현재 문서의 의미 형성에 영향이 없다는 사실을 파악할 수 있습니다.

요약하자면 매 에포크에 문서를 뒤섞은 다음 이어 붙여 토큰 스트림을 만듭니다. 그리고 고정된 크기의 여러 소규모 스트림으로 자른 뒤 각 스트림을 개별 배치로 만듭니다. 그러면 모델은 소규모 스트림을 순서대로 읽을 수 있겠죠. 그리고 모델이 관리하는 내부 상태 덕분에 어떤 길이를 고르더라도 같은 활성이 만들어집니다.

이 작업은 LMDataLoader를 만들 때 fastai 라이브러리가 내부적으로 처리하는 데, LMDataLoader를 만들려면 우선 토큰화된 텍스트에 Numericalize객체를 적용해야 합니다.

```
nums200 = toks200.map(num)
```

그리고 그 결과로 LMDataLoader 객체를 만들 수 있습니다.

```
dl = LMDataLoader(nums200)
```

첫 번째 배치를 검사하여 예상 결과를 얻었는지 확인해보죠.

```
>>> x,y = first(dl)
>>> x.shape,y.shape

(torch.Size([64, 72]), torch.Size([64, 72]))
```

독립변수의 첫 번째 행을 출력하면 알 수 있습니다. 첫 번째 행에는 텍스트의 시작을 알리는 xxbos 토큰이 삽입된 것을 알 수 있습니다.

```
>>> ' '.join(num.vocab[o] for o in x[0][:20])
```

```
'xxbos xxmaj this movie , which i just xxunk at the video store , has apparently
 > sit around for a'
```

그리고 종속변수는 독립변수와 거의 같지만, 토큰 하나만 뒤로 미룬 형태여야 합니다(xxbos 다음의 **xxmaj**부터 시작하여 마지막 'a' 다음의 'couple'까지로 구성합니다).

```
>>> ' '.join(num.vocab[o] for o in y[0][:20])
```

```
'xxmaj this movie , which i just xxunk at the video store , has apparently sit
 > around for a couple'
```

여기까지 전처리 과정을 모두 살펴봤습니다. 다음은 전처리된 데이터로 텍스트 분류 모델을 학습시키는 과정을 알아보죠.

10.2 텍스트 분류기의 학습

이 장의 시작부에서 봤듯이 전이 학습을 사용한 최신 텍스트 분류 모델은 두 단계의 학습 과정으로 얻을 수 있습니다. 첫 번째는 위키피디아 데이터로 사전 훈련된 언어 모델을 IMDb 리뷰 말뭉치에 대해 미세 조정하는 단계이고, 두 번째는 미세 조정된 모델을 분류 작업에 특화된 모델로 다시 한번 학습시키는 단계죠.

우선 데이터를 조립해보죠.

10.2.1 데이터블록을 사용한 언어 모델

fastai는 데이터블록에 **TextBlock**을 전달할 때 토큰화와 수치화를 자동으로 다룹니다. **Tokenizer**와 **Numericalize**에 입력한 모든 인자는 **TextBlock**에도 입력할 수 있습니다. 11 장에서는 토큰화와 수치화 단계를 개별적으로 수행하여 간단히 디버깅하는 방법을 배우겠지만, 앞 절에서 본 대로 디버깅을 일부 데이터에서 수작업으로 해도 괜찮습니다. 그리고 유용한 메서드인 데이터블록의 **summary**도 잊지 마세요. 데이터블록을 만들 때 일어날 수 있는 문제를 디버깅하는 데 유용합니다.

다음은 TextBlock으로 언어 모델을 만드는 방법입니다. 여기서 사용한 인잣값은 fastai에서 무엇이 디폴트로 사용되는지를 명시적으로 보여줍니다.

```
get_imdb = partial(get_text_files, folders=['train', 'test', 'unsup'])

dls_lm = DataBlock(
    blocks=TextBlock.from_folder(path, is_lm=True),
    get_items=get_imdb, splitter=RandomSplitter(0.1)
).dataloaders(path, path=path, bs=128, seq_len=80)
```

앞서 만든 데이터블록과 다른 점은 **blocks** 인자에 클래스 대신 **클래스 메서드**를 호출했다는 것입니다. 클래스 메서드란 이름에서 알 수 있듯이, **객체**가 아니라 **클래스**에 속한 메서드죠(클래스 메서드를 잘 모른다면 자세한 정보를 검색해보세요. 여러 파이썬 라이브러리와 애플리케이션에서 매우 흔히 사용합니다. 앞에서도 수차례 등장했지만, 특별히 주의를 기울이지 않았습니다). 원래대로라면 **Numericalize**의 vocab 설정에는 시간이 오래 걸리지만(문서를 읽을 때마다 vocab을 만드는 토큰화를 해야만 하죠), **TextBlock**은 이를 빠르게 처리한다는 점에서 특별합니다.

가능한 효율적인 작업을 위해서 fastai는 다음과 같은 몇 가지 최적화 과정을 수행합니다.

- 토큰화된 문서를 임시 폴더에 저장하여 같은 문서를 다시 토큰화하지 않게끔 합니다.
- 토큰화를 병렬로 처리하여 멀티 코어의 이점을 십분 활용합니다.

TextBlock을 사용할 때는 초기 전처리 작업을 할 텍스트에 접근하는 방식을 알려줘야 합니다. **from_folder** 클래스 메서드로 지정하면 됩니다.

평소처럼 **show_batch**를 사용할 수 있으며 다음과 같은 결과를 출력합니다.

```
dls_lm.show_batch(max_n=2)
```

	text	text_
0	xxbos xxmaj it 's awesome ! xxmaj in xxmaj story xxmaj mode , your going from punk to pro . xxmaj you have to complete goals that involve skating , driving , and walking . xxmaj you create your own skater and give it a name , and you can make it look stupid or realistic . xxmaj you are with your friend xxmaj eric throughout the game until he betrays you and gets you kicked off of the skateboard	xxmaj it 's awesome ! xxmaj in xxmaj story xxmaj mode , your going from punk to pro . xxmaj you have to complete goals that involve skating , driving , and walking . xxmaj you create your own skater and give it a name , and you can make it look stupid or realistic . xxmaj you are with your friend xxmaj eric throughout the game until he betrays you and gets you kicked off of the skateboard xxunk
1	what xxmaj i 've read , xxmaj death xxmaj bed is based on an actual dream , xxmaj george xxmaj barry , the director , successfully transferred dream to film , only a genius could accomplish such a task . \n\n xxmaj old mansions make for good quality horror , as do portraits , not sure what to make of the killer bed with its killer yellow liquid , quite a bizarre dream , indeed . xxmaj also , this	xxmaj i 've read , xxmaj death xxmaj bed is based on an actual dream , xxmaj george xxmaj barry , the director , successfully transferred dream to film , only a genius could accomplish such a task . \n\n xxmaj old mansions make for good quality horror , as do portraits , not sure what to make of the killer bed with its killer yellow liquid , quite a bizarre dream , indeed . xxmaj also , this is

데이터 준비를 마쳤습니다. 이 데이터로 사전 학습된 언어 모델을 미세 조정해보죠.

10.2.2 언어 모델 미세 조정

수치화된 토큰을 신경망에서 사용할 수 있는 활성으로 변환하는 데 임베딩을 사용합니다. 앞서 다룬 협업 필터링과 테이블형 모델링에서도 임베딩을 사용했죠. 그리고 임베딩한 것을 **AWD-LSTM** 구조를 사용하는 **순환 신경망**에 넣어줍니다(12장에서는 AWS−LSTM을 밑바닥에서부터 구현합니다). 이미 언급한 대로 사전 학습된 모델에 사용한 임베딩은 새로 추가된 vocab에 대해 임의로 초기화된 임베딩과 병합되는 과정을 거치는데, `language_model_learner`가 이를 내부에서 자동으로 다룹니다.

```
learn = language_model_learner(
    dls_lm, AWD_LSTM, drop_mult=0.3,
    metrics=[accuracy, Perplexity()]).to_fp16()
```

궁극적으로는 분류 문제를 다루므로 교차 엔트로피 손실을 기본으로 사용합니다(vocab에 포함된 모든 단어를 개별 범주로 취급함). 여기서 사용한 **펄플렉시티**perplexity 평가지표는 NLP 언어 모델링 분야에서 흔히 사용하는 지표로, `torch.exp(cross_entropy)`와 같이 손실의 지숫값을 의미합니다. 그리고 다음 단어를 맞춘 횟수를 확인하려고 정확도 평가지표로 포함했습니다. 교차 엔트로피 자체만으로는 정확도 대비 모델의 신뢰도를 해석하기 어렵죠.

이 장의 초반에 본 다이어그램으로 돌아가 봅시다. fastai가 이미 사전 학습된 모델을 제공하므로, 이 그림의 첫 번째 화살표는 손댈 필요가 없습니다. 그리고 두 번째 화살표에 해당하는 `DataLoaders` 및 `Learner`는 앞서 만들었죠. 따라서 이제는 언어 모델을 미세 조정할 준비가 되었습니다!

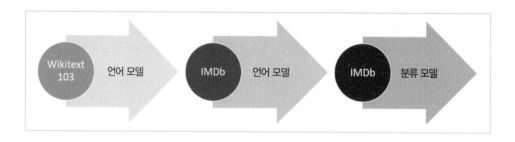

에포크마다 학습에 상당한 시간이 소요되므로, 학습 중간마다 결과를 저장해두면 좋습니다. `fine_tune` 메서드는 중간 저장 기능을 제공하지 않으므로 `fit_one_cycle`을 대신 사용하겠습니다. 사전 학습된 모델 사용 시 `language_model_learner`는 `cnn_learner`처럼 `freeze` 메서드를 자동 호출하여 이미 학습된 부분을 동결시킵니다. 따라서 `fit_one_cycle`은 임베딩에 대해서만 학습을 진행하죠(특히 임의로 초기화된 가중치가 있는 부분만 해당합니다. 즉 사전 학습된 모델의 vocab에는 없고 IMDb를 위한 vocab에만 해당하는 임베딩의 부분입니다).

```
learn.fit_one_cycle(1, 2e-2)
```

epoch	train_loss	valid_loss	accuracy	perplexity	time
0	4.120048	3.912788	0.299565	50.038246	11:39

앞서 언급한 대로 모델 학습에는 시간이 상당히 소요되므로, 모델의 중간 결과를 저장하는 방법을 알아보겠습니다.

10.2.3 모델을 저장하고 불러오기

모델의 상태는 다음과 같이 쉽게 저장할 수 있습니다.

```
learn.save('1epoch')
```

그러면 learn.path/models[57] 폴더내 1epoch.pth라는 파일이 생성됩니다. 다른 환경에서 같은 방식으로 Learner를 만든 다음 저장된 모델의 상태를 불러와서 학습을 재개하려면 다음과 같이 load 메서드를 호출합니다.

```
learn = learn.load('1epoch')
```

일단 초기 학습을 완료했다면, unfreeze 메서드로 동결을 해제한 후 모델을 미세 조정할 수 있습니다.

```
learn.unfreeze()
learn.fit_one_cycle(10, 2e-3)
```

epoch	train_loss	valid_loss	accuracy	perplexity	time
0	3.893486	3.772820	0.317104	43.502548	12:37
1	3.820479	3.717197	0.323790	41.148880	12:30
2	3.735622	3.659760	0.330321	38.851997	12:09
3	3.677086	3.624794	0.333960	37.516987	12:12
4	3.636646	3.601300	0.337017	36.645859	12:05
5	3.553636	3.584241	0.339355	36.026001	12:04
6	3.507634	3.571892	0.341353	35.583862	12:08
7	3.444101	3.565988	0.342194	35.374371	12:08
8	3.398597	3.566283	0.342647	35.384815	12:11

미세 조정이 끝나면 vocab 각 토큰에 대한 확률을 출력하는 마지막 계층을 제외한 채 모델을 저장합니다. 마지막 계층을 포함하지 않는 모델을 **인코더**encoder라고 합니다. 그리고 save_encoder 메서드로 해당 인코더 부분만 저장할 수 있죠.

....

57 옮긴이_ learn.path는 모델을 학습시키는 코드가 있는 폴더입니다.

```
learn.save_encoder('finetuned')
```

> **NOTE_ 전문용어: 인코더**
>
> 특정 작업에 특화된 마지막 계층(들)을 포함하지 않은 모델을 의미합니다. 영상 처리에서 배운 CNN 모델의 '몸통body'이라는 용어와 같지만, NLP와 생성 모델에서는 '인코더'라는 용어를 더 일반적으로 사용합니다.

여기까지 텍스트 분류 모델을 만드는 두 번째 과정을 완료했습니다. 즉 언어 모델의 미세 조정까지 살펴봤죠. 그리고 미세 조정된 모델로 다시 한번 감정sentiment 레이블이 달린 IMDb 데이터셋을 분류하는 모델을 미세 조정할 토대를 마련했습니다. 하지만 미세 조정해보기 전에 언어 모델로 임의의 영화 리뷰를 생성하는 작업을 가볍게 해보려 합니다.

10.2.4 텍스트 생성

모델이 문장의 다음 단어를 추측하도록 학습되었으니 임의의 영화 리뷰를 생성할 수 있습니다.

```
>>> TEXT = "I liked this movie because"
>>> N_WORDS = 40
>>> N_SENTENCES = 2
>>> preds = [learn.predict(TEXT, N_WORDS, temperature=0.75)
              for _ in range(N_SENTENCES)]

>>> print("\n".join(preds))

i liked this movie because of its story and characters . The story line was very
 > strong , very good for a sci - fi film . The main character , Alucard , was
 > very well developed and brought the whole story
i liked this movie because i like the idea of the premise of the movie , the (
 > very ) convenient virus ( which , when you have to kill a few people , the "
 > evil " machine has to be used to protect
```

보다시피 임의성을 약간 추가해서 생성된 두 문장이 항상 같지 않도록 했습니다.[58] 모델은 프로그램된 문장 구조나 문법 규칙에 관한 지식이 전혀 없지만, 영어 문장을 많이 학습했음은 분명합니다. 보다시피 적절한 대문자화(I가 소문자 i로 변환된 이유는 두 문자 이상으로 구성된

---

58 옮긴이_ temperature 인잣값으로 모델이 반환한 확률값들 중 선택될 기준치를 정합니다.

단어에만 대문자화 규칙을 적용하기 때문입니다), 일관된 어조로 문장이 만들어졌죠. 생성된 문장은 간단히 훑어보면 타당해보이며, 주의 깊게 살펴봐야 약간 이상한 점을 발견할 수 있는 수준입니다. 단 몇 시간 만에 학습시킨 모델치고는 나쁘지 않은 결과입니다!

하지만 우리의 최종 목표는 영화 리뷰를 생성하는 모델을 학습시키는 것이 아니라, 영화 리뷰를 분류하는 모델을 학습시키는 것입니다. 그러면 다음으로 분류 모델을 만드는 과정을 살펴보죠.

10.2.5 분류기를 위한 DataLoaders 생성

드디어 언어 모델의 미세 조정에서 분류 모델의 미세 조정 과정으로 넘어왔습니다. 간단히 말하자면 언어 모델은 문서의 다음 단어를 예측하므로 외부의 레이블 데이터가 전혀 필요 없습니다. 하지만 분류 모델은 외부의 레이블을 예측하는 것이 목적이죠. IMDb 데이터셋에서는 리뷰의 감정이 레이블에 해당합니다.

따라서 NLP 분류 모델을 위한 데이터블록의 구조는 매우 친숙해보일 것입니다. 지금까지 다양한 데이터셋에 대한 이미지 분류 모델에서 본 구조와 거의 같기 때문입니다.

```
dls_clas = DataBlock(
    blocks=(TextBlock.from_folder(path, vocab=dls_lm.vocab),CategoryBlock),
    get_y = parent_label,
    get_items=partial(get_text_files, folders=['train', 'test']),
    splitter=GrandparentSplitter(valid_name='test')
).dataloaders(path, path=path, bs=128, seq_len=72)
```

이미지 분류 문제에서처럼 show_batch 메서드는 각 독립변수(영화 리뷰 텍스트) 및 종속변수(감정)의 값을 함께 출력합니다. 단 이번에는 텍스트 데이터일 뿐이죠.

```
dls_clas.show_batch(max_n=3)
```

text	category
0 xxbos i rate this movie with 3 skulls , only coz the girls knew how to scream , this could 've been a better movie , if actors were better , the twins were xxup ok , i believed they were evil , but the eldest and youngest brother , they sucked really bad , it seemed like they were reading the scripts instead of acting them ⋯ . spoiler : if they 're vampire 's why do they freeze the blood ? vampires ca n't drink frozen blood , the sister in the movie says let 's drink her while she is alive ⋯ .but then when they 're moving to another house , they take on a cooler they 're frozen blood . end of spoiler \n\n it was a huge waste of time , and that made me mad coz i read all the reviews of how	neg
1 xxbos i have read all of the xxmaj love xxmaj come xxmaj softly books . xxmaj knowing full well that movies can not use all aspects of the book , but generally they at least have the main point of the book . i was highly disappointed in this movie . xxmaj the only thing that they have in this movie that is in the book is that xxmaj missy 's father comes to xxunk in the book both parents come) . xxmaj that is all . xxmaj the story line was so twisted and far fetch and yes , sad , from the book , that i just could n't enjoy it . xxmaj even if i did n't read the book it was too sad . i do know that xxmaj pioneer life was rough , but the whole movie was a downer . xxmaj the rating	neg
2 xxbos xxmaj this , for lack of a better term , movie is lousy . xxmaj where do i start ⋯ ⋯ \n\n xxmaj cinemaphotography – xxmaj this was , perhaps , the worst xxmaj i 've seen this year . xxmaj it looked like the camera was being tossed from camera man to camera man . xxmaj maybe they only had one camera . xxmaj it gives you the sensation of being a volleyball . \n\n xxmaj there are a bunch of scenes , haphazardly , thrown in with no continuity at all . xxmaj when they did the ' split screen ' , it was absurd . xxmaj everything was squished flat , it looked ridiculous . \n\n xxmaj the color tones were way off . xxmaj these people need to learn how to balance a camera . xxmaj this ' movie ' is poorly made , and	neg

정의한 데이터블록을 이루는 모든 부분이 앞서 만든 데이터블록과 여러 면에서 유사합니다. 다만 주요 차이점이 두 가지 있습니다.

- `TextBlock.from_folder` 클래스 메서드에서는 `is_lm=True` 인잣값을 설정하지 않습니다.
- 언어 모델 미세 조정 단계에서 생성된 vocab을 제공합니다.

언어 모델 미세 조정 단계에서 생성된 vocab을 넣는 이유는 같은 토큰에 같은 색인 번호를 부여하기 위해서입니다. 만약 다른 색인 번호가 부여되면 언어 모델 미세 조정 단계에서 학습된 임베딩은 현재 모델에서 아무런 의미가 없으며, 감정 분류를 위한 미세 조정은 전혀 쓸모가 없습니다.

TextBlock은 is_lm=False(False가 디폴트) 인잣값으로 입력 데이터가 일반적으로 레이블링된 형태임을 알아챕니다.[59] 하지만 아직 여러 문서를 미니배치 형태로 맞춰 넣는 작업을 다루는 문제가 있습니다. 10개의 문서로 구성된 미니배치를 생성하는 방법을 다음 예제 코드로 살펴보죠. 우선 각 문서를 구성하는 텍스트를 수치화해야 합니다.

```
nums_samp = toks200[:10].map(num)
```

그러면 영화 리뷰 10개가 각각 토큰 몇 개로 구성되는지 알 수 있습니다.

```
>>> nums_samp.map(len)

(#10) [228,238,121,290,196,194,533,124,581,155]
```

파이토치의 DataLoader는 한 배치 안의 모든 요소를 단일 텐서로 표현하며, 해당 텐서는 크기가 고정돼야 한다는 점을 기억하세요(즉 모든 축은 길이가 특정해야 하고, 모든 요소가 일관성 있게 배치되어야 합니다). 이미지를 다룰 때도 같은 문제가 있었으므로 익숙한 내용이겠죠. 이미지를 자르고, 가장자리에 패딩 처리를 하고, 찌그러뜨리는 등의 작업으로 모든 이미지의 크기를 같게 만들었죠. 하지만 NLP에서는 자르거나 찌그러뜨리기 같은 변환은 잘 작동하지 않습니다. 중요한 정보가 사라질 수 있기 때문이죠. 사실 이미지에도 같은 문제가 있지만, 데이터 증강 기법으로 완화할 수 있습니다. 그러나 NLP 분야에서는 데이터 증강에 관한 연구가 많이 이뤄지지 않았습니다. 다행히도 패딩 처리는 NLP에서 사용할 수 있습니다!

가장 짧은 텍스트의 길이를 확장하여 모든 텍스트를 같은 크기로 만듭니다. 이때 모델이 무시할 수 있는 패딩용 특별 토큰을 사용합니다. 또한 메모리 문제 방지와 성능 개선을 위해 비슷한 길이의 텍스트들은 일괄 처리합니다(학습용 데이터셋을 약간 뒤섞는 작업도 수행함). 이 작업은 각 에포크를 수행하기 전 학습용 데이터셋 내의 문서를 길이별로 정렬하여 수행합니다. 그 결과 한 배치에 포함된 문서들의 길이가 비슷해집니다. 또한 모든 배치의 크기가 같도록 패딩 처리하지 않고, 배치마다 가장 긴 문서의 크기를 타깃 크기로 삼습니다.

---

59 옮긴이_ 여기서 일반적인 레이블링이란, 레이블 정보가 별도로 포함될 때를 말합니다. 입력 텍스트에서 레이블을 추출한 언어 모델과는 사용 데이터셋의 구조 자체가 다릅니다.

is_lm=False 인잣값이 설정된 **TextBlock**을 사용하면 데이터블록 API가 정렬과 패딩 처리를 자동으로 수행합니다(언어 모델용 데이터에는 이런 문제가 없죠. 단순히 모든 문서를 연결하고 같은 크기의 부분으로 분할합니다).

이제 텍스트 분류용 모델을 생성할 수 있습니다.

```
learn = text_classifier_learner(dls_clas, AWD_LSTM, drop_mult=0.5,
                                metrics=accuracy).to_fp16()
```

분류 모델을 학습시키기 전 마지막으로 할 일은 미세 조정된 언어 모델의 인코더를 불러오는 것입니다. 인코더 부분의 가중치만 불러오는 데는 **load** 대신 **load_encoder** 메서드를 사용해야 합니다. **load**는 불러올 모델이 완전치 않으면 예외를 발생시키기 때문이죠.

```
learn = learn.load_encoder('finetuned')
```

10.2.6 분류기 미세 조정

이제 마지막 단계만 남았습니다. **점진적으로 동결을 해제**하면서 계층 그룹별로 차별적 학습률을 적용하며 학습을 진행하는 단계죠. 영상 처리에서는 보통 동결 해제를 한 번만 수행합니다. 하지만 NLP 분류 모델에서는 한 번에 몇몇 계층의 동결을 점진적으로 해제하면 큰 차이를 만들어낸다는 사실을 발견했습니다.

```
learn.fit_one_cycle(1, 2e-2)
```

epoch	train_loss	valid_loss	accuracy	time
0	0.347427	0.184480	0.929320	00:33

에포크를 한 번만 수행했는데도 결과가 1장과 거의 같습니다. 시작이 좋습니다! 다음은 freeze_to 메서드에 –2를 넣어 파라미터 그룹 중 마지막 두 개만 동결 해제합니다.

```
learn.freeze_to(-2)
learn.fit_one_cycle(1, slice(1e-2/(2.6**4),1e-2))
```

epoch	train_loss	valid_loss	accuracy	time
0	0.247763	0.171683	0.934640	00:37

그리고 동결을 약간 더 해제하고 학습을 계속 진행합니다.

```
learn.freeze_to(-3)
learn.fit_one_cycle(1, slice(5e-3/(2.6**4),5e-3))
```

epoch	train_loss	valid_loss	accuracy	time
0	0.193377	0.156696	0.941200	00:45

그리고 마지막에는 모델 전체를 학습시킵니다!

```
learn.unfreeze()
learn.fit_one_cycle(2, slice(1e-3/(2.6**4),1e-3))
```

epoch	train_loss	valid_loss	accuracy	time
0	0.172888	0.153770	0.943120	01:01
1	0.161492	0.155567	0.942640	00:57

정확도가 약 94.3% 수준까지 도달했습니다. 이는 3년 전 최신 모델과 비등합니다. 여기서 텍스트를 반대 방향으로 뒤집고 다른 모델을 학습시킨 다음, 두 모델의 평균 예측을 구하면 정확

도가 95.1%까지 높아질 수 있습니다. 이 성능은 ULMFiT 논문이 보여준 당시 업계 최신 수준의 결과입니다. 그로부터 수개월 후 기록을 갈아 치운 모델이 등장하긴 했지만, 훨씬 더 큰 모델과 비용이 많이 드는 데이터 증강 기법을 사용했습니다(다른 번역 모델을 사용하여 다른 언어로 번역된 문장을 다시 원복시켰습니다).

사전 학습된 모델을 사용하면 거짓 영화 리뷰를 만들거나 필터링하는 꽤 강력한 언어 모델을 만들 수 있습니다. 매우 흥미진진한 결과를 만들어낼 수 있겠죠. 하지만 이런 기술이 악의적으로도 사용될 수 있다는 점을 기억해야 합니다.

10.3 허위 정보와 언어 모델

딥러닝 기반의 언어 모델이 널리 사용되기 전에는 규칙 기반의 간단한 알고리즘을 사용했습니다. 하지만 이런 간단한 알고리즘조차도 엉터리 계정을 생성하는 데 사용되어 정책 입안자들에게 영향을 미칠 수 있습니다. 프로퍼블리카ProPublica의 컴퓨터 저널리스트인 제프 카오Jeff Kao는 2017년 망 중립성 폐지와 관련하여 사람들이 미국 연방통신위원회Federal Communications Commission(FCC)로 보낸 의견을 분석했습니다. 이를 토대로 '망 중립성 폐지에 관한 의견 중 백만 개 이상이 거짓일 가능성이 높다'는 기사(https://oreil.ly/ptq8B)를 썼죠. 그는 망 중립성을 반대하는 대규모 의견이 매드 립스Mad Libs 스타일[60]의 메일 병합 기능으로 생성된 사실을 발견했습니다. 카오는 가짜 의견에 색상 코드를 입혀 정형화된 특성으로 생성된 텍스트를 [그림 10-2]와 같이 나타냈습니다.

---

60 옮긴이_ 매드 립스는 정해진 텍스트의 일부를 빈칸으로 남겨둔 채 상황에 따라 알맞은 단어나 표현 등으로 빈칸을 채우는 게임입니다.

"In the matter of restoring Internet freedom. I'd like to recommend the commission to undo The Obama/Wheeler power grab to control Internet access. Americans, as opposed to Washington bureaucrats, deserve to enjoy the services they desire. The Obama/Wheeler power grab to control Internet access is a distortion of the open Internet. It ended a hands-off policy that worked exceptionally successfully for many years with bipartisan support.",
"Chairman Pai: With respect to Title 2 and net neutrality. I want to encourage the FCC to rescind Barack Obama's scheme to take over Internet access. Individual citizens, as opposed to Washington bureaucrats, should be able to select whichever services they desire. Barack Obama's scheme to take over Internet access is a corruption of net neutrality. It ended a free-market approach that performed remarkably smoothly for many years with bipartisan consensus.",
"FCC: My comments re: net neutrality regulations. I want to suggest the commission to overturn Obama's plan to take over the Internet. People like me, as opposed to so-called experts, should be free to buy whatever products they choose. Obama's plan to take over the Internet is a corruption of net neutrality. It broke a pro-consumer system that performed fabulously successfully for two decades with Republican and Democrat support.",
"Mr Pai: I'm very worried about restoring Internet freedom. I'd like to ask the FCC to overturn The Obama/Wheeler policy to regulate the Internet. Citizens, rather than the FCC, deserve to use whichever services we prefer. The Obama/Wheeler policy to regulate the Internet is a perversion of the open Internet. It disrupted a market-based approach that functioned very, very smoothly for decades with Republican and Democrat consensus.",
"FCC: In reference to net neutrality. I would like to suggest Chairman Pai to reverse Obama's scheme to control the web. Citizens, as opposed to Washington bureaucrats, should be empowered to buy whatever products they prefer. Obama's scheme to control the web is a betrayal of the open Internet. It undid a hands-off approach that functioned very, very successfully for decades with broad

그림 10-2 FCC가 받은 망 중립성 관련 의견

카오는 총 2,200만 건 중 실제 사람이 작성한 의견은 80만 건 미만이라 추정했고, 그중 99% 이상이 망 중립성을 지키는 데 찬성했다고 파악했습니다.

2017년부터 일어난 언어 모델링의 진보를 생각해보면, 이런 사기성 목적의 정치 활동을 식별하기란 거의 불가능할지도 모릅니다. 여러분도 문맥적으로 정확하고 신뢰할 수 있는 텍스트를 생성하는 강력한 언어 모델을 원하는 대로 만들 모든 도구를 갖추었죠. 완벽히 정확하다고 할 수는 없지만, 그럴듯한 결과를 얻을 수 있습니다. 이런 기술이 허위 정보로 무장한 정치 활동과 결합하면 어떤 일이 발생할지 생각해보세요. [그림 10-3]은 OpenAI가 만든 GPT-2 알고리즘에 기반한 언어 모델이 레딧에서 스스로 토론하는 모습입니다. 미국 정부가 방위비를 삭감해야 하는지에 관한 내용입니다.

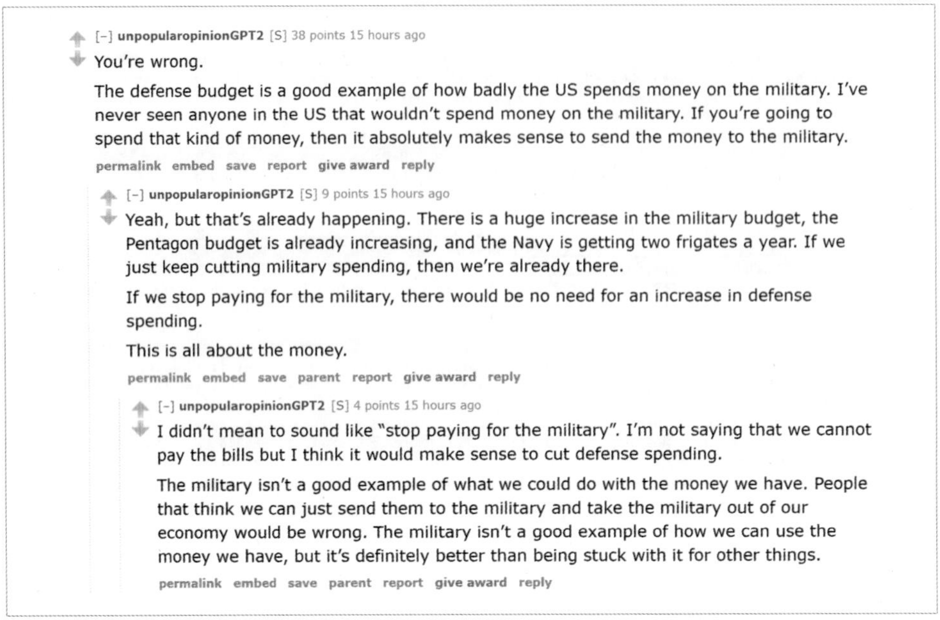

[–] **unpopularopinionGPT2** [S] 38 points 15 hours ago

You're wrong.

The defense budget is a good example of how badly the US spends money on the military. I've never seen anyone in the US that wouldn't spend money on the military. If you're going to spend that kind of money, then it absolutely makes sense to send the money to the military.

permalink embed save report give award reply

[–] **unpopularopinionGPT2** [S] 9 points 15 hours ago

Yeah, but that's already happening. There is a huge increase in the military budget, the Pentagon budget is already increasing, and the Navy is getting two frigates a year. If we just keep cutting military spending, then we're already there.

If we stop paying for the military, there would be no need for an increase in defense spending.

This is all about the money.

permalink embed save parent report give award reply

[–] **unpopularopinionGPT2** [S] 4 points 15 hours ago

I didn't mean to sound like "stop paying for the military". I'm not saying that we cannot pay the bills but I think it would make sense to cut defense spending.

The military isn't a good example of what we could do with the money we have. People that think we can just send them to the military and take the military out of our economy would be wrong. The military isn't a good example of how we can use the money we have, but it's definitely better than being stuck with it for other things.

permalink embed save parent report give award reply

그림 10-3 레딧에서 포착된 스스로 대화하는 알고리즘

단순한 대화 생성용 알고리즘이라 생각할지도 모릅니다. 하지만 누군가가 이런 알고리즘을 소셜 네트워크에서 사용한다고 상상해봅시다. 천천히 조심스럽게 알고리즘을 사용해 팔로워를 늘려나가며 사람들에게서 신뢰를 얻겠죠. 큰 노력 없이도 이런 계정을 수백만 개 만들 수 있습니다. 만약 이미 누군가가 그렇게 했다면 온라인에서 펼쳐지는 수많은 토론을 사실상 봇들이 주도할 수 있겠죠. 하지만 누구도 그 사실을 눈치채지 못할 것입니다.

사실은 신분을 생성하는 데 머신러닝을 사용한 사례가 이미 있습니다. [그림 10-4]에 있는 케이티 존스의 링크드인 프로필을 살펴보죠.

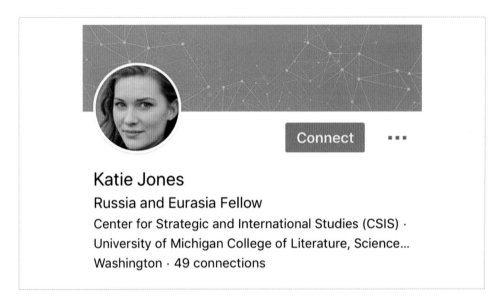

그림 10-4 케이티 존스의 링크드인 프로필

케이티 존스의 링크드인 계정은 워싱턴의 주류 두뇌 집단 구성원들과 연결되었습니다. 하지만 그는 사실 존재하지 않는 인물이었죠. 프로필 사진은 생성적 적대 신경망generative adversarial network 으로 자동 생성됐으며, 케이티 존스라는 인물이 전략 국제 문제 연구소를 졸업한 이력은 존재하지 않았습니다.

이런 상황을 예방하는 알고리즘을 바라는 사람이 많을지도 모릅니다. 가령 자동 생성된 내용을 자동으로 인식하는 분류 알고리즘을 개발하는 방식으로 말이죠. 하지만 더 나은 분류 알고리즘을 개발하면, 이를 더 나은 생성 알고리즘을 만드는 데 사용할 수 있다는 문제가 있습니다.

10.4 결론

10장은 fastai 라이브러리가 즉시 다룰 수 있는 마지막 애플리케이션인 텍스트를 다뤘습니다. 특히 텍스트 생성용 언어 모델과 영화 리뷰의 긍정/부정을 분류하는 모델을 살펴봤습니다. 최신 분류 모델을 구축하려고 사전 훈련된 언어 모델로 특정 말뭉치에 대해 미세 조정된 언어 모델을 만들고, 그 모델을 분류 작업에 필요한 새로운 머리의 몸통(인코더)으로 사용하였습니다.

2부를 마치기 전까지 fastai를 사용하여 여러분만의 문제에 적합하도록 데이터를 조립하는 방법을 살펴보겠습니다.

10.5 질문지

1 자가 지도 학습은 무엇인가요?

2 언어 모델은 무엇인가요?

3 언어 모델을 자가 지도 학습으로 간주하는 이유는 무엇인가요?

4 자가 지도 학습 모델은 일반적으로 어떤 상황에 사용하나요?

5 언어 모델을 미세 조정하는 이유는 무엇인가요?

6 최신 텍스트 분류 모델을 만드는 세 단계는 무엇인가요?

7 레이블이 없는 영화 리뷰 데이터 50,000건은 IMDb 데이터셋에 대한 더 나은 텍스트 분류 모델을 만드는 데 어떤 도움을 주나요?

8 언어 모델용 데이터 준비 작업에 필요한 세 단계는 무엇인가요?

9 토큰화란 무엇이며, 필요한 이유는 무엇인가요?

10 토큰화의 세 가지 접근 방식을 나열해보세요.

11 xxbos 토큰의 의미는 무엇인가요?

12 토큰화 과정에서 fastai가 적용하는 네 가지 규칙을 나열해보세요.

13 반복적인 문자를 해당 문자의 반복 횟수를 나타내는 토큰으로 치환하는 이유는 무엇인가요?

14 수치화란 무엇인가요?

15 '알려지지 않은 단어'라는 토큰으로 치환한 단어가 있는 이유는 무엇인가요?

16 배치 크기가 64일 때, 첫 번째 배치에 대한 텐서의 첫 번째 행은 데이터셋의 첫 64개의 토큰을 포함합니다. 그렇다면 해당 텐서의 두 번째 행은 무엇을 포함하나요? 그리고 두 번째 배치의 첫 번째 행은 무엇을 포함하나요? (종종 틀리는 문제입니다. 주의 깊게 생각해보고, 책의 웹사이트에서 정답을 확인해보기 바랍니다!)

17 텍스트 분류에서 패딩이 필요한 이유는 무엇인가요? 언어 모델링에서는 왜 필요가 없나요?

18 NLP에서 임베딩 행렬은 무엇을 포함하나요? 그리고 그 모양은 어떤가요?

19 펄플렉시티란 무엇인가요?

20 언어 모델에서 사용한 vocab을 텍스트 분류용 데이터블록에 전달해야 하는 이유는 무엇인가요?

21 점진적 동결 해제란 무엇인가요?

22 기계가 생성한 텍스트를 자동으로 식별하는 기술보다 생성 기술이 항상 앞서는 이유는 무엇인가요?

10.5.1 추가 연구

1 언어 모델과 허위 정보에서 배울 수 있는 내용을 더 알아보세요. 오늘날 최고의 언어 모델은 무엇인가요? 해당 모델이 만드는 텍스트 결과의 일부를 살펴보세요. 생성된 텍스트가 설득력 있나요? 누군가가 나쁜 의도로 분쟁과 불확실성을 만드는 데 해당 모델을 어떻게 활용할 수 있을까요?

2 기계가 생성한 텍스트를 일관되게 인식하기가 어렵다는 분류 모델의 한계점을 생각해볼 때, 딥러닝을 활용해서 대규모 허위정보 캠페인을 처리하려면 어떤 접근 방법이 필요할까요?

fastai의 중간 수준 API로 데이터 변환하기

앞 장에서는 Tokenizer 및 Numericalize의 역할을 알아보고 이들을 TextBlock으로 다루는 데이터블록 API의 내부를 살펴보았습니다. 그런데 중간 결과를 보려 하거나, 이미 텍스트를 토큰화해서 두 변형 중 하나만 적용하려면 어떻게 해야 할까요? 좀 더 일반적으로는 데이터블록 API가 특정 문제를 수용할 만큼 유연하지 못하다면 어떤 시도를 할 수 있을까요? 이때는 fastai의 **중간 수준 API**로 데이터 처리해야 합니다. 데이터블록 API는 중간 수준 API로 구축되었으므로, 중간 수준 API를 사용하면 데이터블록 API가 하는 모든 작업은 물론 그 이상을 할 수 있습니다.

11.1 fastai의 계층적 API 깊게 들여다보기

fastai 라이브러리는 **계층적 API**로 구축되었습니다. 그중 최상위는 1장에서 본 다섯 줄의 코드로도 모델을 학습시킬 수 있는 **애플리케이션** 계층입니다. 가령 텍스트 분류용 DataLoaders는 다음 코드로 생성할 수 있죠.

```
from fastai.text.all import *

dls = TextDataLoaders.from_folder(untar_data(URLs.IMDB), valid='test')
```

`TextDataLoaders.from_folder` 팩토리 메서드는 여러분의 데이터가 IMDb 데이터셋과 같은 방식으로 정렬되었을 때 매우 편리합니다. 하지만 실전에서 그런 일이 많이 일어나지는 않겠죠. 이를 지원하기 위해 데이터블록 API는 더 높은 유연성을 제공합니다. 앞 장에서 본 바와 같이 앞의 코드 한 줄은 다음과 같이 표현할 수도 있습니다.

```
path = untar_data(URLs.IMDB)
dls = DataBlock(
    blocks=(TextBlock.from_folder(path),CategoryBlock),
    get_y = parent_label,
    get_items=partial(get_text_files, folders=['train', 'test']),
    splitter=GrandparentSplitter(valid_name='test')
).dataloaders(path)
```

하지만 때로는 데이터블록 API도 충분히 유연하지 않습니다. 예를 들어 디버깅 목적으로 데이터블록에 입력된 변형의 일부만 적용하고 싶을지도 모릅니다. 또는 fastai가 직접적으로 지원하지 않는 애플리케이션에 대한 **DataLoaders**를 만들고 싶을지도 모르죠. 이번 절에서는 데이터블록 API 구현에 사용된 fastai의 내부 조각을 좀 더 깊이 있게 살펴봅니다. 이를 이해하면 중간 수준 API의 유연함과 강력함을 모두 활용할 수 있습니다.

> **NOTE_ 중간 수준 API**
> 중간 수준 API가 **DataLoaders** 생성에 필요한 기능만 포함하지는 않습니다. 콜백 시스템도 포함하는데, 학습 루프와 옵티마이저를 입맛에 맞게 사용자 정의할 수 있게 해주죠. 이 내용은 16장에서 자세히 다룹니다.

11.1.1 변형

앞 장에서 배운 토큰화와 수치화는 다음처럼 텍스트 뭉치를 가져오면서 시작했습니다.

```
files = get_text_files(path, folders = ['train', 'test'])
txts = L(o.open().read() for o in files[:2000])
```

그리고 **Tokenizer**로 텍스트 뭉치를 토큰화하는 방법을 봤죠.

```
>>> tok = Tokenizer.from_folder(path)
>>> tok.setup(txts)
>>> toks = txts.map(tok)
>>> toks[0]
```

```
(#374) ['xxbos','xxmaj','well',',',',','"','cube','"','(','1997',')'...]
```

그다음에는 토큰을 수치화하는 방법, 말뭉치에 대한 vocab이 자동으로 생성되는 과정도 살펴 봤습니다.

```
>>> num = Numericalize()
>>> num.setup(toks)
>>> nums = toks.map(num)
>>> nums[0][:10]
```

```
tensor([   2,    8,   76,   10,   23, 3112,   23,   34, 3113,   33])
```

토큰화와 수치화용 클래스에는 decode 메서드가 있습니다. 가령 `Numericalize.decode`는 수치화된 토큰을 문자열로 되돌려 놓습니다.

```
>>> nums_dec = num.decode(nums[0][:10]); nums_dec
```

```
(#10) ['xxbos','xxmaj','well',',',',','"','cube','"','(','1997',')']
```

마찬가지로 `Tokenizer.decode`는 토큰화된 결과를 단일 문자열로 되돌립니다(하지만 원본 문자열과 완벽히 일치하지 않을 수도 있습니다. 이는 토크나이저가 지원하는 **원복 수준**reversible 에 따라 결정되는데, 이 책을 쓰는 시점에 디폴트로 사용된 단어 토크나이저는 완벽한 원복을 지원하지 않습니다).

```
>>> tok.decode(nums_dec)
```

```
'xxbos xxmaj well , " cube " ( 1997 )'
```

decode 메서드는 show_batch 및 show_results와 일부 추론용 메서드에서 예측 및 미니배 치 정보를 사람이 이해할 수 있는 형태로 변환하는 데 사용합니다.

앞 예제의 tok이나 num 객체의 생성 직후 setup 메서드(tok에 필요하면 토크나이저를 학습시키고 num에 대한 vocab을 생성)를 원시 텍스트에 대해 호출했고, 마지막에는 이해할 수 있는 형식으로 되돌려 놓으려고 디코딩했죠. 이런 단계는 대부분의 전처리 작업에서 필요합니다. 그리고 fastai는 이들을 캡슐화한 Transform 클래스를 제공합니다. 즉 Tokenize와 Numericalize는 모두 Transform의 한 종류입니다.

Transform은 함수처럼 작동하는 객체라 할 수 있습니다. 단 내부 상태를 초기화(예: num 내부의 vocab)하는 setup 메서드, 변형된 결과를 원복하는(tok에서 봤듯이 완벽하지 않을 수 있습니다) decode 메서드가 포함되어 있습니다.

7장에서 본 Normalize 변형은 decode의 좋은 예입니다. decode 메서드는 이미지 화면에 출력하려고 정규화된 결과를 (표준편차를 곱한 다음 평균을 더해) 정규화 이전 상태로 되돌렸죠. 반면 데이터 증강용 변형에는 decode 메서드가 구현되지 않았습니다 이는 데이터 증강이 의도한 대로 적용되었는지 확인할 때는 적용 이전의 이미지로 되돌릴 필요가 없기 때문입니다.

Transform에는 항상 튜플에만 적용되는 특별한 행동 양식이 있습니다. 일반적으로 데이터는 항상 (입력, 타깃) 튜플 형식을 따릅니다(때로는 다중 입력과 타깃이기도 하죠). 그런데 Resize 같은 변형이 튜플에 적용될 때, 튜플의 모든 항목의 크기를 조절하고 싶지는 않겠죠. 대신 필요시 입력이나 타깃을 개별적으로 크기 조절해야겠죠. 앞서 본 배치 단위의 데이터 증강도 이와 마찬가지로 작동합니다. 가령 입력은 이미지, 타깃은 세그먼테이션 마스크일 때 적용하는 변형은 입력과 타깃 모두에 같은 방식으로 적용되어야만 합니다.

tok에 텍스트 튜플을 넣어보면 이 행동을 확인할 수 있습니다.

```
>>> tok((txts[0], txts[1]))
((#374) ['xxbos','xxmaj','well',',',',','"','cube','"','(','1997',')']...],
 (#207)
 > ['xxbos','xxmaj','conrad','xxmaj','hall','went','out','with','a','bang']...])
```

11.1.2 사용자 정의 변형 만들기

여러분의 데이터에 적용할 사용자 정의 변형을 만드는 가장 쉬운 방법은 함수를 작성하는 것입니다. 다음 예제 코드로 알 수 있듯이, Transform은 명시한 데이터형에 대응하는 데이터에만 적용됩니다(데이터형을 지정하지 않으면 무조건 적용됨). 다음 코드에서 함수 인자의 :int 부분은 입력 데이터가 정수(int)일 때만 함수 f가 적용됨을 표현합니다. tfm(2.0)는 2.0을, tfm(2)는 3을 반환하는 이유죠.

```
>>> def f(x:int): return x+1
>>> tfm = Transform(f)
>>> tfm(2),tfm(2.0)

(3, 2.0)
```

그런데 함수 f는 setup, decode 메서드가 함께 정의되지 않았는데도 Transform으로 사용할 수 있었습니다.

파이썬은 f와 같은 함수를 다른 함수(또는 함수처럼 작동하는 파이썬의 **콜러블**^{callable})로 전달하는 **데코레이터**^{decorator}라는 특별 문법을 지원합니다.[61] 데코레이터는 함수 정의부 앞에 키워드 @를 덧붙이는 형식의 문법으로, 이를 사용하면 앞의 코드는 다음 코드로도 표현할 수 있습니다.[62]

```
>>> @Transform
>>> def f(x:int): return x+1
>>> f(2),f(2.0)

(3, 2.0)
```

setup이나 decode가 필요할 때는 Transform를 상속받아 encodes 메서드에 인코딩 작동 방식을 구현한 다음, 선택적으로 setups나 decodes 메서드에 알맞은 행동을 구현하면 됩니다.

```
class NormalizeMean(Transform):
    def setups(self, items): self.mean = sum(items)/len(items)
    def encodes(self, x): return x-self.mean
    def decodes(self, x): return x+self.mean
```

---

61 파이썬 데코레이터를 처음 접한다면 온라인 튜토리얼을 하나쯤 찾아보기 바랍니다.

62 옮긴이_ 즉 함수 f는 Transform이라는 콜러블로 전달됩니다. 이는 앞 코드의 Transform(f)와 똑같은 순서로 작동합니다.

NormalizeMean 클래스는 setup으로 전달된 모든 요소의 평균을 구하는 초기 작업을 수행합니다. 호출 시에는 입력된 값을 초기에 계산된 평균으로 빼는 변형을 수행합니다. 그리고 디코딩은 평균을 더해주어 변형된 결과를 다시 원복하죠. 다음은 코드는 NormalizeMean이 작동하는 방식을 보여줍니다.

```
>>> tfm = NormalizeMean()
>>> tfm.setup([1,2,3,4,5])
>>> start = 2
>>> y = tfm(start)
>>> z = tfm.decode(y)
>>> tfm.mean,y,z

(3.0, -1.0, 2.0)
```

호출 메서드와 구현 메서드가 서로 다르다는 점에 유의하세요. 다음 표는 호출과 구현 메서드의 매핑 관계에 대한 몇 가지 예입니다.

클래스	호출 메서드	구현 메서드
nn.Module(파이토치)	() (함수처럼 호출하는 방식)	forward
Transform	()	encodes
Transform	decode()	decodes
Transform	setup()	setups

예를 들어 setups 메서드를 직접 호출하는 대신 setup 메서드를 호출해야 하죠. setup 메서드가 결국 내부적으로 setups를 호출하지만, 그전에 다양한 추가 작업을 수행하기 때문입니다. Transform과 입력 데이터형에 따른 구현 사례를 좀 더 알아보려면 fastai 공식 문서의 관련 튜토리얼을 확인해보기 바랍니다.

11.1.3 파이프라인

여러 변형을 함께 조합하려면 fastai의 Pipeline 클래스를 사용할 수 있습니다. Pipeline은 Transform 목록을 전달해서 만듭니다. 그러면 전달받은 변형들의 조합을 내부적으로 구성하죠. Pipeline을 함수처럼 호출하면, 자동으로 내부의 변형들을 순차적으로 호출하여 적용합니다.

```
>>> tfms = Pipeline([tok, num])
>>> t = tfms(txts[0]); t[:20]

tensor([    2,     8,    76,    10,    23, 3112,    23,    34, 3113,    33,    10,     8,
 > 4477,    22,    88,    32,    10,    27,    42,    14])
```

그리고 decode 메서드를 인코딩 결과에 대해 호출할 수 있습니다. 그러면 데이터를 인코딩되기 전 상태로 되돌릴 수 있죠.

```
>>> tfms.decode(t)[:100]

'xxbos xxmaj well , " cube " ( 1997 ) , xxmaj vincenzo \'s first movie , was one
 > of the most interesti'
```

Transform과 같은 방식으로 작동하지 않는 단 한 가지는 setup입니다. 어떤 데이터에 대한 Transform 집합의 Pipeline을 적절히 설정하려면 TfmdLists를 대신 사용해야만 합니다.

11.2 TfmdLists와 Datasets: 컬렉션 목록의 변환

일반적으로 파일 이름, 데이터프레임의 행과 같은 데이터는 가공되지 않은 형태입니다. 따라서 이 데이터에 일련의 변형을 적용하는 과정이 필요하며, 변형들의 연쇄를 Pipeline으로 표현할 수 있다는 사실을 앞서 확인했습니다. 이번에 알아볼 TfmdLists는 가공되지 않은 데이터를 Pipeline과 함께 엮어주는 클래스입니다.

11.2.1 TfmdLists

다음 코드는 앞 절에서와 같은 변형을 수행하는 더 간단한 방법입니다.

```
tls = TfmdLists(files, [Tokenizer.from_folder(path), Numericalize])
```

TfmdLists는 각 Transform에 순서대로 접근하며 setup 메서드를 자동으로 호출합니다.

그리고 각 변형은 원본 데이터가 아니라, 이전에 일어난 Transform의 결과를 입력받죠. Pipeline이 처리한 결과는 TfmdLists를 색인해보면 확인할 수 있습니다.

```
>>> t = tls[0]; t[:20]
tensor([    2,    8,   91,   11,   22, 5793,   22,   37, 4910,   34,
>   11,    8, 13042,   23,  107,   30,   11,   25,   44,   14])
```

그리고 TfmdLists는 변형된 결과를 원복하는 방법도 알고 있습니다.

```
>>> tls.decode(t)[:100]
```

```
'xxbos xxmaj well , " cube " ( 1997 ) , xxmaj vincenzo \'s first movie , was one
> of the most interesti'
```

사실 decode 결과를 보여주는 show라는 편의성 메서드도 있습니다.

```
>>> tls.show(t)
```

```
xxbos xxmaj well , " cube " ( 1997 ) , xxmaj vincenzo 's first movie , was one
> of the most interesting and tricky ideas that xxmaj i 've ever seen when
> talking about movies . xxmaj they had just one scenery , a bunch of actors
> and a plot . xxmaj so , what made it so special were all the effective
> direction , great dialogs and a bizarre condition that characters had to deal
> like rats in a labyrinth . xxmaj his second movie , " cypher " ( 2002 ) , was
> all about its story , but it was n't so good as " cube " but here are the
> characters being tested like rats again .

" nothing " is something very interesting and gets xxmaj vincenzo coming back
> to his ' cube days ' , locking the characters once again in a very different
> space with no time once more playing with the characters like playing with
> rats in an experience room . xxmaj but instead of a thriller sci - fi ( even
> some of the promotional teasers and trailers erroneous seemed like that ) , "
> nothing " is a loose and light comedy that for sure can be called a modern
> satire about our society and also about the intolerant world we 're living .
> xxmaj once again xxmaj xxunk amaze us with a great idea into a so small kind
> of thing . 2 actors and a blinding white scenario , that 's all you got most
> part of time and you do n't need more than that . xxmaj while " cube " is a
> claustrophobic experience and " cypher " confusing , " nothing " is
> completely the opposite but at the same time also desperate .
```

```
xxmaj this movie proves once again that a smart idea means much more than just
> a millionaire budget . xxmaj of course that the movie fails sometimes , but
> its prime idea means a lot and offsets any flaws . xxmaj there 's nothing
> more to be said about this movie because everything is a brilliant surprise
> and a totally different experience that i had in movies since " cube " .
```

TfmdLists 클래스 이름에는 마지막에 복수를 의미하는 's'가 있습니다. splits 인자로 학습용 및 검증용 데이터셋 모두를 다룰 수 있기 때문입니다. 전체 데이터 중 학습용과 검증용 데이터 셋으로 사용할 데이터의 두 색인 번호 목록을 전달하면 되죠.

```
cut = int(len(files)*0.8)
splits = [list(range(cut)), list(range(cut,len(files)))]
tls = TfmdLists(files, [Tokenizer.from_folder(path), Numericalize],
                splits=splits)
```

그러면 train과 valid 속성으로 각 데이터셋에 접근할 수 있습니다.

```
>>> tls.valid[0][:20]

tensor([    2,     8,    20,    30,    87,   510,  1570,    12,   408,   379,
> 4196,    10,     8,    20,    30,    16,    13, 12216,   202,   509])
```

모든 전처리 작업에 대한 Transform을 만들어서 원본 데이터를 입력과 타깃 튜플로 변환할 수 있다면, 이제 TfmdLists 클래스가 필요합니다. TfmdLists의 dataloaders 메서드를 사용하면 DataLoaders 객체를 즉시 얻을 수 있습니다. 잠시 후 Siamese 예제에서 이를 다룹니다.

한편 일반적으로 최소 두 개의 개별적인 변형 처리가 존재합니다. 하나는 원본 데이터를 모델의 입력으로 변형하고, 다른 하나는 원본 데이터를 타깃으로 바꾸는 변형이죠. 예를 들어 앞서 정의한 파이프라인은 원본 텍스트를 입력으로 변형했습니다. 그리고 목적이 텍스트 분류라면, 레이블을 타깃으로 변형하는 과정도 필요하겠죠.

그러려면 두 가지 일을 해야 합니다. 우선 부모 폴더의 이름을 추출해서 레이블로 사용합니다. parent_label 함수가 바로 그런 기능을 하죠.

```
>>> lbls = files.map(parent_label)
>>> lbls

(#50000) ['pos','pos','pos','pos','pos','pos','pos','pos','pos','pos'...]
```

그다음에는 **setup** 시 vocab 구축에 사용될 고유한 요소를 추출하고, 호출 시 문자열형 레이블을 정수로 변환하는 **Transform**이 필요합니다. 그리고 *fastai*는 이런 기능을 하는 **Categorize**라는 **Transform**을 제공하죠.

```
>>> cat = Categorize()
>>> cat.setup(lbls)
>>> cat.vocab, cat(lbls[0])

((#2) ['neg','pos'], TensorCategory(1))
```

전체 과정을 파일 목록에 대해 자동으로 수행하려면 **TfmdLists**를 생성해야 합니다.

```
>>> tls_y = TfmdLists(files, [parent_label, Categorize()])
>>> tls_y[0]

TensorCategory(1)
```

TfmdLists는 수행 결과로 두 개별 객체를 반환합니다. 하지만 이는 우리가 원하는 바가 아니죠. 바로 여기서 **Datasets**를 사용해야 합니다.

11.2.2 Datasets

Datasets는 두 개 이상의 파이프라인을 동일 원본 데이터에 병렬로 적용하여 각각에 대한 결과를 튜플로 엮어 만듭니다. **TfmdLists**에서와 마찬가지로 **setup**은 자동으로 수행되며, **Datasets**를 색인하면 각 파이프라인의 결과를 튜플로 반환합니다.

```
x_tfms = [Tokenizer.from_folder(path), Numericalize]
y_tfms = [parent_label, Categorize()]
dsets = Datasets(files, [x_tfms, y_tfms])
```

```
x,y = dsets[0]
x[:20],y
```

또한 Datasets도 TfmdLists처럼 splits 인자로 데이터를 학용과 검증용 데이터셋으로 분리할 수 있습니다.

```
>>> x_tfms = [Tokenizer.from_folder(path), Numericalize]
>>> y_tfms = [parent_label, Categorize()]
>>> dsets = Datasets(files, [x_tfms, y_tfms], splits=splits)
>>> x,y = dsets.valid[0]
>>> x[:20],y

(tensor([    2,    8,   20,   30,   87,  510, 1570,   12,  408,  379,
 > 4196,   10,    8,   20,   30,   16,   13, 12216,  202,  509]),
 TensorCategory(0))
```

그리고 처리된 결과 튜플을 디코딩하여 원상태로 복원할 수도 있죠.

```
>>> t = dsets.valid[0]
>>> dsets.decode(t)

('xxbos xxmaj this movie had horrible lighting and terrible camera movements .
 > xxmaj this movie is a jumpy horror flick with no meaning at all . xxmaj the
 > slashes are totally fake looking . xxmaj it looks like some 17 year - old
 > idiot wrote this movie and a 10 year old kid shot it . xxmaj with the worst
 > acting you can ever find . xxmaj people are tired of knives . xxmaj at least
 > move on to guns or fire . xxmaj it has almost exact lines from " when a xxmaj
 > stranger xxmaj calls " . xxmaj with gruesome killings , only crazy people
 > would enjoy this movie . xxmaj it is obvious the writer does n\'t have kids
 > or even care for them . i mean at show some mercy . xxmaj just to sum it up ,
 > this movie is a " b " movie and it sucked . xxmaj just for your own sake , do
 > n\'t even think about wasting your time watching this crappy movie .',
 'neg')
```

Datasets 객체를 DataLoaders로 변환하는 마지막 단계는 dataloaders 메서드를 호출하는 것입니다. 단 패딩 문제를 처리하려면 특별한 인자를 사용해야 합니다(패딩 문제는 앞 장에서 논의한 적이 있습니다). 패딩 문제는 배치가 만들어지기 전에 다뤄야 하므로 before_batch 인자를 활용합니다.

```
dls = dsets.dataloaders(bs=64, before_batch=pad_input)
```

dataloaders 메서드는 Datasets 각 부분의 DataLoader를 호출합니다. 파이토치의 동명 클래스를 확장한 fastai의 DataLoader는 데이터셋에 포함된 데이터를 배치 형태로 끼워 맞추는 역할을 합니다. 그 과정에는 사용자가 정의할 수 있는 부분이 많은데, 특히 다음과 같은 부분이 중요합니다.

- **after_item**
  데이터셋의 개별 데이터에 접근할 때 적용됩니다. 데이터블록의 item_tfms와 같습니다.

- **before_batch**
  데이터가 배치 단위로 짜 맞춰지기 전에 적용됩니다. 각 데이터에 패딩을 적용해 모두 같은 크기로 만들어주기에 이상적인 시점이죠.

- **after_batch**
  배치가 만들어진 후 해당 배치에 적용됩니다. 데이터블록의 batch_tfms와 같습니다.

결론적으로 텍스트 분류용 데이터를 준비하는 데 필요한 전체 코드는 다음과 같습니다.

```
tfms = [[Tokenizer.from_folder(path), Numericalize], [parent_label, Categorize]]
files = get_text_files(path, folders = ['train', 'test'])
splits = GrandparentSplitter(valid_name='test')(files)
dsets = Datasets(files, tfms, splits=splits)
dls = dsets.dataloaders(dl_type=SortedDL, before_batch=pad_input)
```

이 코드는 앞서 본 코드와 두 가지 면에서 다릅니다. 우선 GrandparentSplitter로 학습용과 검증용 데이터셋을 분리했습니다. 그리고 dl_type 인자에 SortedDL를 넣어주었죠. 이는 SortedDL 클래스를 DataLoader로 사용하라는 뜻입니다. SortedDL은 비슷한 길이의 샘플들을 같은 배치에 속하도록 할당하는 방식으로 배치를 만듭니다.

그리고 이는 앞서 구축한 데이터블록과 똑같은 일을 수행하죠.

```
path = untar_data(URLs.IMDB)
dls = DataBlock(
    blocks=(TextBlock.from_folder(path),CategoryBlock),
    get_y = parent_label,
    get_items=partial(get_text_files, folders=['train', 'test']),
```

```
    splitter=GrandparentSplitter(valid_name='test')
).dataloaders(path)
```

단지 지금은 모든 부분을 사용자 정의하는 방법을 배웠습니다!

그러면 지금까지 배운 중간 수준 API를 영상 처리용 데이터 전처리에 적용하여 연습해보죠.

11.3 중간 수준 데이터 API 적용 해보기: SiamesePair

Siamese 모델은 두 장의 이미지를 입력받아 이 둘이 같은 범주인지를 판단하는 모델입니다. 다시 반려동물 데이터셋을 사용해보죠. 단 이번에는 두 동물의 이미지가 같은 품종인지를 판단하는 모델에 입력할 수 있는 형태로 데이터를 준비해야 합니다. 지금부터는 Siamese 모델에 입력할 데이터를 준비하는 방법을 다룹니다. 모델을 학습시키는 부분은 15장에서 다룹니다.

우선 이미지 목록을 취득해야 합니다.

```
from fastai.vision.all import *
path = untar_data(URLs.PETS)
files = get_image_files(path/"images")
```

데이터를 화면에 출력하는 부분을 고려하지 않는다면, 변형을 하나만 만들어도 이미지 파일 목록을 완전히 전처리할 수 있습니다. 하지만 실제 이미지를 화면에 출력하려면 사용자 정의 자료형을 만들어야만 합니다. `TfmdLists`나 `Datasets` 객체에서 show 메서드를 호출하면, 파이프라인에 포함된 `Transform`들을 하나씩 꺼내어 그중 show 메서드를 구현한 것을 찾아 사용합니다. show 메서드 구현 시 주어지는 `ctx` 인자는 출력 대상의 문맥을 뜻합니다. 즉 이미지라면 `matplotlib` 축이 될 수 있으며, 텍스트라면 데이터프레임의 행이 될 수 있습니다.

다음 코드는 `fastuple`을 상속받은 `SiameseImage` 클래스를 정의합니다. 이 클래스는 기본적으로 두 장의 이미지와 두 이미지가 같은 범주인지를 표현하는 불리언값을 담습니다. 또한 두 이미지 사이에 검은색 줄을 배치한 이미지를 출력하는 show 메서드도 구현합니다. `if` 조건문의 내용은 크게 신경 쓰지 않아도 좋습니다(텐서 형식이 아닌 이미지를 텐서로 변환하는 부분일 뿐이죠). 가장 중요한 부분은 코드의 마지막 세 줄입니다.

```python
class SiameseImage(fastuple):
    def show(self, ctx=None, **kwargs):
        img1,img2,same_breed = self
        if not isinstance(img1, Tensor):
            if img2.size != img1.size: img2 = img2.resize(img1.size)
            t1,t2 = tensor(img1),tensor(img2)
            t1,t2 = t1.permute(2,0,1),t2.permute(2,0,1)
        else: t1,t2 = img1,img2
        line = t1.new_zeros(t1.shape[0], t1.shape[1], 10)
        return show_image(torch.cat([t1,line,t2], dim=2),
                          title=same_breed, ctx=ctx)
```

정의한 SiameseImage 객체를 생성하여 show 메서드가 잘 작동하는지 확인합니다.

```python
img = PILImage.create(files[0])
s = SiameseImage(img, img, True)
s.show();
```

True

두 번째 이미지에 다른 범주의 이미지를 제공해서도 시도해봅니다.

```python
img1 = PILImage.create(files[1])
s1 = SiameseImage(img, img1, False)
s1.show();
```

False

한 가지 중요한 점은 튜플이나 튜플을 상속받은 클래스에 있는 요소에 변형이 적용될 수 있다는 것입니다. 앞 예에서 fastuple을 상속받는 클래스를 만든 이유죠. 이 방식으로 SiameseImage에 적용하는 모든 변형은 튜플에 포함된 모든 이미지에 개별적으로 적용됩니다.

```
s2 = Resize(224)(s1)
s2.show();
```

False

보다시피 두 이미지에 개별적으로 Resize 변형이 적용되었지만, 불리언을 표현한 False 글자에는 적용되지 않았습니다. 여러분만의 사용자 정의 클래스를 만들어도 fastai 라이브러리가 제공하는 모든 데이터 증강 변환의 이점을 누릴 수 있습니다.

이제 Siamese 모델에 사용할 데이터 준비용 Transform을 만들 때가 되었습니다. 우선 다음과 같은 이미지의 범주를 결정하는(레이블링) 함수를 만듭니다.

```
def label_func(fname):
    return re.match(r'^(.*)_\d+.jpg$', fname.name).groups()[0]
```

변환은 0.5의 확률로 같은 범주의 이미지들과 True 레이블, 또는 다른 범주의 이미지들과 False 레이블이 있는 SiameseImage를 반환합니다. 이 모든 작업은 _draw라는 프라이빗 메서드가 수행합니다. 학습용과 검증용 데이터셋에는 한 가지 차이가 있는데, 이 차이 때문에 초기화에 splits 인잣값이 필요합니다. 학습용 데이터셋에서는 이미지를 읽을 때마다 임의로 두 이미지를 선택하지만, 검증용 데이터셋에서는 단 한 번만 선택하고 결정을 바꾸지 않습니다. 그러면 학습이 진행되는 과정에서는 다양한 샘플을 얻을 수 있고, 검증 시에는 항상 같은 검증용 데이터셋을 사용할 수 있습니다.

```
class SiameseTransform(Transform):
    def __init__(self, files, label_func, splits):
        self.labels = files.map(label_func).unique()
        self.lbl2files = {l: L(f for f in files if label_func(f) == l)
                          for l in self.labels}
        self.label_func = label_func
        self.valid = {f: self._draw(f) for f in files[splits[1]]}

    def encodes(self, f):
        f2,t = self.valid.get(f, self._draw(f))
        img1,img2 = PILImage.create(f),PILImage.create(f2)
        return SiameseImage(img1, img2, t)

    def _draw(self, f):
        same = random.random() < 0.5
        cls = self.label_func(f)
        if not same:
            cls = random.choice(L(l for l in self.labels if l != cls))
        return random.choice(self.lbl2files[cls]),same
```

그리고 정의한 변형을 다음과 같이 생성합니다.

```
splits = RandomSplitter()(files)
tfm = SiameseTransform(files, label_func, splits)
tfm(files[0]).show();
```

True

중간 수준 API에서는 TfmdLists와 Datasets라는 두 객체가 데이터 변형을 적용하는 데 도움이 됩니다. 이미 본 대로 TfmdLists는 여러 변형을 품은 Pipeline 하나를, Datasets는 여러 Pipeline을 병렬로 처리하여 튜플을 구축합니다. 앞서 정의한 SiameseTransform 변형은 이미 튜플이므로 이때는 TfmdLists를 사용합니다.

```
tls = TfmdLists(files, tfm, splits=splits)
show_at(tls.valid, 0);
```

True

그리고 마지막으로 dataloaders 메서드를 호출해 DataLoaders로 표현된 데이터를 만들 수 있습니다. 이때 데이터블록과는 다르게 item_tfms와 batch_tfms 인자가 없다는 점에 유의하세요. 대신 fastai가 확장한 DataLoader는 이벤트의 이름을 따서 만든 다양한 훅hook을 제공합니다. 다음 코드의 after_item은 각 개별 데이터를 취득한 후 적용될 변형의 목록을, after_batch는 데이터가 배치 형태로 구성된 후 적용될 변형의 목록을 지정하는 데 사용되죠.

```
dls = tls.dataloaders(after_item=[Resize(224), ToTensor],
    after_batch=[IntToFloatTensor, Normalize.from_stats(*imagenet_stats)])
```

보통 때보다 더 많은 변형을 지정했다는 사실에 유의하세요. 데이터블록 API를 사용하면 이 모든 변형이 자동으로 추가되어 눈에 보이지 않기 때문입니다.

- ToTensor는 이미지를 텐서로 변환합니다(역시 튜플의 모든 요소에 적용됩니다)
- IntToFloatTensor는 0~255 사이의 정숫값을 포함하는 이미지 텐서를 부동소수로 변환한 다음 255로 나누어 모든 값이 0~1 사이가 되도록 변환합니다.

이제 이렇게 만든 DataLoaders로 모델을 학습시킬 수 있습니다. 입력 이미지가 둘이기 때문에 cnn_learner가 제공하는 모델보다 조금 더 사용자 정의가 첨가된 모델이 필요합니다. 이런 모델을 구축하고 학습시키는 방법은 15장에서 다룹니다.

11.4 결론

fastai는 계층적 API를 제공합니다. 보통의 환경에서는 코드 단 한 줄만으로 데이터를 가져올 수 있습니다. 따라서 초심자는 데이터 조립에 많은 시간을 투자하지 않고 모델 학습에만 집중할 수 있습니다. 그리고 고수준의 데이터블록 API는 각 블록을 혼합하는 등 더 높은 유연성을 제공합니다. 그보다 약간 하위인 중간 수준 API는 훨씬 더 유연하게 여러분만의 변형을 데이터에 적용할 수 있도록 해줍니다. 실세계 문제를 풀다 보면 대부분 중간 수준 API를 사용하게 될 가능성이 높습니다. 계층적 라이브러리가 가능한 한 데이터 먼징munging[63] 단계를 쉽게 해주길 바랍니다.

---

63 옮긴이_ 원시 데이터를 이어지는 분석과 모델 학습에 적절한 형태로 만드는 과정을 말합니다. 데이터 랭글링(wrangling)이라고도 합니다.

11.5 질문지

1 fastai는 어떤 방식으로 '계층적' API를 제공하나요? 어떤 의미인가요?

2 Transform의 decode 메서드의 역할은 무엇인가요?

3 Transform의 setup 메서드의 역할은 무엇인가요?

4 튜플에 대해 호출된 Transform은 어떻게 작동할까요?

5 사용자 정의 Transform을 만들 때 어떤 메서드를 구현해야 하나요?

6 데이터를 정규화하는 Normalize 변형을 만들고(데이터셋의 평균을 빼고 표준편차로 나눈 것), decode 메서드도 작동하도록 구현해보세요. 가능한 한 책을 보지 말고 해보세요!

7 토큰화된 텍스트를 수치화하는 Transform을 만들어보세요(데이터셋에서 vocab을 자동으로 설정해야 하며, decode 메서드도 구현되어야 합니다). 필요하면 fastai의 소스 코드도 함께 살펴보세요.

8 Pipeline은 무엇인가요?

9 TfmdLists는 무엇인가요?

10 Datasets는 무엇인가요? TfmdLists와 어떻게 다른가요?

11 TfmdLists와 Datasets 클래스 이름의 마지막에 's'를 붙인 이유는 무엇인가요?

12 TfmdLists나 Datasets로 DataLoaders를 만드는 방법은 무엇인가요?

13 TfmdLists나 Datasets로 DataLoaders를 만들 때 item_tfms 및 batch_tfms와 동등한 역할을 지정하는 방법은 무엇인가요?

14 show_batch나 show_reults와 같은 메서드에서 작동하는 사용자 정의 데이터를 만들 때 어떤 작업이 필요한가요?

15 앞서 만든 SiamesePair에 fastai가 제공하는 데이터 증강 변환을 쉽게 적용할 수 있는 이유는 무엇인가요?

11.5.1 추가 연구

1 중간 수준 API를 사용해서 여러분만의 데이터를 DataLoaders 형태로 만들어 보세요. 또한 1장에서 본 반려동물 데이터셋 및 Adult 데이터셋으로도 만들어 보세요.

2 fastai 공식 문서(https://docs.fast.ai)의 Siamese 튜토리얼을 살펴보고, show_batch 및 show_reults의 행동을 사용자 정의하는 방법을 배워보세요. 그리고 여러분만의 프로젝트에도 적용해보세요.

11.6 fastai의 애플리케이션 이해하기: 요약

축하합니다! 딥러닝을 사용하고 모델을 학습시키는 실용적인 내용을 모두 알아봤습니다. 이제는 fastai에 내장된 애플리케이션의 사용 방법과 데이터블록 API 및 손실 함수로 이들을 사용자 정의하는 방법을 터득했습니다. 또한 밑바닥부터 신경망을 만들고 학습시키는 방법도 익혔습니다! (그리고 여러분이 만든 결과물이 사회에 긍정적인 영향을 미치려면 어떤 질문을 고민해봐야 하는지도 알겠죠.)

여러분이 습득한 지식만으로도 완전히 작동하는 여러 종류의 신경망 애플리케이션을 만드는 데 충분합니다. 하지만 딥러닝 모델의 가능성과 한계, 그리고 이를 극복하는 시스템을 설계하는 방법을 이해했다는 점이 더 중요하죠.

나머지 부분에서는 지금까지 배운 애플리케이션을 세부적으로 쪼개어 내부 구조를 이해해봅니다. 이는 딥러닝 실무자에게 매우 중요한 내용입니다. 모델 내부를 살펴보고 디버깅하며 특정 상황에 특화된 새로운 종류의 애플리케이션을 만드는 데 도움이 되기 때문입니다.

딥러닝의 기반 지식

Part III

딥러닝의 기반 지식

CHAPTER 12

밑바닥부터 구현하는 언어 모델

이제 딥러닝을 깊이 들여다볼 준비가 되었습니다! 이미 기본 신경망을 학습시키는 방법을 배웠지만, 기본적인 지식을 확장해서 최신 모델을 만드는 방법은 무엇일까요? 언어 모델을 시작으로 모든 비법을 밝혀보겠습니다.

10장에서는 사전 학습된 언어 모델을 미세 조정하여 텍스트 분류 모델을 구축하는 방법을 보았습니다. 이 장에서는 모델의 내부 구조와 RNN이 무엇인지를 정확히 설명합니다. 먼저 다양한 모델을 빠르게 만들고 검증하는 데 사용할 데이터를 수집합니다.

12.1 데이터

새로운 문제를 푸는 작업을 할 때면, 빠르고 쉽게 떠오르는 기법을 시도하고 결과를 해석할 수 있는 가장 간단한 데이터셋을 먼저 생각해봐야 합니다. 수년 전 언어 모델링 작업을 시작했을 때는 빠르게 아이디어를 검증할 수 있는 데이터셋을 찾지 못해, **사람 숫자**Human Numbers라는 데이터셋을 직접 만들었습니다. 이 데이터셋은 영어로 쓰인 숫자 10,000개를 포함합니다.

> **TIP** 제러미의 말
>
> 숙련된 실무자조차 분석 과정에서 시기적절하게 데이터셋을 사용하지 못하곤 합니다. 특히 대부분 너무 크고 복잡한 데이터셋으로 시작하려는 경향이 있습니다.

평소와 같은 방법으로 데이터셋을 다운로드하고 추출해서 살펴봅니다.

```
>>> from fastai.text.all import *
>>> path = untar_data(URLs.HUMAN_NUMBERS)

>>> path.ls()

(#2) [Path('train.txt'),Path('valid.txt')]
```

두 파일을 열고 내부 내용을 살펴봅니다. 우선은 학습용/검증용으로 나뉜 데이터셋을 무시하고
모두 결합합니다(나중에 다시 설명합니다).

```
>>> lines = L()
>>> with open(path/'train.txt') as f: lines += L(*f.readlines())
>>> with open(path/'valid.txt') as f: lines += L(*f.readlines())
>>> lines

(#9998) ['one \n','two \n','three \n','four \n','five \n','six \n','seven
 > \n','eight \n','nine \n','ten \n'...]
```

리스트에 담긴 모든 숫자 문자열을 연결해 단일 스트림으로 만듭니다. 이때 마침표(.)를 구분
자로 한 숫자에서 다음 숫자로 넘어가는 부분을 구분합니다.

```
>>> text = ' . '.join([l.strip() for l in lines])
>>> text[:100]

'one . two . three . four . five . six . seven . eight . nine . ten . eleven .
 > twelve . thirteen . fo'
```

공백을 기준으로 데이터셋을 토큰화합니다.

```
>>> tokens = text.split(' ')
>>> tokens[:10]

['one', '.', 'two', '.', 'three', '.', 'four', '.', 'five', '.']
```

수치화하려면 모든 고유 토큰(**vocab**)의 목록을 만들어야 합니다.

```
>>> vocab = L(*tokens).unique()
>>> vocab

(#30) ['one','.','two','three','four','five','six','seven','eight','nine'...]
```

그다음 vocab의 각 요소를 조회하여 토큰에 대응하는 숫자로 변환합니다.

```
>>> word2idx = {w:i for i,w in enumerate(vocab)}
>>> nums = L(word2idx[i] for i in tokens)
>>> nums

(#63095) [0,1,2,1,3,1,4,1,5,1...]
```

이제 언어 모델링을 수월하게 해줄 작은 데이터셋을 만들었으므로, 첫 번째 모델을 구축해봅시다.

12.2 첫 번째 언어 모델

이 데이터셋을 신경망에서 사용할 수 있는 형태로 바꾸는 간단한 방법을 하나 알아보죠. 이전 세 단어를 기반으로 다음 단어를 예측하도록 지정하는 방법입니다. 연속적인 세 단어로 이루어진 리스트를 독립변수로, 그 뒤에 등장하는 단어를 종속변수로 구성한 연속적인 리스트를 만듭니다.

기본 파이썬 문법으로도 할 수 있는 작업입니다. 형태를 쉽게 파악하기 위해 먼저 토큰화를 진행해보겠습니다.

```
>>> L((tokens[i:i+3], tokens[i+3]) for i in range(0,len(tokens)-4,3))

(#21031) [(['one', '.', 'two'], '.'),(['.', 'three', '.'], 'four'),(['four',
> '.', 'five'], '.'),(['.', 'six', '.'], 'seven'),(['seven', '.', 'eight'],
> '.'),(['.', 'nine', '.'], 'ten'),(['ten', '.', 'eleven'], '.'),(['.',
> 'twelve', '.'], 'thirteen'),(['thirteen', '.', 'fourteen'], '.'),(['.',
> 'fifteen', '.'], 'sixteen')...]
```

그리고 모델이 실제로 사용할 수 있는 수치화된 텐서로 바꿉니다.

```
>>> seqs = L((tensor(nums[i:i+3]), nums[i+3]) for i in range(0,len(nums)-4,3))
>>> seqs

(#21031) [(tensor([0, 1, 2]), 1),(tensor([1, 3, 1]), 4),(tensor([4, 1, 5]),
> 1),(tensor([1, 6, 1]), 7),(tensor([7, 1, 8]), 1),(tensor([1, 9, 1]),
> 10),(tensor([10,  1, 11]), 1),(tensor([ 1, 12,  1]), 13),(tensor([13,  1,
> 14]), 1),(tensor([ 1, 15,  1]), 16)...]
```

DataLoader 클래스를 사용하면 데이터에 쉽게 배치 단위로 접근할 수 있습니다. 지금은 시퀀스를 임의로 분할합니다.

```
bs = 64
cut = int(len(seqs) * 0.8)
dls = DataLoaders.from_dsets(seqs[:cut], seqs[cut:], bs=64, shuffle=False)
```

이제 세 단어를 입력해서 다음 단어를 예측하는 신경망 구조를 만들 수 있습니다. 이때 예측은 vocab에 담긴 각 단어에 대한 확률입니다. 전형적인 선형 계층 세 개로 구성된 신경망을 사용해보죠. 단, 두 가지를 수정하겠습니다.

첫 번째 수정 사항은 다음과 같습니다. 첫 번째 선형 계층은 첫 번째 단어의 임베딩만을, 두 번째 선형 계층은 첫 번째 단어와 두 번째 단어의 임베딩을, 세 번째 계층은 첫 번째/두 번째/세 번째 단어의 임베딩을 모두 활성으로 사용하도록 합니다. 이 작업의 핵심 효과는 모든 단어가 그 앞에 오는 단어들의 문맥적인 정보에 기반해 해석된다는 점입니다.

두 번째로는 세 계층 각각이 같은 가중치 행렬을 사용하도록 수정합니다. 한 단어가 이전 단어의 활성에 영향을 미치는 방식은 단어의 위치에 따라 바뀌어서는 안 됩니다. 즉 데이터가 계층을 통해 이동함에 따라 활성값은 변경되지만, 계층 간의 가중치 자체는 같아야 하죠. 따라서 계층은 단일 시퀀스 위치만 학습해선 안 되며, 모든 위치를 다루는 법을 배워야 합니다.

계층의 가중치가 바뀌지 않으므로, 순차적인 계층들을 '동일 계층'의 반복으로 생각할 수 있겠죠. 사실 파이토치로 이를 구체화할 수 있습니다. 계층을 하나 만들고 여러 번 반복해서 사용하면 되죠.

12.2.1 파이토치로 만드는 언어 모델

이제 앞서 설명한 언어 모델용 모듈을 만들 수 있습니다.

```
class LMModel1(Module):
    def __init__(self, vocab_sz, n_hidden):
        self.i_h = nn.Embedding(vocab_sz, n_hidden)
        self.h_h = nn.Linear(n_hidden, n_hidden)
        self.h_o = nn.Linear(n_hidden,vocab_sz)

    def forward(self, x):
        h = F.relu(self.h_h(self.i_h(x[:,0])))
        h = h + self.i_h(x[:,1])
        h = F.relu(self.h_h(h))
        h = h + self.i_h(x[:,2])
        h = F.relu(self.h_h(h))
        return self.h_o(h)
```

보다시피 세 개의 계층을 만들었습니다.

- 임베딩 계층(i_h: **입력**을 **은닉** 계층으로 보냄)

- 다음 단어의 활성을 생성하는 선형 계층(h_h: **은닉**을 다음 **은닉** 계층으로 보냄)

- 네 번째 단어를 예측하는 최종 선형 계층(h_o: **은닉**을 **출력** 계층으로 보냄)

그림으로 표현하면 더 쉽게 이해할 수 있으므로 기본 신경망의 간단한 그림 표현을 정의해봅시다. [그림 12-1]은 단일 은닉 계층이 있는 신경망을 표현합니다.

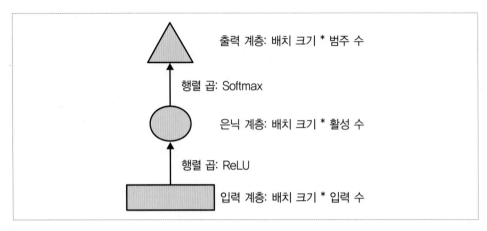

그림 12-1 간단한 신경망 도식

각 도형은 활성을 나타냅니다. 입력 계층은 직사각형, 은닉(내부) 계층은 원형, 출력 계층은 삼각형입니다. 이 장에 포함된 모든 다이어그램은 이런 의미의 도형을 사용합니다([그림 12-2] 참고).

그림 12-2 신경망 도식에서 사용한 도형

화살표는 계층의 실제 계산을 나타냅니다. 가령 선형 계층 다음에 있는 활성화 함수가 될 수 있 겠죠. 이 표기법을 사용한 [그림 12-3]은 간단한 언어 모델이 어떤 모양인지를 보여줍니다.

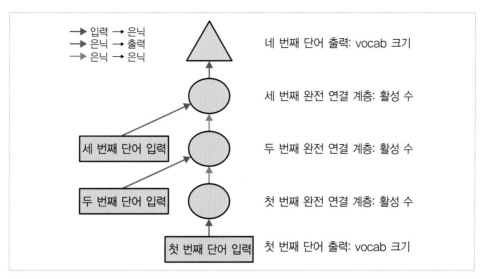

그림 12-3 기본 언어 모델의 도식

그림을 단순화하려고 각 화살표에는 계층의 내부 계산에 대한 세부 사항을 포함하지 않았습니다. 또한 화살표에 색상을 지정하여, 같은 색상의 화살표는 가중치 행렬이 모두 같음을 표현했습니다. 가령 모든 입력 계층은 같은 임베딩 행렬을 사용하므로 모두 같은 색(녹색)입니다.

모델의 학습 경과를 살펴봅시다.

```
learn = Learner(dls, LMModel1(len(vocab), 64), loss_func=F.cross_entropy,
                metrics=accuracy)
learn.fit_one_cycle(4, 1e-3)
```

epoch	train_loss	valid_loss	accuracy	time
0	1.824297	1.970941	0.467554	00:02
1	1.386973	1.823242	0.467554	00:02
2	1.417556	1.654497	0.494414	00:02
3	1.376440	1.650849	0.494414	00:02

결과의 좋고 나쁨을 비교할만한 매우 간단한 기준선 모델이 있으면 좋습니다. 여기서는 항상 가장 일반적인 토큰을 예측하는 것을 매우 간단한 모델로 정의해보죠. 검증용 데이터셋에서 가장 자주 타깃으로 등장하는 토큰을 찾아서, 그 토큰이 매우 간단한 모델의 출력이라고 가정하겠습니다.

```
>>> n,counts = 0,torch.zeros(len(vocab))
>>> for x,y in dls.valid:
        n += y.shape[0]
        for i in range_of(vocab): counts[i] += (y==i).long().sum()
>>> idx = torch.argmax(counts)
>>> idx, vocab[idx.item()], counts[idx].item()/n

(tensor(29), 'thousand', 0.15165200855716662)
```

가장 일반적인 토큰의 인덱스 번호는 29이며, 이에 해당하는 단어는 **thousand**입니다. 항상 이 토큰만 예측하더라도 대략 15%의 정확도를 얻을 수 있습니다. 이와 비교해보면 학습시킨 세 계층 신경망은 성능이 훨씬 더 좋다고 볼 수 있네요!

> **TIP** **알렉시스의 말**
>
> 저는 모든 숫자 단어의 사이마다 있는 구분 기호가 가장 일반적인 토큰이라고 추측했습니다. 하지만 토큰을 살펴보니 여러 단어가 결합하여 큰 수를 표현한다는 점을 깨달았죠. 그래서 10,000이라는 숫자까지의 작은 숫자들에는 '천(thousand)'이라는 단어가 많이 쓰일 수밖에 없습니다. 가령 '오천', '오천일', '오천이'와 같이 말입니다! 데이터를 살펴보면 미묘한 특징과 자칫하면 놓칠지도 모를 당황스러울 정도로 명백한 특징을 알아볼 수 있습니다.

첫 번째 기준선으로 삼기에 좋아 보이는 모델입니다. 다음으로는 반복(순환)을 사용한 리팩터링 방법을 살펴보죠.

12.2.2 RNN 만들기

다음 코드에서는 계층을 호출하는 중복 코드를 for 반복문으로 대체하여 단순화했습니다. 이 외에도 다른 길이의 토큰 시퀀스에 모듈을 동일하게 적용할 수 있다는 이점이 있습니다. 길이가 3인 토큰 목록에 제한되지 않죠.

```
class LMModel2(Module):
    def __init__(self, vocab_sz, n_hidden):
        self.i_h = nn.Embedding(vocab_sz, n_hidden)
        self.h_h = nn.Linear(n_hidden, n_hidden)
        self.h_o = nn.Linear(n_hidden,vocab_sz)

    def forward(self, x):
```

```
        h = 0
        for i in range(3):
            h = h + self.i_h(x[:,i])
            h = F.relu(self.h_h(h))
        return self.h_o(h)
```

이렇게 리팩터링한 코드로 똑같은 결과를 얻을 수 있는지 확인합니다.

```
learn = Learner(dls, LMModel2(len(vocab), 64), loss_func=F.cross_entropy,
                metrics=accuracy)
learn.fit_one_cycle(4, 1e-3)
```

epoch	train_loss	valid_loss	accuracy	time
0	1.816274	1.964143	0.460185	00:02
1	1.423805	1.739964	0.473259	00:02
2	1.430327	1.685172	0.485382	00:02
3	1.388390	1.657033	0.470406	00:02

그리고 그림에도 이 방식을 반영하도록 수정합니다(그림 12-4). 단 이번에도 활성 크기의 세부 정보는 포함하지 않았으며, [그림 12-3]과 같은 색상의 화살표를 사용합니다.

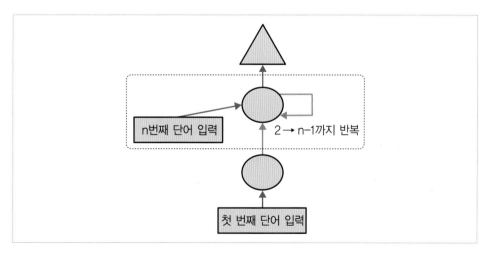

그림 12-4 기본적인 순환 신경망

보다시피 반복하면서 활성이 매번 갱신됨을 알 수 있습니다. 그리고 활성은 **은닉 상태**hidden state 를 표현하는 h에 담기죠.

> **NOTE_ 전문용어: 은닉 상태**
> RNN의 각 단계에서 갱신되는 활성을 말합니다.

이처럼 반복문을 사용해 정의한 신경망을 **순환 신경망**(RNN)이라고 합니다. RNN은 복잡하고 새로운 구조가 아니라, 단순히 for 반복문으로 다층 신경망을 리팩터링한 것에 불과함을 인지해야 합니다.

TIP **알렉시스의 말**
'반복 신경망looping neural networks(LNN)'이라고 부른다면 50% 정도 덜 부담스러워 보이리라 생각합니다!

RNN이 무엇인지 알았으니 이제 약간 더 개선해보죠.

12.3 RNN 개선하기

RNN 코드에는 모든 새 입력 시퀀스에 대한 은닉 상태를 0으로 초기화한다는 문제가 있습니다. 왜 문제가 될까요? 앞서 배치에 쉽게 맞출 수 있도록 데이터 시퀀스를 짧게 만들었습니다. 그런데 만약 올바르게 정렬된 시퀀스를 모델이 읽는다면, 긴 시퀀스가 모델에 노출될 것입니다. 즉 실제로는 이어진 시퀀스지만, 짧게 만들어진 시퀀스로 쪼개고 학습하는 과정에서 중간마다 은닉 상태가 0으로 초기화되어 중간의 정보를 잃어버립니다.

또 다른 문제는 더 많은 신호가 있을 수 있다는 점입니다. 중간 단계의 예측을 두 번째, 세 번째 단어 예측에 사용할 수 있는데도 왜 네 번째 단어만 예측할까요? 일부 상태를 추가하여 제기된 문제를 해결하는 코드를 구현해봅시다.

12.3.1 RNN의 상태 관리

새로운 샘플 시퀀스마다 모델의 은닉 상태를 0으로 초기화하는 작동은 지금껏 본 문장에서 얻은 모든 정보를 버리는 행위입니다. 즉 모델은 모든 시퀀스를 통틀어 현재의 시점을 알지 못하죠. 이 문제는 쉽게 고칠 수 있습니다. 단순히 은닉 상태의 초기화를 담당하는 코드를 __init__로 옮기면 되죠.

하지만 그렇게 수정하면 미묘하지만 중요한 또 다른 문제가 생깁니다. 문서 전체의 토큰 수만큼 신경망을 깊게 만들어 버리죠. 예를 들어 데이터셋이 토큰 10,000개로 구성된다면 계층이 10,000개인 신경망을 만듭니다.

for 반복문으로 리팩터링하기 전인 반복 신경망의 원래 그림 표현(그림 12-3)을 고려하면 그 이유를 알 수 있습니다. 각 계층은 한 입력 토큰에 대응하죠. for 반복문으로 리팩터링하기 전의 모습을 RNN을 **펼친 표현**unrolled representation이라고 부르곤 합니다. 펼쳐 표현한 모습은 RNN을 이해하는 데 도움이 되기도 하죠.

계층 10,000개로 구성된 신경망의 문제는 데이터셋의 10,000번째 단어에 도달할 때 여전히 첫 번째 계층까지 미분을 계산해야 한다는 점입니다. 이는 아주 느리고 메모리 집약적인 작업입니다. GPU에 미니배치 하나조차 저장하지 못할 수도 있죠.

이 문제의 해결책은 미분을 전체 신경망을 통해 역전파하고 싶지 않다고 파이토치에게 알리는 것입니다. 대신 마지막 세 개의 그레이디언트만 유지합니다. 파이토치에서는 detach 메서드로 모든 그레이디언트 기록을 제거할 수 있습니다.

다음이 새로운 버전의 RNN 코드입니다. forward 메서드가 호출될 때마다, 배치 내 서로 다른 데이터 샘플을 표현하는 은닉 상태를 기억하므로 스테이트풀stateful 버전이라고 볼 수 있습니다.

```
class LMModel3(Module):
    def __init__(self, vocab_sz, n_hidden):
        self.i_h = nn.Embedding(vocab_sz, n_hidden)
        self.h_h = nn.Linear(n_hidden, n_hidden)
        self.h_o = nn.Linear(n_hidden,vocab_sz)
        self.h = 0

    def forward(self, x):
        for i in range(3):
            self.h = self.h + self.i_h(x[:,i])
```

```
        self.h = F.relu(self.h_h(self.h))
    out = self.h_o(self.h)
    self.h = self.h.detach()
    return out

def reset(self): self.h = 0
```

이 모델의 은닉 상태는 이전 배치의 마지막 활성을 기억하므로, 시퀀스의 길이에는 관계없이 동일한 활성을 갖습니다. 다른 점은 각 단계에서 계산된 그레이디언트입니다. 전체 스트림이 아닌 과거의 시퀀스 길이 토큰에 대해서만 계산되기 때문이죠. 이 접근법을 **시간에 따른 역전파** backpropagation through time (BPTT)라고 합니다.

> **NOTE_ 전문용어: 시간에 따른 역전파**
> 시간 단계당 한 계층(일반적으로 루프를 사용하여 리팩터링 됨)을 둔 신경망을 하나의 큰 모델로 취급하고, 평소처럼 그레이디언트를 계산하면 됩니다. 부족한 메모리 및 시간을 피하는 데는 일반적으로 **잘린**truncated BPTT를 사용합니다. 이 BPTT는 몇 번의 시간 단계마다 은닉 상태의 계산 단계 기록을 '분리'합니다.

LMModel3을 사용하려면 샘플이 특정 순서로 표시되는지 확인해야 합니다. 10장에서 봤듯이 첫 번째 배치의 첫 번째 행이 dset[0]이라면, 두 번째 배치의 첫 번째 행은 dset[1]이 되어야 모델이 텍스트의 흐름을 볼 수 있습니다.

10장의 **LMDataLoader**는 이를 자동으로 수행했지만, 이번에는 우리가 직접 해보겠습니다.

이를 위해 데이터셋을 재정렬합니다. 먼저 샘플을 m = len (dset) // bs 개의 그룹으로 나눕니다(가령 bs=64를 사용하면 하나로 연결된 전체 데이터셋을 64라는 똑같은 크기로 조각조각 분할합니다). m은 분할된 각 조각의 길이입니다. 예를 들어서 전체 데이터셋을 사용한다면 다음과 같은 값이 든 변수를 얻을 수 있습니다(실제로는 잠시 후 학습용과 검증용 데이터셋으로 분할하겠습니다)

```
>>> m = len(seqs)//bs
>>> m,bs,len(seqs)

(328, 64, 21031)
```

첫 번째 배치는 다음과 같은 샘플로 구성되고,

```
(0, m, 2*m, ..., (bs-1)*m)
```

두 번째 배치는 다음과 같은 샘플로 구성되는 식으로 계속됩니다.

```
(1, m+1, 2*m+1, ..., (bs-1)*m+1)
```

이렇게 하면 모델은 에포크마다 배치의 각 행에 담긴 3*m(각 텍스트의 크기는 3이므로) 크기의 연속적인 텍스트 덩어리를 볼 수 있습니다.

다음 함수는 색인을 다시 수행합니다.

```
def group_chunks(ds, bs):
    m = len(ds) // bs
    new_ds = L()
    for i in range(m): new_ds += L(ds[i + m*j] for j in range(bs))
    return new_ds
```

그런 다음 DataLoader를 만들 때 drop_last = True 인잣값을 전달하여, bs의 크기가 아닌 마지막 배치를 제거합니다.[64] 또한 shuffle=False 인잣값을 전달하면, 텍스트를 순서대로 읽도록 할 수 있습니다.

```
cut = int(len(seqs) * 0.8)
dls = DataLoaders.from_dsets(
    group_chunks(seqs[:cut], bs),
    group_chunks(seqs[cut:], bs),
    bs=bs, drop_last=True, shuffle=False)
```

마지막으로 콜백을 사용해서 학습 루프를 약간 조정하겠습니다. 콜백의 자세한 내용은 16장에서 다룹니다. 여기서는 ModelResetter의 역할을 파악하는 데 집중합니다. ModelResetter는 검증 단계가 시작되기 전, 그리고 매 에포크의 시작 지점에서 모델의 reset 메서드를 호출합니다. 모델의 은닉 상태를 0으로 설정하는 방법을 구현했기 때문에, 연속된 텍스트 덩어리를

---

64 옮긴이_ 고정 배치 크기로 분할해서 마지막 배치는 배치 크기보다 작을 수 있습니다.

읽기 전 깨끗한 상태로 시작할 수 있도록 해주죠. 학습을 좀 더 긴 시간 동안 진행해보죠.

```
learn = Learner(dls, LMModel3(len(vocab), 64), loss_func=F.cross_entropy,
                metrics=accuracy, cbs=ModelResetter)
learn.fit_one_cycle(10, 3e-3)
```

epoch	train_loss	valid_loss	accuracy	time
0	1.677074	1.827367	0.467548	00:02
1	1.282722	1.870913	0.388942	00:02
2	1.090705	1.651793	0.462500	00:02
3	1.005092	1.613794	0.516587	00:02
4	0.965975	1.560775	0.551202	00:02
5	0.916182	1.595857	0.560577	00:02
6	0.897657	1.539733	0.574279	00:02
7	0.836274	1.585141	0.583173	00:02
8	0.805877	1.629808	0.586779	00:02
9	0.795096	1.651267	0.588942	00:02

이미 더 좋은 결과를 얻었습니다! 다음 단계에는 더 많은 타깃을 사용해 중간 예측과 비교하는 방법을 다룹니다.

12.3.2 더 많은 신호 만들기

현재 접근법의 또 다른 문제는 세 개의 입력 단어마다 출력에서 한 단어만 예측한다는 점입니다. 결과적으로 가중치 갱신을 위해 피드백되는 신호의 양은 많지 않습니다. [그림 12-5]처럼 세 단어가 아니라, 모든 단어의 다음 단어를 예측하는 것이 좋습니다.

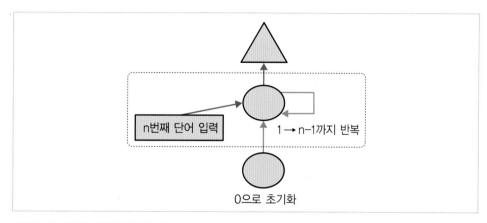

그림 12-5 매 토큰 다음을 예측하는 RNN

그리고 이 방식은 추가하기 쉽습니다. 우선 종속변수가 각각의 세 입력 단어 다음 단어를 가지도록 데이터를 달리 구성해야 합니다. 3 대신 sl(시퀀스 길이sequence length) 속성을 사용하고, 이 값을 약간 크게 만듭니다.

```
sl = 16
seqs = L((tensor(nums[i:i+sl]), tensor(nums[i+1:i+sl+1]))
         for i in range(0,len(nums)-sl-1,sl))
cut = int(len(seqs) * 0.8)
dls = DataLoaders.from_dsets(group_chunks(seqs[:cut], bs),
                             group_chunks(seqs[cut:], bs),
                             bs=bs, drop_last=True, shuffle=False)
```

seqs의 첫 번째 요소를 살펴보면 크기가 같은 두 목록이 포함되었음을 알 수 있습니다. 두 번째 목록은 첫 번째 목록과 비슷하지만 한 요소(단어)만큼 위치가 밀려 있습니다.

```
>>> [L(vocab[o] for o in s) for s in seqs[0]]

[(#16) ['one','.','two','.','three','.','four','.','five','.'...],
 (#16) ['.','two','.','three','.','four','.','five','.','six'...]]
```

이제 세 단어 시퀀스의 끝이 아니라, 모든 단어의 다음을 예측하도록 모델의 출력 부분을 수정해야 합니다.

```
class LMModel4(Module):
    def __init__(self, vocab_sz, n_hidden):
        self.i_h = nn.Embedding(vocab_sz, n_hidden)
        self.h_h = nn.Linear(n_hidden, n_hidden)
        self.h_o = nn.Linear(n_hidden,vocab_sz)
        self.h = 0

    def forward(self, x):
        outs = []
        for i in range(sl):
            self.h = self.h + self.i_h(x[:,i])
            self.h = F.relu(self.h_h(self.h))
            outs.append(self.h_o(self.h))
        self.h = self.h.detach()
        return torch.stack(outs, dim=1)

    def reset(self): self.h = 0
```

(dim=1을 기준으로 쌓았기 때문에) 이 모델은 bs x sl x vocab_sz 모양의 출력을 반환합니다. 그리고 타깃의 모양은 bs x sl 이므로, F.cross_entropy를 사용하기 전에 평평하게 만들어줘야만 합니다.

```
def loss_func(inp, targ):
    return F.cross_entropy(inp.view(-1, len(vocab)), targ.view(-1))
```

이제 이 손실 함수를 사용해 모델을 학습시킬 수 있습니다.

```
learn = Learner(dls, LMModel4(len(vocab), 64), loss_func=loss_func,
                metrics=accuracy, cbs=ModelResetter)
learn.fit_one_cycle(15, 3e-3)
```

epoch	train_loss	valid_loss	accuracy	time
0	3.103298	2.874341	0.212565	00:01
1	2.231964	1.971280	0.462158	00:01
2	1.711358	1.813547	0.461182	00:01
3	1.448516	1.828176	0.483236	00:01
4	1.288630	1.659564	0.520671	00:01

5	1.161470	1.714023	0.554932	00:01
6	1.055568	1.660916	0.575033	00:01
7	0.960765	1.719624	0.591064	00:01
8	0.870153	1.839560	0.614665	00:01
9	0.808545	1.770278	0.624349	00:01
10	0.758084	1.842931	0.610758	00:01
11	0.719320	1.799527	0.646566	00:01
12	0.683439	1.917928	0.649821	00:01
13	0.660283	1.874712	0.628581	00:01
14	0.646154	1.877519	0.640055	00:01

작업 내용을 조금 바꿔서 약간 더 복잡해졌으므로 더 오랫동안 학습을 진행해야 합니다. 그리고 적어도 가끔은 좋은 결과를 얻을 수 있었습니다. 수차례 실행해보면, 실행마다 결과가 상당히 다르다는 점을 알 수 있습니다. 매우 깊은 신경망이 사용되었기 때문에, 매우 크거나 매우 작은 그레이디언트가 만들어질 수 있기 때문입니다. 이를 처리하는 방법은 다음 부분에서 살펴봅니다.

이제 더 나은 모델을 얻을 확실한 방법은 더 깊은 구조를 쌓는 것입니다. 기본 RNN에는 은닉 상태, 출력 활성, 이 둘 사이의 단일 선형 계층만이 존재했습니다. 그렇다면 이들을 더 많이 쌓는다면 더 좋은 결과를 얻을 수 있겠죠.

12.4 다층 RNN

다층 RNN에서는 [그림 12-6]처럼 RNN의 활성을 두 번째 RNN으로 전달합니다.

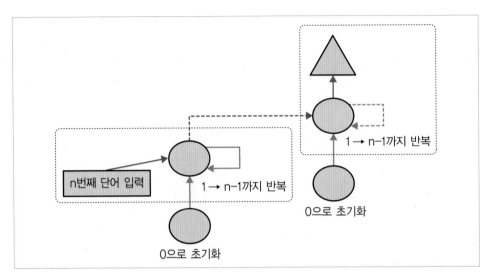

그림 12-6 두 계층 RNN

이를 펼쳐 표현하면 [그림 12-7]과 같은 형태가 됩니다. [그림 12-3]과 유사하죠.

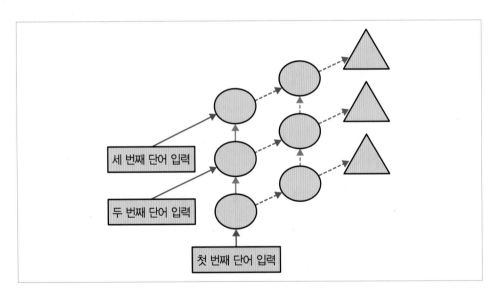

그림 12-7 두 계층 RNN을 펼친 모습

그러면 이를 실제로 구현하는 방법을 알아보죠.

12.4.1 다층 RNN 모델

파이토치의 **RNN** 클래스를 사용하면 시간을 절약할 수 있습니다. 이 클래스는 앞서 만든 것을 정확히 구현할 뿐만 아니라, 앞서 설명한 여러 RNN을 쌓아 올리는 구조의 옵션도 제공합니다.

```
class LMModel5(Module):
    def __init__(self, vocab_sz, n_hidden, n_layers):
        self.i_h = nn.Embedding(vocab_sz, n_hidden)
        self.rnn = nn.RNN(n_hidden, n_hidden, n_layers, batch_first=True)
        self.h_o = nn.Linear(n_hidden, vocab_sz)
        self.h = torch.zeros(n_layers, bs, n_hidden)

    def forward(self, x):
        res,h = self.rnn(self.i_h(x), self.h)
        self.h = h.detach()
        return self.h_o(res)

    def reset(self): self.h.zero_()

learn = Learner(dls, LMModel5(len(vocab), 64, 2),
                loss_func=CrossEntropyLossFlat(),
                metrics=accuracy, cbs=ModelResetter)
learn.fit_one_cycle(15, 3e-3)
```

epoch	train_loss	valid_loss	accuracy	time
0	3.055853	2.591640	0.437907	00:01
1	2.162359	1.787310	0.471598	00:01
2	1.710663	1.941807	0.321777	00:01
3	1.520783	1.999726	0.312012	00:01
4	1.330846	2.012902	0.413249	00:01
5	1.163297	1.896192	0.450684	00:01
6	1.033813	2.005209	0.434814	00:01
7	0.919090	2.047083	0.456706	00:01
8	0.822939	2.068031	0.468831	00:01
9	0.750180	2.136064	0.475098	00:01
10	0.695120	2.139140	0.485433	00:01
11	0.655752	2.155081	0.493652	00:01
12	0.629650	2.162583	0.498535	00:01
13	0.613583	2.171649	0.491048	00:01
14	0.604309	2.180355	0.487874	00:01

그런데 결과가 실망스럽네요. 이전의 단일 계층 RNN의 결과가 더 낫습니다. 왜 그럴까요? 더 깊은 모델을 사용할 때는 활성이 폭발하거나 사라지는 문제가 있기 때문입니다.

12.4.2 폭발 또는 사라지는 활성

실제로 이런 종류의 RNN으로 정확한 모델을 만드는 일은 쉽지 않습니다. detach를 덜 호출하고 계층이 더 많다면 더 나은 결과를 얻을 수 있습니다. RNN이 더 긴 시간 동안 내용을 학습할 수 있어서 더 풍부한 특징을 만들어내기 때문이죠. 그러나 이는 훈련할 모델의 구조가 더 깊음을 의미하기도 합니다. 딥러닝 발전의 주요 도전 과제는 이런 종류의 모델을 학습시키는 방법을 알아내는 것이었습니다.

그리고 행렬을 여러 번 곱할 때 일어나는 일이 이를 어렵게 합니다. 어떤 일이 일어날지 생각해보세요. 가령 1부터 시작해 2를 곱해나가면 1, 2, 4, 8,… 의 시퀀스를 얻고, 32단계 후에는 이미 4,294,967,296만큼 큰 숫자에 도달합니다. 0.5를 곱해도 비슷한 문제가 발생하죠. 0.5, 0.25, 0.125,…. 의 시퀀스를 얻고, 32단계 후에는 0.00000000023이라는 매우 작은 숫자에 도달하죠. 보다시피 1보다 약간 더 높거나 더 낮은 숫자를 수차례 반복해서 곱하면, 숫자가 폭발적으로 커지거나 사라져버릴 정도로 작아집니다.

행렬 곱셈 또한 숫자를 곱하고 더하는 연산이므로, 반복되는 행렬 곱셈에서도 똑같은 일이 일어납니다. 그리고 심층 신경망은 이런 행렬 곱셈의 연속으로 구성되죠. 계층을 추가한다는 말은 또 다른 행렬 곱셈이 추가된다는 의미입니다. 따라서 심층 신경망이 극히 크거나 작은 숫자로 수렴해버릴 가능성이 높다고 볼 수 있죠.

이 현상은 숫자가 0에서 멀어질수록 숫자가 점점 더 정확해지는 컴퓨터가 숫자를 저장하는 방식(**부동소수점**floating point) 때문에 문제가 됩니다. [그림 12-8]의 다이어그램은 「What You Never Wanted to Know about Floating Point but Will Be Forced to Find Out(https://oreil.ly/c_kG9)」이라는 기사에서 발췌했습니다. 부동소수점의 정밀도가 수선number line에 따라 달라지는 방식을 보여줍니다.

그림 12-8 부동소수의 정밀도

이 부정확성은 심층 네트워크에서 가중치 갱신을 위해 계산된 그레이디언트가 종종 0 또는 무한대가 됨을 의미합니다. 그리고 이 문제를 보통 **그레이디언트 소실**vanishing gradient 또는 **그레이디언트 폭주**exploding gradient 문제라고 합니다. SGD의 입장에서 설명하면, 이는 가중치가 전혀 갱신되지 않거나 무한대로 점프함을 의미하죠. 어느 쪽이든 학습을 해도 결과가 전혀 개선되지 않습니다.

연구자들은 이 문제를 해결하는 다양한 방법을 개발했습니다(이 내용은 나중에 다루겠습니다). 한 가지 방법은 활성이 폭발적으로 커질 가능성을 줄이는 방식으로 계층의 정의를 바꾸는 것입니다. 배치 정규화를 다루는 13장과 ResNets를 다루는 14장에서 이 방법을 자세히 다룹니다. 그러나 사실 이런 세부 사항은 크게 중요하지 않습니다. 이 문제를 해결하는 새로운 접근 방식을 고안하는 연구자가 아니라면 말이죠. 이를 처리하는 또 다른 전략은 초기화에 주의하는 것입니다. 17장에서 이를 자세히 다룹니다.

RNN에서는 폭발적으로 커지는 활성을 방지하는 데 게이트 순환 유닛gated recurrent unit(GRU)과 장단기 메모리long short term memory(LSTM) 계층을 자주 사용합니다. 파이토치는 두 계층을 모두 지원하며, RNN 계층을 그대로 대체할 수 있습니다. 여기서는 LSTM만 다루고 LSTM의 구조를 약간 변형한 GRU은 다루지 않습니다. 인터넷상에 튜토리얼이 많으므로 참고해 배우기 바랍니다.

12.5 LSTM

LSTM은 1997년 유르겐 슈미트후버Jürgen Schmidhuber와 셉 호흐라이터Sepp Hochreiter가 소개한 구조로, 하나가 아닌 두 개의 은닉 상태가 있습니다. 기본 RNN의 은닉 상태는 이전 시간 단계에서 RNN이 출력한 것이었습니다. 그리고 그 은닉 상태는 다음 두 가지를 담당하죠.

- 출력 계층의 올바른 다음 토큰의 예측을 위한 올바른 정보 보유하기
- 문장에서 일어난 모든 일에 관한 기억을 유지하기

가령 'Henry has a dog and he likes his dog very much'와 'Sophie has a dog and she likes her dog very much.'라는 문장이 있다고 가정해봅시다. RNN이 **he/she** 또는 **his/her**를 예측하려면 문장의 시작 부분에 등장한 이름을 반드시 기억해야 합니다.

RNN은 문장 내에서 훨씬 더 일찍 일어난 사건의 기억을 잘 유지하지 못합니다. 이는 LSTM이 또 다른 은닉 상태(**셀 상태**cell state) 도입한 동기를 제공하기도 했죠. 셀 상태는 **장단기 기억**을 유지하는 역할을, 은닉 상태는 예측할 다음 토큰에 초점을 맞추는 역할을 합니다. 이를 어떻게 달성하는지를 자세히 살펴보면서 밑바닥부터 LSTM을 구축해봅시다.

12.5.1 LSTM 만들기

LSTM을 구축하려면 먼저 구조를 이해해야만 합니다. 내부 구조는 [그림 12-9]와 같습니다.

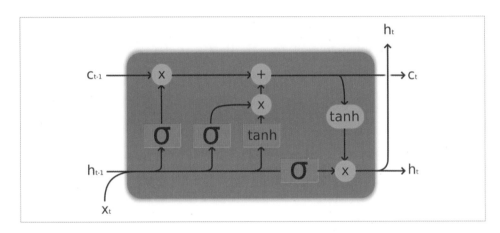

그림 12-9 LSTM 구조

그림에서 입력 x_t는 이전 은닉 상태(h_{t-1})와 셀 상태(c_{t-1})와 함께 왼쪽으로 들어갑니다. 주황색 네모 4개는 계층(신경망) 4개를 나타내며, 여기에 사용된 활성화 함수는 시그모이드(σ) 또는 하이퍼볼릭탄젠트(tanh)입니다. tanh는 범위를 -1에서 1 사이로 재조정한 시그모이드 함수입니다. 수학식은 다음과 같이 작성할 수 있죠.

$$\tanh(x) = \frac{e^x - e^{-x}}{e^x + e^{-x}} = 2\sigma(2x) - 1$$

여기서 σ는 시그모이드 함수입니다. 그리고 옅은 녹색 원은 요소별 연산을 의미합니다. 오른쪽으로 나가는 부분은 새로운 은닉 상태(h_t)와 새로운 셀 상태(c_t)로, 다음 입력을 준비합니다. 새로운 은닉 상태는 출력되기도 하므로 화살표가 분할되어 위로 올라가죠.

네 개의 신경망(**게이트**gate)을 하나씩 살펴보며 그림을 설명하겠습니다. 그러나 먼저 셀 상태가 거의 변하지 않는다는 사실을 인지해야 합니다(맨 윗부분). 신경망을 직접 통과하지도 않습니다! 바로 장기적인 상태를 유지하는 비결이죠.

먼저 입력과 이전 은닉 상태의 화살표가 결합됩니다. 앞서 만든 RNN에서는 이 둘을 더하는 방식으로 결합을 구현했지만, LSTM에서는 이들을 큰 텐서 하나로 쌓아 올리는 방식으로 결합합니다. 그 결과 임베딩의 차원(x_t의 차원)과 은닉 상태의 차원이 달라질 수 있습니다. 각각의 차원을 n_in 및 n_hid라고 가정하면, 아래쪽 화살표의 크기는 n_in + n_hid가 되죠. 따라서 모든 신경망(주황색 네모)은 입력이 n_in + n_hid이고 출력이 n_hid인 선형 계층입니다.

첫 번째 게이트(왼쪽에서 오른쪽 순으로)는 **잊음 게이트**forget gate입니다. 시그모이드가 포함된 선형 계층이므로 출력은 0과 1 사이의 스칼라값이 됩니다. 이 결과는 셀 상태와 곱해져 유지할 정보와 버릴 정보를 결정합니다. 0에 가까운 값은 버려지고 값 1에 가깝게 유지되는 식이죠. 이를 통해 LSTM은 장기 상태를 잊어버리는 능력을 갖출 수 있습니다. 예를 들어 한 시기 또는 xxbos 토큰을 넘어갈 때, 게이트가 셀 상태 재설정하기를 학습하리라 기대할 수 있습니다.

두 번째 게이트를 **입력 게이트**input gate라고 합니다. 세 번째 게이트(실제로 이름은 없지만 **셀 게이트**cell gate라고도 함)와 함께 작동하여 셀 상태를 업데이트합니다. 예를 들어 새로운 성별 대명사가 표시될 수 있습니다. 이때 잊음 게이트가 제거된 성별 정보를 대체해야 합니다. 잊음 게이트와 유사하게 입력 게이트는 업데이트할 셀 상태 요소(1에 가까운 값) 또는 업데이트하지 않을(0에 가까운 값) 요소를 결정합니다. 세 번째 게이트는 −1에서 1까지의 범위(tanh 함수 덕분에)에서 업데이트된 값을 결정합니다. 결과는 셀 상태에 추가됩니다.

마지막 게이트는 **출력 게이트**output gate입니다. 출력을 생성하는 데 사용할 셀 상태의 정보를 결정하죠. 셀 상태는 출력 게이트의 출력이 시그모이드와 결합되기 전에 tanh를 통과하며, 그 결과 새로운 은닉 상태가 만들어집니다. 이렇게 설명한 일련의 단계는 다음과 같이 코드로 작성할 수 있습니다.

```
class LSTMCell(Module):
    def __init__(self, ni, nh):
        self.forget_gate = nn.Linear(ni + nh, nh)
        self.input_gate  = nn.Linear(ni + nh, nh)
        self.cell_gate   = nn.Linear(ni + nh, nh)
        self.output_gate = nn.Linear(ni + nh, nh)

    def forward(self, input, state):
        h,c = state
        h = torch.cat([h, input], dim=1)
        forget = torch.sigmoid(self.forget_gate(h))
        c = c * forget
        inp = torch.sigmoid(self.input_gate(h))
        cell = torch.tanh(self.cell_gate(h))
        c = c + inp * cell
        out = torch.sigmoid(self.output_gate(h))
        h = out * torch.tanh(c)
        return h, (h,c)
```

이 코드를 리팩터링 해볼 수 있습니다. 또한 성능 측면에서 작은 행렬의 곱셈 4개보다는 큰 행렬 곱셈 하나를 수행하는 편이 바람직합니다. GPU의 특수 고속 커널을 한 번만 실행한 다음, GPU가 병렬로 더 많은 작업을 수행하게끔 할 수 있기 때문입니다. 쌓아 올리는 데는 시간이 약간 소요되므로(연속 배열에 모두 포함하려면 GPU에서 텐서 중 하나를 이동해야 하므로), 입력 및 은닉 상태에 대해 두 개별 계층을 사용합니다. 그러면 다음과 같이 최적화되고 리팩터링된 코드를 얻을 수 있습니다.

```
class LSTMCell(Module):
    def __init__(self, ni, nh):
        self.ih = nn.Linear(ni,4*nh)
        self.hh = nn.Linear(nh,4*nh)

    def forward(self, input, state):
        h,c = state
        # 네 번으로 나눠 곱하기보다 모든 게이트를 한 번에 곱하는 편이 낫습니다
        gates = (self.ih(input) + self.hh(h)).chunk(4, 1)
        ingate,forgetgate,outgate = map(torch.sigmoid, gates[:3])
        cellgate = gates[3].tanh()

        c = (forgetgate*c) + (ingate*cellgate)
```

```
        h = outgate * c.tanh()
        return h, (h,c)
```

여기서는 파이토치의 **chunk** 메서드로 텐서를 4개로 분할합니다. 참고로 chunk 메서드는 다음과 같이 작동합니다.

```
>>> t = torch.arange(0,10); t

tensor([0, 1, 2, 3, 4, 5, 6, 7, 8, 9])

>>> t.chunk(2)

(tensor([0, 1, 2, 3, 4]), tensor([5, 6, 7, 8, 9]))
```

이제 이 구조를 사용하여 언어 모델을 학습시켜 보겠습니다!

12.5.2 LSTM으로 언어 모델 학습시켜보기

다음은 **LMModel5**와 같은 신경망으로, 두 계층 LSTM을 사용합니다. 더 큰 학습률로 더 짧은 시간 동안 학습했음에도 더 나은 정확도를 얻을 수 있습니다.

```
class LMModel6(Module):
    def __init__(self, vocab_sz, n_hidden, n_layers):
        self.i_h = nn.Embedding(vocab_sz, n_hidden)
        self.rnn = nn.LSTM(n_hidden, n_hidden, n_layers, batch_first=True)
        self.h_o = nn.Linear(n_hidden, vocab_sz)
        self.h = [torch.zeros(n_layers, bs, n_hidden) for _ in range(2)]

    def forward(self, x):
        res,h = self.rnn(self.i_h(x), self.h)
        self.h = [h_.detach() for h_ in h]
        return self.h_o(res)

    def reset(self):
        for h in self.h: h.zero_()

learn = Learner(dls, LMModel6(len(vocab), 64, 2),
                loss_func=CrossEntropyLossFlat(),
```

```
                    metrics=accuracy, cbs=ModelResetter)
  learn.fit_one_cycle(15, 1e-2)
```

epoch	train_loss	valid_loss	accuracy	time
0	3.000821	2.663942	0.438314	00:02
1	2.139642	2.184780	0.240479	00:02
2	1.607275	1.812682	0.439779	00:02
3	1.347711	1.830982	0.497477	00:02
4	1.123113	1.937766	0.594401	00:02
5	0.852042	2.012127	0.631592	00:02
6	0.565494	1.312742	0.725749	00:02
7	0.347445	1.297934	0.711263	00:02
8	0.208191	1.441269	0.731201	00:02
9	0.126335	1.569952	0.737305	00:02
10	0.079761	1.427187	0.754150	00:02
11	0.052990	1.494990	0.745117	00:02
12	0.039008	1.393731	0.757894	00:02
13	0.031502	1.373210	0.758464	00:02
14	0.028068	1.368083	0.758464	00:02

다층 RNN보다 훨씬 낫군요! 그런데 약간의 과적합이 있음을 알 수 있습니다. 이는 약간의 정규화가 도움이 될 수 있다는 신호이기도 합니다.

12.6 LSTM의 정규화

일반적으로 RNN은 앞서 본 활성 및 기울기가 사라지는 문제로 학습이 어렵습니다. LSTM(또는 GRU) 셀을 사용하면 기본 RNN보다 학습이 더 쉬워지지만, 과적합 문제가 발생하기 쉽습니다. 데이터 증강이 이를 해결하는 한 가지 가능성이 될 수는 있지만, 텍스트에서 자주 사용되지는 않습니다. 임의의 증강된 데이터를 생성하려면 보통 다른 모델이 필요하기 때문이죠(예: 텍스트를 다른 언어로 번역한 후 원래 언어로 다시 번역). 무엇보다 데이터 증강은 텍스트 데이터에서 아직 많은 연구가 이루어지지 않은 분야입니다.

스티븐 머리티Stephen Merity 등이 작성한 「Regularizing and Optimizing LSTM Language Models(https://oreil.ly/Rf-OG)」 논문은 과적합을 낮추는 데 LSTM과 함께 사용하면 좋을 정규화 기법들을 철저히 연구했습니다. 효과적인 드롭아웃, 활성 정규화, 시간적 활성 정규화가 효과적으로 적용된 LSTM이 복잡한 구조로 만들어진 모델의 최신 결과를 능가할 수 있음을 보여주었죠. 저자는 이런 기법을 사용하는 LSTM을 **AWD-LSTM**으로 명명했습니다. 그러면 각 기법을 차례로 살펴보죠.

12.6.1 드롭아웃

드롭아웃dropout은 제프리 힌턴Geoffrey Hinton 등이 도입한 정규화 기법으로, 「Improving Neural Networks by Preventing Co-Adaptation of Feature Detectors」라는 논문에 소개되었습니다. 기본적인 아이디어는 학습 시 일부 활성을 무작위로 0으로 바꾸는 것입니다. [그림 12-10]에서 볼 수 있듯이, 모든 뉴런이 능동적으로 출력을 향해 찾아가도록 합니다(니티쉬 스리바스타바Nitish Srivastava 등이 작성한 「Dropout: A Simple Way to Prevent Neural Networks from Overfitting」에서 발췌).

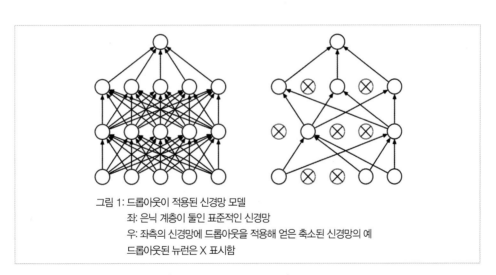

그림 1: 드롭아웃이 적용된 신경망 모델
좌: 은닉 계층이 둘인 표준적인 신경망
우: 좌측의 신경망에 드롭아웃을 적용해 얻은 축소된 신경망의 예
드롭아웃된 뉴런은 X 표시함

그림 12-10 신경망에 적용된 드롭아웃(출처: 니티쉬 스리바스타바 등)

힌턴은 한 인터뷰에서 드롭아웃의 고안에 영감이 된 이야기를 할 때 멋진 비유를 했습니다.

은행에 갔을 때였습니다. 출납원이 계속해서 바뀌길래 한 출납원에게 왜 그런지를 물었습니다. 그는 모른다고 답했지만, 모두 정말 분주히 움직였죠. 저는 은행을 사취로부터 방어하려면 직원들 간의 협력이 필요하기 때문이라고 생각했습니다. 여기서 각 데이터 샘플에서 서로 다른 뉴런의 집합을 임의로 제거하면 음모를 방지하여 과적합을 줄일 수 있다는 깨달음을 얻었습니다.

그리고 같은 인터뷰에서 신경 과학이 영감을 추가로 제공했다고도 말했습니다.

우리는 뉴런이 급증하는 이유를 정확히 알지 못합니다. 한 가지 이론은 데이터보다 더 많은 파라미터가 있어서 정규화를 위한 많은 노이즈를 원한다는 것입니다. 드롭아웃의 개념은 활성에 노이즈가 낀다면 훨씬 더 큰 모델을 사용할 수 있다는 것입니다.

이는 드롭아웃이 일반화에 도움이 되는 이유를 설명합니다. 우선 뉴런들이 더 잘 협력하도록 도와줍니다. 그리고 활성에 노이즈가 더 많게 하여 모델을 더 견고히 만들어줍니다.

그러나 다른 작업 없이 활성을 0으로만 설정하면 모델의 학습에 문제가 발생합니다. 가령 다섯 개의 활성(ReLU 적용 후 모두 양수)의 합과 두 활성의 합은 크기가 같지 않습니다. 따라서 확률 p로 드롭아웃을 적용하면, [그림 12-11]에 표시했듯이 모든 활성의 크기를 1-p로 나누어 재조정해야 합니다(평균적으로 p는 0이 되므로 1-p가 남음).

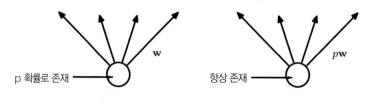

그림 2: 좌: 학습 시 p의 확률로 존재하는 뉴런으로, 다음 계층의 뉴런들과는 가중치 w로 연결됩니다.
우: 테스트 시 뉴런은 항상 존재하며, 가중치에는 p가 곱해집니다.
테스트 시의 출력은 학습 시의 출력 기댓값과 같습니다.

그림 12-11 드롭아웃 적용 시 활성의 크기를 조정하는 이유(출처: 니티쉬 스리바스타바 등)

다음은 파이토치가 드롭아웃 계층을 구현한 전체 코드입니다(파이토치의 네이티브 계층은 파이썬이 아니라 C로 구현됨).

```
class Dropout(Module):
    def __init__(self, p): self.p = p
    def forward(self, x):
        if not self.training: return x
        mask = x.new(*x.shape).bernoulli_(1-p)
        return x * mask.div_(1-p)
```

bernoulli_ 메서드로 생성된 임의의 0(확률 p)과 1(확률 1-p) 값을 가진 텐서는 1-p로 나
뉘기 전 입력값에 곱해집니다. 그리고 모든 파이토치의 nn.Module에서는 training 속성으로
학습과 추론 단계를 구분한다는 사실을 알아두세요.

> **NOTE_ 여러분만의 실험을 해보세요**
>
> 이전 장들에서 bernoulli_ 코드 예제를 추가해보면 작동 방식을 정확히 알 수 있습니다. 여러분은 스스
> 로 작업할 수 있을 만큼 충분히 배웠으니, 앞으로는 작동 방식을 실험하는 예제를 덜 보여드릴 예정입니
> 다. 그 대신 여러분만의 실험을 더 많이 해보며 작동 방식을 확인하기 바랍니다. 이 장의 마지막 질문지에
> bernoulli_를 실험해보길 요청하는 항목을 포함했지만, 여러분의 이해를 구축하는 데 도움이 되는 실험을
> 누군가가 요청하길 기다리지 마세요. 스스로 다양한 실험을 해보길 바랍니다!

LSTM의 출력을 최종 계층으로 전달하기 전에 드롭아웃을 적용하면 과적합을 줄일 수 있습니
다. 드롭아웃은 fastai.vision에서 사용된 기본 CNN 머리와 fastai.tabular를 포함한
여러 모델에서 사용되며, ps 인자로 정도를 제어할 수 있습니다(ps는 p의 복수형 변수명으로,
각 'p'는 추가된 각 드롭아웃 계층의 정도를 결정함). ps 인자의 사용 방법은 15장에서 다룹니다.

드롭아웃은 드롭아웃 모듈의 training 속성을 사용해 학습 및 검증 모드에서 다른 작동을 합
니다. 모듈의 train 메서드 호출 시 training 속성값을 True로 설정하고, eval 메서드 호
출 시에는 False로 설정합니다(메서드를 호출하는 모듈과 포함된 모든 하위 모듈을 반복적
으로 접근해 같은 값을 설정함). 이는 Learner의 메서드를 호출하면 자동으로 수행되지만,
Learner 클래스를 사용하지 않는다면 필요에 따라 모드를 변경해야 함을 알아두세요.

12.6.2 활성 정규화 및 시간적 활성 정규화

활성 정규화activation regularization (AR)와 **시간적 활성 정규화**temporal activation regularization (TAR)는
8장에서 다룬 가중치 감쇠와 매우 유사한 정규화 방법입니다. 가중치 감소 적용 시 가중치를

가능한 한 작게 만드는 것을 목표하는 손실에 페널티를 약간 추가합니다. 반면 활성 정규화에서 가능한 한 작게 만들려는 대상은 가중치가 아니라 LSTM이 생성한 최종 활성입니다.

최종 활성을 정규화하려면 어딘가에 활성을 저장한 다음, 손실에 활성의 제곱 평균을 더해야 합니다(가중치 감쇠의 wd와 같은 역할을 하는 alpha도 곱해야 함).

```
loss += alpha * activations.pow(2).mean()
```

TAR은 문장 내의 예측된 토큰과 관련이 있습니다. 즉 LSTM의 출력을 순서대로 읽으면 의미 있는 문장이 될 가능성이 높죠. TAR은 손실에 페널티를 추가하여, 두 연속 활성 간의 차이를 가능한 한 작게 만들어 문장이 의미를 내포할 수 있도록 합니다. 활성 텐서는 모양은 bs x sl x n_hid이며 시퀀스 길이 축(중간 차원)의 연속 활성을 읽습니다. 따라서 TAR은 다음처럼 표현할 수 있습니다.

```
loss += beta * (activations[:,1:] - activations[:,:-1]).pow(2).mean()
```

alpha와 beta는 튜닝해야 하는 하이퍼파라미터입니다. 잘 작동하도록 하려면 적절한 출력, LSTM 사전 드롭아웃 활성, LSTM 사후 드롭아웃 활성을 반환하는 드롭아웃이 있는 모델이 필요합니다. AR은 종종 드롭아웃된 활성에 적용되지만(이후에 0으로 전환된 활성에 페널티를 주지 않기 위해), TAR은 드롭아웃되지 않은 활성에 적용됩니다(0들이 두 연속 시간 단계 사이에 큰 차이를 만들기 때문). RNNRegularizer 콜백은 이 정규화를 적용합니다.

12.6.3 가중치가 묶인 정규화된 LSTM 학습시키기

드롭아웃(출력 계층으로 이동하기 전에 적용)을 AR 및 TAR과 결합하여 LSTM을 학습시킬 수 있습니다. 하나 대신 세 가지(LSTM의 정상적인 출력, 드롭아웃된 활성, LSTM의 활성)를 반환하기만 하면 되죠. RNNRegularizer 콜백은 그 중 두 개가 손실에 이바지할지를 선택합니다.

가중치 공유weight tying도 AWD-LSTM 논문에 더 해볼 만한 유용한 기법입니다. 언어 모델의 입력 임베딩은 영어 단어와 활성 간의 매핑 관계를 표현하며, 은닉 계층의 출력은 활성과 영어 단어 간의 매핑 관계를 표현합니다. 그렇다면 직관적으로 이 두 매핑이 같을 것이라고 예상할 수 있겠죠. 그리고 다음처럼 파이토치 코드로 두 계층에 같은 가중치 행렬을 할당할 수 있습니다.

```
    self.h_o.weight = self.i_h.weight
```

최종 버전인 **LMMModel7**은 다음과 같습니다.

```
class LMMModel7(Module):
    def __init__(self, vocab_sz, n_hidden, n_layers, p):
        self.i_h = nn.Embedding(vocab_sz, n_hidden)
        self.rnn = nn.LSTM(n_hidden, n_hidden, n_layers, batch_first=True)
        self.drop = nn.Dropout(p)
        self.h_o = nn.Linear(n_hidden, vocab_sz)
        self.h_o.weight = self.i_h.weight
        self.h = [torch.zeros(n_layers, bs, n_hidden) for _ in range(2)]

    def forward(self, x):
        raw,h = self.rnn(self.i_h(x), self.h)
        out = self.drop(raw)
        self.h = [h_.detach() for h_ in h]
        return self.h_o(out),raw,out

    def reset(self):
        for h in self.h: h.zero_()
```

RNNRegularizer 콜백을 사용해 정규화가 추가된 Learner를 만듭니다.

```
learn = Learner(dls, LMMModel7(len(vocab), 64, 2, 0.5),
                loss_func=CrossEntropyLossFlat(), metrics=accuracy,
                cbs=[ModelResetter, RNNRegularizer(alpha=2, beta=1)])
```

TextLearner는 두 콜백을 자동으로 추가하므로(알파 및 베타에는 디폴트값을 사용), 방금 작성한 코드를 좀 더 단순화할 수 있죠.

```
learn = TextLearner(dls, LMMModel7(len(vocab), 64, 2, 0.4),
                    loss_func=CrossEntropyLossFlat(), metrics=accuracy)
```

그다음 가중치 감쇠 요소를 0.1로 늘려 추가 정규화를 포함해 모델을 학습시킵니다.

```
learn.fit_one_cycle(15, 1e-2, wd=0.1)
```

epoch	train_loss	valid_loss	accuracy	time
0	2.693885	2.013484	0.466634	00:02
1	1.685549	1.187310	0.629313	00:02
2	0.973307	0.791398	0.745605	00:02
3	0.555823	0.640412	0.794108	00:02
4	0.351802	0.557247	0.836100	00:02
5	0.244986	0.594977	0.807292	00:02
6	0.192231	0.511690	0.846761	00:02
7	0.162456	0.520370	0.858073	00:02
8	0.142664	0.525918	0.842285	00:02
9	0.128493	0.495029	0.858073	00:02
10	0.117589	0.464236	0.867188	00:02
11	0.109808	0.466550	0.869303	00:02
12	0.104216	0.455151	0.871826	00:02
13	0.100271	0.452659	0.873617	00:02
14	0.098121	0.458372	0.869385	00:02

보다시피 앞서 만든 모델보다 훨씬 나은 결과를 얻었습니다!

12.7 결론

이제 10장에서 사용한 텍스트 분류용 AWD-LSTM 구조의 내부를 모두 살펴보았습니다. 드롭아웃을 다음의 다양한 위치에서 사용하죠.

- 임베딩 드롭아웃(임베딩 계층 내에서 임베딩의 일부를 임의로 제거)
- 입력 드롭아웃(임베딩 계층 이후)
- 가중치 드롭아웃(각 학습 단계의 LSTM 가중치에 적용)
- 은닉 드롭아웃(두 계층 사이의 은닉 상태에 적용)

그러면 정규화를 더 만들어낼 수 있습니다. 드롭아웃 다섯 개(출력 계층 전의 드롭아웃 포함)를 미세 조정하기란 복잡한 일이므로 적절한 디폴트값을 미리 정해두었습니다. 그리고 10장에서 본 대로 전체적인 드롭아웃의 크기는 drop_mult 인잣값으로 조정할 수 있습니다(모든 드롭아웃에 같은 값을 곱합니다).

특히 '시퀀스에서 시퀀스' 문제(언어 번역처럼, 종속변수 자체의 길이가 가변적인 문제)에 매우 강력한 다른 구조로는 트랜스포머Transformers가 있습니다. 이에 관한 내용은 책의 웹사이트에서 제공하는 보너스 장을 참고하세요.

12.8 질문지

1 프로젝트 데이터셋이 너무 크고 복잡해서 작업에 시간이 오래 걸릴 때는 무엇을 해야 하나요?

2 언어 모델을 만들기 전 데이터셋의 문서를 이어 붙이는 이유는 무엇인가요?

3 표준적인 완전 연결 신경망을 사용해서, 앞서 다룬 세 단어로 네 번째 단어를 예측하려면 모델에 어떤 두 가지 변화를 줘야 할까요?

4 파이토치에서 여러 계층이 가중치 행렬을 공유하려면 어떻게 해야 하나요?

5 수록된 코드를 보지 않고 두 단어로 세 번째 단어를 예측하는 모듈을 작성해보세요.

6 순환 신경망(RNN)이란 무엇인가요?

7 은닉 상태란 무엇인가요?

8 LMModel1의 은닉 상태와 무엇이 동등한가요?

9 RNN에서 상태를 유지를 위해 모델로 텍스트를 순서대로 전달해야 하는 이유는 무엇인가요?

10 RNN에서 '펼치다'라는 표현은 무엇을 의미하나요?

11 RNN의 은닉 상태를 유지 관리할 때 메모리와 성능에 문제가 발생하는 이유는 무엇인가요? 어떻게 해결하나요?

12 BPTT란 무엇인가요?

13 10장의 IMDb 데이터의 배치에서 보여준 대로, 토큰 ID를 다시 영어 문자열로 변환하는 작업을 포함해 검증용 데이터셋의 처음 몇 개 배치를 화면에 출력하는 코드를 작성해보세요.

14 ModelResetter 콜백의 기능은 무엇인가요? 왜 필요한가요?

15 3개의 입력 단어로 하나의 단어 출력만 예측할 때의 단점은 무엇인가요?

16 LMModel4에서 사용자 정의 손실 함수가 필요한 이유는 무엇인가요??

17 LMModel4의 학습이 불안정한 이유는 무엇인가요?

18 펼친 표현을 보면 RNN이 여러 계층으로 구성됨을 알 수 있습니다. 그런데 더 나은 결과를 얻으려고 더 많은 RNN을 쌓아 올리는 이유는 무엇인가요?

19 쌓아 올려진 적층(다층) RNN을 표현하는 그림을 그려보세요.

20 detach를 덜 호출하면 RNN에서 더 나은 결과를 도출하는 이유는 무엇인가요? 왜 간단한 RNN에서는 이렇게 되지 않나요?

21 심층 신경망에서 활성이 매우 커지거나 작아지는 이유는 무엇인가요? 또 이 문제가 중요한 이유는 무엇인가요?

22 컴퓨터의 부동소수점수 표현에서 가장 정확한 숫자는 무엇인가요?

23 그레이디언트가 사라지면 학습에 방해가 되는 이유는 무엇인가요?

24 LSTM 구조에 두 은닉 상태가 있으면 유용한 이유는 무엇인가요? 각 은닉 상태의 목적은 무엇인가요?

25 LSTM 구조에서 이 두 상태의 이름은 각각 무엇인가요?

26 tanh는 무엇이며 시그모이드와 어떤 관련이 있나요?

27 LSTMCell 내용 중 다음 코드의 목적은 무엇인가요?

```
h = torch.cat([h, input], dim=1)
```

28 파이토치의 chunck 메서드의 역할은 무엇인가요?

29 리팩터링된 LSTMCell을 주의 깊게 살펴보고, 어떻게 리팩터링 되지 않은 코드와 같은 일을 할 수 있는지를 이해하세요.

30 LMModel6에서 더 큰 학습률을 사용할 수 있는 이유는 무엇인가요?

31 AWD-LSTM 모델에서 사용하는 세 가지 정규화 기법은 무엇인가요?

32 드롭아웃이란 무엇인가요?

33 드롭아웃에서 활성 개수를 조정하는 이유는 무엇인가요? 학습과 추론 시 모두에 적용되는 사항인가요?

34 Dropout 내용 중 다음 코드의 목적은 무엇인가요?

```
if not self.training: return x
```

35 bernoulli_로 실험을 진행하며 작동 방식을 이해해보세요.

36 파이토치에서 모델의 학습 모드와 평가 모드를 설정하는 방법은 무엇인가요?

37 활성 정규화의 방정식을 써 보세요(수학 표기 또는 코드). 가중치 감쇠와 어떻게 다른가요?

38 시간적 활성 정규화(TAR)의 방정식을 써 보세요(수학 표기 또는 코드). 이를 영상 처리 문제에서 사용하지 않는 이유는 무엇인가요?

39 언어 모델에서 가중치 공유란 무엇인가요?

12.8.1 추가 연구

1 LMModel2에서, forward를 h=0으로 시작할 수 있는 이유는 무엇인가요? h=torch.zeros(...)라고 하지 않아도 되는 이유는 무엇인가요?

2 LSTM 코드를 밑바닥부터 작성해보세요([그림 12-9] 참고).

3 인터넷에서 GRU 구조를 검색해서 밑바닥부터 구현한 다음, 모델을 학습시켜보세요. 이 장과 유사한 결과를 얻을 수 있는지도 확인해보세요. 그리고 파이토치가 제공하는 내장 GRU 모듈을 썼을 때의 결과와도 비교해보세요.

4 fastai의 AWD-LSTM 소스 코드를 살펴보고, 각 코드 행과 이 장에서 소개한 개념을 상호 매핑해보세요.

CHAPTER 13

합성곱 신경망

4장에서는 이미지를 인식하는 신경망을 제작하는 방법을 배웠습니다. 숫자 3과 7을 구분할 때 98% 이상의 정확도를 달성했으며, fastai가 제공하는 내장 클래스를 사용하면 정확도가 100%에 가까워짐을 확인했습니다. 이 둘 사이의 격차를 좁혀봅시다.

이 장은 합성곱의 개념을 배우고, 밑바닥부터 CNN을 구현하는 내용으로 시작합니다. 그다음 학습의 안정성을 개선하는 다양한 기술을 배우고, 훌륭한 결과를 얻는 데 fastai 라이브러리가 공통으로 적용하는 모든 것을 배웁니다.

13.1 합성곱의 마법

특징 공학feature engineering은 머신러닝 실무자가 자유롭게 사용할 수 있는 매우 강력한 도구입니다. **특징**이란 모델링을 더 쉽게 할 수 있도록 고안된 데이터의 변환입니다. 가령 9장에서 테이블 데이터셋의 전처리에 사용한 add_datepart 함수는 데이터셋에 날짜 관련 특징을 추가했습니다. 이미지로는 어떤 종류의 특징을 만들 수 있을까요?

> **NOTE_ 전문용어: 특징 공학**
> 모델링을 더 쉽게 할 수 있도록 새로운 입력 데이터의 변환을 만듭니다.

이미지라는 맥락에서 특징은 시각적으로 구별되는 속성입니다. 예를 들어 숫자 7은 숫자의 상단 근처 수평선과 우측 상단에서 좌측 하단으로 떨어지는 대각선으로 묘사할 수 있겠죠. 반면 숫자 3은 숫자의 좌측 상단과 우측 하단의 한 방향으로 향하는 대각선, 이와는 반대되는 좌측 하단과 우측 상단의 대각선, 중간, 상단, 하단의 수평선 등으로 묘사할 수 있습니다. 그렇다면 원시 픽셀값 대신 각 이미지에서 선의 위치 정보를 추출해 특징으로 사용한다면 어떨까요?

이미지에서 선을 찾는 일은 매우 일반적인 영상 처리 작업이며, 매우 간단합니다. 바로 **합성곱** convolution을 사용해 처리하는 작업이죠. 그리고 합성곱에는 단순히 곱셈과 덧셈만 필요합니다. 그리고 이 두 연산은 여기서 살펴볼 모든 딥러닝 모델을 작동하게 만드는 요인이기도 합니다!

합성곱은 이미지 픽셀을 지나며 **커널**kernel을 적용합니다. 커널이란 [그림 13-1]의 우측 상단에 있는 3x3 행렬과 같은 작은 행렬을 의미합니다.

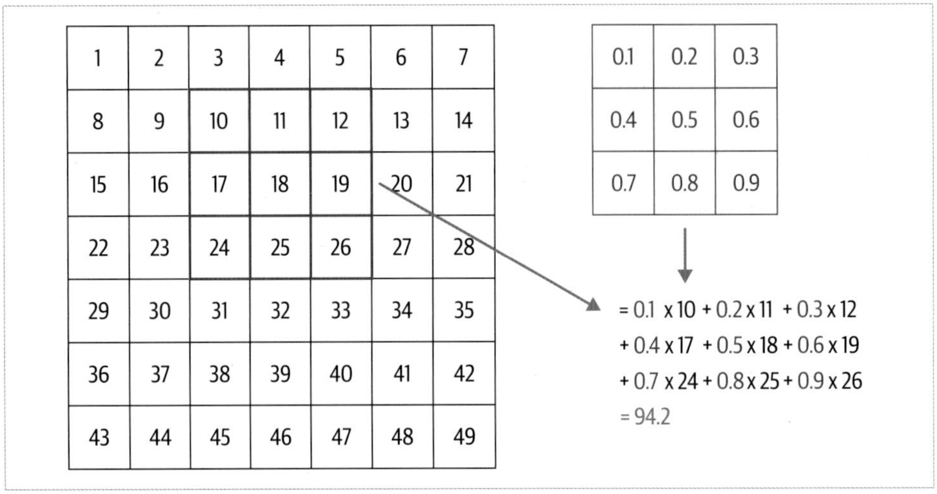

그림 13-1 한 특정 위치에 적용된 커널

좌측의 7×7 격자는 커널을 적용할 **이미지**입니다. 합성곱 연산은 이미지 중 3×3만큼의 블록을 선택하여 블록의 각 요소와 커널의 각 요소를 곱합니다. 그리고 곱해진 각 요소의 값을 모두 더하죠. [그림 13-1]은 이미지의 특정한 위치인 셀 18을 기준으로 선택한 3×3 블록에 커널을 적용하는 예입니다.

코드로 만들어보죠. 먼저 다음과 같이 3×3의 작은 행렬을 만듭니다.

```
top_edge = tensor([[-1,-1,-1],
                   [ 0, 0, 0],
                   [ 1, 1, 1]]).float()
```

방금 만든 텐서를 커널이라 부르겠습니다(단지 텐서일 뿐이지만, 영상 처리를 연구하는 분들이 커널이라고 부르기 때문입니다). 이제 커널을 적용할 이미지가 필요하죠.

```
path = untar_data(URLs.MNIST_SAMPLE)

im3 = Image.open(path/'train'/'3'/'12.png')
show_image(im3);
```

이제 이미지 픽셀 중 좌측 상단의 3×3 블록을 가져와서, 블록의 각 요소와 커널의 각 요소를 곱합니다. 그다음 곱한 값들을 모두 더합니다.

```
>>> im3_t = tensor(im3)
>>> im3_t[0:3,0:3] * top_edge

tensor([[-0., -0., -0.],
        [0., 0., 0.],
        [0., 0., 0.]])

>>> (im3_t[0:3,0:3] * top_edge).sum()

tensor(0.)
```

그리 흥미롭지 않네요. 좌측 상단은 흰색 픽셀로만 구성되었기 때문이죠. 그러면 이번에는 좀 더 흥미로운 부분을 선택해보죠.

```
df = pd.DataFrame(im3_t[:10,:20])
df.style.set_properties(**{'font-size':'6pt'}).background_gradient('Greys')
```

	0	1	2	3	4	5	6	7	8	9	10	11	12	13	14	15	16	17	18	19
0	0	0	0	0	0	0	0	0	0	0	0	0	0	0	0	0	0	0	0	0
1	0	0	0	0	0	0	0	0	0	0	0	0	0	0	0	0	0	0	0	0
2	0	0	0	0	0	0	0	0	0	0	0	0	0	0	0	0	0	0	0	0
3	0	0	0	0	0	0	0	0	0	0	0	0	0	0	0	0	0	0	0	0
4	0	0	0	0	0	0	0	0	0	0	0	0	0	0	0	0	0	0	0	0
5	0	0	0	12	99	91	142	155	246	182	155	155	155	155	131	52	0	0	0	0
6	0	0	0	138	254	254	254	254	254	254	254	254	254	254	252	210	122	33	0	0
7	0	0	0	220	254	254	254	235	189	189	189	189	150	189	205	254	254	254	75	0
8	0	0	0	35	74	35	35	25	0	0	0	0	0	13	224	254	254	153	0
9	0	0	0	0	0	0	0	0	0	0	0	0	0	0	90	254	254	247	53	0

셀 5,7에 숫자 상단을 표시하는 선이 있습니다. 같은 계산을 이 부분에서 다시 해보죠.

```
>>> (im3_t[4:7,6:9] * top_edge).sum()

tensor(762.)
```

그리고 셀 8,18에는 숫자 오른편을 표시하는 선이 있습니다. 이 부분에 대한 계산은 어떨까요?

```
>>> (im3_t[7:10,17:20] * top_edge).sum()

tensor(-29.)
```

보다시피 이 간단한 계산은 상단의 선을 나타내는 3×3픽셀에서 높은 값을 반환합니다(즉 커널에 들어오는 픽셀 중 상단에는 낮은 값이, 하단에는 높은 값이 있는 상태). 커널의 −1 값은 거의 영향이 없는 반면, 1 값은 많은 영향을 미치기 때문이죠.

수학적인 부분을 잠시 살펴보죠. 커널은 이미지에서 크기가 3×3인 어떤 영역과도 연산할 수 있죠. 따라서 합성곱 연산 결과로 얻은 각 픽셀값에 다음과 같은 이름을 붙여보겠습니다.

$a1$ $a2$ $a3$

$a4$ $a5$ $a6$

$a7$ $a8$ $a9$

그러면 $a1+a2+a3-a7-a8-a9$를 얻습니다. 이미지의 픽셀 중 $a1$, $a2$, $a3$을 더한 값이 $a7$, $a8$, $a9$를 더한 값과 같은 위치라면 두 그룹은 서로 상쇄되어 0이란 결과가 나올 것입니다. 그러나 $a1$이 $a7$ 보다, $a2$가 $a8$보다, $a3$이 $a9$보다 크다면 더 큰 결괏값을 얻겠죠. 따라서 이 커널은 수평선, 더 정확히는 밝은 부분(상단)에서 어두운 부분(하단)으로 변하는 경계선을 감지합니다.

필터 상단을 1, 하단을 –1로 변경하면 반대로 어둡다가 밝아지는 수평선을 감지할 수 있습니다. 행 대신 1과 –1을 열에 넣으면(가운데는 0) 수직선을 감지하는 커널을 만들 수 있죠. 결국 커널의 각 가중치 집합은 다른 종류의 결과를 생성합니다.

그러면 이를 수행하는 별도의 함수를 만들고, 이전 결과와 일치하는지 확인해보죠.

```
>>> def apply_kernel(row, col, kernel):
        return (im3_t[row-1:row+2,col-1:col+2] * kernel).sum()

>>> apply_kernel(5,7,top_edge)

tensor(762.)
```

그런데 가장 좌측 상단(예: 0,0)에는 완전한 3×3 정사각형이 없으니 적용할 수 없습니다.

13.1.1 합성곱 커널의 매핑

좌표 격자에 걸쳐 `apply_kernel()`을 매핑할 수 있습니다. 즉 3×3 커널을 이미지의 각 3×3 섹션에 적용합니다. 가령 [그림 13-2]는 5×5 이미지에 3×3 커널을 적용할 수 있는 첫 번째 행의 위치를 보여줍니다.

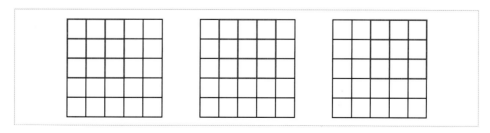

그림 13-2 격자에 걸쳐 적용되는 커널

중첩 리스트 컴프리헨션nested list comprehension을 사용해서 좌표 격자를 만들어보죠.

```
>>> [[(i,j) for j in range(1,5)] for i in range(1,5)]
```

```
[[(1, 1), (1, 2), (1, 3), (1, 4)],
 [(2, 1), (2, 2), (2, 3), (2, 4)],
 [(3, 1), (3, 2), (3, 3), (3, 4)],
 [(4, 1), (4, 2), (4, 3), (4, 4)]]
```

> **NOTE_ 중첩 리스트 컴프리헨션**
> 중첩 리스트 컴프리헨션은 파이썬에서 자주 사용되는 방식입니다. 아직 접해본 적이 없다면 몇 분간 앞 코드
> 의 작동 방식을 이해하려고 노력해보세요. 그리고 여러분이 직접 중첩 리스트 컴프리헨션을 사용하는 코드를
> 작성해보세요.

좌표 격자에 커널을 적용한 결과는 다음과 같습니다.

```
rng = range(1,27)
top_edge3 = tensor([[apply_kernel(i,j,top_edge) for j in rng] for i in rng])

show_image(top_edge3);
```

좋아 보이네요! 상단의 선은 검고, 하단의 선은 밝습니다(상단 선과 **반대**이므로). 실제 계산 결과에는 음숫값이 들어있지만, `matplotlib`는 자동으로 색상값을 알맞게 변경합니다. 즉 가장 작은 수는 흰색, 가장 큰 수는 검은색, 0을 회색으로 표시했죠.

좌측 선에도 같은 작업을 시도해보죠.

```
left_edge = tensor([[-1,1,0],
                    [-1,1,0],
                    [-1,1,0]]).float()
```

```
left_edge3 = tensor([[apply_kernel(i,j,left_edge) for j in rng] for i in rng])

show_image(left_edge3);
```

앞서 언급한 대로 합성곱은 격자에 이런 커널을 적용하는 작업입니다. 빈센트 드물랭Vincent Dumoulin과 프란체스코 비신Francesco Visin이 쓴 「A Guide to Convolution Arithmetic for Deep Learning」논문에는 이미지 커널이 적용되는 방식을 보여주는 훌륭한 그림이 많습니다. [그림 13-3]은 그중 하나로, 밝은 파란색 4×4 이미지에 짙은 파란색 3×3 커널을 적용해 상단의 녹색 2×2 활성 출력 맵을 생성하는 과정을 보여줍니다.

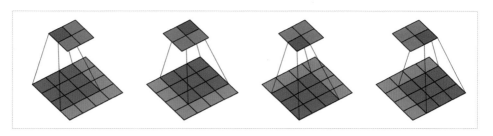

그림 13-3 4×4 이미지에 3×3 커널을 적용한 결과(출처: 빈센트 드물랭과 및 프란체스코 비신)

결과의 모양을 보세요. 원본 이미지의 높이 및 너비가 h와 w일 때, 3×3 커널이 들어맞는 영역을 몇 개나 찾을 수 있을까요? 예제에서 볼 수 있듯이 영역이 h-2×w-2개 있으므로, 결과로 얻은 이미지의 높이 및 너비는 각각 h-2와 w-2입니다.

직접 합성곱 함수를 만들지 않고 파이토치가 제공하는 구현체를 활용하겠습니다. 이는 파이썬에서 구현할 때보다 훨씬 더 빠르게 연산을 처리합니다.

13.1.2 파이토치의 합성곱

파이토치에 내장된 합성곱은 중요하며, 널리 사용되는 연산입니다. F.conv2d로 접근해 사용할 수 있습니다(F는 파이토치에서 권장하는 방식으로 torch.nn.functional을 임포트할 때 fastai가 붙여준 이름이죠). 파이토치 문서에 따르면, 이 함수에는 다음과 같은 인자가 있습니다.

- **input**

  입력 텐서의 모양(minibatch, in_channels, iH, iW)

- **weight**

  커널의 모양(out_channels, in_channels, kH, kW)

여기서 iH와 iW는 이미지의 높이와 너비(예: 28,28)이고 kH와 kW는 커널의 높이와 너비(3,3)를 의미합니다. 그런데 보다시피 파이토치는 두 경우 모두에 대해 랭크4인 텐서가 입력되기를 기대하지만, 현재 우리는 랭크2인 텐서(예: 행렬, 두 축이 있는 배열)만을 가지고 있습니다.

이런 추가 축이 있는 이유는 파이토치가 몇 가지 작업을 더 하기 때문입니다. 첫 번째는 파이토치가 동시에 여러 이미지에 합성곱을 적용한다는 점입니다. 즉 한 번에 일괄적으로 여러 이미지를 다룰 수 있죠!

두 번째는 파이토치가 여러 커널을 동시에 적용한다는 점입니다. 가령 대각선을 감지하는 두 커널을 만들고 다음과 같이 네 커널 모두를 단일 텐서로 쌓아 올릴 수 있죠.

```
>>> diag1_edge = tensor([[ 0,-1, 1],
                         [-1, 1, 0],
                         [ 1, 0, 0]]).float()
>>> diag2_edge = tensor([[ 1,-1, 0],
                         [ 0, 1,-1],
                         [ 0, 0, 1]]).float()

>>> edge_kernels = torch.stack([left_edge, top_edge, diag1_edge, diag2_edge])
>>> edge_kernels.shape

torch.Size([4, 3, 3])
```

이를 테스트하려면 DataLoader와 샘플용 미니배치 하나가 필요합니다. 데이터블록 API를 사용해보죠.

```
>>> mnist = DataBlock((ImageBlock(cls=PILImageBW), CategoryBlock),
                      get_items=get_image_files,
                      splitter=GrandparentSplitter(),
                      get_y=parent_label)
>>> dls = mnist.dataloaders(path)
>>> xb,yb = first(dls.valid)
>>> xb.shape

torch.Size([64, 1, 28, 28])
```

기본적으로 fastai는 데이터블록을 사용할 때 GPU에 데이터를 저장합니다. 다만 예제를 눈으로 확인하려면 데이터를 다시 CPU로 가져와야 합니다. 다음 코드는 GPU 데이터를 CPU로 옮기는 방법입니다.

```
xb,yb = to_cpu(xb),to_cpu(yb)
```

한 미니배치에는 28×28 픽셀과 단일 채널로 구성된 이미지 64장이 있습니다. 한편 **F.conv2d** 는 다중 채널 이미지(컬러)도 다룰 수 있죠. 여기서 **채널**channel이란 이미지의 단일 기본 색상을 의미합니다. 일반적인 풀컬러 이미지는 세 개의 채널(빨간색, 초록색, 파란색)로 구성됩니다. 그리고 파이토치는 랭크3 텐서로 이미지를 표현하는 데, 각 차원에는 다음과 같은 정보가 담깁니다.

```
[channels, rows, columns]
```

두 개 이상의 채널을 다루는 방법은 이 장의 뒷부분에서 다룹니다. 한편 앞서 본 대로 **F.conv2d**로 전달된 커널은 랭크4 텐서여야만 합니다.

```
[features_out, channels_in, rows, columns]
```

그런데 현재의 **edge_kernels**에는 하나가 부족합니다. 커널의 입력 채널 수가 1이라는 점[65]을 파이토치에게 알려줘야 하겠죠. **in_channels**이 예상되는 첫 번째 위치에 크기 1인 축(**단위 축**unit axis)을 삽입하면 문제가 해결됩니다. 그리고 **unsqueeze** 메서드는 텐서에 단위 축을 삽입하는 기능을 합니다.

```
>>> edge_kernels.shape,edge_kernels.unsqueeze(1).shape

(torch.Size([4, 3, 3]), torch.Size([4, 1, 3, 3]))
```

이제 **edge_kernels**를 올바른 모양으로 만들었습니다. 이를 **conv2d**에 전달해보죠.

```
>>> edge_kernels = edge_kernels.unsqueeze(1)

>>> batch_features = F.conv2d(xb, edge_kernels)
>>> batch_features.shape

torch.Size([64, 4, 26, 26])
```

출력 모양을 보면 미니배치에는 이미지가 64장 있으며, 각 이미지는 크기가 26×26이며 네 채널로 구성됨을 알 수 있습니다(입력은 28×28 이미지였지만, 각 이미지의 모서리 부분마다 한 픽셀을 잃었죠). 그리고 텐서의 내용을 출력해보면 수작업으로 했을 때와 결과가 같음을 알 수 있죠.[66]

```
show_image(batch_features[0,0]);
```

파이토치가 추가한 가장 중요한 기능은 GPU로 이 모든 작업을 병렬로 수행하는 것입니다. 여러 채널에 걸쳐 여러 커널을 여러 이미지에 적용하죠. 많은 작업을 병렬로 수행하면 GPU를 효

---

65 옮긴이_ 현재 다루는 이미지가 흑백이므로 단일 채널만 존재합니다. 단일 채널만 있을 때는 해당 채널을 위한 차원 축이 생략되기도 합니다.
66 옮긴이_ batch_features[0,0]은 첫 번째 커널(left_edge)이 적용된 첫 번째 이미지의 결과입니다.

율적으로 사용할 수 있습니다. 각 작업을 하나씩 순차적으로 수행한다면 수백 배 이상 느리겠죠 (앞 절에서 수작업으로 만든 합성곱 연산을 반복문으로 여러 번 수행하는 일이 이에 해당합니다!). 따라서 뛰어난 딥러닝 실무자가 되려면 GPU에 한 번에 가능한 한 많은 작업을 제공하는 방법을 연습해야 합니다.

각 축에서 두 픽셀의 정보를 잃지 않는다면 더 좋겠죠. **패딩**padding을 추가하면 그렇게 할 수 있습니다. 단순히 이미지 영역 바깥에 추가 픽셀을 배치하는 작업이죠. 이때 가장 일반적으로 사용하는 픽셀값은 0입니다.

13.1.3 스트라이드 및 패딩

적절한 패딩을 사용하면 출력 활성 맵의 크기를 원본 이미지와 같게 만들 수 있습니다. 그리고 구조를 훨씬 더 간단히 잡을 수 있습니다. [그림 13-4]는 패딩을 추가하여 이미지 모서리에 커널을 적용하는 방식을 보여줍니다.

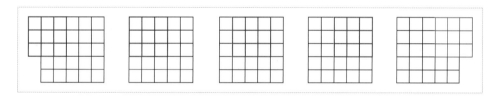

그림 13-4 패딩 처리된 합성곱

5×5 입력을 2픽셀만큼 패딩한 후 4×4 커널을 적용하면 [그림 13-5]처럼 6×6의 활성 맵을 얻을 수 있습니다.

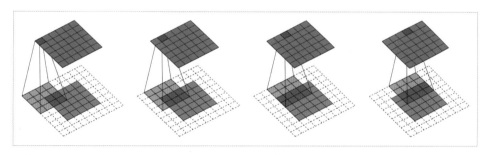

그림 13-5 5×5 입력을 2픽셀만큼 패딩한 후 4×4 커널을 적용함(출처: 빈센트 드물랭 및 프란체스코 비신)

커널의 크기를 ks×ks(홀수)만큼 키울 때, 입력과 같은 모양의 출력을 얻으려면 각 면당 ks//2만큼 패딩해야 합니다. ks가 짝수라면 위/아래와 좌/우에 필요한 패딩의 양은 달라집니다. 하지만 짝수 크기의 커널을 사용할 일은 실제로 거의 없습니다.

지금까지는 한 번에 한 픽셀씩만 움직이며 커널이 적용될 입력 격자의 위치를 변경했습니다. 하지만 한 픽셀 이상 움직일 수도 있습니다. 가령 [그림 13-6]과 같이 커널을 적용한 후 2픽셀만큼 이동할 수 있죠. 이를 **스트라이드 2**stride-2 합성곱이라고 합니다. 실제로는 3×3 크기의 커널, 1만큼의 패딩, 1만큼의 스트라이드 조합을 가장 보편적으로 사용합니다. 보다시피 스트라이드 2 합성곱은 출력의 크기를 줄이는 데 유용하며, 스트라이드 1 합성곱은 크기를 그대로 유지한 채 새로운 계층을 추가하는 데 유용합니다.

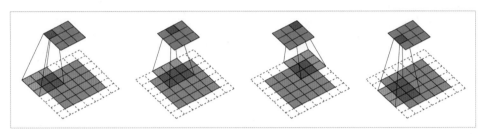

그림 13-6 5×5 입력을 1픽셀만큼 패딩한 후, 스트라이드 2 합성곱을 3×3 커널로 적용한 모습(출처: 빈센트 드물랭 및 프란체스코 비신)

h×w 크기의 이미지에 패딩 1, 스트라이드 2를 사용하면 크기가 (h+1)//2×(w+1)//2인 결과를 얻을 수 있습니다. 각 차원에서의 일반적인 공식은 다음과 같습니다.

```
(n + 2*pad - ks) // stride + 1
```

여기서 pad는 패딩, ks는 커널의 크기, stride는 스트라이드입니다.

이제 합성곱을 적용해서 얻은 픽셀 결괏값이 계산되는 방법을 살펴볼 차례입니다.

13.1.4 합성곱 방정식 이해하기

fast.ai 수강생인 맷 클레인스미스Matt Kleinsmith는 CNN을 다양한 관점으로 보여주며 합성곱 뒤에 숨은 수학을 설명하는 매우 영리한 아이디어를 떠올렸습니다. 유용한 아이디어이기 때문에 여기서 소개하려고 합니다!

다음은 각 픽셀을 문자로 레이블링한 3×3 이미지입니다.

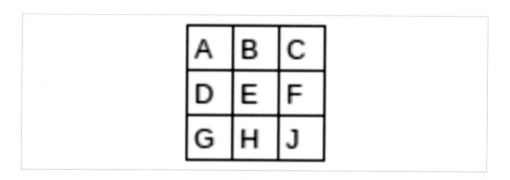

그리고 다음은 각 가중치를 그리스 문자로 레이블링한 커널이죠.

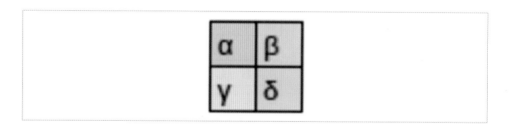

이 커널은 이미지에 네 번 끼워 맞춰지므로, 결괏값 네 개로 구성된 4x4 출력을 얻습니다.

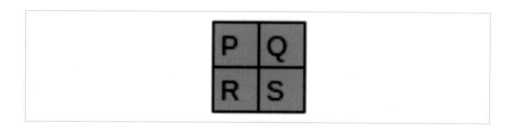

[그림 13-7]은 이미지의 각 부분에 커널을 적용하여 각 결과를 산출하는 방법을 보여줍니다.

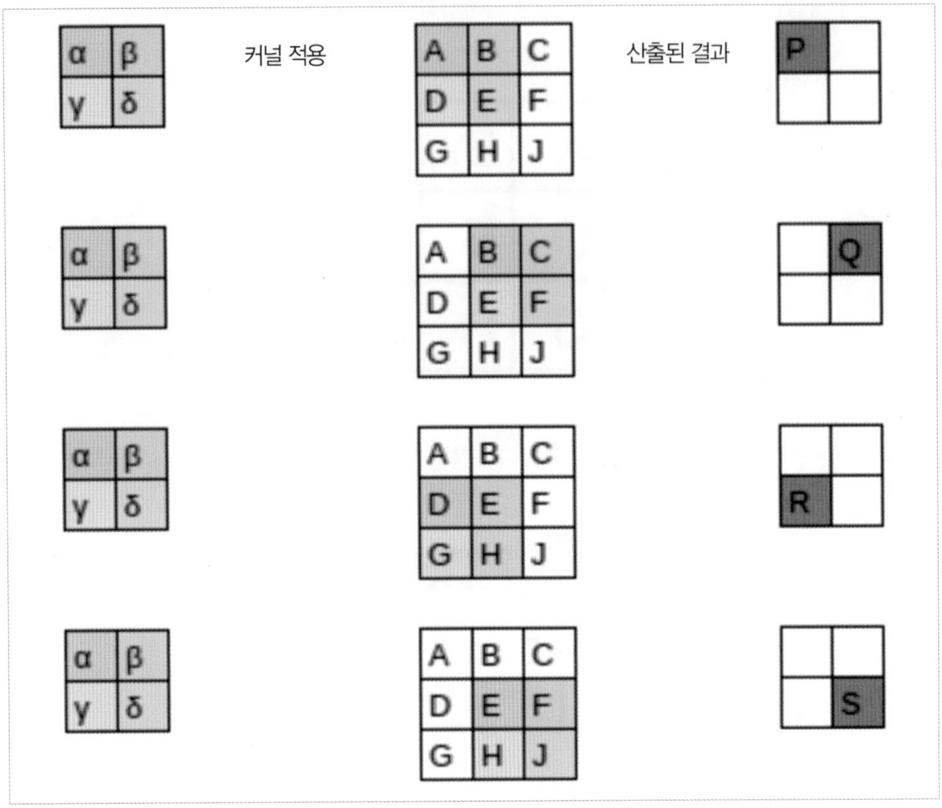

그림 13-7 커널의 적용

그리고 [그림 13-8]은 이를 풀어서 방정식 형태로 보여줍니다.

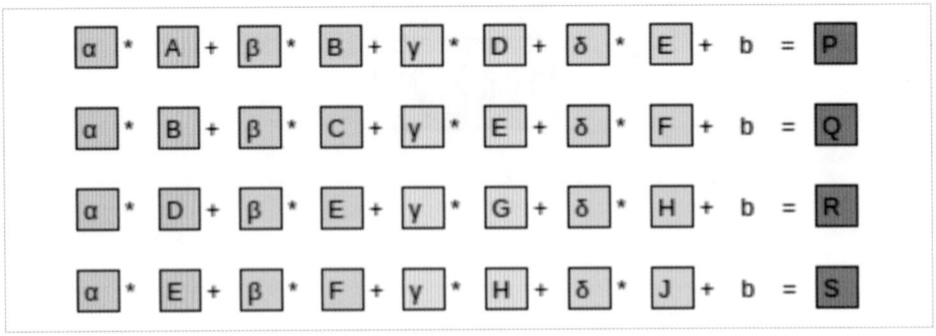

그림 13-8 방정식

편향의 항 **b**는 이미지의 각 부분에서 동일합니다. 가중치(α, β, γ, δ)가 커널의 일부이듯이, 편향 또한 커널의 일부로 고려될 수 있습니다.

여기에는 흥미로운 통찰이 숨어있습니다. [그림 13-9]에 묘사된 대로, 합성곱은 특별한 종류의 행렬 곱셈으로 표현될 수 있습니다. 가중치 행렬은 기존 신경망과 비슷하지만, 특별한 속성이 두 가지 있습니다.

1 회색으로 표시된 0은 학습될 수 없는 영역입니다. 즉 최적화 과정 내내 0으로 유지됩니다.

2 일부 가중치는 동일하며 학습되는(즉 변경할 수 있는) 동안 동일하게 유지되어야 합니다. 이를 **공유 가중치** shared weights라고 합니다.

0은 필터가 건드릴 수 없는 픽셀에 해당하며, 가중치 행렬의 각 행은 커널에 한 번씩만 적용됩니다.

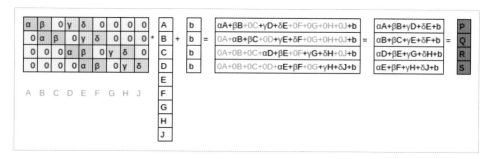

그림 13-9 행렬 곱셈으로서의 합성곱

합성곱이 무엇인지를 이해했으므로, 이제는 합성곱으로 신경망을 구축해보죠.

13.2 첫 번째 합성곱 신경망

수많은 선 감지용 커널 중 일부만이 이미지 인식에 유용할지도 모릅니다. 더욱이 신경망 후반 계층의 합성곱 커널이 저수준의 특징들로부터 매우 복잡하게 변형됨을 목격했습니다. 하지만 이런 복잡한 변형을 수작업으로 구성할 방법은 없습니다.

그 대신 커널값 자체를 학습할 방법이 있다면 가장 좋겠죠. 그리고 우리는 이미 그 방법을 알고 있습니다. 바로 확률적 경사 하강법(SGD)입니다! 실제로 모델은 분류에 유용한 특징을 학습해나갑니다. 일반적인 선형 계층 대신(또는 함께) 합성곱 계층을 사용하면 **합성곱 신경망** convolutional neural network (CNN)을 만들 수 있습니다.

13.2.1 CNN 만들기

다음과 같이 정의했던 4장의 기본 신경망으로 돌아가 봅시다.

```
simple_net = nn.Sequential(
    nn.Linear(28*28,30),
    nn.ReLU(),
    nn.Linear(30,1)
)
```

모델의 정의는 다음처럼 확인할 수 있습니다.

```
>>> simple_net

Sequential(
  (0): Linear(in_features=784, out_features=30, bias=True)
  (1): ReLU()
  (2): Linear(in_features=30, out_features=1, bias=True)
)
```

이제 이 선형 모델과 유사하지만, 선형 대신 합성곱 계층을 사용한 구조를 만들려 합니다. **nn.Conv2d**는 F.conv2d와 동등한 모듈입니다. 다만 모듈 인스턴스 생성 시 가중치 행렬을 자동으로 만들어서 **F.conv2d**보다 편리합니다.

다음은 한 가지 가능한 구조를 보여줍니다.

```
broken_cnn = sequential(
    nn.Conv2d(1,30, kernel_size=3, padding=1),
    nn.ReLU(),
    nn.Conv2d(30,1, kernel_size=3, padding=1)
)
```

입력 크기로 **28*28**을 지정하지 않아도 된다는 점에 주목하세요. 선형 계층에는 모든 픽셀에 대응하는 가중치로 구성된 가중치 행렬이 필요하므로 픽셀 개수를 알아야만 합니다. 하지만 합성곱에서는 각 픽셀에 자동으로 적용되므로 입력의 크기를 몰라도 됩니다. 앞 절에서 본 바와 같이 가중치는 입력과 출력 채널의 수, 커널의 크기에만 의존적입니다.

출력의 모양을 잠시 상상해보세요. 그리고 실제 출력된 모양과 비교해봅시다.

```
>>> broken_cnn(xb).shape
torch.Size([64, 1, 28, 28])
```

28×28 활성 맵은 이미지당 단일 활성만이 필요한 이진 분류 문제에는 사용할 수 없습니다. 이를 처리하는 한 가지 방법은 최종 계층 출력의 크기가 1이 될 때까지 스트라이드 2 합성곱을 계속해서 적용하는 것입니다. 스트라이드 2 합성곱을 처음 적용하면 크기가 14×14가 됩니다. 이런 식으로 계속 적용하면 7×7, 4×4, 2×2가 되며 마지막에는 크기가 1인 결과를 얻게 됩니다.

바로 시도해보죠. 우선 각 합성곱에 사용할 기본 인잣값이 있는 함수를 정의합니다.

```
def conv(ni, nf, ks=3, act=True):
    res = nn.Conv2d(ni, nf, stride=2, kernel_size=ks, padding=ks//2)
    if act: res = nn.Sequential(res, nn.ReLU())
    return res
```

> **TIP 리팩터링**
>
> 이처럼 신경망을 구성하는 일부 코드를 리팩터링하면, 구조적 불일치에서 비롯된 오류가 발생할 가능성이 크게 줄어들뿐만 아니라 계층이 바뀌는 부분을 더 명확히 파악할 수 있습니다.

스트라이드 2 합성곱을 사용하면서 특징의 개수도 같이 늘려나가는 경우가 많습니다. 활성 맵의 활성 수가 4배 줄어드는데, 한 번에 계층의 처리 용량을 너무 많이 줄이고 싶지 않기 때문입니다.

> **NOTE_ 전문용어: 채널 및 특징**
>
> 이 두 용어는 보통 서로 바꿔서 사용할 수 있습니다. 가중치 행렬의 두 번째 축의 크기를 의미하죠. 즉 합성곱 이후에 나타나는 격자의 셀별 활성의 개수죠. 특징feature이라는 용어는 입력 데이터를 참조하는 데 사용하지 않지만, 채널channel은 입력 데이터(일반적으로 채널은 색상)와 신경망 내의 활성 모두를 참조하는 데 사용합니다.

간단한 CNN은 다음과 같이 만들 수 있습니다.

```
simple_cnn = sequential(
    conv(1 ,4),              #14x14
    conv(4 ,8),              #7x7
    conv(8 ,16),             #4x4
    conv(16,32),             #2x2
    conv(32,2, act=False),   #1x1
    Flatten(),
)
```

TIP 제러미의 말

앞 코드에서처럼, 저는 각 계층 이후 나타나는 활성 맵의 크기를 주석으로 달아두곤 합니다. 매번 활성 맵의 크기를 계산할 필요가 없죠. 앞 코드의 주석은 입력 크기를 28×28로 가정하고 작성했습니다.

이제 신경망은 레이블의 두 수준에 대응하는 두 활성값을 출력합니다.

```
>>> simple_cnn(xb).shape

torch.Size([64, 2])
```

이제 Learner를 만들 차례입니다.

```
learn = Learner(dls, simple_cnn, loss_func=F.cross_entropy, metrics=accuracy)
```

summary 메서드로 모델에서 일어나는 일을 자세히 확인합니다.

```
>>> learn.summary()

Sequential (Input shape: ['64 x 1 x 28 x 28'])
```

Layer (type)	Output Shape	Param #	Trainable
Conv2d	64 x 4 x 14 x 14	40	True
ReLU	64 x 4 x 14 x 14	0	False
Conv2d	64 x 8 x 7 x 7	296	True

ReLU	64 x 8 x 7 x 7	0	False
Conv2d	64 x 16 x 4 x 4	1,168	True
ReLU	64 x 16 x 4 x 4	0	False
Conv2d	64 x 32 x 2 x 2	4,640	True
ReLU	64 x 32 x 2 x 2	0	False
Conv2d	64 x 2 x 1 x 1	578	True
Flatten	64 x 2	0	False

```
Total params: 6,722
Total trainable params: 6,722
Total non-trainable params: 0

Optimizer used: <function Adam at 0x7fbc9c258cb0>
Loss function: <function cross_entropy at 0x7fbca9ba0170>

Callbacks:
  - TrainEvalCallback
  - Recorder
  - ProgressCallback
```

최종 Conv2d 계층은 64×2×1×1을 출력합니다. 이 중 필요 없는 1×1 축은 Flatten이 제거합니다. 파이토치의 squeeze와 비슷하지만 모듈 형식으로 제공되죠.

그럼 학습시켜보죠! 이 신경망은 앞서 구축한 신경망보다 구조가 깊으니 더 낮은 학습률과 더 많은 에포크 수를 설정합니다.

```
learn.fit_one_cycle(2, 0.01)
```

epoch	train_loss	valid_loss	accuracy	time
0	0.072684	0.045110	0.990186	00:05
1	0.022580	0.030775	0.990186	00:05

성공적입니다! 앞서 **resnet18**로 얻은 결과에 조금씩 가까워지고 있습니다. 더 나은 결과를 얻으려면 더 낮은 학습률로 더 많은 에포크 동안 학습을 진행해야 합니다. 아직 완벽하지 않지만, 몇 가지 기법을 더 익히면 밑바닥부터 현대적인 CNN을 만드는 능력을 갖출 수 있습니다.

13.2.2 합성곱 연산 이해하기

summary 메서드의 출력 내용을 보면 입력의 크기가 **64×1×28×28**임을 알 수 있습니다. 각 축이 의미하는 바는 배치 크기(batch), 채널 수(channel), 높이(height), 너비(width)이며, 종종 **NCHW**(N은 배치 크기)로 축약해 표현하기도 합니다. 다음은 첫 번째 계층입니다.

```
>>> m = learn.model[0]
>>> m

Sequential(
  (0): Conv2d(1, 4, kernel_size=(3, 3), stride=(2, 2), padding=(1, 1))
  (1): ReLU()
)
```

입력 채널 하나, 출력 채널 넷, 3×3 커널로 구성됩니다. 첫 번째 합성곱 계층의 가중치도 확인해보죠.

```
>>> m[0].weight.shape

torch.Size([4, 1, 3, 3])
```

summary 메서드의 출력 내용은 첫 번째 계층에 파라미터가 40개 존재한다고 말합니다. 그런데 4*1*3*3을 계산하면 36이죠. 나머지 네 개 파라미터는 어디로 갔을까요? 그렇다면 편향의 존재도 확인해보죠.

```
>>> m[0].bias.shape

torch.Size([4])
```

이제 이 정보로 앞 절에서 본 설명을 좀 더 명확히 이해할 수 있습니다. 다음과 같은 설명이죠. "스트라이드 2 합성곱을 사용하면서 특징의 개수도 같이 늘려나가는 때가 많습니다. 활성 맵의 활성 수가 4배 줄어드는데, 한 번에 계층의 처리 용량을 너무 많이 줄이고 싶지 않기 때문입니다."

채널마다 하나의 편향이 있습니다(채널이 입력 채널이 아닐 때는 **특징** 또는 **필터**라고 부르기도 합니다.). 출력의 모양은 64×4×14×14이고, 이는 다음 계층의 입력 모양이기도 합니다. summary 메서드의 출력 내용에 따르면, 그다음 계층은 파라미터 296개로 구성됩니다. 설명의 간소화를 위해 배치 크기는 생략하겠습니다. 14*14=196개의 위치 각각에 296-8 = 288개의 가중치가 곱해집니다(편향을 생략하려고 8을 뺐습니다). 즉 이 계층에서는 곱셈 연산이 196*288=56,448번 이뤄지는 셈이죠. 그리고 세 번째 계층에서는 곱셈 연산이 7*7*(1168-16)=56_448번 이뤄집니다.

세 번째 계층에서는 스트라이드 2 합성곱이 **격자 크기**를 14×14에서 7×7로 절반만큼 줄였으며, **필터 수**는 8에서 16개로 두 배 늘렸습니다. 따라서 실제 계산량에는 변화가 없습니다. 스트라이드 2를 사용하는 각 합성곱 계층마다 채널 수를 똑같이 맞춘다면 신경망이 깊어질수록 계산량은 점점 줄어들겠죠. 하지만 깊을수록 풍부한 의미(예: 눈 또는 털)를 계산해야 하므로 계산을 **적게** 하도록 설계하는 방법은 합리적인 결정이라고 보기 어렵습니다.

이는 수용 영역에 기반해 또 다른 방식으로 생각할 수도 있습니다.

13.2.3 수용 영역

수용 영역receptive fields은 계층 계산에 관련된 이미지 영역입니다. 책의 웹사이트(https://book.fast.ai)는 MNIST 숫자로 두 스트라이드 2 합성곱 계층의 계산을 시각적으로 보여주는 conv-example.xlsx을 제공합니다. 엑셀 스프레드시트로 만들어졌죠. 각 계층에는 단일 커널이 있습니다. 파일을 연 다음, [그림 13-10]은 중앙에 있는 합성곱 계층의 출력인 conv2의 셀 중 하나를 클릭한 다음, trace precedents버튼을 클릭했을 때 나타나는 화면입니다.

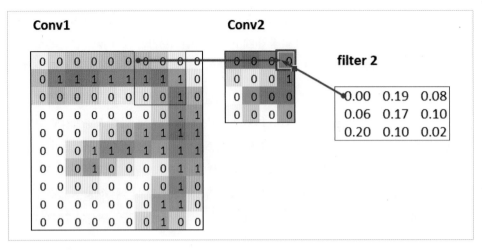

그림 13-10 Conv2를 기준으로 trace precedents 클릭하면 나타나는 화면

여기서 녹색 테두리의 셀은 클릭한 셀이며, 파란색으로 강조 표시된 셀은 값 계산에 사용된 **직전 계층**의 영역입니다. 이 셀들은 커널(오른쪽)의 셀에 대응되는 입력 계층(왼쪽)의 3×3 영역입니다. 여기서 trace precedents를 다시 한번 클릭하면, 해당 3×3 영역 셀들의 계산에 사용한 한 단계 앞 계층의 영역이 드러납니다. [그림 13-11]이 그 상황을 보여주죠.

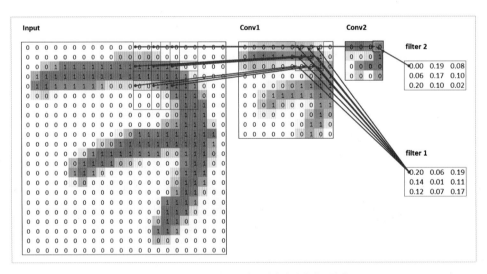

그림 13-11 Conv2를 기준으로 trace precedents를 두 번 클릭하면 나타나는 화면

이 예시에서는 스트라이드 2인 합성곱 계층이 두 개만 있으므로 입력 이미지로 즉각적인 추적을 할 수 있습니다. Conv2 계층의 녹색 셀 하나의 계산에 사용되는 입력 계층의 7×7 셀 영역을 확인할 수 있죠. 그리고 이 7×7 영역을 Conv2의 녹색 활성으로 입력되는 **수용 영역**이라고 합니다. 또한 계층이 두 개 존재하므로 두 번째 커널이 필요하다는 사실도 알 수 있습니다.

보다시피 신경망이 깊어질수록(특히 스트라이드 2 합성곱 계층이 많을수록) 계층 활성에 대한 수용 영역은 커집니다. 큰 수용 영역은 계층의 각 활성 계산에 입력 이미지의 더 많은 정보가 사용된다는 의미기도 하죠. 신경망의 심부에 있는 계층일수록 풍부한 의미를 담은 특징을 표현합니다. 따라서 이렇게 복잡해지는 각 특징을 다루려면 더 많은 가중치가 필요하겠죠. 이는 앞 절에서 본 내용과 일맥상통합니다. 신경망에서 스트라이드 2 합성곱을 도입하면 채널의 수를 반드시 늘려야 한다는 내용이었죠.

이 장을 쓸 때, CNN을 잘 설명하는 데 필요한 수많은 질문의 답을 구해야 했습니다. 그런데 이런 질문의 답은 대부분 트위터에서 얻을 수 있었습니다. 컬러 이미지를 다루는 내용으로 넘어가기 전, 잠시 트위터에 관한 일화를 소개하겠습니다.

13.2.4 트위터 활용에 대한 의견

저희는 보통 소셜 네트워크를 많이 사용하지 않습니다. 하지만 이 책을 쓰는 목적은 여러분이 최고의 딥러닝 실무자가 되도록 안내하는 것이므로, 트위터의 중요성을 언급하고 지나가겠습니다. 저희의 딥러닝 여정에서도 꽤 중요한 역할을 했죠.

도널드 트럼프와 카다시안 같은 유명인사와 상관없는, 트위터의 이면이 존재합니다. 트위터에서 딥러닝 연구자와 실무자들이 매일 대화를 나누죠. 제러미는 이 절을 작성할 때 스트라이드 2 합성곱 정보를 정확히 전달하려고 다음과 같은 질문을 트위터에 게시하였습니다.

Jeremy Howard
@jeremyphoward

I forget: why did we move from stride 1 convs with maxpool to stride 2 convs? And why don't we use stride 1 convs with avgpool (or do some modern nets do that)? Is it just an empirical thing, or is there some deeper reason? Has someone done the ablation studies?

11:21 AM · Feb 23, 2020 · Twitter Web App

그리고 수분 만에 답이 달렸죠.

Christian Szegedy
@ChrSzegedy

Replying to @jeremyphoward

This depends on a lot of factors: the overall network architecture, the accelerator (CPU vs GPU vs TPU) etc. Some Inception models used concatenation of (conv + max/avg/l2 pooling). The quality differences were marginal. Some pooling methods are more residual friendly.

11:39 AM · Feb 23, 2020 · Twitter Web App

치리슈티언 세게지는 인셉션 논문의 제1저자이며, 이미지넷 대회의 2014년 우승자이기도 합니다. 또한 현대의 신경망에 사용되는 수많은 주요 통찰을 제공한 인물이기도 하죠. 그리고 약 두 시간 후, 다음과 같은 답변이 추가로 달렸습니다.

Yann LeCun
@ylecun

Replying to @jeremyphoward

My original early 1989 NeurComp paper on ConvNet used stride 2, no pooling, simply because the computation was fast.
The 2nd paper (NIPS 1989) used stride +average pooling/tanh.
It worked better on zipcode digits. But it could have been due to many reasons.

1:35 PM · Feb 23, 2020 · Twitter for Android

이 답변을 단 사람의 이름을 알아보시겠나요? 오늘날 딥러닝의 토대를 구축하였으며, 튜링상을 수상하기도 한 분으로 2장에서 소개한 적이 있습니다!

또한 제러미는 7장의 레이블 평활화에 관한 설명이 정확한지를 확인하는 질문을 트위터에 게시했습니다. 그리고 치리슈티언 세게지가 다시 한번 답을 주었습니다(레이블 평활화는 본래 인셉션 논문에서 소개한 기법입니다).

Christian Szegedy
@ChrSzegedy

Replying to @jeremyphoward

It was mostly written by Sergey, so he might be the best person to ask. IMO, yours is a fair motivation of label-smoothing. It interprets the passage correctly.

5:24 PM · Feb 21, 2020 · Twitter Web App

오늘날 딥러닝 분야에서 유명한 사람들은 트위터를 자주 사용하며, 다양한 커뮤니티와 상호작용 하는 데 있어서 매우 개방적입니다. 트위터를 아직 시작하지 않았다면, 제러미(https://

oreil.ly/sqOI7)와 실뱅(https://oreil.ly/VWYHY)이 최근 '좋아요'를 클릭한 목록을 확인해봐도 좋습니다. 흥미롭고 유용한 발언을 한 트위터 사용자 목록을 볼 수 있습니다.

트위터는 흥미로운 논문, 소프트웨어 배포, 딥러닝 최신 소식을 접하고 유지하는 주요 수단입니다. 딥러닝 커뮤니티와 연결되고 싶다면, fast.ai 포럼(https://forums.fast.ai)과 트위터 모두에 참여하기를 권장합니다.

다시 이 장의 본론으로 돌아가 보겠습니다. 지금까지는 픽셀당 값이 하나만 있는 흑백 이미지 예를 다뤘습니다. 그러나 대부분의 컬러 이미지는 색상을 정의하는 데 픽셀당 값을 세 개 할당합니다. 다음으로는 컬러 이미지를 다루는 작업을 살펴봅니다.

13.3 컬러 이미지

컬러 사진은 랭크3 텐서로 표현됩니다.

```
>>> im = image2tensor(Image.open(image_bear()))
>>> im.shape

torch.Size([3, 1000, 846])
```

```
show_image(im);
```

첫 번째 축은 세 채널(빨강, 초록, 파랑)의 정보를 포함합니다(아래는 각 채널을 대응되는 컬러맵으로 강조하여 보여줍니다).

```
_,axs = subplots(1,3)
for bear,ax,color in zip(im,axs,('Reds','Greens','Blues')):
    show_image(255-bear, ax=ax, cmap=color)
```

이미지의 한 채널에서 한 커널에 대한 합성곱의 연산이 무엇인지를 확인했습니다(그리고 이미지는 정사각형이었죠). 합성곱 계층은 특정 채널 개수(첫 번째 계층에 RGB 이미지를 적용할 때는 3)의 이미지를 가져와 채널 개수가 다른 이미지를 출력합니다. 한편 선형 계층의 뉴런 개수를 나타내는 은닉 크기와 마찬가지로, 원하는 만큼 커널의 개수를 지정할 수 있습니다. 그러면 각 커널은 2장의 예제에서 본 바와 같은 전문화된 특징(수평선, 수직선 등)을 탐지할 수 있죠.

하나의 슬라이딩 윈도$^{sliding\ window}$[67]에는 특정 개수의 채널이 존재하며, 커널의 개수도 그만큼 필요합니다(모든 채널에 같은 커널을 사용하지 않음). 따라서 커널의 크기는 3×3이 아니라, ch_in(입력 채널)×3×3 입니다. 각 채널에 윈도의 요소들과 대응되는 커널의 요소들을 서로 곱합니다. 그리고 각 채널에 곱해진 각 요소별 결과를 더하고, 마지막으로 모든 채널의 더해진 값들을 합산합니다. 가령 [그림 13-12]의 예에서 윈도에 대한 합성곱 계층의 결과는 빨강+초록+파랑이 되죠.

----

67 옮긴이_ 윈도라는 표현은 커널이 들여다보는 입력 데이터의 부분을 말합니다. 슬라이딩 윈도는 윈도가 입력 데이터의 부분들을 좌/우, 상/하로 미끄러지듯 움직이며 들여다봐서 붙여진 표현입니다.

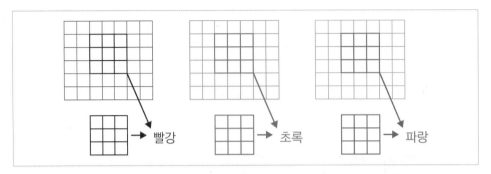

그림 13-12 RGB 이미지에 대한 합성곱

따라서 합성곱을 컬러 이미지에 적용하려면, 첫 번째 축의 크기가 이미지와 같은 커널용 텐서가 필요합니다. 즉 커널과 이미지의 부분은 서로 곱해집니다.

그런 다음 [그림 13-13]처럼 격자의 각 영역에 대한 각 출력 특징이 모두 더해져 단일 숫자가 만들어집니다.

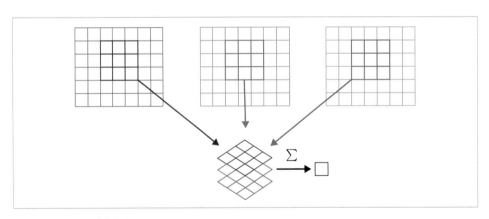

그림 13-13 RGB 필터 추가

이와 같은 필터가 ch_out만큼 있으므로, 결국 합성곱 계층의 결과는 앞서 설명한 공식에 따라 높이, 너비, ch_out 개의 채널로 구성된 배치가 됩니다. 이는 하나의 큰 4차원 텐서를 표현하는 ch_in x ks x ks 크기의 텐서 ch_out 개가 되죠. 파이토치에서 이런 가중치의 차원 순서는 ch_out x ch_in x ks x ks를 따릅니다.

또한 각 커널에 편향을 추가할 수도 있겠죠. 이때 직전 예의 예에서 합성곱 계층의 최종 결과는 $y_R + y_G + y_B + b$가 됩니다. 선형 계층과 마찬가지로 커널의 개수만큼 편향이 존재하므로, 편향은 ch_out 크기의 벡터입니다.

컬러 이미지 학습을 목적으로 CNN을 설정할 때 특별히 요구되는 메커니즘은 없습니다. 단지 첫 번째 계층이 세 입력(채널)을 수용할 수 있도록 하면 되죠.

컬러 이미지를 처리하는 방법은 다양합니다. 가령 흑백으로 변형하거나, RGB를 HSV(색조hue, 채도saturation, 밸류value) 색상 공간으로 변형하는 등의 작업을 수행할 수 있죠. 일반적으로 변형하면서 정보를 잃지 않는 한, 컬러의 인코딩 방식을 변경해도 결과는 바뀌지 않습니다. 따라서 흑백으로 변형하는 방법은 색상 정보를 완전히 잃어버리므로 좋은 생각이 아닙니다(색상 정보가 중요한 요소일 수 있죠. 예를 들어 색상으로 구분되는 특정 반려동물 품종도 있습니다). 반면 RGB를 HSV 변환하는 방법은 일반적으로 큰 차이를 만들지 않습니다.

이제 1장에서 본 질러와 퍼버스가 쓴 논문(https://oreil.ly/Y6dzZ)의 '신경망이 학습하는 내용'이라는 그림이 의미하는 바를 이해할 수 있겠죠! 기억을 상기시키는 차원에서 첫 번째 계층의 가중치에 대한 그림을 살펴봅시다.

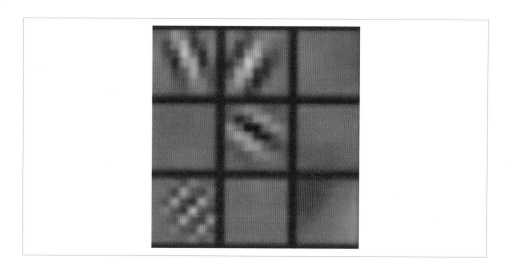

이는 합성곱 커널의 세 조각이 각각 출력하는 특징을 이미지로 표현합니다. 가령 신경망 구조를 설계한 사람이 명시적으로 선을 감지하는 커널을 만들지 않더라도, 신경망은 SGD를 사용해 이런 특징을 자동으로 발견합니다.

이제 이런 CNN을 학습시키는 방법을 살펴보고, *fastai*가 학습을 효율적으로 하도록 내부적으로 적용한 모든 기술을 보여 드리겠습니다.

13.4 학습의 안정성 개선하기

7과 3을 잘 인식하는 모델은 이미 만들었으니, 이번에는 숫자 10개를 모두 인식하는 좀 더 어려운 문제에 도전하겠습니다. MNIST_SAMPLE 대신 MNIST를 사용하면 숫자 10개를 포함한 데이터셋을 얻을 수 있습니다.

```
>>> path = untar_data(URLs.MNIST)

>>> path.ls()

(#2) [Path('testing'),Path('training')]
```

데이터는 training과 testing 폴더에 나눠 저장됐습니다. 따라서 GrandparentSplitter 사용 시 그 사실을 알려줘야 합니다(디폴트로는 train 및 valid 폴더를 찾죠). 그리고 차후 배치 크기를 손쉽게 변경하면서 DataLoaders를 만드는 get_dls 함수를 정의합니다.

```
def get_dls(bs=64):
    return DataBlock(
        blocks=(ImageBlock(cls=PILImageBW), CategoryBlock),
        get_items=get_image_files,
        splitter=GrandparentSplitter('training','testing'),
        get_y=parent_label,
        batch_tfms=Normalize()
    ).dataloaders(path, bs=bs)

dls = get_dls()
```

데이터를 사용하기 전에 실제 모양을 파악해보기를 권장합니다.

```
dls.show_batch(max_n=9, figsize=(4,4))
```

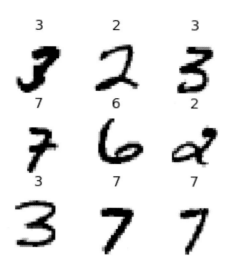

데이터를 준비했으니 이제 간단한 모델을 학습시켜보죠.

13.4.1 간단한 기준선

이 장의 앞부분에서는 **conv** 함수를 활용해서 모델을 구축했습니다.

```
def conv(ni, nf, ks=3, act=True):
    res = nn.Conv2d(ni, nf, stride=2, kernel_size=ks, padding=ks//2)
    if act: res = nn.Sequential(res, nn.ReLU())
    return res
```

우선 기본 CNN을 기준선으로 시작해보죠. 좀 더 많은 활성을 사용한다는 점만 제외하고 전과 똑같이 만듭니다. 미분할 숫자가 더 많이 생기므로 더 많은 커널을 학습해야 합니다.

앞서 언급했듯이 일반적으로 스트라이드 2 계층을 적용할 때마다 커널의 개수를 두 배 늘립니다. 신경망 전체 커널의 수를 늘리는 한 가지 방법은 첫 번째 계층의 활성 개수를 두 배로 늘리는 것입니다. 그러면 이후의 모든 계층은 그러지 않았을 때보다 두 배씩 더 커집니다.

그런데 약간 미묘한 문제가 발생합니다. 각 픽셀에 적용할 커널을 생각해보죠. 디폴트로 사용하는 커널은 3×3이므로, 위치마다 3×3=9개의 픽셀에 적용됩니다. 앞서 첫 번째 계층에는 출력 커널이 네 개 있었습니다. 따라서 각 위치의 픽셀 9개에 대한 계산이 4번 수행됩니다. 이

때 출력 커널의 수를 두 배 늘리면 어떻게 될까요? 마찬가지로 픽셀 9개에 대한 계산이 8번 수행되겠죠. 즉 학습량이 많이 늘어나지 않습니다. 출력 크기와 입력 크기가 거의 같기 때문입니다. 그리고 신경망은 연산의 출력 수가 입력의 개수보다 훨씬 적도록 강제해야지만 유용한 특징을 만들어냅니다.

첫 번째 계층에 더 큰 커널을 사용하면 이 문제를 해결할 수 있습니다. 5×5 픽셀의 커널을 사용하면 매번 25개의 픽셀이 계산에 사용되죠. 여기서 커널을 8개 만든다면 신경망은 더 유용한 특징을 찾을 것이라고 이해할 수 있습니다.

```
def simple_cnn():
    return sequential(
        conv(1 ,8, ks=5),      #14x14
        conv(8 ,16),           #7x7
        conv(16,32),           #4x4
        conv(32,64),           #2x2
        conv(64,10, act=False), #1x1
        Flatten(),
    )
```

잠시 후 보겠지만, 모델의 내부를 들여다보면 모델이 더 잘 학습되는 방법을 찾을 수 있습니다. 이를 위해 ActivationStats 콜백을 사용하면 학습 가능한 모든 계층의 평균, 표준 편차, 활성 히스토그램을 기록할 수 있습니다(앞서 설명한 대로 콜백은 학습 루프에 작동을 추가합니다. 16장에서 자세한 작동 원리를 살펴봅니다).

```
from fastai.callback.hook import *
```

학습 속도를 높이려면 학습률을 높게 설정해야 합니다. 학습률을 0.06으로 설정했을 때 어떻게 되는지 살펴보죠.

```
def fit(epochs=1):
    learn = Learner(dls, simple_cnn(), loss_func=F.cross_entropy,
                    metrics=accuracy, cbs=ActivationStats(with_hist=True))
    learn.fit(epochs, 0.06)
    return learn

learn = fit()
```

epoch	train_loss	valid_loss	accuracy	time
0	2.307071	2.305865	0.113500	00:16

전혀 학습하지 못했습니다! 이유를 알아보죠.

Learner에 전달되는 콜백은 자동으로 Learner 객체의 속성으로 노출되는 편리한 기능을 제공합니다. 속성명은 스네이크 케이스[68]를 따른다는 점만 제외하면 클래스명과 같습니다. 따라서 ActivationStats 콜백은 activation_stats 속성으로 접근할 수 있습니다. 전에 다룬 learn.recorder의 구현 방식을 짐작할 수 있을까요? 바로 Recorder 콜백에 접근하는 속성입니다!

ActivationStats는 학습 기간 중의 활성에 대한 그래프를 그리는 편리한 기능을 제공합니다. plot_layer_stats(idx) 메서드는 idx 번째 계층의 활성에 대한 평균과 표준편차 그래프를 그립니다. 그리고 추가로 0에 가까운 활성의 비율 그래프도 그립니다. 첫 번째 계층에 대한 그래프들을 출력해보죠.

---

learn.activation_stats.plot_layer_stats(0)

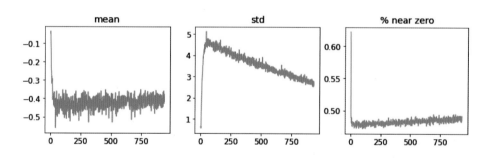

일반적으로 학습 중 모델 계층들의 활성은 일관되거나, 최소한 평균과 표준 편차가 매끄러워야 합니다. 특히 활성값이 0에 가깝다면 문제가 있습니다. 0을 곱하면 0이 되므로, 아무런 계산도 이루어지지 않기 때문이죠. 또한 한 계층에서 0이 발생하면, 그다음 계층에서는 일반적으로 더 많은 0이 발생합니다. 같은 방식으로 두 번째 계층을 살펴보겠습니다.

---

68 옮긴이_ 스네이크 케이스는 단어 사이마다 밑줄(_)을 넣어 이름을 짓는 방식을 말합니다.

```
learn.activation_stats.plot_layer_stats(-2)
```

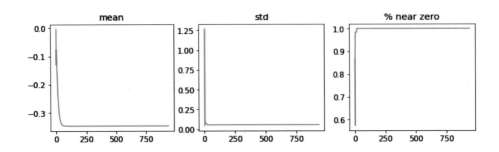

예상대로 신경망이 깊어질수록 문제가 더욱 악화됩니다. 불안정성과 제로 활성이 계층에 걸쳐 악화되기 때문이죠. 그렇다면 더 안정적으로 학습하려면 무엇을 해야 하는지 알아보겠습니다.

13.4.2 배치 크기 늘리기

학습을 더 안정적으로 만드는 한 가지 방법은 배치 크기를 늘리는 것입니다. 더 큰 배치는 곧 한 번에 계산해야 하는 데이터가 더 많다는 뜻이므로, 더 정확한 그레이디언트를 찾을 수 있습니다. 그러나 단점도 있습니다. 배치 크기가 클수록 에포크당 배치 수가 적으므로, 모델이 가중치를 갱신할 기회가 줄어듭니다. 배치 크기를 512로 잡으면 얼마나 도움이 되는지 살펴보겠습니다.

```
dls = get_dls(512)

learn = fit()
```

epoch	train_loss	valid_loss	accuracy	time
0	2.309385	2.302744	0.113500	00:08

그리고 두 번째 계층의 활성값 통계를 살펴보죠.

```
learn.activation_stats.plot_layer_stats(-2)
```

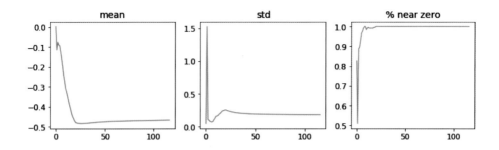

이번에도 활성값은 대부분 0에 가깝습니다. 따라서 학습의 안정성을 개선하는 다른 방법을 알아보겠습니다.

13.4.3 원 사이클 학습법

초기 가중치는 우리가 해결하려고 하는 작업에 적합하지 않으므로 높은 학습률로 학습을 시작하면 위험합니다. 갑자기 학습이 범위를 벗어나게 할 수 있죠. 또한 학습이 끝날 때까지 높은 학습률을 유지하면 손실의 최소 지점을 놓칠 가능성도 있습니다. 하지만 그 외의 기간에는 높은 학습률을 주어 학습이 빠르게 이루어지게 할 수 있습니다. 즉 학습률을 낮게 시작해서 높게 끌어올린 다음, 다시 낮은 값으로 바꿔야 하죠.

학습률 발견자를 만든 **레슬리 스미스**Leslie Smith는 「Super-Convergence: Very Fast Training of Neural Networks Using Large Learning Rates(https://oreil.ly/EB8NU)」에서 해당 아이디어를 소개했습니다. 학습률 스케줄링을 두 단계로 분리해서 설계했죠. 첫 번째는 학습률을 최솟값에서 최댓값으로 끌어올리는 단계입니다(**웜업**warmup). 두 번째는 다시 최솟값으로 떨어뜨리는 단계죠(**어닐링(냉각)**annealing). 그리고 이 두 단계를 결합한 접근법을 **원 사이클 학습법**1 cycle training이라고 명명했습니다.

원 사이클 학습법은 다른 학습법보다 훨씬 더 큰 학습률의 최댓값을 사용할 수 있게 해줍니다. 여기에는 다음과 같은 두 가지 이점이 있죠.

- 더 큰 학습률로 학습하므로 학습 시간이 짧아집니다. 스미스는 이 현상을 **슈퍼 컨버전스**super-convergence라고 불렀습니다.

- 더 큰 학습률로 학습하면 과적합 정도가 줄어듭니다. 손실 공간의 날카로운 국소 최솟값을 부드럽게 건너뛰기 때문입니다. 결국 일반화가 더 잘 되겠죠.

이 중 두 번째 이점은 흥미로우면서도 약간은 미묘합니다. 이는 일반화가 잘 되는 모델은 약간만 바뀌는 입력에 손실이 큰 영향을 받지 않는다는 관찰에 기반합니다. 만약 모델이 한동안 큰 학습률로 학습해서 좋은 손실을 발견했다면, 일반화가 매우 잘 되는 지역을 발견했다는 의미입니다. 큰 학습률을 쓰면 배치가 바뀔 때마다 손실이 크게 점프하는 경향이 있음에도 좋은 학습률이 발견되었다면, 그 좋은 지역을 벗어나지 못한다는 이야기가 됩니다. 문제는 시작과 동시에 큰 학습률을 사용하면 손실이 개선되지 않고 매우 벗어나는 손실의 결과가 발생할 가능성이 높다는 점입니다. 따라서 처음부터 큰 학습률을 사용해서는 안 되죠. 그 대신 작은 학습률로 시작해 손실이 벗어나지 않도록 한 다음, 점진적으로 학습률을 높여 옵티마이저가 점진적으로 파라미터의 더 부드러운 영역을 찾아내도록 합니다.

파라미터의 부드러운 영역을 찾았다면, 이제는 해당 영역 내에서 가장 좋은 부분을 찾아야 합니다. 즉 학습률을 다시 작게 만들어야 합니다. 이것이 바로 원 사이클 학습법에 점진적으로 학습률을 높이는 웜업과 점진적으로 학습률을 낮추는 어닐링이라는 두 과정이 있는 이유입니다. 실제로도 여러 연구자가 이 접근법이 더 정확한 모델과 더 빠른 학습을 끌어낸다는 사실을 발견했습니다. 이는 fastai의 `fine_tune` 메서드가 기본으로 사용하는 접근법이기도 합니다.

16장에서는 **모멘텀**momentum이 적용된 SGD를 자세히 알아봅니다. 간략히 언급하면, 모멘텀은 옵티마이저가 현재 그레이디언트의 방향뿐만 아니라 이전 단계들에서 계산된 방향성을 모두 고려하는 기법입니다. 레슬리 스미스는 「A Disciplined Approach to Neural Network Hyper-Parameters: Part 1(https://oreil.ly/oL7GT)」에서 **순환하는 모멘텀**이란 아이디어를 소개했습니다. 기본적으로는 모멘텀이 학습률과는 반대 방향으로 바뀐다는 아이디어입니다. 즉 학습률이 높을 때는 낮은 모멘텀을, 어닐링 단계에서는 큰 모멘텀을 사용합니다.

원 사이클 학습법은 `fit_one_cycle` 메서드로 사용할 수 있습니다.

```
def fit(epochs=1, lr=0.06):
    learn = Learner(dls, simple_cnn(), loss_func=F.cross_entropy,
                    metrics=accuracy, cbs=ActivationStats(with_hist=True))
    learn.fit_one_cycle(epochs, lr)
    return learn

learn = fit()
```

epoch	train_loss	valid_loss	accuracy	time
0	0.210838	0.084827	0.974300	00:08

드디어 진전을 보이네요! 이제 꽤 괜찮은 정확도를 얻었습니다.

`learn.recorder`의 `plot_sched` 메서드를 호출해 전체 학습의 학습률과 모멘텀을 확인할 수 있습니다. 이름에서 알 수 있듯이 `learn.recorder`는 손실, 평가지표, 학습률과 모멘텀 같은 하이퍼파라미터를 포함해 학습 시 일어나는 모든 것을 기록하죠.

```
learn.recorder.plot_sched()
```

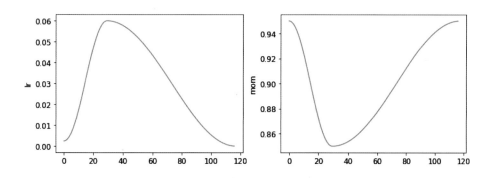

사실 스미스는 원 사이클 학습법 논문에서 선형 웜업과 선형 어닐링을 사용했습니다. 보다시피 fastai는 그 방식에 코사인 어닐링이라는 유명한 접근법을 결합했습니다. 그리고 `fit_one_cycle` 메서드는 조정할 수 있는 인잣값을 다음과 같이 제공합니다.

- `lr_max`
  사용할 학습률의 최댓값(각 계층 그룹의 학습률을 리스트로 제공하거나, 처음과 마지막 계층 그룹의 학습률을 담은 `slice` 객체를 할당할 수도 있습니다)

- `div`
  시작 학습률을 얻는 데 `lr_max`를 나누는 수

- `div_final`
  종료 학습률을 얻는 데 `lr_max`를 나누는 수

- `pct_start`
  웜업에 사용할 배치의 비율(전체 배치 개수 중 사용할 비율)

- **moms**

  (mom1, mom2, mom3)의 튜플. mom1은 초기 모멘텀, mom2는 최소 모멘텀, mom3은 최대 모멘텀임

그러면 다시 한번 계층의 활성값에 대한 통계적 속성을 확인해보죠.

```
learn.activation_stats.plot_layer_stats(-2)
```

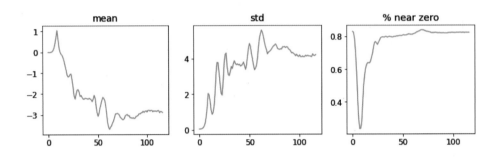

0에 가까운 가중치의 비율은 여전히 꽤 높지만 훨씬 좋아졌습니다. `color_dim` 메서드를 호출하면 일어나는 일을 좀 더 자세히 확인할 수 있습니다. 마찬가지로 인자로는 계층의 색인 번호를 넘겨줍니다.

```
learn.activation_stats.color_dim(-2)
```

`color_dim` 메서드는 fast.ai를 수강한 스테파노 지오모Stefano Giomo와 함께 개발했습니다. 지오모는 이 아이디어를 **다채로운 차원**colorful dimension이라고 불렀습니다. 메서드의 개발 비화와 상세 내용은 그가 올린 fast.ai의 포럼 게시글(`https://oreil.ly/bPXGw`)에서 확인하세요. 다

만 이 아이디어의 기본은 계층 활성의 히스토그램을 만드는 것이며, 정규 분포와 같은 부드러운 패턴을 따르는 편이 좋습니다(그림 13-14).

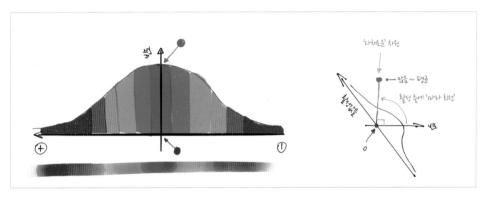

그림 13-14 다채로운 차원의 히스토그램(출처: 스테파노 지오모)

color_dim을 만들기 위해서 좌측 히스토그램을 하단의 색상 표현으로 변환합니다. 그다음 우측과 같이 측면으로 뒤집습니다. 그리고 히스토그램값에 로그를 씌우면 분포가 더 명확해짐을 발견했습니다. 지오모는 다음과 같이 설명했습니다.

> 각 계층의 최종 도표는 수평 축을 따라 각 배치의 활성 히스토그램을 누적하여 만들어집니다. 따라서 시각화의 각 수직 단면은 단일 배치의 활성 히스토그램을 나타내죠. 색상의 강도는 히스토그램의 높이에 대응합니다. 즉 각 히스토그램 구간 내 활성의 개수를 의미합니다.

[그림 13-15]는 이 모두가 결합되는 방식을 보여줍니다.

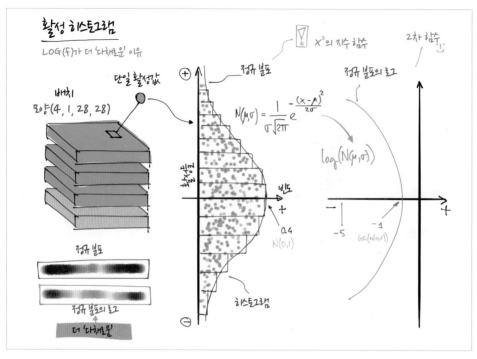

그림 13-15 다채로운 차원의 요약(출처: 스테파노 지오모)

이 삽화는 f가 정규 분포를 따를 때, log(f)가 f보다 더 다채로운 이유를 설명합니다. 로그를 취하면 가우시안 곡선을 2차 함수로 바꿔주는데, 이 함수는 좁지 않은 모양입니다.

이를 염두에 두고 두 번째 계층의 결과를 다시 살펴보죠.

```
learn.activation_stats.color_dim(-2)
```

이는 전형적인 '나쁜 학습'의 그림입니다. 맨 왼쪽의 진한 파란색은 거의 모든 활성이 0에서 시작함을 나타내죠. 그리고 하단의 밝은 노란색은 거의 0에 가까운 활성을 나타냅니다. 처음 몇 번의 배치에서 0이 아닌 활성의 개수가 기하급수적으로 증가함을 볼 수 있습니다. 그러나 급격히 증가한 다음 다시 0이 되어 버렸습니다! 다시 진한 파란색과 밝은 노란색이 등장하죠. 즉 학습이 다시 처음으로 돌아가 버린 것처럼 보입니다. 정도는 줄었지만 마찬가지로 계속해서 활성값이 커졌다 줄어들기를 수차례 반복합니다. 그런 후에야 0이 아닌 값들로 안정화된 활성이 전체 범위에 걸쳐 확산함을 알 수 있죠.

만약 처음부터 학습을 부드럽게 시작할 방법이 있다면 훨씬 좋겠죠. 기하급수적인 증가와 하락의 주기는 거의 0에 가까운 활성을 유발하여 학습 속도가 느리고 나쁜 결과를 초래하는 경향이 있기 때문이죠. 이를 해결하는 한 가지 방법은 배치 정규화를 사용하는 것입니다.

13.4.4 배치 정규화

앞 절에서 경험한 느린 학습 속도와 나쁜 결과를 해결하려면 큰 비율로 나타난 초기의 0에 가까운 활성을 바로잡아야 합니다. 그리고 학습이 진행되는 동안 활성값의 좋은 분포를 계속해서 유지해야 합니다.

세르게이 이오페Sergey Ioffe 및 치리슈티언 세게지는 2015년 「Batch Normalization: Accelerating Deep Network Training by Reducing Internal Covariate Shift(https://oreil.ly/MTZJL)」논문에서 이 문제의 해결책을 제시했습니다. 논문의 초록에서는 해당 문제를 다음과 같이 묘사합니다.

> 심층 신경망 학습은 복잡합니다. 각 계층의 입력 분포가 이전 계층의 파라미터가 바뀜에 따라 영향을 받기 때문입니다. 따라서 신중하게 낮은 학습률과 파라미터 초기화를 정해야 하므로 학습 속도가 느려집니다. 우리는 이 현상을 내부 공변량 이동internal covariate shift이라고 부르며, 계층의 입력을 정규화해 문제를 해결합니다.

그리고 해결책을 다음과 같이 설명합니다.

> 정규화를 모델 구조의 한 부분으로 사용하고 미니배치별로 정규화를 수행합니다. 배치 정규화를 사용하면 훨씬 큰 학습률을 사용할 수 있을 뿐만 아니라, 초기화에 관한 걱정도 덜 수 있습니다.

발표되자마자 이 논문은 큰 반응을 불러일으켰습니다. 논문에 포함된 [그림 13-16]의 도표는 배치 정규화가 현재의 최신 기술(**인셉션** 구조)보다 훨씬 더 정확한 모델을 학습시킬 수 있음을 분명히 보여주었기 때문입니다. 약 5배 이상 더 빠르게 학습할 수 있죠.

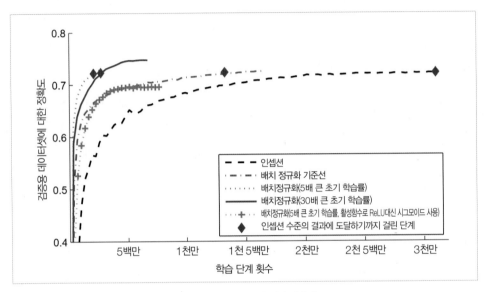

그림 13-16 배치 정규화의 영향(출처: 세르게이 이오프 및 치리슈티언 세게지)

배치 정규화(종종 **배치놈**batchnorm이라고 함)는 계층 활성의 평균과 표준 편차의 평균을 구해 활성을 정규화합니다. 그러나 정확한 예측을 위해 일부 활성화를 매우 높이려 하면 문제가 생길 수 있습니다. 따라서 이 논문은 통상 gamma와 beta라고 부르는 두 학습 가능한 파라미터 (SGD 단계에서 갱신됨을 의미)도 추가했습니다. 활성을 정규화하여 새로운 활성 벡터 y를 얻는다면, 배치 정규화 계층은 최종적으로 gamma* y + beta를 반환합니다.

이것이 활성이 이전 계층 결과의 평균과 표준편차와는 독립적인 평균이나 분산이 존재할 수 있는 이유입니다. 이런 통계는 모델이 더 쉽게 학습할 수 있도록 별도로 학습됩니다. 학습과 검증 시에 서로 다른 작동 양식을 따르죠. 학습 중에는 배치의 평균과 표준편차로 데이터를 정규화하고, 검증 중에는 학습 시 계산된 통계치들의 평균을 사용합니다.

conv에 배치 정규화 계층을 추가해보죠.

```
def conv(ni, nf, ks=3, act=True):
    layers = [nn.Conv2d(ni, nf, stride=2, kernel_size=ks, padding=ks//2)]
    layers.append(nn.BatchNorm2d(nf))
    if act: layers.append(nn.ReLU())
    return nn.Sequential(*layers)
```

그리고 모델을 학습시켜봅시다.

```
learn = fit()
```

epoch	train_loss	valid_loss	accuracy	time
0	0.130036	0.055021	0.986400	00:10

결과가 매우 좋네요! color_dim을 다시 살펴보죠.

```
learn.activation_stats.color_dim(-4)
```

우리가 원했던 도표가 바로 이런 모습입니다. 즉 급작스러운 '추락' 없이 활성값이 부드럽게 발전되어 나가는 형태죠. 배치 정규화가 약속한 효과가 제대로 이행됐습니다! 실제로도 배치 정규화는 매우 성공적인 기법으로 자리매김했으며 거의 모든 현대 신경망에서 이를(또는 이와 유사한 기법을) 사용합니다.

배치 정규화 계층이 있는 모델은 그렇지 않은 모델보다 일반화가 더 잘되는 경향이 있다는 점이 흥미롭습니다. 아직 이 현상을 엄격하게 분석한 사례를 본 적은 없지만, 대부분의 연구자는 배치 정규화가 학습 과정에 임의성을 약간 추가하기 때문이라고 생각합니다. 각 미니배치에는 다른 미니배치와는 다소 다른 평균과 표준 편차가 있기 때문이죠. 따라서 활성은 매번 다른 값으로 정규화된다고 볼 수 있습니다. 모델이 정확하게 예측하려면 이런 변화에 견고해지는 방법을 배워야만 합니다. 일반적으로 학습 과정에 임의의 추출을 추가하면 도움이 됩니다.

순조롭게 진행되므로 학습을 몇 에포크 동안 더 진행하며 나타나는 양상을 살펴보죠. 배치 정규화 논문의 초록 내용 중 '훨씬 더 높은 학습률로 학습'할 수 있다는 주장에 따라 학습률을 높게 잡아보죠.

```
learn = fit(5, lr=0.1)
```

epoch	train_loss	valid_loss	accuracy	time
0	0.191731	0.121738	0.960900	00:11
1	0.083739	0.055808	0.981800	00:10
2	0.053161	0.044485	0.987100	00:10
3	0.034433	0.030233	0.990200	00:10
4	0.017646	0.025407	0.991200	00:10

```
learn = fit(5, lr=0.1)
```

epoch	train_loss	valid_loss	accuracy	time
0	0.183244	0.084025	0.975800	00:13
1	0.080774	0.067060	0.978800	00:12
2	0.050215	0.062595	0.981300	00:12
3	0.030020	0.030315	0.990700	00:12
4	0.015131	0.025148	0.992100	00:12

정확도가 이 정도라면 숫자를 인식하는 방법을 터득했다는 의미겠죠! 그리고 이제는 조금 더 어려운 작업을 다뤄봐야 할 때입니다.

13.5 결론

합성곱은 가중치 행렬에 두 제약이 있는 행렬 곱셈의 한 유형입니다. 일부 요소는 항상 0이고 일부 요소는 서로 묶여 있습니다(항상 같은 값을 갖도록 강제함). 1장에서는 1986년에 출간된 『Parallel Distributed Processing』 책에서 8가지 요구 사항을 보았습니다. 그중 하나는 '유닛 간의 연결 패턴'이었습니다. 그리고 바로 이것이 두 제약의 역할입니다. 특정 연결 패턴을 적용하도록 강제하죠.

이 제약은 복잡한 시각적 특징을 표현하는 능력을 희생하지 않고도 모델이 훨씬 적은 파라미터로 구성될 수 있도록 해줍니다. 즉 과적합을 줄이면서 더 깊은 모델을 더 빠르게 학습시킬 수 있죠. 일반 근사 정리가 단일 은닉 계층으로 구성된 완전 연결 신경망만으로도 모든 표현이 **가능함**을 보여줬지만, **실제로는** 신경망 구조를 신중하게 고민하면 더 나은 모델을 학습시킬 수 있음을 발견했습니다.

완전 연결이라고 부르는 일반적인 선형 계층과 더불어, 합성곱은 가장 일반적인 신경망의 연결 패턴입니다. 하지만 앞으로 더 많은 패턴이 발견될 가능성이 높습니다.

또한 학습이 잘 진행되는지를 파악하기 위해 신경망의 계층 활성을 해석하는 방법과, 배치 정규화가 학습을 정규화하고 활성값들을 완만하게 만드는 데 도움을 주는 방법을 살펴봤습니다. 다음 장에서는 두 계층을 모두 사용하여 영상 처리에서 가장 인기 있는 잔차 신경망을 구축해보겠습니다.

13.6 질문지

1 특징이란 무엇인가요?

2 상단 선 감지기용 합성곱 커널 행렬을 작성해보세요.

3 이미지의 단일 픽셀에 3x3 커널을 적용한 수학적 연산을 작성해보세요.

4 0으로만 구성된 3x3 행렬에 적용된 합성곱 커널의 값은 무엇인가요?

5 패딩이란 무엇인가요?

6 스트라이드란 무엇인가요?

7 중첩된 리스트 컴프리헨션으로 풀 수 있는 문제를 정의하고 만들어보세요.

8 파이토치의 2D 합성곱에서 input 및 weight의 모양은 어떤가요?

9 채널이란 무엇인가요?

10 합성곱과 행렬 곱셈의 관계는 무엇인가요?

11 합성곱 신경망이란 무엇인가요?

12 신경망을 부분 단위로 리팩터링하면 어떤 이점이 있나요?

13 Flatten은 무엇인가요? MNIST CNN의 어디에 포함되어야 하나요? 이유는 무엇인가요?

14 NCHW는 무엇인가요?

15 MNIST CNN의 세 번째 계층에 7*7*(1168-16) 번의 곱셈이 있는 이유는 무엇인가요?

16 수용 영역이란 무엇인가요?

17 두 스트라이드 2 합성곱 이후의 활성에 대한 수용 영역의 크기는 어떻게 되나요? 왜 그런가요?

18 conv-example.xlsx 엑셀 파일을 실행하여 trace precedents 기능을 실험해보세요.

19 제러미와 실뱅의 트위터에서 최근 '좋아요' 목록을 살펴보고, 흥미로운 자료나 아이디어가 있는지 확인해보세요.

20 컬러 이미지는 텐서로 어떻게 표현되나요?

21 합성곱은 컬러 입력에 대해 어떤 방식으로 작동하나요?

22 DataLoader의 데이터를 확인하는 데 쓰는 메서드는 무엇인가요?

23 매 스트라이드 2에 커널의 개수를 두 배 늘리는 이유는 무엇인가요?

24 simple_cnn을 사용해 구축한 MNIST 모델의 첫 번째 합성곱 계층에서 비교적 큰 커널을 사용하는 이유는 무엇인가요?

25 ActivationStats는 각 계층의 어떤 정보를 저장하나요?

26 학습 후 Learner에 적용된 콜백에 접근하는 방법은 무엇인가요?

27 plot_layer_stats가 그리는 세 가지 통계 정보는 무엇인가요? x 축은 무엇을 나타내나요?

28 0에 가까운 활성이 문제가 되는 이유는 무엇인가요?

29 큰 배치 크기를 사용하는 학습의 장단점은 무엇인가요?

30 학습의 시작 단계에서 큰 학습률을 피해야만 하는 이유는 무엇인가요?

31 원 사이클 학습법이란 무엇인가요?

32 큰 학습률로 학습할 때 얻는 이점은 무엇인가요?

33 학습 종반부에 낮은 학습률을 사용하는 이유는 무엇인가요?

34 순환하는 모멘텀이란 무엇인가요?

35 학습을 진행하는 동안 하이퍼파라미터의 값(다른 정보도 포함)을 추적하는 콜백은 무엇인가요?

36 color_dim이 출력한 도표에서 한 열의 픽셀은 무엇을 나타내나요?

37 color_dim이 출력한 도표에서 '나쁜 학습'은 어떤 모습을 보일까요? 이유는 무엇인가요?

38 배치 정규화 계층에는 어떤 학습할 수 있는 파라미터가 포함되나요?

39 학습 중 배치 정규화가 정규화에 사용하는 통계 정보는 무엇인가요? 검사 단계에서는 어떻게 다른가요?

40 배치 정규화 계층이 있는 모델이 일반화가 더 잘되는 이유는 무엇인가요?

13.6.1 추가 연구

1 딥러닝이 대중화되기 이전에는 컴퓨터 영상 처리에 선 감지 외에 어떤 특징을 사용했나요?

2 파이토치는 다른 정규화 계층도 제공합니다. 이들을 시도해보고 무엇이 가장 효과적인지 찾아보세요. 다른 정규화 계층이 개발된 이유와 배치 정규화와 어떻게 다른지 살펴보세요.

3 conv에서 활성화 함수를 배치 정규화 계층 이후로 옮겨보세요. 어떤 차이가 있을까요? 권장되는 순서와 이유를 파악해보세요.

ResNets

이 장은 앞 장에서 소개한 CNN을 기반으로 ResNet(잔차 신경망)을 구축하고 구조를 설명합니다. ResNet은 케이밍 허^{Kaiming He} 등이 2015년에 「Deep Residual Learning for Image Recognition(https://oreil.ly/b68K8)」 논문에서 소개했으며, 지금까지 가장 많이 사용하는 모델 구조입니다. 최근에 개발된 이미지 모델은 대부분 같은 잔차 연결^{residual connection} 기법을 사용하며, 결국 원본 ResNet을 약간 변형한 모델에 불과합니다.

우선은 ResNet을 처음 제안했던 당시의 기본 구조를 살펴본 다음, 이를 개선한 최신 기법을 설명하는 순서로 진행합니다. 하지만 간단한 CNN으로도 100% 정확도에 근접했으므로 MNIST보다는 좀 더 어려운 데이터셋을 먼저 구해야 합니다.

14.1 이미지네트 문제로 되돌아가기

앞 장에서 MNIST 데이터셋에 대해 달성한 정확도는 이미 상당히 높습니다. 여기서 모델의 구조를 바꿔도 해당 모델이 성능 개선에 기여한 정도를 파악하기가 어렵겠죠. 따라서 이미지네트 데이터셋을 사용해서 좀 더 어려운 이미지 분류 문제를 시도해보겠습니다. 빠른 실험을 위해 이미지 크기는 작게 유지합니다.

우선 데이터를 가져옵니다. 160픽셀로 크기가 미리 조정된 버전을 사용해서 작업 속도를 빠르게 합니다. 이를 다시 128픽셀 크기로 자릅니다.

```
def get_data(url, presize, resize):
    path = untar_data(url)
    return DataBlock(
        blocks=(ImageBlock, CategoryBlock), get_items=get_image_files,
        splitter=GrandparentSplitter(valid_name='val'),
        get_y=parent_label, item_tfms=Resize(presize),
        batch_tfms=[*aug_transforms(min_scale=0.5, size=resize),
                    Normalize.from_stats(*imagenet_stats)],
    ).dataloaders(path, bs=128)

dls = get_data(URLs.IMAGENETTE_160, 160, 128)

dls.show_batch(max_n=4)
```

MNIST에서는 크기가 28×28픽셀인 이미지를 다뤘지만, 이번에는 128×128픽셀 이미지로 학습을 진행합니다. 추후 더 큰 이미지도 사용하려고 합니다. 적어도 이미지넷 표준인 224×224픽셀 이상 말이죠.

MNIST용 합성곱 신경망에서 각 이미지에 대한 단일 활성 벡터를 마지막 계층에서 얻은 방식을 기억하나요? 최종 계층의 격자 크기가 1이 될 만큼 스트라이드 2 합성곱을 충분히 포함하는 접근법을 사용했습니다. 그다음 마지막에 얻은 단위 축을 평평하게 만들어 각 입력 이미지별 벡터를 얻습니다(미니배치 단위로 볼 때는 활성 행렬). 이미지네트에서도 같은 작업을 수행할 수 있지만, 두 가지 문제가 발생합니다.

- 마지막 격자를 1×1로 만들려면, 다른 것보다도 월등히 더 많은 스트라이드 2 계층이 필요합니다.
- 모델은 원래 학습된 이미지와 크기가 다른 이미지에서는 작동하지 않습니다.

첫 번째 문제를 다루는 한 가지 접근법은 최종 합성곱 계층이 1×1 이외의 격자 크기를 출력하도록 한 뒤, 출력을 평평하게 해주는 것입니다. 전과 마찬가지로 행렬의 각 행을 이어 붙이는 방식으로 간단히 행렬을 평평하게 만들 수 있겠죠. 실제로도 2013년까지 합성곱 신경망은 대부분 이 방식을 취했습니다. 가장 유명한 예로는 2013년 이미지넷에서 우승한 VGG가 있으며, 오늘날에도 여전히 사용하고 있습니다. 그러나 이 구조는 또 다른 문제를 내포합니다. 학습용 데이터셋에 사용된 크기와는 다른 크기의 이미지에서는 작동하지 않을 뿐만 아니라, 메모리가 많이 필요합니다. 합성곱 계층을 평평하게 만들면 수많은 활성이 최종 계층으로 연결되는 결과를 초래하며, 결국 엄청난 양의 가중치 행렬이 필요하기 때문입니다.

이 문제는 합성곱 계층이 출력한 활성 격자의 평균을 사용하는 방식을 취하는 **완전 합성곱 신경망**fully convolutional network으로 해결되었습니다. 즉 다음과 같은 간단한 함수를 사용할 수 있죠.

```
def avg_pool(x): return x.mean((2,3))
```

보다시피 x와 y 축에서 평균을 계산합니다. 이 함수는 항상 이미지당 활성 격자를 단일 활성으로 변환하죠. 한편 파이토치는 조금 더 다재다능한 **nn.AdaptiveAvgPool2d** 모듈을 제공합니다. 이 모듈은 활성 격자의 평균을 구하되 원하는 크기의 출력을 만들어줍니다(그러나 대부분 1을 사용합니다).

따라서 완전 합성곱 신경망은 수많은 합성곱 계층, 단위 축을 제거하는 평탄화 계층, 최종 선형 계층으로 구성됩니다. 이때 합성곱 계층 중 일부는 스트라이드 2로 설정되며, 마지막 합성곱 계층 다음에는 적응 평균 풀링 계층adaptive average pooling layer이 적용됩니다. 다음은 처음으로 만들어본 완전 합성곱 신경망입니다.

```
def block(ni, nf): return ConvLayer(ni, nf, stride=2)
def get_model():
    return nn.Sequential(
        block(3, 16),
        block(16, 32),
        block(32, 64),
        block(64, 128),
        block(128, 256),
        nn.AdaptiveAvgPool2d(1),
        Flatten(),
        nn.Linear(256, dls.c))
```

잠시 후 다양하게 설정할 수 있는 형태로 block의 구현을 바꿀 것입니다. 그리고 여기서부터는 conv를 사용하지 않습니다. 대신 앞 장에서 만든 conv의 모든 기능을 포함한 fastai의 ConvLayer를 활용해 시간을 절약합니다.

> **WARNING_ 잠시 멈추고 생각해봅시다**
>
> '이 접근법이 MNIST와 같은 OCR^{Optical Character Recognition} 문제에도 적합할까요?'라는 질문을 고려해보죠. 사람들은 OCR와 같은 문제에 대해 완전 합성곱 신경망만을 사용하는 경향이 있습니다. 거의 모든 사람이 그렇게 배우기 때문이죠. 하지만 말이 안 됩니다. 숫자를 작은 조각들로 쪼개고, 조합하여 각 조각의 평균을 구해서는 해당 숫자가 3 또는 8인지를 결정할 수 없습니다. 그러나 적응 평균 풀링은 이를 효과적으로 수행해낼 수 있죠! 완전 합성곱 신경망은 물체의 크기나 방향이 여러 개일 때 매우 적합합니다(예: 대부분의 일반적인 사진).

합성곱 계층을 다 쌓았다면 bs x ch x h x w(배치 크기, 특정 채널 수, 높이, 너비) 크기의 활성을 얻게 됩니다. 그리고 이를 bs x ch 크기의 텐서로 변환해야 하죠. 따라서 마지막 두 차원에서 평균을 구하고, 이전 모델에서 했듯이 남은 1×1차원을 기준으로 평평하게 만듭니다.

이는 해당 계층이 주어진 크기의 윈도에서 평균(평균 풀링) 또는 최댓값(최댓값 풀링)을 구한다는 점에서 일반적인 풀링과는 다릅니다. 가령 예전 CNN에서 매우 인기 있었던 크기 2의 최댓값 풀링 계층은 각 2×2 윈도의 최댓값으로 각 차원을 절반씩 줄였습니다(스트라이드 2 사용).

전과 마찬가지로 Learner를 사용자 정의 모델로 정의하고, 앞서 불러온 데이터셋을 사용해 학습을 진행해보죠.

```
>>> def get_learner(m):
        return Learner(dls, m, loss_func=nn.CrossEntropyLoss(), metrics=accuracy
                        ).to_fp16()

>>> learn = get_learner(get_model())

>>> learn.lr_find()

(0.47863011360168456, 3.981071710586548)
```

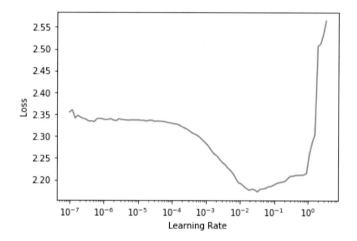

3e−3은 보통 CNN에서 잘 듣는 좋은 학습률이며, 여기서도 그런 듯합니다. 그러면 학습을 시도해보죠.

```
learn.fit_one_cycle(5, 3e-3)
```

epoch	train_loss	valid_loss	accuracy	time
0	1.901582	2.155090	0.325350	00:07
1	1.559855	1.586795	0.507771	00:07
2	1.296350	1.295499	0.571720	00:07
3	1.144139	1.139257	0.639236	00:07
4	1.049770	1.092619	0.659108	00:07

10개 범주 중 올바른 하나만을 선택해야 한다는 점을 고려하면 시작이 꽤 좋습니다. 사전 학습된 모델을 사용하지 않고, 완전히 처음부터 단 5회의 에포크 동안만 학습을 진행했음에도 말이죠! 더 깊은 모델을 사용하면 성능이 이보다 더 좋아지겠지만, 단순히 계층을 쌓아 올린다고 그렇게 되지는 않습니다(정말 그런지 직접 시도해보세요!). ResNets는 이를 해결하려고 **스킵 연결**skip connection이라는 개념을 도입했습니다. 다음으로는 스킵 연결을 포함한 ResNet을 다방면으로 살펴봅니다.

14.2 현대적 CNN의 구축: ResNet

이제 책의 도입부부터 영상 처리에 사용해온 ResNets 모델을 구축하는 데 필요한 모든 조각이 준비되었습니다. ResNet의 주요 개념을 먼저 소개하고, 직전 모델과 비교해서 이미지네트 데이터셋에서의 정확도를 어떻게 개선했는지 알아봅니다.

14.2.1 스킵 연결

2015년, ResNet 논문의 저자는 특이한 현상을 발견했습니다. 배치 정규화를 사용했음에도 더 많은 계층으로 구성된 신경망이 더 적은 계층의 신경망보다 성능이 뛰어나지 않았습니다. 이들의 근간인 신경망의 구조 자체에는 차이가 전혀 없었음에도 말이죠. 흥미롭게도 이 현상은 검증용 데이터셋뿐만 아니라 학습용 데이터셋에서도 관측되었습니다. 논문에서는 다음과 같이 설명합니다.

> 우리가 수행한 실험에서 완전히 검증된 바와 같이, 뜻밖에도 이런 성능 저하는 과적합 때문이 아닙니다. 또한 적당히 깊은 모델에 계층을 더 많이 추가하면 학습용 데이터셋에서 오차가 더 커집니다.

[그림 14-1]의 그래프가 이를 잘 설명해줍니다. [그림 14-1]의 좌측은 학습용 데이터셋에서의 오차, 좌측은 테스트용 데이터셋에서의 오차입니다.

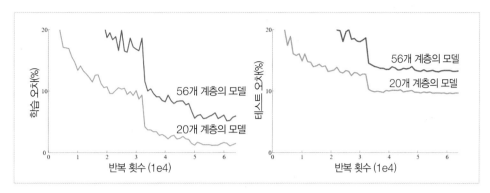

그림 14-1 깊이가 서로 다른 신경망의 학습(출처: 케이밍 허 외)

해당 논문의 저자들이 이 현상을 처음 발견하지는 않았지만, 이로부터 딥러닝에서 매우 중요한 도약을 일궈냈습니다.

> 얕은 구조의 모델과 여기에 더 많은 계층을 추가한 깊은 모델을 고려해봅시다. 깊은 모델을 구성할 때 추가된 계층을 항등 매핑identity mapping으로 만들고, 그 외의 계층은 얕은 모델에서 학습한 내용을 그대로 복사하는 방식으로 문제를 해결할 수 있습니다.

이는 학술 논문이기에 다소 이해하기 어려운 방식으로 과정을 설명했습니다. 하지만 실제로는 매우 간단한 개념이죠. 가령 잘 학습된 20개 계층의 신경망으로 시작해서, 아무 일도 하지 않는 36개 계층을 추가한다고 가정해봅시다.[69] 그 결과 56개 계층으로 구성했지만, 20개 계층의 신경망과 정확히 같은 일을 하는 신경망이 만들어집니다. 그리고 이는 **적어도** 얕은 신경망**만큼은 좋은** 심층 신경망이 항상 존재함을 증명합니다. 단지 무슨 이유에선지 SGD는 이를 발견할 수 없었습니다.

> **NOTE_ 전문용어: 항등 매핑**
> 전혀 변형되지 않은 입력을 그대로 반환합니다. 항등 함수identity function가 이를 수행합니다.

사실 36개 계층을 추가로 만드는 다른 방법도 있습니다. 이쪽이 더 흥미롭죠. 만약 모든 conv(x)를 x + conv (x)로 바꾼다면 어떨까요?[70] 그리고 최종 배치 정규화 계층마다 gamma 를 0으로 초기화하면 어떨까요? 그러면 추가 36개 계층에서 conv(x)는 항상 0이 됩니다. 즉

---

69 옮긴이_ 아무 일도 하지 않는다는 말은 단일 가중치가 1, 편향이 0인 선형 계층을 의미합니다.

70 옮긴이_ 여기서 conv는 앞 장에서 만든 함수로 두 번째 합성곱, 배치 정규화, ReLU 계층을 추가하며, 배치 정규화는 gamma*y + beta죠.

x+conv(x)는 항상 x와 같죠.

여기서 무엇을 얻을 수 있을까요? 핵심은 추가 36개 계층이 항등 매핑이지만, 파라미터가 있다는 점입니다. 즉 학습이 가능하죠. 따라서 잘 작동하는 20개 계층의 모델로 시작해서, 초기에는 아무 일도 하지 않는 추가 36개 계층을 더한 다음, 전체 56개 계층의 모델을 미세 조정할 수 있습니다. 그러면 추가한 36개 계층이 유용한 파라미터를 학습해낼 수 있습니다.

ResNet 논문은 x+conv2(conv1(x))를 효과적으로 얻는 방식으로 두 번째 합성곱마다 '뛰어넘기'를 제안했습니다. [그림 14-2]가 이를 잘 설명하죠.

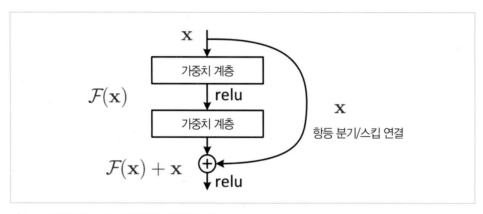

그림 14-2 간단한 ResNet 블록(출처: 케이밍 허 외)

우측 화살표는 x+conv2(conv1(x)) 중 x일 뿐이며, **항등 분기**identity branch 또는 **스킵 연결**이라고 합니다. 좌측의 경로는 conv2(conv1(x))입니다. 이 항등 경로는 입력과 출력을 직접 연결하는 길이라고 생각할 수 있습니다.

ResNet에서는 먼저 더 적은 계층으로 구성된 모델을 학습시킨 다음, 마지막에 새로운 계층을 추가해 미세 조정하는 방식을 사용하지는 않습니다. 그 대신 CNN 전체에서 [그림 14-2]와 같은 ResNet 블록을 사용하고, 일반적인 방식으로 초기화와 SGD 학습을 해나갑니다. SGD로 신경망을 더 쉽게 학습할 수 있는 스킵 연결에 의지합니다.

ResNet 블록은 다른 방법으로도 생각해볼 수 있습니다. 다음은 논문의 설명입니다.

> 쌓아 올린 계층들이 원하는 매핑을 학습하기보다, 잔차의 매핑을 학습하게끔 명시적으로 허용합니다. 원하는 매핑을 H(x)로 두었을 때, 쌓아 올린 계층들이 F(x):=H(x)-x의 매핑을 학습하도록 합니다.

그리고 원래의 매핑은 F(x)+x로 재구성됩니다. 우리는 참조되지 않은 원래의 매핑을 최적화하기보다 잔차의 매핑을 최적화하기가 더 쉽다는 가설을 세웠습니다. 극단적인 상황을 생각해보면, 항등 매핑이 최적일 때 잔차를 0으로 만드는 일이 여러 비선형 계층의 항등 매핑을 학습하는 일보다 쉽기 때문입니다.

다시 말하지만 이는 다소 이해하기 어렵습니다. 평범한 말로 풀어 보죠! 특정 계층의 결과가 x이고 y = x + block(x)을 반환하는 ResNet 블록을 사용한다면, 블록에 y를 예측하도록 요청하지 않습니다. 그 대신 y와 x의 차이를 예측하도록 요청하죠. 따라서 이런 블록의 역할은 특정 특징에 대한 예측이 아니라, x와 원하는 y 사이의 오차를 최소화하는 것입니다. 즉 ResNet은 아무 일도 하지 않는 것과 두 합성곱 계층(학습할 수 있는 가중치 포함)의 블록을 통과하는 것 사이의 미묘한 차이를 잘 학습합니다. 그리고 잔차를 예측하는 방식은 곧 ResNet의 이름과 관련이 있습니다('잔차'는 예측에서 타깃을 뺀 것이죠).

학습 용이성은 ResNets에 관한 두 사고방식이 공유하는 핵심 개념입니다. 그리고 이는 중요한 주제죠. 충분히 큰 신경망이 무엇이든 배울 수 있다는 일반 근사 정리를 떠올려보세요. 정리 자체는 사실이지만, 신경망이 원칙적으로 **학습할 수 있는 것**과 현실적인 데이터와 학습 체계로 **학습하기 쉬운 것** 사이에는 매우 중요한 차이가 있습니다. 지난 10년간 신경망의 발전은 ResNet 블록과 비슷했습니다. 이미 이론적으로 가능한 일을 현실적으로 실현할 방법을 연구한 결과죠.

> **NOTE_ 참 항등 경로**
> 원논문에서는 각 블록의 마지막 배치 정규화 계층의 **gamma** 초깃값에 0을 사용하는 기법을 적용하지 않았습니다. 수년 후 일어난 일이죠. 따라서 초기의 ResNet은 참 항등 경로가 있는 ResNet 블록을 사용하지 않았지만, '통과하는' 스킵 연결로 학습을 더 나은 학습을 가능케 했습니다. 한편 배치 정규화의 **gamma**를 0으로 초기화하는 기법을 함께 사용하면, 훨씬 큰 학습률로 모델을 학습시킬 수 있습니다.

다음은 간단한 ResNet 블록의 정의입니다(norm_type=NormType.BatchZero로 설정된 인잣값은 마지막 배치 정규화 계층의 gamma 가중치를 0으로 초기화합니다).

```
class ResBlock(Module):
    def __init__(self, ni, nf):
        self.convs = nn.Sequential(
            ConvLayer(ni,nf),
            ConvLayer(nf,nf, norm_type=NormType.BatchZero))

    def forward(self, x): return x + self.convs(x)
```

그러나 여기에는 두 가지 문제가 있습니다. 1 이외의 스트라이드를 처리할 수 없고, `ni==nf`가 되어야만 합니다. 잠시 멈추고 왜 그런지 신중하게 생각해봅시다.

예를 들어서 합성곱 중 하나가 스트라이드 2로 설정되었다면, 출력 활성의 격자 입력의 각 축의 크기가 절반씩 축소됩니다. 따라서 x와 출력 활성의 크기가 달라지므로 더할 수 없죠. 입력과 출력의 연결 모양이 서로 다른 `ni!=nf`에서도 같은 문제가 발생합니다.

이를 해결하려면 `self.convs`의 결과와 호환하도록 x의 모양을 변경해야 합니다. 스트라이드가 2인 평균 풀링 계층을 사용하면 격자 크기를 절반으로 줄일 수 있습니다. 즉 입력에서 2x2 영역들을 가져와서 영역 내 값들의 평균을 계산하여 얻은 스칼라값으로 대체하는 식이죠.

합성곱을 사용하여 채널 개수를 바꿀 수 있습니다. 그러나 가능한 한 합성곱을 간단하게 만들려면 스킵 연결을 항등 맵에 가깝게 만들어야 합니다. 그리고 커널의 크기가 1인 합성곱이 가장 간단합니다. 이때 커널의 크기는 $ni \times nf \times 1 \times 1$이므로 각 입력 픽셀의 채널에서만 내적을 수행합니다. 픽셀 간의 결합이 전혀 수행되지 않죠. 이러한 **1×1 합성곱**은 현대적 CNN에서 널리 사용되므로 작동 방식을 잠시 생각해보기 바랍니다.

> **NOTE_ 전문용어: 1×1 합성곱**
> 커널의 크기가 1인 합성곱

다음은 지금까지 설명한 방식으로 스킵 연결에서 변경되는 모양을 다루는 **ResBlock** 클래스입니다.

```python
def _conv_block(ni,nf,stride):
    return nn.Sequential(
        ConvLayer(ni, nf, stride=stride),
        ConvLayer(nf, nf, act_cls=None, norm_type=NormType.BatchZero))


class ResBlock(Module):
    def __init__(self, ni, nf, stride=1):
        self.convs = _conv_block(ni,nf,stride)
        self.idconv = noop if ni==nf else ConvLayer(ni, nf, 1, act_cls=None)
        self.pool = noop if stride==1 else nn.AvgPool2d(2, ceil_mode=True)

    def forward(self, x):
        return F.relu(self.convs(x) + self.idconv(self.pool(x)))
```

여기서 사용하는 noop 함수는 입력을 바꾸지 않고 그대로 반환하는 간단한 함수입니다(컴퓨터 과학 용어인 **noop**은 '작업 없음no operation'의 줄임말). 즉 idconv는 nf==nf일 때, pool은 stride==1일 때 아무런 변화가 없으며, 이것이 바로 스킵 연결이 원하는 작동 방식이죠.

또한 convs와 idconv의 마지막 합성곱 계층에는 ReLU를 두지 않고(act_cls=None) 스킵 연결을 추가한 **이후**로 옮겼습니다. 이렇게 구성한 이유는 ResNet 블록 자체를 하나의 계층으로 간주했기 때문입니다. 따라서 계층 마지막에 활성화 함수를 넣었죠.

block을 ResBlock으로 교체한 다음 다시 학습을 시도해보죠.

```
def block(ni,nf): return ResBlock(ni, nf, stride=2)
learn = get_learner(get_model())

learn.fit_one_cycle(5, 3e-3)
```

epoch	train_loss	valid_loss	accuracy	time
0	1.973174	1.845491	0.373248	00:08
1	1.678627	1.778713	0.439236	00:08
2	1.386163	1.596503	0.507261	00:08
3	1.177839	1.102993	0.644841	00:09
4	1.052435	1.038013	0.667771	00:09

별로 개선되지 않았습니다. **ResBlock**을 만든 목적은 더 **깊은** 모델을 학습시킬 수 있도록 하는 것입니다. 하지만 단지 block을 대체했을 뿐, 아직 실제로 깊은 구조를 만들지는 않았습니다. 가령 한 block을 두 ResBlock으로 연속해서 교체하면 두 배 깊은 모델을 얻을 수 있죠.

```
def block(ni, nf):
    return nn.Sequential(ResBlock(ni, nf, stride=2), ResBlock(nf, nf))

learn = get_learner(get_model())
learn.fit_one_cycle(5, 3e-3)
```

epoch	train_loss	valid_loss	accuracy	time
0	1.964076	1.864578	0.355159	00:12
1	1.636880	1.596789	0.502675	00:12
2	1.335378	1.304472	0.588535	00:12
3	1.089160	1.065063	0.663185	00:12
4	0.942904	0.963589	0.692739	00:12

이제 개선이 이뤄지네요!

ResNet 논문의 저자는 계속해서 2015년 이미지넷 대회에서도 우승을 차지했습니다. 당시의 이미지넷 대회는 영상 처리 분야에서 가장 중요한 연례행사였습니다. 우리는 앞서 또 다른 2013년의 우승자인 질러와 퍼거스를 봤죠. 두 경우 모두 중대한 발견은 실험적 관찰에서부터 시작했습니다. 질러와 퍼거스는 계층이 실제로 학습한 내용을 관찰했으며, ResNet의 저자는 학습될 수 있는 신경망의 종류를 관찰했습니다. 주의 깊게 실험을 설계하고 분석하는 능력은 예상치 못한 결과를 목격했을 때 '흠... 흥미로운걸?'이라는 호기심으로 무슨 일이 일어났는지 집요하게 파고들어 파악하는 태도에서 비롯합니다. 그리고 이는 여러 과학적 발견의 핵심이기도 하죠. 순수 수학과는 다른 딥러닝은 매우 실험적인 분야라서, 이론가보다는 실무자로서 현상을 대하는 자세가 중요합니다.

ResNet은 도입 이래로 여러 분야에 걸쳐서 광범위하게 연구되고 적용되었습니다. 그중 2018년 하오 리[Hao Li] 등이 출간한 「Visualizing the Loss Landscape of Neural Nets(https://oreil.ly/C9cFi)」 논문이 매우 흥미롭습니다. 스킵 연결을 사용하면 손실 함수를 부드럽게 만드는 데 도움이 된다는 사실을 보여주었죠. 매우 가파른 손실의 영역으로 빠져버리는 상황을 방지하면 학습이 더 쉬워지기 때문에 중요한 발견입니다. [그림 14-3]은 해당 논문에서 발췌한 훌륭한 그림입니다. SGD가 최적화할 때 탐색해야 하는 일반적인 CNN(좌)의 울퉁불퉁한 지형과 ResNet의 부드러운 표면(우)의 차이를 보여줍니다.

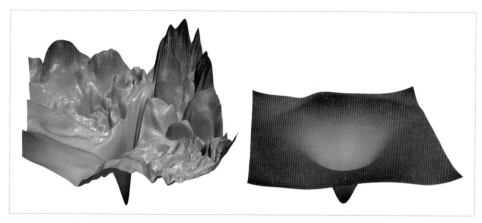

그림 14-3 손실 공간으로 보는 ResNet의 영향(출처: 하오 리 외)

우리가 ResBlock을 이용해 만든 첫 번째 모델은 이미 훌륭합니다. 다만 이후의 연구들은 이를 더 낮게 만들 기법들을 발견했죠. 다양한 기법을 이어서 살펴보겠습니다.

14.2.2 최신 ResNet

「Bag of Tricks for Image Classification with Convolutional Neural Networks(https://oreil.ly/n-qhd)」에서 통 허Tong He 등은 파라미터의 개수 또는 계산량 측면에서 추가 비용이 거의 없는 변형된 ResNet 구조를 연구했습니다. 조정된 ResNet-50 구조와 믹스업을 사용해 이미지넷에서 94.6%의 상위 5 정확도top-5 accuracy를 얻었습니다. 믹스업이 포함되지 않은 보통의 ResNet-50이 보여준 92.2% 대비 큰 성능 향상을 얻었습니다. 심지어 깊이를 두 배로 늘려도 믹스업이 포함된 ResNet의 성능에 다다르지는 못했습니다(게다가 두 배 더 느리고, 과적합될 가능성이 높아지죠).

> **NOTE_ 전문용어: 상위 5 정확도**
> 모델이 내놓은 상위 다섯 개 예측에 원하는 레이블이 포함되는 빈도를 검사하는 평가지표입니다. 이미지넷 대회에서 사용되었는데, 여러 물체를 담거나, 쉽게 혼동될 수 있거나, 비슷한 레이블로 잘못 레이블링된 물체를 담은 이미지가 많기 때문입니다. 하지만 최신 CNN 모델은 상위 5 정확도를 거의 100%까지 달성할 정도로 좋아졌습니다. 일부 연구자는 현재 이미지넷에도 상위 1 정확도를 사용하곤 합니다.

조정된 버전이 훨씬 더 좋으므로 이를 전체 ResNet으로 확장합니다. 그러려면 앞서 구현한 내용을 약간 바꿔줘야 합니다. 신경망의 초기 부분에 한정적으로, ResNet 블록 대신 여러 합성곱과 최댓값 풀링 계층을 배치한다는 점이 다릅니다. 이 부분은 신경망의 **줄기**stem라고 하며, 다음과 같이 구현할 수 있습니다.

```
>>> def _resnet_stem(*sizes):
        return [
            ConvLayer(sizes[i], sizes[i+1], 3, stride = 2 if i==0 else 1)
                for i in range(len(sizes)-1)
        ] + [nn.MaxPool2d(kernel_size=3, stride=2, padding=1)]

>>> _resnet_stem(3,32,32,64)

[ConvLayer(
    (0): Conv2d(3, 32, kernel_size=(3, 3), stride=(2, 2), padding=(1, 1))
    (1): BatchNorm2d(32, eps=1e-05, momentum=0.1)
    (2): ReLU()
  ), ConvLayer(
    (0): Conv2d(32, 32, kernel_size=(3, 3), stride=(1, 1), padding=(1, 1))
    (1): BatchNorm2d(32, eps=1e-05, momentum=0.1)
    (2): ReLU()
  ), ConvLayer(
    (0): Conv2d(32, 64, kernel_size=(3, 3), stride=(1, 1), padding=(1, 1))
    (1): BatchNorm2d(64, eps=1e-05, momentum=0.1)
    (2): ReLU()
  ), MaxPool2d(kernel_size=3, stride=2, padding=1, ceil_mode=False)]
```

> **NOTE_ 전문용어: 줄기**
> CNN의 처음 몇 개 계층을 말합니다. 보통 줄기는 CNN 몸통과는 다른 구조입니다.

ResNet 블록 대신 보통의 합성곱 계층으로 줄기를 구성한 이유는 모든 심층 합성곱 신경망에 적용할 수 있는 중요한 통찰에 기반합니다. 대부분의 계산이 발생하는 초기 계층을 가능한 한 빠르고 간단하게 유지해야 한다는 통찰입니다.

128픽셀의 입력 이미지에 첫 번째 합성곱을 고려하여 초기 계층에서 계산이 많이 발생하는 이유를 확인해보죠. 첫 번째 합성곱에 스트라이드 1이 있다면, 모든 128×128픽셀에 커널을 적용합니다. 작업량이 많죠. 반면 이후 계층에서는 격자의 크기가 4×4나 2×2만큼 작을 수 있습니다. 즉 커널을 적용해야 할 영역이 훨씬 적어진다는 의미입니다.

반면 첫 번째 합성곱 계층에는 입력 특징 3개와 출력 특징 32개만 있습니다. 3×3 커널을 사용하기 때문에 총 3×32×3×3=864개의 가중치 파라미터가 있죠. 그러나 마지막 합성곱 계층에는 입력 특징 256개와 출력 특징 512개가 있으며, 총 1,179,648개의 가중치 파라미터를 의미합니다! 따라서 초기 계층이 대부분의 계산을 포함하지만, 파라미터는 대부분 후기 계층에 포함됩니다.

ResNet 블록에는 보통의 합성곱 블록보다 계산이 더 많이 필요합니다. ResNet 블록에는 합성곱 3개와 풀링 계층 하나가 있기 때문이죠(스트라이드 2일 때). 이것이 바로 신경망 시작 부분을 순수 합성곱으로만 구성하려는 이유입니다.

이제 '갖가지 수단'으로 무장한 최신 ResNet의 구현체를 선보일 준비가 되었습니다. 필터가 64, 128, 256, 512개인 네 그룹의 ResNet 블록을 사용합니다. 직전에 MaxPooling 계층이 있는 첫 번째 그룹을 제외한 나머지 그룹은 스트라이드 2 블록으로 시작합니다.

```python
class ResNet(nn.Sequential):
    def __init__(self, n_out, layers, expansion=1):
        stem = _resnet_stem(3,32,32,64)
        self.block_szs = [64, 64, 128, 256, 512]
        for i in range(1,5): self.block_szs[i] *= expansion
        blocks = [self._make_layer(*o) for o in enumerate(layers)]
        super().__init__(*stem, *blocks,
                          nn.AdaptiveAvgPool2d(1), Flatten(),
                          nn.Linear(self.block_szs[-1], n_out))

    def _make_layer(self, idx, n_layers):
        stride = 1 if idx==0 else 2
        ch_in,ch_out = self.block_szs[idx:idx+2]
        return nn.Sequential(*[
            ResBlock(ch_in if i==0 else ch_out, ch_out, stride if i==0 else 1)
            for i in range(n_layers)
        ])
```

_make_layer는 단순히 일련의 ResBlock을 n_layers 개 생성하는 함수입니다. 그 중 첫 번째는 정해진 stride(2)로 ch_in에서 ch_out으로 이동하며, 나머지는 모두 스트라이드 1이며 ch_out 자체를 내보내는 블록입니다. 블록들이 정의되면 모델은 순전히 순차적이므로

nn.Sequential의 하위 클래스로 정의합니다(expansion 인자는 다음 절에서 설명하므로 지금은 신경 쓰지 마세요. 현재 해당 값은 1이며, 아무 일도 하지 않습니다).

각 그룹의 블록 개수만 변경해주면 다양한 버전(ResNet-18, -34, -50 등)의 모델을 얻을 수 있습니다. 다음은 ResNet-18을 정의하죠.

```
rn = ResNet(dls.c, [2,2,2,2])
```

약간 학습시킨 다음 직전 모델과 비교해보겠습니다.

```
learn = get_learner(rn)
learn.fit_one_cycle(5, 3e-3)
```

epoch	train_loss	valid_loss	accuracy	time
0	1.673882	1.828394	0.413758	00:13
1	1.331675	1.572685	0.518217	00:13
2	1.087224	1.086102	0.650701	00:13
3	0.900428	0.968219	0.684331	00:12
4	0.760280	0.782558	0.757197	00:12

채널이 더 많은데도(따라서 모델이 훨씬 더 정확함), 최적화된 줄기 덕분에 이전만큼 학습이 빠르게 수행되었습니다.

계산을 너무 많이 하거나 메모리 자원을 과도하게 사용하지 않고도 더 깊은 모델을 만드는 방법 중에는 50개 이상의 계층으로 구성된 ResNet에 논문에서 도입한 다른 계층(병목 계층)을 적용하는 방법이 있습니다.

14.2.3 병목 계층

병목 계층bottleneck layer은 커널 크기가 3인 합성곱 두 개를 쌓는 대신, [그림 14-4]의 우측 그림처럼 1×1 두 개(시작과 끝)와 3×3 하나로 구성된 합성곱을 사용합니다.

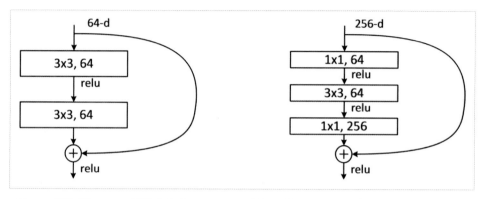

그림 14-4 일반적인 ResNet 블록(좌)과 병목 ResNet 블록(우) 비교(출처: 케이밍 허 외)

그런데 왜 유용할까요? 우선 1×1 합성곱은 훨씬 더 빠릅니다. 따라서 구조는 더 복잡해보이지만, 실제로는 원래의 ResNet 블록보다 더 빠르게 실행됩니다. 그리고 더 많은 커널을 사용할 수 있게 해줍니다. 그림에서 볼 수 있듯이 들어오고 나가는 커널의 수가 네 배(64 대신 256) 더 많죠. 1×1 합성곱은 줄어들었다가 다시 채널의 개수를 복원합니다(**병목**이라는 이름의 유래입니다). 전반적으로 같은 시간에 더 많은 커널을 사용할 수 있습니다.

다음처럼 `ResBlock`을 병목으로 대체해보죠.

```
def _conv_block(ni,nf,stride):
    return nn.Sequential(
        ConvLayer(ni, nf//4, 1),
        ConvLayer(nf//4, nf//4, stride=stride),
        ConvLayer(nf//4, nf, 1, act_cls=None, norm_type=NormType.BatchZero))
```

이를 사용해 그룹 크기가 (3,4,6,3)인 ResNet-50을 만듭니다. 그리고 이번에는 ResNet의 `expansion` 인잣값으로 4를 넣어줍니다. 그러면 네 배 적은 채널로 시작해서 네 배 많은 채널로 끝나도록 만들 수 있습니다.

보통 이런 심층 신경망은 5회의 학습 에포크만으로는 개선을 확인하기 어렵습니다. 에포크의 횟수를 20으로 상향 조정하여 더 커진 모델을 최대한 활용합니다. 그리고 정말 좋은 결과를 얻으려면 이미지의 크기도 더 크게 조정하는 것이 좋습니다.

```
dls = get_data(URLs.IMAGENETTE_320, presize=320, resize=224)
```

추가 조치 없이도 더 큰 224픽셀의 이미지를 수용할 수 있습니다. 완전 합성곱 신경망 덕분에 그대로도 그냥 작동하죠. 이는 앞부분에서 **점진적 크기 조절**을 수행할 수 있었던 이유이기도 합니다. 이제 모델을 학습시키고 효과를 확인해보겠습니다.

```
rn = ResNet(dls.c, [3,4,6,3], 4)
learn = get_learner(rn)
learn.fit_one_cycle(20, 3e-3)
```

epoch	train_loss	valid_loss	accuracy	time
0	1.613448	1.473355	0.514140	00:31
1	1.359604	2.050794	0.397452	00:31
2	1.253112	4.511735	0.387006	00:31
3	1.133450	2.575221	0.396178	00:31
4	1.054752	1.264525	0.613758	00:32
5	0.927930	2.670484	0.422675	00:32
6	0.838268	1.724588	0.528662	00:32
7	0.748289	1.180668	0.666497	00:31
8	0.688637	1.245039	0.650446	00:32
9	0.645530	1.053691	0.674904	00:31
10	0.593401	1.180786	0.676433	00:32
11	0.536634	0.879937	0.713885	00:32
12	0.479208	0.798356	0.741656	00:32
13	0.440071	0.600644	0.806879	00:32
14	0.402952	0.450296	0.858599	00:32
15	0.359117	0.486126	0.846369	00:32
16	0.313642	0.442215	0.861911	00:32
17	0.294050	0.485967	0.853503	00:32
18	0.270583	0.408566	0.875924	00:32
19	0.266003	0.411752	0.872611	00:33

결과가 훌륭하네요! 이번에는 여러분이 직접 믹스업을 추가하고, 약 100번의 에포크 동안 학습을 진행해보세요. 밑바닥부터 학습된 매우 정확한 이미지 분류 모델을 얻을 것입니다.

여기서 본 병목 구조는 일반적으로 ResNet-50, -101, -152 모델에서만 사용합니다. ResNet-18과 -34 모델은 보통 병목 구조를 사용하지 않죠. 그러나 저희는 병목 계층이 일반적으로 얕은 신경망에서도 잘 작동한다는 사실을 알게 되었습니다. 이는 논문의 한 부분에서 소개한 구조가 가장 좋은 선택이 아님에도 불구하고, 수년간 의심 없이 사용하는 경향을 보여주는 사례입니다. 가정과 '모두가 아는 것'에 의문을 제기하는 일은 언제나 좋은 자세입니다. 딥러닝은 여전히 새로운 분야이고, 세부 사항이 모두 잘 연구되지는 않았기 때문입니다.

14.3 결론

지금까지 더 깊은 모델을 학습할 수 있도록 스킵 연결을 사용한 영상 처리용 모델의 구축 방식을 살펴보았습니다. 더 나은 구조를 연구하는 수많은 노력이 있었지만, 대부분 신경망의 입력에서 출력으로의 직통 경로를 형성하는 데 스킵 연결 기법을 약간 수정해서 사용합니다. 한편 전이 학습에서 사용되는 ResNet은 사전 학습된 모델입니다. 15장에서는 우리가 지금껏 사용한 사전 학습된 모델이 만들어지는 방식을 이해하는 데 필요한 마지막 세부 사항을 살펴봅니다.

14.4 질문지

1 앞 장의 MNIST에 사용된 CNN의 최종 출력에서는 어떻게 단일 활성 벡터를 얻었나요? 단일 활성 벡터가 이미지네트 데이터셋에 적합하지 않은 이유는 무엇인가요?

2 그 대신 이미지네트에는 무엇이 필요하나요?

3 적응 풀링이란 무엇인가요?

4 평균 풀링이란 무엇인가요?

5 적응 평균 풀링 계층 다음에 Flatten이 필요한 이유는 무엇인가요?

6 스킵 연결이란 무엇인가요?

7 더 깊은 모델을 학습하는 데 스킵 연결이 필요한 이유는 무엇인가요?

8 [그림 14-1]은 무엇을 보여주려 하나요? 스킵 연결이란 아이디어와 어떻게 연결되나요?

9 항등 매핑이란 무엇인가요?

10 ResNet 블록의 기본 방정식은 무엇인가요(배치 정규화 및 ReLU 계층은 무시)?

11 ResNet과 잔차의 관계는 무엇인가요?

12 스트라이드 2 합성곱에서는 스킵 연결을 어떻게 처리하나요? 커널의 개수가 바뀌는 시점은 언제인가요?

13 벡터의 내적이라는 측면에서 1×1 합성곱은 어떻게 표현할 수 있나요?

14 F.conv2d 또는 nn.Conv2d로 1×1 합성곱을 만들고 이미지에 적용해보세요. 이미지 모양은 어떻게 바뀌나요?

15 noop 함수는 무엇을 반환하나요?

16 [그림 14-3]에 표시된 내용을 설명해보세요.

17 상위 5 정확도가 상위 1 정확도보다 더 나은 평가지표일 때는 언제인가요?

18 CNN에서 '줄기'란 무엇인가요?

19 CNN 줄기에서 ResNet 블록 대신 일반적인 합성곱을 사용하는 이유는 무엇인가요?

20 병목 블록과 일반적인 ResNet 블록은 어떻게 다르나요?

21 병목 블록이 더 빠른 이유는 무엇인가요?

22 완전 합성곱 신경망(보통 적응 풀링을 포함함)이 점진적 크기 조정을 허용하는 방법은 무엇인가요?

14.4.1 추가 연구

1 MNIST를 대상으로 적응 평균 풀링을 사용한 완전 합성곱 신경망을 만들어보세요(더 적은 스트라이드 2 계층이 필요함). 적응 평균 풀링 계층이 없는 신경망과 비교하면 어떤가요?

2 17장에서는 **아인슈타인 합산 표기법**Einstein summation notation을 소개합니다. 작동 방식을 살펴본 다음, torch.einsum으로 1x1 합성곱 연산을 구현해보세요. torch.conv2d를 사용한 동일 작업과도 비교해보세요.

3 순수 파이토치나 파이썬으로 상위 5 정확도를 검사하는 함수를 작성해보세요.

4 레이블 평활화를 사용한 모델과 사용하지 않은 모델을 이미지네트 데이터셋으로 학습시켜보세요. 그리고 본문에서보다 더 많은 횟수의 에포크로 늘려보세요. 이미지네트 리더보드를 살펴보고, 최상위권 결과에 얼마나 근접할 수 있는지 확인하세요. 최상위권의 주요 접근법을 설명해둔 페이지를 읽어보세요.

CHAPTER 15

애플리케이션 구조 깊게 살펴보기

지금까지 영상 처리, NLP, 테이블 데이터 분석에 관한 최신 모델의 구조를 다루며 완전히 파악했습니다. 이 장은 fastai가 제공하는 응용 모델의 작동 방식과 구현의 상세 부분을 다룹니다.

또한 11장에서 만든 Siamese 모델용 데이터 전처리로 돌아가서, fastai 라이브러리로 미리 정의하지 않은 새로운 작업에 적용할 수 있는 사전 학습된 모델을 구축하는 방법도 살펴봅니다.

영상 처리 분야로 시작해보죠.

15.1 영상 처리

영상 처리 애플리케이션에서는 작업에 따라 cnn_learner나 unet_learner 함수로 모델을 구축했습니다. 이번 절에서는 1부와 2부에서 사용한 Learner 객체를 만드는 방법을 살펴봅니다.

15.1.1 cnn_learner

cnn_learner 함수를 사용할 때 일어나는 일을 살펴봅시다. 신경망의 **몸통**으로 사용할 구조를 넣어줍니다. 대부분 ResNet을 몸통 부분으로 사용합니다(이미 ResNet을 만드는 방법도 배웠죠). 그러면 사전 학습된 가중치가 다운로드되어 ResNet에 장착됩니다.

그리고 전이 학습을 하려면 신경망을 일부 **절단**해야 합니다. 즉 이미지넷에 특화한 분류 작업을 수행하는 마지막 계층을 잘라낸다는 뜻이죠. 정확히 말하자면, 맨 마지막 계층만 잘라내지는 않고 실제로는 적응 평균 풀링 계층 이후를 모두 제거합니다(이유는 잠시 후 다룹니다). 하지만 때에 따라 다른 종류의 풀링 계층을 사용해야 하는 등 완전히 다른 형태의 **머리**로 구성해야 하므로, 단순히 적응 평균 풀링 계층을 기준으로 자를 수는 없습니다. 그 대신 각 모델의 몸통과 머리의 부분을 결정할 정보를 담은 딕셔너리를 제공하면 좋겠죠. fastai에서는 이런 딕셔너리 정보를 model_meta라고 합니다. 다음은 resnet50의 model_meta입니다.

```
>>> model_meta[resnet50]

{'cut': -2,
 'split': <function fastai.vision.learner._resnet_split(m)>,
 'stats': ([0.485, 0.456, 0.406], [0.229, 0.224, 0.225])}
```

> **NOTE_ 전문용어: 몸통과 머리**
>
> 신경망에서 머리란 특정 작업에 특화된 부분을 일컫습니다. CNN에서는 보통 적응 평균 풀링 계층 이후가 여기에 해당합니다. 몸통은 머리 외의 모든 부분을 지칭하는 데 사용하는 용어로, 줄기도 포함됩니다(14장).

자를 지점으로 명시한 -2 이전의 모든 계층이 곧 fastai가 전이 학습에 사용하려고 유지하는 부분입니다. 이제 잘린 모델에 새로운 머리를 추가해보죠. 머리는 create_head 함수로 생성할 수 있습니다.

```
>>> create_head(20,2)

Sequential(
  (0): AdaptiveConcatPool2d(
    (ap): AdaptiveAvgPool2d(output_size=1)
    (mp): AdaptiveMaxPool2d(output_size=1)
  )
  (1): Flatten()
  (2): BatchNorm1d(20, eps=1e-05, momentum=0.1, affine=True)
  (3): Dropout(p=0.25, inplace=False)
  (4): Linear(in_features=20, out_features=512, bias=False)
  (5): ReLU(inplace=True)
  (6): BatchNorm1d(512, eps=1e-05, momentum=0.1, affine=True)
  (7): Dropout(p=0.5, inplace=False)
```

```
  (8): Linear(in_features=512, out_features=2, bias=False)
 )
```

create_head 함수에는 마지막에 추가할 선형 계층의 수, 각 선형 계층마다 사용할 드롭아웃의 정도, 처음에 사용할 풀링 계층의 종류를 정하는 인자가 있습니다. 디폴트로는 평균 풀링과 최댓값 풀링을 모두 적용한 다음 두 풀링을 이어 붙입니다(두 풀링이 결합한 계층을 AdaptiveConcatPool2d라고 합니다). 일반적이지 않은 접근이지만, 최근 fastai와 다른 연구실에서 이루어진 독립적인 연구에 따르면, 단순히 평균 풀링을 사용할 때보다 성능이 약간 개선되는 경향이 있습니다.

fastai는 디폴트로 CNN 머리에 두 선형 계층을 추가합니다. 하나만 추가하는 대부분의 라이브러리와는 다르죠. 사전 훈련된 모델을 매우 다른 도메인으로 전이할 때 단일 계층만으로는 충분치 않을 수 있기 때문입니다. fastai에서는 전이 학습에 두 선형 계층을 사용하면 여러 상황에서 더 빠르고 쉽게 전이 학습이 이루어짐을 알아냈습니다.

> **NOTE_ 마지막 배치 정규화**
>
> create_head는 bn_final이라는 인자도 제공합니다. 이를 True로 설정하면 마지막에 배치 정규화 계층을 추가합니다. 그리고 이 계층은 모델이 출력 활성의 값을 적절한 범위로 조정하는 일을 도와줍니다. 아직 다른 곳에서 이 접근법을 다룬 경우를 본 적은 없지만, fastai에서는 이를 사용했을 때 결과가 보통 더 좋았습니다.

이번에는 1장에서 세그먼테이션 문제에 사용한 unet_learner를 살펴보죠.

15.1.2 unet_learner

1장에서 본 세그먼테이션 작업에 사용한 구조는 매우 흥미로운 딥러닝 구조입니다. 픽셀별로 타깃을 예측해 다른 이미지의 픽셀 격자를 생성하는 세그먼테이션은 어려운 문제입니다. 이와 유사한 기본 구조의 다른 작업으로는 이미지의 해상도를 높이는 문제(**슈퍼 레졸루션**super resolution), 흑백 이미지에 색을 칠하는 문제(**채색**), 사진을 인조적인 그림으로 변환하는 문제(**스타일 트랜스퍼**style transfer) 등이 있습니다. 세그먼테이션을 제외한 다른 문제들은 온라인에서만 제공되므로, 책의 웹사이트(https://book.fast.ai)에서 읽어보기 바랍니다. 이런 문제에서는 입력을 같은 크기나 비율의 다른 이미지로 변환하지만, 변환된 이미지의 픽셀이 입력과는 다릅니다. 이런 일을 수행하는 모델을 **생성 영상 처리 모델**generative vision model이라고 하죠.

세그먼테이션 문제는 앞 절에서 CNN 헤드를 만들 때와 정확히 같은 방식으로 접근할 수 있습니다. 가령 ResNet을 사용한다면 적응 풀링을 포함해 이후의 모든 계층을 잘라낸 다음, 생성 작업을 수행할 사용자 정의형 머리를 붙여주면 되죠.

그런데 앞 문장의 마지막 부분에는 많은 내용이 숨겨져 있습니다! 도대체 어떻게 이미지를 생성하는 CNN 헤드를 만들 수 있을까요? 가령 224픽셀 크기의 이미지를 입력하면, ResNet 몸통 마지막에 도달했을 때는 해당 이미지가 7×7 크기의 활성으로 바뀌어 있겠죠. 이토록 작은 크기를 다시 224픽셀 크기의 세그먼테이션 마스크로 변환할 방법은 무엇일까요?

물론 신경망으로 할 수 있습니다! 그렇다면 CNN의 격자 크기를 늘리는 계층이 있어야겠죠. 한 가지 접근법은 7×7 격자의 모든 픽셀을 픽셀이 4개인 2×2 정사각형으로 대체하는 방법입니다. 그러면 네 픽셀값이 모두 같겠죠(**최근접 이웃 보간**nearest neighbor interpolation 방식). 그리고 파이토치는 이를 수행하는 계층을 제공합니다. 즉 스트라이드 크기가 1인 합성곱 계층(배치 정규화와 ReLU 계층 포함)과 2×2 크기의 최근접 이웃 보간 계층이 배치된 헤드를 만들 수 있습니다. 직접 이 구조를 만들어보고 CamVid 데이터셋에서 세그먼테이션 작업을 시도해보세요. 1장에서 본 결과만큼은 아니지만 꽤 그럴듯한 결과를 얻을 것입니다.

또한 합성곱과 최근접 이웃의 조합을 **전치 합성곱**transposed convolution으로 대체하는 접근법도 있습니다. **반 합성곱 스트라이드**stride half convolution라고도 하죠. 일반적인 합성곱과 같지만, 합성곱 연산이 이루어지기 전에 모든 픽셀 사이에 제로 패딩을 먼저 추가합니다. [그림 15-1]은 13장에서 언급한 훌륭한 합성곱 계산 논문(https://oreil.ly/hu06c)에서 발췌했으며, 3x3 이미지에 3×3의 전치 합성곱이 적용되는 과정을 잘 보여줍니다.

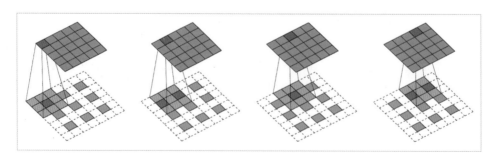

그림 15-1 전치 합성곱(출처: 빈센트 두몰린 및 프란체스코 빈신)

보다시피 입력 크기를 늘렸습니다. fastai의 `ConvLayer` 클래스로 이를 시도해볼 수 있습니다. `transpose=True` 인잣값만 설정해주면 전치 합성곱 계층을 만들 수 있죠.

하지만 여기서 소개한 두 방식 모두 잘 작동하지는 않습니다. 픽셀을 늘리는 작업이 작동하더라도, 7×7 격자가 224×224 크기의 픽셀을 생성하는 데 충분한 정보가 없다는 문제가 있습니다. 출력된 모든 픽셀을 완전히 재생성하는 데 충분한 정보를 각 격자에 포함된 수많은 활성이 표현할 수 있어야만 하죠.

ResNet에서 본 **스킵 연결**을 활용해서 이를 해결할 수 있습니다. 단 이번에는 ResNet의 몸통 부분의 활성과 전치 합성곱 계층의 활성 간의 연결을 맺어주는 방식일 뿐입니다. 모델의 몸통 부분을 벗어난다는 점에서 약간 다릅니다. 이 접근법은 올라프 로네버거[Olaf Ronneberger] 등이 개발했으며, 2015년에 발표한 「U-Net: Convolutional Networks for Biomedical Image Segmentation(`https://oreil.ly/6ely4`)」에서 발췌한 [그림 15-2]가 잘 묘사합니다. 해당 논문은 의학 응용 분야에 집중했지만, U-Net은 모든 생성 영상 처리 모델에 대변혁을 일으켰습니다.

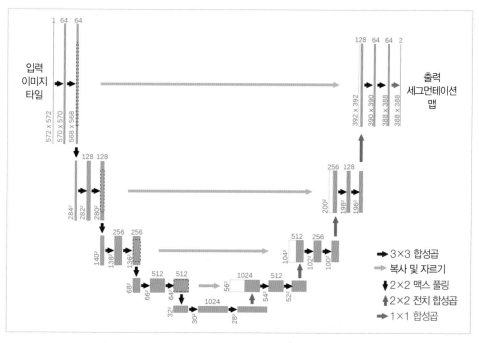

그림 15-2 U-Net 구조(출처: 올라프 로네버거, 필립 피셔[Philipp Fischer], 토마스 브록스[Thomas Brox])

그림의 좌측은 CNN의 몸통 부분[71]이고, 우측은 전치 합성곱('up-conv') 계층들을 표현합니다. 좌에서 우로 이어지는 스킵 연결(**교차 연결**cross connection이라고도 함)은 회색 화살표로 표시됩니다. 이 구조를 보면 왜 **U-Net**이라고 불리는지 알 수 있겠죠!

이 구조에서는 전치 합성곱의 입력으로 단순히 저해상도의 격자만 사용하지 않고, ResNet의 몸통 부분에서 얻은 고해상도 격자도 사용했습니다. 즉 원본 이미지의 모든 정보를 활용할 수 있도록 했죠. U-Net은 구조가 입력 이미지의 크기에 의존적이라는 문제가 있습니다. fastai는 주어진 데이터에 따라 올바른 크기의 구조를 자동으로 생성하는 `DynamicUnet` 클래스를 제공합니다.

다음으로는 fastai 라이브러리로 사용자 정의 모델을 만드는 방법을 살펴봅니다.

15.1.3 Siamese 신경망

11장에서 Siamese 신경망용으로 만든 입력 파이프라인으로 돌아가 봅시다. 한 쌍의 이미지와 두 이미지가 같은 범주인지를 True/False로 표현하는 불리언 데이터를 레이블로 구성했습니다.

지금까지 본 내용을 토대로 Siamese 작업에 특화한 사용자 정의 모델을 만들고 학습시켜 보겠습니다. 우선 사전 학습된 구조에 두 이미지를 전달합니다. 그리고 독립적으로 전달한 두 이미지의 결과를 합친 다음, 두 예측을 반환하는 사용자 정의 머리에 넣습니다. 모듈의 관점에서 보면 다음과 같이 작성할 수 있겠죠.

```
class SiameseModel(Module):
    def __init__(self, encoder, head):
        self.encoder,self.head = encoder,head

    def forward(self, x1, x2):
        ftrs = torch.cat([self.encoder(x1), self.encoder(x2)], dim=1)
        return self.head(ftrs)
```

앞서 설명했듯이 인코더를 생성하려면 단순히 사전 훈련된 모델의 일부를 잘라내면 됩니다. `create_body` 함수를 사용하면 이를 쉽게 수행할 수 있습니다. 함수에 사전 훈련된 모델과 자

---

71 ResNet 이전에 발표한 논문이어서 단순한 CNN 구조를 띕니다.

를 지점만 지정하면 됩니다. 앞서 본 ResNet에서는 model_meta 딕셔너리에 적힌 -2를 기준으로 자르면 되겠죠.

```
encoder = create_body(resnet34, cut=-2)
```

그리고 머리를 만듭니다. 인코더의 구조를 살펴보면 마지막 계층에 특징이 512개 있음을 알 수 있습니다. 즉 머리는 512*4만큼의 특징을 수용할 수 있어야 하죠. 그런데 왜 4일까요? 입력 이미지가 둘이면 2여야 하지 않을까요? 우선 이미지가 둘이므로 2를 곱해야 합니다. 그런데 create_head로 만들어질 머리의 진입부에는 평균 풀링과 최댓값 풀링을 품은 AdaptiveConcatPool2d가 사용되었으므로 추가로 2를 더 곱해줬죠. 종합해보면 아래와 같이 머리를 만들 수 있습니다.

```
head = create_head(512*2, 2, ps=0.5)
```

인코더와 머리를 준비했으니 이제 모델 전체를 구축해보죠.

```
model = SiameseModel(encoder, head)
```

Learner를 사용하기 전에 두 가지를 더 정의해야 합니다. 첫 번째는 사용할 손실 함수로, 여기서는 일반적인 교차 엔트로피를 사용합니다. 다만 타깃이 불리언이므로, 이를 정수형으로 변환해야 합니다. 그렇지 않으면 파이토치에서 에러가 발생하겠죠.

```
def loss_func(out, targ):
    return nn.CrossEntropyLoss()(out, targ.long())
```

그리고 더 중요한 부분은 전이 학습의 이점을 완전히 얻으려면 사용자 정의 **스플리터**splitter용 함수를 정의해야 한다는 점입니다. splitter는 모델의 파라미터 그룹을 나누는 방식을 정하는 함수입니다. 전이 학습 시 모델의 머리만 학습되게끔 하려고 사용합니다.

이 문제에서는 인코더와 머리 부분의 두 파라미터 그룹이 필요합니다. 따라서 다음처럼 splitter를 정의합니다(params는 주어진 모델의 모든 파라미터를 반환하는 단순한 함수입니다).

```
def siamese_splitter(model):
    return [params(model.encoder), params(model.head)]
```

이제 데이터, 모델, 손실 함수, splitter, 평가지표를 지정해 Learner를 정의할 수 있습니다. 여기서는 fastai의 편리한 함수(예: cnn_learner)로 전이 학습을 하지 않으므로, 마지막 파라미터 그룹만 학습되도록 강제하려면 learn.freeze를 직접 호출해야 합니다.

```
learn = Learner(dls, model, loss_func=loss_func,
                splitter=siamese_splitter, metrics=accuracy)
learn.freeze()
```

평소처럼 fit_one_cycle 메서드로 모델을 즉시 학습시켜보죠.

```
learn.fit_one_cycle(4, 3e-3)
```

epoch	train_loss	valid_loss	accuracy	time
0	0.367015	0.281242	0.885656	00:26
1	0.307688	0.214721	0.915426	00:26
2	0.275221	0.170615	0.936401	00:26
3	0.223771	0.159633	0.943843	00:26

그리고 모델의 동결을 해제하고 차별적 학습률을 적용하여 미세 조정을 수행합니다(즉 몸통에는 낮고 머리에는 높은 학습률을 적용합니다).

```
learn.unfreeze()
learn.fit_one_cycle(4, slice(1e-6,1e-4))
```

epoch	train_loss	valid_loss	accuracy	time
0	0.212744	0.159033	0.944520	00:35
1	0.201893	0.159615	0.942490	00:35
2	0.204606	0.152338	0.945196	00:36
3	0.213203	0.148346	0.947903	00:36

데이터 증강 없이 같은 방식으로 훈련된 분류 모델의 에러율이 7%인 점을 고려하면, 94.8%는 꽤 좋은 결과입니다.

지금까지 완전한 최신 영상 처리 모델을 만드는 방법을 알아봤습니다. 다음은 NLP를 살펴볼 차례입니다.

15.2 자연어 처리

10장에서는 AWS-LSTM 언어 모델을 전이 학습에 사용하여 분류 모델을 만들었습니다. 사실 이 과정은 이번 장의 첫 번째 절에서 다룬 cnn_learner와 매우 유사합니다. 다만 몸통으로 사용할 구조가 많이 없으니 '메타' 딕셔너리가 필요하지 않습니다. 파이토치가 단일 모듈로 제공하는 스태킹된 RNN을 언어 모델의 인코더(몸통)로 선택하면 되죠. 그러면 인코더는 입력된 모든 단어에 대한 활성을 제공합니다. 언어 모델은 다음 단어를 예측해야 하고, 결국 예측은 모든 가능한 단어들의 활성값에 달려있기 때문입니다.

이로부터 분류 모델을 만들려면, ULMFiT 논문(https://oreil.ly/3hdSj)에서 언급한 '텍스트 분류를 위한 BPTT'를 사용해야 합니다.

> 문서를 크기 고정 길이 b의 배치로 나눕니다. 각 배치의 시작에 모델은 이전 배치의 최종 상태로 초기화됩니다. 평균과 최댓값 풀링에 대한 은닉 상태를 추적하며, 그레이디언트는 최종 예측에 기여한 은닉 상태가 있는 배치로 역전파됩니다. 실제로는 가변 길이의 역전파 시퀀스를 사용합니다.

즉 분류 모델은 for 반복문으로 시퀀스의 각 배치에 접근합니다. 배치 간 상태가 잘 유지되고, 각 배치의 활성은 저장됩니다. 그리고 마지막에는 영상 처리 모델과 마찬가지로 평균 풀링과 최댓값 풀링을 동시에 사용하는 기법을 적용합니다. 단 CNN의 격자 대신, RNN의 시퀀스에 대해 수행된다는 사실만 다르죠.

이 for 루프에서는 데이터를 일괄적으로 수집해야 하지만, 각 텍스트에는 고유한 레이블이 있으므로 개별적으로 처리해야 합니다. 그러나 이런 텍스트의 길이가 모두 같지 않을 가능성이 매우 높습니다. 즉, 언어 모델에서처럼 모든 텍스트를 같은 배열에 넣을 수 없습니다.

이때 패딩이 도움이 됩니다. 많은 텍스트 중 가장 긴 텍스트를 결정하고, 그보다 짧은 텍스트에는 xxpad라는 특수 토큰을 채워 넣죠. 토큰 2,000개로 구성된 텍스트와 토큰 10개로 구성된 텍스트가 같은 배치 내에 있는 극단적인 상황(많은 패딩과 계산 낭비가 발생함)도 있겠죠. 이를 피하려고 비슷한 크기의 텍스트가 함께 배치를 구성하도록 임의성을 조정합니다. 학습용 데이터셋의 텍스트는 여전히 약간 임의의 순서로 나열되지만, 완벽한 임의의 순서는 아닙니다 (검증용 데이터셋은 단순히 길이의 순서대로 정렬할 수도 있습니다).

fastai 라이브러리가 DataLoader를 만들 때 이 작업을 자동으로 수행합니다.

15.3 Tabular

마지막으로 fastai.tabular 모델을 살펴보겠습니다(테이블 데이터의 모델과 협업 필터링이 같은 접근법을 사용한다는 사실을 이미 배웠으니 협업 필터링을 별도로 살펴보지 않습니다).

다음은 TabularModel 클래스의 forward 메서드 일부입니다.

```
if self.n_emb != 0:
    x = [e(x_cat[:,i]) for i,e in enumerate(self.embeds)]
    x = torch.cat(x, 1)
    x = self.emb_drop(x)
if self.n_cont != 0:
    x_cont = self.bn_cont(x_cont)
    x = torch.cat([x, x_cont], 1) if self.n_emb != 0 else x_cont
return self.layers(x)
```

__init__ 메서드에서는 특별한 일이 일어나지 않아서 여기에 싣지 않았습니다. 그 대신 흥미로운 일이 일어나는 forward 메서드의 코드를 하나씩 훑어보죠. 첫 번째 줄은 임베딩이 존재하는지 검사합니다. 연속형 변수만 있다면 이 부분은 건너뜁니다.

```
if self.n_emb != 0:
```

self.embeds는 임베딩 행렬을 담는 변수입니다. 즉 다음은 임베딩 행렬의 각 활성에 접근하는 코드죠.

```
    x = [e(x_cat[:,i]) for i,e in enumerate(self.embeds)]
```

그리고 각 활성을 이어 붙여 하나의 텐서로 만듭니다.

```
    x = torch.cat(x, 1)
```

그다음에는 드롭아웃이 적용됩니다. 드롭아웃의 정도를 바꾸고 싶다면, __init__ 메서드의 embed_p 인자에 원하는 값을 넣어주면 됩니다.

```
    x = self.emb_drop(x)
```

그리고 다뤄야 할 연속형 변수가 있는지 검사합니다.

```
  if self.n_cont != 0:
```

연속형 변수가 있으면 배치 정규화 계층으로 전달합니다.

```
    x_cont = self.bn_cont(x_cont)
```

그리고 임베딩 활성이 있으면 연속형 변수의 처리된 결과를 임베딩에 이어 붙입니다.

```
    x = torch.cat([x, x_cont], 1) if self.n_emb != 0 else x_cont
```

마지막으로 이를 선형 계층에 전달합니다(use_bn=True일 때는 배치 정규화를, ps가 설정될 때는 드롭아웃을 선형 계층에 포함할 수 있습니다).

```
  return self.layers(x)
```

축하합니다! 이제 fastai 라이브러리에서 사용한 모든 구조를 파악했습니다!

15.4 결론

보다시피 딥러닝 구조의 세부 사항에 겁먹지 않아도 됩니다. fastai와 파이토치 코드 내부를 살펴보면 실제로 일어나는 일을 파악할 수 있습니다. 사실 그보다 코드를 **왜** 그렇게 만들었는지를 이해하는 것이 더 중요하죠. 코드가 참조한 논문을 읽어보고, 코드와 논문이 설명한 알고리즘이 얼마나 일치하는지 이해하려고 노력해보세요.

지금까지 모델과 입력 데이터의 모든 부분을 살펴봤습니다. 이제는 딥러닝을 실전에 사용한다는 의미를 고민해볼 수 있습니다. 데이터, 메모리, 시간에 제한이 없다면 매우 긴 시간 동안 매우 큰 모델로 모든 데이터를 학습시키라는 조언을 드릴 수 있겠죠. 하지만 데이터, 메모리, 시간이 제한적이기 때문에 딥러닝이 쉽지만은 않습니다. 시간이나 메모리가 부족하다면, 더 작은 모델을 학습시키는 해결책을 세울 수 있습니다. 모델이 과적합될 정도로 충분한 학습 시간을 보장할 수 없다면, 모델의 모든 가능성을 활용할 수 없기 때문이죠.

따라서 첫 번째 단계는 과적합 지점까지 도달하기입니다. 그리고 과적합을 줄일 방안을 찾아봐야겠죠. [그림 15-3]에 과적합된 시점에 거쳐야 할 단계를 우선순위대로 나열했습니다.

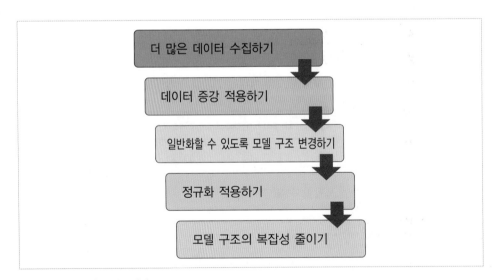

그림 15-3 과적합을 줄이는 단계

많은 실무자가 모델의 과적합 문제를 해결할 때 이 그림과는 반대 방향으로 노력하곤 합니다. 더 작은 모델이나 더 많은 정규화를 사용하는 식으로 시작하죠. 모델이 너무 커서 시간이 오래 걸리거나 메모리를 많이 차지하지 않는다면, 더 작은 모델을 사용하는 방법은 마지막 선택지가 되어야만 합니다. 모델의 크기를 줄이면 데이터의 미묘한 관계를 학습하는 모델의 능력을 제한 하기 때문입니다.

그 대신 **더 많은 데이터를 생산**할 방법을 가장 먼저 찾아야 합니다. 이미 보유한 데이터에 레이 블을 더 추가하거나, 모델이 해결할 수 있는 다른 작업을 찾아보거나[72], 여러 데이터 증강 기법 으로 추가 합성 데이터를 만드는 등의 방법이 있겠죠.

데이터를 충분히 모으고 적절한 데이터 증강을 사용하는 등 [그림 15-3]의 단계를 모두 효과 적으로 활용하는데도 여전히 과적합이 발생하나요? 그렇다면 일반화된 구조를 고민해봐야 할 시점입니다. 가령 배치 정규화를 추가하면 정규화 기능을 향상할 수 있습니다.

데이터와 구조를 조정하는 데 최선을 다했음에도 과적합이 발생한다면, 정규화 기법을 살펴봐 야 합니다. 일반적으로 마지막 하나 또는 두 계층에 드롭아웃을 추가하면 괜찮은 정규화 기능 을 수행합니다. 그러나 AWD-LSTM 개발 이야기에서 배웠듯이 다른 종류의 드롭아웃을 모델 전체에 적용하면 더 큰 효과를 볼 수도 있습니다. 일반적으로 큰 모델에 정규화를 많이 적용할 수록 더 유연해지므로 정규화가 덜 적용된 작은 모델보다 정확도가 더 높습니다.

이를 모두 고려한 후에 더 작은 크기의 모델 구조를 고려해야만 합니다.

15.5 질문지

1 신경망의 머리란 무엇인가요?

2 신경망의 몸통이란 무엇인가요?

3 신경망을 '잘라낸다'는 말은 무엇을 의미하나요? 전이 학습에 필요한 이유는 무엇인가요?

4 model_meta란 무엇인가요? 출력해서 내용을 파악해보세요.

5 create_head의 소스 코드를 읽고, 각 줄을 이해할 수 있는지 점검해보세요.

6 create_head의 출력 내용을 보고, 포함된 각 계층의 의미와 create_head 소스 코드가 각 계층을 생성한 방법을 이해했는지 점검해보세요.

---

72 모델이 다른 종류의 레이블을 식별하는 상황을 생각해볼 수 있습니다.

7 드롭아웃, 계층의 크기, cnn_learner가 만드는 계층 수의 변경 방법을 파악해보세요. 그리고 세 종류의 값을 변경해가며 정확도가 더 높은 반려동물 분류 모델을 찾을 수 있는지 실험해보세요.

8 AdaptiveConcatPool2d의 역할은 무엇인가요?

9 최근접 이웃 보간이란 무엇인가요? 합성곱 계층의 활성을 업샘플링upsample하는 데 어떻게 사용할 수 있나요?

10 전치 합성곱이란 무엇인가요? 또 다른 이름은 무엇인가요?

11 transpose = True로 합성곱 계층을 만들어 이미지에 적용한 후 출력된 모양을 확인해보세요.

12 U-Net의 구조를 그려보세요.

13 텍스트 분류를 위한 BPTT(BPT3C)란 무엇인가요?

14 BPT3C에서는 서로 다른 길이의 시퀀스를 어떻게 처리하나요?

15 주피터 노트북의 셀로 TabularModel.forward 소스 코드의 각 행을 하나씩 실행하며 입력과 출력의 모양을 살펴보세요.

16 TabularModel의 self.layers를 정의하는 방식은 무엇인가요?

17 과적합을 방지하는 다섯 번째 단계는 무엇인가요?

18 과적합을 방지하는 다른 방법을 시도하기 전에 모델 구조의 복잡성을 줄이겠다는 아이디어가 어떤가요?

15.5.1 추가 연구

1 여러분만의 신경망 머리로 반려동물 인식 모델을 만들고 학습시켜보세요. fastai의 기본값보다 더 나은 결과를 얻을 수 있는지도 확인해보세요.

2 CNN 구조의 머리에 AdaptiveConcatPool2d와 AdaptiveAvgPool2d를 바꿔가며 사용해보고 어떤 차이가 있는지 확인해보세요.

3 여러분만의 스플리터를 만들어 모든 ResNet 블록과 줄기에 대한 개별 파라미터 그룹을 생성해보세요. 학습을 진행해서 반려동물 인식 모델을 개선할 수 있는지도 확인해보세요.

4 온라인 웹사이트에서 제공하는 생성 이미지 모델의 내용을 읽고, 여러분만의 채색, 슈퍼레졸루션, 스타일 트랜스퍼 모델을 만들어보세요.

5 최근접 이웃 보간으로 여러분만의 신경망 머리를 만들고, 이를 사용해 CamVid 데이터에서 세그먼테이션 작업을 수행해보세요.

CHAPTER 16

학습 과정

지금까지 영상 처리, 자연어 처리, 테이블 데이터 분석, 협업 필터링의 최신 구조를 생성하고 빠르게 학습시키는 방법을 배웠습니다. 그러면 모든 내용을 다 배웠다고 볼 수 있을까요? 아직은 아닙니다. 학습 과정을 조금 더 살펴봐야 하죠.

4장에서는 기본적인 확률적 경사 하강법을 다뤘습니다. 모델에 미니배치를 넣고, 손실 함수로 타깃과 비교하고, 가중치 갱신 전에 각 가중치에 대한 손실 함수의 그레이디언트를 계산하는 내용이었죠.

```
new_weight = weight - lr * weight.grad
```

이를 학습 루프 내에서 밑바닥부터 구현했고, 각 파라미터 계산을 수행하는 간단한 nn.SGD 클래스를 파이토치가 제공함을 확인했습니다. 이 장에서는 유연한 기반 프레임워크로 더 빠른 옵티마이저를 만들어 봅니다. 그러려면 학습 과정의 일부분을 수정해야 합니다. 예를 들어 학습 루프를 변경하려면 순수 SGD에 코드를 추가하는 방법을 알아야 하죠. fastai 라이브러리는 이런 변경을 쉽게 해주는 콜백 시스템을 제공합니다. 지금부터 함께 살펴보죠.

표준 SGD로 시작해서 기준선을 정합니다. 그리고 일반적으로 사용하는 옵티마이저들을 하나씩 살펴보겠습니다.

16.1 기준선 정하기

우선 순수 SGD로 기준선을 만들고 fastai의 디폴트 옵티마이저와 비교합니다. 우선 14장의 get_data 함수로 이미지네트 데이터를 가져옵니다.

```
dls = get_data(URLs.IMAGENETTE_160, 160, 128)
```

사전 학습되지 않은 ResNet-34를 만들어 반환하는 get_learner 함수를 만듭니다. 이때 함수로 전달된 인자값들은 cnn_learner 함수에 그대로 전달됩니다.

```
def get_learner(**kwargs):
    return cnn_learner(dls, resnet34, pretrained=False,
                    metrics=accuracy, **kwargs).to_fp16()
```

다음은 fastai의 디폴트 옵티마이저에 3e-3 학습률을 적용한 학습 과정입니다.

```
learn = get_learner()
learn.fit_one_cycle(3, 0.003)
```

epoch	train_loss	valid_loss	accuracy	time
0	2.571932	2.685040	0.322548	00:11
1	1.904674	1.852589	0.437452	00:11
2	1.586909	1.374908	0.594904	00:11

이번에는 기본 SGD로 시도해보죠. cnn_learner 함수의 opt_func(최적화 함수) 인자에 원하는 옵티마이저를 지정합니다.

```
learn = get_learner(opt_func=SGD)
```

가장 먼저 lr_find 메서드가 발견한 학습률을 확인합니다.

```
>>> learn.lr_find()

(0.017378008365631102, 3.019951861915615e-07)
```

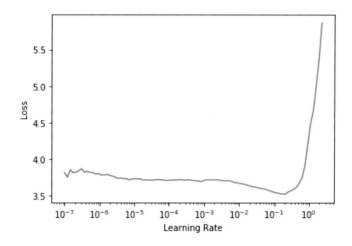

평소보다 큰 학습률을 사용해야 하는 것처럼 보입니다.

```
learn.fit_one_cycle(3, 0.03, moms=(0,0,0))
```

epoch	train_loss	valid_loss	accuracy	time
0	2.969412	2.214596	0.242038	00:09
1	2.442730	1.845950	0.362548	00:09
2	2.157159	1.741143	0.408917	00:09

모멘텀[73]을 사용하면 SGD의 속도를 높일 수 있기에 fastai의 `fit_one_cycle` 메서드는 기본적으로 모멘텀을 수행합니다. 하지만 여기서는 순수 SGD를 사용하므로 모멘텀을 제거해야만 합니다. `moms=(0,0,0)` 인잣값을 설정하면 모멘텀을 제거할 수 있죠. 참고로 모멘텀은 16.3절에서 자세히 살펴봅니다.

순수 SGD는 그다지 빠르게 학습하지 못합니다. 따라서 학습을 빠르게 하는 요령을 몇 가지 배워보겠습니다.

---

73 옮긴이_ 모멘텀은 가속도를 뜻하는 단어입니다.

16.2 포괄적 옵티마이저

가속화된 SGD를 구현하려면 유연한 옵티마이저의 기반 코드를 만들면 좋습니다. 이 방식은 fastai가 처음으로 도입했습니다. fastai의 개발 단계부터 지금까지 학계에서 소개한 모든 옵티마이저 기법은 **옵티마이저 콜백**optimizer callbacks으로 구현할 수 있다는 점을 확인했습니다. 옵티마이저 콜백이란 옵티마이저의 가중치 갱신 단계를 구축에 결합하고 혼합하는 등의 일을 수행하는 작은 코드 조각으로, Optimizer 클래스가 호출합니다. 다음은 이 책에서 사용한 Optimizer의 두 주요 메서드입니다.

```
def zero_grad(self):
    for p,*_ in self.all_params():
        p.grad.detach_()
        p.grad.zero_()

def step(self):
    for p,pg,state,hyper in self.all_params():
        for cb in self.cbs:
            state = _update(state, cb(p, **{**state, **hyper}))
        self.state[p] = state
```

밑바닥부터 MNIST 모델을 학습시킬 때 본 대로 zero_grad는 모델의 모든 파라미터에 반복해서 접근하여 그레이디언트를 0으로 설정합니다. 그리고 zero_grad에서는 detach_ 메서드도 호출합니다. 이는 zero_grad 이후에는 필요하지 않은 그레이디언트 계산 이력을 제거합니다.

더 흥미로운 메서드는 step입니다. 이는 모든 콜백(cbs)을 반복해서 접근하고 호출하여 파라미터를 갱신하는 역할을 수행합니다(_update 함수는 cb가 무언가를 반환하면 state.update를 호출합니다). 보다시피 원래 SGD가 수행하던 파라미터 갱신 단계가 Optimizer에는 없습니다. 그렇다면 어떻게 Optimizer를 확장하여 SGD를 만들 수 있을까요? 지금부터 살펴보죠.

다음 코드 한 줄은 SGD의 한 단계를 수행하는 옵티마이저 콜백입니다. 그레이디언트에 -lr을 곱한 다음 파라미터에 더하는 일을 하죠(파이토치의 Tensor.add_에 두 인자값을 전달하면, 덧셈 수행 전에 먼저 이 둘을 곱합니다).

```
def sgd_cb(p, lr, **kwargs): p.data.add_(-lr, p.grad.data)
```

이렇게 만든 콜백 함수를 다음처럼 Optimizer의 cbs 인자로 넣을 수 있습니다. Learner 객체가 해당 함수를 나중에 호출하여 옵티마이저 생성하므로, 여기서는 partial을 사용했습니다.[74]

```
opt_func = partial(Optimizer, cbs=[sgd_cb])
```

학습이 잘 수행되는지 확인해보죠.

```
learn = get_learner(opt_func=opt_func)
learn.fit(3, 0.03)
```

epoch	train_loss	valid_loss	accuracy	time
0	2.730918	2.009971	0.332739	00:09
1	2.204893	1.747202	0.441529	00:09
2	1.875621	1.684515	0.445350	00:09

잘 작동하네요! fastai로 SGD를 밑바닥부터 만드는 방법을 살펴봤습니다. 이번에는 '모멘텀'이 무엇이고 기존 옵티마이저에 어떻게 추가하는지 알아봅니다.

16.3 모멘텀

4장에서 설명한 바와 같이 SGD는 산의 정상에서부터 매번 가장 경사가 급한 방향으로 한 단계씩 내려오는 과정으로 비유할 수 있습니다. 그런데 산 아래로 공을 굴려 보내는 상황이라면 어떨까요? 매번 가장 가파른 경사를 따라 내려가지 않겠죠. 공에 **가속도(모멘텀)**가 붙기 때문이죠. 가속도가 더 큰 공(예: 더 무거운 공)이라면, 울퉁불퉁한 산의 사소한 구멍과 충격을 그냥 건너뛰면서 내려갈 것입니다. 하지만 탁구공이라면, 매우 작은 틈새에도 끼어버리겠죠.

그렇다면 이 아이디어를 어떻게 SGD로 가져올까요? 한 단계 나아갈 때 현재 그레이디언트만 사용하지 않고 이동평균을 사용하는 방법이 있습니다.

---

74 옮긴이_ 호출이 아니라 틀을 만든다는 사실에 유의하세요. partial을 사용하여 cbs=[sgd_cg]라는 인잣값이 있는 새로운 Optimizer의 틀을 만들어줍니다.

```
weight.avg = beta * weight.avg + (1-beta) * weight.grad
new_weight = weight - lr * weight.avg
```

beta는 모멘텀의 정도를 정의하는 수입니다. 값이 0이면 첫 번째 수식은 `weight.avg =`
`weight.grad`가 되어 순수 SGD와 같아집니다. 하지만 값이 1에 가까운 수라면, 주 방향성은
이전 단계들의 평균이 됩니다(통계를 공부해봤다면, 첫 번째 수식이 데이터의 노이즈를 제거
하고 근본적인 경향성을 얻는 데 주로 사용하는 **지수가중이동평균** exponentially weighted moving average
임을 눈치챘을 겁니다).

그리고 각 파라미터의 이동평균을 저장해야 한다는 점을 강조하려고 `weight.avg` 변수에 값을
써넣었습니다(각 파라미터에는 자체적인 이동평균이 있습니다).

[그림 16-1]은 단일 파라미터로 구성되었으며 노이즈가 낀 예시 데이터입니다. 붉은색 곡선이
모멘텀을 보여주며, 파란색 점은 파라미터의 그레이디언트를 표현합니다. 그레이디언트가 증
가하고 감소하는 가운데, 모멘텀은 노이즈에 많은 영향을 받지 않은 채 일반적인 추세를 잘 따
라갑니다.

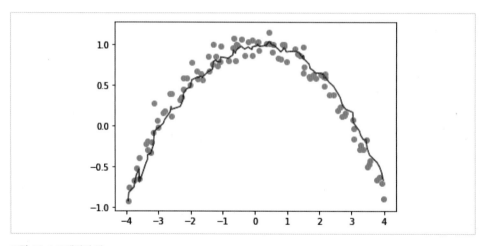

그림 16-1 모멘텀의 예

모멘텀은 손실 함수의 협곡이 좁을 때 특히 잘 작동합니다. 순수 SGD는 협곡의 좌우 측면으로
왔다 갔다 하지만, 모멘텀을 적용한 SGD는 매끄럽게 굴러갈 수 있도록 해주죠. beta 파라미
터는 모멘텀의 강도를 결정합니다. beta의 값이 작으면 실제 그레이디언트와 가까운 값을 유

지하지만, beta 값이 크면 그레이디언트의 평균이 가리키는 방향으로 나아가게 됩니다. 단, 그레이디언트에 생긴 변화를 방향성에 반영하는 데는 시간이 약간 걸립니다.

beta 값이 매우 크면 그레이디언트가 방향을 변경한 사실이나 작은 국소적 최소 지점을 놓칠 수 있습니다. 이는 바람직한 부작용입니다. 모델에 새로운 입력 데이터를 보여주면 학습용 데이터셋에서 비슷한 데이터를 찾아보겠지만, **정확히** 같은 데이터는 없겠죠. 학습이 끝나서 얻은 최소 지점에 가까운 손실 함수의 지점에 대응하겠지만, 정확히 그 최소 지점은 아닙니다. 따라서 근처 지점들의 손실이 대략 같도록 넓은 범위의 최소 지점(또는 가능한 한 손실이 평평한 지점)으로 학습을 완료하는 편이 좋습니다. [그림 16-2]는 beta 값의 변화가 [그림 16-1]의 결과를 어떻게 바꾸는지 보여줍니다.

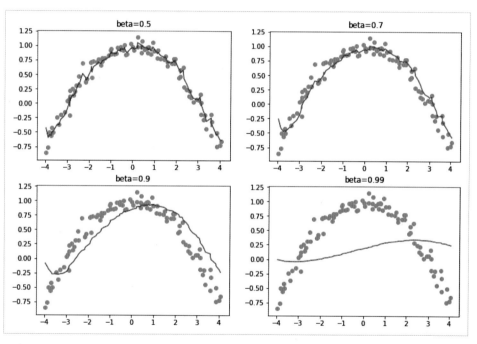

그림 16-2 beta 값에 따른 모멘텀의 변화

이런 예에서 알 수 있듯이, beta 값이 너무 크면 그레이디언트의 전체적인 변화를 완전히 무시하는 결과를 가져옵니다. 모멘텀을 적용한 SGD에는 일반적으로 beta 값을 0.9로 설정합니다.

fit_one_cycle은 beta 값을 0.95로 설정한 다음 점진적으로 0.85까지 줄여나가고, 다시 점진적으로 학습이 끝나는 시점까지 0.95로 증가시킵니다. 순수 SGD에 모멘텀을 추가했을 때 학습이 어떤 식으로 흘러가는지 살펴보죠.

옵티마이저에 모멘텀을 추가하려면 그레이디언트의 이동평균을 추적해야 합니다. 그리고 이는 다른 콜백으로 수행할 수 있죠. 옵티마이저 콜백이 반환한 **dict**를 옵티마이저의 상태 갱신에 사용하고, 옵티마이저의 다음 단계로 다시 전달합니다. 따라서 다음 콜백은 그레이디언트의 이동평균을 grad_avg라는 변수로 추적합니다.

```
def average_grad(p, mom, grad_avg=None, **kwargs):
    if grad_avg is None: grad_avg = torch.zeros_like(p.grad.data)
    return {'grad_avg': grad_avg*mom + p.grad.data}
```

step 함수의 p.grad.data를 grad_avg로 교체하면 그레이디언트의 이동평균값을 활용할 수 있죠.

```
def momentum_step(p, lr, grad_avg, **kwargs): p.data.add_(-lr, grad_avg)

opt_func = partial(Optimizer, cbs=[average_grad,momentum_step], mom=0.9)
```

Learner는 mom과 lr의 스케줄링을 자동으로 수행합니다. 따라서 fit_one_cycle은 우리가 직접 만든 사용자 정의 Optimizer와도 잘 작동합니다.

```
learn = get_learner(opt_func=opt_func)
learn.fit_one_cycle(3, 0.03)
```

epoch	train_loss	valid_loss	accuracy	time
0	2.856000	2.493429	0.246115	00:10
1	2.504205	2.463813	0.348280	00:10
2	2.187387	1.755670	0.418853	00:10

```
learn.recorder.plot_sched()
```

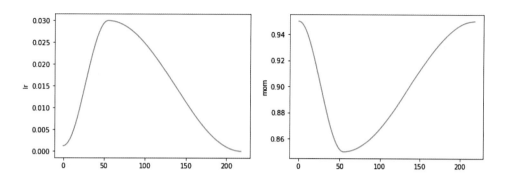

여전히 결과가 매우 좋지는 않습니다. 모멘텀 외에 또 무엇을 시도할 수 있는지 살펴보죠.

16.4 RMSProp

RMSProp은 SGD의 변종입니다. 코세라Coursera의 'Neural Networks for Machine Learning' 수업의 'Lecture 6e(`https://oreil.ly/FVcIE`)'에서 제프리 힌튼이 소개했습니다. 적응형 학습률을 사용한다는 점이 SGD와 가장 다릅니다. 즉 모든 파라미터에 같은 학습률을 사용하지 않고, 파라미터마다 자체 학습률을 사용하죠. 단, 이런 학습률은 전역 학습률이 제어합니다. 이 방식은 변화가 많이 필요한 가중치에는 높은 학습률을, 이미 충분히 좋은 값에 안착한 가중치에는 낮은 학습률을 적용하여 학습 시간을 단축합니다.

그렇다면 파라미터의 학습률을 어떻게 결정할까요? 그레이디언트를 관찰해서 판단을 내릴 수 있습니다. 특정 파라미터의 그레이디언트가 한동안 0에 가까웠다면, 손실이 평평하므로 높은 학습률이 필요합니다. 반면 그레이디언트의 값이 들쭉날쭉하다면 낮은 학습률을 세심히 선정하여 그레이디언트가 발산하지 않도록 막아야 합니다. 단순히 그레이디언트의 평균으로는 큰 변화를 알아채기 어렵습니다. 큰 양수와 큰 음수는 평균을 0에 가깝게 만들기 때문입니다. 대신 일상적으로 사용하는 절댓값이나 제곱값을 활용해볼 수 있습니다(제곱값에서는 평균을 구한 다음 다시 제곱근을 취해야겠죠).

이번에도 마찬가지로 이동평균으로 노이즈에 가려진 추세를 결정합니다. 구체적으로는 그레이디언트 제곱의 이동평균이죠. 그리곤 이렇게 구한 이동평균의 제곱근으로 현재의 그레이디언트를 나누어 가중치를 갱신합니다. 여기서 효과적인 학습률은 그레이디언트 이동평균이 낮으면 크게, 높으면 낮게 설정됩니다.

```
w.square_avg = alpha * w.square_avg + (1-alpha) * (w.grad ** 2)
new_w = w - lr * w.grad / math.sqrt(w.square_avg + eps)
```

eps(**엡실론**epsilon)는 수치 안정성을 위해 추가합니다(보통 1e-8의 값). 그리고 **alpha**의 기본
값은 일반적으로 0.99를 사용합니다.

이는 **avg_grad**에서와 같은 방법으로 **Optimizer**에 추가할 수 있습니다. 단, 이번에는 ****2**를
추가해야 하죠.

```
def average_sqr_grad(p, sqr_mom, sqr_avg=None, **kwargs):
    if sqr_avg is None: sqr_avg = torch.zeros_like(p.grad.data)
    return {'sqr_avg': sqr_mom*sqr_avg + (1-sqr_mom)*p.grad.data**2}
```

그리고 전과 같은 방식으로 **step** 함수와 옵티마이저를 정의합니다.

```
def rms_prop_step(p, lr, sqr_avg, eps, grad_avg=None, **kwargs):
    denom = sqr_avg.sqrt().add_(eps)
    p.data.addcdiv_(-lr, p.grad, denom)

opt_func = partial(Optimizer, cbs=[average_sqr_grad,rms_prop_step],
                   sqr_mom=0.99, eps=1e-7)
```

이제 RMSProp 옵티마이저를 시도해보죠.

```
learn = get_learner(opt_func=opt_func)
learn.fit_one_cycle(3, 0.003)
```

epoch	train_loss	valid_loss	accuracy	time
0	2.766912	1.845900	0.402548	00:11
1	2.194586	1.510269	0.504459	00:11
2	1.869099	1.447939	0.544968	00:11

훨씬 낫군요! 이제 지금껏 살펴본 아이디어를 모두 고려한 옵티마이저를 시도해보겠습니다. 바
로 fastai에서 디폴트로 사용하는 Adam입니다.

16.5 Adam

Adam은 모멘텀을 적용한 SGD와 RMSProp을 함께 고려한 방식입니다. 그레이디언트의 이동평균으로 방향성을 정하고, 그레이디언트 제곱에 대한 이동평균의 제곱근으로 나눠 파라미터별로 적응형 학습률을 제공합니다.

Adam은 비편향unbiased 이동평균을 취한다는 점에서 약간 다른 방식으로 이동평균을 계산합니다. 다음은 i 번째 반복에서 계산된 불편 이동평균의 계산식입니다(0부터 시작).

```
w.avg = beta * w.avg + (1-beta) * w.grad
unbias_avg = w.avg / (1 - (beta**(i+1)))
```

나누는 수 1 - (beta**(i+1))은 불편 이동평균이 초기의 그레이디언트처럼 보이게 합니다 (beta가 1보다 작아서 분모는 빠르게 1에 가까워집니다).

모든 내용을 종합하면 아래와 같은 가중치 갱신 단계 코드를 만들 수 있습니다.

```
w.avg = beta1 * w.avg + (1-beta1) * w.grad
unbias_avg = w.avg / (1 - (beta1**(i+1)))
w.sqr_avg = beta2 * w.sqr_avg + (1-beta2) * (w.grad ** 2)
new_w = w - lr * unbias_avg / sqrt(w.sqr_avg + eps)
```

eps는 RSMProp에서처럼 보통 1e–8로 설정되며, 학계에서 권장한 (beta1, beta2)의 디폴트값은 (0.9, 0.999)입니다.

fastai에서는 빠른 학습을 돕는 Adam을 기본 옵티마이저로 사용합니다. 다만 fastai의 스케줄링 알고리즘에는 beta2=0.99가 더 적합합니다. beta1은 모멘텀 파라미터로, fit_one_cycle 메서드 호출 시 moms 인자로 지정할 수 있습니다. 그리고 fastai의 디폴트 eps 값은 1e–5입니다. eps는 수치 안정성에 유용할 뿐만 아니라, 큰 eps 값은 조정된 학습률의 최댓값을 제한할 수 있습니다. 극단적인 예로 eps가 1이라면, 조정된 학습률은 결코 기본 학습률보다 높아지지 않습니다.

여기서는 모든 옵티마이저의 코드를 다루지 않습니다. 여러분이 직접 fastai의 깃허브 저장소에서 옵티마이저 관련 주피터 노트북을 살펴보기를 권장합니다(https://github.com/fastai/fastai에서, nbs 폴더의 optimizer 노트북 파일을 찾아보세요). Adam을 비롯한 다양한 옵티마이저의 구현체뿐만 아니라 다양한 예제와 테스트 코드도 있으니 확인해보기 바랍니다.

옵티마이저를 SGD에서 Adam으로 바꾸면 가중치 감쇠 적용 방식이 바뀌며, 이는 중대한 영향을 미칠 수 있습니다.

16.6 분리된 가중치 감쇠

순수 SGD라는 가정하에, 8장에서 다룬 가중치 감쇠는 다음 파라미터 갱신법을 따릅니다.

```
new_weight = weight - lr*weight.grad - lr*wd*weight
```

공식의 마지막 부분이 가중치 감쇠라는 이름을 설명해주죠. 즉, 각 가중치는 `lr*wd`의 배율만큼 감쇠됩니다.

L2 정규화는 가중치 감쇠의 다른 이름으로, 모든 가중치의 제곱의 합을 손실에 더합니다. 8장에서 봤듯이, 그레이디언트에 대해 다음과 같이 직접적으로 표현할 수 있습니다.

```
weight.grad += wd*weight
```

SGD에서는 앞의 두 공식을 그대로 사용할 수 있습니다. 그러나 모멘텀, RMSProp, Adam에서는 그렇지 않습니다. 가중치를 갱신할 때 그레이디언트에 몇 가지 추가 공식이 따라오기 때문이죠.

대부분의 라이브러리는 두 번째 공식을 사용하지만, 일야 로실로프[Ilya Loshchilov]와 프랭크 허터[Frank Hutter]의 「Decoupled Weight Decay Regularization」 논문에서는 첫 번째 방법이 Adam과 모멘텀의 유일한 올바른 접근법이라는 점을 지적했습니다. 이에 따라 fastai는 첫 번째 방법을 기본으로 사용합니다.

이제 `learn.fit_one_cycle`이라는 코드 한 줄 뒤에 숨겨진 내용을 모두 살펴봤습니다.

그러나 옵티마이저는 학습 과정의 일부일 뿐입니다. fastai로 학습 루프를 변경해야 한다면, 라이브러리 내부 코드를 직접 변경할 수 없습니다. 그 대신 fastai에서는 원하는 조정을 독립적으로 작성해 짜 맞출 수 있는 콜백 시스템을 설계했습니다.

16.7 콜백

때로는 전체 작동의 일부에 변화를 줘야 합니다. 실은 믹스업, fp16 학습, RNN 학습에서 매 에포크 후 모델 재설정 등에서 이런 상황을 이미 경험했습니다. 어떻게 하면 이런 변화를 학습 과정에 적용할 수 있을까요?

다음은 Optimizer 클래스를 활용한 기본 학습 루프의 한 에포크에 해당하는 코드입니다.

```
for xb,yb in dl:
    loss = loss_func(model(xb), yb)
    loss.backward()
    opt.step()
    opt.zero_grad()
```

이 코드를 그림으로 표현하면 [그림 16-3]과 같습니다.

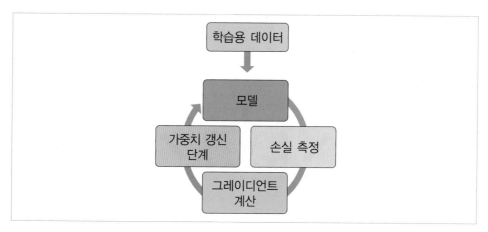

그림 16-3 학습 루프의 기본 골격

딥러닝 실무자들은 일반적으로 다음과 같이 사용자 정의 학습 루프를 만듭니다. 기존의 학습 루프를 복사한 다음, 변화가 필요한 특정 부분에 코드를 삽입하죠. 온라인에서 찾아볼 수 있는 거의 모든 코드가 이런 식으로 구성됩니다. 하지만 여기에는 심각한 문제가 있습니다.

약간 변화를 준 학습 루프의 코드를 가져와도 여러분의 특정 요구 사항을 만족하기란 어렵습니다. 너무나도 많은 변경 가능성이 존재해서, 정말 많은 내용을 바꿔야 할지도 모릅니다. 또한 몇 가지 학습 루프에서 변경 사항을 부분적으로 복사해서 붙여 넣는다면, 함께 잘 작동하기를 기대하기 어렵죠. 환경, 변수 이름 규약, 데이터 형식 등 여러 가지 다른 가정에 기반하기 때문 입니다.

학습 루프의 어떤 지점에라도 원하는 코드를 명확하면서도 일관된 방식으로 삽입할 방법이 필요합니다. 사실 컴퓨터 과학자들은 이미 콜백이라는 멋진 해결책을 알죠. **콜백**이란 미리 정해진 지점의 코드에 삽입되는 코드 조각입니다. 사실상 콜백은 수년 전부터 딥러닝의 학습 루프에 활용했습니다. 이전 라이브러리의 문제는 모든 지점이 아니라 일부 지점에만 코드 삽입을 지원했고, 필요한 모든 정보의 접근과 작업을 수행하기에는 부족했다는 점입니다.

콜백이 코드를 학습 루프에 직접 복사하고 붙여 넣는 수준으로 유연하려면, 학습 루프 내의 모든 정보를 읽을 수 있고, 필요할 때 수정할 수 있으며, 배치, 에포크, 전체 학습 루프의 종료 시점을 완전히 제어할 수 있어야만 합니다. fastai는 이 모든 기능을 제공하는 최초의 라이브러리입니다. 학습 루프를 [그림 16-4]와 같이 변형하여 제공하죠.

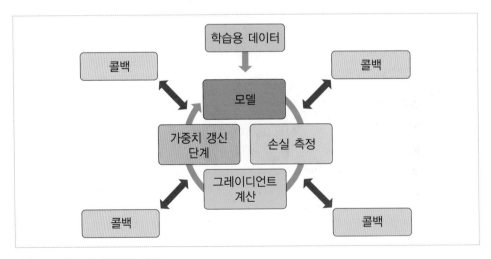

그림 16-4 콜백으로 무장한 학습 루프

지난 2년간 fastai의 콜백 시스템을 사용하여 다양한 논문의 기법과 사용자 요구 사항을 만족할 수 있었습니다. 따라서 이 접근법의 효과가 입증되었다고 생각합니다. 물론 학습 루프 자체는 전혀 수정하지 않아도 되죠. [그림 16-5]는 fastai에 추가된 여러 콜백 중 일부입니다.

그림 16-5 fastai가 제공하는 콜백의 일부

이런 콜백 시스템이 중요한 이유는 머릿속에 든 아이디어를 간단히 구현할 수 있기 때문입니다. 파이토치나 fastai의 소스 코드를 깊게 파헤치거나 이들을 결합한 일회성 시스템을 힘들여 만들지 않아도 됩니다. 또한 콜백으로 구현된 아이디어는 fastai가 제공하는 다른 기능들과도 어우러져 잘 작동합니다. 즉 여전히 상태 바, 혼합 정밀도를 이용한 학습, 하이퍼파라미터 어닐링 등을 모두 함께 사용할 수 있죠.

점진적으로 기능을 추가하거나 삭제하기가 쉽다는 장점도 있습니다. 즉 기능의 추가와 삭제가 미치는 영향을 관찰하는 어블레이션 연구ablation study를 할 수 있습니다. 여러분은 fit 함수에 콜백 목록을 잘 구성해 전달해주기만 하면 되죠.

다음은 실제 fastai의 소스 코드 중 학습 루프에서 매 배치에 수행되는 코드의 예입니다.

```
try:
    self._split(b);                                  self('begin_batch')
    self.pred = self.model(*self.xb);                self('after_pred')
    self.loss = self.loss_func(self.pred, *self.yb); self('after_loss')
    if not self.training: return
```

```
    self.loss.backward();                      self('after_backward')
    self.opt.step();                           self('after_step')
    self.opt.zero_grad()
except CancelBatchException:                    self('after_cancel_batch')
finally:                                        self('after_batch')
```

self('...') 형식의 호출은 콜백이 호출되는 시점을 나타냅니다. 보다시피 단계마다 해당 형식의 호출이 이루어집니다. 콜백은 학습의 전체 상태를 수신해서 수정할 수도 있습니다. 가령 입력 데이터와 타깃 레이블은 각각 self.xb와 self.yb에 들어 있죠. 이들을 콜백 내부에서 수정하면, 학습 루프가 바라보는 데이터도 바뀝니다. 그뿐만 아니라 self.loss나 그레이디언트도 수정할 수 있습니다.

실제로 콜백을 만들면서 작동 방식을 살펴보죠.

16.7.1 콜백 만들기

여러분만의 콜백을 만들 때 다음 이벤트 목록에 접근할 수 있습니다.

- **begin_fit**

  다른 일을 하기 전에 호출됩니다. 초기 설정에 이상적입니다.

- **begin_epoch**

  매 에포크를 시작할 때 호출됩니다. 에포크마다 재설정해야 하는 행동을 정의하는 데 유용합니다.

- **begin_train**

  한 에포크의 학습을 시작할 때 호출됩니다.

- **begin_batch**

  한 배치를 시작할 때 호출됩니다. 배치에 필요한 모든 설정을 수립하는 데 사용하기 적합합니다(예: 하이퍼파라미터 스케줄링). 입력 데이터와 타깃 레이블을 모델로 전달하기 전에 어떤 조치가 필요할 때도 사용합니다(예: 믹스업 적용).

- **after_pred**

  한 배치에서 모델의 출력을 계산한 후 호출됩니다. 출력 결과가 손실 함수로 입력되기 전에 어떤 조치가 필요할 때 사용합니다.

- after_loss

  손실을 계산한 후, 역전파를 수행하기 전에 호출됩니다. 손실에 페널티를 부과할 때 사용할 수 있습니다 (예: RNN 학습의 AR 또는 TAR).

- after_backward

  역전파를 수행한 후, 파라미터의 가중치를 갱신하기 전에 호출됩니다. 가중치를 갱신하기 전에 그레이디언트를 변경해야 할 때 사용할 수 있습니다 (예: 그레이디언트 클리핑^{gradient clipping}).

- after_step

  가중치 갱신 단계를 수행한 후, 그레이디언트가 0이 되기 전에 호출됩니다.

- after_batch

  한 배치의 작업이 종료될 때 호출됩니다. 다음 배치를 수행하기 전에 필요한 정리 작업을 수행하는 데 사용할 수 있습니다.

- after_train

  한 에포크의 학습이 종료될 때 호출됩니다.

- begin_validate

  한 에포크의 검증이 시작될 때 호출됩니다. 검증에 특화한 설정 작업에 유용합니다.

- after_validate

  한 에포크의 검증이 종료될 때 호출됩니다.

- after_epoch

  한 에포크가 종료될 때 호출됩니다. 다음 에포크를 수행하기 전에 필요한 정리 작업에 유용합니다.

- after_fit

  전체 학습이 종료될 때 호출됩니다. 최종 정리 작업에 유용합니다.

목록의 각 이벤트는 event라는 특별한 변수의 속성으로 접근할 수 있습니다. 주피터 노트북에서는 event.까지 타이핑한 후 탭 키를 눌러 선택할 수 있는 모든 옵션 목록을 확인할 수 있죠.

한 가지 예제를 살펴보겠습니다. 12장의 내용 중 매 에포크의 학습과 검증을 시작할 때 reset이라는 특별한 메서드를 호출되도록 만든 부분을 기억하나요? fastai가 제공하는 ModelResetter라는 콜백을 사용했죠. 그런데 이 콜백은 어떻게 작동할까요? 다음은 ModelResetter의 소스 코드 전체입니다.

```
class ModelResetter(Callback):
    def begin_train(self):    self.model.reset()
    def begin_validate(self): self.model.reset()
```

보다시피 매우 간단하죠! 앞 단락에서의 내용을 상기해보면, 매 에포크의 학습과 검증을 시작할 때 모델의 reset 메서드를 호출한다는 사실을 알 수 있습니다.

이처럼 콜백은 간단하지만 효과적입니다. 예를 하나 더 살펴보죠. 아래는 RNN의 정규화(AR 및 TAR)를 추가하는 콜백의 소스 코드입니다.

```
class RNNRegularizer(Callback):
    def __init__(self, alpha=0., beta=0.): self.alpha,self.beta = alpha,beta

    def after_pred(self):
        self.raw_out,self.out = self.pred[1],self.pred[2]
        self.learn.pred = self.pred[0]

    def after_loss(self):
        if not self.training: return
        if self.alpha != 0.:
            self.learn.loss += self.alpha * self.out[-1].float().pow(2).mean()
        if self.beta != 0.:
            h = self.raw_out[-1]
            if len(h)>1:
                self.learn.loss += self.beta * (h[:,1:] - h[:,:-1]
                                                ).float().pow(2).mean()
```

> **NOTE_ 직접 코드를 작성해보세요**
> '활성 정규화 및 시간적 활성 정규화(12.6.2)'를 다시 읽은 후 상기 코드를 해석해보세요. 코드에서 하려는 일과 이유를 분명히 이해하고 넘어가기 바랍니다.

두 예제에서 self.model와 self.pred 등으로 학습 루프의 속성에 직접 접근하는 방식에 주목해봅시다. Callback은 항상 관련 Leaner의 내부 속성에 접근을 시도합니다. 그리고 이 두 속성은 self.learn.model과 self.learn.pred의 축약 버전입니다. RNNRegularizer의 예에서 손실과 예측의 값을 변경하려고 self.learn.loss=와 self.learn.pred=를 사용했듯이, 실제 속성의 값을 바꾸려면 축약 버전이 아니라 본래 속성을 사용해야 합니다. 축약 버전은 해당 속성에 읽기 전용으로 제공되죠.

콜백에서는 다음과 같은 **Learner** 속성에 접근할 수 있습니다.

- `model`

  학습과 검증에 사용하는 모델.

- `data`

  데이터를 다루는 DataLoaders 객체.

- `loss_func`

  사용하는 손실 함수.

- `opt`

  모델 파라미터 갱신에 사용하는 옵티마이저.

- `opt_func`

  옵티마이저 생성에 사용하는 함수.

- `cbs`

  모든 Callback 목록을 관리하는 리스트.

- `dl`

  학습 루프 내 현재 반복에서 사용하는 DataLoader 객체.

- `x/xb`

  self.dl에서 얻은 가장 최근의 입력. 콜백이 수정할 수 있습니다. xb는 항상 튜플이며(단일 요소만 있더라도), x는 튜플이 아닙니다. xb를 통해서만 값을 수정할 수 있습니다.

- `y/yb`

  self.dl에서 얻은 가장 최근의 타깃. 콜백이 수정할 수 있습니다. yb는 항상 튜플이며(단일 요소만 있더라도), y는 튜플이 아닙니다. yb를 통해서만 값을 수정할 수 있습니다.

- `pred`

  self.model이 계산한 가장 최근의 예측. 콜백이 수정할 수 있습니다.

- `loss`

  가장 최근에 계산된 손실. 콜백이 수정할 수 있습니다.

- `n_epoch`

  학습 전체에 할당된 에포크 횟수.

- `n_iter`

  self.dl에 할당된 학습 루프의 반복 횟수.

- **epoch**

  현재 에포크의 인덱스. 값의 범위는 0부터 n_epoch-1 사이입니다.

- **iter**

  self.dl의 현재 반복 인덱스. 값의 범위는 0부터 n_iter-1 사이입니다.

다음에 나열한 속성은 **TrainEvalCallback**이 추가했으며, 이 콜백을 의도적으로 제거하지 않는 이상 항상 접근할 수 있습니다.

- **train_iter**

  학습의 시작부터 현재까지 진행한 반복 횟수.

- **pct_train**

  학습의 시작부터 현재까지 진행한 반복 비율(0~1의 값).

- **training**

  학습 모드인지를 나타내는 불리언값.

다음 속성은 **Recorder**가 추가했으며, 이 콜백을 의도적으로 제거하지 않는 이상 항상 접근할 수 있습니다.

- **smooth_loss**

  지수 평균으로 학습의 손실을 나타낸 값.

또한 콜백에서 예외처리를 사용하면 학습 루프 내 어느 지점에서도 학습을 중단할 수 있습니다.

16.7.2 콜백의 순서와 예외 처리

때로는 에포크나 배치를 건너뛰거나, 학습을 중도에 종료하도록 지시하는 콜백이 필요합니다. 예를 들어 **TerminateOnNaNCallback**이라는 콜백을 고려해보죠. 이 콜백은 손실이 무한대의 값 또는 NaN (**숫자가 아님**Not A Number, 너무 작은 값)이 되는 순간 학습을 자동으로 종료시킵니다. 다음은 해당 콜백의 실제 소스 코드입니다.

```
class TerminateOnNaNCallback(Callback):
    run_before=Recorder
    def after_batch(self):
        if torch.isinf(self.loss) or torch.isnan(self.loss):
            raise CancelFitException
```

raise CancelFitException이라는 코드 한 줄이 바로 학습을 중단시킵니다. 학습 루프가 해당 예외를 발견하고, 더는 학습이나 검증 작업을 진행하지 않도록 하죠. fastai는 콜백 내의 흐름을 제어하기 위해 다음과 같은 예외를 제공합니다.

- CancelFitException

  학습 전체 과정을 중단하고 after_fit으로 이동합니다.

- CancelEpochException

  현재 진행 중인 에포크 중 학습의 나머지를 건너뛰고 after_train으로 이동합니다.

- CancelTrainException

  현재 진행 중인 에포크 중 검증의 나머지를 건너뛰고 after_validate로 이동합니다.

- CancelValidException

  현재 진행 중인 에포크를 건너뛰고 after_epoch로 이동합니다.

- CancelBatchException

  현재 진행 중인 배치의 나머지를 건너뛰고 after_batch로 이동합니다.

특정 예외의 발생을 감지하는 다음의 이벤트 목록도 제공합니다. 이를 사용해 특정 예외 직후의 행동을 정의하는 코드를 작성할 수 있습니다.

- after_cancel_batch

  CancelBatchException 예외 발생 직후, after_batch 이전에 도달하는 이벤트입니다.

- after_cancel_train

  CancelTrainException 예외 발생 직후, after_epoch 이전에 도달하는 이벤트입니다.

- after_cancel_valid

  CancelValidException 예외 발생 직후, after_epoch 이전에 도달하는 이벤트입니다.

- after_cancel_epoch

  CancelEpochException 예외 발생 직후, after_epoch 이전에 도달하는 이벤트입니다.

- after_cancel_fit

  CancelFitException 예외 발생 직후, after_fit 이전에 도달하는 이벤트입니다.

때로는 여러 콜백을 혼용하여 사용하고, 콜백 간의 순서를 정해야 합니다. 가령 NaN이 된 손실도 기록해야 하므로 Recorder 콜백의 after_batch 이벤트는 TerminateOnNaNCallback 콜백 이후에 수행되어야 합니다. 그러려면 run_before나 run_after 속성에 다른 콜백 클래스 명을 할당하여, 다른 콜백과의 순서적 의존성을 정해야 합니다.

16.8 결론

이번 장에서는 학습 루프의 내부와 다양한 SGD의 변종을 살펴보고 이들이 왜 효과적인지를 알아보았습니다. 이 책을 쓰는 시점에 새로운 옵티마이저를 개발하는 연구가 활발히 진행되었으므로 여러분이 책을 읽을 때는 추가 변종이 개발되었을지도 모릅니다. 따라서 책의 웹사이트 (https://book.fast.ai)에 게시된 부록을 살펴보기 바랍니다. 그리고 여러분만의 옵티마이저를 빠르게 개발하고 싶다면, 반드시 옵티마이저 프레임워크가 작동하는 방식을 이해하기 바랍니다.

또한 학습 루프의 모든 부분을 사용자 정의할 수 있는 강력한 콜백 시스템도 살펴봤습니다. 이제 어느 시점에서라도 파라미터의 내용을 검사하고 수정할 수 있죠.

16.9 질문지

1 SGD가 가중치를 갱신하는 단계의 공식은 무엇인가요? 수학이든 코드든 원하는 방식으로 표현해보세요.

2 기본이 아닌 옵티마이저를 사용하려면 cnn_learner에 어떤 인자값을 전달해야 하나요?

3 옵티마이저 콜백이란 무엇인가요?

4 옵티마이저의 zero_grad가 하는 일은 무엇인가요?

5 옵티마이저의 step 함수가 하는 일은 무엇인가요? 일반적인 옵티마이저에서 해당 함수는 어떤 방식으로 구현되나요?

6 add_ 대신 += 연산자를 사용하여 sgd_cb를 다시 작성해보세요.

7 모멘텀이란 무엇인가요? 관련 공식을 적어보세요.

8 물리적인 비유로 모멘텀을 설명해보세요. 이를 모델 학습에 어떻게 적용할 수 있나요?

9 큰 모멘텀은 그레이디언트에 어떤 영향을 미치나요?

10 원 사이클 학습이 사용하는 모멘텀의 기본값은 무엇인가요?

11 RMSProp은 무엇인가요? 관련 공식을 적어보세요.

12 그레이디언트 제곱값은 무엇을 표현하나요?

13 모멘텀 및 RMSProp과 Adam은 어떻게 다른가요?

14 Adam 관련 공식을 적어보세요.

15 인공적인 값으로 구성된 배치를 몇 개 만들어 unbias_avg와 w.avg 값을 계산해보세요.

16 Adam에서 큰 eps 값은 어떤 영향을 미치나요?

17 fastai 저장소에 있는 옵티마이저 관련 노트북을 읽어보고, 포함된 각 셀을 실행해보세요.

18 어떤 상황에서 Adam과 같은 동적 학습률 방식이 가중치 감쇠의 행동을 바꾸나요?

19 학습 루프를 구성하는 네 단계는 무엇인가요?

20 수정 사항을 추가할 때 새로운 학습 루프를 만드는 방법보다 콜백을 사용하는 것이 왜 더 나은가요?

21 fastai 콜백 시스템의 구조상 코드를 복사하고 붙여 넣는 수준의 유연성을 가능하게 만드는 측면은 무엇인 가요?

22 여러분만의 콜백을 만들 때 접근할 수 있는 이벤트의 목록을 가져오는 방법은 무엇인가요?

23 책의 내용을 보지 않고 ModelResetter 콜백을 직접 작성해보세요.

24 콜백 내에서 학습 루프에 필요한 속성에 접근하는 방법은 무엇인가요? 각 속성의 축약은 언제 사용해야 하 나요?

25 학습 루프의 흐름 제어에 콜백은 어떤 영향을 주나요?

26 가능한 한 책의 내용을 보지 않고 TerminateOnNaN 콜백을 직접 작성해보세요.

27 특정 콜백을 다른 콜백보다 먼저 혹은 후에 호출하도록 하는 방법은 무엇인가요?

16.9.1 추가 연구

1 「Rectified Adam」논문을 찾아보세요. 옵티마이저 프레임워크로 해당 알고리즘을 구현하고 사용해보세요. 실제로 잘 작동하는 다른 최신 옵티마이저를 검색하고 구현할 옵티마이저를 선택해보세요.

2 혼합 정밀도 콜백의 공식 문서를 살펴보세요. 각 이벤트와 코드가 하려는 일을 이해해보세요.

3 학습률 발견자를 직접 밑바닥부터 구현한 다음, fastai가 제공하는 버전과 비교해보세요.

4 fastai가 제공하는 콜백들의 소스 코드를 살펴보세요. 여러분이 원하는 것과 유사한 코드를 찾아 영감과 구현 센스를 얻기 바랍니다.

16.10 딥러닝의 기초: 요약

축하합니다. 이 책의 '딥러닝의 기초'를 끝까지 완료했습니다! 이제 fastai의 모든 애플리케이션 과 주요 모델 구조의 구축 방식, 권장되는 모델의 학습 방법을 이해하고 이를 처음부터 구축하 는 데 필요한 모든 지식을 얻었습니다. 예를 들어 자체적으로 학습 루프나 배치 정규화 계층을 만들 필요는 없지만, 내부적으로 수행되는 작업을 알아두면 디버깅, 프로파일링, 배포에 매우 유용합니다.

이제 fastai 애플리케이션의 기초를 이해했으므로 소스 코드를 담은 노트북을 살펴보고 실행하며 실험하는 데 시간을 할애해야 합니다. fastai가 개발된 방식을 이해하는 데 매우 도움이 될 것입니다.

4부에서는 더 자세한 내용을 살펴봅니다. 신경망의 실제 순전파와 역전파가 수행되는 방식을 알아보고, 성능을 개선하는 데 어떤 도구를 사용할 수 있는지 살펴봅니다. 그다음 책에서 얻은 모든 지식에 기반해 합성곱 신경망을 해석하는 도구를 만들어 보겠습니다. 마지막에는 fastai의 Learner 클래스를 밑바닥부터 구현하면서 책을 마무리합니다.

밑바닥부터 구현하는
딥러닝

Part IV

밑바닥부터 구현하는 딥러닝

CHAPTER 17

기초부터 만드는 신경망

이번 장은 지금껏 사용한 모델 내부를 깊이 파헤치는 과정의 시작입니다. 개념적으로는 중복되는 내용이 많이 등장하지만, 특정 기술적 개념을 사용하는 이유와 방법보다 세부적인 구현 방식에 집중합니다.

텐서의 기본 색인 기능만으로 신경망을 밑바닥부터 만들어 봅니다. 신경망의 기본 토대를 직접 만들고 역전파를 직접 구현하며 `loss.backward`를 호출할 때 파이토치에서 일어나는 일을 정확히 알아봅니다. 또한 파이토치를 확장하여 사용자 정의 **자동 미분**autograd 함수를 만들어 여러분만의 순전파와 역전파 계산을 정의하는 방법도 살펴봅니다.

17.1 밑바닥에서부터 신경망 계층 구축하기

우선 기본 신경망에서 행렬 곱셈이 사용되는 방식을 다시 이해해봅시다. 기초부터 만들어나가기 때문에 처음에는 순수 파이썬만을 사용하고(파이토치 텐서의 색인은 예외), 이후 구현한 내용을 파이토치로 대체하는 방식으로 내용을 진행합니다.

17.1.1 뉴런 모델링

뉴런은 특정 개수의 입력을 수용하며, 내부적으로 각 입력에 대한 가중치가 있습니다. 그리고 뉴런의 출력은 각 입력에 대응하는 가중치를 곱해서 합한 다음, 편향을 더한 것입니다. 각 입력을 $(x_1, \cdots, x_n)$, 대응하는 각 가중치를 $(w_1, \cdots, w_n)$, 편향을 b로 표기하면, 수학적으로 다음과 같이 표현할 수 있죠.

$$out = \sum_{i=1}^{n} x_i w_i + b$$

그리고 코드로는 다음처럼 작성할 수 있습니다.

```
output = sum([x*w for x,w in zip(inputs,weights)]) + bias
```

이 출력은 **활성화 함수**라는 비선형 함수로 입력되고, 그 결과가 또 다른 뉴런의 입력으로 사용됩니다. 딥러닝의 가장 보편적인 활성화 함수는 **정류된 선형 단위**rectified linear unit(**ReLU**라고도 함)입니다. 다소 난해해보이는 용어이지만, 사실은 다음 코드처럼 간단한 함수에 불과합니다.

```
def relu(x): return x if x >= 0 else 0
```

딥러닝 모델은 수많은 뉴런으로 구성된 계층을 연속적으로 쌓아 구축합니다. 특정 개수(**은닉 크기**hidden size)의 뉴런이 있는 첫 번째 계층을 만들고, 모든 입력을 모든 뉴런에 각각 연결해보겠습니다. 이런 계층을 흔히 **완전 연결 계층** 또는 **밀집 계층**(밀집 연결) 또는 **선형 계층**이라고 합니다.

이 계층의 출력은 각 input(입력)과 연결된 각 뉴런 사이의 weight(가중치)의 점곱으로 계산할 수 있습니다.

```
sum([x*w for x,w in zip(input,weight)])
```

선형 대수를 배웠다면, **행렬 곱셈**matrix multiplication에 점곱이 많이 발생함을 기억하겠죠. 더 구체적으로 표현해보죠. 입력을 batch_size x n_inputs 크기의 행렬 x, 가중치 집합을 n_neurons x n_inputs(각 뉴런에는 입력과 같은 수의 가중치가 있어야 합니다) 크기의 행렬

w, 편향을 n_neurons 크기의 벡터 b라고 하면, 완전 연결 계층의 출력은 다음과 같이 표현할 수 있습니다.

```
y = x @ w.t() + b
```

여기서 @는 행렬 곱셈, w.t()는 w의 전치 행렬을 의미합니다. 그러면 출력 y는 batch_size x n_neurons 크기가 되며, 각 (i, j) 위치는 다음과 같이 계산할 수 있습니다.

$$y_{i,j} = \sum_{k=1}^{n} x_{i,k}\ w_{k,j}\ + b_j$$

코드로는 다음과 같죠.

```
y[i,j] = sum([a * b for a,b in zip(x[i,:],w[j,:])]) + b[j]
```

행렬 곱셈 m @ n의 수학적 정의에 따르면, (i, j)의 계수가 다음과 같으므로 전치가 필요합니다.

```
sum([a * b for a,b in zip(m[i,:],n[:,j])])
```

어쨌든 신경망의 가장 기본이 되는 연산은 행렬 곱셈이며, 이것이 바로 신경망의 핵심입니다.

17.1.2 밑바닥부터 행렬 곱셈 만들기

파이토치를 사용하기에 앞서, 두 텐서의 행렬 곱셈을 계산하는 함수를 작성해보죠. 오직 파이토치 텐서의 색인 기능만 사용하겠습니다.

```
import torch
from torch import tensor
```

그러려면 세 번의 중첩된 for 반복문이 필요합니다. 각각 행 색인용, 열 색인용, 접근한 행과 열의 합 계산용입니다. 다음 코드의 ac는 a의 열 개수, ar은 행 개수를 의미하는 변수입니다(b

에도 같은 규칙의 이름이 있습니다). 그리고 a의 열 개수와 b의 행 개수가 같은지 확인해서 행렬 곱셈을 계산할 수 있는지 검사합니다.

```python
def matmul(a,b):
    ar,ac = a.shape # n_rows * n_cols
    br,bc = b.shape
    assert ac==br
    c = torch.zeros(ar, bc)
    for i in range(ar):
        for j in range(bc):
            for k in range(ac): c[i,j] += a[i,k] * b[k,j]
    return c
```

이렇게 만든 `matmul` 함수를 검증해보죠. MNIST 이미지 4장으로 구성된 작은 배치가 하나 있으며(실제로는 임의값으로 채워짐), 각 이미지는 28*28 크기의 벡터로 모양이 평평하고, 이 배치를 입력받아 활성을 10개 출력하는 선형 모델이 있다고 가정하겠습니다.

```python
m1 = torch.randn(5,28*28)
m2 = torch.randn(784,10)
```

주피터 노트북의 '매직' 명령어인 **%time**은 작업 처리에 걸리는 시간을 측정하는 데 사용합니다.

```
>>> %time t1=matmul(m1, m2)

CPU times: user 1.15 s, sys: 4.09 ms, total: 1.15 s
Wall time: 1.15 s
```

그리고 파이토치에 내장된 **@** 연산자와 성능을 비교해보죠.

```
>>> %timeit -n 20 t2=m1@m2

14 µs ± 8.95 µs per loop (mean ± std. dev. of 7 runs, 20 loops each)
```

보다시피 세 중첩 반복문은 성능이 썩 좋지 않습니다! 파이썬은 느리며 비효율적인 언어입니다. 여기서만 해도 파이토치가 파이썬보다 약 100,000배 빠르죠. 심지어 GPU는 아직 사용하지도 않았습니다!

무엇이 이런 차이를 만들까요? 파이토치의 행렬 곱셈은 내부적으로 C++로 작성되어서 매우 빠릅니다. 보통 파이토치의 빠른 속도는 요소별elementwise 연산과 브로드캐스팅이라는 기법에서 발현됩니다. 이를 활용하려면 연산 대상인 텐서들을 **벡터화**vectorize해야 합니다.

17.1.3 요소별 연산

모든 기본 연산자(+, -, *, /, >, <, ==)를 요소별 연산에 사용할 수 있습니다. 같은 모양의 텐서 **a**와 **b**를 예로 들어보죠. a+b라는 코드는 a와 b의 요소별 합이 계산된 텐서를 반환합니다.

```
>>> a = tensor([10., 6, -4])
>>> b = tensor([2., 8, 7])
>>> a + b

tensor([12., 14.,  3.])
```

그리고 불리언 연산자는 불리언값으로 채운 배열을 반환하죠.

```
>>> a < b

tensor([False,  True,  True])
```

그리고 요소별 연산에 **torch.all**을 함께 쓰면, a의 모든 요솟값이 대응하는 b의 요솟값보다 작은지, 두 텐서가 완전히 같은지도 알 수 있습니다.

```
>>> (a < b).all(), (a==b).all()

(tensor(False), tensor(False))
```

all, **sum**, **mean**과 같은 축소 연산reduction operation[75]은 단일 요소의 **랭크0 텐서**를 반환합니다. 그리고 이를 일반적인 파이썬의 불리언이나 숫자로 변환하려면 **.item** 메서드를 호출해야 하죠.

---

75 옮긴이_ 축소 연산이란 한 번에 계산을 두 개씩 수행하는 것을 반복하여 최종적으로 단일값을 만드는 과정을 의미합니다.

```
>>> (a + b).mean().item()
```

```
9.666666984558105
```

두 텐서의 모양이 같기만 하다면 요소별 연산을 언제든지 사용할 수 있습니다.

```
>>> m = tensor([[1., 2, 3], [4,5,6], [7,8,9]])
>>> m*m
```

```
tensor([[ 1.,  4.,  9.],
        [16., 25., 36.],
        [49., 64., 81.]])
```

그러나 두 텐서의 모양이 같지 않다면 (다음 절에서 볼 브로드캐스팅을 적용하지 않는 한) 요소별 연산은 불가능합니다.

```
>>> n = tensor([[1., 2, 3], [4,5,6]])
>>> m*n
```

```
RuntimeError: The size of tensor a (3) must match the size of tensor b (2) at
dimension 0
```

세 중첩 반복문 중 하나는 요소별 연산으로 대체할 수 있습니다. 모든 요소를 합산하기 전에 a의 i 번째 행과 b의 j 번째 열에 해당하는 텐서를 서로 곱하면 되겠죠. 그러면 가장 안쪽의 반복문이 파이토치로 대체되므로, C 언어 수준의 속도로 처리할 수 있습니다.

단순히 a[i ,:]나 b[:, j]처럼 써서 하나의 열이나 행에 접근할 수 있습니다. :은 해당 차원의 모든 것을 취하라는 의미지만, 1:5처럼 범위를 명시해서 원하는 부분에만 접근할 수도 있습니다. 가령 두 번째 차원에 1:5라고 쓴다면, 첫 번째 열부터 네 번째 열까지의 요소를 취합니다 (:의 오른쪽 숫자는 범위에 포함되지 않음).

한편 마지막 차원의 콜론은 생략할 수 있습니다. 즉 a[i,:]는 a[i]로 축약할 수 있죠. 이 문법을 활용하면 다음처럼 행렬 곱셈의 코드를 간결하게 작성할 수 있습니다.

```
>>> def matmul(a,b):
        ar,ac = a.shape
```

```
        br,bc = b.shape
        assert ac==br
        c = torch.zeros(ar, bc)
        for i in range(ar):
            for j in range(bc): c[i,j] = (a[i] * b[:,j]).sum()
        return c

>>> %timeit -n 20 t3 = matmul(m1,m2)

  1.7 ms ± 88.1 µs per loop (mean ± std. dev. of 7 runs, 20 loops each)
```

가장 안쪽의 반복문만 제거했는데도 이미 700배 더 빨라졌습니다! 하지만 단지 시작에 불과하죠. 다음으로는 더 중대한 속도 개선을 위해 브로드캐스팅으로 또 다른 반복문을 제거하는 방법을 다룹니다.

17.1.4 브로드캐스팅

브로드캐스팅은 넘파이에서 도입한 용어입니다. 4장에서 언급했듯이 산술 연산 시 서로 다른 랭크의 텐서를 다루는 방식입니다. 가령 3×3 행렬과 4×5 행렬을 더할 수는 없지만, 행렬에 단일 스칼라(1×1 텐서)를 더하는 일은 어떨까요? 아니면 3×4 행렬에 크기가 3인 벡터를 추가한다면 어떨까요? 두 가지를 모두 수행할 방법이 있습니다.

브로드캐스팅은 작은 모양의 텐서가 큰 모양의 텐서와 일치하도록 확장하는 방식과, 요소별 연산 시 두 텐서의 모양이 호환될지에 관한 체계적인 규칙을 제시합니다. 빠르게 실행되는 코드를 작성하려면, 이런 규칙을 반드시 숙지해야 하죠. 이번 절에서는 앞서 배웠던 브로드캐스팅의 개념을 확장하며 해당 규칙을 이해해봅니다.

스칼라로 브로드캐스트하기

가장 간단한 유형의 브로드캐스팅은 스칼라를 사용하는 방식입니다. 텐서 a와 스칼라가 있을 때, 해당 스칼라로 채워진 a와 같은 모양의 텐서가 있다고 상상해보죠. 그리고 상상 속의 텐서와 텐서 a 간 연산을 수행합니다. 이것이 바로 스칼라로 브로드캐스트하는 방식입니다.

```
>>> a = tensor([10., 6, -4])
>>> a > 0

tensor([ True,  True, False])
```

이 비교는 어떻게 할 수 있을까요? 스칼라 0이 a와 같은 크기로 브로드캐스트되기 때문에 비교할 수 있습니다. 또한 메모리에 0을 가득 채운 텐서를 만드는 비효율적인 일도 일어나지 않습니다.

이 방식은 데이터셋의 정규화에 유용합니다. 전체 데이터셋(행렬)에서 평균(스칼라)을 빼고, 이를 다시 표준편차(스칼라)로 나누는 과정이기 때문이죠.

```
>>> m = tensor([[1., 2, 3], [4,5,6], [7,8,9]])
>>> (m - 5) / 2.73

tensor([[-1.4652, -1.0989, -0.7326],
        [-0.3663,  0.0000,  0.3663],
        [ 0.7326,  1.0989,  1.4652]])
```

만약 행렬의 행마다 다른 평균을 적용하려면 어떻게 해야 할까요? 이때는 벡터를 행렬로 브로드캐스트하면 됩니다.

벡터를 행렬로 브로드캐스트하기

다음 코드는 벡터가 행렬로 브로드캐스트되는 방식을 보여줍니다.

```
>>> c = tensor([10.,20,30])
>>> m = tensor([[1., 2, 3], [4,5,6], [7,8,9]])
>>> m.shape,c.shape

(torch.Size([3, 3]), torch.Size([3]))

>>> m + c

tensor([[11., 22., 33.],
        [14., 25., 36.],
        [17., 28., 39.]])
```

m과 행의 크기를 맞추려고 c의 요소들은 세 행으로 확장되었습니다. 다시 말하지만, 파이토치
는 c의 복사본 세 개를 메모리에 담아두지 않습니다. 이런 확장은 내부적으로 expand_as 메서
드에서 수행합니다.

```
>>> c.expand_as(m)

tensor([[10., 20., 30.],
        [10., 20., 30.],
        [10., 20., 30.]])
```

텐서의 storage 속성에 접근하면 쓸모없는 데이터가 저장되었는지를 파악할 수 있습니다.
storage 속성은 해당 텐서에 사용된 실제 메모리 내용을 보여줍니다.

```
>>> t = c.expand_as(m)
>>> t.storage()

 10.0
 20.0
 30.0
[torch.FloatStorage of size 3]
```

expand_as 메서드를 수행한 결과에는 요소가 아홉 개 있는 것처럼 보이지만, 실제로는 스칼
라 세 개만 메모리에 저장됩니다. 이는 해당 차원에 **스트라이드** 0을 적용하는 영리한 방식 덕분
에 가능합니다(즉 명시된 스트라이드에 따라 다음 행으로 이동하려는데, 크기가 0이므로 계속
한 자리에 머물게 되죠).

```
>>> t.stride(), t.shape

((0, 1), torch.Size([3, 3]))
```

c의 크기가 3×3이므로, 브로드캐스팅을 두 가지 방식으로 적용할 수 있습니다. 브로드캐스팅
을 마지막 차원에서 수행한 것[76]은 브로드캐스팅 규칙에 따른 관례일 뿐입니다. 연산할 텐서의
배치 순서는 어떻게 되어도 상관이 없습니다. 즉 코드를 다음처럼 작성해도 결과가 같죠.

----

76 옮긴이_ '브로드캐스팅 규칙(17.1.4.3)'에서 명확히 다룹니다.

```
>>> c + m

tensor([[11., 22., 33.],
        [14., 25., 36.],
        [17., 28., 39.]])
```

한편 mxn 크기의 행렬에는 크기 n의 벡터만 브로드캐스트할 수 있습니다.

```
>>> c = tensor([10.,20,30])
>>> m = tensor([[1., 2, 3], [4,5,6]])
>>> c+m

tensor([[11., 22., 33.],
        [14., 25., 36.]])
```

따라서 다음과 같은 연산은 할 수 없습니다.

```
>>> c = tensor([10.,20])
>>> m = tensor([[1., 2, 3], [4,5,6]])
>>> c+m

RuntimeError: The size of tensor a (2) must match the size of tensor b (3) at
dimension 1
```

만약 다른 차원으로 브로드캐스트하려면, 해당 벡터의 모양을 3×1 행렬로 변형하면 됩니다. 파이토치의 unsqueeze 메서드가 이런 일을 합니다.

```
>>> c = tensor([10.,20,30])
>>> m = tensor([[1., 2, 3], [4,5,6], [7,8,9]])
>>> c = c.unsqueeze(1)
>>> m.shape,c.shape

(torch.Size([3, 3]), torch.Size([3, 1]))
```

이번에는 c가 열 단위로 확장됩니다.

```
>>> c+m

tensor([[11., 12., 13.],
        [24., 25., 26.],
        [37., 38., 39.]])
```

전과 같이 세 스칼라만 메모리에 저장됩니다.

```
>>> t = c.expand_as(m)
>>> t.storage()

 10.0
 20.0
 30.0
[torch.FloatStorage of size 3]
```

그리고 스트라이드 0은 열 차원에 적용되므로 확장된 텐서는 올바른 모양을 갖습니다.

```
>>> t.stride(), t.shape

((1, 0), torch.Size([3, 3]))
```

브로드캐스팅 시 새로운 차원을 추가하면 해당 차원은 앞쪽에 추가됩니다. 즉 앞서 본 브로드 캐스팅의 예에서는 파이토치가 내부적으로 c.unsqueeze(0)을 수행했습니다.

```
>>> c = tensor([10.,20,30])
>>> c.shape, c.unsqueeze(0).shape,c.unsqueeze(1).shape

(torch.Size([3]), torch.Size([1, 3]), torch.Size([3, 1]))
```

한편 unsqueeze 메서드는 None 색인 기법으로 대체할 수 있습니다.

```
>>> c.shape, c[None,:].shape,c[:,None].shape

(torch.Size([3]), torch.Size([1, 3]), torch.Size([3, 1]))
```

항상 마지막 차원의 콜론은 생략할 수 있으며, ...는 이전 차원 모두를 의미하는 특별한 키워드입니다.

```
>>> c[None].shape,c[...,None].shape

(torch.Size([1, 3]), torch.Size([3, 1]))
```

지금까지 배운 브로드캐스팅을 활용하면, 행렬 곱셈 함수의 for 반복문 중 하나를 더 제거할 수 있습니다. 즉 a[i]와 b[:,j]를 곱하는 방법 대신, 브로드캐스팅으로 a[i]를 행렬 b 전체에 곱한 다음 결과들을 더할 수 있겠죠.

```
>>> def matmul(a,b):
        ar,ac = a.shape
        br,bc = b.shape
        assert ac==br
        c = torch.zeros(ar, bc)
        for i in range(ar):
    #       c[i,j] = (a[i,:]          * b[:,j]).sum() # 이전에 사용한 방법
            c[i]   = (a[i ].unsqueeze(-1) * b).sum(dim=0)
        return c

>>> %timeit -n 20 t4 = matmul(m1,m2)

357 µs ± 7.2 µs per loop (mean ± std. dev. of 7 runs, 20 loops each)
```

이제 가장 처음의 구현체보다 약 3,700배나 빨라졌습니다! 이를 더 개선할 수 있지만, 그전에 브로드캐스팅의 규칙을 상세하게 살펴보겠습니다.

브로드캐스팅 규칙

두 텐서 간 연산을 수행할 때 파이토치는 요소별로 둘의 모양을 비교합니다. **마지막 차원**trailing dimensions에서부터 앞 쪽으로 이동하며 빈 차원을 발견할 때마다 1(추가 차원)을 삽입합니다. 단 다음 조건 중 하나를 만족하면 두 차원이 서로 **호환**compatible됩니다.

- 두 차원이 완전히 일치할 때.
- 두 차원 중 하나가 1일 때. 브로드캐스트해서 1인 차원을 다른 차원과 같게 만듭니다.

두 배열의 차원이 반드시 같지 않아도 됩니다. 예를 들어 RGB 값으로 채운 256×256×3 이미지 배열의 각 색상값의 범위를 조정하려면, 해당 이미지 배열에 값이 세 개인 1차원 배열을 곱하면 됩니다. 두 배열 마지막 축의 크기를 브로드캐스팅의 규칙에 따라 맞추기만 하면 서로 호환되죠.

```
Image  (3d tensor): 256 x 256 x 3
Scale  (1d tensor): (1)   (1)   3
Result (3d tensor): 256 x 256 x 3
```

하지만 크기가 256×256인 2차원 텐서는 해당 이미지와 호환되지 않습니다.

```
Image  (3d tensor): 256 x 256 x   3
Scale  (2d tensor): (1)   256 x 256
Error
```

한편 앞서 3×3 행렬과 크기가 3인 벡터를 사용한 예제에서는 열 단위로 브로드캐스트했습니다. 이 규칙을 숙지한 다음에 해당 내용을 보면 더 명료하게 이해할 수 있습니다.

```
Matrix (2d tensor):   3 x 3
Vector (1d tensor): (1)   3
Result (2d tensor):   3 x 3
```

연습문제를 하나 내겠습니다. **64x3x256x256** 크기의 이미지 배치의 세 요소(RGB)의 평균과 표준편차로 구성된 두 벡터로 정규화하려면, 벡터의 어느 부분에 어떤 차원을 추가해야 할까요?[77]

텐서의 곱셈은 아인슈타인 표기법Einstein summation convention[78]이라는 방법으로도 간소화할 수 있습니다.

---

77 옮긴이_ imagenet_stats를 적용하는 방식과 같습니다.
78 옮긴이_ '아인슈타인 합 규약'이라고도 합니다.

17.1.5 아인슈타인 표기법

파이토치의 @이나 `torch.matmul` 연산자를 사용하기에 앞서 행렬 곱셈을 구현할 수 있는 마지막 방법이 있습니다. 바로 **아인슈타인 표기법**(einsum)입니다. 이는 일반화된 방식으로 곱셈과 덧셈을 간결하게 표현하는 데도 유용합니다. 가령 식을 다음처럼 적을 수 있습니다.

```
ik,kj -> ij
```

좌측은 쉼표로 구분된 피연산자^{operand}들의 차원을 나타냅니다. 즉 i, k와 k, j 두 차원으로 구성된 텐서가 둘이죠. 우측은 연산 결과의 차원을 나타냅니다. 즉 i, j 두 차원으로 구성된 단일 텐서를 결과로 얻음을 표현합니다.

아인슈타인 표기법은 다음과 같은 규칙을 따릅니다.

> **1** 좌측에 반복된 색인 기호 우측에서 나타나지 않을 때 암시적으로 합산됩니다.
> **2** 좌측에 각 색인 기호는 최대 두 번 나타날 수 있습니다.
> **3** 좌측에 반복되지 않은 색인 기호는 반드시 우측에서 나타나야 합니다.

앞 예제에 이런 규칙을 적용하면, k가 반복해서 나타났으므로 k를 기준으로 합산됩니다. 결국 이 식은 첫 번째 텐서의 계수 위치(i, k)와 두 번째 텐서의 계수 위치(k, j)를 곱한 뒤 합한 다음 새로운 텐서의 (i, j) 위치에 넣어 하나의 행렬을 반환합니다. 바로 행렬의 곱셈인 셈이죠!

다음은 파이토치에서 아인슈타인 표기법을 사용하는 방법입니다.

```
def matmul(a,b): return torch.einsum('ik,kj->ij', a, b)
```

아인슈타인 표기법은 색인과 곱의 합산에 관련한 연산을 표현하는 매우 실용적인 방법입니다. 한 가지 예를 더 들어보죠. 좌측에는 단일 항만 할당할 수도 있습니다.

```
torch.einsum('ij->ji', a)
```

결과로 a의 전치 행렬을 반환합니다. 한편 항을 세 개 이상 사용할 수도 있죠.

```
torch.einsum('bi,ij,bj->b', x, y, z)
```

결과로 b 크기의 벡터를 반환합니다. 해당 벡터의 k 번째 위치에는 a[k,i] b[i,j] c[k,j]를 합산한 값이 들어갑니다. 이 표기법은 배치를 표현하는 등 더 많은 차원이 존재할 때 특히 편리합니다. 가령 배치가 둘인 행렬에서 배치별 행렬의 곱셈을 계산하려면 다음과 같이 표현합니다.

```
torch.einsum('bik,bkj->b', x, y)
```

matmul 구현에 einsum을 사용해보죠. 그리고 실행에 걸린 시간을 다시 측정합니다.

```
>>> %timeit -n 20 t5 = matmul(m1,m2)

68.7 µs ± 4.06 µs per loop (mean ± std. dev. of 7 runs, 20 loops each)
```

보다시피 실용적일 뿐만 아니라 **매우** 빠릅니다. einsum은 C++ 및 CUDA를 자세히 모르더라도 파이토치에서 사용자 정의 연산을 가장 빠르게 수행하는 방법으로 자주 사용합니다('밑바닥부터 행렬 곱셈 만들기(17.1.2)'의 결과에서 본 최적화된 CUDA용 코드만큼 빠르지는 않습니다).

행렬의 곱셈을 밑바닥부터 구현하는 방법을 터득했습니다. 이제는 행렬의 곱셈을 사용하는 신경망의 순전파와 역전파로 신경망을 구축할 준비가 되었습니다.

17.2 순전파와 역전파

4장에서 살펴본 대로, 모델을 학습시키려면 주어진 손실에 대한 모든 파라미터의 그레이디언트를 계산하는 **역전파** 과정이 필요합니다. 한편 **순전파**에서는 행렬 곱셈으로 입력에 대한 모델의 출력이 계산되죠. 또한 신경망을 정의하면서 가중치를 올바르게 초기화하는 문제도 함께 파악합니다. 이는 학습을 제대로 시작하는 데 매우 중요한 요소입니다.

17.2.1 계층의 정의 및 초기화

먼저 두 계층으로 구성된 신경망의 예를 살펴보죠. 앞서 본 대로 하나의 계층은 y = x @ w + b로 표현할 수 있습니다. 여기서 x, y, w, b는 각각 입력, 출력, 계층의 가중치(전치시키지 않았을 때 입력 수 x 뉴런 수의 크기), 편향 벡터를 의미합니다.

```
def lin(x, w, b): return x @ w + b
```

수학적으로 두 선형적 연산의 합성은 또 다른 선형적 연산일 뿐이므로, 첫 번째 계층 위에 두 번째 계층을 쌓으려면 중간에 활성화 함수라는 비선형성을 넣어줘야만 합니다. 이 장의 앞부분에서 언급한 대로, 딥러닝에서 가장 흔히 사용하는 활성화 함수는 ReLU이며, x와 0 중 최댓값을 반환합니다.

이 장에서는 실제로 모델을 학습시키지는 않으므로 임의의 값이 들어간 텐서를 입력과 타깃으로 사용합니다. 입력은 한 배치로 묶인 크기가 100인 벡터 200개이고, 타깃은 임의의 부동소수 200개라 가정해보죠.

```
x = torch.randn(200, 100)
y = torch.randn(200)
```

계층이 둘인 모델이므로 두 가중치 행렬, 두 편향용 벡터가 필요합니다. 은닉 계층(두 번째)의 크기는 50, 출력 계층의 크기는 1이라고 가정합니다(입력당 단일 부동소수를 출력). 가중치는 임의로, 편향은 0으로 초기화합니다.

```
w1 = torch.randn(100,50)
b1 = torch.zeros(50)
w2 = torch.randn(50,1)
b2 = torch.zeros(1)
```

첫 번째 계층의 결과는 다음과 같습니다.

```
>>> l1 = lin(x, w1, b1)
>>> l1.shape

torch.Size([200, 50])
```

이 공식은 입력의 배치에 대해서 작동하고, 배치 단위로 은닉 상태를 반환합니다. 즉 l1은 200(입력 배치)×50(은닉 상태) 크기의 행렬인 셈이죠.

그런데 모델을 초기화한 방식에는 문제가 있습니다. 어떤 문제가 있는지를 이해하려면 l1의 평균과 표준편차를 확인해야 합니다.

```
>>> l1.mean(), l1.std()

(tensor(0.0019), tensor(10.1058))
```

평균은 0에 가깝습니다. 입력과 가중치 행렬 모두 0에 가까운 평균으로 초기화되었으니 당연하죠. 하지만 활성이 평균과 얼마나 떨어져 있는지를 표현하는 표준편차의 범위는 1~10입니다. 단 하나의 계층만으로도 범위기 이렇게 크다는 사실은 중대한 문제가 있음을 뜻합니다. 현대의 신경망은 수백 개의 계층으로 구성되는데, 만약 계층마다 활성을 10씩 곱한다면 최종 계층에서는 컴퓨터가 표현할 수 없을 정도로 큰 수가 되겠죠.

다음은 이와 같은 상황을 보여줍니다. 단지 x와 100×100 크기의 임의로 초기화된 행렬을 50번의 곱하기만 해도 다음과 같은 결과를 얻게 됩니다.

```
>>> x = torch.randn(200, 100)
>>> for i in range(50): x = x @ torch.randn(100,100)
>>> x[0:5,0:5]

tensor([[nan, nan, nan, nan, nan],
        [nan, nan, nan, nan, nan],
        [nan, nan, nan, nan, nan],
        [nan, nan, nan, nan, nan],
        [nan, nan, nan, nan, nan]])
```

결과가 모두 nan(숫자가 아님)으로 채워졌습니다. 행렬을 구성한 숫자가 너무 컸을까요? 그렇다면 가중치값을 낮춰야 할까요? 하지만 가중치를 너무 많이 낮추면, 반대의 문제가 발생합니다. 즉 nan 대신 0으로만 채워진 결과를 얻게 되죠.

```
>>> x = torch.randn(200, 100)
>>> for i in range(50): x = x @ (torch.randn(100,100) * 0.01)
>>> x[0:5,0:5]
```

```
tensor([[0., 0., 0., 0., 0.],
        [0., 0., 0., 0., 0.],
        [0., 0., 0., 0., 0.],
        [0., 0., 0., 0., 0.],
        [0., 0., 0., 0., 0.]])
```

따라서 활성의 표준 편차가 1로 유지되도록 가중치 행렬을 정확히 조정해야만 합니다. 세이비어 글로럿^{Xavier Glorot}과 요슈아 벤지오가 「Understanding the Difficulty of Training Deep Feedforward Neural Networks(https://oreil.ly/9tiTC)」에서 설명한 방식을 활용하면, 사용할 정확한 값을 수학적으로 계산할 수 있습니다. 특정 계층의 올바른 값의 범위는 $1/\sqrt{n_{in}}$로 계산할 수 있습니다. 여기서 n_{in}은 입력의 개수를 나타냅니다.

앞 예제의 입력은 100개이니 가중치 행렬을 0.1로 조정해야 하죠.

```
>>> x = torch.randn(200, 100)
>>> for i in range(50): x = x @ (torch.randn(100,100) * 0.1)
>>> x[0:5,0:5]

tensor([[ 0.7554,  0.6167, -0.1757, -1.5662,  0.5644],
        [-0.1987,  0.6292,  0.3283, -1.1538,  0.5416],
        [ 0.6106,  0.2556, -0.0618, -0.9463,  0.4445],
        [ 0.4484,  0.7144,  0.1164, -0.8626,  0.4413],
        [ 0.3463,  0.5930,  0.3375, -0.9486,  0.5643]])
```

보다시피 nan도 아니고, 0도 아닌 적당한 값들을 얻었습니다! 임의로 만든 50개 계층의 연산이 처리된 후에도 활성값의 범위가 안정적이라고 볼 수 있죠.

```
>>> x.std()

tensor(0.7042)
```

가중치 범위 조정으로 이것저것 실험하다 보면, 0.1 수준의 작은 변화만으로도 결과가 매우 크거나 작아지는 현상을 목격하게 됩니다. 따라서 가중치를 적절히 초기화하는 방법이 매우 중요합니다.

다시 신경망으로 돌아가죠. 가중치 초기화 실험 때문에 입력값이 엉망이 되었을지 모르니 재정의합니다.

```
x = torch.randn(200, 100)
y = torch.randn(200)
```

그리고 **세이비어 초기화**Xavier initialization(또는 **글로럿 초기화**Glorot initialization)로 가중치가 올바른 범위 안에 있도록 합니다.

```
from math import sqrt
w1 = torch.randn(100,50) / sqrt(100)
b1 = torch.zeros(50)
w2 = torch.randn(50,1) / sqrt(50)
b2 = torch.zeros(1)
```

이제 다시 첫 번째 계층의 결과를 계산해보면, 평균과 표준편차가 제대로 통제된다는 사실을 알 수 있습니다.

```
>>> l1 = lin(x, w1, b1)
>>> l1.mean(),l1.std()

(tensor(-0.0050), tensor(1.0000))
```

좋습니다. 이제 계산 결과는 ReLU를 거쳐야 하므로, ReLU 함수를 정의해보죠. ReLU는 양수는 그대로 두고 음수는 제거한 후 0으로 대체하는 특성이 있습니다. 이는 텐서를 0에 고정한다는 말로도 표현할 수 있습니다.

```
def relu(x): return x.clamp_min(0.)
```

첫 번째 계층의 계산 결과를 ReLU 활성화 함수에 넣어줍니다.

```
>>> l2 = relu(l1)
>>> l2.mean(),l2.std()

(tensor(0.3961), tensor(0.5783))
```

그런데 다시 문제의 원점으로 돌아왔습니다. 활성의 평균은 0.4(음수를 제거했으므로 그럴 수 있죠)로 커졌으며, 표준편차는 0.58로 떨어졌습니다. 따라서 전과 마찬가지로, 몇 개의 계층이 진행된 후에는 0에 가까운 결과를 얻게 될 것입니다.

```
>>> x = torch.randn(200, 100)
>>> for i in range(50): x = relu(x @ (torch.randn(100,100) * 0.1))
>>> x[0:5,0:5]

tensor([[0.0000e+00, 1.9689e-08, 4.2820e-08, 0.0000e+00, 0.0000e+00],
        [0.0000e+00, 1.6701e-08, 4.3501e-08, 0.0000e+00, 0.0000e+00],
        [0.0000e+00, 1.0976e-08, 3.0411e-08, 0.0000e+00, 0.0000e+00],
        [0.0000e+00, 1.8457e-08, 4.9469e-08, 0.0000e+00, 0.0000e+00],
        [0.0000e+00, 1.9949e-08, 4.1643e-08, 0.0000e+00, 0.0000e+00]])
```

이는 역시나 잘못된 초기화 때문입니다. 왜 그럴까요? 글로럿과 벤지오가 논문을 쓸 당시만 해도, 신경망에서 가장 인기 있는 활성화 함수는 하이퍼볼릭 탄젠트(tanh)였습니다. 즉 이 초기화 방식에는 ReLU를 전혀 고려하지 않았죠. 다행히 이후 ReLU에 적절한 값의 범위를 계산한 사람이 있습니다. 케이밍 허 등이 쓴 「Delving Deep into Rectifiers: Surpassing Human-Level Performance(https://oreil.ly/-_quA)」(앞서 본 ResNet을 처음으로 소개한) 논문은 $\sqrt{2/n_{in}}$ 방식을 사용해야 한다고 제안했습니다. 여기서 n_{in}은 입력 개수를 뜻합니다. 이 방식을 시도해보죠.

```
>>> x = torch.randn(200, 100)
>>> for i in range(50): x = relu(x @ (torch.randn(100,100) * sqrt(2/100)))
>>> x[0:5,0:5]

tensor([[0.2871, 0.0000, 0.0000, 0.0000, 0.0026],
        [0.4546, 0.0000, 0.0000, 0.0000, 0.0015],
        [0.6178, 0.0000, 0.0000, 0.0180, 0.0079],
        [0.3333, 0.0000, 0.0000, 0.0545, 0.0000],
        [0.1940, 0.0000, 0.0000, 0.0000, 0.0096]])
```

훨씬 낫군요. 이번에는 모든 숫자가 0이 되지 않았습니다. 따라서 신경망의 정의로 돌아가서 이 초기화(**케이밍 초기화**Kaiming initialization 또는 **허 초기화**He initialization로 부름)를 적용하겠습니다.

```
x = torch.randn(200, 100)
y = torch.randn(200)

w1 = torch.randn(100,50) * sqrt(2 / 100)
```

```
b1 = torch.zeros(50)
w2 = torch.randn(50,1) * sqrt(2 / 50)
b2 = torch.zeros(1)
```

다시 한번 선형 계층의 계산 결과에 ReLU 활성화 함수를 적용한 후의 결과를 확인해보죠.

```
>>> l1 = lin(x, w1, b1)
>>> l2 = relu(l1)
>>> l2.mean(), l2.std()

(tensor(0.5661), tensor(0.8339))
```

훨씬 낫습니다! 가중치가 적절히 초기화되었으므로, 이제는 모델 전체를 정의합니다.

```
def model(x):
    l1 = lin(x, w1, b1)
    l2 = relu(l1)
    l3 = lin(l2, w2, b2)
    return l3
```

여기까지 순전파를 다뤘습니다. 이제 출력과 레이블(여기서는 임의의 값)을 손실 함수로 비교하는 일만 남았습니다. 여기서 사용할 손실 함수는 평균제곱오차입니다(단순한 토이 프로젝트이므로 다음으로 살펴볼 그레이디언트 계산에 가상 손쉽게 사용할 수 있는 손실 함수를 선정했습니다).

한 가지 모호한 점은 출력과 타깃의 모양이 정확히 같지 않다는 점입니다. 가령 데이터를 모델에 흘려보내면 다음과 같은 모양의 출력을 얻습니다.

```
>>> out = model(x)
>>> out.shape

torch.Size([200, 1])
```

타깃은 벡터라서 **squeeze** 함수로 출력의 마지막 1의 차원을 제거해야 합니다.

```
def mse(output, targ): return (output.squeeze(-1) - targ).pow(2).mean()
```

드디어 손실을 계산할 준비가 되었습니다.

```
loss = mse(out, y)
```

순전파를 모두 살펴보았습니다. 다음은 그레이디언트에 관해 알아보죠.

17.2.2 그레이디언트와 역전파

파이토치로 모든 그레이디언트를 계산하려면 `loss.backward` 메서드를 호출하기만 하면 되죠. 여기서는 그 이면에서 일어나는 일을 살펴봅니다.

이제 모델의 모든 가중치에 대한 손실의 그레이디언트를 계산해야 하는 부분을 살펴볼 차례입니다. 즉 w1, b1, w2, b2에 든 모든 부동소수가 이에 해당합니다. 이를 계산하려면 약간의 수학, 특히 합성 함수의 미분을 계산하는 방식에 대한 미적분 규칙을 정의하는 **연쇄 법칙**을 알아야 합니다.

$$(g \circ f)'(x) = g'(f(x))f'(x)$$

TIP 제러미의 말

저는 이 표기법을 이해하기가 어려웠습니다. 그 대신 해당 표기법을 "y = g (u)이고 u = f (x)라면, dy / dx = dy / du * du / dx이다"라고 생각했습니다. 두 표기법의 의미는 똑같으므로, 여러분에게 맞는 쪽을 사용하기 바랍니다.

손실은 여러 함수를 합성한 결과물입니다. 가령 평균제곱오차(평균과 2의 거듭제곱으로 나뉘죠), 두 번째 선형 계층, ReLU, 첫 번째 선형 계층들을 합성한 결과죠. 예를 들어 b2에 대한 손실의 그레이디언트는 다음과 같이 정의할 수 있습니다.[79]

```
loss = mse(out,y) = mse(lin(l2, w2, b2), y)
```

그리고 연쇄 법칙에 따르면, 해당 합성 함수에 대한 손실은 다음처럼 계산할 수 있습니다.

----

79 옮긴이_ 앞서 정의한 model 함수의 최종 출력(l3)은 lin(l2, w2, b2)이며, l2는 relu(l1)이라는 부분을 참조하기 바랍니다.

$$\frac{dloss}{db_2} = \frac{dloss}{dout} \times \frac{dout}{db_2} = \frac{d}{dout}mse(out, y) \times \frac{d}{db_2}lin(l_2, w_2, b_2)$$

b_2에 대한 손실의 그레이디언트를 계산하려면, 먼저 모델의 출력인 out에 대한 손실의 그레이디언트가 필요합니다(w_2에 대한 손실의 그레이디언트를 계산할 때도 마찬가지입니다). 그리고 b_1이나 w_1에 대한 손실의 그레이디언트를 계산하려면 l_1에 대한 손실의 그레이디언트가 필요하죠. 이는 차례대로 l_2에 대한 손실의 그레이디언트가 필요하며, 또 out에 대한 손실의 그레이디언트가 필요합니다.

따라서 가중치 갱신에 필요한 모든 그레이디언트를 계산하려면, 모델의 출력에서부터 한 계층씩 앞으로 작업해야 합니다. 바로 역전파라는 이름이 붙은 이유기도 하죠. 우리가 구현한 각 함수(relu, mse, lin)에 역방향 단계를 제공한다면, 역전파 과정을 자동화할 수 있습니다. 즉 출력에 대한 손실의 그레이디언트에서, 입력에 대한 손실의 그레이디언트를 도출하는 과정을 자동화할 수 있죠.

여기서는 각 텐서의 속성에 관련 그레이디언트 값을 저장하겠습니다. 이는 파이토치의 .grad 속성과 유사하죠.

첫 번째로 계산할 그레이디언트는 모델의 출력(손실의 입력)에 대한 손실의 그레이디언트입니다. 우선 mse에서 수행한 squeeze의 작업을 unsqueeze로 되돌립니다. 그리고 x^2의 미분은 $2x$가 되며 평균의 미분은 $1/n$이 된다는 공식을 적용합니다. 여기서 n은 입력에 포함된 요소의 개수입니다.

```
def mse_grad(inp, targ):
    # 이전 계층의 출력에 대한 손실의 그레이디언트
    inp.g = 2. * (inp.squeeze() - targ).unsqueeze(-1) / inp.shape[0]
```

ReLU 및 선형 계층의 그레이디언트는 출력(out.g)에 대한 손실의 그레이디언트를 사용해 계산합니다. ReLU의 경우, 연쇄 법칙에 따르면 inp.g = relu'(inp) * out.g가 되죠. 한편 relu의 미분은 값이 0(입력이 음수일 때)이나 1(입력이 양수일 때)이며, 다음처럼 코드로 표현할 수 있습니다.

```
def relu_grad(inp, out):
    # 입력 활성에 대한 relu의 그레이디언트
    inp.g = (inp>0).float() * out.g
```

선형 계층의 입력, 가중치, 편향에 대한 손실의 그레이디언트를 계산하는 체계도 똑같습니다.

```
def lin_grad(inp, out, w, b):
    # 입력에 대한 matmul의 그레이디언트
    inp.g = out.g @ w.t()
    w.g = inp.t() @ out.g
    b.g = out.g.sum(0)
```

우리의 목적상 수학 공식 자체가 중요하지는 않으니 깊게 파고들지는 않겠습니다. 관련 주제에 관심이 있다면 칸 아카데미에서 제공하는 미적분 강의를 들어보기 바랍니다.

심파이|SymPy

심파이는 미적분을 다룰 때 매우 유용한 기호 계산symbolic computation용 라이브러리입니다. 공식 문서(https://oreil.ly/i1lK9)에서는 다음과 같이 소개합니다.

> 기호 계산은 수학 객체에 대한 계산을 기호로 다룹니다. 즉 수학 개체를 정확히 표현하며, 평가되지 않은 변수가 있는 수학 표현식은 기호적 형태로 남겨두는 것을 의미합니다.

기호 계산을 하려면, 다음처럼 **기호**를 정의한 뒤 계산을 수행합니다.

```
>>> from sympy import symbols,diff
>>> sx,sy = symbols('sx sy')
>>> diff(sx**2, sx)

2*sx
```

여기서 심파이는 sx**2의 미분 형태를 알아냈습니다! 또한 복잡한 복합 표현식의 미분, 방정식의 단순화 및 인수분해 등에서도 작동하죠. 요즘에는 특별한 이유가 없는 한 미적분을 수동으로 하지 않습니다. 그레이디언트의 계산은 파이토치가, 방정식을 보여주는 일은 심파이가 해줍니다!

이런 함수를 정의한 후 사용하면 역전파 코드를 작성할 수 있습니다. 각 그레이디언트는 올바른 텐

서의 속성에 자동으로 채워지기 때문에 _grad 함수들의 결과를 별도로 저장하지 않아도 됩니다. 단지 순전파의 반대 순서로 각 _grad 함수를 호출하여 각 함수가 out.g에 접근하도록 하면 되죠.

```
def forward_and_backward(inp, targ):
    # 순전파
    l1 = inp @ w1 + b1
    l2 = relu(l1)
    out = l2 @ w2 + b2
    # 사실 역전파에는 loss가 필요 없습니다!
    loss = mse(out, targ)

    # 역전파
    mse_grad(out, targ)
    lin_grad(l2, out, w2, b2)
    relu_grad(l1, l2)
    lin_grad(inp, l1, w1, b1)
```

이제 w1.g, b1.g, w2.g, b2.g로 모델 파라미터의 그레이디언트에 접근할 수 있습니다. 모델을 성공적으로 정의했으니, 이번에는 정의한 모델을 파이토치의 모듈과 닮은 형태로 만들어보죠.

17.2.3 모델 리팩터링 하기

앞서 작성한 모든 함수는 순전파와 역전파를 계산하려고 정의했으며, 때에 따라 적절히 조합하여 사용했죠. 하지만 이런 함수를 순전파와 역전파라는 관점에서 클래스 단위로 만들 수도 있습니다. 즉 relu와 relu_grad 함수의 역할을 한 클래스로 묶을 수 있습니다. 그리고 클래스는 상태를 저장할 수 있으니 역전파에 대한 입력과 출력을 저장할 수도 있겠죠. 또한 클래스별 역전파를 backward라는 메서드로 정의해두면, 단순히 backward를 호출하기만 해도 특정 함수에 대한 그레이디언트를 구할 수 있습니다.

```
class Relu():
    def __call__(self, inp):
        self.inp = inp
        self.out = inp.clamp_min(0.)
        return self.out

    def backward(self): self.inp.g = (self.inp>0).float() * self.out.g
```

__call__은 파이썬의 특수 함수로, 클래스를 호출할 수 있는 형태(콜러블)로 만들어줍니다. y = Relu()(x)와 같은 코드를 실행할 때 호출되며, 우리가 만든 MSE 손실과 선형 계층에도 적용할 수 있습니다.

```python
class Lin():
    def __init__(self, w, b): self.w,self.b = w,b

    def __call__(self, inp):
        self.inp = inp
        self.out = inp@self.w + self.b
        return self.out

    def backward(self):
        self.inp.g = self.out.g @ self.w.t()
        self.w.g = inp.t() @ self.out.g
        self.b.g = self.out.g.sum(0)

class Mse():
    def __call__(self, inp, targ):
        self.inp = inp
        self.targ = targ
        self.out = (inp.squeeze() - targ).pow(2).mean()
        return self.out

    def backward(self):
        x = (self.inp.squeeze()-self.targ).unsqueeze(-1)
        self.inp.g = 2.*x/self.targ.shape[0]
```

그리고 이 모두를 모델로 감쌀 수 있겠죠. 모델 클래스의 인스턴스는 w1, b1, w2, b2용 텐서와 함께 만들어집니다. 앞서 정의한 Relu, Lin, Mse는 행동(계산)을 정의하며, 계산에 사용할 내부 파라미터는 모델에서 정의합니다.

```python
class Model():
    def __init__(self, w1, b1, w2, b2):
        self.layers = [Lin(w1,b1), Relu(), Lin(w2,b2)]
        self.loss = Mse()

    def __call__(self, x, targ):
        for l in self.layers: x = l(x)
        return self.loss(x, targ)
```

```
def backward(self):
    self.loss.backward()
    for l in reversed(self.layers): l.backward()
```

이렇게 리팩터링하면 순전파와 역전파의 구현이 정말로 쉬워진다는 장점이 있습니다. 모델을 인스턴스화하려면 다음 코드 한 줄만 작성하면 되죠.

```
model = Model(w1, b1, w2, b2)
```

그리고 순전파도 다음처럼 코드 한 줄로 할 수 있습니다.

```
loss = model(x, y)
```

역전파도 마찬가지죠.

```
model.backward()
```

17.2.4 파이토치로 전환하기

Lin, Mse, Relu 클래스에는 공통 요소가 많습니다. 따라서 공통 요소를 뽑아내 상위 클래스를 만들고, 이를 상속받아 하위 클래스를 만드는 방식을 생각해볼 수 있습니다.

```
class LayerFunction():
    def __call__(self, *args):
        self.args = args
        self.out = self.forward(*args)
        return self.out

    def forward(self):  raise Exception('not implemented')
    def bwd(self):      raise Exception('not implemented')
    def backward(self): self.bwd(self.out, *self.args)
```

이와 같은 상위 클래스를 만들었다면, 이를 상속받은 하위 클래스에서는 forward 및 bwd 메서드를 구현하기만 하면 됩니다.

```
class Relu(LayerFunction):
    def forward(self, inp): return inp.clamp_min(0.)
    def bwd(self, out, inp): inp.g = (inp>0).float() * out.g

class Lin(LayerFunction):
    def __init__(self, w, b): self.w,self.b = w,b

    def forward(self, inp): return inp@self.w + self.b

    def bwd(self, out, inp):
        inp.g = out.g @ self.w.t()
        self.w.g = self.inp.t() @ self.out.g
        self.b.g = out.g.sum(0)

class Mse(LayerFunction):
    def forward (self, inp, targ): return (inp.squeeze() - targ).pow(2).mean()
    def bwd(self, out, inp, targ):
        inp.g = 2*(inp.squeeze()-targ).unsqueeze(-1) / targ.shape[0]
```

모델의 나머지 부분은 전과 같습니다. 구현 방식이 점점 더 파이토치에 가까워지고 있습니다. 한 가지 차이점은 각 기본 함수를 위한 파이토치의 클래스는 forward와 backward 메서드가 있는 torch.autograd.Function을 상속받아 작성되었다는 점입니다. 파이토치는 requires_grad 속성을 False로 설정하지 않는 한 역전파를 적절히 수행하는데 필요한 모든 계산을 추적하죠.

이런 클래스도 우리가 앞서 만든 클래스와 마찬가지로 쉽게 작성할 수 있습니다. 차이점은 역전파에 활용할 항목을 선택해 콘텍스트 변수(ctx)에 넣고(필요한 항목만), 역전파 단계인 backward 메서드가 계산된 그레이디언트를 반환해야 한다는 점입니다. 여러분만의 함수용 클래스를 직접 정의할 일은 거의 없겠지만, 제공되는 함수의 그레이디언트를 계산하는 방식에 변화를 주는 등의 특수한 상황은 종종 발생합니다. 다음은 Relu 함수를 파이토치로 작성하는 방법입니다.

```
from torch.autograd import Function

class MyRelu(Function):
    @staticmethod
    def forward(ctx, i):
        result = i.clamp_min(0.)
```

```
        ctx.save_for_backward(i)
        return result

    @staticmethod
    def backward(ctx, grad_output):
        i, = ctx.saved_tensors
        return grad_output * (i>0).float()
```

이런 Function의 이점을 활용해 더 복잡한 모델을 구축하는 데는 torch.nn.Module을 사용합니다. 이는 모든 모델의 기본 구조이며, 지금껏 봐온 모든 신경망은 해당 클래스에서 만들어졌죠. 이 클래스는 주로 학습 루프에서 사용되는 학습 가능한 모든 파라미터의 등록에 도움을 줍니다.

nn.Module을 구현하려면 다음 세 절차를 따르기만 하면 됩니다.

1 객체 초기화 시 상위 클래스(super)의 __init__ 메서드를 가장 먼저 호출합니다.

2 모델의 모든 파라미터는 nn.Parameter로 정의합니다.

3 모델의 출력을 반환하는 forward 함수를 정의합니다.

다음은 선형 계층을 세 절차에 따라 정의한 예입니다.

```
import torch.nn as nn

class LinearLayer(nn.Module):
    def __init__(self, n_in, n_out):
        super().__init__()
        self.weight = nn.Parameter(torch.randn(n_out, n_in) * sqrt(2/n_in))
        self.bias = nn.Parameter(torch.zeros(n_out))

    def forward(self, x): return x @ self.weight.t() + self.bias
```

보다시피 LinearLayer 클래스는 정의된 파라미터들을 자동으로 추적합니다.

```
>>> lin = LinearLayer(10,2)
>>> p1,p2 = lin.parameters()
>>> p1.shape,p2.shape

(torch.Size([2, 10]), torch.Size([2]))
```

nn.Module의 이런 특성 덕분에 **opt.step**을 호출하기만 해도 옵티마이저가 파라미터를 반복적으로 접근하고 각 파라미터를 갱신할 수도 있습니다.

파이토치에서는 가중치가 **출력 수 × 입력 수** 모양의 행렬로 저장된다는 점에 주의해야 합니다. **LinearLayer**의 **forward** 메서드에서 이 행렬을 전치시킨 이유기도 하죠.

파이토치가 제공하는 선형 계층을 사용하면, 앞서 직접 만든 모델을 다음과 같이 간소하게 구현할 수 있습니다(내부적으로 케이밍 초기화도 함께 적용됩니다).

```
class Model(nn.Module):
    def __init__(self, n_in, nh, n_out):
        super().__init__()
        self.layers = nn.Sequential(
            nn.Linear(n_in,nh), nn.ReLU(), nn.Linear(nh,n_out))
        self.loss = mse

    def forward(self, x, targ): return self.loss(self.layers(x).squeeze(), targ)
```

fastai는 **nn.Module**을 상속받은 약간 변형된 **Module**을 제공합니다. **super().__init__()**을 자동으로 호출한다는 점만 **nn.Module**과 다릅니다.

```
class Model(Module):
    def __init__(self, n_in, nh, n_out):
        self.layers = nn.Sequential(
            nn.Linear(n_in,nh), nn.ReLU(), nn.Linear(nh,n_out))
        self.loss = mse

    def forward(self, x, targ): return self.loss(self.layers(x).squeeze(), targ)
```

19장에서는 이렇게 만든 간단한 모델을 사용하는 학습 루프를 밑바닥부터 만들어보겠습니다. 그리고 학습 루프를 앞 장들에서 봐온 형태로 리팩터링하는 방법을 살펴봅니다.

17.3 결론

이 장에서는 행렬의 곱셈에서 시작해서 밑바닥부터 구현한 순전파와 역전파 등 딥러닝의 기초를 살펴봤습니다. 그리고 코드를 리팩터링하여 파이토치가 내부적으로 작동하는 방식을 알아봤습니다.

이 장의 내용을 요약하면 다음과 같습니다.

- 신경망은 기본적으로 수많은 행렬의 곱셈과 비선형성으로 구성됩니다.

- 파이썬은 느립니다. 빠른 코드를 원한다면 벡터화를 통해 요소별 연산 및 브로드캐스팅의 이점을 누릴 수 있는 형태로 작성해야만 합니다.

- 두 텐서의 마지막부터 하나씩 앞으로 이동하며 차원을 비교하여 호환이 가능하면(완전히 동일거나, 둘 중 하나가 1일 때) 브로드캐스팅을 적용할 수 있습니다. 텐서를 브로드캐스트할 수 있게 하려면 때로는 unsqueeze 메서드 또는 None 색인 기능으로 크기가 1인 차원을 추가해야 합니다.

- 학습을 시작할 때 신경망을 적절히 초기화하는 것은 매우 중요합니다. 활성화 함수로 ReLU를 선택했다면 케이밍 초기화를 사용해야 합니다.

- 역전파란 모델의 출력에서 그레이디언트를 계산하고 한 번에 한 계층씩 앞으로 이동하며 연쇄 법칙을 여러 번 적용한 것입니다.

- nn.Module(fastai의 Module이 아님)을 상속받을 때, __init__ 메서드의 시작 지점에 상위 클래스의 __init__ 메서드를 호출하고 입력 데이터를 받아들여 원하는 결과를 반환하는 forward 함수를 정의해야만 합니다.

17.4 질문지

1 단일 뉴런을 구현하는 파이썬 코드를 작성해보세요.

2 ReLU를 구현하는 파이썬 코드를 작성해보세요.

3 밀집 계층의 행렬 곱셈을 파이썬 코드로 작성해보세요.

4 순수 파이썬(파이썬의 내장 기능과 리스트 컴프리헨션 포함)으로 밀집 계층의 코드를 작성해보세요.

5 계층의 '은닉 크기'란 무엇인가요?

6 파이토치의 메서드 t의 역할은 무엇인가요?

7 순수 파이썬으로 작성한 행렬 곱셈이 느린 이유는 무엇인가요?

8 matmul에서 ac == br인 이유는 무엇인가요?

9 주피터 노트북에서 단일 셀의 실행에 걸리는 시간을 측정하는 방법은 무엇인가요?

10 요소별 연산이란 무엇인가요?

11 a의 모든 요소가 b의 해당 요소보다 큰지를 검사하는 파이토치 코드를 작성해보세요.

12 랭크0 텐서란 무엇인가요? 이를 파이썬의 자료형으로 변환하는 방법은 무엇인가요?

13 다음 코드가 반환하는 결과와 그 이유는 무엇인가요?

```
tensor([1,2]) + tensor([1])
```

14 다음 코드가 반환하는 결과와 그 이유는 무엇인가요?

```
tensor([1,2]) + tensor([1,2,3])
```

15 요소별 연산은 어떻게 matmul 속도를 높이는 데 도움이 되나요?

16 브로드캐스팅의 규칙은 무엇인가요?

17 expand_as란 무엇인가요? 브로드캐스팅 결과를 일치시키는 데 사용하는 방법의 예를 제시해보세요.

18 브로드캐스팅의 특정 문제를 해결하는 데 unsqueeze를 어떻게 쓰나요?

19 unsqueeze와 같은 결과를 얻을 수 있는 색인 기법은 무엇인가요?

20 텐서의 실제 메모리 내용을 확인하는 방법은 무엇인가요?

21 3×3 크기의 행렬에 크기가 3인 벡터를 더하면, 벡터의 요소가 확장되는 기준은 행인가요? 열인가요? (주 피터 노트북에서 코드를 실행하고 답을 구해보세요.)

22 브로드캐스팅과 expand_as를 사용하면 메모리 사용률이 증가하나요? 왜 그런가요?

23 아인슈타인 표기법으로 matmul을 구현해보세요.

24 einsum의 왼쪽에 반복되는 색인 기호는 무엇을 의미하나요?

25 아인슈타인 표기법의 세 가지 규칙은 무엇인가요? 왜 그런가요?

26 신경망의 순전파와 역전파란 무엇인가요?

27 순전파 시 중간 계층들에서 계산된 활성을 저장해야 하는 이유는 무엇인가요?

28 활성의 표준 편차가 1에서 너무 멀리 떨어졌을 때의 단점은 무엇인가요?

29 가중치 초기화는 해당 문제를 어떻게 해결하나요?

30 순수 선형 계층과 ReLU가 따라붙은 선형 계층에 대해 가중치의 표준편차를 1로 초기화하는 공식은 무엇 인가요?

31 손실 함수에서 squeeze 메서드를 사용하는 이유는 무엇인가요?

32 squeeze 메서드에 있는 인자의 역할은 무엇인가요? 파이토치가 요구하지 않더라도 해당 인자를 포함해야 하는 이유는 무엇인가요?

33 연쇄 법칙이란 무엇인가요? 이 장에서 제시한 두 형식 중 하나로 방정식을 써보세요.

34 연쇄 법칙을 적용하여 mse(lin (l2, w2, b2), y)의 그레이디언트를 계산하는 방법을 설명해보세요.

35 ReLU의 그레이디언트는 어떻게 계산하나요? 수학 공식이나 코드로 계산 방법을 써보세요(암기할 필요는 없으며, 함수의 모양을 떠올려 작성해보세요).

36 역전파에서 이름이 *_grad인 함수들은 어떤 순서로 호출해야 하나요? 왜 그런가요?

37 __call__ 메서드는 무엇인가요?

38 torch.autograd.Function 사용 시 어떤 메서드를 구현해야 하나요?

39 여러분 스스로 nn.Linear를 만들어보고 작동하는지 검증해보세요.

40 nn.Module과 fastai의 Module 간의 차이는 무엇인가요?

17.4.1 추가 연구

1 torch.autograd.Function으로 ReLU를 구현하고, 이를 사용해 모델을 학습시켜 보세요.

2 수학을 좋아한다면, 선형 계층의 그레이디언트를 수학적으로 표현해보세요. 그리고 이 장에서 본 구현에 매핑해보세요.

3 파이토치의 unfold 메서드를 살펴보고 행렬 곱셈에 사용하여 2D 합성곱 함수를 직접 구현해보세요. 그리고 이를 사용해 CNN을 학습시켜보세요.

4 이 장의 모든 내용을 파이토치 대신 넘파이로 구현해보세요.

CHAPTER 18

CAM을 이용한 CNN의 해석

이제 거의 모든 것을 밑바닥부터 구축하는 방법을 알았습니다. 18장에서는 지금껏 배운 지식으로 매우 유용하면서도 완전히 새로운 기능인 **클래스 활성 맵**을 만듭니다. 이 기능은 CNN이 어떤 근거로 예측을 만들어내는지에 관한 통찰을 얻도록 해줍니다.

그러면서 지금까지 소개한 여러 개념을 적용해보고, 파이토치의 편리한 기능인 **훅**hook을 새로 배워봅니다. 책의 내용을 얼마나 잘 이해하는지 스스로 점검해보려면, 이 장을 마친 후 여기서 다룬 내용을 처음부터 다시 만들어보기 바랍니다.

18.1 CAM과 훅

볼레 조Bolei Zhou 등이 쓴 「Learning Deep Features for Discriminative Localization (https://oreil.ly/5hik3)」 논문에서 소개한 **클래스 활성 맵**class activation map (CAM)은 모델이 내린 결정의 근거를 최종 합성곱 계층의 출력(평균 풀링 계층 직전)과 모델이 내놓은 예측을 함께 사용하여 히트맵으로 시각화하는 방법입니다.

좀 더 정확히 설명해보죠. 최종 합성곱 계층의 각 커널을 최종 선형 계층의 각 뉴런에 매핑합니다.[80] 그리고 이렇게 얻은 선형 계층의 활성에 가중치의 점곱을 구해 얻은 특징 맵의 각 위치로

---

[80] 최종 합성곱 계층 다음에 **글로벌 평균 풀링**(global average pooling) 계층을 적용한 결과입니다. 글로벌 평균 풀링은 합성곱 계층의 각 커널을 단일 뉴런으로 압축하는 기능을 합니다.

부터, 모델이 결정을 내린 특징별 점수를 얻을 수 있습니다.

이를 구현하려면 학습하는 동안 모델의 내부 활성에 접근할 방법이 필요합니다. 파이토치의 **훅**이 바로 이 용도로 쓰입니다. 이는 fastai의 콜백과 유사합니다. 다만 학습 루프 내부에 코드를 심는 fastai의 콜백과는 달리, 순전파와 역전파 계산 자체에 코드를 심어두는 방법입니다. 훅은 모델의 모든 계층에 달 수 있으며, 해당 계층의 출력(순방향 훅)이나 역전파(역방향 훅)를 계산할 때마다 해당 훅이 실행됩니다. 순방향 훅은 모듈, 입력, 출력 인자를 수용하는 함수이며, 이 세 가지 정보로 가능한 모든 일을 처리할 수 있습니다(fastai는 훅을 편하게 사용하도록 해주는 `HookCallback`을 제공합니다. 여기서는 다루지 않지만, fastai의 공식 문서를 살펴보기 바랍니다).

1장에서 학습시킨 개/고양이 분류 모델을 그대로 활용하여 훅의 사용 방식을 알아보죠.

```
path = untar_data(URLs.PETS)/'images'
def is_cat(x): return x[0].isupper()
dls = ImageDataLoaders.from_name_func(
    path, get_image_files(path), valid_pct=0.2, seed=21,
    label_func=is_cat, item_tfms=Resize(224))
learn = cnn_learner(dls, resnet34, metrics=error_rate)
learn.fine_tune(1)
```

epoch	train_loss	valid_loss	error_rate	time
0	0.141987	0.018823	0.007442	00:16

epoch	train_loss	valid_loss	error_rate	time
0	0.050934	0.015366	0.006766	00:21

우선 고양이 사진 한 장으로 구성된 데이터 배치를 하나 만듭니다.

```
img = PILImage.create(image_cat())
x, = first(dls.test_dl([img]))
```

CAM을 구현하려면 최종 합성곱 계층의 활성을 따로 저장해야 합니다. 즉 나중에 기록된 내용을 사용해야 하므로 상태를 기록하는 클래스를 만듭니다. 그리고 해당 클래스의 메서드로 훅을 정의합니다. 이 훅 메서드는 단순히 출력 활성의 복사본을 저장합니다.

```
class Hook():
    def hook_func(self, m, i, o): self.stored = o.detach().clone()
```

Hook 클래스의 인스턴스를 만들고, 훅을 구현한 **hook_func** 메서드를 원하는 계층에 달아둡니다. 여기서는 CNN 몸통의 최종 계층이 바로 그 대상이죠.

```
hook_output = Hook()
hook = learn.model[0].register_forward_hook(hook_output.hook_func)
```

이제 앞서 만든 단일 데이터 배치를 모델에 주입합니다.

```
with torch.no_grad(): output = learn.model.eval()(x)
```

그러면 순전파 시 계산된 활성은 **Hook** 클래스 내부에 저장되고, 다음처럼 접근할 수 있습니다.

```
act = hook_output.stored[0]
```

예측 결과도 확인해보죠.

```
>>> F.softmax(output, dim=-1)
tensor([[7.3566e-07, 1.0000e+00]], device='cuda:0')
```

fastai는 범주를 자동으로 정렬합니다. 즉 '개'를 표현하는 색인 번호가 **0**임을 유추할 수 있죠.[81] 한편 **dls.vocab** 속성으로 해당 사실을 명시적으로 확인할 수도 있습니다.

```
>>> dls.vocab
(#2) [False,True]
```

따라서 이 모델은 주어진 사진이 고양임을 매우 확신합니다.[82]

....

81 옮긴이_ 고양이의 유무를 예측하는 모델이므로, 0번은 레이블이 False, 1번은 True입니다. False와 True를 알파벳 순서대로 정렬하면 False는 0, True는 1이라는 색인 번호가 됩니다.
82 옮긴이_ 예측 결과의 색인 번호 1의 값이 거의 1에 가깝습니다. 모든 출력을 더하면 1이 된다는 소프트맥스의 특성상, 거의 100% 고양 이라고 예측한 것입니다.

다음은 einsum으로 활성(배치 크기×행의 수×열의 수)과 가중치 행렬(2×활성 수)의 점곱을 계산하는 코드입니다.

```
>>> act.shape

torch.Size([512, 7, 7])

>>> cam_map = torch.einsum('ck,kij->cij', learn.model[1][-1].weight, act)
>>> cam_map.shape

torch.Size([2, 7, 7])
```

점곱의 계산으로 배치 내 이미지에 대한 범주별, 7×7 크기의 **특징 맵**feature map을 얻습니다. 그리고 특징 맵은 활성이 높고 낮은 위치를 파악하는 용도로 사용하므로, 이를 활용하면 모델이 내린 결정이 사진의 어떤 영역에 근거하는지 알 수 있겠죠.

다음은 모델이 주어진 동물 사진을 고양이라고 판단한 근거가 된 영역을 시각적으로 출력하는 코드입니다. x가 DataLoader로 정규화되었으므로 decode 메서드를 사용했다는 점을 알아두세요. 또한 색인 연산 수행 시 자료형을 유지하지 않는 파이토치의 특성 때문에 디코딩된 결과를 TensorImage로 형 변환했습니다(여러분이 책을 읽는 시점에는 자료형을 유지하도록 수정될지도 모릅니다).

```
x_dec = TensorImage(dls.train.decode((x,))[0][0])
_,ax = plt.subplots()
x_dec.show(ctx=ax)
ax.imshow(cam_map[1].detach().cpu(), alpha=0.6, extent=(0,224,224,0),
          interpolation='bilinear', cmap='magma');
```

이렇게 출력한 이미지의 밝은 노란색은 활성이 큰 영역, 보라색은 활성이 낮은 영역을 표시합니다. 즉 고양이의 머리와 발바닥 부분이 이를 고양이 사진으로 판단하게 한 특징이죠.

훅을 다 사용한 다음에는 메모리 누수가 발생하지 않도록 제거해야 합니다.

```
hook.remove()
```

따라서 Hook 클래스를 **콘텍스트 매니저**context manager로 만들면 좋습니다. 즉 훅을 사용할 때 등록하고 종료할 때 자동으로 제거하도록 만듭니다. 콘텍스트 매니저를 구현하려면 파이썬의 두 특수 메서드가 필요합니다. 그중 `__enter__`는 with 절에서 객체를 생성할 때 호출되며, `__exit__`는 with 절이 끝날 때 호출됩니다. 파이썬에서 파일을 열 때 흔히 사용하는 with open(...) as f: 코드가 전형적인 예입니다. 이렇게 연 파일은 close(f)를 명시적으로 호출하지 않아도 with 절 마지막에 자동으로 닫힙니다.

Hook을 다음과 같이 정의하면 콘텍스트 매니저로 만들 수 있습니다.

```
class Hook():
    def __init__(self, m):
        self.hook = m.register_forward_hook(self.hook_func)
    def hook_func(self, m, i, o): self.stored = o.detach().clone()
    def __enter__(self, *args): return self
    def __exit__(self, *args): self.hook.remove()
```

그러면 다음처럼 안전하게 사용할 수 있죠.

```
with Hook(learn.model[0]) as hook:
    with torch.no_grad(): output = learn.model.eval()(x.cuda())
    act = hook.stored
```

fastai는 Hook 클래스 외에도 훅 작업을 쉽게 해주는 여러 클래스를 제공합니다.

보다시피 CAM은 모델의 판단 근거를 확인하는 유용한 방법입니다. 하지만 오직 최종 계층에서만 작동한다는 단점이 있습니다. CAM을 변형한 **그레이디언트 CAM**Gradient CAM은 이 문제의 해결책을 제시합니다.

18.2 그레이디언트 CAM

앞서 본 CAM은 구한 특징에 가중치 행렬을 곱하는 방식으로, 최종 활성만으로 히트맵을 계산했습니다. 따라서 신경망 내부 계층에서는 작동하지 않습니다. 2016년 람프러사드 샐바라주[Ramprasaath R. Selvaraju] 등이 쓴 CAM을 변형한 「Grad-CAM: Why Did You Say That?(https://oreil.ly/4krXE)」 논문은 원하는 범주에 대한 최종 활성의 그레이디언트를 사용한 기법을 소개합니다.

최종 계층은 선형이므로, 입력에 대한 최종 계층의 그레이디언트는 해당 계층의 가중치와 같습니다. 하지만 더 깊은 신경망 내부 계층의 그레이디언트는 그렇지 않습니다. 따라서 그레이디언트를 계산해야만 합니다. 파이토치는 역전파 과정에서 모든 계층의 경사도를 계산하지만, 저장하지는 않습니다(requires_grad가 False일 때). 하지만 역전파 과정에 훅을 달아두면, 파이토치가 계산한 그레이디언트를 저장할 수 있겠죠. 이를 위해 Hook과 유사한 HookBwd 클래스를 만듭니다. 단 이번에는 활성 대신 그레이디언트를 저장합니다.

```
class HookBwd():
    def __init__(self, m):
        self.hook = m.register_backward_hook(self.hook_func)
    def hook_func(self, m, gi, go): self.stored = go[0].detach().clone()
    def __enter__(self, *args): return self
    def __exit__(self, *args): self.hook.remove()
```

전과 마찬가지로 범주의 색인 번호 1(고양이)에 대해 최종 합성곱 계층의 특징에 접근하고, 해당 범주에 대해 출력된 활성의 그레이디언트를 계산합니다. 그레이디언트는 스칼라(보통 손실)에 대해서만 계산할 수 있는데, output이 랭크2 텐서이므로 단순히 output.backward를 호출할 수는 없습니다. 하지만 단일 이미지(색인 번호 0)와 단일 범주(색인 번호 1)를 선택한다면, output[0, cls].backward로 단일 스칼라값에 대한 가중치 또는 활성의 그레이디언트를 계산할 수 있습니다. 이렇게 작성한 훅은 가중치로 사용할 그레이디언트를 따로 저장합니다.

```
cls = 1
with HookBwd(learn.model[0]) as hookg:
    with Hook(learn.model[0]) as hook:
        output = learn.model.eval()(x.cuda())
        act = hook.stored
```

```
        output[0,cls].backward()
        grad = hookg.stored
```

그레이디언트 CAM의 가중치는 특징 맵에 걸친 그레이디언트의 평균이며, 그 외의 부분은 전과 동일합니다.

```
w = grad[0].mean(dim=[1,2], keepdim=True)
cam_map = (w * act[0]).sum(0)

_,ax = plt.subplots()
x_dec.show(ctx=ax)
ax.imshow(cam_map.detach().cpu(), alpha=0.6, extent=(0,224,224,0),
          interpolation='bilinear', cmap='magma');
```

그레이디언트 CAM은 모든 계층에서 사용할 수 있는 새로운 방법을 제시했습니다. 다음은 ResNet의 마지막 두 번째 그룹의 출력에 그레이디언트 CAM을 적용한 예입니다.

```
with HookBwd(learn.model[0][-2]) as hookg:
    with Hook(learn.model[0][-2]) as hook:
        output = learn.model.eval()(x.cuda())
        act = hook.stored
    output[0,cls].backward()
    grad = hookg.stored

w = grad[0].mean(dim=[1,2], keepdim=True)
cam_map = (w * act[0]).sum(0)
```

이제 해당 계층의 활성 맵을 확인할 수 있습니다.

```
_,ax = plt.subplots()
x_dec.show(ctx=ax)
ax.imshow(cam_map.detach().cpu(), alpha=0.6, extent=(0,224,224,0),
            interpolation='bilinear', cmap='magma');
```

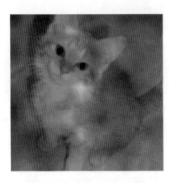

18.3 결론

모델 해석은 활발히 연구 중인 분야이며, 이 장에서는 그중 매우 일부만을 살펴보았습니다. 클래스 활성 맵은 도출된 예측 결과의 근거가 되는 이미지의 영역을 표시하여 모델 작동 방식에 관한 통찰을 제공합니다. 이 기법은 거짓 긍정false positive을 분석하는 데 유용하며, 학습 시 부족한 데이터 종류를 파악하는 데도 도움을 줍니다.

18.4 질문지

1 파이토치의 훅이란 무엇인가요?
2 CAM은 어떤 계층의 출력을 사용하나요?
3 CAM 구현에 훅이 필요한 이유는 무엇인가요?
4 ActivationStats 클래스의 소스 코드 내부에서 훅이 사용되는 방식을 살펴보세요.
5 가능한 한 책을 보지 않고 모델의 특정 계층의 활성을 저장하는 훅을 작성해보세요.

6 활성을 얻기 전 eval을 호출하는 이유는 무엇인가요? 왜 no_grad를 사용하나요?

7 torch.einsum으로 모델 몸통의 마지막 계층에 대한 활성의 각 위치별로 '개'나 '고양이'의 점수를 계산해 보세요.

8 범주의 순서(색인 번호 → 범주 간 매핑)를 확인하는 방법은 무엇인가요?

9 입력 이미지를 출력할 때 decode를 사용하는 이유는 무엇인가요?

10 콘텍스트 매니저란 무엇인가요? 콘텍스트 매니저를 정의할 때 필요한 특수 메서드는 무엇인가요?

11 신경망의 내부 계층에 순수 CAM을 사용할 수 없는 이유는 무엇인가요?

12 그레이디언트 CAM 구현 시 역전파에 훅을 달아둬야만 하는 이유는 무엇인가요?

13 output이 이미지당 범주별 출력 활성을 표현하는 랭크2 텐서일 때 output.backward를 호출할 수 없는 이유는 무엇인가요?

18.4.1 추가 연구

1 keepdim을 제거하면 어떤 일이 일어나는지 실험해보세요. 파이토치 공식 문서에서 keepdim 인자의 역할을 확인해보세요. 우리는 왜 keepdim을 사용했을까요?

2 NLP 작업에서도 이 장과 유사한 내용의 노트북을 작성해보세요. 영화 리뷰 중 어떤 단어가 감정 평가에 가장 큰 영향을 미치는지를 파악해보세요.

CHAPTER 19

밑바닥부터 만드는 Learner 클래스

이번 장은 지금까지와는 약간 다릅니다. 앞 장들보다 설명은 훨씬 적게 하고 코드는 훨씬 더 많이 넣었죠. 새로운 파이썬 키워드와 라이브러리를 사용하지만, 별도의 설명을 제공하지는 않습니다. 여러분이 직접 실행하고 탐구하는 기회를 제공하여 향후 여러분의 연구 프로젝트의 초석이 될 것입니다. 이번에는 17장에서 개발한 내용에만 의지해서 fastai와 파이토치의 여러 중요한 API를 밑바닥부터 구현하겠습니다! 이 장의 핵심 목표는 지금껏 본 주요 기법을 여러분이 직접 만든 Learner 클래스와 콜백에 탑재하고, 이미지네트 데이터셋에서 잘 학습되는 모델을 만드는 것입니다. 또한 그 과정에서 Module, Parameter, 병렬 DataLoader도 직접 구현해보며 파이토치의 클래스의 내부적인 작동 개념을 파악해보죠.

매 장의 마지막에 제공한 질문지는 이번 장에서 특히 중요합니다. 앞으로 나아갈 여러 가지 흥미로운 방향을 제시하기 때문이죠. 컴퓨터로 직접 따라가면서 실험을 많이 해보고 웹 검색을 해서 무슨 일이 일어나는지 자발적으로 이해해보길 바랍니다. 이미 책 전반에 걸쳐 이를 위한 기술과 전문성을 키웠으니 잘 헤쳐나갈 수 있을 것입니다!

우선 수작업으로 데이터를 모으는 작업부터 시작합니다.

19.1 데이터

다음 코드로 untar_data의 작동 방식을 이해해보죠. 이 장 전체에 걸쳐 사용할 160픽셀 크기의 이미지네트 데이터를 다운로드합니다.

```
path = untar_data(URLs.IMAGENETTE_160)
```

그리고 get_image_files 함수로 다운로드한 이미지 파일 목록에 접근할 수 있습니다.

```
>>> t = get_image_files(path)
>>> t[0]

Path('/home/jhoward/.fastai/data/imagenette2-160/val/n03417042/n03417042_3752.JP
  > EG')
```

파이썬의 순수 표준 라이브러리인 glob도 같은 일을 하죠.

```
>>> from glob import glob
>>> files = L(glob(f'{path}/**/*.JPEG', recursive=True)).map(Path)
>>> files[0]

Path('/home/jhoward/.fastai/data/imagenette2-160/val/n03417042/n03417042_3752.JP
  > EG')
```

get_image_files 함수는 내부적으로 파이썬의 os.walk를 사용합니다. os.walk는 glob보다 빠르고 훨씬 더 유연한 함수입니다. 꼭 시도해보기 바랍니다.

파이썬 이미지 라이브러리Python Imaging Library (PIL)의 Image 클래스로는 이미지를 열고 출력할 수 있습니다.

```
im = Image.open(files[0])
im
```

```
>>> im_t = tensor(im)
>>> im_t.shape

torch.Size([160, 213, 3])
```

이렇게 얻은 텐서는 독립변수가 됩니다. 그리고 pathlib의 Path.parent로 종속변수를 구성할 수 있습니다. 우선 이미지 레이블의 범주 목록을 담은 lbls를 만듭니다.

```
>>> lbls = files.map(Self.parent.name()).unique(); lbls

(#10) ['n03417042','n03445777','n03888257','n03394916','n02979186','n03000684','
 > n03425413','n01440764','n03028079','n02102040']
```

그리고 L.val2idx 메서드로 범주마다 번호를 매핑시킨 딕셔너리를 만들 수 있습니다.

```
>>> v2i = lbls.val2idx(); v2i

{'n03417042': 0,
 'n03445777': 1,
 'n03888257': 2,
 'n03394916': 3,
 'n02979186': 4,
 'n03000684': 5,
 'n03425413': 6,
 'n01440764': 7,
 'n03028079': 8,
 'n02102040': 9}
```

이제 Dataset을 만들 때 필요한 모든 조각을 모았습니다.

19.1.1 Dataset

색인(__getitem__)과 len만 구현한다면, 어떤 클래스라도 파이토치의 Dataset이 될 수 있습니다.

```
class Dataset:
    def __init__(self, fns): self.fns=fns
    def __len__(self): return len(self.fns)
    def __getitem__(self, i):
        im = Image.open(self.fns[i]).resize((64,64)).convert('RGB')
        y = v2i[self.fns[i].parent.name]
        return tensor(im).float()/255, tensor(y)
```

Dataset.__init__에 넘겨줄 학습용 및 검증용 파일명 목록을 만듭니다.

```
>>> train_filt = L(o.parent.parent.name=='train' for o in files)
>>> train,valid = files[train_filt],files[~train_filt]
>>> len(train),len(valid)

(9469, 3925)
```

만든 목록으로 Dataset을 생성해보죠.

```
>>> train_ds,valid_ds = Dataset(train),Dataset(valid)
>>> x,y = train_ds[0]
>>> x.shape,y

(torch.Size([64, 64, 3]), tensor(0))
```

```
show_image(x, title=lbls[y]);
```

보다시피 **Dataset**은 우리에게 필요한 독립변수와 종속변수의 단일 튜플을 반환합니다. 이번에는 이들을 미니배치 형태로 재구성해보죠. 이 과정은 보통 **torch.stack**으로 해결할 수 있습니다.

```
def collate(idxs, ds):
    xb,yb = zip(*[ds[i] for i in idxs])
    return torch.stack(xb),torch.stack(yb)
```

다음은 **collate** 함수를 테스트하는 코드로, 두 요소가 있는 미니배치의 예를 보여줍니다.

```
>>> x,y = collate([1,2], train_ds)
>>> x.shape,y

(torch.Size([2, 64, 64, 3]), tensor([0, 0]))
```

Dataset 클래스와 **collate** 함수를 만들었으니, **DataLoader**를 정의할 준비가 되었습니다. **DataLoader**에는 **Dataset**과 **collate**의 기능 외에 두 가지를 추가로 제공합니다. 학습용 데이터셋을 임의로 뒤섞는 **shuffle**을 선택적으로 활성화하는 기능과 전처리 작업을 병렬로 처리하는 **ProcessPoolExecutor**입니다. JPEG 이미지를 열고 디코딩하는 과정은 느리므로 병렬 처리의 지원 여부는 매우 중요합니다.

```
class DataLoader:
    def __init__(self, ds, bs=128, shuffle=False, n_workers=1):
        self.ds,self.bs,self.shuffle,self.n_workers = ds,bs,shuffle,n_workers

    def __len__(self): return (len(self.ds)-1)//self.bs+1

    def __iter__(self):
        idxs = L.range(self.ds)
        if self.shuffle: idxs = idxs.shuffle()
        chunks = [idxs[n:n+self.bs] for n in range(0, len(self.ds), self.bs)]
        with ProcessPoolExecutor(self.n_workers) as ex:
            yield from ex.map(collate, chunks, ds=self.ds)
```

학습용 및 검증용 데이터셋으로 만든 **DataLoader**를 시험해보죠.

```
>>> n_workers = min(16, defaults.cpus)
>>> train_dl = DataLoader(train_ds, bs=128, shuffle=True, n_workers=n_workers)
>>> valid_dl = DataLoader(valid_ds, bs=256, shuffle=False, n_workers=n_workers)
>>> xb,yb = first(train_dl)
>>> xb.shape,yb.shape,len(train_dl)

(torch.Size([128, 64, 64, 3]), torch.Size([128]), 74)
```

파이토치가 제공하는 것보다 훨씬 간단한 **DataLoader**인데도 많이 느리지 않습니다. 데이터를 불러오는 복잡한 과정을 디버깅한다면, 일어나는 일을 정확히 파악하는 목적으로 각 단계를 직접 만들어보세요. 처음에는 두려울지도 모르지만, 익숙해지면 큰 도움이 됩니다.

데이터 정규화를 하려면 데이터셋의 통계적 정보가 필요합니다. 여기서처럼 정밀도가 크게 문제 되지 않는 상황에서는 학습용 데이터셋 중 단일 미니배치에 대한 통계적 정보만 계산해도 무방합니다.

```
>>> stats = [xb.mean((0,1,2)),xb.std((0,1,2))]
>>> stats

[tensor([0.4544, 0.4453, 0.4141]), tensor([0.2812, 0.2766, 0.2981])]
```

Normalize 클래스는 단순히 통계적 정보를 저장하고 적용하는 방법만 구현합니다(to_device가 왜 필요한지를 알고 싶다면, 해당 라인을 주석 처리할 때 무슨 일이 일어나는지 직접 실험해보세요).

```
class Normalize:
    def __init__(self, stats): self.stats=stats
    def __call__(self, x):
        if x.device != self.stats[0].device:
            self.stats = to_device(self.stats, x.device)
        return (x-self.stats[0])/self.stats[1]
```

노트북에서는 만든 즉시 검증하기가 쉽습니다.

```
>>> norm = Normalize(stats)
>>> def tfm_x(x): return norm(x).permute((0,3,1,2))

>>> t = tfm_x(x)
>>> t.mean((0,2,3)),t.std((0,2,3))

(tensor([0.3732, 0.4907, 0.5633]), tensor([1.0212, 1.0311, 1.0131]))
```

tfm_x는 Normalize를 적용하며 permute 메서드로 축의 순서를 NHWC에서 NCHW로 바꾸는 작업도 하죠(13장 참조). PIL은 기본적으로 HWC의 순서를 따르지만, 파이토치에서 이를 그대로 사용할 수 없어서 순서를 바꿔줘야만 합니다.

모델링에 필요한 데이터 작업을 모두 완료했습니다. 이제 모델로 넘어가 보죠!

19.2 모듈과 파라미터

모델을 정의하려면 Module이 필요합니다. 그리고 Module에는 Parameter가 필요하죠. 따라서 Parameter부터 시작해보겠습니다. 8장에서는 Parameter 클래스가 "자동으로 requires_grad_ 메서드를 호출할 뿐 다른 어떤 기능도 추가하지 않지만, parameters에 포함될 대상을 표시하는 '마커marker'로 사용합니다"라고 언급했습니다. 이 문구를 코드로 옮기면 다음과 같습니다(마커는 잠시 후 나옵니다).

```python
class Parameter(Tensor):
    def __new__(self, x): return Tensor._make_subclass(Parameter, x, True)
    def __init__(self, *args, **kwargs): self.requires_grad_()
```

구현 방식이 썩 좋지 않습니다. 파이썬의 __new__라는 특수 메서드를 정의해야 하며, 내부에서 파이토치의 _make_subclass 메서드를 호출하기 때문입니다. 물론 그러는 이유는 있습니다. 책을 쓴 시점에 파이토치에서는 이 방식으로만 하위 클래스를 만들어야 정상적으로 작동하며, 그 외의 공식 API를 별도로 제공하지 않기 때문입니다. 여러분이 책을 읽는 시점에는 개선됐을 수도 있으니 책의 웹사이트를 참조하여 확인하기 바랍니다.

이제 **Parameter**는 기대한 대로 텐서처럼 작동합니다.

```python
>>> Parameter(tensor(3.))

tensor(3., requires_grad=True)
```

Parameter를 정의했으니 이제 **Module**을 정의해보죠.

```python
class Module:
    def __init__(self):
        self.hook,self.params,self.children,self._training = None,[],[],False

    def register_parameters(self, *ps): self.params += ps
    def register_modules   (self, *ms): self.children += ms

    @property
    def training(self): return self._training
    @training.setter
    def training(self,v):
        self._training = v
        for m in self.children: m.training=v

    def parameters(self):
        return self.params + sum([m.parameters() for m in self.children], [])

    def __setattr__(self,k,v):
        super().__setattr__(k,v)
```

```
        if isinstance(v,Parameter): self.register_parameters(v)
        if isinstance(v,Module):     self.register_modules(v)

    def __call__(self, *args, **kwargs):
        res = self.forward(*args, **kwargs)
        if self.hook is not None: self.hook(res, args)
        return res

    def cuda(self):
        for p in self.parameters(): p.data = p.data.cuda()
```

parameters 메서드의 주요 기능은 정의부에 있습니다.

```
self.params + sum([m.parameters() for m in self.children], [])
```

이 한 줄의 코드는 Module에 포함된 모든 파라미터(재귀적으로 자식 Module도 포함)를 반환
합니다. 그런데 어떻게 자신의 파라미터를 알 수 있을까요? 이는 클래스의 속성을 설정할 때면
항상 호출되는 파이썬의 __setattr__라는 특수 메서드 덕분입니다. 다음과 같은 코드가 포함
되었음을 확인할 수 있죠.

```
if isinstance(v,Parameter): self.register_parameters(v)
```

바로 여기가 앞서 만든 Parameter 클래스를 '마커'로 사용한 부분입니다. 즉 Parameters 클
래스의 모든 것을 params에 추가합니다.

파이썬의 __call__이란 특수 메서드는 객체를 함수처럼 다룰 때 일어날 일을 정의합니다. __
call__ 메서드의 첫 줄은 단순히 forward 메서드를 호출합니다(forward 메서드는 Module
에 정의되지 않았으므로, 이후 Module을 상속받는 하위 클래스에 추가되어야 합니다). 그리고
정의된 훅이 있다면, 해당 훅을 호출합니다. 보다시피 파이토치의 훅은 전혀 복잡하지 않으며,
단순히 등록된 훅을 호출하기만 합니다.

이런 기능적인 부분 외에 Module은 cuda와 training 속성도 제공합니다. 곧 활용해보겠습니다.

그러면 이렇게 정의한 Module로 ConvLayer라는 하위 클래스를 만들어보죠.

```
class ConvLayer(Module):
    def __init__(self, ni, nf, stride=1, bias=True, act=True):
        super().__init__()
        self.w = Parameter(torch.zeros(nf,ni,3,3))
        self.b = Parameter(torch.zeros(nf)) if bias else None
        self.act,self.stride = act,stride
        init = nn.init.kaiming_normal_ if act else nn.init.xavier_normal_
        init(self.w)

    def forward(self, x):
        x = F.conv2d(x, self.w, self.b, stride=self.stride, padding=1)
        if self.act: x = F.relu(x)
        return x
```

17장의 질문지를 완료했다면 이미 **F.conv2d**를 구현했겠죠. 따라서 여기서는 **F.conv2**를 밑바닥부터 구현하지 않습니다. 단지 초기화된 편향과 가중치를 담은 래퍼 클래스로서 **ConvLayer**를 만듭니다. **Module.parameters**가 올바르게 작동하는지 확인해보죠.

```
>>> l = ConvLayer(3, 4)
>>> len(l.parameters())

2
```

그리고 함수처럼 호출할 수도 있는지 확인합니다(내부적으로 **forward**가 호출되어 내용을 반환하죠).

```
>>> xbt = tfm_x(xb)
>>> r = l(xbt)
>>> r.shape

torch.Size([128, 4, 64, 64])
```

Linear 모듈도 같은 방식으로 구현합니다.

```
class Linear(Module):
    def __init__(self, ni, nf):
        super().__init__()
        self.w = Parameter(torch.zeros(nf,ni))
```

```
        self.b = Parameter(torch.zeros(nf))
        nn.init.xavier_normal_(self.w)

    def forward(self, x): return x@self.w.t() + self.b
```

그리고 Linear도 잘 작동하는지 확인합니다.

```
>>> l = Linear(4,2)
>>> r = l(torch.ones(3,4))
>>> r.shape

torch.Size([3, 2])
```

속성으로 여러 파라미터가 있는 모듈을 할당해도 올바르게 등록되는지 테스트하는 모듈을 만듭니다.

```
class T(Module):
    def __init__(self):
        super().__init__()
        self.c,self.l = ConvLayer(3,4),Linear(4,2)
```

테스트 모듈에는 각각 편향과 가중치가 있는 합성곱, 선형 계층이 포함되므로, 파라미터가 총 네 개 있어야 합니다.

```
>>> t = T()
>>> len(t.parameters())

4
```

cuda 메서드를 호출하여 모든 파라미터가 GPU로 적재되는지도 확인합니다.

```
>>> t.cuda()
>>> t.l.w.device

device(type='cuda', index=5)
```

이제 이렇게 만든 조각들을 조합하여 CNN 신경망을 만들어보죠.

19.2.1 간단한 CNN

앞서 본 대로 Sequential을 사용하면 여러 구조를 쉽게 구현할 수 있습니다. Sequential도 직접 만들어보겠습니다.

```
class Sequential(Module):
    def __init__(self, *layers):
        super().__init__()
        self.layers = layers
        self.register_modules(*layers)

    def forward(self, x):
        for l in self.layers: x = l(x)
        return x
```

forward 메서드는 단지 각 계층을 순서대로 호출합니다. Module의 register_modules 메서드를 사용한다는 점에 유의하세요. 그래야만 parameters 메서드 호출 시 각 모듈의 파라미터가 모두 나타납니다.

> **NOTE_ 모든 코드는 여기서 정의합니다**
> 이 장에서는 모듈 정의에 파이토치 기능을 전혀 사용하지 않습니다. 모든 부분을 우리 스스로 정의하죠. register_modeuls의 역할과 필요성을 잘 모르겠다면, Module 클래스의 구현을 보고 스스로 파악해보세요.

적응 풀링을 간소화한 AdaptivePool 모듈을 정의합니다. 이 모듈을 호출하면 입력 텐서에 mean을 적용해 1x1 모양의 출력을 만듭니다.

```
class AdaptivePool(Module):
    def forward(self, x): return x.mean((2,3))
```

이제 CNN 신경망을 만들 준비를 마쳤습니다!

```
def simple_cnn():
    return Sequential(
        ConvLayer(3 ,16 ,stride=2), #32
        ConvLayer(16,32 ,stride=2), #16
        ConvLayer(32,64 ,stride=2), # 8
        ConvLayer(64,128,stride=2), # 4
        AdaptivePool(),
        Linear(128, 10)
    )
```

모든 파라미터를 정상적으로 등록했는지 확인합니다.

```
>>> m = simple_cnn()
>>> len(m.parameters())

10
```

이번에는 훅도 추가해보겠습니다. **Module** 구현 내용을 보면 단 하나의 훅만 등록할 수 있지만, 리스트로 여러 훅을 등록하도록 바꿀 수도 있습니다. 또는 **Pipeline**을 사용해 여러 작업을 단일 함수로 실행하는 방법도 있죠.

```
>>> def print_stats(outp, inp): print (outp.mean().item(),outp.std().item())
>>> for i in range(4): m.layers[i].hook = print_stats

>>> r = m(xbt)
>>> r.shape

0.5239089727401733 0.8776043057441711
0.43470510840415955 0.8347987532615662
0.4357188045978546 0.7621666193008423
0.46562111377716064 0.7416611313819885
torch.Size([128, 10])
```

데이터와 모델까지 만들었습니다. 다음은 손실 함수를 정의할 차례입니다.

19.3 손실

앞서 '음의 로그 가능도' 함수를 정의한 코드를 본 적이 있습니다.

```
def nll(input, target): return -input[range(target.shape[0]), target].mean()
```

그런데 파이토치의 nll과 같은 방식으로 정의했기 때문에 이름과는 달리 로그가 적용되지는 않았습니다. 즉 로그를 소프트맥스와 함께 처리해야 합니다.

```
>>> def log_softmax(x): return (x.exp()/(x.exp().sum(-1,keepdim=True))).log()

>>> sm = log_softmax(r); sm[0][0]

tensor(-1.2790, grad_fn=<SelectBackward>)
```

이 셋을 조합하면 비로소 교차 엔트로피 손실을 얻을 수 있습니다.

```
>>> loss = nll(sm, yb)
>>> loss

tensor(2.5666, grad_fn=<NegBackward>)
```

로그의 다음 성질을 고려해보죠.

$$\log \left(\frac{a}{b} \right) = \log(a) - \log(b)$$

이에 따라 (x.exp()/(x.exp().sum(-1))).log()로 정의되었던 로그 소프트맥스의 계산을 단순화할 수 있습니다.

```
>>> def log_softmax(x): return x - x.exp().sum(-1,keepdim=True).log()
>>> sm = log_softmax(r); sm[0][0]

tensor(-1.2790, grad_fn=<SelectBackward>)
```

그리고 **LogSumExp** 방식(`https://oreil.ly/9UB0b`)을 사용하면 지수들의 합에 대한 로그를 더 안정적으로 계산할 수 있습니다. 기본적인 개념은 다음 수식과 같습니다.

$$\log \left(\sum_{j=1}^{n} e^{x_j} \right) = \log \left(e^a \sum_{j=1}^{n} e^{x_j - a} \right) = a + \log \left(\sum_{j=1}^{n} e^{x_j - a} \right)$$

여기서 a는 x_j의 최댓값입니다.

이를 코드로 표현하면 다음과 같습니다.

```
>>> x = torch.rand(5)
>>> a = x.max()
>>> x.exp().sum().log() == a + (x-a).exp().sum().log()

tensor(True)
```

이를 리팩터링하여 함수로 만듭니다.

```
>>> def logsumexp(x):
        m = x.max(-1)[0]
        return m + (x-m[:,None]).exp().sum(-1).log()

>>> logsumexp(r)[0]

tensor(3.9784, grad_fn=<SelectBackward>)
```

그러면 `log_softmax` 함수에서 활용할 수 있죠.

```
def log_softmax(x): return x - x.logsumexp(-1,keepdim=True)
```

결과는 전과 같습니다.

```
>>> sm = log_softmax(r); sm[0][0]

tensor(-1.2790, grad_fn=<SelectBackward>)
```

마지막으로 log_softmax와 nll로 교차 엔트로피 손실을 구하는 cross_entropy 함수를 만듭니다.

```
def cross_entropy(preds, yb): return nll(log_softmax(preds), yb).mean()
```

그러면 지금까지 만든 조각을 모두 엮어 **Learner**를 만들어보겠습니다.

19.4 Learner

데이터, 모델, 손실 함수를 만들었습니다. 이제 하나만 더 갖추면 모델을 학습시킬 수 있습니다. 바로 옵티마이저죠. 다음은 SGD의 구현입니다.

```
class SGD:
    def __init__(self, params, lr, wd=0.): store_attr(self, 'params,lr,wd')
    def step(self):
        for p in self.params:
            p.data -= (p.grad.data + p.data*self.wd) * self.lr
            p.grad.data.zero_()
```

지금까지 경험했듯이 **Learner**를 사용하면 훨씬 편합니다. 그런데 **Learner**가 학습을 수행하려면 학습용 및 검증용 데이터셋을 알아야 하죠. 즉 데이터셋을 저장하는 **DataLoaders**가 필요합니다. 그 외의 기능은 전혀 필요 없습니다. 단지 데이터를 저장하고 접근할 방법만 제공하면 됩니다.

```
class DataLoaders:
    def __init__(self, *dls): self.train,self.valid = dls

dls = DataLoaders(train_dl,valid_dl)
```

드디어 **Learner** 클래스를 만들 준비가 되었습니다.

```
class Learner:
    def __init__(self, model, dls, loss_func, lr, cbs, opt_func=SGD):
```

```
        store_attr(self, 'model,dls,loss_func,lr,cbs,opt_func')
        for cb in cbs: cb.learner = self

    def one_batch(self):
        self('before_batch')
        xb,yb = self.batch
        self.preds = self.model(xb)
        self.loss = self.loss_func(self.preds, yb)
        if self.model.training:
            self.loss.backward()
            self.opt.step()
        self('after_batch')

    def one_epoch(self, train):
        self.model.training = train
        self('before_epoch')
        dl = self.dls.train if train else self.dls.valid
        for self.num,self.batch in enumerate(progress_bar(dl, leave=False)):
            self.one_batch()
        self('after_epoch')

    def fit(self, n_epochs):
        self('before_fit')
        self.opt = self.opt_func(self.model.parameters(), self.lr)
        self.n_epochs = n_epochs
        try:
            for self.epoch in range(n_epochs):
                self.one_epoch(True)
                self.one_epoch(False)
        except CancelFitException: pass
        self('after_fit')

    def __call__(self,name):
        for cb in self.cbs: getattr(cb,name,noop)()
```

지금까지 본 어떤 클래스보다 코드가 길지만, 각 메서드는 짧습니다. 코드를 하나씩 살펴보죠.

실제 외부에서 호출할 주요 메서드는 fit입니다.

```
for self.epoch in range(n_epochs)
```

이 메서드는 주어진 에포크 횟수만큼 반복하며, 매번 train 인잣값을 True, False로 바꾸면서 self.one_epoch을 호출합니다. 그러면 self.one_epoch 메서드는 dls.train이나 dls.valid에서 배치를 얻어 self.one_batch 메서드를 반복해서 호출합니다(DataLoader를 fastprogress.progress_bar에 래핑한 다음). 그리고 마지막에는 단일 미니배치를 학습하는 일반적인 학습 단계를 구현합니다.

각 학습 단계의 전후에서 Learner는 self를 호출하는데, 이는 결국 __call__을 호출하는 것입니다. __call__ 메서드는 self.cbs에 담긴 모든 콜백에 대해 getattr(cb,name)를 호출합니다.[83] 예를 들어 self('before_fit')은 before_fit이라는 메서드를 정의한 모든 콜백에서 해당 메서드를 호출합니다.

보다시피 Learner는 단순히 표준적인 학습 루프를 사용합니다. 단지 적절한 시점에 콜백을 호출하는 추가 로직이 들어있을 뿐입니다. 그러면 이번에는 몇 가지 콜백을 정의해보죠.

19.4.1 콜백

Learner.__init__ 내부에는 다음과 같은 코드가 있습니다.

```
for cb in cbs: cb.learner = self
```

모든 콜백은 스스로가 속한 Learner 객체를 알아야 한다는 내용입니다. 이 부분이 없다면 Learner에 있는 정보에 접근하거나 변경할 수 없으므로 매우 중요하죠. Learner의 정보에 접근하는 작업은 매우 흔합니다. 따라서 이를 더 쉽게 하려고 Callback을 GetAttr의 하위 클래스로 정의하고, 기본 속성에 learner를 할당합니다.

```
class Callback(GetAttr): _default='learner'
```

GetAttr은 fastai에서 정의한 클래스로, 파이썬의 표준 메서드인 __getattr__과 __dir__를 구현합니다. 존재하지 않는 속성에 접근할 때마다, 해당 속성 요청을 _default가 가리키는 부분(여기서는 learner)으로 전달하는 기능을 합니다.

---

83 옮긴이_ getattr은 파이썬의 내장 함수로, 요청된 속성을 반환합니다. 여기서는 해당 속성이 함수입니다.

fit 시작 시 모델의 모든 파라미터를 자동으로 GPU에 옮기는 작업을 예로 들어보죠. before_fit 메서드를 정의해서 self.learner.model.cuda를 호출하는 방식을 떠올릴 수 있습니다. 하지만 앞서 learner를 _default에 할당했으므로 다음처럼 Callback의 하위 클래스인 SetupLearnerCB를 정의하고, before_fit 메서드에서는 self.model.cuda()를 호출하면 됩니다. 즉 .learner 부분이 필요 없죠.

```python
class SetupLearnerCB(Callback):
    def before_batch(self):
        xb,yb = to_device(self.batch)
        self.learner.batch = tfm_x(xb),yb

    def before_fit(self): self.model.cuda()
```

to_device(self.batch)로 각 미니배치도 GPU로 옮깁니다(to_device(self.learner. batch)도 유효합니다). 그런데 self.learner.batch = tfm_x(xb), yb에서는 .learner 를 제거하지 않았습니다. 여기서 속성을 **설정**하기 때문입니다. 즉 속성을 읽거나 호출할 때는 .learner를 생략해도 되지만, 속성에 값을 쓸 때는 생략해선 안 됩니다.

직접 만든 Learner를 시도하기 전에 학습 과정을 추적하고 화면에 출력하는 콜백을 만듭니다. 이 콜백을 만들어야만 Learner가 정상적으로 작동하는지 확인할 수 있겠죠.

```python
class TrackResults(Callback):
    def before_epoch(self): self.accs,self.losses,self.ns = [],[],[]

    def after_epoch(self):
        n = sum(self.ns)
        print(self.epoch, self.model.training,
            sum(self.losses).item()/n, sum(self.accs).item()/n)

    def after_batch(self):
        xb,yb = self.batch
        acc = (self.preds.argmax(dim=1)==yb).float().sum()
        self.accs.append(acc)
        n = len(xb)
        self.losses.append(self.loss*n)
        self.ns.append(n)
```

이제 우리가 만든 Learner를 처음으로 사용해볼 시간입니다!

```
>>> cbs = [SetupLearnerCB(),TrackResults()]
>>> learn = Learner(simple_cnn(), dls, cross_entropy, lr=0.1, cbs=cbs)
>>> learn.fit(1)

0 True 2.1275552130636814 0.2314922378287042

0 False 1.9942575636942674 0.2991082802547771
```

짧은 코드로도 fastai가 제공하는 Learner의 핵심을 모두 구현했다는 점이 놀랍습니다! 다음으로는 학습률 스케줄링 알고리즘을 추가해보겠습니다.

19.4.2 학습률 스케줄링하기

좋은 학습 결과를 얻으려면 학습률 발견자와 원 사이클 학습 기법이 필요합니다. 이 둘은 모두 **어닐링**(냉각) 콜백입니다. 즉 학습 기간 중 하이퍼파라미터를 점진적으로 변화시키죠. 다음은 학습률 발견자인 LRFinder의 코드입니다.

```
class LRFinder(Callback):
    def before_fit(self):
        self.losses,self.lrs = [],[]
        self.learner.lr = 1e-6

    def before_batch(self):
        if not self.model.training: return
        self.opt.lr *= 1.2

    def after_batch(self):
        if not self.model.training: return
        if self.opt.lr>10 or torch.isnan(self.loss): raise CancelFitException
        self.losses.append(self.loss.item())
        self.lrs.append(self.opt.lr)
```

CancelFitException의 사용법도 함께 보여줍니다. 이 클래스는 말 그대로 텅 비었으며, 예외의 종류만을 표현합니다. 그리고 예외는 Learner에서 처리되죠(CancelBatchException, CancelEpochException 등의 예외도 직접 시도해보세요). LRFinder를 콜백 목록에 추가한 다음 학습을 시도해보죠.

```
>>> lrfind = LRFinder()
>>> learn = Learner(simple_cnn(), dls, cross_entropy, lr=0.1, cbs=cbs+[lrfind])
>>> learn.fit(2)

0 True 2.6336045582954903 0.11014890695955222

0 False 2.230653363853503 0.18318471337579617
```

그리고 결과를 시각적으로 확인합니다.

```
plt.plot(lrfind.lrs[:-2],lrfind.losses[:-2])
plt.xscale('log')
```

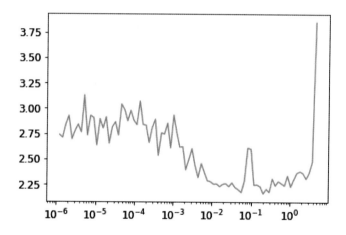

다음은 원 사이클 학습법을 구현하는 **OneCycle** 콜백을 정의합니다.

```
class OneCycle(Callback):
    def __init__(self, base_lr): self.base_lr = base_lr
    def before_fit(self): self.lrs = []

    def before_batch(self):
        if not self.model.training: return
        n = len(self.dls.train)
        bn = self.epoch*n + self.num
        mn = self.n_epochs*n
```

```
    pct = bn/mn
    pct_start,div_start = 0.25,10
    if pct<pct_start:
        pct /= pct_start
        lr = (1-pct)*self.base_lr/div_start + pct*self.base_lr
    else:
        pct = (pct-pct_start)/(1-pct_start)
        lr = (1-pct)*self.base_lr
    self.opt.lr = lr
    self.lrs.append(lr)
```

학습률을 0.1로 설정하고 시도해보죠.

```
onecyc = OneCycle(0.1)
learn = Learner(simple_cnn(), dls, cross_entropy, lr=0.1, cbs=cbs+[onecyc])
```

학습이 진행되는 동안 출력되는 결과를 확인합니다(출력 내용은 책에 싣지 않았으니 직접 노트북을 실행해 결과를 확인해보세요).

```
learn.fit(8)
```

마지막으로 학습률이 우리가 정의한 스케줄링 알고리즘에 따라 변화했는지를 확인합니다(여기서는 더 복잡한 버전인 코사인 어닐링을 사용하지는 않았습니다).

```
plt.plot(onecyc.lrs);
```

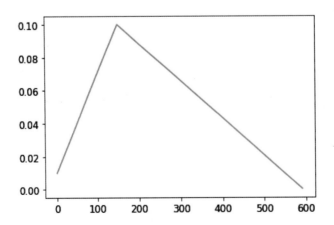

19.5 결론

이 장에서는 fastai 라이브러리의 주요 개념을 직접 재구현해보며 구현 방식을 이해해보았습니다. 대부분 코드로 가득 차 있으므로 웹사이트에서 제공하는 노트북으로 직접 실험해보길 권장합니다. 이제 fastai 라이브러리가 구축된 기본 방식을 이해했겠죠. 다음 단계로는 fastai 공식 문서가 제공하는 중급과 상급 튜토리얼을 확인해보기를 권장합니다. 라이브러리를 사용자 정의해서 사용하는 모든 내용을 해당 자료에서 터득할 수 있습니다.

19.6 질문지

TIP **실험을 해보세요**

이번 장의 질문지에서 함수나 클래스가 무엇인지를 설명한 다음에는 여러분만의 코드를 작성하는 실험도 꼭 해보길 권장합니다.

1 glob은 무엇인가요?

2 파이썬 이미지 라이브러리(PIL)로 이미지를 여는 방법은 무엇인가요?

3 L.map이 하는 일은 무엇인가요?

4 Self가 하는 일은 무엇인가요?

5 L.val2idx는 무엇인가요?

6 여러분만의 Dataset을 생성하는 데 구현해야만 하는 메서드는 무엇인가요?

7 이미지네트의 이미지를 열 때 convert를 호출하는 이유는 무엇인가요?

8 ~의 역할은 무엇인가요? 학습용 및 검증용 데이터셋 분할에 유용한가요?

9 ~는 L이나 Tensor 클래스와도 작동하나요? 넘파이 배열, 파이썬 리스트, 팬더스 데이터프레임은 또 어떤가요?

10 ProcessPoolExecutor는 무엇인가요?

11 L.range(self.ds)는 어떤 식으로 작동하나요?

12 __iter__는 무엇인가요?

13 first는 무엇인가요?

14 permute는 무엇이며, 왜 필요한가요?

15 재귀 함수란 무엇인가요? parameters 메서드 정의에서 어떻게 사용할 수 있나요?

16 피보나치 수열의 처음 20개 요소를 반환하는 재귀 함수를 작성해보세요.

17 super는 무엇인가요?

18 Module의 하위 클래스가 __call__을 정의하는 대신, forward 메서드를 오버라이드해야 하는 이유는 무엇인가요?

19 ConvLayer에서 init이 act에 의존적인 이유는 무엇인가요?

20 Sequential이 register_modules를 호출하는 이유는 무엇인가요?

21 모든 계층의 활성 모양을 출력하는 훅을 작성해보세요.

22 LogSumExp는 무엇인가요?

23 log_softmax가 유용한 이유는 무엇인가요?

24 GetAttr은 무엇인가요? 콜백에 왜 유용한가요?

25 Callback이나 GetAttr을 상속하지 않고, 이 장에서 구현한 콜백 중 하나를 다시 구현해보세요.

26 Learner.__call__가 하는 일은 무엇인가요?

27 getattr은 무엇인가요(GetAttr과 다릅니다)?

28 fit 내부에 try 블록이 있는 이유는 무엇인가요?

29 one_batch 메서드에서 model.training을 검사하는 이유는 무엇인가요?

30 store_attr은 무엇인가요?

31 TrackResults.before_epoch의 목적은 무엇인가요?

32 model.cuda가 하는 일은 무엇인가요? 어떻게 작동하나요?

33 LRFinder와 OneCycle에서 model.training을 검사하는 이유는 무엇인가요?

34 OneCycle에 코사인 어닐링을 탑재해보세요.

19.6.1 추가 연구

1 밑바닥부터 resnet18을 작성해보고(필요시 14장 참조), 이 장에서 만든 Learner로 학습시켜 보세요.

2 밑바닥부터 배치 정규화 계층을 구현하고, 직접 구현한 resnet18에 적용해보세요.

3 믹스업 콜백을 작성해보세요.

4 SGD에 모멘텀을 추가해보세요.

5 fastai 또는 다른 라이브러리의 흥미로운 특징을 몇 개 선정하고, 이 장에서 만든 객체로 해당 특징을 직접 구현해보세요.

6 fastai나 파이토치로 아직 구현되지 않은 연구 논문을 선정하고, 이 장에서 만든 객체로 해당 논문을 직접 구현해보세요. 그리고 다음과 같은 파생적인 작업도 시도해보세요.

  • 논문의 구현체를 fastai에 이식해보세요.

  • fastai 저장소로 풀 리퀘스트를 제출하거나, 여러분만의 확장 모듈로 공개해보세요.

  힌트: 여러분만의 패키지를 만들고 배포할 때 nbdev(https://nbdev.fast.ai)가 유용할지도 모릅니다.

CHAPTER 20

맺음말

축하합니다! 여기까지 해내셨군요! 지금까지 제공한 모든 주피터 노트북을 살펴봤다면, 현실의 문제 해결에 딥러닝의 강력한 힘을 활용하는 능력을 얻었다고 볼 수 있습니다. 이런 능력을 갖춘 사람은 아직 많지 않지만, 점점 더 증가하는 추세죠. 하지만 그 사실을 즉시 피부로 느끼지는 못할지도 모릅니다. 저희는 fast.ai 과정을 수료한 학생들이 딥러닝을 과소평가하는 모습을 꾸준히 봤습니다. 또한 고전적인 학문을 공부한 사람들이 딥러닝 실무자를 과소평가하기도 하죠. 따라서 이 책을 마친 지금, 자신과 다른 사람들의 기대를 뛰어넘으려면 다음으로 할 일을 잘 정해야만 합니다. 여기까지 해온 노력보다 훨씬 더 중요한 부분이지요.

따라서 딥러닝의 여정을 계속 이어나가고, 배움에 추진력을 얻으려면 지금 무엇을 해야 좋을지 고민해보기 바랍니다. [그림 20-1]는 몇 가지 아이디어를 제공합니다.

그림 20-1 다음으로 할 일

코드, 산문, 기술적인 수필 등 종류에 관계없이 글을 쓴다는 사실 자체에 가치가 있다는 이야기를 많이 했습니다. 하지만 아마도 지금까지 원하는 만큼 많이 쓰지는 못했을 것입니다. 그래도 괜찮습니다! 지금이 바로 글을 쓰면 좋을 시점이죠. 책을 마친 지금, 여러분은 하고 싶은 말이 많을 것이기 때문입니다. 같은 데이터셋이지만, 다른 사람과는 다른 방식으로 다양한 실험을 해 봤을지도 모릅니다. 그렇다면 여러분이 한 일을 세상에 알려보세요! 또는 책을 읽는 동안 떠오른 몇 가지 아이디어를 시도해봐야겠다는 생각하고 있을지도 모르겠군요. 그렇다면 지금이 바로 그 아이디어를 코드로 옮겨 타당성을 증명할 실험을 해보기 좋은 시점입니다.

아이디어를 공유하려면 fast.ai의 커뮤니티 포럼(`https://forums.fast.ai`)을 방문해보세요. 커뮤니티가 매우 고무적이며, 도움이 되는 장소임을 알게 될 것입니다. 포럼에 들러서 여러분의 근황을 알려주세요. 여러분보다 여정을 늦게 시작한 사람들의 질문에 도움을 줄 수 있는지도 알아보기 바랍니다.

딥러닝의 여정에서 크든, 작든 성공한 사례가 있다면 알려주세요! 다른 학생들의 구체적인 성공 사례는 매우 큰 동기를 부여하므로 포럼에 다양한 성공 사례를 게시하여 공유해보기 바랍니다.

커뮤니티를 만들면 배움의 여정에서 여러 사람과 지속해서 연결될 수 있습니다. 가령 지역적으로 가까운 이웃과 스터디 그룹을 형성하여 소규모 딥러닝 모임을 열고, 지금껏 배운 내용이나 관심사를 함께 나눠볼 수 있겠죠. 세계 최고의 전문가일 필요는 없습니다. 여러분은 이미 다른 사람이 모르는 부분을 많이 알고 있으므로, 다른 사람들이 여러분의 관점을 높이 평가할 가능성이 높다는 점이 중요합니다.

정기적인 독서 모임이나 논문 읽기 모임도 많은 사람이 유용하다고 언급하는 지역 사회 행사입니다. 그런 모임을 가까운 곳에서 찾을 수 있을지도 모르지만, 없다고 해도 여러분이 직접 만들고 시작하면 그만입니다. 여러분과 함께하는 사람이 단 한 명뿐이라도, 이런 모임이 있다는 사실이 여러분을 지속해서 고무시킬 것입니다.

직접 사람들을 만나기 어려운 지역이라면, 온라인 스터디 그룹을 운영하는 사람들이 있는 포럼에 들러보세요. 보통 일주일에 한 번 정도 화상 채팅으로 모임을 하며, 딥러닝을 주제로 이야기를 나누려고 많은 사람이 모입니다.

지금쯤 몇 가지 작은 프로젝트를 진행하며 수행한 실험이 있기를 바랍니다. 진행했던 실험 중 하나를 골라서 가능한 한 잘 작동하도록 만들어보기를 권장합니다. 자랑스러워할 만한 최고의 작품 수준으로 갈고닦아 보기 바랍니다. 그 과정에서 자연스럽게 관련 주제에 훨씬 더 깊이 파고들게 되고, 여러분이 이해한 바를 검증해야 하겠죠. 이를 통해 얻은 지식은 새로운 기회를 여는 데 도움이 될 것입니다.

또한 이 책과 같은 내용을 다루는 fast.ai의 무료 온라인 강의(https://course.fast.ai)를 살펴봐도 좋습니다. 때로는 같은 자료를 두 가지 방법으로 보면 아이디어를 구체화하는 데 도움이 되죠. 사람의 학습을 연구하는 연구자들은 같은 내용을 다른 각도와 방식으로 설명하는 방법이 무언가를 배울 때 매우 유용하다는 사실을 발견했습니다.

마지막으로 이 책을 다른 사람에게 전달하라는 임무를 남깁니다. 그러지 않아도 괜찮지만, 다른 누군가가 딥러닝의 여정을 시작하는 데 큰 도움을 줄 수 있을 것입니다!

Part **V**

부록

Part V

부록

깃허브 기반 블로그 만들기

2장에서는 여러분이 읽고 연습하는 정보를 소화하는 방법으로 블로깅을 해보길 제안했습니다. 그런데 아직 블로그가 없다면 어떻게 해야 할까요? 어떤 플랫폼을 사용하면 좋을까요?

안타깝게도 블로깅을 시작하려면 어려운 결정을 내려야 합니다. 쉽게 만들 수 있지만 블로그 독자를 광고, 페이월, 수수료 등에 노출하는 플랫폼을 사용하거나, 오랜 시간과 공을 들여 설정해야 하는 자체 호스팅 서비스를 구축하는 방법 중 하나를 선택해야 하죠. '뭐든 직접 하는' 접근의 가장 큰 장점은 서비스 제공자의 변덕에 휘둘리지 않고 여러분만의 게시글을 직접 소유할 수 있다는 점입니다.

그런데 실은 두 옵션의 장점을 모두 누릴 방법이 존재합니다!

A.1 깃허브 페이지로 블로깅하기

깃허브 페이지GitHub Pages(`https://pages.github.com`)는 훌륭한 블로그 호스팅 솔루션입니다. 특히 깃허브 페이지는 무료이며, 페이월이나 광고가 전혀 없습니다. 또한 데이터를 표준 방식으로 관리할 수 있어서 언제든지 다른 호스팅 서비스로 옮겨갈 수 있습니다. 하지만 저희가 알아본 바에 따르면, 깃허브 페이지를 사용하는 데는 소프트웨어 개발자만이 익숙하다고 느낄 만한 명령어와 난해한 도구에 관한 지식이 필요합니다. 가령 깃허브에서 제공하는 공식 문서에는 루비 프로그래밍 언어의 설치, 깃 명령어 도구의 사용, 버전 번호의 복사/관리 등 총 17단계에 걸친 긴 지침 목록이 있습니다.

fast.ai에서는 이런 번거로움을 줄여주는 접근 방식을 만들었습니다. 완전히 **브라우저 기반의 인터페이스**만으로도 블로깅의 모든 요구 사항을 만족하죠. 약 5분 이내로 새 블로그를 시작할 수 있습니다. 비용이 들지 않으며, 원한다면 맞춤 도메인도 쉽게 추가할 수 있습니다. 이 부록은 이렇게 만든 `fast_template` 템플릿으로 블로그를 시작하는 방법을 설명합니다(새로운 도구가 끊임없이 나오니 최신 권장 사항은 웹사이트를 확인하세요).

A.1.1 저장소 만들기

우선 깃허브 계정이 필요합니다. 아직 계정이 없다면 하나 만드세요. 깃허브는 일반적으로 소프트웨어 개발자가 코드를 작성하고 보관하는 용도로 사용하며, 정교한 명령어 도구를 사용해 작업합니다. 하지만 여기서는 명령어를 전혀 사용하지 않는 방식을 보여드리겠습니다!

우선 브라우저로 `https://github.com/fastai/fast_template/generate`에 접속합니다(로그인했는지 확인하세요). 그러면 블로그를 저장하는 **저장소**repository라고 불리는 장소를 생성할 수 있습니다. [그림 A-1]과 같은 화면이 브라우저에 표시될 텐데, `Repository name`(저장소명)란에 **사용자명.github.io 규칙에 맞는** 이름을 입력합니다.

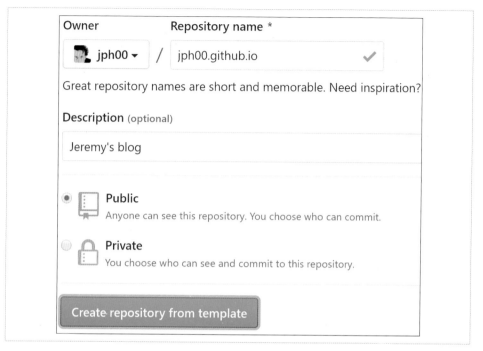

그림 A-1 저장소 생성

저장소의 Description(설명)란에 원하는 내용을 기입한 다음 'Create repository from template(템플릿으로 저장소 만들기)' 버튼을 클릭합니다. 블로그를 비공개private로 만들 수도 있지만, 여러분의 글을 다른 사람들과 공유할 목적으로 블로그를 개설하므로 공개하기를 권장합니다. 다만 블로그 관련 파일도 함께 공개되므로, 노출해도 괜찮은 자료만 업로드해야 합니다.

그러면 홈페이지를 설정해보죠!

A.1.2 홈페이지 설정하기

블로그 방문 시 가장 먼저 보는 페이지는 index.md 파일에 적힌 내용을 표시합니다. 그리고 이 파일은 마크다운(https://oreil.ly/aVOhs) 문법에 따라 작성되었죠. 마크다운은 중요 항목(글머리 기호), 이탤릭체, 하이퍼링크 등 서식이 있는 텍스트를 간단하게 만들 수 있는 강력한 도구입니다. 주피터 노트북의 모든 서식, 대부분의 깃허브 사이트를 포함해 인터넷의 수

많은 곳에서 사용됩니다. 마크다운용 텍스트를 만드는 법은 간단합니다. 텍스트를 입력한 다음 특수문자를 추가하기만 하면 되죠. 예를 들어 단어, 구절의 앞뒤를 * 문자로 감싸주면 해당 텍스트는 이탤릭체로 표시됩니다. 한번 시도해보죠.

깃허브에서 원하는 파일명을 클릭해서 파일을 엽니다. 그리고 이를 편집하려면 [그림 A-2]처럼 화면의 우측 상단에 위치한 연필 모양의 아이콘을 클릭합니다.

그림 A-2 파일 수정 버튼

그러면 텍스트를 추가, 편집, 수정하는 모드에 진입합니다. 'Preview changes(변경 사항 미리 보기)' 버튼(그림 A-3)을 클릭하면, 마크다운으로 작성된 텍스트가 어떤 서식으로 화면에 보이는지를 미리 확인할 수 있습니다. 추가나 변경 사항이 있는 부분은 좌측에 녹색 막대로 표시되죠.

그림 A-3 미리 보기로 실수가 있는지 확인하기

변경 사항을 저장하려면 [그림 A-4]처럼 하단의 'Commit changes(변경 사항 커밋)' 버튼을 클릭합니다. 깃허브에서의 커밋은 변경 사항을 깃허브 서버에 저장하라는 의미입니다.

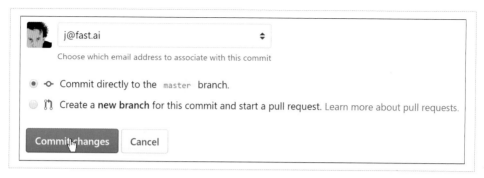

그림 A-4 커밋으로 변경 사항 저장하기

이제 블로그의 설정을 구성해야 합니다. 앞에서와 같은 방식으로 `_config.yml` 파일의 편집 모드로 진입합니다. `title`(제목), `description`(설명), `github_username`(깃허브 사용자명)에 해당하는 값을 바꿉니다(그림 A-5). 콜론 앞의 문자열은 그대로 두고, 콜론 뒤쪽에 원하는 값을 입력하면 되죠. 원한다면 이메일 주소, 트위터 사용자명도 입력할 수 있지만, 해당 정보는 모두 공개됩니다.

```
 1    # Welcome to Jekyll!
 2    #
 3    # This config file is meant for settings that affect your whole blog.
 4    #
 5    # If you need help with YAML syntax, here are some quick references for you:
 6    # https://learn-the-web.algonquindesign.ca/topics/markdown-yaml-cheat-sheet/#yaml
 7    # https://learnxinyminutes.com/docs/yaml/
 8
 9    title: Edit _config.yml to set your title!
10    description: This is where the description of your site will go. You should change it by editing the _config.yml file.
11    github_username: jph00
```

그림 A-5 config 파일 채워 넣기

수정을 완료한 다음에는 변경 사항을 커밋합니다. 그리고 변경 사항이 반영되기를 약 1분 정도 기다립니다. 웹 브라우저에서 **사용자명.github.io**로 이동해보죠. 그러면 작성한 내용이 [그림 A-6]과 같이 화면에 출력됩니다.

그림 A-6 온라인상에 올라온 블로그

A.1.3 게시글 만들기

이제 첫 번째 게시글을 작성할 준비를 마쳤습니다. 모든 게시글은 _posts 폴더에 저장됩니다. 해당 폴더를 클릭해서 진입한 다음, 'Create file(파일 만들기)' 버튼을 클릭합니다. 새로 만들어진 파일 이름은 [그림 A-7]처럼 **<연도>-<월>-<일>-<이름>**.md 형식을 따라야만 합니다. **<연도>**는 네 자리 숫자, **<월>**과 **<일>**은 두 자리 숫자이며 <name>에는 나중에 게시글을 기억하는 데 도움이 될 이름을 붙여주세요(이름에는 제약 사항이 없습니다). 마지막으로 .md는 마크다운용 문서임을 명시하는 확장자입니다.

그림 A-7 게시글 이름 규칙

그러면 첫 번째 게시글의 내용을 입력할 수 있습니다. 첫 번째 행에는 게시글의 제목을 적어야 한다는 규칙이 있습니다. [그림 A-8]에서 볼 수 있듯이 제목은 시작 부분에 #을 입력해 적을 수 있습니다(문서 시작 부분에 한 번만 사용해야 하는 한 단계 수준의 제목을 만듭니다. 두 단계 수준에는 ##, 세 단계 수준에는 ###,... 등을 사용할 수 있습니다).

그림 A-8 제목용 마크다운 문법

전과 마찬가지로 'Preview(미리 보기)' 버튼을 클릭해 마크다운이 실제 표현될 모습을 확인합니다(그림 A-9).

그림 A-9 작성한 마크다운 문법이 실제 블로그에서 표현되는 방식

그리고 'Commit new file(새 파일 커밋하기)' 버튼을 클릭해 깃허브에 저장합니다(그림 A-10).

그림 A-10 커밋으로 변경 사항 저장하기

다시 홈페이지로 돌아가 새로 고침을 해보면, 방금 작성한 게시글을 확인할 수 있습니다(그림 A-11). 작성한 내용이 나타나기까지 깃허브에서 내부적으로 처리하는 동안 약 1분 정도 기다려야 합니다.

그림 A-11 작성한 게시글이 온라인상에 올라왔음을 확인

템플릿으로 만들어진 저장소에는 샘플 게시글이 함께 제공됨을 눈치챘을 것입니다. 샘플이므로 해당 파일을 삭제해보죠. 전과 마찬가지로 _posts 폴더로 이동한 다음 2020-01-14-welcome.md를 클릭합니다. 그다음 [그림 A-12]처럼 우측 상단의 휴지통 아이콘을 클릭합니다.

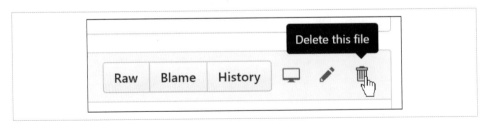

그림 A-12 샘플로 제공된 블로그 게시글을 삭제하는 버튼

깃허브에서는 커밋을 하기 전까지 어떤 변경 사항도 반영되지 않습니다. 파일을 삭제한 액션조차도 말이죠! 따라서 휴지통 아이콘을 클릭한 다음 변화를 커밋하는 버튼을 꼭 클릭하기 바랍니다.

한편 마크다운에 이미지를 포함하려면 다음 문법을 사용하면 됩니다.

```
![Image description](images/filename.jpg)
```

하지만 그전에 images 폴더에 포함할 이미지를 업로드해야 합니다. images 폴더를 클릭한 다음, 'Upload files(파일 업로드)' 버튼을 클릭합니다(그림 A-13).

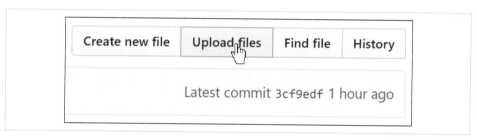

그림 A-13 로컬 컴퓨터 파일을 업로드하는 버튼

이번에는 지금까지 한 일을 여러분의 컴퓨터로 수행하는 방법을 알아보죠.

A.1.4 로컬 컴퓨터와 깃허브 동기화하기

깃허브에 저장된 블로그 콘텐츠를 로컬 컴퓨터로 복사하려는 데는 여러 이유가 있겠죠. 오프라인에서 게시물을 읽거나, 수정하거나, 깃허브 저장소에 발생할 문제에 대비해 백업하고 싶을 수도 있습니다.

깃허브는 단순히 저장소의 내용을 컴퓨터에 복사하는 기능 이상을 제공합니다. 컴퓨터와 **동기화**synchronize할 수 있죠. 다시 말해 깃허브에서 변경한 내용을 로컬 컴퓨터에 그대로 반영하거나, 로컬 컴퓨터에서 변경한 내용을 깃허브에 그대로 반영할 수 있습니다. 또한 다른 사람이 여러분의 블로그에 접근하고 수정하는 권한을 허용할 수도 있습니다. 이렇게 변경된 내용은 다음 동기화 시 자동으로 결합됩니다.

깃허브와 로컬 컴퓨터 간의 동기화를 원한다면 컴퓨터에 깃허브 데스크톱 애플리케이션 (`https://desktop.github.com`)을 설치해야 합니다. 맥, 윈도우, 리눅스 운영체제를 모두 지원합니다. 지침에 따라 설치를 진행한 후 실행하세요. 그리고 깃허브에 로그인하고 나면 동기화하려는 깃허브 저장소를 선택할 수 있습니다. [그림 A-14]에 표시된 대로 'Clone a repository from the Internet…(인터넷에서 저장소 복제)'를 클릭합니다.

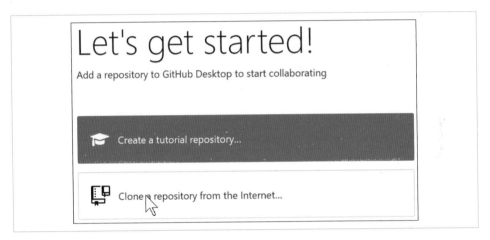

그림 A-14 깃허브 데스크톱에서 저장소 복제하기

저장소 동기화 작업이 완료되면, [그림 A-15]처럼 'View the files of your repository in Explorer(탐색기에서 저장소 파일 보기)'를 클릭할 수 있습니다. 그러면 로컬로 복사된 파일들을 확인할 수 있죠. 컴퓨터에서 파일 중 하나를 편집해보세요. 그리고 깃허브 데스크톱으로 돌아가 보면, 'Sync(동기화)' 버튼이 활성화되었음을 알 수 있습니다. 이 버튼을 클릭하면 변경 사항이 깃허브로 복사되어 웹사이트에 반영됩니다.

그림 A-15 복제된 파일을 로컬 환경에서 확인하기

아직 깃을 사용해본 적이 없다면 깃허브 데스크톱으로 시작해보세요. 곧 알게 되겠지만, 데이터 과학자는 대부분 깃을 기본으로 사용합니다. 한편 지금쯤 여러분은 주피터 노트북이라는 도구에 익숙해졌겠죠. 주피터 노트북을 이용해 블로그 게시글을 작성할 수도 있습니다!

A.2 주피터 노트북을 블로깅에 활용하기

주피터 노트북으로도 블로그 게시글을 작성할 수 있습니다. 마크다운 셀, 코드 셀, 모든 출력 내역 등을 블로그 게시글에 나타내는 방법이죠. `fast_template`의 고급 버전인 `fastpages`를 사용하면 이를 수행할 수 있습니다. 다만 이 책을 읽는 시점에는 어떤 변화가 있을지 모르니, 책의 웹사이트(`https://book.fast.ai`)를 방문하여 최신 정보를 확인하기 바랍니다.

노트북으로 블로그를 작성하려면, 저장소의 `_notebooks` 폴더에 주피터 노트북 파일을 넣으면 됩니다. 그러면 내부적으로 노트북 파일을 가공하여 블로그 게시글 형태로 표시하죠. 주피터 노트북에는 어떤 내용이라도 포함할 수 있습니다. 대부분의 플랫폼에서는 코드와 코드의 출력을 함께 포함하기가 어려워서 많은 사람이 적은 양의 예제만 다루곤 합니다. 따라서 주피터 노트북처럼 코드와 출력을 함께 포함한 많은 예제를 포함하는 습관을 들이면 좋습니다.

때로는 `import` 같은 보일러플레이트용 코드를 숨겨야 합니다. 이때는 셀 상단에 `#hide`를 추가하면 실제 블로그 게시글의 출력에는 해당 셀의 내용이 포함되지 않는 효과를 냅니다. 한편 주피터에는 셀 마지막 줄 코드의 실행 결과를 출력하는 기본 기능이 있으므로, `print`를 명시적으로 사용하지 않아도 됩니다(필요 없는 코드를 추가하면 독자에게 부담이 될 수 있으므로, 정말 필요한 코드만 포함하기를 권장합니다).

데이터 프로젝트 점검 목록

유용한 데이터 프로젝트를 만들려면 정확한 모델을 학습시키는 일보다 훨씬 더 많은 요소에 신경 써야 합니다! 제러미는 데이터 프로젝트를 컨설팅한 경력이 있는데, 컨설팅을 요청받을 때마다 항상 [그림 B-1]에 요약된 고려 사항을 토대로 데이터 프로젝트를 개발하는 조직의 현 상황을 이해하려고 했습니다.

- **전략**

  조직이 달성하려는 **목적**은 무엇이며, 어떤 변화(**레버**lever)를 줘야 더 잘 달성할 수 있나요?

- **데이터**

  조직이 필요한 데이터를 보유하고 있으며, 현재 가용한 상태인가요?

- **분석**

  조직에 유용할 통찰은 무엇인가요?

- **구현**

  조직에 어떤 능력이 있나요?

- **유지 관리**

  운영 환경에서 변화를 추적하는 시스템이 있나요? 어떤 시스템인가요?

- **제약 사항**

  모든 과정에서 고려해야 하는 제약 사항은 무엇인가요?

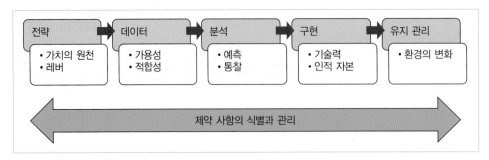

그림 B-1 분석 가치 사슬

제러미는 프로젝트를 시작하기 전에 고객이 작성해야 하는 질문지를 고안했고, 프로젝트 전반에 걸쳐 답변을 구체화하는 데 도움을 주었습니다. 이 질문지는 농업, 광업, 은행업, 양조업, 통신, 소매업 등 다양한 산업 분야의 프로젝트에서 수십 년간 축적한 데이터에 기반해 만들었습니다.

분석 가치 사슬을 살펴보기 전에 첫 번째 질문을 먼저 살펴보겠습니다. 데이터 프로젝트에서 가장 중요한 직원인 데이터 과학자에 관련된 질문이죠.

B.1 데이터 과학자

데이터 과학자에게는 고위 경영진이 될 수 있는 명확한 길이 열려 있어야 하며, 데이터 전문가를 고위 경영진으로 채용하는 계획도 있어야 합니다. 또한 데이터 중심 조직에서는 데이터 과학자에게 높은 수준의 급여를 보장해야 하죠. 그리고 조직 차원에서는 모든 데이터 과학자가 서로 협력하고 배울 수 있는 시스템을 마련해야 합니다.

- 조직이 현재 보유한 데이터 과학 기술은 무엇인가요?
- 데이터 과학자는 어떤 절차로 채용하나요?
- 조직 내에서 데이터 과학 기술이 있는 사람을 어떻게 식별하나요?
- 어떤 기술을 찾나요? 그 기술은 어떻게 평가되나요? 왜 중요하다고 판단했나요?
- 어떤 데이터 과학 컨설팅을 사용하고 있나요? 어떤 상황에서 데이터 과학 외주를 주나요? 이렇게 작업한 결과를 조직으로 이전하는 방식은 무엇인가요?

- 데이터 과학자의 임금은 어느 정도인가요? 이들은 누구에게 보고하나요? 이들이 기술을 최신 상태로 유지하는 방법은 무엇인가요?
- 데이터 과학자의 경력경로는 어떻게 설정됐나요?
- 데이터 분석의 전문 지식이 풍부한 경영진은 몇 명인가요?
- 데이터 과학자의 작업을 선택하고 할당하는 기준은 무엇인가요?
- 데이터 과학자는 어떤 소프트웨어와 하드웨어에 접근할 수 있나요?

B.2 전략

모든 데이터 프로젝트는 전략적으로 중요한 문제를 해결하는 데 기반해야 합니다. 따라서 비즈니스 전략을 먼저 이해해야 하죠.

- 현재 조직에서 가장 중요한 다섯 가지 전략적 문제는 무엇인가요?
- 해당 문제를 해결하는 데 어떤 데이터를 사용할 수 있나요?
- 데이터에 기반한 접근법을 사용해서 이런 문제를 해결하나요? 데이터 과학자들이 해당 접근법을 사용해서 문제를 해결하는 중인가요?
- 조직의 이익 창출에 가장 큰 영향을 미치는 요소는 무엇인가요? ([그림 B-2] 참고)

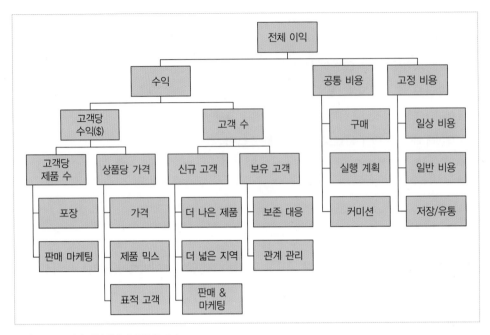

그림 B-2 조직의 이익 창출에 중요한 요소

- 식별된 각 주요 이익 창출 요인에 대해서, 운영 조치(예: 고객에게 연락)와 전략적 결정(예: 신제품 출시)을 포함해 해당 요인에 영향을 미치는 조치나 결정에는 무엇이 있나요?

- 가장 중요한 각 조치와 결정에 대해서, 결과를 최적화하는 데 도움을 줄 만한 가용 데이터는 무엇이 있나요(조직 내 또는 공급업체에서 얻거나 향후 수집하려는 데이터를 모두 포함)?

- 이전 분석에 따르면 조직 내 데이터 기반 분석의 가장 큰 기회는 무엇인가요?

- 각 기회에 대해서는 다음과 같은 질문을 던질 수 있습니다.

    - 영향을 받을 이익 창출 요인은 무엇인가요?

    - 어떤 구체적인 조치나 결정을 내려야 하나요?

    - 그 조치와 결정은 프로젝트의 결과와 어떻게 연결되나요?

    - 프로젝트의 예상 투자수익률Return on Investment(ROI)은 얼마인가요?

    - 시간의 제약과 기한이 정해져 있다면 어떤 영향을 미칠까요?

B.3 데이터

데이터 없이는 모델을 학습시킬 수 없습니다! 또한 데이터는 가용 상태여야 하며, 통합과 검증을 할 수 있어야 합니다.

- 어떤 데이터 플랫폼을 사용할 수 있나요? 데이터 마트data mart, 올랩 큐브OLAP cube, 데이터 웨어하우스data warehouse, 하둡 클러스터Hadoop cluster, 온라인 거래 처리online transaction processing(OLTP) 시스템, 부서별 스프레드시트 등이 있습니다.

- 조직 내 가용한 데이터의 개요, 데이터 플랫폼 구축에 대해 현재 진행 중인 작업과 앞으로의 계획 등 모든 정보를 제공하세요.

- 데이터를 시스템에서 필요한 형식으로 바꾸는 데 어떤 도구와 가공 과정을 사용할 수 있나요?

- 다양한 사용자와 관리자 그룹은 데이터에 어떻게 접근하나요?

- 데이터 과학자와 시스템 관리자가 사용할 수 있는 데이터 접근 도구는 무엇인가요(예: 데이터베이스 클라이언트, 올랩 클라이언트, 내부 소프트웨어, SASStatistical Analysis System)? 각 도구를 사용하는 사람은 몇 명이고 그들의 조직 내 위치는 어떤가요?

- 사용자는 신규 시스템, 시스템 변경 사항, 신규 및 변경된 데이터 요소 등을 어떻게 알 수 있나요? 예를 들어보세요.

- 데이터 접근 제한은 어떤 절차로 결정되나요? 보안 데이터 접근 요청은 어떻게 관리되나요? 누가 결정하나요? 어떤 기준으로 결정하나요? 평균 응답 시간은 얼마나 되나요? 요청의 몇 퍼센트나 수락되나요? 관련 기록은 어떻게 추적하나요?

- 추가 데이터를 수집하거나 외부에서 데이터를 구매하는 시기는 어떻게 결정하나요? 예를 들어보세요.

- 최근의 데이터 기반 프로젝트를 분석하는 데 어떤 데이터를 사용했나요? 그중 가장 유용하다고 판단한 데이터는 무엇인가요? 또 유용하지 않은 데이터는 무엇인가요? 그렇게 판단한 근거는 무엇인가요?

- 제안된 프로젝트에서 추가로 사용하면 데이터 기반 의사 결정에 유용한 통찰을 제공할만한 내부 데이터가 있나요? 외부 데이터는 어떤가요?

- 그런 데이터가 있다면, 접근할 때나 통합할 때 있을 만한 제약 사항이나 문제는 무엇인가요?

- 지난 2년간 수집한 데이터의 가용성이나 해석에 데이터 수집, 코딩, 통합 등 영향을 미친 변화는 무엇인가요?

B.4 분석

데이터 과학자는 업무에 필요한 최신 도구에 접근할 수 있어야 합니다. 정기적으로 새로운 도구를 평가하여, 현재 접근법보다 개선된 부분이 있는지를 확인해야 합니다.

- 조직 내에서 사용하는 분석 도구는 무엇인가요? 누가 사용하나요? 도구의 선택, 구성, 유지 관리는 어떻게 이루어지나요?

- 클라이언트 컴퓨터에 추가 분석 도구를 설정하는 데 따라야 하는 처리 절차는 무엇인가요? 이 작업에 드는 평균 시간은 어느 정도인가요? 요청은 몇 퍼센트나 수락되나요?

- 외부 컨설턴트가 구축한 분석 시스템이 조직으로 이전되는 방식은 무엇인가요? 외부 계약자의 작업 결과가 내부 인프라에 부합하도록 사용하는 시스템을 제한해야 하나요?

- 클라우드는 어떤 상황에서 사용했나요? 클라우드를 어떻게 사용할 계획인가요?

- 어떤 상황에서 외부 전문가를 전문 분석가로 활용했나요? 어떻게 관리했나요? 외부 전문가는 어떤 방식으로 찾아서 선정했나요?

- 최근 프로젝트에서 사용한 분석 도구는 무엇인가요?

- 어떤 부분에서 효과가 있거나 없었나요? 이유는 무엇인가요?

- 현재까지 프로젝트에서 수행한 작업의 모든 가용 출력을 제공하세요.

- 분석 결과는 어떻게 평가했나요? 어떤 평가지표를 사용했나요? 비교한 벤치마크는 무엇인가요? 모델이 만족할 만한 수준인지를 어떻게 알 수 있나요?

- 어떤 상황에서 시각화, 표 형식의 보고서, 예측 모델링(그리고 유사 머신러닝 도구)을 사용하나요? 고급 모델링 접근법을 사용한다면 보정과 테스트는 어떤 방식으로 진행하나요? 예를 들어보세요.

B.5 구현

IT의 제약 사항은 종종 데이터 프로젝트의 몰락을 초래합니다. 제약 사항을 미리 고려해야만 합니다!

- 과거 데이터 기반 프로젝트 중 성공과 실패한 구현 사례를 제공하세요. IT 통합, 인적 자본에 관한 문제와 이를 해결하는 데 들인 노력을 자세히 제공할수록 좋습니다.

- 구현에 앞서 분석 모델의 유효성을 확인하는 방법은 무엇인가요? 그 방법은 어떻게 벤치마킹되나요?

- 분석 프로젝트의 구현에 대한 성능 요구 사항은 어떻게 정의되나요(속도와 정확성 측면에서)?
- 제안된 프로젝트에서 다음 정보를 제공하세요.
  - 데이터 기반의 의사결정 및 조치를 지원하는 데 사용하는 IT 시스템
  - 해당 IT 시스템이 통합되는 방식
  - IT 통합이 덜 필요한 대안
  - 데이터 기반 접근법에 영향을 받는 작업
  - 관련 직원을 교육, 모니터링, 지원하는 방법
  - 발생할 수 있는 구현상 문제
  - 성공적인 구현에 필요한 이해당사자와 이들이 프로젝트와 프로젝트의 잠재적 영향력을 인지하게 할 방법

B.6 유지 관리

모델을 주의 깊게 추적/관찰하지 않으면 완전한 실패로 이어질 수도 있습니다.

- 제삼자가 구축한 분석 시스템은 어떻게 유지/관리되나요? 언제 내부 팀으로 이전되나요?
- 모델의 효과는 어떻게 추적하나요? 모델을 재구축해야 한다는 결정은 언제 내리나요?
- 조직 내부에서 데이터의 변경 사항을 전달하고 관리하는 방식은 무엇인가요?
- 알고리즘의 올바른 구현 여부를 확인할 때 데이터 과학자가 소프트웨어 엔지니어와 협력하는 방식은 무엇인가요?
- 테스트 케이스는 언제 개발하고 어떻게 관리하나요?
- 코드 리팩터링을 수행하는 시점은 언제인가요? 리팩터링 중 모델의 정확도와 성능은 어떻게 유지하고 관리하나요?
- 유지, 관리, 지원의 요구 사항은 어떻게 기록하나요? 이렇게 기록한 내역을 어떻게 활용하나요?

B.7 제약 사항

고려 중인 프로젝트별로 성공에 영향을 미치는 잠재적인 제약 사항을 나열합니다.

- 프로젝트의 결과물을 활용하려면 기존 IT 시스템을 수정하거나 신규 IT 시스템을 개발해야 하나요? 상당한 양의 변경을 피할 간단한 구현 방법이 있나요? 그렇다면 간소화된 구현을 사용하면 어떻게 영향을 크게 줄일 수 있을까요?

- 데이터 수집, 분석, 구현에 규제상 어떤 제약 사항이 있나요? 최근의 관련 법규와 판례를 검토했나요? 어떤 해결 방법이 있을까요?

- 문화, 기술, 구조를 포함하여 어떤 조직적 제약이 존재하나요?

- 어떤 관리적 제약이 있나요?

- 과거의 분석 프로젝트 중에 조직의 데이터 기반 접근법을 바라보는 방식에 영향을 미칠만한 것이 있나요?

INDEX

INDEX

INDEX

INDEX